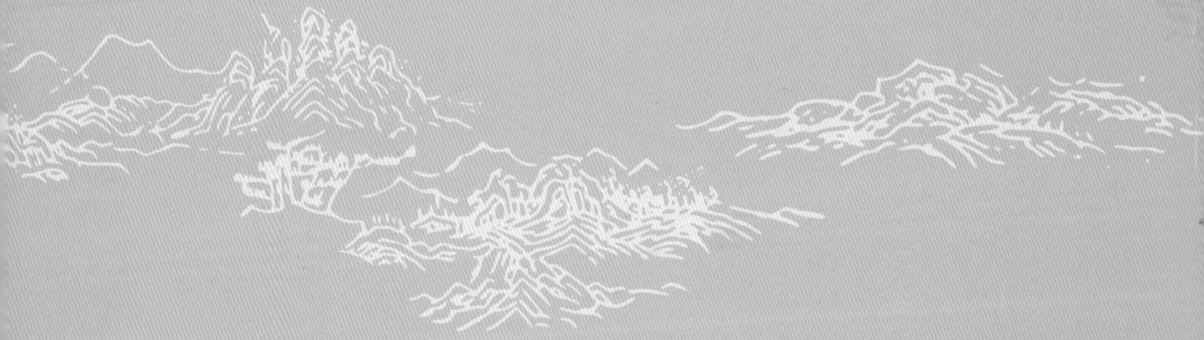

海南通史简编

周伟民　唐玲玲◎著

人民出版社

◎ 海南省全省地图（海南省辖南海诸岛地图见另页）
（引自《广东、福建、广西、海南交通地图》，人民交通出版社2017年版）

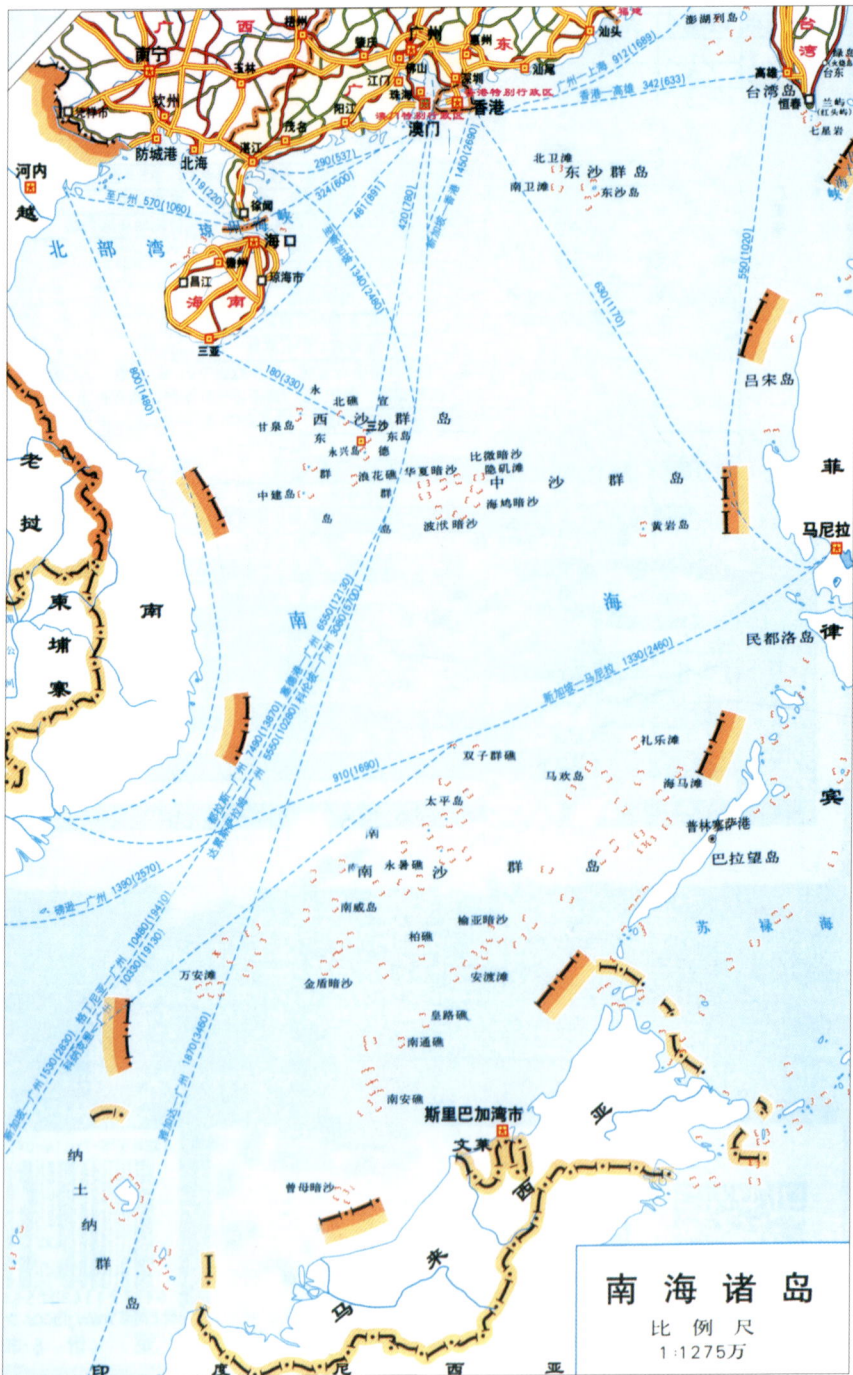

◎ 南海诸岛地图

（引自《广东、福建、广西、海南交通地图》，人民交通出版社2017年版）

◎ 三亚落笔洞遗址

（引自郝思德、黄万波编著：《三亚落笔洞遗址》，南方出版社 1998 年版）

◎ 三亚落笔洞遗址出土旧石器时代晚期到新石器时代早期过渡阶段环状石器

（引自丘刚主编：《海南省博物馆》，海南省博物馆编，文物出版社 2010 年版）

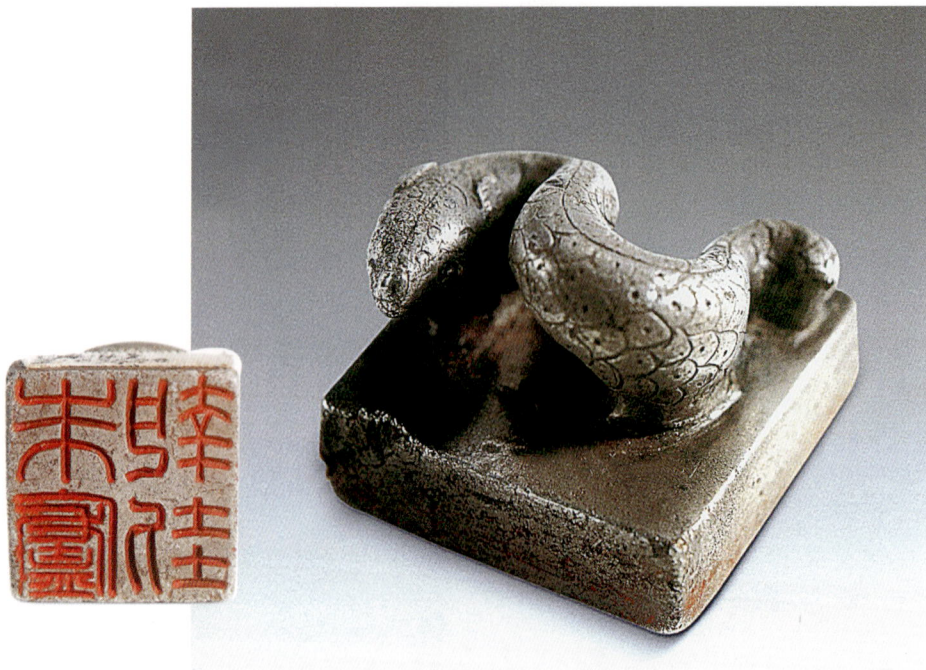

◎ 乐东县志仲镇潭培村北出土汉代"朱庐执刲"印

（引自丘刚主编：《海南省博物馆》，海南省博物馆编，文物出版社 2010 年版）

◎ 海口珠崖岭出土唐代莲花纹瓦当

（引自丘刚主编：《海南省博物馆》，海南省博物馆编，文物出版社 2010 年版）

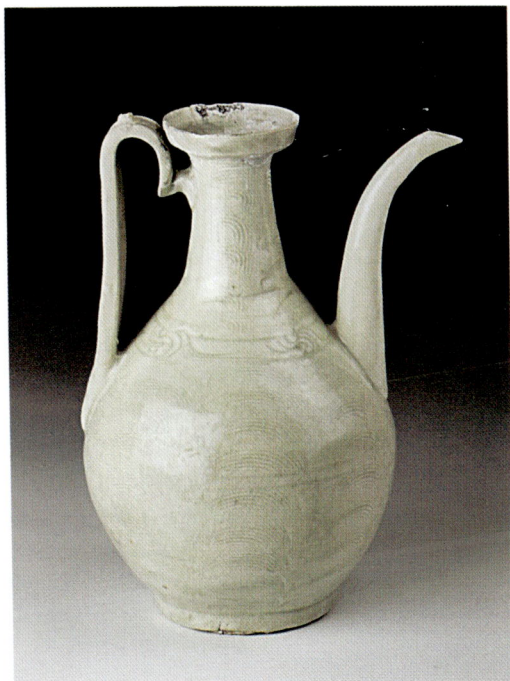

◎ 宋代白釉瓷刻划花执壶
（引自蔡於良：《海的梦话 千年一遇》，海南出版社 2012 年版）

◎ 宋代陶屋
（引自丘刚主编：《海南省博物馆》，海南省博物馆编，文物出版社 2010 年版）

◎ 苏轼像

（引自程郁、张和声：《文采与悲怆的交响》，上海文艺出版社 2004 年版）

◎ 东坡井

（引自《儋州文物概览》，广东旅游出版社 2013 年版）

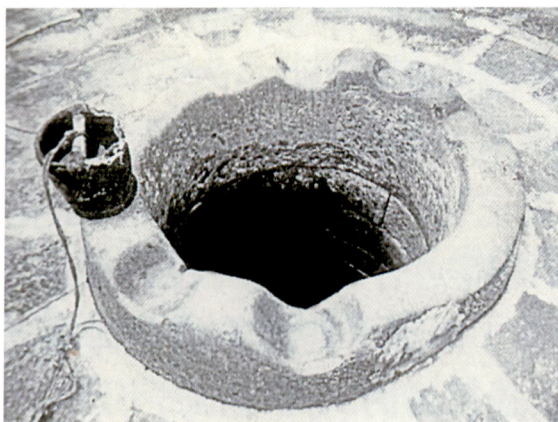

◎ 东坡井口

（引自《儋州文物概览》，广东旅游出版社 2013 年版）

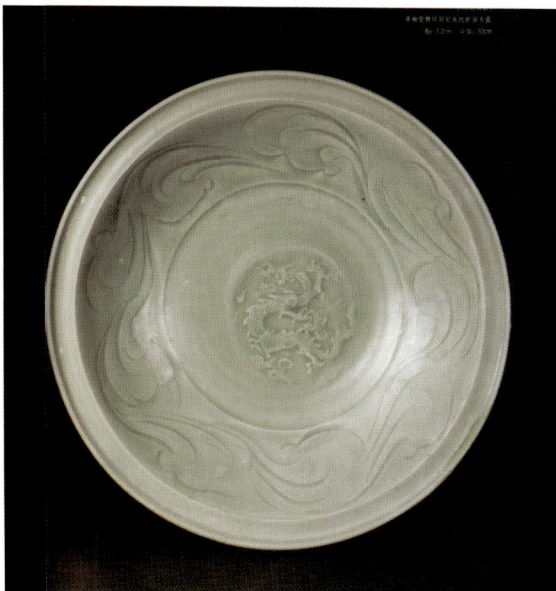

◎ 元代青釉瓷模印刻划龙
纹折沿大盘

（引自蔡於良：《海的梦
话　千年一遇》，海南出版
社 2012 年版）

◎ 元代白釉瓷玄武帝像

（引自蔡於良：《海的梦话　千年一遇》，海南出版社 2012 年版）

◎ 明代德化窑白釉狮子母子俩造型香柱
　（引自蔡於良：《海的梦话　千年一遇》，海南
出版社 2012 年版）

◎ 明代铜钱
　（引自广东省文物管理委员会等编：《南海丝绸之路文物图集》，广东科技出版社 1991 年版）

◎ 明代侍女俑

（引自丘刚主编：《海南省博物馆》，海南省博物馆编，文物出版社 2010 年版）

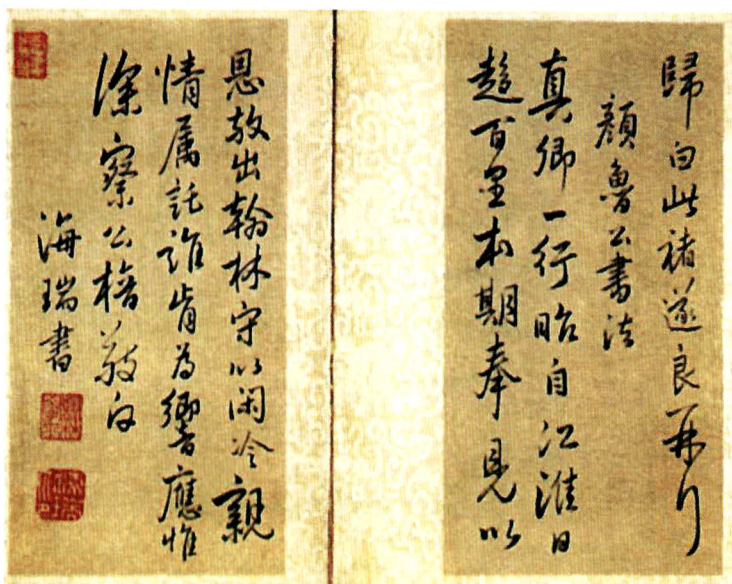

◎ 海瑞的亲笔书札

（引自胡敏、马学强：《话说中国·集权与裂变》，上海文艺出版社2005年版）

◎ 丘濬家谱

（引自海口市旅游发展委员会编：《海口故事》，海南出版社2013年版）

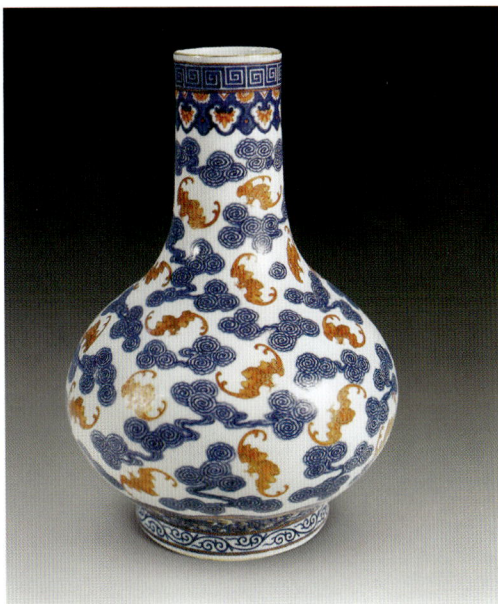

◎ 清代青花矾红描金云蝠纹瓶
（引自丘刚主编：《海南省博物馆》，
海南省博物馆编，文物出版社2010年
版）

◎ 采香图
（引自符桂花主编：《清代
黎族风俗图》，海南出版社
2007年版）

◎ 清代粉彩釉瓷人物罐、觚
（引自蔡於良：《海的梦话 千
年一遇》，海南出版社 2012 年版）

◎ 清代黎族地契
（引自廖民生主编：《三
亚文物》，三亚市文化广电
出版体育局编，南海出版公
司 2011 年版）

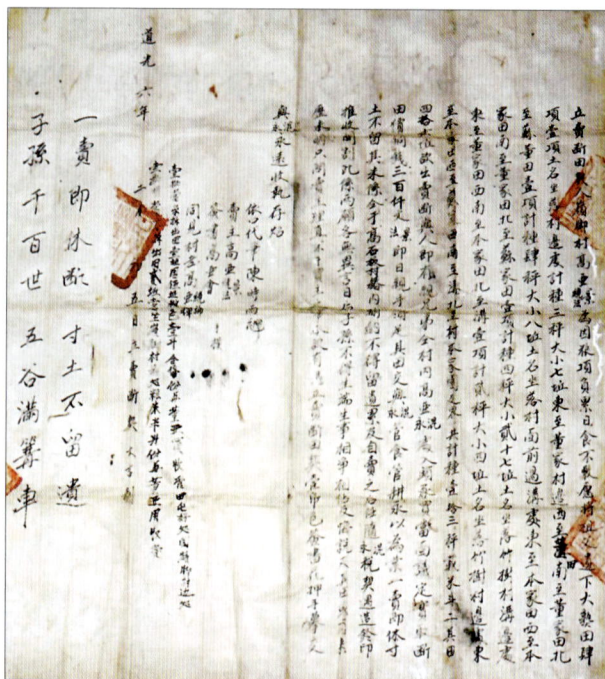

◎ 潘存故居

（引自黄志健编著：《文昌文物》，文昌市博物馆 2012 年版）

◎ 张之洞像

（引自汤仁泽：《话说中国·枪炮轰鸣下的尊严》，上海文艺出版社 2005 年版）

◎ 海口钟楼
（引自海口市旅游发展委员会编：《海口故事》，海南出版社 2013 年版）

◎ 琼海市博鳌镇留客村蔡家宅
（杨卫平提供）

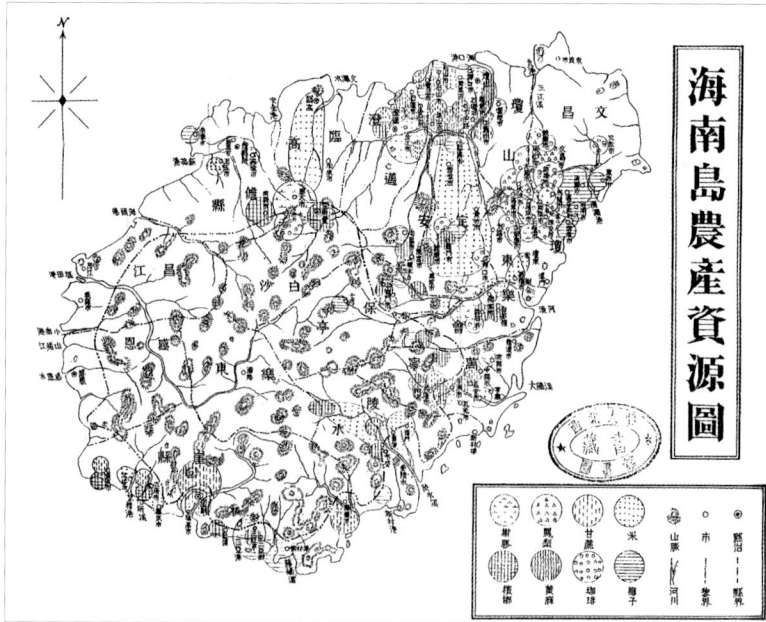

◎ 民国时期海南岛农产资源图

（引自林缵春编著：《琼崖农村海南岛之产业》，琼崖农业研究会 1946 年版）

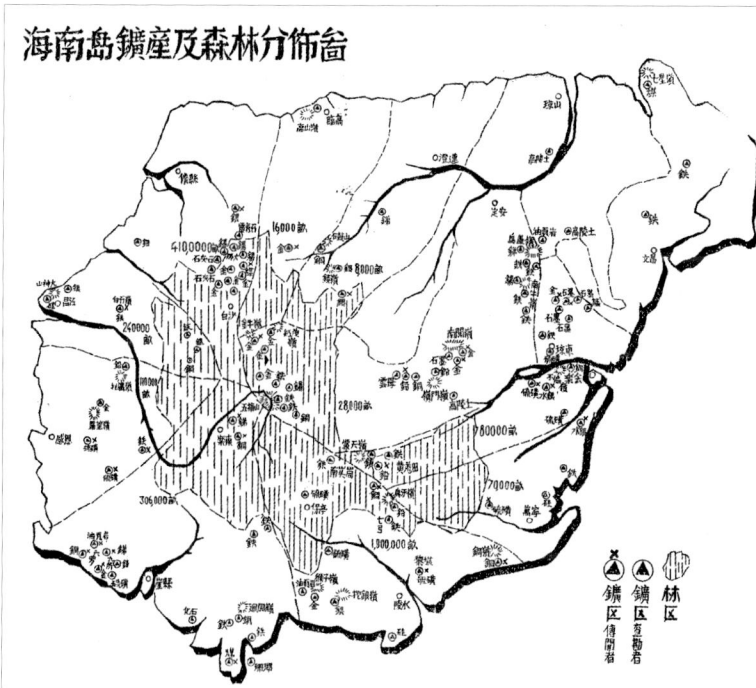

◎ 民国时期海南岛矿产及森林分布图

（引自林缵春编著：《琼崖农村海南岛之产业》，琼崖农业研究会 1946 年版）

◎ 宋庆龄父母墓

（引自盛永华主编：《宋庆龄年谱》，广东人民出版社 2006 年版）

◎ 宋氏三姐妹在上海合影
　（引自上海宋庆龄故居纪念馆馆藏）

出版前言

    2017 年年底，人民出版社出版《海南通史》（5 卷本），是我国第一部关于海南的地方通史。该书在大量史料和田野调查的基础上，作者历时 30 年写作而成。内容从海南历史的发端到民国时期，涵盖了政治、经济、军事、民族与文化融合、教育与文化、宗教与民俗、自然灾害和部分人物简介等各个方面。该书内容丰富，资料翔实，既弥补了以往的海南学术研究的不足，也为后来的研究奠定了基础。

    2018 年是海南建省 30 周年，中央高度重视海南的发展，批准海南建设自贸区和国际旅游岛，海南建设急需大量高素质人才。为了提高海南省广大领导干部、公职人员、未来引进人才的知识素养，使他们尽快地了解海南的历史文化，我们从 180 多万字的《海南通史》中压缩凝练成 57 万字的《海南通史简编》出版。

    本书作者周伟民、唐玲玲系海南大学教授，"2016 年感动海南十大人物"获得者。

2019 年 5 月

目　录

第一编　先秦至五代十国时期

第二编 宋元时期

第三编 明代时期

第四编　清代时期

第一编

先秦至五代十国时期

第一章　海南岛的形成及称谓

第一节　海南岛形成的年代

根据我国发表的《南海海洋地质联合调查中方报告》所指出的,南海成因年代的结论性意见为:南海海盆的扩张分为两阶段:"中渐新世左右"。这第一幕发生在 3370 万年前到 2380 万年前,这一扩张,是非对称性扩张,这一判断与上文所引美国哥伦比亚大学的泰勒和汉斯所说的大约在 32 万年前到 17 万年前相近。而第二幕发生在 2380 万年之后不久,这一次扩张是对称性扩张。

琼州海峡的下陷、断开,也是由于地球内外营力长期综合作用的结果形成的。内营力指地球内部的各种能源所产生的内力,包括地壳运动(水平、垂直、挤压、拉张等营力)、岩浆、地震及火山活动等。外营力指地球以外的由于自然环境改变而产生的能量引起地表变化的力,如太阳能、水流、冰川、气温变化、生物作用及化学作用等产生的能量。内营力作用的总趋势是形成地壳表面地貌起伏的基本轮廓,外营力则对这一基础地貌格架不断地进行风化、剥蚀、搬运和堆积,从而形成现代地面的各种地貌形态。①

琼州海峡的下陷,根据《南海海洋地质联合调查中方报告》的论

---

① 参见刘昭蜀等:《南海地质》,科学出版社 2002 年版,第 21 页。

述，是因为晚更新世冰期以来，气候变化引起的地貌营力变化使海南岛北部陆架的琼州海峡下陷到120米。"推测亦为该期代海面所塑造的残留地貌。"①

更新世，是第四纪的第一世。延续时间自181万年前到1万年前。"晚更新世"指1万年前左右。

海南岛形成距今1万年前左右的判断，是与地质勘探对深埋的物质作碳14测定的年龄相一致的。

原石油工业部南海石油勘探筹备处、原地质部第二海洋地质调查大队及原地质矿产部海洋地质研究所等机构，对海南岛沿海地层地质作钻探，列举了一系列的数字。笔者这里选取东北部万宁组及南部三亚组的数据如下。

万宁组，为冲积、海积砾层中粗砂或黏土，原生珊瑚礁和火山岩。平均厚度5.7米，最大11.9米。以万宁市保定12ZK1孔井深19.6—31.5米第4—6层为代表，砾层中粗砂和黏土中含牡蛎壳。埋深30.6米的牡蛎壳碳14年龄为（10230±320）aB.P.。②

三亚落笔洞溶洞洞穴堆积，有晚期华南智人、"三亚人"遗骨、磨制石器、骨器和角器，动物骨骼有麂、水牛、羚羊、华南虎、豹、熊、亚洲象、爬行类、龟鳖类和鸟类，水生动物有7目24种，贝壳约有7万个。第二层螺壳碳14年龄为（10642±270）aB.P.，第八层螺壳碳14年龄为（10890±100）aB.P.（郝思德等，1994、1998年）。③

这两组数据，是不同地层取样作碳14测定的，都是距今1万年左右。所以，海南岛形成于距今1万年前左右的结论是对的。

第二节　海南岛称谓的形成过程

名为万物之始，万物始于无名。南海海域及海南岛本来没有名

---

① 刘昭蜀等：《南海地质》，科学出版社2002年版，第22页。
② 参见刘昭蜀等：《南海地质》，科学出版社2002年版，第22页。
③ 参见刘昭蜀等：《南海地质》，科学出版社2002年版，第46—47页。

字，它们的称谓，有一个发展过程。

先说南海海域的称谓。

南海及南海岛礁的名字，自汉代起即有中国人的命名。东汉杨孚，以南海海水的自然状况为据，在《异物志》中给南海起了个"涨海"的名字，但当时南海范围内的岛、礁、岩、沙洲及环礁等有280多个都还没有名字。三国康泰在《扶南传》中说到有"珊瑚洲"一名；晋代裴渊在《广州记》中也同样记载了"珊瑚洲"，并指明是"在（东莞）县南五百里"，应当是指当今南海诸岛。宋代开始出现了能反映南海诸岛地形特征、为其后各朝代广泛采用的"长沙""石塘"等南海诸岛古地名，并出现了专指南海诸岛某一群岛的专称地名。

《宋会要辑稿》"占城国"说的"石堂"即"石塘"，指今南沙群岛。南宋周去非《岭外代答》中说的"长沙"，以及已佚的《琼管志》和王象之《舆地纪胜》说的"千里长沙""万里石塘"，指的是南海群岛。这是最早明确指整个南海诸岛的地名。

北宋《武经总要》说的"九乳螺洲"，指西沙群岛。《混一疆理历代国都之图》（1402年）中的"石塘"，指南沙群岛。后来明清两代的海洋文献著述中，直到陈伦炯在雍正八年（1730年）写成的《海国闻见录》中都记录了南海中的群岛及诸岛礁的地名。

然而，对南海的岛、礁、沙、滩、岩、门的比较全面而系统的命名是海南渔民的"更路簿"。[①] 渔民们为了自己在海捞联络时的定位、取向方便，给南海中的136个岛礁[②]起了"乳名"。这些名字在渔民的口头和简单书面记录中约定俗成。这些"乳名"也是渔民为了记述地域、辨别岛礁、确定船位、指导生产而命名的。

海南渔民所采用的这些"乳名"，多为后来中国政府命名南海各岛礁的"官名"时所采用。中国政府在1935年1月出版的《水陆地

---

① 笔者这么说，是因为中国第一本刻印的水路簿（更路簿）《渡海方程》及其"同出而异名"的《海道针经》，还没有南海诸岛各岛礁的地名。

② 参见郭振乾：《南海诸岛的开发者》，载《海南暨南海学术研讨会论文集》，1996年，第476页。

图审查委员会会刊》第一期刊登《中国南海各岛屿华英名对照表》，
正式公布了132个岛礁名称。1947年12月1日，由当时内政部方域
司审定、通过中央社正式公布南海诸岛地名172个。1983年4月25日，
《人民日报》第四版公布了中国地名委员会授权公布的我国南海诸岛
部分标准地名287个。这样，南海诸岛都有了稳定的称谓。

再说海南岛的称谓。

"海南"，在中国的正史和别史中很早就出现了。但在这些文献中
所说的是"海南"一词，词义有所演变。有的不是地理概念，有的所
指有不同的方位。

最早出现"海南"的是《史记·封禅书》："二世元年，东巡碣石，
并海南，历泰山，至会稽。"① 这里的"并海南"，意思是说，船沿着现
在的渤海向南航行。后来在《后汉书·袁闳传》中记载："后孙策破会
稽，（袁）忠等浮海南投交阯。"② 意思是说，袁忠等的船由海路向西南
投奔交阯。这两处的"海南"都不是指地理中的地名概念。此后，类
似的"海南"记录还有好些。诸如《三国志·吴书·薛综传》："越海
南征"；《宋书·武帝纪上》："（卢）循浮海南走"；《北史》卷九十五：
"婆利国，自交阯浮海，南过赤土……"；《宋史·占城国》："汎海南去
三佛齐五日程"等等。这些典籍所记的"海南"不是地理概念。

而有的典籍所述海南所指的是一个地方，但有不同的方位。东汉
刘熙在《释名·释州国》中有"南海，在海南也。宣言海南，欲同四
海名，故言南海"。清代考据学家王先谦在《释名疏证补》引用毕沅
的说法："南海郡在交州，与中国隔海，是在海南也。"这是因为秦时
南郡的治所在番禺（今广州市），辖境相当于今广东省大部，所临海
疆即今南海。可见，刘熙所说的"海南"，指的是现在南海北部沿海
地区。

在三国时期，"海南"一词在《三国志·吴书·吕岱传》中记载
吴国黄武五年（226年），交州刺史吕岱"表分海南三郡为交州，以将

① 这段话也在《史记·秦始皇本纪》和《汉书·郊祀志上》记述。
② （南朝宋）范晔撰：《后汉书》第六册，中华书局1965年版，第1526页。

军戴良为刺史"。①《资治通鉴》卷七〇照录这段文字,元代胡三省注:"海南三郡,交趾、九真、日南也。"这三郡均在今越南境内。这里的"海南"是越南的一个地方。

三国以后,史籍中"海南"一词屡屡出现,所指多在越南,如《梁书·海南诸夷列传》及《南史·海南诸国列传》都说到"海南诸国,大抵在交州南及西南大海洲上,相去近者三五千里,远者二三万里……今采其风俗粗著者,缀为海南传云"。② 这里的"海南"是指今越南横山以南至南海西南沿岸地区。晋代的《齐民要术》卷十"槟榔"条引《俞益期与韩伯康笺》说槟榔树不耐霜,不能在北方种植而"必当遐树海南"。这里的"海南"是指今越南地区。

梁朝任昉在《述异记》中载:"桂林有睡草,见之则令人睡,一名'醉草',亦呼为懒妇,箴出海南地记。"③这里的"海南"指今广西地区。

隋唐时期,典籍中"海南"一词出现的次数更多。有的指今越南地区,如《新唐书·丘和传》《元和郡县志·岭南道五·陆州》《全唐文》卷四十《赐林邑国王建多达摩书》《旧唐书·懿宗本纪》《新唐书》卷二〇七《杨思勖传》等皆是;有的指今越南中部以南至南海西南沿岸地区,如《通典·边防四·南蛮下》《新唐书·西域传上》《资治通鉴》卷二一一等皆是;有的指今南海与南海北部沿岸地区,如《旧唐书》卷一八七《王义方传》;也有的泛指岭南地区,如《旧唐书·僖宗本纪》即是。

宋代"海南"一词虽然大多指海南岛,但也有的并不是,如《萍洲可谈》卷二、《宋会要辑稿·食货》、陈敬《陈氏香谱》卷一、《宋史·食货志下》以及《续资治通鉴长编》等,所指是今南海西南部沿岸地区、南洋各国及今越南地区。

元代到清代,典籍中"海南"一词,仍有不是指海南岛的。如元代王祯《农书》卷二一《农器·纩絮门》、《元史·世祖纪》、《嘉庆重修大清一统志》卷五五三《越南》、清代徐继畬《瀛寰志略》卷二《南洋各岛》

---

① (西晋)陈寿撰:《三国志》第五册,中华书局1959年版,第1384页。

② (唐)姚思廉撰:《梁书》第三册,中华书局1973年版,第783页。

③ (梁)任昉撰:《述异记》卷下,《四库全书·子部》,第10页。

等的"海南"是指今南海西南部沿岸地区。①

以上所列举的典籍中所记述的"海南"都不是指海南岛，而史籍中所记载的"海南"真正指海南岛的是唐代的《太平广记》和《舆地纪胜》。这是历史上第一次将"海南"定指今海南岛。《太平广记》卷七八《方士三》"王山人"条引《松窗录》说："唐太尉卫公李德裕……及会昌朝，三策至一品，死于海南。"这个"海南"指的才是海南岛。《旧唐书》卷一七四《李德裕传》记载："大中元年（847年）秋，寻再贬潮州司马……明年冬，又贬潮州司户。德裕既贬，大中二年，自洛阳水路经江、淮赴潮州。其年冬，至潮阳，又贬崖州司户。至三年（849年）正月，方达珠崖郡。十二月卒，时年六十三。"②李德裕的确"死于海南岛"。

唐代《太平广记》所引《松窗录》的记载，连同《舆地纪胜》以及宋代的《宋会要辑稿·方域七》《岭外代答·海外黎蛮》《诸蕃志·海南》《桂海虞衡志·志器》、苏轼《和陶诗·和陶劝农并引》、范正敏《遁斋闲览·海南人情不恶》、陆游《老学庵笔记》及《宋史·高宗传》等等，所记"海南"指的是海南岛无疑，但这些记述所列的"海南"，都还是私家的个人称谓，没有官方的权威性。

真正由政府以行政区划名义定名而权威的称谓，是在元朝至元十五年（1278年）定的"海南"。

据《元史》卷六十三《地理志六·雷州路学》载：

> 至元十五年（1278年），平章政事阿里海牙南征海外四州，雷州归附，初置安抚司。十七年（1280年），即此州为海北海南道宣慰司治所，改安抚司为总管府，隶宣慰司。户八万九千五百三十五，口一十二万五千三百一十。③

同为《地理志六·雷州路学》有"乾宁军民安抚司"条记载：

---

① 参见李勃：《海南岛历代建置沿革考》，海南出版社2005年版。
② （后晋）刘昫撰：《旧唐书》第十四册，中华书局1975年版，第4528页。
③ （明）宋濂等撰：《元史》卷六十三《地理志六》，中华书局1976年版，第1537页。

乾宁军民安抚司，唐以崖州之琼山置琼州，又为琼山郡。宋为琼管安抚都监。元至元十五年，隶海北海南道宣慰司。天历二年，以潜邸所幸，改乾宁军民安抚司。户七万五千八百三十七，口一十二万八千一百八十四。领县七：琼山，澄迈，临高，文昌，乐会，会同，安定。①

上面所引的这两个材料综合起来看，元朝至元十五年（1278 年）设置海北、海南道宣慰司，这是一级行政机构。它在行政工作中起上传下达的作用：省有政令，宣慰司布于下级；州省请示，由它达于省。宣慰司只设在西南及南方少数民族聚居地区。

综上所述，"海南"一名，始于唐代，但以官方称谓则是从元代至元十五年（1278 年）。

---

① （明）宋濂等撰：《元史》卷六十三《地理志六》，中华书局 1976 年版，第 1538 页。

第二章　海南历史的发端

第一节　无陶时期或称前陶时期

无陶时期或称前陶时期，是以目前海南的考古状况勉强的称呼。

一、昌化江流域发现旧石器

海南岛人类的历史，也跟其他地方一样，最早是石器时代。石器时代划分为旧石器时代和新石器时代（也有学者细分出中石器时代），这两个紧密连接的时代，又可以细分为早、中、晚三个阶段。一般说来，旧石器时代是以敲击、打制石器为标志，新石器时代以磨光石器为标志。制造石器工具和使用这些工具，让人类从动物群中分化出来而成为人。

就现有的考古材料加以证明，海南岛有人，是从昌化江流域开始的。

打开现在的昌江黎族自治县地图，可以清楚地看到县东依傍的是珠碧江，县西绵延入海的是昌化江；南部是雅加大岭的中部，以霸王岭为标志的高山峻岭；县中部是盆地；北部是冲积平原的沙丘海滨，江河溪流贯穿其间；中南部山脉连绵不断。这样的地势，构成了许多山间幽谷。在山间溪流的岸边，出现许多大大小小的石灰洞穴，洞穴中常常是洞中套洞。

在这样的自然环境中，无论是渔猎或是采集，食物资源都极其丰富，水源也充足，具备了早期人类生活的优越条件。距今二万年前的海南，就有人类生活在昌化江流域中。1998 年，发现了混雅岭信冲洞遗址。洞中含有爬行类和哺乳类动物化石，根据碳 14 年代测定，距今约 19360 年。

在许多化石中，虽然没有发现人类牙齿、骨骼以及石器等遗迹，但是，考古学家们从化石的表面观察，有非常明显的人为砍砸痕迹和用火烧烤的痕迹。

然而，据郝思德介绍："在发现的大量动物化石中，一枚类似巨猿牙齿的化石引起了专家的注意。"[1]

二、昌化江流域的考古发掘

1. 混雅岭和燕窝岭遗址的地貌与地层

2006 年 5—6 月，在大广坝水利工程的化石和文物地点的保护和发掘中，由海南省文物考古研究所、海南省文体厅和中国科学院古脊椎动物与古人类研究所组成的野外考古发掘队对信冲洞化石地点进行了发掘。在考察信冲洞化石地点周边的地质和地貌时，中国科学院古脊椎动物与古人类研究所李超荣教授等在南阳溪第二级阶地的黄色黏土中发现了混雅岭和燕窝岭两处石器地点。

发现的石器地点位于昌江黎族自治县城正南 20 公里处，距离海南省昌江县七差乡保由村约 5 公里。混雅岭位于南阳溪的右岸，地理坐标为东经 109°01′18.1″、北纬 190°05′40.4″；燕窝岭位于南阳溪的左岸，地理坐标为东经 109°01′20.1″、北纬 190°05′36.1″，海拔 53 米。南阳溪是昌化江的一条支流，发源于昌江黎族自治县霸王岭一带，溪水从东向西沿遗址旁流过，大约经过 500 米汇入昌化江。

遗址附近出露的基岩主要是二叠系灰岩。灰岩遭风化侵蚀后，有的裸露，有的被树木和河流沉积物覆盖。沿河两岸可以清楚地见到 3 级阶地和比较窄的河漫滩。在河漫滩的堆积中，砾石大小不一，磨圆度中等，岩性主要是灰岩、石英岩、花岗岩和灰绿岩等。第一级阶地

---

[1] 《海南经济报》2007 年 12 月 6 日。

高出河面 5—7 米，形成于全新世；第二级阶地高出河面 10—15 米，在其后部发现这两个地点；第三级阶地高出河面 20—30 米。

两个地点的堆积物可分为 3 层。

（1）腐植土，厚 0.2—0.4 米，未见文化遗物。

（2）粉砂黏土，厚 2.8 米，呈浅黄色，具有层理，干后坚硬，该层含石制品。

（3）砂砾层，以细砾为主，不见底。

发现的石制品有 4 件。其中，2 件出自混雅岭，1 件出自燕窝岭，另外 1 件采自革命洞外。

HNP0003，单台面石核，出自混雅岭。石英岩质，重 1222 克，长 124 厘米、宽 129 厘米、厚 75 厘米。台面为一节理面，剥片疤 3 个，大小不等；台面角 95°。底端有砍砸使用的痕迹。保留 60% 的砾石面。

HNP0004，多台面石核，采集于南阳溪右岸革命洞外。重 1800 克，长 100 厘米、宽 144 厘米、厚 3 厘米。3 个台面，包括 1 个打制和 2 个自然台面，台面角 90°—102°。保留 55% 的砾石面。

HNP0001，多刃砍砸器，出自燕窝岭。重 2188 克，长 176 厘米、宽 130 厘米、厚 69 厘米，素材为石英岩砾石。上端由背面向腹面加工，形成一直刃，刃角为 67°，刃缘匀称且直。右侧交互加工形成一凸刃，刃角较陡，为 80°。左侧交互加工，形成一个较直的刃缘，刃角为 70°。左侧的另一条边，也交互加工成一直刃。

HNP0002，双刃砍砸器，出自混雅岭。素材为石英岩砾石，重 1550 克，长 149 厘米、宽 112 厘米、厚 88 厘米。砾石的上端经交互打击加工成一个直刃，刃角为 75°。砾石的下端经交互打击加工成一匀称的直刃，刃角为 85°。保留 70% 的砾石面。

从出土物的堆积情况和文化遗物分析，两个石器地点均为旷野遗址，是人类临时活动的营地。发现的石制品少，但有一些特点：原料均为石英岩，个体比较大；打片采用锤击法；石器仅有砍砸器类型。素材为砾石，加工采用交互方式。第二步加工比较规整，刃缘平齐；在石制品中都保留不同程度的天然面。石制品的特征显示，其石器工业与华南砾石石器工业有密切的关系。

在燕窝岭的地表还采集到有夹粗砂的红陶片。根据地质、地貌和石制品的特征，初步确定两个遗址的地质时代可能为晚更新世，即旧石器时代晚期。

虽然这两个地点出土的石制品数量少，但对今后工作提供了重要线索。今后应在海南省的南渡江、昌化江和万泉河三大河流进行广泛的史前考古调查，并在石灰岩地区的洞穴中寻找古人类化石和旧石器，这可能会为探讨古人类的活动与文化交流提供更多的研究材料。[①]

2. 石头崖遗址

2007 年 12 月，考古队在发掘燕窝岭旧石器遗址期间，又在昌江黎族自治县昌化江的支流南阳溪右岸新发现一处石头崖旧石器遗址，该地点距 2006 年发现的混雅岭和燕窝岭旧石器地点比较近。此次发现石制品十余件（有一些标本出自地层），其中有石核、石片、砍砸器和刮削器等。根据地质、地貌和石制品的特征，初步确定该地点的考古年代为旧石器时代晚期，地质时代为晚更新世。这是一处古人类活动的临时场所。这一发现对研究海南的史前历史和中国的旧石器文化具有重要意义，显示出古人类在该地区活动比较频繁。

3. 酸荔枝园遗址

2007 年 12 月，考古队调查时发现了酸荔枝园遗址。该遗址位于昌江黎族自治县昌化江的支流南阳溪右岸的第三级阶地。在工程施工的地层旁边发现一件用石英岩制作的砍砸器。根据地质、地貌和石制品的特征，初步确定该地点的考古年代为旧石器时代中晚期，地质时代为晚更新世。这也是一处古人类活动的临时场所，说明古人类在该地区活动的时间比较长。

4. 叉河砖厂遗址

2007 年 12 月，考古队调查时发现的。该遗址位于昌江黎族自治县昌化江右岸的第二级阶地。叉河砖厂就在叉河镇附近。考古队发现

---

① 参见李超荣等：《海南省昌江发现旧石器》，载《人类学学报》2008 年第 1 期。

大约有 10 件石制品，包括石核、石片和砍砸器。根据地质、地貌和石制品的特征，初步确定该地点的考古年代为旧石器时代中期，地质时代为晚更新世初期。这也是一处古人类活动的旷野遗址，说明在昌化江流域也留下了古人类活动的文化遗物。①

5. 落笔洞遗址

落笔洞遗址，属旧石器时代晚期的古遗址洞穴址类。位于三亚市东北约 15 公里的一座石灰岩孤峰南壁下。洞口朝南，距地面高约 10 多米。岩洞略呈簸箕形，口宽 9 米，中宽 7 米，深 16 米，高约 12.5 米。洞穴面积约 145 平方米。左壁刻"落笔洞"三个约有 1 尺多的大字，两旁小字为"至元癸未"（至元二十年，1283 年）及"维山云从龙"。还有元、明、清时期的诗词石刻。据考证，"落笔洞"因洞顶悬垂石钟乳形似落笔而得名。距今 1 万年左右，是海南岛迄今为止经正式考古发掘的年代最早的古代文化遗址，见证了早在 1 万年前，三亚就有人类生活居住的事实。

第二节　粗陶时期

"女烧陶，男勿近"是海南省昌江县石碌镇保突村里流传的乡约民规。这从一个侧面说明，海南古代智人最早发明陶器的是妇女。陶器的发明，是原始社会一项巨大的进步。这项发明，不仅显示人类能利用特定的泥土烧制出各种器物，而且说明了当时社会的生产有了剩余，需要有器皿来储备；人们也学会了取火，并能长久地保留火种以应炊煮之需；熟食也使人的体能得到提升。生产力的提高，是社会的一次飞跃。

一、海南最早的陶器是夹砂粗陶

现在黎族聚居地的山岗洞穴遗址和台地洞穴遗址中，都不同程度地有夹砂粗陶出土。这些遗址中的文化遗存，多数都还没有作年代的

---

① 参见李钊、李超荣、王大新：《海南的旧石器考古》，载董为主编：《第十一届中国古脊椎动物学学术年会论文集》，海洋出版社 2008 年版，第 167—172 页。

测定。有少数测定的，如昌江县的皇帝洞遗址，在原王下乡牙迫村东南约 500 米的五勤岭，是石灰岩溶洞遗址，北面约 120 米是昌化江支流南浇河。洞口朝西北，距山下平地高约 70 米，洞口高约 20 米，宽约 20 米；洞穴高约 30 米，宽 5—10 米，深约 110 米，面积约 570 平方米。文化堆积层东高西低，厚度不详。采集有新石器时代的夹砂灰陶罐残片，该遗址中出土的动物化石、贝壳和鸟骨化石，经碳 14 测定年代距今约 10960 年。

在东方市四更镇下荣村北约 40 米的付龙园遗址，是新石器时代的台地遗址。1998 年进行发掘，文化层的下层属新石器时代，出土有双肩石斧、双肩石锛、尖状骨器，器形较小；陶器以夹砂灰黑陶为主，多器身和器盖。年代与皇帝洞遗址大致相当。

出土夹砂陶器的遗址多分布在昌化江、南渡江沿岸和沿海地区，主要分布在五指山、乐东、东方、昌江、白沙、儋州及沿海地区的文昌、三亚、陵水。

夹砂粗陶：以红色为多，也有少数灰色或黑色的，有的器表为红色或白色，胎为黑色或灰色。陶土一般未经淘洗，多加砂粒、蚌末、石末为羼和料。火候一般比广东大陆的要稍高。陶壁有厚有薄。手制，表面抹平。有的器表加红赭色陶衣，部分有蓝纹，还有划纹。可辨的器形有罐、瓮、缶、豆、鼎等，有的颇类似甑，其中罐、缶的器形很大。口缘分敛口、折唇、敞口、卷口，耳有贯耳、乳钉和耳环等。底部多为圆底，鼎足呈柱状、角状。

在夹砂粗陶的遗存中，曾发现一些陶质工具或饰物。计有纺轮 7 件，作高身式和算珠式。陶饼 3 件，呈扁平圆形。耳坠 1 件，呈扁平椭圆形，顶端穿一孔；长 3.8 厘米，宽 2.5 厘米，厚 1.1 厘米。陶管 2 件，呈长柱形，中有一孔；长 4.3 厘米，直径 1 厘米。陶珠 2 件。以上各件的陶质，亦均为粗砂红陶。

另外，在一些遗址中，还出土有夹砂质的陶网坠，可分细腰、单孔、单槽、双孔单槽、十字槽等式，均作扁圆、椭圆或长梭圆形。

泥质软陶：泥质红色，火候较砂陶为高，亦有手制，表面多素面抹平,少数饰有方格纹。在通什第一号遗址的 T1 第二层中,会发现有表面磨光的口缘着红色陶衣的陶片。这系的陶片,器形可辨的有罐、鼎、豆等,器形较小,口缘可分敞口和敞口折唇,不见附耳,有角状形器足。

发现的泥质软陶有豆:1 件。大口,深腹,矮圈足上有对称的四孔,表面磨光,为红色软陶,火候不高,手制。通高 10.2 厘米,口径 14.5 厘米。

几何印纹硬陶:多为灰色,也有少数红色的,胎表与里颜色均同。陶土较净,有的细砂等为羼和料,火候较高,陶壁厚,手制或部分轮制。纹饰有方格纹、米字纹、水波纹、条纹、菱形纹和篦纹等,在广东大陆常见的夔纹、雷纹和几种花纹组合的纹饰,这里均未发现。器形可辨的有罐、碗等类。口缘有敞口折唇、卷口、敞口等。底有平底和圆底。

发现的几何硬陶有罐:1 件,为无颈敞口折唇,深腹平底的陶器,肩部有四个贯耳,口部抹平,腹饰划纹数圈,腹下部饰方格纹,色灰质硬。通高 31.6 厘米,腹径 31.5 厘米。

此外,在一些遗址中还出土有红色硬陶的十字槽式网坠,作圆球状,纵横各有凹槽一周,直径 4.2 厘米。[①]

二、粗陶时期的贝丘遗址和沙丘遗址

贝丘遗址和沙丘遗址距今 5000—4000 年。

海南岛周边的海滩上分布着众多的贝丘(考古学上又称贝冢或庖厨垃圾堆)遗址。沙丘遗址一般在岛湾边。

沙丘遗址,北面是大海,东西长约 4950 米,南北宽约 50 米。1992 年第一次发掘,文化堆积厚 0.5—1.5 米,共 6 层,其中第 3—6 层为新石器时代文化遗存,发现房屋、柱洞和灰坑等重要遗迹,出土石器、陶器、贝壳和动物骨骼等。陶器以夹砂陶为主,发现施红陶衣、陶片,主要器形有罐、釜、碗、钵、盆,多为素面;石器有磨制

---

① 参见广东省博物馆:《广东海南岛原始文化遗址》,载《考古学报》1960 年第 2 期。

的凿、梯形斧、双肩锛以及石核、石片等。

第二次发掘在 2006 年 2 月 25 日至 3 月 26 日。这次发掘，断定遗址为新石器时代中期文化遗存。此次发掘共掘探方 5 个，总面积达 200 平方米，专家在探方中发现了七八处当时居民使用灶的遗迹，3 块摆成品字形的石头上有烟炱，旁边还有做饭用的陶釜残片。另外，发现有大量陶片堆积和面积达三四平方米的石块堆积，排列整齐，其用途还有待进一步研究。

这次发掘，出土遗物中陶片最多；出土的石刀、石璧在海南是首次发现。此次考古发现石器几十件，磨制技术较成熟。磨制石器有石锛、石凿、石斧、石刀和石璧等。石璧是以石制成的装饰物，为环形。打制石器有砍砸器、刮削器、石核等。出土陶片的数量很大，约有上千件。大部分为夹砂陶，以红褐陶为主，也有少量黄褐、灰褐、褐色的红衣陶，大部分为泥片贴铸而成，火候较低。器形不规整，有罐、釜、杯、碗、钵等，大部分为环底器，部分为圈足、高圈足和平底器。纹饰有刻画和拍印的菱形纹、方格纹、水波纹、弦纹和绳纹等。另外，还发现少量的贝壳兽骨。[①]

这些遗物说明，当时人们的经济生活仍然是以采集、捕捞和狩猎为主。石刀说明了沙丘的居民比起山岗洞穴人和台地洞穴人来，制造工具和使用工具的能力大大提高。同时，石璧的出现，也说明了当时人们有朴素的审美意识。

三、桥山遗址为深化古陶文化研究提供重要线索

正如海南省文物局局长王亦平所说的，和其他兄弟省区市相比，海南的考古基础工作相对落后，现在开展的这些工作，对于海南考古学文化的建设和打造独立的考古文化体系，都具有极大的促进作用。海南史前人类的历史正在不断探索发现中，今后将有更多的新发现来完善对海南古代文明的研究。目前，考古界对陵水桥山遗址开启了又一轮大规模探寻的发掘。但这次考古工作，还仅仅是发掘、记录、检

---

① 《海南陵水出土 4000 多年前石刀石璧》，《海南日报》2006 年 4 月 4 日。

测、粘贴和复原等程序，虽然看到了 23 件新出土的已经复原的文物，其中包括有钻芯、石锛、网坠、砺石、双肩石斧、夹砂红褐土陶罐和炊具等，但对整个桥山遗址作出研究的考古报告还没有发表。所以说，这里仅是一种学术性的报道而已。

2014 年 1 月 22 日，《海南日报》记者开始在报上公布中国社会科学院考古队对陵水桥山遗址的发掘消息，振奋人心，多少年来关注海南古代文明的学者们的诸多推测、探求，将从实地考古发掘得到的出土实物中，得出确切的结论。

早在 20 世纪 60 年代，海南就曾对陵水石贡遗址进行首次发掘。当时，海南还没有建省，是中山大学牵头对海南行政区的遗址进行过首次发掘，当时与国际考古学界接触很少，这种类似于"初步调查"式的发掘最终没有留下多少详细的资料，发掘完毕后也只是出具了一份简报。后来，海南又对石贡遗址进行第二次发掘，有很重要的遗物出土，但遗憾的是考古学者们却没有出具报告。这些造成陵水考古遗址现存的资料十分缺乏，也直接影响了桥山遗址发掘的基础性工作的开展。2012 年，海南再次对陵水石贡遗址进行发掘，随着考古发掘工作一次又一次深入开展，海南岛古人类未破之谜，一层又一层被揭开。

经过将近一年多的桥山遗址出土文物发掘，一批新的文物已经复原，呈现了令人惊叹的面貌，从这些石器、陶器中，隐隐可见古人生活的点滴痕迹。

桥山遗址出土文物的复原在现阶段有 23 件。在这 23 件复原中，有 9 件是比较大型的生活器皿。中国社会科学院考古研究所研究员傅宪国解释说："这个罐体较高的陶器，体积较大，陶肚较深，我们推测这应该是古人用来装食物的器皿；这个像一个大碗形状的口沿陶片器皿，口大形浅，推测应该是古人类生活用的炊具。"他接着说："这种网坠的形状与我们在大陆地区考古发掘中多次出现的纺轮十分相似，但因为海南特殊的地理位置，以渔业为主，经过深入研究，我们最终还是认为，桥山遗址出土的这些纺轮状石器，作为海南古时渔民出海用渔网的垂坠的可能性更大。"

关于过去学者们对海南黎族族源的"南来说""北来说"还是"西来说"的众多争论和猜想，傅宪国说，这次陵水桥山遗址不断发掘和复原，将为构建陵水乃至海南地区史前文化的发展演化序列提供重要资料，并且为探讨和研究海南地区史前文化与南岛语族的关系提供重要资料。

根据考古学者的调查，陵水目前已探明的遗址有 6 处，分别是：走客遗址、桥山遗址、石贡遗址、莲子湾遗址、陆仔湾遗址、六量岭下遗址。又如移辇遗址，这是 2007 年海南省文物考古研究所发掘的一处新石器时代沙丘遗址，考古工作者对移辇遗址出土陶器进行了一系列的物理与化学测试实验，其中陶器孔隙率、吸水率和植硅石测试均在海南文物保护实验室独立完成，陶器烧成温度和化学原料分析又分别委托中国科技大学和中国文化遗产研究院开展。这一系列的考古研究，都对深化中国古代陶瓷科技及岭南新石器时代制陶文化研究和研究南岛语族文化提供了重要线索和科学依据。[1]

目前海南有近 1500 处不可移动文物遗存，其中古遗址 558 处，占不可移动文物遗存的 1/3。从目前几处文化遗址的勘查情况来看，海南很可能存在着和内地迥异的独立的史前文化体系，而这些文化和马来西亚、越南、泰国、柬埔寨等国家有着密切的关系，一旦实现突破，对于我国史前文化将会是一种填补空白般的贡献。[2]

四、石贡遗址：房屋和私有财产初露端倪

陵水县南湾半岛西北角的石贡遗址，南临浅海湾，北靠南湾岭，贝类、鱼类很丰富，捕捞方便；山岭上可供采集的资源很多。遗址中清理出半地穴式房址、柱洞、灰坑和红烧土等遗迹。这说明这里的人们已经过上定居生活，而且有半地穴式的住房。陶器可以储备劳动所得的剩余食品。

在同一个遗址中，仅在 5 个探方，总面积 200 平方米的地方，发现了七八处当时居民使用灶的遗迹，3 块摆成品字形的石头上有烟炱，

---

① 参见杜颖、程范淦：《桥山遗址：求解琼岛三大未破之谜》，《海南日报》2014 年 1 月 22 日。

② 参见戎海：《海南考古：有多少惊喜可以期待》，《海南日报》2014 年 1 月 30 日。

旁边还有做饭用的陶釜残片。① 这七八处居民的三脚灶以及所营造的长期居住的房屋，对比广东石峡的房址，那里较大的一座残长 40 米，中间有隔墙，叫作"长屋"。按当时的条件，这种长屋估计可住数十人，可能是氏族内一群血缘亲属的居所。这是广东当时母系氏族社会氏族部落的民所。其年代在距今 6000—5500 年之间。而在海南，距今 4000 年左右，推想当时社会是母系中心向父系中心过渡期的一个一夫一妻的家庭，七八个家庭汇聚在一起，共同捕捞和采集，但却是"分灶吃饭"。这可能是私有制的端倪。

从海南的无陶、粗陶时期的出土文物，人们不难看出：

首先，海南新石器晚期遗址的文化内涵同两广地区基本相近。如部分遗址与珠江三角洲同类遗存相比，石器多为通体磨光，器形主要为锛和斧，两地的锛均比斧多，其中有肩锛、双肩锛、有肩有段锛等似一脉相承。陶器都为夹砂陶和泥质陶，流行圆底器、圈足器，多见罐、釜，板沿口陶釜是典型器物。海南出土大石铲的遗址与两广地区以大石铲为特征的新石器晚期遗存的遗址在文化面貌上大致相同，都属台地、山坡类型的遗址。这类遗址主要分布在广西南部地区的扶绥、钦州、隆安、邕宁、合浦、北流、玉林、贺县、德保、靖西等地和海南部分市县，广东封开、德庆、兴宁也有少量发现。其中广西邕江的三角地区遗址最密集，出土遗物也最典型；海南则发现了大石铲及平肩长身石铲、双肩斜柄石铲等；其他地点的石铲种类单调，器形多发生变异。这说明海南当时与岭南同时期文化有交流。

其次，从这些出土遗物所呈现的特征中我们可以推测到，史前海南岛人类的经济活动主要是进行原始农业生产和狩猎。

最后，海南岛四面环海，人类居住在滨海临岸地带，或者是沿河而居，因此石制或陶制的网坠被大量发现，且形式多样，说明古人类的生活中，也从捕捞取得生活资料，可以看到捕捞业的繁盛。从文明发展的时序上看，是新石器时代产物。

---

① 参见《海南陵水出土 4000 多年前石刀石璧》，《海南日报》2006 年 4 月 4 日。

第三章 黎族、临高语族和仡隆语族先后迁入海南

第一节 海南先住民黎族的源流

海南的先住民是黎族，据2011年5月10日公布的第六次人口普查统计，黎族人口有127.74万人，占全省总人口的近14.73%，分别住在海南岛三亚、东方、五指山市和白沙、陵水、乐东、昌江黎族自治县，琼中、保亭黎族苗族自治县，部分散居在儋州、万宁、琼海、屯昌等市县的12个民族乡镇。黎族分布地区的面积广阔，占全省陆地面积的55.02%。

一、黎族五种方言的分布状况

在黎族当中，根据语言和文化特征的差异，分为哈、杞、润、美孚、赛五种方言。每个方言内的土语往往与该方言自称或峒相适应，人口状况不一。

1. 哈方言

哈方言过去作"侾"。哈方言在黎族五种方言中人口最多，分布最广。历史典籍中，哈方言有"遐""霞""夏"等名称。哈方言主要分布在乐东、陵水、昌江、白沙四个黎族自治县和三亚、东方两市，其内部又有许多种自称，主要有"罗活""抱怀""哈应"三种称呼。"罗活"分布在乐东盆地及盆地边沿与哈方言其他类型杂居部分，少

量还分布在东方、白沙等地,有罗活、抱由、多港、抱漫、志强、南唠等自称,大多是以居住地(过去的峒)命名的。"抱怀"主要分布在望楼溪中游的千家镇永益村、福报村等地,在三亚、东方也有少量分布,人数较少,自称"抱怀"。"哈应",又作"哈炎",在哈方言三个土语中,人数最多,分布最广,主要分布在黎族地区边缘地带的三亚、陵水、东方等地,与汉族相邻或杂居,受汉族文化影响较深。

2. 杞方言

杞原作"岐",使用人口仅次于哈方言,主要分布在保亭、琼中、五指山 2 县 1 市。五指山地区到 20 世纪 50 年代初期仍保留着合亩制度。

3. 润方言

润方言过去又称"本地"黎,是汉称,意思是"土著的黎族",自称为"赛","润"是其他方言的黎族人对其的称呼,居住在白沙黎族自治县东部、鹦哥岭以北的广大地区。1950 年以前,男子结髻在后,下穿"犊鼻裤",上衣已改汉装;妇女文面文身,上衣宽阔,为"贯首式",筒裙极短。润方言擅长造型艺术,妇女的织花与绣花和男子的骨刻与木刻,十分精致美观。居住在南渡江发源地——南溪峒的润方言过去普遍保留着"上人下畜"的高架船形屋。润方言内部方言土语相当复杂,主要土语有白沙土语、元门土语。

4. 美孚方言

"美孚"一词,是其他方言的黎族人,尤其是哈方言对其称呼的汉语译音。美孚方言主要分布在昌化江下游两岸,居住地一般有较宽广的平地与肥沃的水田。过去男子结髻在后,戴耳环,下穿左右各一块相掩的黑色短裙,上穿黑色开胸对襟无纽扣的短衣。妇女上衣与男子的无区别,但用黑白相间的头巾缠头,下穿长及脚踝的长筒裙,文身文面。说美孚方言的黎族人不懂制陶,但擅长纺织和木工。

5. 赛方言

赛方言过去称"德透"黎,又称"加茂"黎,自称为"赛"。使用赛方言的人口较少，主要分布在保亭黎族苗族自治县、陵水黎族自治县和三亚市交界的地区。男子已全部改穿汉装，妇女上衣类似传统的汉装，下穿长筒裙。

尽管黎族内部在语言、习俗、服饰等方面存在着某些差异，但黎族作为一个民族共同体，其统一性是主要的。黎族内部虽有方言与土语之区别，但互相之间可以进行语言交流，其中，赛方言与其他方言差别较大。至于文身、婚姻、饮食、居住、宗教信仰等习俗则大同小异，基本相似。①

二、学术界对黎族族源的论述

黎族古代先民的历史，至今还是一个谜。

黎族称为"黎"，最早见于唐代，《新唐书·杜佑传》有"朱厓黎民三世保险不宾，佑讨平之"。②唐代刘恂撰《岭表录异》卷上载："紫贝，即砑螺也，儋、振夷黎海畔采以为货。"刘恂《岭表录异》记载于《钦定四库全书》史部十一地理类八《杂记之属》。到了宋代，乐史的《太平寰宇记》、范成大的《桂海虞衡志》、周去非的《岭外代答》、赵汝适的《诸蕃志》等书，均称之为"黎"，如《桂海虞衡志》曰："岛之中有黎母山，诸蛮环居四旁，号黎人。"③到了清代，顾炎武又有新说："按俚讹为黎，声之转也久矣。"④以"俚""黎"音相近，因而"俚"转为"黎"。虽然，族称为"黎"始于唐代，但黎族作为海南岛上的先住民，却在史前年代早已存在。

关于黎族族源的争辩，自20世纪30年代至今，仍在继续。究竟黎族是生长于本土海南岛，抑或是从内地或东南亚地区迁徙而来的，各持己见，莫衷一是。

---

① 王学萍主编：《中国黎族》，民族出版社 2004 年版，第 2—3 页。

② （宋）欧阳修、宋祁撰：《新唐书》卷一百六十六《杜佑传》，中华书局 1975 年版，第 5087 页。

③ （宋）范成大：《桂海虞衡志》，载《范成大笔记六种》，中华书局 2002 年版，第 156 页。

④ （清）顾炎武：《天下郡国利病书》，上海古籍出版社 2012 年版，第 3412 页。

第二节　临高语族和仡隆语族迁入海南

一、临高语族迁入海南

临高语族在春秋战国时继黎族先民迁徙到海南岛。到了汉代，史志已经明确记录了大陆移民首先移入的地点是临高。据正德《琼台志》记载："郡志载，建武二年，青州人王氏与二子祈、律，家临高之南村，则东汉有父子至者矣。"① 这也证明，历史上有文字记载移民海南岛的，最早是移入临高。

临高语族，是指散落在海南岛北部，东起南渡江，西迄临高县的新盈港，南以琼山县的遵谭、澄迈县的白莲和儋州的南丰为界，包括临高全县和儋州、澄迈、琼山及海口市郊的一部分地区——这个地区在地域上连成一片。据史图博在《海南岛民族志》中描述，他在1931年到访过临高人的村子，也包括自儋州南丰以南，今白沙县的细水乡、元门乡和牙叉镇，约有50万人使用汉藏语系侗泰语族壮泰语支的一种语言——临高语。从语言、社会、风俗习惯等方面来看，他们显然是海南岛上的一个少数民族。②

由于历史上的种种原因，临高人没有自己的民族族称。他们或称为临高人，或以住地为名，称龙塘人、长流人、白莲人等。过去，有些人说他们是"汉化了的黎人"或"黎化了的汉人"，也有人认为他们是广西等地"从征而来"的壮族军队的后裔。③ 这些说法都是一家之言。

二、仡隆语族迁入海南

据2013年统计，在海南省昌化江下游南北两岸大约有10万多讲仡隆语的居民，分布在昌化江北岸昌江县的13个自然村和昌化江南岸东方市的40个自然村，生活在约400平方公里的区域里。

① （明）唐胄纂：正德《琼台志》卷三，海南出版社2006年版，第58页。
② 参见梁敏：《"临高人"——百粤子孙的一支》，载《民族研究》1981年第4期。
③ 参见张介文：《透过地名看临高人在历史上的几个问题》，载《中国地名》1996年第2期。

这些讲仡隆语的居民，他们是属于什么民族？海南岛解放初期，有人建议把他们归为黎族的一个分支。后来由于他们的语言与黎族语言差异太大，文化习俗也不一样，最后还是不得不把他们勉强归为汉族。

2010年，海南医学院生物教研室与上海复旦大学生命科学院现代人类学教育部重点实验室联合进行了《海南岛土著民族的父系遗传多态性差异分析》项目的研究，对海南岛土著黎族五个支系、仡隆人、三亚占人等7个人群480个男性个体Y染色体22个双等位基因多态性位点进行检测，确定了黎族五个支系及仡隆人、三亚占人的单倍群分布，并对其主要单倍群进行7个YSTR基因位点的基因分型，与东南亚及周边地区不同群体的Y染色体单倍群分布及基因多样性进行了比较分析。

这项用DNA手段的研究证明，海南仡隆人基因属于贵州仡佬族。这一结果是在2011年1月6日复旦大学举行的新闻发布会上宣布的。

在新闻发布会上，复旦大学生命科学院李辉副教授指出：这项研究主要通过检测Y染色体的遗传信息，并进行比对，来确认一个族群的民族起源。

但出于严谨的科学态度，专家还分别对仡隆人父系的Y染色体和母系的线粒体DNA作了民族来源的比较分析。其中，父系Y染色体分析显示，仡佬族成分占到67.9%，汉族成分占到27.2%，黎族成分占到4.9%。而母系线粒体分析显示，仡佬族成分占到37.6%，汉族成分占到31.7%，黎族成分占到30.7%。

这一结果表明，仡隆人的父系和母系的最主要成分都来自仡佬族。

据了解，此次复旦大学研究证明海南仡隆人基因上属于仡佬族，是世界范围内首次用科学手段确定出一个来源未知人群的民族血统。

复旦大学现代人类学教育部重点实验室与海南医学院联合对仡隆人的遗传基因作了详细的研究，研究结果发表在2010年7月和12月的人类遗传学著名期刊《人类遗传学报》上。该研究分别对父系的Y

染色体和母系的线粒体 DNA 作了民族来源的比较分析，结果发现，仡隆人的父系和母系的最主要成分都来自仡佬族。复旦课题组负责人李辉博士表示，由此可以认定，海南的仡隆人是仡佬族的一个分支。

仡隆人所使用的语言，又称村语、村话、哥隆语。在仡隆语的语言识别分类上，出现不少转折。在 1957 年时，就有中国社会科学院民族研究所研究员梁敏在《海南"村话"和"临高话"调查简报》中，曾简略介绍过仡隆语。1983 年，东方县黎族干部符镇南与中国科学院少数民族语言研究所欧阳觉亚，在深入调查和研究之后，指出仡隆语不是汉语的方言，也不是黎语，而是与黎语很接近的一种语言。5 年后符镇南与欧阳觉亚联合发表《海南岛村话系属问题》，认为仡隆语属于壮侗语系黎语支下的一个语言。然而直到最近，仡隆人经过复旦大学现代人类学研究中心与海南医学院合作，认定仡隆人基因比较接近贵州的仡佬族，而其语言经过认定之后，认为是一种混合了仡佬语、黎语、壮语、海南话的语言，其分类也该从黎语支移至仡隆语群，这和民族语分类的结果一致。

据推测，仡隆人迁入海南岛，大约在秦朝末年，或者是汉代。

第四章　秦汉时期的海南

第一节　秦朝时期的海南

一、先秦典籍中关于海南的记载

《山海经·海内南经》谓："伯虑国、离耳国、雕题国、北朐国皆在郁水南。郁水出湘陵、南海，一曰相虑。"其中有"离耳国"和"雕题国"，"离耳""雕题"指的是耳垂穿孔后用耳坠拉长以及文面。儋耳，即耳垂，古代黎为儋耳；儋，古代作"瞻"，下垂义。而雕题，雕刻纹路在额头上。所以晋代郭璞注："锼离其耳，分令下垂以为饰，即儋耳也。在朱崖海渚中，不食五谷，但噉蚌及藷、芋也。"① 秦始皇三十七年，南巡到会稽，欲隔绝越人对海外的联系并防止其民集结再起，便移越民于内地，迁罪民于海边以备外越。因此，《越绝书》卷八记载："是时，徙大越民置余杭，伊、攻□、故鄣。因徙天下有罪适（通"谪"）吏民，置海南故大越处，以备东海外越。乃更名大越曰山阴。"② 指的这次大移民活动。又《汉书》卷九十五《南粤传》："秦并天下，略定扬粤，置桂林、南海、象郡，以适徙民与粤杂处。""南粤已平，遂以其地为儋耳、珠崖、南海、苍梧、郁林、合浦、交阯、九真、日

---

① 袁珂：《山海经校注》卷五《海内南经》，上海古籍出版社 1980 年版，第 269 页。

② 张仲清：《越绝书译注》，人民出版社 2009 年版，第 193—194 页。

南九郡。"① 都是这个意思。由此可知，"离耳国"在秦前是海南岛的儋耳郡地。而"雕题国"按郭璞注："点涅其面，画体为鳞采，即鲛人也。"雕题国有"以大环坠耳"插大耳环的习俗，文身的习俗，离耳、雕题这两国均在海南岛上。后来，南朝梁·萧绎《金楼子》卷一《兴王篇一》载："尧乃老，使舜摄行天子政，巡狩得举用事……缓耳、贯胸之民来献珠玑。"这里的"缓耳"即儋耳；而"贯胸之民"是指海南黎族传统穿的贯头服，都指古代的海南岛先住民。《后汉书·杜笃传》载："连缓耳，琐雕题。"唐代李贤注："缓耳，耳下垂，即儋耳也。"② 这说明尧舜时海南岛土著居民已与中原王朝有多种多样的往来。

后来，到汉武帝时，司马迁在《史记·货殖列传》里也记载了这些珍异之物。当代史学家吕思勉指出，《史记》所记述的，"此语非汉时，可见陆梁（岭南）之地未开，蛮夷贾船已至交广者矣"。③

实际上，在秦以前，南海上渔民的活动已经很频繁。前21世纪至前16世纪的夏代，"夏禹声教，至南海交趾"（《通典》）。岭南造船技术，也是很早发展起来的。成书于战国时期的古书《逸周书·王会解》中记载：商代国王汤（前1766—前1754年），汤问伊尹曰："诸侯来献，或无马牛之所生，而献远方之物，事实相反不利。今吾欲因其地势所有，献之必易得，而不贵其为四方献令。"伊尹受命，于是为四方令曰："臣请正东符娄、仇州、伊虑、沤深、九夷、十蛮、越沤、鬋发、文身，请令以皮之鞹□鲗之酱、鲛𩽹支利剑为献。正南瓯邓、桂国、损子、产里、百濮、九菌，请令以珠玑、瑇瑁、象齿、文犀、翠羽、菌鸡、短狗为献……"④ 这一条史料说明，那时候南海周边（函海南岛）居民，早在前18世纪就从事水产资源的开发，并以这些特产贡献中央王朝。据史图博在《海南岛民族志》中描述，他在1931

① （汉）班固撰：《汉书》第一一册，中华书局1962年版，第3847、3859页。
② （南朝宋）范晔撰：《后汉书》第八册，中华书局1965年版，第2600、2602页。
③ 《吕思勉读史札记·官南方者之贪》（上），上海古籍出版社1982年版，第525页。
④ 《逸周书》卷七《王会解第五十九》，载《文渊阁四库全书》第370册，台湾商务印书馆1986年版，第50页。

年到访过临高人的村子，也包括自儋州南丰以南的水乡元门乡和牙叉镇。

二、秦始皇对海南的关注

前221年，秦王嬴政完成了统一中国的大业，在中华大地上建立了统一的大帝国。他成为中国的第一个皇帝——秦始皇，着手建立中央集权的秦皇朝。

秦始皇在位的时候，采取了一些有利于国家统一和政权巩固的措施，如统一货币、度量衡、文字以及车轨。为了加强中央和地方的联系，秦始皇征发劳役，修驰道，便利全国交通；修长城，阻挡北方少数民族的入侵；推行重农抑商政策，使农业得到恢复和发展。但是统一中国之后的秦始皇，为了巩固自己的统治地位，制定严酷法律，滥用刑罚，民不聊生，因此在前209年爆发了陈胜、吴广起义，前206年，刘邦一举灭掉秦朝，短短15年的封建王朝为汉朝所代替了。

是时的海南为南越外徼，尚未设置郡县，无正式行政区划。关于这一点，史志多有记载：《史记·南越列传》："秦时已并天下，略定杨越。"①《汉书·南粤传》："秦并天下，略定扬粤。"②《旧唐书·地理志四》："南海，五岭之南，涨海之北，三代已前，是为荒服。秦灭六国，始开越置三郡，曰南海、桂林、象郡，以谪戍守之。"③明代欧阳灿在万历《琼州府志》谓："琼，唐虞以来为扬越荒徼，秦为越郡外境。"其注云："旧志：秦始略定，始属中国。"④明代唐胄在正德《琼台志·沿革考》云：琼州府，"唐虞三代为南服荒徼。旧志：古为扬越南境。《禹贡》不入，《职方》不书"。⑤《大清一统志》："《禹贡》

---

① （汉）司马迁撰：《史记》卷一百一十三《南越列传》，中华书局1959年版，第2967页。

② （汉）班固撰：《汉书》第十一册，中华书局1962年版，第3847页。

③ （后晋）刘昫撰：《旧唐书》卷四十一，中华书局1975年版，第1712页。

④ （明）戴熺、欧阳灿总裁，蔡光前等纂修：万历《琼州府志》卷二《沿革志》，海南出版社2003年版，第31页。

⑤ （明）唐胄纂：正德《琼台志》卷三《沿革考》，海南出版社2006年版，第43页。

扬州西南徼外地。《汉书》贾捐之《谏伐珠崖疏》：珠崖非《禹贡》所及，春秋所治。春秋战国为扬越地，秦末属南越。"① 明代万历《儋州志·沿革》："儋州，古为南服荒徼（注：旧志：古为扬越南境，秦为越郡外境）。"②《嘉庆重修大清一统志》卷四百五十二《琼州府》一：琼州府，"《禹贡》扬州西南徼外地。"③《汉书》贾捐之《谏伐珠崖疏》："珠崖非《禹贡》所及，《春秋》所治。"④ 清朝明谊、张岳崧等修道光《琼州府志》载："唐、虞海南岛为南交之地。""三代海南岛为扬越之南裔，秦为象郡之外徼。"⑤《古今图书集成·职方典》卷一三七三《琼州府建置沿革考》："府志：本府。琼在唐虞三代为扬越荒徼，秦为越郡外境。旧志：秦皇略定，始属中国。然秦于越置桂林、南海、象三郡。"⑥

由此可知，秦以前海南岛是外徼的蛮荒之地，尚未列入中国的版图。海南岛上的先住民黎族，由岛外迁徙来后，从史前到秦朝，一直处于原始的赤子状态。在那漫长的历史岁月中，海南岛的先住民即黎族在岛上繁衍、发展，已形成了一个具有独特民族风貌的民族群体。一直从夏、商、周、春秋、战国乃至秦朝，当中原地区的汉族族群已经处于金戈铁马地争夺土地、建立国家秩序的时代，海南岛的黎族仍然生活在无人管辖、自由自在的原始状态。然而秦始皇统一中国之后，他并没有无视孤悬海外的这一片乐土。

秦始皇一统天下，很重视开辟国境的事业。他着手进行三项工作：

一是进军岭南。前221年，秦始皇派军队平服百越，兼并天下，略定杨越。

<hr>

① （清）蒋廷锡等纂修：《大清一统志·琼州府》，海南出版社2006年版，第29页。
② （明）曾邦泰等纂修：万历《儋州志》，海南出版社2004年版，第11页。
③ （清）穆彰阿纂修：《嘉庆重修大清一统志》，海南出版社2006年版，第172页。
④ （汉）班固撰：《汉书》卷六十四，中华书局1962年版，第2834页。
⑤ （清）明谊修、张岳崧纂：道光《琼州府志》，海南出版社2006年版，第11页。
⑥ （清）陈楚雷编纂：《古今图书集成·职方典》，海南出版社2006年版，第127页。

　　二是移民。秦始皇三十三年（前214年），"发诸尝逋亡人、赘婿、贾人略取陆梁地，为桂林、象郡、南海，以适遣戍"。[1]"逋亡"即逃亡者；"赘婿"是男子家穷而使就其妇家为赘婿，泛称妇仆、贫戍；"贾人"即做生意的商人；"陆梁"指南方，《史记·正义》解释："岭南之人多处山陆，其性强梁，故曰陆梁。"又"略定扬越……以谪徙民，与越杂处"[2]，这一批是50万人，包含家属人口。

　　次年，又"适治狱吏不直者，筑长城及南越地"。[3]这一批是有过失的官吏，人数不详，应有3万—5万人。

　　还有一批是"（赵佗）求女无夫家者三万人，以为士卒衣补。秦皇帝可其万五千人"。[4]这是调妇人为军队婚配。

　　这三批移民，所移到的目的地即是后来赵佗建立的南越国，包括海南。由此可推出海南与秦的关系了。至于桂林、象郡、南海，即指南方的郁林、日南、广州等地。

　　秦始皇把这些人移民到岭南各地。"戍五岭与粤杂处"，而海南岛为象郡的境外，也包括在内了。而迁徙岭南的人数，正德《琼台志》卷三《沿革考》指出："徐广曰五十万人守岭南"，可见人数之多。贾谊《过秦论》曰：秦之"威振四海，南取百越之地，以为桂林、象郡。百越之君，俯首系颈，委命下吏。"说的也是这段史事。

　　三是使监禄凿渠运粮，促进南北交通。秦始皇三十三年（前214年），秦始皇发兵50万到岭南，在今广西兴安县境内开凿了一条长约60里的运河——灵渠，沟通湘江和漓江，使长江和珠江水系相连接，保障了进军和开发岭南的需要。

　　灵渠的主要工程包括南渠、北渠、大小天平、铧嘴、陡门、堰

----

　　① （汉）司马迁撰：《史记》卷六《秦始皇本纪》，中华书局1959年版，第253页。
　　② （汉）司马迁撰：《史记》卷一百一十三《南越列传》，中华书局1959年版，第2967页。
　　③ （汉）司马迁撰：《史记》卷六《秦始皇本纪》，中华书局1959年版，第253页。
　　④ （汉）司马迁撰：《史记》卷一百一十八《淮南衡山列传》，中华书局1959年版，第3086页。

坝、秦堤。大小天平是建筑在海阳河上的拦河坝，衔接成"人"字形。
铧嘴是大小天平顶端伸向江中的石堤，形似犁铧之嘴，用于分水。

灵渠全长 33.15 千米。整个工程朴拙，但设计科学，构造独特，
至今保存完好。

灵渠的开凿，其目的是秦军伐百越时转运粮饷，而客观上成为南
北交通的重要水路，促进了秦汉国外交通线的开辟，岭南地区的海上
丝绸之路也由此通达，海南岛是中国海上丝绸之路的转运站，于秦朝
可以视为秦通越新道。

秦统一中国之后，分全国为 36 郡，郡下设县、乡、亭、里，郡
县制的设立，方便秦朝对全国进行统治。在秦朝，虽然尚未在海南设
立郡县，海南也未明确进入秦朝版图，但属象郡界内之地。秦朝修通
灵渠后，水路交通方便，各地可从长江、湘江经灵渠转入漓江、桂
江、西江，到达两广乃至海南岛。

秦统一天下后，不断进行政治性的全国巡视，强化大一统的国家
概念。秦始皇三十七年（前 210 年），秦始皇"上会稽，祭大禹，望
于南海，而立石刻，颂秦德"。[1] 另据《图书编·南海考》："广东三面
皆濒海地也，（禹贡）三江皆从会稽入于南海。"很显然，这里所说的
南海泛指东海、南海以及中国南方大陆部分地区，而非现在所指的南
中国海。不过，秦始皇时代，中国疆域已大为扩张，遂分为 36 郡，
郡又分为县，但在南部的几个郡的疆域问题，史书的记载尚含混不
清，由此也涉及秦时海南岛的归属问题。

《淮南子》第十八篇《人间训》中，有一段关于秦始皇平南越的
记载："又利越之犀角、象齿、翡翠、珠玑，乃使尉屠睢发卒五十万，
为五军。一军塞镡城（今湖南靖州县西南）之岭，一军守九疑（今湖
南宁远县南）之塞，一军处番禺（广东省会古名）之都，一军守南野
（今江西南康县）之界，一军结余干（今江西省中，鄱阳湖之南）之
水。三年不解甲弛弩。使监禄无以转饷。又以卒凿渠而通粮道，以与

---

① （汉）司马迁撰：《史记》卷六《秦始皇本纪》，中华书局 1959 年版，第
260 页。

越人战。杀西呕（西瓯）君译吁宋，而越人皆入丛薄中，与禽兽处，莫肯为秦虏。相置桀骏以为将，而夜攻秦人，大破之。杀尉屠睢，伏尸流血数十万，乃发适戍以备之。"①

这段记载说明，当时秦始皇派军向南方远征百越，即今福建、广东、广西以及越南一带，分为五军，统率主将名为屠睢。开始获得胜利之后，百越军队变更策略，躲入丛林中，不愿当秦虏。养精蓄锐后，夜攻秦军，杀死屠睢，秦军大败。这时，在秦军已占领的地区，非增兵不能防守及进取，所以发适戍以备之，这些适戍是逋亡人和赘贾人。

秦皇朝对南方的军事行动，是其统一中国的一次大战役。分全国为42郡，其中岭南边郡是南海郡、桂林郡和象郡。《史记》记载：秦"置南海郡，治所番禺（今广州）"。南海等三郡皆濒临南海北部和西部海域，东沙、西沙两群岛，即分别分布于这两个海域。这是南海诸岛（部分）正式列入我国版图的开始，也是三郡濒临的海区及活跃在海区和岛屿上的渔民，受到中央政府行政的正式管辖。前2世纪，番禺成了活跃在海南之上的我国渔民所捕捞的海产品的集散地。《史记·货殖列传》记载："番禺亦其一都会也，珠玑、犀、瑇瑁、果、布之凑。"②这些特产，均为海南岛产物。实际上秦朝已占领了岭南的地带，不过来不及派官吏建置而已。

第二节　汉代开始在海南建置郡县

一、汉武帝元封元年（前110年）在海南建置珠崖、儋耳郡

海南岛有历史记载，始于汉代；汉武帝的政治统治开始进入海南

---

①　《淮南子·人间训》卷十八，《文渊阁四库全书》第848册，台湾商务印书馆1986年版，第722—723页。

②　（汉）司马迁撰：《史记》卷一百二十九《货殖列传》，中华书局1959年版，第3268页。引文中"果布"一词，有论者认为不是水果和葛布，而是马来语对龙脑香的音译，全称为"果布婆律"。近年广州汉墓出土的众多熏炉是用来燃烧香料器具的，这说明东南亚一带香料已从南海输入番禺，再转送全国其他地区，参见司徒尚纪：《中国南海海洋文化史》，广东经济出版社2013年版，第65页。

岛。从此，开始演绎整个阶级社会的政治矛盾斗争和民族之间的对抗、融合的复杂局面。平静安谧的海南岛，像南海涌起的一阵又一阵的惊涛骇浪，掀起了一次又一次的政治波涛，海南的民众在历史发展的进程中，一步步地加入中华民族开发的行列。

汉武帝即位之后，汉王朝日益强大，汉代的统治政权随着也开始进入海南岛。

汉武帝元封元年（前 110 年），汉武帝派兵平定南越，置南海、苍梧、都林、合浦、交趾、九真、日南、珠崖、儋耳九郡。珠崖、儋耳郡就在海南岛上。《汉书·武帝纪》载：元鼎五年（前 112 年）夏四月，南越王朝吕嘉反，杀南越王赵兴、王太后和汉使，立术阳侯建德为王。元鼎五年（前 112 年）秋，汉武帝调遣伏波将军路博德出桂阳下湟水，楼船将军杨仆出豫章、下浈水，咸会番禺，诛佗去孙建德及相吕嘉遂定越地，以为南海、苍梧、郁林、合浦、交趾、九真、日南、珠崖、儋耳郡。① 海南建置郡县后，海南在史籍中开始列入中国版图。此后，海南虽然孤悬海外，但海南的黎族与从中原移入的汉族在族群的文化融合之中，开拓和发展了海南岛。同时西汉朝廷也派地方官员巡视南海一带水域，维系了在海南岛南部的西沙、中沙及南沙诸群岛及其邻近海域的主权，巩固了中国南疆的地域。

据《汉书·贾捐之传》载："初，武帝征南越，元封元年立儋耳、珠崖郡，皆在南方海中洲居，广袤可千里，合十六县，户二万三千余。"② 在海南设置郡县，说明中国封建王朝开始正式统治海南。

当时海南岛黎族的居民有 2.3 万余户，或者其中有秦时迁徙而来的汉族，不过其主要族群是黎族。据《汉书·地理志》记载："自合浦、徐闻南入海，得大州，东西南北方千里，武帝元封元年略以为儋

---

① （汉）班固撰：《汉书》卷六《武帝纪》，中华书局 1962 年版，第 186—188 页。

② （汉）班固撰：《汉书》卷六十四下《贾捐之传》，中华书局 1962 年版，第 2830 页。

耳、珠匡郡。"① 汉武帝元封元年在海南设置儋耳、珠崖郡时，海南的先住民仍处于原生态状态，男耕女织，并以畋猎为生。汉武帝设置郡县之后，对岛上的先住民的统治，设官治理。这一点从历史发展过程来看，是有重大意义的。首先，在政治上，让海南岛归入西汉的直接管辖之下；设置珠崖、儋耳两郡，加强了中央政权对地方的控制和管理。其次，在经济上，中原地区先进的生产工具、生产技术和某些物种，得以传入海南岛，而海南岛的特产也可以北运，促进了南北交流和生产力的提升。最后，在文化上，中原人民与海南先住民有机会互相接触，中原地区的文明逐渐进入海南先住民的生活。而两郡的设置对海南岛发展特别重要的一点是，从此以后中原封建制度，在军事威慑夹带着行政建置而强制进入黎族的原始民族之中，扭转了海南岛文化发展历史上由南岛语族文化一元局面转为多元文化构成的格局。但汉代法制松懈，官吏放纵，经常违法乱纪。因此，汉武帝对海南岛虽设置郡县，但并没有获得海南岛先住民的拥护和支持。

二、汉元帝罢弃儋耳、珠崖郡

汉元帝初元元年（前48年）和初元二年（前47年），关东地区发生饥荒，民多困乏。班固分析罢弃珠崖郡的原因时指出："六月，关东饥，齐地人相食。秋七月，诏曰：'岁比灾害，民有菜色，惨怛于心。'"② 在这样的历史背景下，贾捐之提出"宜弃珠匡，救民饥馑"的主张。

汉元帝在贾捐之的劝谏下，改变了出兵袭击的强硬态度，而对珠崖的治理根据各方面的不同意见，作出了中间缓和的抉择。他在诏书中说："珠匡虏杀吏民，背畔为逆，今廷议者或言可击，或言可守，或欲弃之，其指各殊。朕日夜惟思议者之言，羞威不行，则欲诛之；狐疑辟难，则守屯田；通于时变，则忧万民。夫万民之饥饿，与远蛮之不讨，危孰大焉？且宗庙之祭，凶年不备，况乎辟不嫌之辱哉！今关

---

① （汉）班固撰：《汉书》卷二十八下《地理志》，中华书局1962年版，第1670页。

② （汉）班固撰：《汉书》卷九《元帝纪》，中华书局1962年版，第282页。

东大困，仓库空虚，无以相赡，又以动兵，非特劳民，凶年随之。其罢珠厓郡。民有慕义欲内属，便处之；不欲，勿强。"① 不过，汉元帝与贾捐之对珠崖的态度略有不同。贾捐之认为"本不足郡县置也"，主张一弃了事；而汉元帝所采取的是逼于时困，从而采取一种"通于时变"的权宜之策，而且还希望珠崖的民众"有慕义内属，便处之；不欲，勿强"。不是以强硬的态度摒弃珠崖，对先帝置郡的决策尚留有余地。不过，诏书颁布之后，从汉武帝元封元年（前110年）至汉元帝初元三年（前46年），64年在珠崖置郡统治的历史，就宣告结束一个段落。这也是中国历史上第一次统治者主动放弃自己应该治理的领地。这一点从历史过程来看，是一种历史的倒退！将原先的汉黎之间文化交会和碰撞中退回，从本土建置退到隔海遥领。

而海南岛脱离中央政权的管辖，一直至隋朝冼夫人的民族统一政策的感召，海南岛重新回到中央王朝的建置，这个过程有580多年！

汉代设儋耳、珠崖郡而复弃，应该是海南列入中国版图后的第一次严重的历史教训。

三、东汉遥领海南

唐胄在正德《琼台志》中云：珠崖，属合浦郡。《地理志》："建武十九年，始调立城郭，置井邑。《旧志》：光武朝，交趾二女子反，诸蛮皆应之。乃命马援讨克，海外慕义贡献，故复置。自初元三年弃后，至此凡八十六年。"②

欧阳灿等修万历《琼州府志》："东汉光武建武中，复置珠崖县，属合浦郡，仍督于交州。"（注曰：《旧志》：光武时，交趾二女子反，诸蛮皆应之，乃命马援讨克，海外慕义贡献，故复置。自初元三年弃后，至此八十六年。）③

---

① （汉）班固撰：《汉书》卷六十四下《贾捐之传》，中华书局1962年版，第2835页。

② （明）唐胄纂：正德《琼台志》卷三《沿革考》，海南出版社2006年版，第44页。

③ 参见（明）戴熺、欧阳灿总裁，蔡光前等纂修：万历《琼州府志》卷二《沿革志》，海南出版社2003年版，第32页。

又：明帝永平"十年儋耳降附。"①

道光《琼州府志》："僮尹丹阳人，举孝廉为郎，需次京师，永平十七年春二月，儋耳慕义贡献……适张纯子奋袭武始侯来朝，亦与焉。尹从奋引见便殿，应对合旨。显宗奇尹才美，因拜尹儋耳太守。尹至郡，敷政未久，下诏擢为交趾刺史。还至珠崖，戒敕官吏毋贪珍赂，劝谕其民毋镂面颊，以自别于峒俚，雕题之习自是日变。建初中，以尹能匡俗信民，厚加赏赐，迁武陵太守。"②（黄佐：《广东通志》）

范晔在《后汉书》中云：十七年，"甘露仍降，树枝内附，芝草生殿前，神雀五色翔集京师。西南夷哀牢、儋耳、僬侥、盘木、白狼、动黏诸种，前后慕义贡献。"③

从上列几则记载中，我们可以了解到，海南自汉元帝采纳贾捐之的建议罢珠崖，后来王莽新政及至东汉初期，因南部交趾反叛，形成割据局面。因此，孤悬海外的海南，陷于无政府状态之中。至汉光武帝建武十九年（43年），派遣伏波将军马援、楼船将军段志讨平交趾（今越南北部及中部部分地区），东汉将已废的珠崖郡改名珠崖县，使"珠崖"又出现在南方的领域上，直至永平十七年（74年），儋耳"慕义贡献"，即自动降伏东汉，但东汉在统治海南177年中对于地方建置及行政规划，既无增县，也无设郡，海南岛上仅有一个空名的县治，隶属合浦郡。因此，实际上，自从"罢珠崖"之后，海南岛就脱离了汉朝的管辖。东汉时仅属合浦郡中的一个名分上的县而已。

四、两位伏波将军对海南的开拓之功

海南有伏波威武庙，自汉以来至今为岛上民众祭祀，并有伏波井和广泛流传着马伏波的故事，民间有一句谚语："伏波开琼"，即指西汉的路博德与东汉的马援两位伏波将军。

---

① （南朝宋）范晔：《后汉书》卷三十五《张奋传》，中华书局1965年版，第1198页。

② （清）明谊修、张岳崧纂：道光《琼州府志》卷二十九《官师志》，海南出版社2006年版，第1325页。

③ （南朝宋）范晔：《后汉书》卷二《显宗孝明帝本纪》，中华书局1965年版，第121页。

路博德，西河平州人，他在汉元狩四年（前119年）因立功而被封为"邳离侯"，升迁"卫尉"。元鼎五年（前112年），奉汉武帝之命平南越，被封为"伏波将军"，偕同楼船将军杨仆南下讨伐，师分五路，路博德次于桂阳，下湟水（今连州），与杨仆会师于广东番禺（今广州）。南越素闻伏波将军威名，都向他投降，而南越与建德所属数百人，亡命于大海。伏波将军从投降者处得知吕嘉逃遁的消息，即派人追踪。到了第二年，元鼎六年（前111年）十月始斩获吕嘉首级，以此平定南越，为汉武帝在海南置郡奠定了基础。汉王朝为了嘉奖路氏平定南越之功，又赐封600户。后来连州一带及海南都建有伏波将军庙，用以纪念其开拓疆土的功绩。①

马援，字文渊，扶风郡茂陵人（今陕西茂陵），辅光武中兴，为虎贲中郎将。建武十七年（41年），交趾女子征侧和她的妹妹征贰反，攻没其郡，九真、日南、合浦、蛮夷全都响应，他们掠夺了岭外60余城，交趾的征侧自立为王。汉光武帝于是玺书拜马援为伏波将军，以扶乐侯刘隆为副，督楼船将军段志等南击交趾，军至合浦，楼船将军段志病死。马援乃兼统水陆各军，沿海前进，一路逢山开路，从合浦向南分别前进，第二年到达泊浪，和征侧的主力遭遇，展开一场激战，斩数千首级，收降了1万多人，征侧向南逃亡，马援跟踪追击，一直追到禁溪，数次击败敌军。到第二年正月，斩征侧、征贰首级，捷报传到珠崖，于此慕义来归。光武帝立即传诏就军中封马援为新息侯，食邑3000户。那时交趾以南，还有征侧的余党未平，乃率兵乘胜南下，从无功（今越南宁平县）一直到居风（今越南清化县），又斩获5000多人，至此岭南悉平。援奏言西于县有3.2万户，远界去庭（庭县）千余里，请分为封溪、望海二县，许之。马援所过郡县，治城郭，穿渠灌溉，以便利百姓。条奏越律与汉律驳者十余事，与越人申明旧制以约束之，自此之后，骆越奉行马将军。建武二十年（44年）秋，班师回朝，与他一起南征的将士官吏

---

① 参见（清）明谊修、张岳崧纂：道光《琼州府志》卷二十九《官师志》，海南出版社2006年版，第1323页。

经瘴疫死者占十之四五。光武帝刘秀赐马援兵车一乘，朝见位次九卿。马援好骑，善别名马，于交趾得骆越铜鼓，乃铸为马式。当马援带领军队班师还朝的时候，故人都来欢迎慰劳。平陵人孟冀名有计谋，于座贺援，马援对他说："吾望子有善言，反同众人邪？昔伏波将军路博德开置七郡，裁封数百户，今我微劳，猥飨大县，功薄赏厚，何以能长久乎！先生奚用相济。"孟冀曰："愚不及援。"马援曰："方今匈奴、乌桓尚扰北边，欲自请击之，男儿要当死于边野，以马革裹尸还葬耳，何能卧床上在儿女手中邪！"孟冀曰："谅为烈士，当如此矣！"①

又黄佐《广东通志》尚有"立铜柱为汉之极界。往来南海，抚定珠崖，调立城郭，置井邑，立珠崖县"②等句。又郝玉麟等编雍正《广东通志》有"后雷、琼二郡多祀路博德及援为伏波将军祠，迄今不废"③两句。又伏波善相马，有《铜马相志》一书。

从以上史籍所记载的西汉伏波将军路博德和东汉伏波将军马援的传记来看，并没有明确点出两位将军在征服南越的战役中曾亲临海南岛，他们都是在统一岭南各地时的建郡设县中涉及海南而已。而东汉的马援是否到过海南岛呢？则传说纷纭，莫衷一是。由于马援在行军过程中宣扬汉朝法律，其受约束的"骆越之人"也包括海南的先住民，所以岛上建有不少伏波庙以兹纪念，后来，伏波庙又作为保佑海上交通航行的神灵。宋代苏轼被贬海南之后，写了《伏波将军庙碑》。

苏轼的碑文，肯定了两位伏波将军开拓岭南的功绩，前伏波有开九郡之功劳，后伏波有保之战绩，两人均被海南人建庙纪念，而且成为渡海的保护神，但是两位伏波将军是否亲临海南呢？苏轼也说："古今所传，莫能定于一。"从史载推测，路博德平南越时，出桂阳，下

---

① （南朝宋）范晔：《后汉书》卷二十四《马援列传》，中华书局1965年版，第827—841页。

② （明）黄佐纂修：嘉靖《广东通志》，海南出版社2006年版。

③ （清）郝玉麟等总裁、鲁曾煜总辑：雍正《广东通志》，海南出版社2006年版。

湟水，与杨仆会师于广东番禺，他平定南越后，汉武帝才开始在南越设置南海、苍梧、郁林、合浦、交趾、九真、日南、珠崖、儋耳等九郡。也正如苏轼所说的："南越自三代（夏、商、周）不能有，秦虽稍通置吏，旋复为夷。邙离始伐灭其国，开九郡。"①说他有开琼之功是正确的，但他未必已登上海南岛。而后伏波马援是否到过海南岛一事，虽传说中没有记载，但海南的志书中却屡见记录。如：

正德《琼台志》中"白马井"条云："在州西南三十里抱驿都。《旧志》云：后伏波将军乘白马跑沙得泉，因为井，去海涛才四十五步。其味清甘。乡人于井上立伏波庙。又云：唐懿宗咸通五年，命辛、傅、李、赵四将部兵来，过滴滩港，适渴，其白马嘶嗷跑沙得泉。未知孰是。"②

民国《感恩县志》卷二："白马井在城北六十里，十所村飞来庙侧，为感恩第一甘泉。相传马伏波凿，故名。按：井深四五尺，水甚清浅。村中数百家取汲于此，虽旱不竭，冬温夏凉。清乾隆二十六年（1761年），琼州镇解逊立碑，题曰'汉马伏波之井'。今村民于井西建庙祀伏波，移碑立于庙门。"③

宋代王象之在《舆地纪胜》中载："初马伏波之平海南也，命陶者为瓦器，大者数石，小者二三斗，招到黎人，即以遗之；任其所择；黎人惟取二三斗之小者，云来时皆悬崖，缘木而下，取其大者不能归耳。"④

正德《琼台志》卷三十三又载："路博德，西河平州人，以右北平太守从霍去病，封邙离侯。去病死，以为卫尉。元鼎五年，拜伏波将军，讨平南越，立儋耳、珠崖郡……马援，字文渊，茂陵人，建武

① 《苏轼文集》卷十七《伏波将军庙碑》，中华书局1986年版，第505页。

② （明）唐胄纂：正德《琼台志》卷六《山川下》，海南出版社2006年版，第109—110页。

③ 周文海重修，卢宗棠、唐之莹纂修：民国《感恩县志》卷二《舆地志·山川》，海南出版社2004年版，第63页。

④ （宋）王象之撰：《舆地纪胜》卷一百二十四，中华书局1992年版，第3563页。

十七年，交趾女侧反，拜伏波将军，击平之，抚定珠崖，调立城郭，置井邑，立珠崖县。"①

此条唐胄有按语云："《平黎记》称邳离侯焚艘②海岸，袁潭又谓其饮马儋耳，皆无所稽。若仆则史明称其摧锋陷坚之功。《方舆志》又载其筑儋城诸事，恐其至此。如新息则有传未尝书其至琼，所谓调立城郭，置井邑，盖亦威令远及尔。"③

王佐在《平黎记》中云："昔汉武元鼎五年始以王师创定海南者，前伏波将军邳离侯也……后伏波新息马侯特以隔海立县招抚功，未尝一卒渡海。"④

从这些正史及文士的著作中均认为马援也未到过海南，民间的传说却从分陶器、建伏波井等事都说马援来过海南。正如唐胄指出的，饮马儋耳等说，皆无所稽，不足为据。就目前所能看到的史料判断，应以马援"抚定珠崖"之说较为准确，既是"抚定"，说明马援部下的军队来过海南。从初元三年（前46年）汉元帝（刘奭）罢珠崖，至汉光武帝（刘秀）建武十七年（41年）这段时间里，这支东汉由马援带领的军队，在西汉罢珠崖87年之后重新登上海南岛，当然是历史上的大事，海南的黎民也为此大书特书，并感谢其开郡之功。但马援本人是"抚定"珠崖，可以对海"抚定"，主帅并未亲临海南。所以，两位伏波将军对海南建立了"开郡之功"，这是历史的功绩，海南岛的开发史，也由二位伏波将军开始，后人历代建庙祭祀以示纪念，或作为海上保护神崇拜，说明了海南民众对开发海南功臣的敬仰。

① （明）唐胄纂：正德《琼台志》卷三十三《名宦》，海南出版社2006年版，第691—692页。

② 按：此处应作"楼"，唐胄用"艘"。

③ （明）唐胄纂：正德《琼台志》卷三十三《名宦》，海南出版社2006年版，第692页。

④ （明）王佐：《鸡肋集》卷三十五《平黎记》，海南出版社2004年版，第142页。

第三节　汉代海南郡县建置的沿革

一、西汉海南郡县沿革

海南岛郡县的起源，开始于汉武帝元封元年（前110年）。

元鼎六年（前111年）冬，伏波将军路博德及楼船将军杨仆讨平南越，于元封元年始在海南岛的西南部置儋耳郡，在海南岛的东北部置珠崖郡，并设郡治，属交趾刺史部。是时交趾刺史部辖南海、苍梧、郁林、合浦、交趾、九真、日南、珠崖、儋耳九郡。其中珠崖、儋耳属海南境地。《汉书》卷六《武帝纪》注引臣瓒曰："《茂陵书》珠崖郡治瞫都，去长安七千三百二十四里；儋耳去长安七千三百六十八里，领县五。"①《贾捐之传》云："儋耳、珠厓郡皆在南方海中洲居，广袤可千里，合十六县，户二万三千余。"②

根据此说，二郡共领16县，儋耳5县，珠崖11县。

1. 珠崖郡

瞫都：《汉书》卷六《武帝纪》注引臣瓒曰："《茂陵书》：珠崖郡治瞫都。"③ 宋代乐史《太平寰宇记》卷一百六十九"舍城县"条："舍城县，旧崖州郭下县，旧三乡。汉瞫都县地。瞫都故治在今琼山县南。"④

玳瑁：王象之《舆地纪胜》卷一百二十四引《元和郡县志》："本汉玳瑁县地。"⑤ 故地在今琼山府城南。《大清一统志》卷三百五十"琼山故城"条："按：汉玳瑁县无考。晋志合浦郡有毒质县，疑即玳瑁，盖晋亦省珠崖入合浦也。"⑥

苟中：王象之《舆地纪胜》卷一百二十四"澄迈县"条："在州西五十五里。"⑦ 宋代乐史《太平寰宇记》卷一百六十九云："汉苟中县

---

① （汉）班固撰：《汉书》卷六《武帝纪》，中华书局1962年版，第188页。
② （汉）班固撰：《汉书》卷六十四下《贾捐之传》，中华书局1962年版，第2830页。
③ （汉）班固撰：《汉书》卷六《武帝纪》，中华书局1962年版，第188页。
④ （宋）乐史撰：《太平寰宇记》，中华书局2007年版，第3237页。
⑤ （宋）王象之撰：《舆地纪胜》，中华书局1992年版，第3558页。
⑥ （清）蒋廷锡等纂修：《一统志》，海南出版社2006年版，第62页。
⑦ （宋）王象之撰：《舆地纪胜》，中华书局1992年版，第3558页。

地。"① 故治在今澄迈县。

紫贝：王象之《舆地纪胜》卷一百二十四"文昌县"条："在旧崖州东南一百四十里。"《元和郡县图志》云："本汉紫贝县地。"②《太平寰宇记》卷一百六十九："汉紫贝县地。"③ 故治在今文昌县。唐胄纂正德《琼台志》卷三《沿革考》："文昌县，在府城东一百六十里，本汉紫贝县地。"④

临振（林振）：王象之《舆地纪胜》卷一百二十四"琼州"条："崖儋振三州，皆汉珠崖郡地也。"⑤ 故治在今三亚市北。

2. 儋耳郡领三县

儋耳：《太平寰宇记》卷一百六十九"宜伦县"条："宜伦县，二乡，汉儋耳县。"⑥《大明一统志》卷八十二"儋州"条："在府城西南三百七十里，汉元鼎中，置儋耳郡。始元中，省入珠崖郡。"⑦

至来：《太平寰宇记》卷一百六十九"昌化县"条："昌化县，西一百八十里，二乡，汉至来县。"⑧《大明一统志》卷八十二"昌化县"条："在州城南二百九十里。本汉至来县，后废。"⑨ 即元封年置，始元五年，省并属珠崖，初元三年废。故治在今昌江县西北。明谊、张岳崧《琼州府志》卷首："儋耳郡之至来县。元封元年置，始元五年省并，属珠崖，初元三年废。"⑩

九龙：《太平寰宇记》卷一百六十九"感恩县"条："感恩县，东至二百二十五里。二乡，汉九龙县地。"⑪ 故治在今昌江县西北。

---

① （宋）乐史撰：《太平寰宇记》，中华书局 2007 年版，第 3237 页。
② 李吉甫撰：《元和郡县图志》下卷逸文卷三，第 1090 页。
③ （宋）乐史撰：《太平寰宇记》，中华书局 2007 年版，第 3237 页。
④ （明）唐胄纂：正德《琼台志》，海南出版社 2006 年版，第 52 页。
⑤ （宋）王象之撰：《舆地纪胜》，中华书局 1992 年版，第 3555 页。
⑥ （宋）乐史撰：《太平寰宇记》，中华书局 2007 年版，第 3233 页。
⑦ （明）李贤等纂修：《大明一统志·琼州府》，海南出版社 2006 年版，第 2 页。
⑧ （宋）乐史撰：《太平寰宇记》，中华书局 2007 年版，第 3233 页。
⑨ （明）李贤等纂修：《大明一统志·琼州府》，海南出版社 2006 年版，第 3 页。
⑩ （清）明谊修、张岳崧纂：道光《琼州府志》第一册《卷首》，海南出版社 2006 年版，第 19 页。
⑪ （宋）乐史撰：《太平寰宇记》，中华书局 2007 年版，第 3233 页。

其他七县无考。

不过在《大明一统志》及《大清一统志》及其他志书中，有下列九地都说明在汉朝时已属珠崖或儋耳郡治，其中如琼山、感恩等处与上面的九龙重复，这些县治，说明在汉代已属珠崖、儋耳二郡。

万州：《大明一统志》卷八十二"万州"条："在府城东南四百七十里，本汉珠崖郡地。"《大清一统志》卷三百五十"万州"条："汉珠崖郡地。"

定安县：《大清一统志》卷三百五十"定安县"条："汉珠崖郡地。"

琼山县：《大清一统志》卷三百五十"琼山县"条："汉初朱崖郡地，后置朱卢县，属合浦郡，后汉曰朱崖县。"明谊修、张岳崧《琼州府志》卷首："珠崖郡之玳瑁县，元封元年置。初元三年，罢珠崖，省玳瑁县，置朱卢县。建武十九年，改置珠崖县，属交趾部合浦郡。"

会同县：《大清一统志》卷三百五十"会同县"条："汉珠崖郡地。"

乐会县：《大清一统志》卷三百五十"乐会县"条："汉珠崖郡地。"明谊修、张岳崧《琼州府志》卷首："珠崖郡之玳瑁县，初元三年，罢珠崖郡，省并朱卢县。建武十九年，改置珠崖县。"

临高县：《大清一统志》卷三百五十"临高县"条："汉珠崖、儋耳二郡地。"

陵水县：《大清一统志》卷三百五十"陵水县"条："汉珠崖郡地。"明谊修、张岳崧《琼州府志》卷首："儋耳郡地，元封元年置，始元五年废。"

崖州：《大清一统志》卷三百五十"崖州"条："汉珠崖郡地。"

感恩县：《大清一统志》卷三百五十"感恩县"条："汉儋耳郡地。"①明谊修、张岳崧道光《琼州府志》卷首："儋耳郡之九龙县，元封元年置，始元五年省并珠崖郡，初元三年兼罢珠崖。"②

山南县：《资治通鉴》卷二十八：宣帝"即位之明年珠厓山南县反，

---

① （明）李贤等纂修：《大明一统志·琼州府》，海南出版社2006年版，第3—34页。

② （清）明谊修、张岳崧纂：道光《琼州府志》第一册《卷首》，海南出版社2006年版，第22页。

发兵击之。"其注曰："海中洲上，以黎母山为主，环山列置诸县。山南县盖置于黎母山之南也。"

汉武帝在海南岛上建置 28 年以后，汉昭帝始元五年（前 82 年），把西部儋耳郡并入珠崖郡，这是第二次建置，海南仅以珠崖郡作为建成制代表。《汉书》卷七《昭帝纪》载：始元五年春"罢儋耳真番郡"。到了元帝初元三年（前 46 年），汉元帝采纳贾捐之建议而弃珠崖郡，《汉书》卷九《元帝纪》载：初元"三年（前 46 年）春，令诸侯相位在郡守下，珠厓郡山南县反，博谋群臣。待诏贾捐之以为宜弃珠厓救民饥馑。乃罢珠厓。"①撤销珠厓之后，在今琼山县境内设一个朱卢县，归海北合浦郡遥领，这是第三次建置。《大清一统志》卷三百五十"琼山县条"载："朱卢县属合浦郡，后汉曰朱崖县。"又，古迹珠崖故郡条曰："《地理志》合浦郡领朱卢县，为都尉治，盖即改故珠崖郡所置。后汉志无朱卢而有珠崖县，仍属合浦郡。"《汉书》卷二十八下《地理志下》"合浦郡条"载："县五：徐闻、高凉、合浦、临允、朱卢。"②这样，可以了解到，虽然设朱卢县，但治理机构不在海南岛上。

二、东汉海南郡县沿革

汉武帝建武十九年（43 年）马援用兵交趾，"往来南海，抚定珠崖，调立城郭，置井邑，立珠崖县"。③也就是说，在海南岛重新设置珠崖县，而撤销朱卢县。《后汉书》卷三十三《郡国志》载："合浦郡：五城，户二万三千一百二十一，口八万六千六百一十七。合浦、徐闻、高凉、临元、朱崖。"④这说明珠崖县属于合浦县管辖。

西汉第一次建置（前 110—前 82 年），珠崖郡、儋耳郡。

西汉第二次建置（前 82—前 46 年），珠崖郡、玳瑁县、紫贝县、苟中县。

---

① （汉）班固撰：《汉书》第一册，中华书局 1962 年版，第 283 页。

② （汉）班固撰：《汉书》第六册，中华书局 1962 年版，第 1630 页。

③ （清）明谊修、张岳崧纂：道光《琼州府志》第三册《官师宦绩·马援传》，海南出版社 2006 年版，第 1324 页。

④ （南朝宋）范晔撰：《后汉书》卷二十三《郡国志》，中华书局 1965 年版，第 3531 页。

西汉第三次建置（前46—前23年），当时海南已无郡建置，属合浦郡，郡治在雷州朱卢县。

东汉时代（23—220年），（合浦郡）珠崖郡。

第四节　秦汉时代海南的移民、物产与商业之间的关系

一、汉代黎族的反抗斗争

在秦汉时代，海南岛上的移民、人口、物产、商业之间的相互交错的交换和发展，是紧密联系在一起的。秦始皇时代，已开始移民海南，"始皇帝……三十三年（前214年）发诸尝逋亡人、赘婿、贾人略取陆梁地，为桂林、象郡、南海，以适遣戍"。① 秦徙中原人民于南方三郡，目的是"使与百粤杂处"，这象郡、百粤包括海南岛在内。详细情况至今已无可考。到了汉代，海南岛郡县的建置与废弃过程中，包含着诸多经济上的利益因素。由于经济上的利益而移民、而掠夺、而斗争、而退却，海岛上的先住民黎族，独居大海之中。汉代开始环海以为郡县，深峒中的先住民，时亦有羁縻编户者，当时贾捐之向元帝上奏治珠崖、儋耳的得失时，详细说及汉朝统治海南的斗争过程。元封元年（前110年）立儋耳、珠崖郡时，海南先住民"皆在南方海中洲居，广袤可千里，合十六县，户二万三千余人"。汉代统治者认为"其民暴恶，自以阻绝，数犯吏禁"，官吏的镇压也十分残酷，由是十余年间凡六叛，斗争不息。贾捐之引《诗经·小雅·采芑》诗云："蠢尔蛮荆，大邦为仇。"说明是时海岛上先住民对汉代统治的敌视，但统治者没有反省仇视的原因是在于他们自身的错误，当他们意识到政权力量必须管理海南岛时，其主观意图不是为岛上原住民谋利益，而完全是出自于贪婪的掠夺，正如贾捐之在奏议中所说的："颛颛（即区区）独居一海之中，雾露气湿，

---

① （汉）司马迁撰：《史记》卷六《秦始皇本纪》，中华书局1959年版，第253页。

多毒草虫蛇水土之害，人未见虏，战士自死，又非独珠厓有珠犀、瑇瑁也。弃之不足惜，不击不损威，其民譬犹鱼鳖，何足贪也。"①这种说法，固然表明了统治者对黎民百姓的蔑视，视民如鱼鳖，更重要的是由此透露了一个历史的讯息，汉朝首先在海南置郡，其目的是要掠夺海南的"珠犀瑇瑁"等特产。《汉书》应劭注云："（珠崖、儋耳）二郡在大海中，崖岸之边出真珠，故曰珠厓。"②又《汉书》卷九十六（下）《西域传赞》云："孝武之世……天下殷富，财力有余，士马强盛，故能睹犀布、瑇瑁，则建珠崖七郡。"③由于汉代文治武功之盛，因此，威力扩大到国土边缘，设郡之后，所派遣官员，注意力不在于治理民众，促进海南的发展；而是为统治者掠夺海南出产的财富，引起先住民黎族的反抗斗争。西汉一朝，从汉武帝元封元年置郡县，到汉元帝始元三年罢弃珠崖，前后共 64 年，据史书记载，这 64 年中规模较大的反抗斗争有 10 次。第一次反抗的起因是珠崖太守孙幸为调集黎民的广幅布作为贡品，爆发了历史上第一次轰动全琼乃至南越大地的"广幅布斗争"。海南岛上的"珍赂"为了献"贡品"而酿成杀太守的政治事件的广幅布，公元前 1 世纪，西汉"武帝末（前 87 年），珠崖太守会稽孙幸，调广幅布献之，蛮不堪役，遂攻郡杀幸"。④先住民族群的反抗的导火线，起于海南在汉代已有"广幅布"的精美产品。孙幸在海南搜集广幅布作为贡品向朝廷贡奉，而当黎族人反抗杀孙幸之后，又招来更大灾难，孙幸的儿子孙豹，卷土重来，史书上记载："幸子豹合率善人还，复破之，自领郡事，讨击余党，连年乃平。豹遣使封还印绶，上书言状，制诏即以豹为珠崖太守，威政大行，献命岁至。中国贪其珍赂，渐相侵侮，故率数岁一

---

① （汉）班固撰：《汉书》卷六十四下《贾捐之传》，中华书局 1962 年版，第 2834 页。

② （汉）班固撰：《汉书》卷六《武帝纪》，中华书局 1962 年版，第 188 页。

③ （汉）班固撰：《汉书》卷九十六下《西域传》，中华书局 1965 年版，第 3928 页。

④ （南朝宋）范晔撰：《后汉书》卷八六《南蛮西南夷列传》，中华书局 1965 年版，第 2835 页。

反。"① 这些来珠崖郡的官吏,为了"贪其珍赂"而侵侮海南原住民。

何谓"广幅布",《尚书·禹贡》云:"岛夷卉服,厥篚织具。""岛夷"包括海南岛的黎族先民,《尚书·禹贡》成书于春秋时代,由此可见,在春秋时代海南岛上就已经有"织贝",也即称之为"吉贝",是一种用木棉树籽中的棉丝织成的布。宋代赵汝适在《诸蕃志》中云:"妇媪以织贝为业",琼州"女子用裙,以纺贝为生"。"海南土产,诸番皆有……惟槟榔、吉贝独盛。"可见吉贝是海南的特产,特别宝贵,成为统治者掠夺的贡品的对象。海南的土产很多,诸如"沉香、蓬莱香、鹧鸪斑香、笺香、生香、丁香、槟榔、椰子、吉贝、苧麻、楮皮、赤白藤、花缦、黎幙、青桂木、花梨木、海梅脂、琼枝菜、海漆、荜拨、高良姜、鱼鳔、黄蜡、石蟹之属"。② 这类特产被视为奇珍,因而官吏为"贪其珍赂,渐相侵侮",这是封建社会必然的现象了。

二、汉朝对海南用兵频繁,花费巨大

汉王朝为了统治海南岛,"连年护军、都尉、校尉及丞凡十一人,还者二人,卒士及转输死者万人以上,费用三万万余,尚未能尽降"。③ 遂弃郡,可见当年汉朝渡海军队人数之多,花费之巨,但还是被尚未开化的先住民部落打得落花流水,最后弃郡而归。

当年汉军渡海征服海南岛黎族时,以破釜沉舟的决心也不能见效。海南岛上现有一个地名叫焚楼岭,是路德博部下杨仆渡海登岸之处,据唐胄在正德《琼台志》卷五《山川》中所载:"焚楼岭,在县北(指文昌县)一百五十里迈犊都海旁。世传汉楼船将军杨仆初渡海至此,即焚其楼船,此示士卒必死,要其灭贼。即孟明焚舟、项羽沉船破甑之意。"④ 又有"烈楼港"条,其注云:"在县(指琼山县,该港现属海

---

① (南朝宋)范晔撰:《后汉书》卷八十六《南蛮西南夷列传》,中华书局1965年版,第2835—2836页。

② (宋)赵汝适著、杨博文校释:《诸蕃志校释》,中华书局2000年版,第216—221页。

③ (汉)班固撰:《汉书》卷六十四下《贾捐之传》,中华书局1962年版,第2835页。

④ (明)唐胄纂:正德《琼台志》卷五《山川上》,海南出版社2006年版,第102页。

口市）西北三十里烈楼都，水自五原铺下田涧流出成溪，至此与潮会成港。"①（按：琼山烈楼乃汉军渡海楼船布列之处，本县都名作烈楼，又似焚楼之意。）在这两条记载中，可以知道当年路德博派杨仆攻上海南岛时战斗的惨烈，先住民部落誓死抵抗，汉军焚船背水而战，断绝归路，只好拼死夺取儋州。清人程秉钊《琼州杂事诗补注》云："儋耳城南故址存，将梁平越此留屯。（汉儋耳郡城，在今儋州城南，将梁侯杨仆所筑）楼船一弃无回顾，想见争先夺石门。"②虽然暂时得到胜利，终于在海岛上建置郡县。但历史证明，使用武力镇压的手段最终还是要失败的。再加上用武力登岛之后，所派官吏又以政治暴力统治，这是致使汉朝置郡而终弃的重要原因之一。

三、汉族移民与人口

海南岛自古以来是南海交通必经之地，且物产丰富，必为商家所向往。

秦时已有汉族商人来海南岛。在经商过程中，人员的来往与交流早已开始。汉武帝将海南岛归入版图，设立了郡县。所设的二郡16县的任职官员都是汉族移民。除了这些官员到琼任职之外，也还派了驻军。据史书记载，珠崖太守孙幸及其子孙豹，还有东汉时的儋耳太守僮尹。这些人都是史有明文的。至于黎族不堪官员的残暴起而抗争，汉王朝派军队镇压，据《汉书·贾捐之传》载，因海南岛诸多条件，汉军死伤严重：其中包括"护军都尉、校尉及丞凡十一人，还者二人，卒士及转输死者万人以上，费用三万万余，尚未能尽降"。③是故，明代唐胄有所议论并记述。"珠崖与徐闻对岸，舟仅日夕可至，地多诸异产，而人有不乐向乎！且观秦置桂林、南海、象郡以谪徙民，与越杂处，又史志越处近海，多犀象、玳瑁、珠玑、银、铜、果、布之凑，中国往商贾者多取富焉，则秦有至者矣。又称凡交阯所统，虽置郡县而人如禽兽，后

---

① （明）唐胄纂：正德《琼台志》卷五《山川上》，海南出版社2006年版，第89页。

② （清）程秉钊：《琼州杂事诗补注》，长征出版社2005年版，第65页。

③ （汉）班固撰：《汉书》卷六十四下《贾捐之传》，中华书局1962年版，第2835页。

颇徙中国罪人，使杂居其间，乃稍知言语，渐见礼化，则汉郡后又有至者矣。郡志载：'建武二年，青州人王氏与二子祈、律，家临高之南村，则东汉有父子至者矣。'"①唐胄所论这一段话，明白地告诉人们，秦代已有商贾来海南岛，到了东汉，不仅有商贾登岛贩卖珠宝果布等特产，而且在光武帝建武中元二年（57年），已开始有移民进入海南，青州人王氏与二子移居临高南村，这是见诸史籍、有具体姓名和移居地点的最早移民记录。汉代的移民活动，已开始与商业活动纠结在一起了。在这段极其简短的文字记载中，让后代人看到了海南岛移民的端倪。

汉代移民中还有"罪人"和"善人"，也都是汉族。明代王佐《琼台外纪》记载："武帝置郡之初，已有善人三万之数。"所谓"善人"，其中一部分是在当地经商的汉族商人。汉武帝设立郡县后，"颇徙中国罪人杂居其间"。②目的是让这部分汉人在当地引导黎族人"学书"，然后"粗知言语"，最后看到他们"礼化"。到西汉末年，王莽辅政，也"颇徙中国罪人，使杂居其间"。③在汉代，汉族的移民是陆续移入海南岛的。

关于汉代人口，据《贾捐之传》中所说的，元封元年（前110年），海南岛"合十六县，户二万三千余"，司徒尚纪根据葛剑雄的《论西汉时期人口的地理分布》作出统计，"若以每户6口计算，为13.8万人，密度为每平方公里4人"。④上文所引王佐在《琼台外纪》里所言，海南还有一批特殊的人物，即所谓"善人"，什么叫善人呢？王佐说："班固作《前汉书》云：珠崖之民，无地可着，而置之南蛮传中，以其无罪见弃而谓之'善人'。"具体说来，指的是在当地经商的汉族商人。在西汉，海南岛上的善人有多少呢？"善人乃武帝置郡之初，已有

---

① （明）唐胄纂：正德《琼台志》，卷三《沿革考·感恩县》，海南出版社2006年版，第58页。

② （晋）陈寿撰：《三国志》卷五十三《吴书·薛综传》，中华书局1959年版，第1251页。

③ （南朝宋）范晔撰：《后汉书》卷八十六《南蛮西南夷列传》，中华书局1965年版，第2836页。

④ 司徒尚纪：《海南岛历史上土地开发研究》，海南出版社1992年版，第81页。

三万之数。此皆远近商贾兴贩货利，有积业者及土著受井受廛者，通谓之'善人'。"①司徒尚纪说，如果从事商业的所谓"善人"有3万之数，仍以每户6口计算为5000户，则占全岛户数22%，这个比例对汉代海南显然过高。的确，如果说，汉代的海南岛上有3万人（占岛上人口的1/4弱）活跃于商品交换的队伍中，在今天是一件不可想象的事了。到了东汉，人口的统计更不完善，据《后汉书》载："合浦郡：五城，户二万三千一百二十一，口八万六千六百一十七。"②合浦郡含合浦、徐闻、高凉、临元、珠崖五县，在这86617人中，珠崖能占多少呢？西汉时海南岛上有户籍可统计的有13.8万人，那么，到了东汉，整个合浦郡五县才有人口86617人，简直无法与西汉相匹配，究其原因，是东汉已经撤离在海南岛上建立郡县，珠崖一县，也名存实亡，由合浦管辖遥控，汉朝政权没有在海南统治，因而人口的统计，仅限于收税的商人人数，故列出人口数额锐减。正德《琼台志》论曰："古今天下，牧民者之增户口，皆在于休养，而琼独加招徕焉。何也？内黎峒而外省地是也。汉武开郡，遂有二万三千余户，《外纪》所谓皆商贾有积业，土著受井廛及夷虏历世久远，冒产供役者，其商贾、土著入版籍为生养之胎，夷虏冒产供役者，即招徕之由也。孙氏父子牧养违道，多至叛悖。始元乃省儋耳入朱崖，至初元并弃之，则非惟不能招徕，且与生养者并失之。建武立朱崖县，合合浦、临元、徐闻、高凉、珠崖五城，户只二万三千余，则减杀不啻十八九矣。"③唐胄这一段话，说明了从西汉到东汉，史籍上所记载的人口锐减的原因。其中"孙氏父子牧养违道，多至叛悖"一事，指的是孙幸、孙豹父子对海南先住民黎族的逼害而造成历史上闻名的"广幅布事件"。由于东汉政权已绝大部分退出海南岛，仅收缩为受到遥控的珠崖一县，先住

① 彭元藻、曾友文修，王国宪总纂：民国《儋县志》卷一《舆地志》，海南出版社2006年，第37—38页。
② （南朝宋）范晔撰：《后汉书》卷二十三《郡国志》，中华书局1965年版，第3531页。
③ （明）唐胄纂：正德《琼台志》卷十《户口》，海南出版社2006年版，第231页。

民对汉朝的反抗情绪剧烈，因而商贾人数相对减少，编户的人口也远远比西汉少得多了。

第五节 古老而又独特的民俗

班固曾给"风俗"下一定义。他说："凡民函五常之性，而其刚柔缓急，音声不同，系水土之风气，故谓之风；好恶取舍，动静亡常，随君上之情欲，故谓之俗。"①海南岛在汉代初期，乃是孤悬海外的化外之地，其风俗习惯，与中原地带殊异。《汉书·地理志》记载海南汉代民俗，其生活是非常简朴的：

> 自合浦、徐闻南入海，得大州，东西南北方千里，武帝元封元年略以为儋耳、珠厓郡。民皆服布如单被，穿中央为贯头。男子耕农，种禾稻纻麻，女子桑蚕织绩。亡马与虎，民有五畜，山多麈麖。兵则矛、盾、刀、木弓弩、竹矢，或骨为镞。自初为郡县，吏卒中国人多侵陵之，故率数岁一反。元帝时，遂罢弃之。②

又《后汉书·南蛮西南夷列传》记载：

> 珠崖、儋耳二郡在海洲上，东西千里，南北五百里。其渠帅贵长耳，皆穿而缒之，垂肩三寸……凡交阯所统，虽置郡县，而言语各异。重译乃通。人如禽兽，长幼无别。项髻徒跣，以布贯头而著之。后颇徙中国罪人，使杂居其间，乃稍知言语，渐见礼化。③

两种《汉书》中这两则有关先住民的风俗记载，仅就服饰、耕种、织绩、民器、语言各项作了简单的记录，也未提及文身等其他习俗。

---

① （汉）班固撰：《汉书》卷二十八下《地理志》，中华书局 1962 年版，第 1640 页。
② （汉）班固撰：《汉书》卷二十八下《地理志》，中华书局 1962 年版，第 1670 页。
③ （南朝宋）范晔撰：《后汉书》卷八十六《南蛮西南夷列传》，中华书局 1965 年版，第 2835—2836 页。

但在黄佐的《广东通志》中，提及汉明帝欣赏僮尹才美，正值永平十七年（74 年）春二月儋耳慕义贡献，明帝任命僮尹为儋耳太守，"尹至郡敷政未久，下诏擢为交趾刺史，还至珠崖，戒敕官吏毋贪珍赂，劝谕其民毋镂面颊，以自别于峒俚雕题之习，自是日变。建初中，以尹能匡俗信民，厚加赏赐，迁武陵太守"。可见汉代黎族的文面习俗，十分普遍，而且由来已久，虽然僮尹劝谕"毋镂面颊"，但 2000 多年以来，文身文脸代代相传，成为黎族刻在人体上的敦煌壁画，是黎族的特征和骄傲。

在汉代，仍保留着自由结合婚俗。古代海南岛黎族人民的婚姻形式异于汉族人，黎族人一直保留着自由结合婚俗。史载，汉武帝诛吕嘉，开九郡，设交趾刺史以镇监。到后来，锡光为交趾，任延为九真太守，"为设媒官，始知聘娶"。薛综说："自臣昔客始之时，珠崖除州县嫁娶，皆须八月引户，人民集会之时，男女自相可适，乃为夫妻，父母不能止。"①

汉代黎族先民除文身外，还有耳垂戴环作为装饰的习俗。《汉书·武帝纪》载：珠崖儋耳郡，"应邵曰，二郡在大海中，崖岸之边出珍珠，故曰珠厓……言珠若崖矣。儋耳之云，镂其颊皮，上连耳匡，分为数支，状似鸡肠，累耳下垂"。②《后汉书·南蛮西南夷列传》载："其渠帅贵长耳，皆穿而缒之，垂肩三寸。"③ 大耳环习俗，在汉代已很流行，一直到现在，在海南的黎村里还可找到老年妇女戴大耳环的装饰。

在《汉书·贾捐之传》中，还提及"骆越之人，父子同川而浴，相习以鼻饮"。④ 关于"鼻饮"一说，黎族学者谓当时汉人对黎族集体

---

① （晋）陈寿撰：《三国志》卷五十三《吴书·薛综传》，中华书局 1959 年版，第 1251—1252 页。

② （汉）班固撰：《汉书》卷六《武帝纪》，中华书局 1962 年版，第 188 页。

③ （南朝宋）范晔撰：《后汉书》卷八十六《南蛮西南夷列传》，中华书局 1965 年版，第 2835 页。

④ （汉）班固撰：《汉书》卷六十四下《贾捐之传》，中华书局 1962 年版，第 2834 页。

对着酒缸用嘴含竹筒吸酒，作较远距离观看，因而误记，此一误传的习俗，也延续至今。

汉代风俗，除贯头衣外，尚有树皮布。据《后汉书·南蛮西南夷列传》记载，南蛮人"织绩木皮，染以草实"。① 其实，在《史记》《汉书》等文献中都有记录。当初《韩诗外传》卷一记述了孔子的弟子原宪穿戴是"楮冠黎杖"。《山海经》说："山岭为黎，人居其间，号曰生黎……绩木皮为布。"② 就是用树皮捶打成布，这是无纺布，一直沿用到现在。

第六节　海域与海外交通

秦汉以来，随着岭南地方建置的发展，南海广大海区先后归入中国版图。

在汉代，人们根据南海潮水涨退的自然现象，把南海和南海诸岛称为涨海、涨海崎头。东汉杨孚《异物志》载："涨海崎头，水浅而多磁石。徼外大舟锢以铁叶，值之多拔。"③ 此处"磁石"之意即稳没水下不深的礁滩，航船遇之如被磁石吸住难逃脱。《异物志》也载有南海诸岛产海龟和玳瑁。④ 以后，随着经济技术的发展，人们的活动范围也不断扩大，认识也逐步深入。

汉武帝时代，中国已通过南海与东南亚、印度、斯里兰卡等国家进行海上交通和贸易，汉朝的官员来往越南时，"皆从涨海出入"。《汉书·地理志》载："自日南障塞、徐闻、合浦船行可五月，有都元国。"⑤

---

① （南朝宋）范晔撰：《后汉书》卷八十六《南蛮西南夷列传》，中华书局1965年版，第2829页。

② （宋）乐史撰：《太平寰宇记》第七册，中华书局2007年版，第3233页。

③ （汉）杨孚的《异物志》，原本早已失传，而《琼台志》在卷九"土产·药之属"条下加以转引，得以保存下来，海南出版社2006年版，第197—198页。又（清）曾钊辑《异物志》卷二，载《南越五主传及其它七种》，广东人民出版社1982年版，第38页。

④ （汉）杨孚的《异物志》，原本早已失传，而《琼台志》在卷九"土产"条下加以转引，得以保存下来，海南出版社2006年版，第195页。

⑤ 参见（汉）班固撰：《汉书》卷二十八下《地理志》，中华书局1962年版，第1671页。

谢承《后汉书》曰："汝南陈茂尝为交阯别驾，旧刺史行部，不渡涨海，刺史周敞涉海遇风，船欲覆没。茂拔剑诃骂水神，风即止息。"① 而涨海，即指南海诸岛在内的南海。据记载，汉武帝刘彻派遣使者偕同翻译人员，从广东的徐闻出发，经南海、马来半岛、苏门答腊，再经缅甸到达黄支国（今印度东南部马德拉斯略南的康耶弗伦）。自汉武帝至汉平帝刘衎这段时间，前汉王朝屡次派遣使者航行南海，途经南海诸岛，前往东南亚和印度尼西亚各国。《太平御览》卷七六九引用《汉宫殿疏》的资料"汉宫殿疏曰：武帝作昆明池，周匝四十里，为豫章大船，可载万人，船上起宫室"。②

罗香林在《百越源流与文化》一书中，谈及他发现的广州汉代城砖上，绘有楼船的形象，虽是当时工匠随手所刻画，但从中可窥见其大概。据楼船图形所示，楼船头低尾高，船尾有一大舱，船身左边，连船舱共计可有 10 层。船中央有一大钟，船右边有一椇上张挂帽形的帆和旌旗，船边水中似还有浮木和档木造成的边架。参照广州地区出土的两艘大型木船模型，广州汉砖的楼船图形绝非随意虚构。这两艘木船模型，因经历 2000 多年，部分腐朽，船体散乱不全，但以残存的船板彩画看，不难想象到它结构复杂、装饰华丽及其雄伟的身姿。这种楼船，有帆张挂，有边架可使船只平稳，又能经受风吹浪打，适宜于近海航行。正是这些船舶，沿着海岸，穿梭于南海西南岸的孤岛各地。广州是楼船制造中心之一。东汉伏波将军马援在讨伐交阯的战役中，率领的楼船竟达 2000 余艘之多。③ 充分反映了汉代造船能量之巨大。

1974 年，在广州中山四路西段发现的秦汉造船工厂遗址，表明秦至西汉初期番禺的造船工厂规模巨大，船台的结构形式先进，木料

① （宋）李昉等撰：《太平御览》卷六十《海》，中华书局 1960 年版，第 287 页。

② （宋）李昉等撰：《太平御览》卷七百六十九《舟部二》，中华书局 1998 年版，第 3409 页。

③ 参见（南朝宋）范晔撰：《后汉书》卷二十四《马援列传》，中华书局 1965 年版，第 839 页。

的选择加工讲究，具有很高的造船能力和技术水平。据船台的宽度推算，1 号船台宽 1.8 米，2 号船台宽 2.8 米，可分别建造身宽 5—8 米、载重 25—30 吨的木船。① 这些资料说明汉代的造船业已很发达。汉代使者乘坐中国制造的海船，经南海诸岛，前往南亚各国进行国际交往和贸易活动。《汉书·地理志》云："所至国皆禀食为耦，蛮夷贾船，转送致之。"由此可见，中国船舶到达上述地方，才由当地商船来往转驳货物。中国使者和航海家航行南海，发现南海诸岛；东南沿海各省、市渔民相继而至各岛并居住开发，历代不断。②

与海南岛有关的记载，在《古今图书集成·方舆汇编·山川典·海部汇考二》中，与汉代有关的有下列几则：(1)"琼山县海口渡在县北十里，北达徐闻踏磊驿，顺风半日可至……凡渡舟达徐闻者有三处：海口官渡，白沙古渡，烈楼渡，自烈楼咀达车轮浦较近。"③ (2)"烈楼港在县西二十里。自徐闻那黄渡开船，小午可到。乃汉军渡海之处。海边有大石一，所生出海北三墩，名曰烈楼嘴。海南地接徐闻，此最近，舟一朝可到。"④ (3)"焚楼岭在城北一百三十里迈犊都海傍。世传汉楼船将军杨仆初渡海至此，即焚其船，以士卒必死。"⑤

宋代赵汝适《诸蕃志》："武帝平南粤，遣使自徐闻，渡海略地，置朱崖、儋耳二郡。"⑥可见汉代已建立水师，承担着巡视海域的任务，东汉时期，中央政府常派官员巡视南海海域及各部。杨仆渡海至焚楼岭，都足以说明这一事实。

① 参见广州市文物志编委会：《广州市文物志》，岭南美术出版社 1990 年版，第 99 页。

② 参见广东省地名委员会编：《南海诸岛地名资料汇编》，广东省地图出版社 1987 年版，第 153 页。

③ （清）陈梦雷编纂：《古今图书集成》，转引自《地理志·海南》，海南出版社 2006 年版，第 229 页。

④ （清）陈梦雷编纂：《古今图书集成》，转引自《地理志·海南》，海南出版社 2006 年版，第 146 页。

⑤ （清）陈梦雷编纂：《古今图书集成》，转引自《地理志·海南》，海南出版社 2006 年版，第 156 页。

⑥ （宋）赵汝适著、杨博文校释：《诸蕃志校释》，中华书局 2000 年版，第 216 页。

在汉代，由于南海地区的海上贸易活动起步很早。在这之前，擅长航海的百越民族与东南亚地区进行沿岸交往的历史可以追溯到商、周时代；秦始皇经略岭南，凿灵渠，建郡县，使番禺地区成为珠玑、犀、玳瑁、果布之凑的海外贸易中心。是时，海南岛是广东属地，离番禺（现广州）不远，这些土产物品，多数也产自海南岛。当时的海岸线，已有可能与东南亚、南亚地区建立航海贸易关系。汉武帝在统一东南沿海以后，即大力开拓南海对外交通与贸易活动，扩大汉王朝与南海各国的经济与文化联系，这样就导致了中国史籍记载的第一条远洋航行到印度洋的航路的产生。由于当时中国对海外的航运货种以"杂缯"——各种丝绸织物为主，因此，这条远洋航路相对于陆上丝绸之路经济带，又称为"海上丝绸之路"。

班固所撰的《汉书·地理志》中记载，该航路情况如下：

> 自日南障塞、徐闻、合浦，船行可五月，有都元国；又船行可四月，有邑卢没国；又船行可二十余日，有谌离国；步行可十余日，有夫甘都卢国。自夫甘都卢国船行可二月余，有黄支国，民俗略与珠厓相类。其州广大，户口多，多异物，自武帝以来皆献见。有译长，属黄门，与应募者俱入海市明珠、璧流离、奇石异物，赍黄金杂缯而往。所至国皆禀食为耦，蛮夷贾船，转送致之，亦利交易。剽杀人，又苦逢风波溺死；不者，数年来还。大珠至围二寸以下。平帝元始中，王莽辅政，欲耀威德，厚遗黄支王，令遣使献生犀牛。自黄支船行可八月，到皮宗；船行可二月，到日南象林界云。黄支之南，有已程不国，汉之译使自此还矣。[①]

这是一条沿岸渐近的印度洋远洋航线，2000多年前所用的地名，有的已与现在不同，此略。

不过，上古人类所陆陆续续开通的海上航线，经过多少年的古人类的开辟一直至汉代，由于汉代已经过了夏、商、周、秦四朝的建立

---

① （汉）班固撰：《汉书》卷二十八下《地理志》，中华书局1962年版，第1671页。

及各国之间的商品贸易的交流，南海的海路交通，才被命名为"海上丝绸之路"。

这条海路的通航，都通过"涨海"，即指南海诸岛在内的南海，因此可以说，自古以来，海南岛是"海上丝绸之路"上重要且必经的中转站。

第七节　结　语

秦汉时期，中国结束了第一次地方分割纷争局面而走向大一统。海南岛也在这个时期归入版图。

秦始皇统一中国之后，他的统治势力还没有能到达海南岛，也并未明确将海南岛列入版图；但在设置儋耳、珠崖、南海、苍梧、郁林、合浦、交趾、九真、日南九郡时，海南岛已经在秦朝的视野内。秦始皇三十三年（前214年），将逋亡人、赘婿、贾人等移民到岭南，其中包括海南岛。这样，秦代的文化也就开始传入海南岛。明代唐胄在正德《琼台志》卷七载："秦以水德王，其数用六，今琼人行政使铜钱犹用六数，以六文为一钱，六十文为一两，六百文为一贯。又田禾以六把为半担，十二把为一担，亦用六数。皆秦旧俗也。"

中国南海中的南沙群岛，因为以环礁为主，故古称作"石塘"，这是秦始皇时开始以神话传说见诸记录的。《太平御览》卷五十一中转述了《三齐略记》一段"断桥"的传说。说是秦始皇要"过海看日出处"，于是，"始皇作石塘"。当时，"有神人驱石下海，石去不速，神辄鞭石皆流血，至今石悉亦"。① 这个传说一直盛传到唐代。唐代诗人张乔有诗《送朴充侍御归海东》，诗中有句"涨海虽然阔……秦皇有断桥。""涨海"指的是南海，"断桥"即石塘。东汉杨孚在《异物志》中说"涨海……水浅多磁石"，就是这个意思。这个传说，里面透露出秦王朝已经有了关于南海的模糊构想。当然，传说归传说，还不能

---

① （宋）李昉等撰：《太平御览》卷五十一，中华书局1960年版，第251页。

列入史事范畴。仅录以备一说而已。

海南岛在汉武帝元封元年（前110年）正式归入中国版图。历经64年的艰难前行后，于汉元帝初元三年（前46年）罢弃珠崖。归入版图和"罢弃之"，都是中国历史上第一次。

海上丝绸之路历经许多次的远洋航行之后，在汉代，总结出了载入《汉书·地理志》中的海上通道。这条海上通道，因所运货物中以"杂缯"——各种丝绸织物为主，故被称为"海上丝绸之路"。自西汉以后，历代的海南人民都积极参与建设海上丝绸之路。

汉以后，中央王朝对海南岛直接统治的开始，史籍中也开始了记录汉族移民到海南岛，而且明确登岛地点是临高县，此为后来学术界所指称的临高语族。史籍中开始记载古代黎族的生活及习俗，并明确指出黎族在汉族强势文化的影响、特别是在"建立学校，导之经义"的教育下，"渐见礼化"，即在日常生活的各个方面都开始接受汉文化影响，足见汉黎的文化从汉代开始已经在碰撞中日渐磨合。

第五章 三国与魏晋南北朝——冼夫人促进汉黎民族融合

自三国至南朝宋、齐、梁、陈300多年间，因大陆王朝的繁复更迭，海南的行政建置也形同虚设，属于羁縻州。这期间海南的经济文化发展也很缓慢。直到冼夫人管辖岭南时期，才重新建置。是冼夫人把岭南地域，包括雷州半岛及海南岛等地，统一在中央政府的管辖下，使脱离大陆将近600年的海南岛，重新与大陆结合在同一政权下，为以后海南岛的发展奠定了基础。

第一节 三国时代吴国孙权进军海南

东汉末年的黄巾军起义虽然失败，但东汉政权也随之崩溃。赤壁一战，形成了三国鼎立的局面，曹操、刘备、孙权分别代表魏、蜀、吴三国。三国时期，海南岛为吴国的交州管辖。

孙权（182—252年），字仲谋，吴郡富春（今浙江富阳）人，次子孙坚14岁便随兄长孙策转战南北，参与平定江东。孙策去世后，孙权接掌江东。在周瑜的辅佐下于赤壁大战中大败曹操，使天下呈三国鼎立之势，并建立吴国，北拒曹操，西抗刘备，为一代明主。

一、孙权对海南的三次征讨

孙权统治吴国53年，他立国江东，因据江南富庶之地，又有高度发达的造船技术。孙权充分利用所割据地优越的海洋地理条件和东南沿海人民擅长航海的历史传统，组织了一次又一次的近海与远洋航行活动，出现了"舟楫为舆马""巨海化夷庚"的东吴航海盛世。建安十六年（211年），"岭南始服于孙权。"据司马光在《资治通鉴》中有说明："孙权以番阳太守临淮人步骘为交州刺史，士燮率兄弟奉承节度。吴巨外附内违，骘诱而斩之威声大震。权加燮左将军，燮遣子刁质。由是岭南始服属于权。"① 同样的记述也见于《三国志·吴书·步骘传》。② 吕岱作为孙权的幕府，做事及出主意，都非常合孙权的心意。就在这一年，吕岱"表分海南三郡为交州"③，他做了交州刺史。黄龙二年（230年），孙权遣将军卫温、诸葛直将甲士万人浮海求夷州及亶洲。嘉禾元年（232年）遣将军周贺、校尉裴潜等率兵万人浮海到辽东。④ 在此之前，黄龙元年（229年），孙权曾征询陆逊讨伐海南岛的意见。

陆逊（183—245年），本名陆仪，字伯言。吴郡吴县华亭（今上海松江）人，孙策之婿，三国时吴国大臣，著名的军事家和政治家。曾计擒关羽，后刘备出兵为关羽报仇，又被陆逊火烧连营而大败之。《吴书·陆逊传》载："权欲遣偏师取夷州及朱崖，皆以谘逊，逊上疏曰：'臣愚以为四海未定，当须民力，以济时务。今兵兴历年，见众损减，陛下忧劳圣虑，忘寝与食，将远规夷州，以定大事，臣反复思惟，未见其利，万里袭取，风波难测，民易水土，必致疾疫，今驱见众，经涉不毛，欲益更损，欲利反害。又珠崖绝险，民犹禽兽，得其民不足济事，无其兵不足亏众。'"⑤ 但孙权并未

① （宋）司马光撰：《资治通鉴》卷六十六《汉纪五十八》，中华书局1956年版，第2105页。

② （晋）陈寿撰：《三国志》卷五十二《吴书·步骘传》，中华书局1959年版，第1237页。

③ （晋）陈寿撰：《三国志》卷六十《吴书·吕岱传》，中华书局1959年版，第1385页。

④ （晋）陈寿撰：《三国志》卷四十七《吴书·孙权传》，中华书局1959年版，第1136页。

⑤ （晋）陈寿撰：《三国志》卷五十八《吴书·陆逊传》，中华书局1959年版，第1350页。

听取陆逊的意见。

二、赤乌五年（242年），孙权遣聂友、陆凯率兵进海南

孙权出兵海南岛，目的是向南海沿岸诸国开辟贸易航线，将海南岛作为中转站。

赤乌五年（242年），孙权遣将军聂友率兵3万讨珠崖、儋耳。吴国进兵海南岛，想利用海南岛的地理位置，到南海诸国去调查情况，扩大与南海诸国贸易的过程中，可以作为海路的中转站。据《梁书·诸夷列传》载：对南海诸国，"吴孙权时，遣宣化从事朱应、中郎康泰通焉。其所经及传闻，则有百数十国，因立记传。"①

康泰《扶南传》云："涨海中，倒珊瑚洲，洲底有盘石，珊瑚生其上也。"② 又，《吴时外国传》云："扶南之东，涨海中，有大火洲。洲上有树。得春风雨时，皮正里；得火燃，树皮正白。纺绩以作手巾或作灯座用之不知尽。"③

当时到南海沿岸中的国家，皆经涨海。如到顿逊国，"顿逊国，入海中千余里，涨海无崖岸，船舶未曾得迳过也"。"又传扶南东界即大涨海，海中有大洲，洲上有诸薄国，国东有马五洲。复东行涨海千余里，至自然大洲。"④ 船舶通过的大海，都提及涨海，而涨海则是海南岛所处的南海地带。

朱应、康泰出使南海诸国，据考证，大约是在黄武五年（226年）至黄龙三年（231年）之间。⑤ 朱应和康泰这次出使，达到了预期的目的。他们所作的"记传"，后来亡佚，仅散见于《水经注》《通典》《太平御览》的《扶南传》《扶南土俗传》以及张守节《史记正义》的《康泰外国传》或《康氏外国传》等。这些记传对了解当时海外诸国的风俗、

---

① （唐）姚思廉撰：《梁书》卷五十四《诸夷·海南诸国》，中华书局1973年版，第783页。

② （宋）李昉等撰：《太平御览》卷六十九《地部三四》，中华书局1960年版，第327页。

③ （宋）李昉等撰：《太平御览》卷七百八十六。

④ （唐）姚思廉撰：《梁书》卷五十四《诸夷·海南诸国》，中华书局1973年版，第787—788页。

⑤ 参见冯承钧：《中国南洋交通史》，上海古籍出版社2005年版，第10—11页。

民情、贸易等情况，提供了极为宝贵的资料。而且，朱应、康泰对南海诸国的联络以及他们的"南宣国化"，对于开辟南海诸国的贸易往来作出了贡献。

在这样的背景下，海南岛在南海中，是到扶南、林邑等东南亚各地的必经之地，也是海路中最好的中转站。精明的吴国领袖孙权，必然重视对海南岛的开辟。因此，在赤乌五年（242 年）秋七月"遣将军聂友、校尉陆凯以兵三万讨珠崖、儋耳"。

陆凯和聂友这两位率领 3 万大军攻打海南岛的将领，他们的生平事迹，在《三国志·吴书·陆凯传》有简略记载。① 至于聂友，史书中没有传，仅在《吴书·诸葛恪传》中叙述。② 另外，在王国宪民国《儋县志》有传③，嘉靖《广东通志》也有《聂友传》。④

---

①　《三国志·吴书·陆凯传》中载："赤乌中，除儋耳太守，讨朱崖，斩获有功，迁为建武校尉。"

②　当诸葛恪与魏军作战得胜之后，孙权进封诸葛恪为阳都侯，加荆、扬州牧，督中外诸军事。第二年春，复欲出军。"丹阳太守聂友素与恪善，书谏恪曰：'大行皇帝本有遏东关之计，计未施行。今公辅赞大业，成先帝之志，寇远自送，将士凭赖威德，出身用命，一旦有非常之功，岂非宗庙神灵社稷之福邪！宜且案兵养锐，观衅而动。今乘此势，欲复大出，天时未可。而苟任盛意，私心以为不安。'恪题论后，为书答友曰：'足下虽有自然之理，然未见大数。熟省此论，可以开悟矣。'于是违众出军，大发州郡二十万众，百姓骚动，始失人心……始恪退军还，聂友知其将败，书与滕胤曰：'当人强盛，河山可拔，一朝赢缩，人情万端，言之悲欢。'恪诛后，孙峻忌友，欲以为郁林太守，友发病忧死。友字文悌，豫章人也。"《吴书》注：《吴录》曰："友有唇吻，少为县吏。虞翻徙交州，县令使友送之，翻与语而奇焉，为书与豫章太守谢斐，令以为功曹。郡时见有功曹，斐见之，问曰：'县吏聂友，可堪何职？'"对曰："此人县间小吏耳，犹可堪曹佐。"斐曰："论者以为宜作功曹，君其避之。"乃用为功曹。使至都，诸葛恪友之。时论谓顾子嘿、子直，其间无所复容，恪欲以友居其间，由是知名。后为将，讨儋耳，还拜丹阳太守，年三十三卒。（（晋）陈寿撰：《三国志》卷六十四《吴书·诸葛恪传》，中华书局 1959 年版，第 1437—1443 页。）

③　彭元藻、王国宪：民国《儋县志》的《地舆志二》沿革中也有注《聂友传》云：聂友，豫章人，初为县吏，虞翻引至吴都，诸葛恪相与友善。孙权将图珠崖，恪荐友为珠崖太守，加将军，与校尉陆凯同往。执馘奏捷，留友治之。友虑师久致疲，简其精锐自卫，余先遣归。孙权大悦。陆凯，吴郡人。赤乌中除儋耳太守，同将军聂友讨珠崖，斩获有功，迁建武校尉。（海南出版社 2006 年版，第 29 页。）

④　《嘉庆重修大清一统志》卷四五三《琼州府》：《名宦·三国·聂友》："豫章人。初为郡功曹。孙权将图朱崖，诸葛恪荐为太守，诏加将军，与陆凯同往。既奏捷，留友治之。"

上述这些传记资料，说到吴国雄姿英发的最高统帅——孙权，大胆起用曾经在县里当过小吏、足智多谋、能说善辩的30岁的聂友率领军队征讨海南岛，同去的是校尉陆凯。

大军直捣珠崖，获得全胜。据王国宪的《聂友传》说是"执馘奏捷，留友治之"。孙权留聂友治珠崖。聂友考虑到大军在海南的时间长了，会疲惫，于是挑选了精兵强将自卫，其余的都遣回大陆。但聂友留下来有多久，史书没有明文。他"讨儋耳"之后即"还拜丹阳太守"，而且接着"年三十三卒"。可见他并没有在海南岛待下来，而是匆匆离开。道光《琼州府志·沿革表》云："吴赤乌五年，聂友、陆凯讨平儋州、珠崖，复置珠崖郡，治徐闻。"这样看来，孙权这次所派的军队即使到了海南岛，也并没有在岛上站住脚。

三、赤乌九年（246 年），孙权对海南用兵

赤乌九年（246 年），孙权又要攻珠崖及夷州，并预先征求全琮的意见。《吴书·全琮传》载："初，权将围珠崖及夷州，皆先问琮，琮曰：'以圣朝之威，何向而不克？然殊方异域，隔绝障海，水土气毒，自古有之，兵入民出，必生疾病，转相污染，往者惧不能反，所获何可多致？'"[①] 但是，孙权不听全琮劝告，"军行经岁，士众疾疫死者十有八九，权深悔之"。[②] 可见，孙权对海南的用兵，都没获得成功。而聂友、陆凯带兵征讨珠崖之时，在用兵之前，孙权先任命陆凯为儋耳太守，任聂友为崖州太守，加将军。那么，聂友、陆凯在"斩获有功"之后，是不是到了海南岛呢？陆凯"迁为建武校尉"，聂友在奏捷之后，"虑师久致疲，简其精锐自卫，余先遣归。"史书没有记录他们在海南岛有任何作为。可见吴国没有在海南岛上建置，孙权所立的珠崖郡，不在海南岛上。谭其骧考证："是在雷州半岛的

---

① （晋）陈寿撰：《三国志》卷六十《吴书·全琮传》，中华书局 1959 年版，第 1383 页。

② （晋）陈寿撰：《三国志》卷六十《吴书·全琮传》，中华书局 1959 年版，第 1383 页。

南端合浦郡的徐闻县境内。"① 这一判断是正确的。谭其骧说:"徐闻当为孙吴用兵海南的基地,故在用兵之前,先在此建立珠崖、儋耳郡。后来虽未能取得真正的珠崖、儋耳郡地,寄在合浦境内的这两个郡,其儋耳撤兵后当即废除,而珠崖却终孙吴一代被一直保留下来,到四十年后晋平吴,才又将这个徒有虚名的郡还并合浦。孙吴不仅设了个珠崖郡,还设了一个珠官县。设郡县的目的在于'招抚其人',但其人'竟不从化',其人即指海南岛上的土著。"他又引晋初王范《交广二州记》所提及的:"朱崖在大海中,南极之外。吴时复置太守,住徐闻县,遥抚之。"所以,他得出结论:"孙吴曾设置朱崖郡是事实,但并未改变汉元帝弃珠崖以来的版图,海南岛仍在域外。"②

由此可见,孙权不接纳全琮和陆逊的劝谏,虽派聂友和陆逊的族子陆凯进兵海南岛,但这次军事行动,也因军队疲惫而被迫撤军,只在雷州半岛上另立朱崖郡和朱庐、朱官两县,遥领海南。因此,清代道光《琼州府志·沿革表》引《通志》载:"孙吴、刘宋置珠崖郡,只在徐闻遥统之耳。"③

孙权有意将海南岛重新收入版图,但几次用兵均以失败告终,一直未能对海南实行实际的统治。

---

① 谭其骧:《自汉至唐海南岛历史政治地理》,载《长水集续编》,人民出版社1994年版,第96页。笔者要补充指出,谭其骧这里说的徐闻县,不是他所指的"在雷州半岛南端的徐闻县",而是今海康县。因为汉武帝元鼎六年(前111年)析置徐闻县于此,至隋始改徐闻县为海康县。而"雷州半岛南端的徐闻县"是唐贞观二年(628年)才改称徐闻县,今仍称徐闻县。

② 谭其骧:《自汉至唐海南岛历史政治地理》,载《长水集续编》,人民出版社1994年版,第96页。笔者要补充指出,谭其骧这里说的徐闻县,不是他所指的"在雷州半岛南端的徐闻县",而是今海康县。因为汉武帝元鼎六年(前111年)析置徐闻县于此,至隋始改徐闻县为海康县。而"雷州半岛南端的徐闻县"是唐贞观二年(628年)才改称徐闻县,今仍称徐闻县。

③ (清)明谊修、张岳崧纂:道光《琼州府志》,海南出版社2006年版,第11页。

第二节　魏晋南北朝在海南的建置形同虚设

一、晋朝称海南为"朱崖洲"

到了晋代，称海南为"朱崖洲"。此称见于《太平御览》引王隐《晋书》："朱崖在大海中，遥望朱崖洲大如菌，举帆一日一夜至，洲周匝二千里，径度七八百里，可十万家，女多姣好，长发美鬓。"① 郦道元《水经注》则指出当时朱崖、儋耳二郡"在大海之中，南极之外"，岛上居民"犬羊相聚，不服德教"等现状，书中载："朱崖、儋耳二郡，与交州俱开，皆汉武帝所置。在大海中，南极之外，对合浦徐闻县，清朗无风之日，遥望朱崖洲，如囷廪大。从徐闻对渡，北风举帆，一日一夜而至。周回二千余里，径度八百里。人民可十万余家。皆殊种异类，被发雕身，而女多姣好，白皙、长发、美鬓。犬羊相聚，不服德教。儋耳先废，朱崖数叛，元帝以贾捐之议罢郡。杨氏《南裔异物志》曰：儋耳、朱崖，俱在海中，分为东蕃。"据《山海经》记载："昔马文渊积石为塘，达于象浦，建金标为南极之界。"又引《林邑记》曰："建武十九年，马援树两铜柱于象林南界，与西屠国分，汉之南疆也。土人以之流寓，号曰马流，世称汉子孙也。"② 可见当时中国的南疆，以马援所树的铜柱为界。

两晋时代王范在《交广春秋》里对海南岛的描述，只提到汉元帝从贾捐之议罢郡，并没说及吴与晋在海南设郡一事。《晋书·地理志》云："赤乌五年，复置珠崖郡。"③ 所置珠崖郡，是在对岸的徐闻县境。《舆地纪胜》则说："晋武平吴，省珠崖入合浦"（《晋志》），而珠官仍隶合浦，寻废珠官。（《晋志》有珠官，《宋志》有珠官，《齐志》无珠官，县恐废）到了南朝后期的梁代，《舆地纪胜》载："梁置崖州（《隋志》），

---

① （宋）李昉等撰：《太平御览》卷六十九《地部·洲》，中华书局1960年版，第326页。

② （北魏）郦道元原注、陈桥驿注释：《水经注》卷三十六《温水》，浙江古籍出版社2001年版，第565页。

③ （唐）房玄龄等撰：《晋书》卷十五《地理下》，中华书局1974年版，第465页。

又于徐闻县立珠崖郡，竟不有其地（此据《元和志》）。"①《隋书·地理志》载："珠崖郡（梁置崖州），统县十。"②《文献通考》载："梁置崖州"。因此，自"汉元帝以后大陆王朝重新在岛上设置郡县，实始于梁"，"梁代的崖州应确在海南岛上，不过它的性质属于唐贞观以后的羁縻州，不同于王朝的正式郡县。也就是说，名义上是王朝的郡县，而实际上王朝统治权还未能在这里建立"。③在陈朝，也有关于崖州的记录，《陈书·方泰传》载："太建四年，迁使持节、都督广、衡、交、越、成、定、明、新、合、罗、德、宜、黄、利、安、建、石、崖十九州诸军事、平越中郎将、广州刺史。"④（按：这里仅写了十八州，疑脱一州，或"九"当作"八"）其中最后提到崖州，可见梁陈时代崖州已经置郡了。但置郡之后，仍然处于遥领状态，仅属羁縻而已。

二、三国与魏晋南北朝时期在海南的政区沿革状况

1. 吴国对海南的建置

海南岛在三国时，属吴国统治，吴治海南岛的建置，自 242—279 年，是时珠崖郡属交州，郡治设在徐闻。现分述如下。

三国吴于赤乌五年（242 年）复置珠崖郡后，有朱卢、珠官二县。

梁代沈约《宋书》载："合浦太守，汉武帝立，孙权黄武七年，更名珠官，孙亮复旧。先属交州。领县七。户九百三十八。去京都水一万八百。"⑤

万历《琼州府志》载："三国吴大帝赤乌五年（242 年），复置珠崖郡，有徐闻、朱卢、珠官县，隶交郡。"⑥

————————

① （宋）王象之撰：《舆地纪胜》卷一百二十四《琼州沿革》，中华书局 1992 年版，第 3555 页。

② （唐）魏徵等撰：《隋书》卷三十一《地理志》（下），中华书局 1973 年版，第 885 页。

③ 谭其骧：《自汉至唐海南岛历史政治地理》一文的论断，载《长水集续编》，人民出版社 1994 年版，第 98—99 页。

④ （唐）姚思廉撰：《陈书》卷十四《昙朗传》，中华书局 1972 年版，第 2138 页。

⑤ （梁）沈约撰：《宋书》卷三十八《州郡志》，中华书局 1974 年版，第 1208 页。

⑥ （明）戴熺、欧阳灿总裁，蔡光前等纂修：万历《琼州府志》卷二《沿革志》，海南出版社 2003 年版，第 32 页。

明谊、张岳崧在道光《琼州府志》载:"吴赤乌五年(242 年)聂友、陆凯讨平儋耳、珠崖,复置珠崖郡,治徐闻领县三:徐闻、朱卢、珠官,属交州。"①

王国宪在《儋县志》的《舆地志·沿革》载:"吴赤乌五年(242 年),遣将军聂友,校尉陆凯讨平朱崖、儋耳。"②《孙权传》:"于徐闻县立珠崖郡,领县三:徐闻、珠官(珠官县,汉合浦郡)、珠卢。又于其地立珠官一县,以招抚其人。(《舆地纪胜》引《元和郡县志》《旧州志》云:赤乌五年,改县为珠崖郡,隶交郡)。"

按:三国时吴国孙权于黄龙元年(229 年)称帝改元,至赤乌五年(242 年)始在海南设治,遥领海南。

2. 晋朝对海南的行政建置

晋朝即西晋与东晋。西晋起于 265 年,亡于 317 年,建都洛阳。东晋起于 317 年,亡于 420 年,建都建康(今南京)。东晋朝十一帝,首尾凡 104 年,史称为两晋。两晋时代共 156 年。

这是中国历史上最混乱的时期,西晋世祖武帝司马炎,265 年灭魏及蜀,于太康元年(280 年)灭吴后称帝,是时北方民族矛盾迅速激化,汉族统治为了加强控制,补充劳动力,因此常招引和强制匈奴、鲜卑、羯、氐、羌等少数民族百姓迁居内地。但入居内地后,又受到汉族地主官僚的残酷压迫和剥削,使得民族矛盾更加激化。八王之乱期间,诸王又多利用少数民族贵族参加内战,终于导致了十六国分裂割据的局面。

西晋对海南岛的行政区划,史籍纷纭不一。

(1)《晋书·地理下》载:"合浦郡(汉置),统县六,户二千",有"合浦、南平、荡昌、徐闻、毒质、珠官"。③据清朝阮元撰《广东

---

① (清)明谊修、张岳崧纂:道光《琼州府志》卷首《舆地志·历代沿革表》,海南出版社 2006 年版,第 11 页。

② 彭元藻、曾友文修,王国宪总纂:民国《儋县志》卷一《舆地志》,海南出版社 2004 年版,第 29 页。

③ (唐)房玄龄等撰:《晋书》卷十五《地理下》,中华书局 1974 年版,第 465 页。

通志》云："毒质"县无可考，疑是汉之玳瑁县，误为"毒质"；或是晋并县时，改为"毒质"。① 据萧应植编《琼州府志·沿革》表，已更正为"玳瑁"。

（2）王象之《舆地纪胜》载："晋武平吴，省珠崖入合浦（《晋志》），而珠官仍隶合浦，寻废珠官（《晋志》有珠官，《宋志》有珠官，《齐志》无珠官，县恐废）。"②

（3）唐胄的正德《琼台志》载："平蜀，以蜀建宁太守霍弋遥领交州。平吴后，省珠崖入合浦。"③

（4）明谊、张岳崧的《琼州府志》载："太康元年，省珠崖郡入合浦，改朱卢为玳瑁县，共领县六：合浦、南平、荡昌、徐闻、玳瑁、珠官、属交州。"④

（5）万历《琼州府志》载："晋平吴后，省珠崖，入合浦郡。"⑤

（6）王国宪的民国《儋县志》载："晋朝，武帝平吴后，省珠崖入合浦郡，改朱卢为玳瑁县，领县六（合浦、南平、荡昌、徐闻、珠官、毒质），属交趾。"按《晋书·地理志》载："合浦郡下有毒质、朱官二县，与《元和志》合。毒质县已无可考。今《通志》疑以为即毒瑁之误。"⑥

晋治海南的建置，属交州—合浦郡遥领。合浦是辖廉州、钦州、合浦、琼州全境。

3. 南北朝的建置

南北朝，南朝从 420 年至 589 年，北朝由 386 年至 581 年。

刘裕灭东晋而建立宋王朝，而后有齐、梁、陈等朝，在历史上称

---

① （清）阮元总裁：《广东通志》，海南出版社 2006 年版，第 14 页。

② （宋）王象之撰：《舆地纪胜》卷一百二十四《琼州》，中华书局 1992 年版，第 3554—3555 页。

③ （明）唐胄纂：正德《琼台志》卷三《沿革考》，海南出版社 2006 年版，第 44—45 页。

④ （清）明谊修、张岳崧纂：道光《琼州府志》卷首《舆地志·历代沿革表》，海南出版社 2006 年版，第 11 页。

⑤ （明）戴熺、欧阳灿总裁，蔡光前等纂修：万历《琼州府志》卷二《沿革考》，海南出版社 2003 年版，第 32 页。

⑥ 彭元藻、曾友文修，王国宪总纂：民国《儋县志》卷一《舆地志》，海南出版社 2004 年版，第 30 页。

为南朝，共 170 年。而北朝有北魏、东魏、北齐、西魏、北周，共 196
年。是时天下乱，统治者无法顾及海南岛的建置问题，仅是因循旧制。

4. 宋朝的行政建置

宋朝自 420 年至 479 年，刘裕（宋高祖武帝，史家称刘宋）于
420 年建立宋朝，422 年刘裕死，423 年北魏攻夺宋地，司州（治洛阳）
全部，青州、兖州、豫州大部被北魏夺去。424 年宋文帝即位，长江
流域在宋文帝统治的 30 年中，呈现东晋以来未曾有过的繁荣气象。
南方经济和文化的发展，到元嘉（宋文帝年号）时期才真正开始。以
后有宋孝武帝、宋明帝等共历八帝，至 479 年，萧道成灭宋，建立齐
朝，宋朝八帝，首尾凡 60 年。①

宋文帝元嘉八年（431 年）春正月庚寅，于交州复立珠崖
郡。② 在《宋书·州郡志》中，写明朱崖属徐闻："合浦太守，汉武帝
立，孙权黄武七年，更名珠官，孙亮复旧。先属交州。领县七。户
九百三十八。去京都水一万八百。合浦令，汉旧县。徐闻令，故属朱
崖。晋平吴，省朱崖，属合浦。朱官长，吴立，'朱'作'珠'……"③
又《宋书·夷蛮传》载：大明四年（460 年），"遣前朱提太守费沈、龙
骧将军武期率众南伐，并通朱崖道，并无功。"④ 这说明宋朝曾做多方
的努力，尚未能在海南岛上建置。

在宋朝，海南岛珠崖郡先属交州，郡治设徐闻，后来合浦郡属
越州。

梁代沈约撰《宋书》卷五《文帝纪》："元嘉八年（431 年）春正
月庚寅，于交州复立珠崖郡。"⑤

《宋书·州郡志》载："合浦令，汉旧县。徐闻令，故属朱崖。晋

---

① 参见范文澜：《中国通史》第二册，人民出版社 1954 年版。
② 参见（梁）沈约撰：《宋书》卷五《文帝纪》，中华书局 1974 年版，第 79 页。
③ 参见（梁）沈约撰：《宋书》卷三十八《州郡志》，中华书局 1974 年版，第
1208—1209 页。
④ （梁）沈约撰：《宋书》卷九十七《夷蛮传》，中华书局 1974 年版，第
2379 页。
⑤ （梁）沈约撰：《宋书》卷五《文帝纪》，中华书局 1974 年版，第 79 页。

平吴，省朱崖，属合浦。朱官长，吴立，'朱'作'珠'。荡昌长，晋武分，合浦立。朱卢长，吴立。"这里有"珠官长""朱卢长"之称。①（按：当时地方行政建置，大县的长官称"令"，小县的长官称"长"）

万历《琼州府志》载："宋元嘉八年，复立珠崖郡。"②（后省，仍以朱卢、珠官属越州。南齐因之）

正德《琼台志》载："元嘉八年，复立朱崖郡。"③（《文帝纪》：于交部立珠崖郡）

明谊、张岳崧的道光《琼州府志》载："元嘉八年，复置珠崖郡，郡治徐闻。寻罢，以朱卢、珠官二县属越州。"④（按：《宋书》朱崖、朱卢、朱官皆无偏旁。自注云：'朱'作'珠'）

宋孝武帝大明四年（460年），遣前朱提太守费沈龙骧将军武期率从南线，通朱崖道，并无功。由此可知，宋朝珠崖郡仍属交州及越州遥领。

5. 齐朝、梁朝的建置

齐朝由479年至502年，萧衍灭齐，建立梁朝。齐朝七帝，首尾23年。在齐朝，朱卢、朱官属越州，仍宋制。以朱卢、珠官二县属越州。梁朝由502年至557年，梁朝四帝，首尾凡56年。

王象之《舆地纪胜》载："梁置崖州（《隋志》），又于徐闻县立珠崖郡，竟不有其地。"⑤（此据《元和志》）

万历《琼州府志》载："梁复就儋耳，地置崖州。"⑥（时高凉冯冼氏

---

① （梁）沈约撰：《宋书》卷三十八《州郡志》，中华书局1974年版，第1209页。
② （明）戴熺、欧阳灿总裁，蔡光前等纂修：万历《琼州府志》卷二《沿革志》，海南出版社2003年版，第32页。
③ （明）唐胄纂：正德《琼台志》卷三《沿革考》，海南出版社2006年版，第45页。
④ （清）明谊修、张岳崧纂：道光《琼州府志》卷首《舆地志·历代沿革表》，海南出版社2006年版，第11页。
⑤ （宋）王象之撰：《舆地纪胜》卷一百二十四《琼州》，中华书局1992年版，第3555页。
⑥ （明）戴熺、欧阳灿总裁，蔡光前等纂修：万历《琼州府志》卷二《沿革志》，海南出版社2003年版，第32页。

儋州归附千余峒）

明谊、张岳崧：道光《琼州府志》载：齐："朱卢、朱官，属越州，仍宋制。"梁："大同中，就废儋耳地置崖州，统于广州。时儋耳归附冯冼氏千余峒，请命于朝，故置州。《通志》云，孙吴、刘宋置珠崖郡，只在徐闻遥统之耳。至是，置崖州于儋耳，而琼、崖、儋、万入焉。"①

正德《琼台志》载："广州都督领崖，崖治义伦。初，冯冼夫人世为南越首领，在父母家能谏止兄挺侵掠岭表，海南儋耳归者千余峒。后适冯宝。梁末，宝卒，岭南大乱。夫人怀集百越，崖赖以安。"② 梁置崖州——珠崖郡所辖县朱卢县、珠崖县。由此可知，崖州及珠崖郡，系在梁中大同元年（546 年）置。在梁代，因海南政局尚未安定，故由广州刺史兼都督而并统督崖州。

梁朝已在海南运行。《梁书》中对南海的记载，"诸夷列传"条云："其南界三千余里有顿逊国。在海崎上，地方千里，城去海十里。有五王，并羁属扶南。顿逊之东界通交州，其西界接天竺、安息徼外诸国，往还交市。所以然者，顿逊回入海中千余里，涨海无崖岸，船舶未曾得迳过也。""扶南东界即大涨海，海中有大洲，洲上有诸薄国，国东有马五洲。复东行涨海千余里，至自然大洲。其上有树生火中，洲左近人剥取其皮，纺绩作布，极得数尺以为手巾，与焦麻无异而色微青黑。若小垢污，则投火中，复更精洁。或作灯炷，用之不知尽。""盘况年九十余乃死。立中子盘盘，以国事委其大将范蔓。盘盘立三年死，国人共举蔓为王。蔓勇健有权略，复以兵威攻伐旁国，咸服属之，自号扶南大王。乃治作大船，穷涨海，攻屈都昆、九稚、典孙等十余国，开地五六千里。"③

---

① （清）明谊修、张岳崧纂：道光《琼州府志》卷首《舆地志·历代沿革表》，海南出版社 2006 年版，第 11 页。

② （明）唐胄纂：正德《琼台志》卷二《沿革表》，海南出版社 2006 年版，第 29 页。

③ （唐）姚思廉撰：《梁书》卷五十四《诸夷·海南诸国》，中华书局 1973 年版，第 783 页。

《梁书》这两条资料，在《南书》《夷貊列传》中也有相同的记载。

6. 陈朝的建置

陈朝从 557 年至 589 年。陈朝五帝，首尾凡 33 年。

陈朝对海南建置因袭梁朝。属广州刺史，以袁洪为朱崖太守。《陈书》卷十四《南康愍王昙传》："陈宣帝太建四年（572 年），使南康王子（陈）方泰使持节，都督、广、衡、交、越、成、定、明、新、合、罗、德、宜、黄、利、安、建、石、崖等十九州诸军事平越中郎将广州刺史，以袁洪为朱崖太守。"①《太平寰宇记》云："自汉元鼎开置珠崖、儋耳二郡迄今，疆域未改，非有他郡之地犬牙相错也。其地比于荒裔，自东汉下至梁陈，沿袭旧名，更置郡邑。或于徐闻，或入合浦，或入交广，恐非汉时境土。"故《元和郡志》云："自吴及陈，不有其地耳。然罢郡之后，贡献归附，史不绝书，非听招抚，即受羁縻，人实常内属。"可见从史传记载中，仅能选择信而有征者加以比较论证，无法要求海南岛历史在这段能一线相传，否则便会陷于对史实的牵强附会了。

自从西汉政权在海南岛将珠、儋二郡定为地方行政建置的最高级——郡级之后，表明了中央政权计划将海南岛作为独立区域进行管辖。但是为时不到 20 年，始元五年（前 82 年），又撤销了儋耳郡，将之并入珠崖郡。至初元三年（前 46 年），又有贾捐之之议。珠、儋二郡的置之又撤，前后仅 64 年，自此之后，海南置于无政府状态，又持续了 288 年。到了三国吴赤乌五年（242 年），吴国派聂友、陆凯"讨平"珠、儋两地，再次设立珠崖郡，但另由徐闻遥领。晋代对海南的管辖依吴制，岛上不设官衙；海南地区与大陆中央政权之间存在行政隶属关系。据《交广春秋》一书记载，这时岛上"人民可十万家"。这种统计数字，说明了当时海南人口的统计没有因官衙不在岛上而中断；相反，对海南的治理依然存在于中央政权计划内。中央政权为治理此地仍在收集有关信息。晋太康元年（280 年）连珠崖郡也撤而并入合浦郡，属交州。这期间置郡有 38 年。朱崖道，但其结果"并无

①　（唐）姚思廉撰：《陈书》卷十四《南康愍王昙传》，中华书局 1972 年版，第 211 页。

功"。① 齐朝对海南的统治状况一如刘宋时期，只是对岛内时加征伐，"唯以贬伐为务"，但也没有实现对海南的直接管辖。南朝后期梁、陈两代，中央政权与海南地方的关系有所变化。在梁政权统治时，海南岛内"儋耳归附冯冼氏千余峒请命于朝"。鉴于此，中央政权设立了崖州，"地置崖州，统于广州"②，改变了大陆政权对海南的"遥领"统治。梁所设崖州以海南北部地区为主要管辖区域，其治下的地域面积相当大。梁政权能够在此地设立州治，主要是对沿海及海南岛地区进行开发的结果，是在冼夫人组织俚人大联盟归附梁政权后的民族融合的具体体现。对海南进行开发和民族融合，为梁政权在海南建立政权统治打下了社会基础。崖州之设，名为梁朝国土，行政管辖权在中央，但管理方式并非郡县，实权仍为冼氏掌握。梁朝不过是通过岭南俚人首领实现了对崖州的间接统治。但崖州的设立，进一步密切了海南民族地区与中央王朝的关系。

综上所述，在 6 世纪以前，海南岛的开发仍局限于中原政权在这里建立政治统治的阶段，当地的社会发展程度很低，内地先进的生产技术尚未成规模地传入岛内，对海南地区的开发仅处在起步阶段。③

直到南朝梁大同（535—546 年）废儋耳而置崖州，属扬州，陈朝因之。从汉武帝到魏晋南北朝，海南政权的建置或罢废，反复无常。在 700 多年的漫长岁月里，置郡时间零零星星综合起来也只有 150 年左右，就是在建置的 150 年里，所置郡县也形同虚设。即使如此，但对于海南的开发，从来没有停止过。

第三节　冼夫人促进汉黎民族融合

南北朝是中国历史上民族矛盾和阶级矛盾十分尖锐复杂的时期。

① （梁）沈约撰：《宋书》卷九十七《夷蛮传》，中华书局 1974 年版，第 2379 页。
② （清）明谊修、张岳崧纂：道光《琼州府志·沿革表》，海南出版社 2006 年版，第 18 页。
③ 参见张炜、方堃主编：《中国海疆通史》，中州古籍出版社 2002 年版，第 106 页。

冼夫人处于南朝梁至隋朝初年，正值南北朝政权在长期分立之后，逐渐趋于统一的时期。人们在经受长期的离乱痛苦之后，渴望政治统一，百越领袖冼夫人，顺应历史的潮流，推动民族团结和社会发展，维护了国家的统一。

一、冼夫人事略

关于冼夫人的传略，《隋书》卷八十有《谯国夫人》传，《北史》卷九十一有《谯国夫人冼氏》，两篇传略大同小异，《资治通鉴》卷一百六十三中也详细记载冼夫人的事略。

冼夫人（513—602 年），南北朝高凉郡人，《隋书·谯国夫人》载："谯国夫人者，高凉冼氏之女也。"①《北史·列女·谯国夫人冼氏》载："谯国夫人冼氏者，高凉人也。"② 高凉在广东省境内，据《读史方舆纪要》载："高凉山，府东北九十里。志云：山本名高梁，群峰并耸，盛暑如秋，故改梁为凉。"③ 又载："汉置高凉县，其旧治在今高州高凉山下，吴为高凉郡治。"即今广东阳江、茂名一带。后汉末建安二十五年（220 年），阳江是高凉郡治。冼夫人就出生和成长在这地方。

冼夫人是促进黎汉团结的第一人。自汉代以来，各朝以强权政策企图让海南黎族驯服，但适得其反。到了南北朝梁武帝年代，冼夫人以她贤明的人格力量和卓越的军事才能，劝宗族为善，结信义于本乡。535 年，冼夫人与高凉太守冯宝结为夫妇，一方面，她帮助冯宝处理郡中事务；另一方面，在黎（俚）族人民中间传播汉族文化及汉族封建制度的礼教观念，推行各项政令。是时，"越人俗好相攻击，夫人兄南梁州刺史挺恃其富强，侵掠傍郡，岭表苦之。夫人多所规谏，由是怨隙止息，海南儋耳归附者千余峒"。④

① （唐）魏徵等撰：《隋书》卷八十《谯国夫人》，中华书局 1973 年版，第1800 页。

② （唐）李延寿撰：《北史》卷九十一《列女·谯国夫人冼氏》，中华书局 1974年版，第 3005 页。

③ （清）顾祖禹撰：《读史方舆纪要》卷一百四《广东五》，中华书局 2005 年版，第 4737 页。

④ （唐）李延寿撰：《北史》卷九十一《列女·谯国夫人冼氏》，中华书局 1974年版，第 3005 页。

陈武帝永定三年（559年），冯宝逝世后，岭南各地烽火遍起，一方面，冼夫人遣亲族一部分迁居海南岛，巩固后方；另一方面，游说各州人民，帮助陈朝统一岭南。当时，冼夫人在广东西南，拥有汉黎（俚）部落十余万户，兼在海南统领10县；在她的威望感召下，黎（俚）汉两族为共同开发海南岛作出了巨大贡献。

广州刺史欧阳纥，在569年叛变，他想拉拢冼夫人同反，570年欧阳纥以广州刺史总督十九州军事的名义，把冼夫人的儿子冯仆召去，冯仆一到就被胁逼同反。冯仆派人回高凉，把事情告诉母亲。当时冼夫人的处境是：一是同反，儿子可得救；一是反对，儿子可能被杀。在此情况下，她毅然对来人说："我精忠报国已有两代，不能为儿子辜负国家。"她随即发兵，保卫高凉边境，防止欧阳纥进犯。欧阳纥反叛后，陈宣帝派章昭达带兵讨伐，兵到岭南，冼夫人带兵前往迎战，两军会合，把叛兵打败，欧阳纥被擒处死，把冯仆从监牢里救了出来。这次欧阳纥的叛乱能够迅速平定，与冼夫人的努力分不开，冼夫人被封为中所将、石龙太夫人，冯仆被封为平越中郎将，转任石龙太宗。

590年，番禺首领王仲宣起兵抗隋，围困广州，守城主将韦光中流矢身亡。隋朝又派裴矩安抚岭南。冼夫人听到广州被围，立即派孙儿冯暄带兵去救，被陈伟智阻挡，因为陈伟智与冯暄相识，又十分要好，冯暄因此逗留不进兵，冼夫人闻知大怒，立刻把冯暄逮捕入狱，另派三孙儿冯盎去救，冯盎力战，斩了陈伟智，进抵广州与隋军会合，打得王仲宣大败。平定叛乱后，70多岁的冼夫人，还披甲骑马跟随裴矩巡视安抚岭南各地。

讨平叛乱后，由于冼夫人精忠报国，屡建功勋，隋文帝追赠冼夫人的丈夫冯宝为广州总督，封为谯国公，封冼夫人为谯国夫人，并设置谯国夫人幕府，颁发印章，准许她调拨所辖地区的兵马；地方有急事，可以不待中央命令，由她先行处理。隋文帝还写了文字表彰她的功绩，同时，冯盎被任命为高州刺史，曾被冼夫人关起来的冯暄，也被任命为罗州刺史。隋文帝的皇后，赠给冼夫人很多珍贵首饰、服装等礼物。冼夫人把梁、陈、隋三朝所赠的礼物，分为三库贮存，每逢过年过节，便拿出来陈列庭中，对子孙们教育说："我经历三朝，一心为国，这些东西，就是证据。你们以后切不可辜负国家。"

广东番州①一些部落发生叛乱，晚年的冼夫人，受命招抚，她亲带诏书，历十余州，所到之处，都听命归顺。隋文帝赐冼夫人临振县（今三亚市）1500户为汤沐邑，追赐子冯仆为崖州总管，平原郡公。隋文帝仁寿二年（602年），冼夫人逝世，享年91岁，谥诚敬夫人。②

冼夫人是俚（黎）人。她一生与汉人交好，并嘱亲族和汉族亲善友好，因此，过去在海南岛各地都设有冼夫人庙宇、牌坊等纪念物。在海南最著名的是琼山区新坡乡大坡梁山军坡。传说过去冼夫人曾在这里驻军设帐，后来当地百姓在此设谯国夫人庙，每年农历二月初九至十三日，一连5天，到庙中拜祀祈愿，还演戏庆祝，热闹非常。冼夫人对维护黎（俚）汉两族的友好共处与开发海南，都作出过巨大的贡献，是我国南方黎（俚）族杰出的女政治、军事领袖，在历史人物中占有重要的地位。

二、冼夫人与冯冼家族对于海南的历史功绩

冼夫人和冯冼家族，功业卓著，朝廷赏赐的次数很多，据官修正史的权威记载，她终其一生，也没有到过海南。朝廷封赏她和她儿子在海南土地上的称号，是《隋书·谯国夫人》最后说的两项："赐夫人临振县（今三亚市附近）汤沐邑一千五百户，赠仆（冼夫人儿子）为崖州（今海南岛北部）总管、平原郡公。"

冼夫人对于海南岛的历史功绩，概括起来有三项。

第一，汉元帝初元三年（前46年）罢弃海南郡县时起，经历过三国、晋、宋、齐、梁几个朝代，一共580多年，中央政权没有在海南实施统治。直到梁朝，冼夫人以她的政治影响，让海南渐次归附中

---

① 仁寿元年（601年），以避太子杨广讳，改广州为番州。

② 关于冼夫人存年问题，《隋书·谯国夫人》只载"仁寿初卒"。后人对其存寿考证，有多种说法：80岁（屈大均等）、83岁（吴晗）、90岁（谭应祥）、93岁（王兴瑞）、96岁（蒋绍伯）。

央王朝。

第二，梁大同五年（539 年），冼夫人请命于朝，置崖州。① 到她的后裔冯世接在唐贞观年间（627—649 年）任崖州都督府都督为止，其间有 100 多年。这期间，在海南岛，因冼夫人政治上推行民族团结政策，经济上推广中原的先进生产技术，文化上积极进行教化。在一个世纪的时间里，海南岛上没有发生过大的叛乱和动荡。

第三，黎汉文化的渐次融合，黎族的先民，也从过去被矮化而鄙称为僚，到了唐代，逐渐有了自己的族称"黎"。

第四节　移民与风俗

一、移民状况

魏晋南北朝时期，中原地区战乱频繁，但海南远离中土，交通阻隔，因此成为战争的避难所，特别是南朝梁陈年间，冼夫人的政治影响及其子孙治理海南的将近一个世纪时间里，海南岛没有发生过太多的叛乱，社会稳定地向前发展。在这个历史阶段里，不少中原仕宦、商贾、士卒乃至一般民户，避难逃荒到海南的日益增多。三国时有几万户迁居海南。东晋时移居海南的人口达 10 万户之多。②《三国志·吴书》记载："世相承有数万家"。③ 晋代王范《交广春秋》曰："周回二千余里，径度八百里，人民可十万余家。"④ 史籍的记载不精确，不过晋室南渡之后，中国历史上掀起了大规模的移民高潮，司徒尚纪在《海南岛历史上土地开发研究》一书中，曾侧重提及冼夫人的感恩对大陆俚人集群向海南的迁移。他指出："冼夫人世为南越首领，跨据山

---

① 据海口市地方史志办公室编：《冼夫人研究文集》中的"冼夫人年谱"，海南出版社 2009 年版，第 419 页。
② 海南省地方史志办公室编：《海南省志·人口志》，南海出版公司 1994 年版，第 7 页。
③ （晋）陈寿撰：《三国志》卷四十七《吴书·孙权传》，中华书局 1959 年版，第 1136 页。
④ （北魏）郦道元：《水经注》卷三十三《温水》引《交广春秋》，浙江古籍出版社 2001 年版，第 565 页。

峒，部落十万余家，对海峡两岸俚人具有很大号召力，很多俚人纷纷归附在她麾下，其中最大一次是梁大同（535—545 年）时，海南儋耳千余峒俚人归附。如果以每峒 20 户计算，这就是一支 2 万余户，超 10 万人口的集群。儋耳仅海南一隅，没有这么多人口，这其中一部分是从大陆迁来的俚人。"①冼夫人进而促成民族的团结和人口的迁移，黎俚不分。在黎汉两族融合的历史过程中，汉族的先进的经济、文化等各方面的影响日益扩大，海南岛的原始氏族社会状态开始逐步瓦解，为南北朝以后的中央政权统治海南奠定良好的基础。

正如丘濬在《南溟奇甸赋》中说的："是以三代以前，兹地在荒服之外，而为骆、越之域。至于有汉之五叶，始偕七郡而入于中国，南蛮之习未易也。椎结卉服之风未革也，持章甫而适之，尚懵而未之识也。魏、晋以后，中原多故，衣冠之族，或宦或商，或迁或戍，纷纷日来，聚庐托处，薰染过化，岁异而月或不同，世变风移，久假而客反为主，劅犷悍以仁柔，易介麟而布缕。今则礼义之俗日新矣，弦诵之声相闻矣。"②从中不难看出，自魏晋南北朝之后，汉族人口的迁移，使海南风俗世变风移，社会文化也有所发展。

二、风俗习惯及物产

《三国志》卷五十三《吴书·薛综传》载：吴国薛综曾任合浦、交趾太守，曾随士燮越海南出征到过九真。有一次，吕岱从交州召出，薛综惧继吕贷者非其人，上奏疏给皇帝，其中有谈及岭南和海南习俗，以及官吏侵虐百姓的情节，成为到目前为止史籍上的最早文字记载。疏中写道：

> 汉武帝诛吕嘉，开九郡，设交阯刺史以镇监之。山川长远，习俗不齐，言语同异，重译乃通，民如禽兽，长幼无别，椎结徒跣，贯头左衽，长吏之设，虽有若无，自斯以来，颇徙中国罪人杂居其间，

① 司徒尚纪：《海南岛历史上土地开发研究》，海南出版社 1992 年版，第 83 页。

② 《丘濬集·琼台诗文会稿》卷二十二《南溟奇甸赋》，海南出版社 2006 年版，第 4461 页。

稍使学书，粗知言语，使驿往来，观见礼化。及后锡光为交阯，任延为九真太守，乃教其耕犁，使之冠履；为设媒官，始知聘娶；建立学校，导之经义。由此已降，四百余年，颇有似类。①

以上是叙述汉代的情况，而实际上，到三国与魏晋南北朝时代，海南一带的民俗及生活，与汉代相比已略有进步。薛综接着写道：

自臣昔客始至之时，珠崖除州县嫁娶，皆须八月引户，人民集会之时，男女自相可适，乃为夫妻，父母不能止。交阯麋泠、九真都庞二县，皆兄死弟妻其嫂，世以此为俗，长吏恣听，不能禁制。日南郡男女倮体，不以为羞。由此言之，可谓虫豸，有靦面目耳。然而土广人众，阻险毒害，易以为乱，难使从治。县官羁縻，示令威服，田户之租赋，裁取供办，贵致远珍名珠、香药、象牙、犀角、瑇瑁、珊瑚、琉璃、鹦鹉、翡翠、孔雀、奇物，充备宝玩，不必仰其赋入，以益中国也。

对海南地区人民的掠夺，在隋朝也颇盛行。《隋书·食货志》云："岭外酋帅，因生口、翡翠、明珠、犀象之饶，雄于乡曲者，朝廷多因而署之，以收其利。历宋、齐、梁、陈，皆因而不改。"②

这是典籍中关于海南民俗及物产的记载。从汉到魏晋南北朝，因海南仍处于自然经济的状态，原住民的生活习俗，已较汉时略有改变。因自汉代以来，大陆移民不断南来，带来了中原文化，他们对海南原住民"稍使学书，粗知言语"，在国家的使驿往来之间，也使原住民"观见礼化"，有的任职海岛的官吏，在农作物耕种上，也"教其耕犁，使之冠履"，在婚姻嫁娶的礼仪上，也传入中原礼节，"为设媒官，始知聘娶"；在文化教育的传授方面，也输入儒家的伦理教育，"建立学校，导之经义"。此种启蒙状况，延续了400

---

① （晋）陈寿撰：《三国志》卷五十三《吴书·薛综传》，中华书局1959年版，第1251页。

② （唐）魏徵等撰：《隋书》卷二十四《食货志》，中华书局1973年版，第673页。

余年之久。当然，文中所举，是指交趾的大范围而言，也包括海南岛在内。不过尽管如此，原住民的原始的习俗，在族群中仍然根深蒂固，男女婚适的自由选择，兄死弟妻其嫂的风俗，官吏也"不能禁制"。

至于海南物产，仍出自山野、海洋间亚热带、热带山珍及海上奇物，供封建官吏掠夺和享受。

三、海上丝绸之路中转站在形成中

三国吴时，万震《南州异物志》记载："句稚，去典游八百里，有江口，西南向，东北行，极大崎头，出涨海，中浅而多磁石。"① 当时，吴国的航海业已历经海南岛，并对海南岛以南南海诸岛航线十分熟悉。

吴时孙权黄武五年（226 年），分交州为交、广二州，以南海、苍梧、郁林、合浦四郡为广州，州治番禺，广州之名自此始。海南岛及南海诸岛属广州管辖。

由于广州地位的提高，一方面与广州的政治、经济发展和地理形势有关；另一方面与海南岛南部、经西沙群岛、南沙群岛一带航线的利用和发展有着密切的关系。1975 年，广东省的考古工作者在西沙群岛调查时，在北礁发现南朝的青釉半陶瓷六可罐，证明当时许多来往于海上"丝绸之路"的船舶航行在这条航线上。而且，还应认为并非到南朝时才开始通航，因为三国时已有明确记载。

226 年，孙权命宣化从事朱应和中郎康泰出使东南亚各国，回来后分别写了《扶南异物志》和《吴书外国传》两本书，记述他们"所经及传闻，则有百数十国"的情况。自此以后，东南亚各国也先后派遣使者来东吴聘问，络绎不绝，其使船也必经海南岛。

宋、齐、梁、陈四个朝代，都重视发展海外贸易和友好交往，中国船舶自南海、印度洋西航，印度洋沿岸及东南亚国家船只也有往来。此时往来东西方船只统称"南海舶"。《宋书·夷蛮传》记载："各

---

① （宋）李昉等撰：《太平御览》卷七百四十《四夷部》，中华书局 1960 年版，第 3501 页。

国商船，泛海凌波，因风远至。"① 南北朝谢灵运在《宋武帝诔》中写道："九有同悲，四海等哀。矧伊下臣，思恋徘徊。敢遵前典，式述圣徽。乃作诔曰……卢循负险，肆慝遐岭。殄我江豫，迫我台省。民既摇荡，国将迁鼎。乘骈归辕，式固皇境。弘危济险，弭难释殆。虎骑骛隰，舟师涨海。倾穴寻窠，穷幽测昧。昔去洛汭，息肩江沚。"② 文中提及刘裕于元兴元年（402 年）被起用为中兵参军，次年大败卢循起义，其舟师在涨海作战。《宋书·夷蛮传》还有一个总结性的判断："舟舶继路，商使交属。"③"商"与"使"是同类，实质上是一致的，所以商使们连接不断地通过海路进行交流。《南齐书·东南夷·南夷林邑国》记载："各商舶远届，委输南州。故交广富实，牣积王府。"④《梁书·王僧孺传》载："海舶每岁数至，外国贾人以通货易。"⑤ 也同样说明海运发达的现象。

四、海上交通与海南的关系

《梁书·诸夷传》载："海南⑥诸国，大抵在交州南及西南大海洲上，相去近者三五千里，远者二三万里，其西与西域诸国接。汉元鼎中，遣伏波将军路博德开百越，置日南郡。其徼外诸国，自武帝以来皆朝贡。后汉桓帝世，大秦、天竺皆由此道遣使贡献。及吴孙权时，遣宣化从事朱应、中郎康泰通焉。其所经及传闻，则有百数十国，因立记传。晋代通中国者盖鲜，故不载史官。及宋、齐，至者有十余国，始为之传。自梁革运，其奉正朔，修贡职，航海岁至，逾于前代矣。"⑦ 这一则记载写下了魏晋南北朝这段历史时期南海丝绸之路的交通概况。

尽管魏晋南北朝时期处于分裂与混战的局势中，但各个朝代的统

---

① （梁）沈约撰：《宋书》卷九十七《夷蛮传》，中华书局 1974 年版，第 2399 页。

② 谢灵运：《宋武帝诔》，载《谢灵运集》，岳麓书社 1999 年版，第 358 页。

③ （梁）沈约撰：《宋书》卷九十七《夷蛮传》，中华书局 1974 年版，第 2399 页。

④ （梁）萧子显撰：《南齐书》卷五十八《东南夷·南夷林邑国》，中华书局 1972 年版，第 1018 页。

⑤ （唐）姚思廉撰：《梁书》卷三十三《王僧孺传》，中华书局 1973 年版，第 470 页。

⑥ 这里仅指"海之南"，指南海沿岸国家。

⑦ （唐）姚思廉撰：《梁书》卷五十四《诸夷传》，中华书局 1973 年版，第 783 页。

治集团对沿海疆域的开发和交通仍时断时续地进行。吴国孙权因占据了长达万余里的东南沿海疆域，所以在政策上注重海上交通的开拓与治理，也产生了重要的推动作用。南朝也由于地理优势和政治环境相对稳定，沿海的对外贸易也引起重视。据记载，在南海，"郡常有高凉生口及海舶，每岁数至，外国贾人以通货易。旧时州郡以半价旧市，又买而即卖，其利数倍。历政以为常"。在岭南地区沿海的外贸活动，形成了南朝交广地区"商舶远届，委输南州"的海上贸易景象。海南岛在这一历史阶段，由于冼夫人组织俚人大联盟归附梁政权，对海南进行开发和民族融合，因此，广东地区联及海南岛的海岸线上，在南朝刘宋时期，以广州为起点，通过海上航路与南洋各国进行贸易活动和文化交流的活动。从东南沿海出发的中国商船越过印度洋而到达波斯湾沿岸各地没有中断过，海南岛在南海各国的航海贸易中，由于广州港的兴起，也扮演了重要的中转站的角色。

晋代左思的《吴都赋》中即有"穷陆饮木，极沉水居"之句。唐代李善注："饮木，朱崖海中有渚，东西五百里，南北千里，无水泉。有大木，斩之，以盆瓮承其汁而饮之。"[①] 许多人普遍认为，李善注中这个大范围的岛群，应为南海诸岛。《酉阳杂俎》："木饮州，珠崖一州，其地无泉，民不作井，皆仰树汁为用。"[②] 实际上，与左思同时代的刘欣期在《交州记》已称"椰生南海"。[③] 可见南海诸岛种植椰子树已很普遍。岛上也就会有我国人民临时居住。又据南朝沈怀远所记"涨海"中的海鸥曰："江鸥一名海鸥，在涨海中，随潮上下，常以三月风至乃还洲屿，颇知风云，若群飞至岸，必风，渡海者以此为候。"其时对南海海域的天气变化规律，也有了一定的认识。

这条繁荣的海上丝绸之路的通畅，在魏晋南北朝时的中转站都路经海南岛。船只在海南岛靠岸，补充淡水、粮食和蔬菜。

---

① （梁）昭明太子撰、（唐）李善注：《文选》第五卷《赋两京都》下，上海古籍出版社1986年版，第215页。

② （唐）段成式撰：《酉阳杂俎》，中华书局1981年版，第45页。

③ 刘欣期：《交州记》第一卷，清曾钊辑《岭南遗书》本，转引自司徒尚纪：《海南海洋国土》。

第六章　隋朝重置珠崖郡

隋朝国祚短暂，自 581 年至 618 年，共 38 年。帝传三代——隋朝高祖文帝杨坚、炀帝杨广、恭帝杨侑。

高祖文帝杨坚，陕西华阴人，是士族中的高门，原为北周相国，封为隋公。581 年，杨坚灭周称帝，改国号为隋。开皇九年（589 年），灭梁及陈，由此结束由两晋至南北朝数百年来分崩离析的政局，统一天下。

隋文帝开始执政时，厉行节俭，奖励良吏，恶惩不法官吏，改良统治术，对百姓比较宽平。隋文帝统一天下后，综合前代各种制度，有沿有革，厘定成隋制。自唐至清，基本上沿袭隋制。隋制与秦制一样，都具有划时代的意义。①

第一节　隋朝加强对海南的统治

隋朝使全国复归统一后，政权比较巩固，对边疆尤其是沿海地区的开发，十分重视。如隋炀帝招募能出使绝远地方的人，常骏、王君政等应募出使赤土国（马来半岛南部），607 年，常骏等带礼物从南海郡（现广州市）出发到赤土国，这一段海道航线，海南岛正是航行的中转站。由此可见，隋朝在海洋领域上的眼光已经关注到马来半岛，何况沿海大岛海南岛呢？

---

① 参见范文澜：《中国通史》第三编《隋唐五代时期》，人民出版社 1994 年版。

一、隋文帝对海南采用开边定远政策

隋文帝开皇十一年（591年），冼夫人因清除番州总管赵讷的贪虐罪行，招抚十余州黎民百姓有功，文帝赐夫人临振县（今三亚市）汤沐邑1500户，赐冯仆为崖州总管，由此可见，隋朝已重视海南建立行政建置体制。到了隋炀帝执政时期，对海南的统治日益加强，大业年间（605—617年），复置郡县（一说大业三年，一说大业六年），改崖州为珠崖郡。隋朝在统一中国的同时，也将海南的建置，纳入中央政权的轨道。在隋以前，中央政权对海南仅仅是遥控管理。隋代吸取了前朝统治方法的经验教训，隋统治者采用了"开边定远""示柔海外"的恩威兼施的策略，对海南先住民采取了"怀柔"政策，这是由于冼夫人的努力。隋朝以海南"临振县汤沐邑1500户"及"崖州总管平原公"对冼夫人及其子冯仆的赏赐，已说明了隋文帝治琼方针的改变。前朝采用的征伐政策，一变而利用冼夫人的势力，以优抚的策略控制海南岛，并在海南岛上重新建立郡县，改变了历史上的羁縻局面，揭开了以后中央政权加强对海南行政控制的序幕。明人谢肇淛说："高凉冼氏，以一蛮女而能付循部落，统驭三军，怀辑百越，奠安黎僚……其才智功勋，有马援、韦皋所不能望者。"[1]

隋王朝对海南统治仍经常出现危机。在隋炀帝大业六年（610年），朱崖民众还经常叛乱反抗，《隋书·韩洪传》载："未几，朱崖民王万昌作乱，诏洪击平之。以功加位金紫光禄大夫，领郡如故。俄而万昌弟仲通复叛，又诏洪讨平之。"[2] 以怀柔与镇压两手政策，对海南岛执行实力统治。

隋朝维持了仅38年。隋炀帝的奢侈生活和残虐政治愈来愈凶恶地驱迫民众陷入死地，更何况是对海南岛的黎民百姓。隋末的农民起义，动摇了隋王朝的统治，在起义军及各路军阀的混战中，彼此相互兼并，终于唐高祖李渊统一了中国，改国号唐。

① （明）谢肇淛：《五杂俎》卷八。
② （唐）魏徵等撰：《隋书》卷五十二《韩洪传》，中华书局1973年版，第1343页。

隋朝末年政局的动荡，海南郡县的政权又一次脱离中央政府的管辖。当隋炀帝于 618 年 3 月被杀死之后，冼夫人之孙冯盎从北方任所回到岭南故里，拥有"二十余州，地数千里"，统领番禺、苍梧、朱崖等地。在短短的三年时间里，海南大部分地区为冯氏家族所控制。直至冯盎降唐之后，海南才又重新归复唐王朝统治。

二、政区的划分

政区是国家行政管理的区域组织系统，实施国土管治的空间组织形式。无论海陆国土，只要纳入政体之内，即为国家领土主权范围。而从制度文化而言，行政建置也是一种国土划分和行政管理制度，无论对大陆还是海洋，都具有同样重要的制度文化意义。①

隋朝在海南岛建立州县，并且把政区的建置直接由中央领导，一改过去羁縻州的局面。

唐代魏徵《隋书》卷三十一《地理志》载："珠崖郡（梁置崖州）。统县十：义伦（带郡）、感恩、颜卢、毗善、昌化（有藤山）、吉安、延德、宁远、澄迈、武德（有扶山）。"②

欧阳灿等纂修万历《琼州府志》卷二《沿革志》载："隋开皇初，置临振郡。大业中改为珠崖郡，领县十：义伦、感恩、颜卢、毗善、昌化、吉安、延德、宁远、澄迈、武德。隶扬州司隶刺史。又析西南地置临振郡（据《一统志》）。"③

正德《琼台志》卷二《郡邑沿革表》载："朱崖改为郡，领义伦、感恩、颜卢、毗善、昌化、吉安、延德、宁远、澄迈、武德十县。临振析朱崖、延德、宁远县置。"④

清代明谊、张岳崧道光《琼州府志》卷首《历代沿革表》："开皇

---

① 司徒尚纪：《中国南海海洋文化史》，广东经济出版社 2013 年版，第 78 页。

② （唐）魏徵等撰：《隋书》卷三十一《地理志》（下），中华书局 1973 年版，第 885 页。

③ （明）戴熺、欧阳灿总裁，蔡光前等纂修：万历《琼州府志》卷二《沿革志》，海南出版社 2003 年版，第 32 页。

④ （明）唐胄纂：正德《琼台志》卷二《郡邑沿革表》，海南出版社 2006 年版，第 30 页。

九年，仍为崖州。大业三年，改为珠崖郡，领县五：义伦、感恩、颜卢、毗善、吉安。又析西南地置临振郡，领县五：延德、宁远、澄迈、昌化、武德，属扬州司隶刺史。"①

《儋县志·历代沿革表》载："大业三年，改崖州为珠崖郡，又析崖之西南地，置临振郡。"《通志》云："隋珠崖郡治义伦，即今儋州，故《隋书》义伦目下注曰：'带郡'。"②

《儋县志》卷之一《地舆志一·疆域》："隋开皇中，仍为崖州。炀帝大业三年（《通志》六年）改为朱崖郡，领县十：义伦（一名带郡，今儋州地）、感恩、颜卢、毗善、昌化、吉安、延德、宁远、澄迈、武德。又析崖之西南地置临振郡（据《一统志》），又分珠崖置儋耳。（《通志》）。"

《元和郡县志》谓："置郡在大业六年，而《隋志》无儋耳郡，他书亦不载。置儋耳郡，唯《元和志》载此。按《唐志》：于儋耳下载'本儋耳郡'，然唐未尝置郡。《元和志》谓置郡在隋大业六年，《隋志》失载，亦未可知。又《琼管志》云：隋复置儋耳郡，领县五：毗善、昌化、吉安、感恩、义伦，与《元和志》合。"

故《舆地纪胜》云："炀帝又分儋耳郡、临振郡。"

注：按此二郡，《隋志》不载。《舆地纪胜》据《元和郡县志》，为炀帝置，又引高州《冼太夫人庙碑》，隋高祖赐临振县为夫人汤沐邑事，为炀帝未开珠崖前，已有临振之证据。此则隋时已有临振，而非炀帝所置。或改县为郡，亦未可知。至儋耳为大业间所置，《琼管志》与《元和志》合，则毫无疑义。特《隋书》失载耳。（旧《王志》）③

《儋县志》中所记载较为详细，注中所分析的临振为何隋书失载事，也在道理之中。总之，隋朝的海南行政区划，史籍记载不一，连

---

① （清）明谊修、张岳崧纂：道光《琼州府志》卷首《历代沿革表》，海南出版社 2006 年版，第 11 页。

② 彭元藻、曾友文修，王国宪总纂：民国《儋县志》卷首《历代沿革表》，海南出版社 2004 年版，第 23 页。

③ 彭元藻、曾友文修，王国宪总纂：民国《儋县志》卷一《舆地志》，海南出版社 2004 年版，第 32 页。

究竟是大业三年或是大业六年建置，也各持不同说法。笔者这里依隋炀帝杨广执政后，于大业三年（607年），将海南境地复置两郡增立十县的说法。其实，笔者更加同意《元和郡县志》的"大业六年"说。自东汉至三国、两晋、宋、齐、梁、陈数代以来，海南均附别郡，仅在岛上设一二县而已。从隋朝起，始复郡增县而奠定海南之行政机构，可以说，隋朝的设置郡县之举，在海南历史上具有划时代的贡献，自此以后，海南的行政区划，永远列入中国行政区的基层单位，直接由中央所管辖了。

第二节　贬官、移民与民俗

一、贬官

海南岛是我国历史上第一个被辟为流放地点的岛屿，而第一个史籍可考的贬官是隋炀帝时代的杨纶。

据《隋书·滕穆王瓒》及杨瓒儿子《杨纶传》载，杨纶，字斌籀，滕穆王杨瓒之子。杨瓒是高祖杨坚的同母弟，他反对高祖杨坚称帝。开皇十一年（591年）杨瓒暴死，年仅42岁。杨纶因穆王亡故，当高祖之世，每不自安。隋炀帝即位，杨纶尤被猜忌。杨纶忧惧不知所为，于是呼术士王琛祈福怯灾。有人诬告杨纶怨望咒诅，于是隋炀帝命黄门侍郎王弘穷治这一案件，王弘奏杨纶厌蛊恶逆，坐当死。杨素也趁机说杨纶怀恶之由，积自家世。父悖于前，子逆于后，非直觊觎朝廷，便是图危社稷，主张处死。隋炀帝以公族不忍，除名为民，流徙始安（今广西桂林），诸弟散徙边郡。大业七年（611年），隋炀帝亲征辽东，杨纶欲上表，请从军自劾，为郡司所遏。不久，复徙朱崖。及天下大乱，林仁弘起义军直逼广东，于是杨纶携妻子逃到儋耳（今海南省儋州市）避难。至唐朝建国后，被封为怀化县公。①

---

① 参见（唐）魏徵等撰：《隋书》卷四十四《滕穆王瓒》及《杨纶传》，中华书局1973年版，第1222—1223页。

　　中国史书上记录第一个流放海南岛的贬官，是杨纶。被流放海南的杨纶，是隋炀帝对宗室王侯迫害的结果。

二、移民

　　隋朝人口的统计，只有户数而无人口数，根据《隋书·地理志》载："珠崖郡，统县十，户一万九千五百。"[①] 如果每户按5.17口计算[②]，大约有10万人左右。较之以前各代，西汉有23000余户，东汉有23221户（86617人），人口数仅略微增加而已。

三、民俗

　　在隋朝，冯冼家族势力控制了海南岛的大部地区，在萧梁时代，儋耳千余峒黎（俚）人归附冼夫人管辖。开皇十一年（591年），隋文帝将临振县汤沐邑1500户赐予冼夫人，并赐冯仆为崖州总管。冼夫人的政治影响及其冯冼家族在治理海南期间，众多大陆俚人迁居到海南岛。[③] 海南岛的黎族与俚，应是同一族群。《北史·列女·谯国夫人冼氏》中提到："隋文帝开皇十一年辛亥（591年），番州总管赵讷贪虐，诸俚僚多有亡叛。冼夫人招慰诸俚僚，历十余州，所至皆降。"这里所指的俚僚是泛指，应包括海南的先民黎族。因此，文帝才"赐夫人临振县汤沐邑1500户，赐子冯仆为崖州总管，平原郡公"。[④] 如果冼夫人所招慰的俚僚不包括先住民黎族的话，哪里会封赐给她海南岛的领地呢！在阮元《广东通志》中记载："隋炀帝大业十三年（617年），汉阳太守冯盎以苍梧、高凉、珠崖、番禺地附林士宏。"由此可见，冯氏家族在海南的统治力量，已延及三代，俚人移入海南与先住民黎民融合为同一族群，也是很自然的事。

　　隋代海南习俗，当然也以黎（俚）族为主体，《隋书·地理志》

---

①　（唐）魏徵等撰：《隋书》卷三十一《地理志下》，中华书局1973年版，第885页。

②　《中国历代户口、田地、田赋统计》，第69页，转引自司徒尚纪：《海南岛历史上土地开发研究》，海南出版社1992年版，第86页。

③　（唐）魏徵等撰：《隋书》卷八十《谯国夫人》，中华书局1973年版，第1801页。

④　（唐）李延寿撰：《北史》卷九十一《列女·谯国夫人冼氏》，中华书局1974年版，第3007页。

记载："其人性并轻悍，易兴逆节，椎结跣踝，乃其旧风。其俚人则质直尚信，诸蛮则勇敢自立，皆重贿轻死，唯富为雄。巢居崖处，尽力农事。刻木以为符契，言誓则至死不改。父子别业，父贫，乃有质身于子。诸獠皆然。并铸铜为大鼓，初成，悬于庭中，置酒以招同类。来者有豪富子女，则以金银为大钗，执以叩鼓，竟乃留遗主人，名为铜鼓钗。俗好相杀，多构仇怨，欲相攻则鸣此鼓，到者如云。有鼓者号为'都老'，群情推服。本之旧事，尉陀于汉，自称'蛮夷大酋长、老夫臣'，故俚人犹呼其所尊为'倒老'也。言讹，故又称'都老'云。"① 这一段关于岭南风俗的记录，实际上也包括海南的先住民——黎民习俗。隋大业六年（610年），珠崖人王万昌起兵反叛，隋炀帝遣陇西太守韩洪带兵讨平，不久王万昌之弟王仲通又反叛，又诏韩洪讨平。

"黎"这个族称见于文献记载是在唐代后期，《新唐书·杜佑传》有"朱厓黎民三世保险不宾，佑讨平之"② 的记载，这是唐德宗年间（780—805年）的事。至宋代，黎族这个专用名称才固定下来。

虽隋朝统治时间比较短暂，但隋朝是结束前一个历史阶段、开始一个新历史阶段的重要时代，这对海南岛这个地处南方一隅的治理者来说，隋文帝对黎族采取招抚政策，加上冼夫人的威信整治海南，重新划置海南的政治管辖权益，缓和了黎族与统治者之间的矛盾。隋朝政治上的统一，为南北合流创造了新的历史机遇，成就了政治的融合、文化的合流以及经济的开发的新局面，在海南岛上开始有了新的生机。但由于隋炀帝的失道，"四海骚然"，使人民无法忍受，很快隋朝在农民起义中灭亡，代之而起的是中国强盛时期的大唐王朝的兴起，使海南岛真正进入开发的重要历史阶段。

---

① （唐）魏徵等撰：《隋书》卷三十一《地理志下》，中华书局1973年版，第888页。

② （宋）欧阳修、宋祁撰：《新唐书》卷一百六十六《杜佑传》，中华书局1975年版，第5087页。

第三节　海域经济的开拓

隋炀帝十分重视海域的交往,《隋书·南蛮传》载:"炀帝即位,募能通绝域者。大业三年,屯田主事常骏、虞部主事王君政等请使赤土。帝大悦,赐骏等帛各百匹,时服一袭而遣。赍物五千段,以赐赤土王。其年十月,骏等自南海郡乘舟,昼夜二旬,每值便风。至焦石山而过,东南泊陵伽钵拔多洲,西与林邑相对,上有神祠焉。又南行,至师子石,自是岛屿连接。又行二三日,西望见狼牙须国之山,于是南达鸡笼岛,至于赤土之界。"①虽然这里没有直接提到这条海上交通路线经过海南岛。从"南海郡乘舟"出发,渡过琼州海峡以后首靠的是海南岛岸,因为要补充淡水等补给品;而且,海南历来是中国与南海各岛交通的中转站,由此可知,隋炀帝在对海上交通的重视过程中,不会忽视海南岛的重要地位。

在隋代,南海海域不仅是中国通向东南亚各国的海上通途,而且还是亚洲大陆通往西亚、欧洲必经的海上通道。隋炀帝时,曾经派遣云骑尉李昱乘船经南海,过马六甲海峡,行经印度洋出使波斯。波斯随即遣使与李昱一同来华,与隋朝通商。隋炀帝时,还曾经派遣朝廷大员出使南亚,到达印度。据王仲荦所著《魏晋南北朝史》一书中引用阿拉伯人"古行记"的记载,"中国的商船从公元3世纪中叶开始向西,从广州到达槟榔屿,4世纪到达锡兰,5世纪到达亚丁,终于在波斯及美索不达米亚独占商权。"这一海上航道的开辟,为有隋一代海上贸易的大规模扩展创造了不可或缺的条件。随着国家统一的实现,各国纷纷来华寻求机会开展贸易,南海航路以及长江以南各沿海港口逐渐繁荣。在7世纪前后,在中国南海上进行航运贸易的船只,除去中国大陆以及少量来自罗马的商船外,多数都是印度及波斯的商船。波斯商船是从波斯湾沿岸港口起航,经印度、锡兰、马来半岛、苏门答腊和中国的海南岛,到达中国沿海各港口,如交州、广州、明

---

① （唐）魏徵等撰:《隋书》卷八十二《南蛮传·赤土国》,中华书局1973年版,第1834页。

州、扬州和密州港。其中又以岭南的交州和广州、长江流域的扬州到港停泊的外国商船为数最多。正因如此，交州、广州及扬州成为当时最繁荣的沿海港口。从地理分布来看，隋代时中国沿海自北向南都有重要的港口作为海外贸易的商品集散地。①

在《隋书》中，也已注意到海上交通给海南岛带来的经济开拓，《隋书·地理志》中在提及岭南经济开拓时有过记录："自岭以南二十余郡，大率土地下湿，皆多瘴疠，人尤夭折。南海、交趾，各一都会也，并所处近海，多犀、象、瑇瑁、珠玑，奇异珍玮，故商贾至者，多取富焉。"② 五岭以南诸郡中，也包括海南岛，特别指出了南海，其中所指的奇异珍物，都是海南与南海的特产。海南及南海物产在商业流通的过程中，已开始显示出其特殊的作用与光彩。

226年至231年，康泰奉东吴大帝孙权之遣，与朱应一起出使扶南（今柬埔寨）等国，航经南海诸岛。回国后，著有《扶南传》，对南海诸岛之地形及其成因作了准确的描述："涨海中，倒珊瑚洲，洲底有盘石，珊瑚生其上也。"③ 此处"珊瑚洲"指由珊瑚礁形成的岛屿，洲底之"盘石"指各种成因所形成的岛屿基底，即礁。他肯定地回答了有关珊瑚礁形成有没有石质基底的问题，这比达尔文至少要早1500年。这是世界上最早科学地描述珊瑚岛成因的文献，也是我国古籍较早的关于南海诸岛的地理记载。晋代，裴渊在《广州记》中述及："珊瑚洲，在（东莞）县南五百里。昔有人于海中捕鱼得珊瑚。"这里提到的珊瑚洲，当为今东沙群岛一带。④

---

① 参见张炜、方堃主编：《中国海疆通史》，中州古籍出版社2002年版，第135—136页。

② （唐）魏徵等撰：《隋书》卷三十一《地理志下》，中华书局1973年版，第887—888页。

③ （宋）李昉等撰：《太平御览》卷六十九《地部三四》，中华书局1960年版，第327页。

④ 参见（宋）乐史撰：《太平寰宇记》卷一百五十六《岭南道一》，中华书局2007年版，第3019页。

第七章　唐代——海南文明时代的开端

唐代由唐高祖李渊兴唐至唐哀帝李柷灭亡，从兴盛到衰亡，历经290年。

唐王朝在政治稳定的基础上，对边疆的经营和与少数民族的关系，也采取"优容"的政策，使领土大为扩展，超过西汉的极盛时代。海南的社会经济发展，在唐代达到了一个新的高度。汉族中原文化的影响不断加深。从唐代开始，汉文化主导着海南地域文化发展的方向，海南文化也开始肇兴。

第一节　唐代初期的海南局势

一、在海南黎族地区采取分置酋首、统其部落的政策

黎族先民族群的生活习俗中，已自然形成族群内部的基本组织——"峒"。"峒"，黎族称为 Kom，原意是指"人们共同居住的一定地域"。峒有大有小，有几丘水田的地方就可以称之为峒；一个包括村镇及周围盆地的地方也可称为峒。有的峒是以河流或山岭为界线，一个个的峒，就是一个个独立的生态环境。不同峒之间的族群，其语言、习惯、生产、生活都各有不同程度的差异。马端临在《文献通考》中说："黎峒，唐故琼管之地，在大海南，距雷州泛海一日而至。其地有黎母山，黎人居焉。"[1]"峒"是黎

---

① （元）马端临撰：《文献通考》卷三百三十一《四裔考八》，中华书局1986年版，第2598页。

族族群中最基层的社会组织，他们之间又是相对独立的。由于黎族所处的地区及其语言风俗的特殊性，所以各个时期的政权对海南黎族的统治，名义大于实际，只能在"夷汉分治"的框架下，采取"因俗而治"的办法，以二重管理体制的复合制政治结构进行统治，以招抚的政策进行统治。

唐代对黎族地区采取分置酋首、统其部落的招抚政策。唐太宗主张任用民族首领进行管理，推行"以夷治夷"策略，这是唐统一天下之后对黎族采用的二重管理体制。唐高祖李渊平定中原后，命李靖为岭南抚慰大使，检校桂州总管，引兵下96州，得户60余万。①唐太宗继位后，"以文德绥海内"。唐王朝一方面采用招抚政策，另一方面也通过设置行政机构加强武力进行统治。唐玄宗天宝元年（742年），"岭南五府经略绥静夷、獠，统经略、清海二军，桂、容、邕、交四管，治广州，兵万五千四百人"。②万历《琼州府志》也记载："唐采访使谕五州首领亲诣其境。"③唐代在海南岛设都督府，据万历《琼州府志》载："唐督府都督一名，都督府有二，即镇州都督府及琼州都督府。唐制五州各有戍兵，武则天时五州首领互相掠夺，岭南采访使宋庆礼罢五州戍兵各一千。后控兵十万，以四将统领，黎兵无额。勒连镇亦有屯兵，置都督府及五州招讨使领军。"④由此可见，唐代在对海南推行招抚政策的同时，也在海南加强军事设防。

唐代少数民族地区一般划为羁縻州，《新唐书》卷四十三下《地理七》下有羁縻州的记载："唐兴，初未暇于四夷，自太宗平突厥，西北诸蕃及蛮夷稍稍内属，即其部落列置州县。其大者为都督府，以其首领为都督、刺史，皆得世袭。虽贡赋版籍，多不上户部，然声教所

① （宋）司马光撰：《资治通鉴》卷一百八十九《唐纪五》，中华书局1956年版，第5939页。

② （宋）司马光撰：《资治通鉴》卷二百一十五《唐纪三十一》，中华书局1956年版，第6850页。

③ （明）戴熺、欧阳灿总裁，蔡光前等纂修：万历《琼州府志》卷八《海黎志》，海南出版社2003年版，第413页。

④ （明）戴熺、欧阳灿总裁，蔡光前等纂修：万历《琼州府志》卷八《海黎志》，海南出版社2003年版，第320页。

暨，皆边州都督、都护所领，著于令式。"①但对于海南岛，则一破前朝旧例，在海南设置州县管辖，由朝廷直接派遣官吏担任，对于黎峒，则采取"以夷制夷""因俗而治"的二重管理策略。唐初设岭南道五府经略招讨使。至德元年（756 年）改为岭南节度使，领广、韶、循、康、泷、端、新、封、春、勤、罗、潘、高、恩、雷、崖、琼、振、儋、万、安、藤二十二州兵。咸通三年（862 年），分岭南为东西两道，改岭南节度使为岭南东道节度使。

789 年，岭南节度使李复为了加强对海南的统治，派遣下属孟京会同崖州刺史张少逸领兵讨伐琼州不服从唐政权管辖的"俚峒酋豪"。他们在海南"建立城栅，屯集官军"，使海南岛及其周边的广大海域都处在唐朝军队控制之下。李复又将唐驻海南军队移往岛内的一个州——琼州，并自兼琼、崖、振、儋、万安"五州招讨游奕使"。784 年，杜佑任岭南节度使，在他所著的《通典》中，专门以一节记述海南的情况。807 年，岭南节度使赵昌绘著《海南五州六十二洞归降图》和广州司马刘恂著《岭表录异》，都是有关海南文献中最早记载黎族的著述。通过这些著作，可以了解唐代海南的开发与治理的部分状况。

唐代海南岛的社会局面基本上是比较稳定的。在海南已开始形成"汉在外围，黎在腹地"的格局。由于唐代以"绥抚"政策为主，在黎族地区不断推行温和策略，从而使唐代的统治势力渗透到黎族广大地区，对于汉黎的和谐融合，开始起到了一定的影响。

二、冯冼家族在海南的势力

冼夫人卒于隋文帝仁寿二年（602 年），享年 91 岁。隋朝"赐夫人临振县汤沐邑一千五百户，赠仆为崖州总管平原郡公"。是时，海南岛大部分地区都归入冯冼家族势力范围。冼夫人子冯仆，死于陈后主至德年间，孙三人：长孙冯魂，次孙冯暄，满孙冯盎。冯魂先冼夫人而死，冯家的主要人物是冯暄及冯盎，而在政治上最活跃的是冯盎

---

① （宋）欧阳修、宋祁撰：《新唐书》卷四十三下《地理志七》，中华书局 1975年版，第 1119 页。

及其子冯智戴。

隋亡后，冯盎及其子冯智戴"奔还岭表，啸署酋领，有众五万"。冯盎趁隋末丧乱，吞并各路邻部，据有番禺、苍梧、朱崖等地，自号总管，有人对冯盎说："隋季崩荡，海内震骚，唐虽应运，而风教未孚，岭越无所系属。公克平二十州，地数千里，名谓未正，请上南越王号。"冯盎回答说："吾居越五世矣，牧伯惟我一姓，子女玉帛吾有也，人生富贵，如我希矣。常恐忝先业，尚自王哉？"①武德四年（621年）冬，唐高祖派李靖度岭，遣使分道招抚诸州，所至皆下，萧铣桂州总管李袭志帅所部来降，赵郡王孝恭即以李袭志为桂州总管，明年入朝。以李靖为岭南抚慰大使，检校桂州总管，引兵下96州，得户60余万。②至武德五年（622年）七月，冯盎始以地降，高祖析为高、罗、春、白、崖、儋、林、振八州。授冯盎为上柱国、高州总管，封越国公。拜其子冯智戴为春州刺史，冯智或为东合州刺史。冯盎徙封耿。③武德五年（622年），冯盎归附唐朝后，岭南局势稳定了，海南岛也在冯盎势力管辖之下。《旧唐书》卷一《高祖本纪一》载：武德五年，"秋七月丁亥……隋汉阳太守冯盎以南越之地来降，岭表悉定"。④

但是，冯盎的地方势力与唐王朝的统治经常发生矛盾，唐太宗李世民对他产生警惕。贞观元年（627年），冯盎与谈殿等迭相攻击，久未入朝，诸州奏称冯盎反，前后以十数；唐太宗命右武卫将军蔺谟等发江、岭数十州兵力讨之。魏徵上谏说："中国初定，岭南瘴疠险远，不可以宿大兵。且盎反状未成，未宜动众。"唐太宗说："告者道路不绝，何云反状未成？"魏徵回答说："盎若反，必分兵据险，攻掠州县。

---

① （宋）欧阳修、宋祁撰：《新唐书》卷一百一十《冯盎传》，中华书局1975年版，第4112页。

② 参见（宋）司马光撰：《资治通鉴》卷一百八十九《唐纪五》，中华书局1956年版，第5939页。

③ 参见（宋）欧阳修、宋祁撰：《新唐书》卷一百一十《冯盎传》，中华书局1975年版，第4113页。

④ （后晋）刘昫等撰：《旧唐书》卷一《高祖本纪一》，中华书局1975年版，第13页。

今告者已数年，而兵不出境，此不反明矣。诸州既疑其反，陛下又不遣使镇抚，彼畏死，故不敢入朝。若遣信臣示以至诚，彼喜于免祸，可不烦兵而服。"唐太宗接受魏徵的意见，派员外散骑侍郎李公掩持节慰谕，冯盎遣子智戴随使者入朝。唐太宗说："魏徵令我发一介之使，而岭表遂安，胜十万之师，不可不赏。"赐魏徵绢五百匹。① 贞观五年（631 年），冯盎入朝朝拜，宴赐甚厚。不久，诏冯盎师众二万为诸军前锋，讨伐罗、窦诸峒獠，得胜后，赏予不可计，奴婢至万人。冯盎卒，赠左骁卫大将军，荆州都督。

唐太宗贞观七年（633 年）十二月戊午，太宗"从上皇（唐高祖李渊）置酒故汉未央宫，上皇命突厥颉利可汗起舞，又命南蛮酋长冯智戴（冯盎子）咏诗，既而笑曰：'胡、越一家，自古未有也'"。②

由于冯盎的归唐，冯家的地方势力和唐王朝的矛盾获得基本解决，但朝廷并未放松对冯氏家族的警惕。贞观二十三年（649 年），冯盎死。次年（唐高宗永徽元年，650 年），高州都督府的辖地就被分为高、恩、潘三州，以其子冯智戣、冯智戴及侄子冯子猷分任州刺史，显然是为了分散和削弱冯家的力量。冯盎的后代和岭南其他豪强家族一样，充任地方要职的越来越少。

但是，冯家在岭南地区已形成一支地方割据势力，成为岭南大部分地区的豪强。冯盎族人子猷，"贞观中，入朝，载金一舸自随。高宗时，遣御史许瓘视其赀。瓘至洞，子猷不出迎，后率子弟数十人，击铜鼓、蒙排，执瓘而奏其罪。帝驰遣御史杨璟验讯。璟至，卑辞以结之，委罪于瓘。子猷喜，遗金二百两，银五百两。璟不受。子猷曰：'君不取此，且留不得归。'璟受之，还奏其状，帝命纳焉"。③ 从《新唐书》中所记载的这一段史实可见，冯氏后代在地方上还是一方的豪

---

① （宋）司马光撰：《资治通鉴》卷一百九十二《唐纪八》，中华书局 1956 年版，第 6038—6039 页。

② （宋）司马光撰：《资治通鉴》卷一百九十四《唐纪十》，中华书局 1956 年版，第 6103—6104 页。

③ （宋）欧阳修、宋祁撰：《新唐书》卷一百一十《冯盎传》，中华书局 1975 年版，第 4114 页。

强。又《新唐书》上还记录了冯盎的曾孙是高力士。冯氏的势力，从盛唐开元之后，日渐式微。

在海南岛上，冯氏家族的势力是十分强大的。当鉴真和尚遭风暴漂流到海南岛时，接待他的冯氏后代别驾冯崇债及州大首领冯若芳，其生活的奢华、财富的雄厚，为岛上之冠。

三、唐代对黎族的招抚政策及黎族的反抗斗争

唐代采用招抚政策统治海南岛，有相当好的成效。首先在海南岛上先后设置5州20县，加强对海南岛的统治。同时派官吏到岛上进行慰抚各黎峒。杜佑在《通典》中写道："五岭之南，人杂夷獠，不知教义，以富为雄。珠崖环海，尤难宾服，是以汉室尝罢弃之。大抵南方逶阻，人强吏懦，豪富兼并，役属贫弱，俘掠不忌，古今是同。其性轻悍，易兴迷节。爰自前代，及于国朝（唐代），多委旧德重臣，抚宁其地也。"①在《杜佑传》中，第一次以史书为"黎"正名。在海南岛上，不论是地方豪强，抑或不良官吏的暴政，都必然引起岛上先住民黎族的反抗。于是，唐王朝经常派遣官吏前往慰抚，如唐中宗时（705—709年），派宋庆礼为岭南采访使前往海南俚僚地区慰抚。《新唐书》载："时崖、振五州首领更相掠，民苦于兵，使者至，辄苦瘴疠，莫敢往。庆礼身到其境，谕首领大谊，皆释仇相亲，州土以安，罢戍卒五千。"②又唐贞观末，王义方贬吉安丞，召首领，稍选生徒，为之开陈经书，行释奠礼，清歌吹龠，登降跽立，人人悦服。③又《旧唐书·宪宗纪》载：元和"夏四月庚辰，岭南节度使赵昌进琼管儋、振、万安六州《海南五州六十二洞归降图》"。④道光《琼州府志》卷二十九《官师志》载："宪宗初立，诏

---

① （唐）杜佑：《通典》卷一百八十四《州郡十四》，（台湾）国泰文化事业有限公司1977年版，第1580—1581页。

② （宋）欧阳修、宋祁撰：《新唐书》卷一百三十《宋庆礼传》，中华书局1975年版，第4493页。

③ 参见（宋）欧阳修、宋祁撰：《新唐书》卷一百一十二《王义方传》，中华书局1975年版，第4160页。

④ （后晋）刘昫等撰：《旧唐书》卷十四《宪宗纪上》，中华书局1975年版，第421页。

加昌检校户部尚书，迁岭南节度使，降辑陬荒，琼管儋、崖、振、万安等州，峒俚来归，为图以献。往来鲸海，抚安备至。夷寇无复侵掠，琼人尤德之。"① 唐代在海南岛设有都督及五州招讨使，各有戍兵，但并不轻易用兵。唐太宗曾说："夫兵甲者，国家凶器也。土地虽广，好战则人凋；邦境虽安，忘战则人殆。凋非保全之术，殆非拟寇之方，不可以全除，不可以常用。"② 唐朝统治者对海南政策非常慎重，以招抚为主，而又以武力作为威胁后盾。派往海南岛的官吏，也注意为政清廉的人选。但即使如此，也有贪官污吏虏人为奴婢，"竭夷獠之膏血以自厚"③，有的是本地土著富豪首领，如振州陈武振，家累万金，为海中大豪，犀、象、玳瑁仓库数百。④ 又如郡守韦公干，"贪而且酷，掠良家子为臧获，如驱犬豕。有女奴四百人，执业者太半，有织花缣文纱者，有伸角为器者，有镕锻金银者，有攻珍木为什具者，其家如市"。⑤ 官吏及黎族内部的首领对黎族人民的压榨，令人民痛苦不堪，也即《旧唐书·宋庆礼传》中所说及的"崖、振五州首领更相掠，民苦于兵"的情状。黎族人民在不堪忍受的情况下，也曾多次奋起反抗。如：

康熙《琼州府志》载："唐乾封（666—667 年）初，琼东南诸乡没于山峒蛮。至德宗贞元庚午（790 年），凡 124 年，岭南节度使李复始收克之。"⑥

德宗贞元五年（789 年，与上列贞元庚午 790 年时间有异）十月，岭南节度使李复收复琼州。是役，遭到黎人剧烈反抗。史称唐军"悉

---

① （清）明谊修、张岳崧撰：道光《琼州府志》卷二十九《官师志》，海南出版社 2006 年版，第 1330 页。

② （唐）吴兢编著：《贞观政要》卷九《征战》，台湾商务印书馆，第 530 页。

③ （宋）李昉等编：《太平广记》卷二百六十九《韦公干》，中华书局 1961 年版，第 2113 页。

④ 参见（宋）李昉等编：《太平广记》卷二百八十六《陈振武》，中华书局 1961 年版，第 2282 页。

⑤ （宋）李昉等编：《太平广记》卷二百六十九《韦公干》，中华书局 1961 年版，第 2113 页。

⑥ （清）焦映汉修、贾棠纂：康熙《琼州府志》卷八《海黎志》，海南出版社 2006 年版，第 762 页。

力攻讨，累经苦战，方克旧城"。①

《太平寰宇记》云：正元五年十月，岭南节度使李复奏曰："琼州自乾封元年，山洞草贼反逆，遂兹沦陷，至今百年矣！臣并力讨贼，已收复旧城，且令降人权立城栅，窃以琼州控扼贼洞，请陞为下都督府，加琼、崖、振、儋、万安五州招讨游奕使从之。"②

德宗时，"珠崖黎氏三世保险不宾，遣岭南节度使杜佑讨平之。"③

《旧唐书》卷一百一十二载："琼州久陷于蛮獠中，复累遣使喻之，因奏置琼州都督府以绥抚之。复晓于政道，所在称理，征拜宗正卿，加检校工部尚书。"④

唐懿宗咸通五年（864 年），"命辛、傅、李、赵四将部兵擒黎峒蒋璘等于琼山南境（今定安），置忠州"。⑤

不过，与汉武帝至昭帝年间的"二十余年间，凡六反叛"相比较，黎族的"反叛"显然次数少多了。但反抗时间长久，如从乾封二年（667 年）至贞元五年（789 年）琼州东南诸乡都在黎族自己统治之下，唐代官吏无法进入，至李复收复琼州时，还是在"累经苦战"中才收克旧城。而在定安黎峒中，黎人蒋璘等虽被打败，置忠州，但忠州设置不久，也被迫撤销了。黎族反抗力量往往令唐王朝统治者束手无策，只好在两手政策中，以派兵加以强制镇压及招抚策略交替进行。

①　（清）阮元总裁、陈昌齐总纂：道光《广东通志》卷二三四《宦绩录四·李复传》，海南出版社 2006 年版，第 633 页。

②　（宋）王象之撰：《舆地纪胜》卷一百二十四《琼州》，中华书局 1992 年版，第 3556 页。

③　（清）焦映汉修、贾棠纂：康熙《琼州府志》卷八《海黎志》，海南出版社 2006 年版，第 762 页。

④　（后晋）刘昫等撰：《旧唐书》卷一百一十二《李暠传附子复》，中华书局 1975 年版，第 3338 页。

⑤　（清）焦映汉修、贾棠纂：康熙《琼州府志》卷八《海黎志》，海南出版社 2006 年版，第 762—763 页。

第二节　大批官吏贬谪海南

　　虽然唐代已注意对海南岛建置的调整和提升，推行招抚安攘的政策，开发海南疆域及物产，但海南毕竟还是一片"化外之地，瘴疠之区"。从隋朝开始，已有贬官进入海南，到了唐代，已成为贬官流放地的热点。在唐代，贬官的数量远远超过以往各朝。由于唐代前期国力强盛，政治安定，统治者可以利用自己拥有的权力，对政敌进行控制。尤其是统治阶级内部的斗争，如中宗复辟、韦后擅权、安史之乱、永贞革新、牛李党争、反宦官等内部斗争中，许多失败者都被贬谪流放到边陲的蛮荒之地。唐代流放地主要是岭南地区，海南岛成为官吏的贬谪地点。

　　唐代贬谪海南官吏中上至宰相，下至各级官吏，各色人物均有，有因政见不合的政治人士，有因宫廷矛盾斗争的失败者，有民愤过大的酷吏因贪污受贿而获罪，有因政治改革失败的领导人，有因党争失败而流放……这些人都被统治者认为应给予严惩而流放到全中国最南端的、天涯海角的海南岛。所以流放到海南岛的官吏，都自感必死无疑，有的半路自杀，有的尚未踏上海南土地便被赐死，有的来到海南岛上也自认一定死在贬地。人们都把海南岛视为畏途，他们痛哭流涕而来，有幸获赦北归，则喜极而泣，有的客死海南岛上，繁衍子孙后代。

　　唐代贬官的急剧增加，可以征考的事迹远远超过前代贬官。这些贬官多数来海南岛之后，带来了中原文化，让南蛮之地尽快地接纳中原文化的陶冶，使海南岛上的原始文化与中原文化融合，逐步改变岛上的经济面貌和文化状态。

　　虽然唐代统治者对海南的统治和开发，已在隋朝建置的基础上迈开了一大步，但是当时海南岛内陆地区，仍是处于"刀耕火种"的蛮夷之地。

第三节　政区建置

一、从总管到都督

唐高祖即位之初，因循隋制。是时群雄据地自立，官多民少，百姓不堪其扰。唐太宗继位后，因山川地形，全国分为十道：一关内，二河南，三河东，四河北，五山南，六陇右，七淮南，八江南，九剑南，十岭南。有效地调整了地方行政体系，减轻了人民的负担。唐太宗主张"轻徭薄赋，选用廉吏，使民衣食有余"，由于他实行一系列利民政策，"数年之后，海内升平，路不拾遗，外户不闭，商旅野宿"。[①]

唐代初期，在对内统治获得相对稳定的基础上，对于边疆也进行积极的经营，如对突厥、西突厥、东北各族、西南边疆的经营和政区的设置，大大地扩大了唐朝的疆域。对于海南的统治，也在隋末混乱的局面中逐渐趋于统一。海南岛隶属岭南道，唐初，冯盎在战乱中占据了苍梧、高凉、珠崖、番禺之地。在珠崖则分为崖州、儋州、振州三州。其中，崖州领县四：颜城、澄迈、临机、平昌，州治在琼州（今海口市琼山区）。儋州领县四：义伦、昌化、感恩、富罗，州治在义伦（今儋州市）。振州领县四：宁远、延德、临川、陵水，州治在宁远（今崖县），共3州12县。唐朝在边疆要地设总管府统领军事，海南岛隶属高州总管，赐封冯盎为总管。

海南局势由于冯盎归附而趋于安定之后，武德四年（621年），平萧铣；贞观元年（627年），置都督府，督崖、儋、振三州。以都督府代替总管，督率三州军事。《资治通鉴》载：武德七年（624年）二月戊午，"改大总管为大都督府"。[②] 都督府突破州县权限，加强了海南全岛的整体治理。这时海南已不设羁縻州，由唐朝直接派官吏前来统率。同全国各地一样，设州县管辖。

---

① （宋）司马光撰：《资治通鉴》卷一百九十二《唐纪八》，中华书局1956年版，第6026页。

② （宋）司马光撰：《资治通鉴》卷一百九十《唐纪六》，中华书局1956年版，第5977页。

二、职官的设置

唐代的总管、都督、节度使及其属官的设置，在海南岛也初具规模。

唐代统一天下之后，先在武德五年（622 年）设总管。冯盎率所部归附唐朝之后，授冯盎为上柱国高州总管，辖包括崖、儋、振等 8 州。到了武德七年（624 年）改总管为都督，总管、都督设在州，州是地方行政的上级区划，而总管、都督大抵由刺史兼任，一般的刺史，不参与军事，而总管、都督的军事权，却广达好几个州。唐代在海南岛上设总管、都督、节度使、节度观察使、诏讨游奕使、判官、刺史、司马、司户参军、别驾、长史、参军、县令、县丞等职。

在唐代，都督府政军兼管，都督府设都督一员。五州各有戍兵。武则天时，五州首领相掠，岭南采访使宋庆礼罢五州戍兵各 1000 人。后控兵十五，以四将统率，黎兵无额，勒连镇亦有屯兵，置都督府及五州招讨游奕使率领。道光《广东通志·官绩录四》卷二三四《李复传》载：贞元间收复琼州后，"便令降人开薙荆榛，建立城栅，屯集官军"。① 唐代在海南的驻军，目的是镇压黎族的反抗。

第四节　户口与移民

一、有关户口的记录

关于唐代的户口记录，各史籍所载不一致，现且录下作一比较。

书名	崖州	琼州	振州	儋州	万安州
（宋）欧阳修、宋祁撰：《新唐书》	领县三，户 819	领县五，户 649	领县五，户 819，人口 2821	领县五，户 3390	领县四，户 2997

---

① （清）阮元总裁、陈昌齐总纂：《广东通志·琼州府志》，海南出版社 2006 年版，第 633 页。

续表

书名	崖州	琼州	振州	儋州	万安州
（后晋）刘昫等撰：《旧唐书》	旧领县七，户6646	领县五，户649	领县四，户819，人口2821	旧领县五，户3956	领县四，无户口
（宋）乐史撰：《太平寰宇记》	领县五，户6646	原领县五，今三。琼州唐管户6646，丁户部牒不言户，只言丁。又别管蕃蜑二坊户在符江口东岸，不耕田，以捕鱼为业，官司差为水上驾船	领县五，唐开元户819	原领县五，今四。唐开元户3300，皇朝管丁685，不言户	原领县五，唐旧户121
（唐）杜佑：《通典》	珠崖郡	琼山郡	延德郡	昌化郡	万安郡
	领县四，户2500，人口12000	户640，人口1680	领县五，户815，人口2820	领县五，户1390，人口7300	户720，人口1600
（明）戴燨、欧阳灿：万历《琼州府志》	户819	户649	户819	户3309	户2987
（清）明谊、张岳崧：道光《琼州府志》	领县七，户6646	户649	旧领县四，户819，人口2821	旧领县五，户3956	户2997
（清）焦映汉、贾棠：康熙《琼州府志》	户819	户649	户819	户3309	户2997
（明）唐胄纂：正德《琼台志》	户819	户649	户819，人口2821	户3309	户2997

注：在上列表格中，各州户数有的记载不一，有的数字相符，可见各书所记录的都有不精确之数，现在已无法究查，只能录以备考，今人王江的《海南岛人口及演变》中，附有《唐代海南户口统计表》：

总数（户）	崖州（户）	琼州（户）	振州（户）	儋州（户）	万安州（户）	备注
8593	819	649	819	3309	2997	《新唐书·地理志》
11544	6646	649	819	3309	121	《太平寰宇记》
15067	6646	649	819	3956	2997	《旧唐书·地理志》

资料来源：《海南省第四次人口普查资料分析选编》（第一辑），海南省第四次人口普查办公室编印。

由此可知，唐代海南人口时增时减，从总体上来说，人口增长不快，人口最多的时候也只有7万—8万人。

唐代的人口，还存在一个严重的人权问题，即买卖人口。这一问题也并非始于唐朝。《隋书·食货志》已涉及此事，志书记载："岭外酋帅，因生口、翡翠、明珠、犀象之饶，雄于乡曲者，朝廷多因而署之，以收其利。历宋、齐、梁、陈，皆因而不改。"[1] 这些地方首领可以将人口作为自我财富而获利。到了唐代，这种现象愈演愈烈。如冯盎之子冯智戴，唐太宗对他的"赏予不可计，奴婢至万人"。[2] 唐代海南岛万安州大首领冯若芳，"掠人为奴婢。其奴婢居处，南北三日行，东西五日行，村村相次，总是若芳奴婢之（住）处也"。[3]《新唐书·孔戣传》也提及"南方鬻口为货，掠人为奴婢，戣峻为之禁"。[4] 唐宣宗大中九年（855年），宣宗下《禁岭南货卖男女敕》，其中说："闻岭外

———————

① （唐）魏徵等撰：《隋书》卷二十四《食货志》，中华书局1973年版，第673页。

② （宋）欧阳修、宋祁撰：《新唐书》卷一百一十《冯盎传》下，中华书局1975年版，第4113页。

③ [日]真人元开著、汪尚荣校注：《唐大和上东征传》，中华书局2000年版，第68页。

④ （宋）欧阳修、宋祁撰：《新唐书》卷一百六十三《孔戣传》下，中华书局1975年版，第5009页。

诸州，居人与夷獠同俗，火耕水耨，昼乏暮饥。迫于征税，则货卖男女，奸人乘之，倍讨其利，以齿之幼壮，定估之高下。窘急求售，号哭踊时。为吏者谓南方之俗，服习为常，适然不怪，因亦自利，遂使居人男女与犀、象、杂物俱为货财，故四方鳏寡高年无以养活，岂理之所安，法之所许乎！"① 当时，买卖人口成风，因此，唐朝下令："自今以后，无问公私土客，一切禁断。"② 在唐朝，因买卖人口的盛行，海南黎族人口被买卖出岛，成为通过买卖移民的一种特殊的形式，这也是造成海南岛人口减少的原因之一。

二、移民状况较前期更为复杂

唐代的移民状况，较前期更为复杂。

唐代移民的原因，首先是谪臣迁徙。陈铭枢说："海南孤悬海外，距中土辽远，在昔水土气恶，视为虫蛇所居，汉晋之间一再罢弃。洎至唐代，乃复置版籍，移军屯戍。而谪臣罪囚窜逐流配之迹，遂由是日繁。"③《新五代史·南汉世家》载："是时，天下已乱，中朝士人以岭外最远，可以避地，多游焉。唐世名臣谪死南方者往往有子孙，或当时仕宦遭乱不得还者，皆客岭表。"④ 可见，海南户版，始于唐朝。唐朝移民，一是谪臣罪囚流寓海南岛，有的流入海南之后，子孙在海南岛繁衍，杂居在黎族之间而成为黎族后代，如裴度子孙留海南，明代丘濬有《盛德堂咏》诗，咏崖县水南乡裴度第十五代孙裴闻义家宅中的盛德堂。唐宰相李德裕被贬崖州后，虽然仅有一年时间就逝世了，但其后人遗留在海南岛。这一点，后代学者多有争议，但据明代王文祯《漱石闲谈》载："李赞皇之南迁也，卒于崖州，子孙遂为獠族，数百人，自相婚配。正德（1506—1521 年）间，吴人顾朝楚为儋州同

---

① （宋）宋敏求：《唐大诏令集》（五）明抄本影印，王有立主编，（台湾）华文书局 1968 年版，第 2270—2271 页。

② （宋）宋敏求：《唐大诏令集》（五）明抄本影印，王有立主编，（台湾）华文书局 1968 年版，第 2271 页。

③ 陈铭枢总纂：《海南岛志》第三章，海南出版社 2004 年版，第 121 页。

④ （宋）欧阳修撰：《新五代史》卷六十五《南汉世家》，中华书局 1974 年版，第 810 页。

知，以事至崖，召见其族，状与苗獠无异，耳缀银环，索垂至地，言语亦不相通，德裕诰敕尚存。"①又清人张庆长说："唐相李德裕贬崖州，其后有遗海外者，入居崖黎，遂为黎人，其一村皆李姓，貌颇与别黎殊。唐时旧衣冠闻尚有藏之者。"②张之洞任两广总督时，也曾致电崖州唐牧，寻找李德裕后裔，唐牧回电告知有李德裕裔孙十余人，已从黎俗。③这些记载，虽非信史，但所录也可作史事参考。

　　其次，是到海南任官职而后代入籍海南的。如文昌符氏，据《文昌县文物志》载，文昌的古代墓葬中有唐代符元生墓，位于龙楼镇铜鼓岭南尖，占地面积35平方米。封土较小。墓前有一块石碑，高120厘米，宽60厘米，厚10厘米。碑文刻"唐始祖参议中书符元生公墓"，落款"清光绪十四年冬吉，宗孙福礼同众重修"。④据《符氏族谱》和碑铭记载：元生，字安行，原籍河南宛丘（今河南淮阳）。于唐昭宗大顺二年（891年）来琼抚管，后落籍文昌。死后被族人尊崇为迁琼始祖。这是文昌境内现存的唯一的唐代墓葬。此一墓葬，在《符氏族谱》中也可找到印证，《符氏族谱》三十九世载："元生字安生，原籍河南宛邱，授广东南雄太守，选任中书令，配陈氏诰封夫人，生男龙养，龙宣，龙本。后唐昭宗大顺二年（891年）奉谕同弟元先，元量渡琼抚黎有功，敕封五代，袭万户侯，因籍文昌居焉。考察铜鼓岭南尖地尖石山有碑，妣葬铜鼓岭北尖地坐东，仝男宣，本二媳莫，冯氏同地向三台岭。"⑤又如海南林氏自唐迁入海南，林氏渡琼始祖林裕公，调到海南琼山任县知事后，因中原多故，全家就留在海南了。《琼州林氏族谱》卷首（下）（十德堂）载《唐渡琼始祖裕公传略》云："公讳裕，字汝成，号柏庵，福建省福清县太平乡人，长牧端州刺史苇公之

①　（明）王文祯：《漱石闲谈》。
②　（清）张庆长撰、王甫校注：《黎岐纪闻》，广东高等教育出版社1992年版，第117页。
③　参见（清）张之洞：《张之洞全集》卷一百三十《唐牧来电》二封，河北人民出版社1998年版，第5288—5289页。
④　文昌县政协文史资料研究委员会、文昌县文物普查办公室编：《文昌县文物志》1988年版，第27页。
⑤　义阳堂编纂：《符氏族谱》卷四《实录》，海南书局印。

曾孙也。祖恕公任韶州平乐县主簿。父橘公,为福清县尉,生四子:仁偶、域、泰、裕,公其少也。唐昭宗乾宁间(894—898年)赐进士出身。光化二年(899年)授琼山县知事,以功累升琼郡同知,时中原多故,渡海为难,遂迁家于郡城之西关。安人陈氏,生子公堂,堂生辨,辨生五子:思范、思筠、思筵、思篇、思劝。所谓思派五房是也。"林氏家族,在光化二年(899年)渡琼之后,子子孙孙就在海南岛繁衍了,直至现在成为海南大宗族。① 《乐会韦氏族谱》卷一《唐丞相执谊公考略》:"据《新唐书》记载:韦执谊(767—814年)字宗仁,号文静,京兆(今西安)人,汉族。他与唐德宗李适诗文唱和,深受倚重……永贞年间,参与王叔文等人的政治革新运动,成为改革派的核心人物,执谊以聪明气势,急于褒拔,网罗贤秀:如柳宗元、刘禹锡等皆在门下。后由于顺宗皇帝病死,唐宪宗即位,保守派得势,王叔文等被黜,执谊公也被贬到崖州,后死于贬所,享年四十五岁。执谊贬所位于府城镇西南约二十四公里处(琼山县十字路区新联乡雅咏村),该村所在地,方圆四十五华里,唐代称郑都。执谊公于唐元和年(806年)九月被贬到崖州为参军司户摄理郡事。"② 除贬官及调任官职的官员外,还有驻防军队及其家属,有来海南经营土特产的商人及手工业者,有被当地豪强劫持的海上外国商人及各地奴婢。如郡首韦公干,有女奴400人,为他加工各类手工业产品,如织花缣纱的、伸角为器的、镕锻金银的、攻珍木为什具的,各式工种齐全,为他积累了大量财富。这各色人等,显然是从大陆移民而定居海岛的。③

最后,在唐代的移民群体中,还有一支重要的队伍,就是岭南俚人向海南岛迁移。俚人是隋唐时南方一些少数民族的泛称,并不专指以后的黎族。隋末唐代,冼夫人的势力控制海南大部分地区。隋开皇十一年(591年)赏赐她以临振县1500户作为食邑,冼夫人

① 十德堂:《琼州林氏族谱》卷首(下),1988年续修,第24页。
② 京兆堂:《乐会韦氏族谱》卷一《唐丞相执谊公考略》,1987年续修,第9页。
③ 参见(宋)李昉等编:《太平广记》卷二百六十九《韦公干》,中华书局1961年版,第2113页。

为接管和经营隋朝这个最南的县份，必须派遣部分亲信随迁，这是进入海南岛南部的一支俚人。冼夫人的孙子冯盎，隋亡后奔回岭南，召集一支号称五万人马的队伍，渡海南征，扫荡地方割据势力，被唐朝任命为高州总管，揽取粤西、高、雷各州和海南岛的军政大权。追随冯盎的俚人，在海南岛上也成了一支移民大军。他们除分布在沿海以外，部分还深入内地，以往是汉人在北，俚人在南。环岛建置完成之后，初步形成了汉在外、俚在内的民族分布新格局。唐代以后，少数民族大量迁移海南的现象已经停止，他们主要是向海南岛的内部迁移。①

唐代移民海南的最后一个原因是战乱，安史之乱后直至唐末较之前期迁移规模更大，也更复杂，形成中原及北方人民南迁的又一浪潮，其中南迁的人流中也有的进入海南岛。

这种种原因，构成唐代海南岛移民的复杂状况。

第五节　唐代海南经济的发展

一、经济概况

唐代对海南的开发，仅限于环岛地带。设置在山区的一些县治，如琼州的曾口，儋州的洛场，振州的吉阳、延德，万安州的博辽、富云等地，县治设置之后很快撤置，兴废不定，甚至是有治无城，其原因在于山区地带人口稀少，荒僻落后。

不过，从整体情况看来，唐代海南的经济状况有了进一步的发展。尤其是物产的丰富，更显示出海南岛热带农业的特色。《唐大和上东征传》中记载，天宝七年（748年），唐朝鉴真和尚在荣叡、普照的护送下，从扬州出发，经舟山群岛后又遇飓风，在海中漂流14天向西南方向到了海南岛南端的崖州（崖州系今海南岛文昌县、澄迈县以及这两县附近地区），他记录了所看到的物产："彼处珍异口

---

① 参见司徒尚纪：《海南岛历史上土地开发研究》，海南出版社1992年版，第87页。

味，乃有益智子、槟榔子（椰子）、荔枝子、龙眼、甘蕉、拘莚（即香橼）、搂头（即柚子）大如钵盂，甘甜如蜜，花如七宝色；[瞻] 唐香树，聚生成林，风至，香闻五里之外；又有波罗捺树，[果] 大如冬瓜(现称波罗蜜)，树似槟樝(即槟榔树)，毕钵(今叫荜拨)[果](又名毕芳，原产印度，后移植波斯及东南亚一带)，子同今见，叶似水葱；其根味似干柿。十月作田，正月收粟；养蚕八度，收稻再度。男着木笠，女着布絮。人皆雕蹄凿齿，绣面鼻饮，是其异也。""大使已下，至于典正，作番供养众僧。大使自手行食，将优昙钵树（即无花果）叶以充生菜，复将优昙钵子供养众僧。乃云：'和上知否，此是优昙钵树子。此树有子无花，弟子得遇和上，如优昙钵花，甚难值遇。'"① 如此有特色的热带经济作物，在《唐大和上东征传》中真实地记载了下来，是难得的真实的资料。唐代海南岛的热带作物，由此可见一斑了。

海南的经济状况，在唐代从总体上看来，还是相当落后的；在汉族移民把中原地区的农业技术传入之后，沿海地区的经济有较大的发展，但内地山区，生产工具及生产方式仍十分落后，黎区的人民仍处于刀耕火种阶段，土地利用率很低。正如李德裕在《谪岭南道中作》一诗中反映的："岭水争分路转迷，桄榔椰叶暗蛮溪。愁冲毒雾逢蛇草，畏落沙虫避燕泥。五月畲田收火米，三更津吏报潮鸡。不堪肠断思乡处，红槿花中越鸟啼。"② 充分显示了海南蛮荒之地的落后景象。海岛的北边相对来说，有比较明显的发展，汉族的封建经济文化对山区黎族的影响尚未普遍，如《唐大和上东征传》中所提及的，当他们的船到海南岛靠岸时，遣人求浦，"经纪人"回来说："'和上大果报，遇于弟子，不然合死。此间人物吃人，火急去来！'便引舟去。"这里所说的"此间人物吃人"的说法，可能是"经纪人"

---

① ［日］真人元开著、汪向荣校注：《唐大和上东征传》，中华书局2000年版，第69—70页。

② （唐）李德裕：《谪岭南道中作》，载《全唐诗》卷四七五《传世藏书》，海南国际新闻出版中心出版，第1808页。

急不择言，或许这也是古代处于原始状态的部落的一种习俗。当鉴真和尚到崖州时，看到该地十月作田，正月收粟，养蚕八度，收稻再度。男着木笠，女着布絮，人皆雕蹄凿齿，绣面鼻饮，是其异也。[①] 可见海南岛西部地区，一方面种植业及蚕桑业发达，另一方面又保持了原始的文化状态。

二、物产

因海南是我国仅次于台湾的第二大岛，海南岛的资源是很有特色的，于是成为统治者盘剥的对象。如《新唐书·地理志》所载：

> 崖州珠崖郡，下。土贡：金、银、珠、玳瑁、高良姜。
>
> 振州延德郡，下。土贡：金、五色藤盘、班布、食单。
>
> 儋州昌化郡，下。土贡：金、糖香。
>
> 万安州万安郡，下。土贡：金、银。[②]

又如《太平寰宇记》所载：

> 儋州土产：酝酒不用麹蘖，有木曰严树，取其皮叶，捣后清水浸之，以粳酿和之，数日成酒，香甚，能醉人。又有石榴，亦取花叶，和酝酿之，数日成酒。高良姜，白藤花，煎沉香（出深洞），苏木（出黎峒），苔塘香，相思子，贡金。
>
> 琼州土产：琼州出煎沈、黄熟等香，苏木、蜜蜡、吉贝布、白藤、高良姜、益智子、干栀皮。
>
> 旧崖州出紫贝叶、真珠、金华（金有花采者贡）、金、碁子。又琼、崖州有酒树，似安石榴，其花著瓮中即成美酒，醉人。
>
> 振州土产：贡金。
>
> 万安州土产：金。[③]

---

① ［日］真人元开著、汪向荣校注：《唐大和上东征传》，中华书局2000年版，第66、69页。

② （宋）欧阳修、宋祁撰：《新唐书》卷四十三上《地理志七》，中华书局1975年版，第1100—1101页。

③ （宋）乐史撰：《太平寰宇记》卷一百六十九《岭南道十三·琼州》十三，中华书局2007年版，第3233、3236、3239、3240页。

这里所记载的，是唐代有关土特产的种类，这些物品，只是南国边疆的海岛上所特有，唐代上层阶级常以此作为珍品，进贡给皇帝或官吏享用。万历《琼州府志》载："唐贡曰金（五州俱有），曰银（四十两，崖、万安各二十两），曰珠（二斤），曰玳瑁（一具），曰高良姜（俱崖州），曰糖香（儋），曰五色藤盘，曰班布食单（俱振州）。"①

海南的农业，一年三熟，自古亦然，唐代也如此。道光《琼州府志》卷二《舆地志》引唐代徐坚《初学记》："《广志》曰：南方地气暑热，一岁田三熟，冬种春熟，春种夏熟，秋种冬熟。""今惟琼郡则然。"②又《琼州府志》卷四十四《杂志四》："海南村户，在唐时已称极盛，故李赞皇诗云：'鱼盐家给无墟市，禾黍年登有酒尊。'可以想其物产之饶富矣。"③这里所记载的，应是在沿海一带已经开发的区域，由于天时地利，加上北方进步的生产工具的移入，农业生产已经达到一年三熟的水平了。海南岛四面环海，海水蒸发强烈，海水含盐量高，利于晒盐。唐代在容琼、宁远、义伦等县，已各有盐场。④唐胄在正德《琼台志》曰："盐筴专于管氏，世代沿至今。读唐《地理志》知琼列盐。"⑤又《唐书·地理志》："容琼、宁远、义伦等县，各注有盐而无则例。"⑥《新唐书·地理志》："贞观十三年（639 年），析置曾口、颜罗、容琼三县。贞元七年（791 年）省容琼。有盐。""宁远，下，以宁远水名，有盐。""儋州昌化郡，下。土贡：金、糖香。户三千三百九。县五。

① （明）戴熺、欧阳灿总裁，蔡光前等纂修：万历《琼州府志》卷五《赋役志·土贡》，海南出版社 2003 年版，第 260 页。

② （清）明谊修、张岳崧纂：道光《琼州府志》卷二《舆地志》，海南出版社 2006 年版，第 71 页。

③ （清）明谊修、张岳崧纂：道光《琼州府志》卷四十四《杂志四》，海南出版社 2006 年版，第 1951—1952 页。

④ 参见（明）戴熺、欧阳灿总裁，蔡光前等纂修：万历《琼州府志》卷五《赋役志·盐课》，海南出版社 2003 年版，第 251 页。

⑤ （明）唐胄纂：正德《琼台志》卷十四《盐场》，海南出版社 2006 年版，第 325 页。

⑥ （明）唐胄纂：正德《琼台志》卷十四《盐场》，海南出版社 2006 年版，第 328 页。

义伦，下，有盐。"①乾元元年（758年），"琼山、宁远、振州等县有盐，近海百姓煮海水为盐，远近取给"。②在唐代已开始有盐业的记载了。儋州洋浦的古盐田，一直延续至今天，是我国保留最完好的原始日晒制盐方式的古盐场，这里盐田的建设和日晒制盐作业方式较我国传统的废锅灶建盐田要早600年左右。古盐田所在的盐田村中30余户盐工，仍在这里沿袭着古老原始的日晒制盐工艺来制作海盐。

三、工商业

唐代海南的工商业，已开始发展，尤其是手工业，利用海南特产，编织出具有海南特色的手工业品。唐代段公路曾记下海南利用野生植物资源制造手工业品的辉煌成绩，他写道："琼州出五色藤、合子书囊之类，花多织走兽飞禽，细于绵绮"，"出红簟……椰子座席、莆褥、笋席"。③唐代刘恂在《岭表录异》中也写道："南土多野鹿藤，苗有大如鸡子白者，细于箸，采为山货，流布海内。儋、台、琼管百姓皆制藤线，编以为幕。其妙者，亦挑纹为花药鱼鸟之状。业此纳官，以充赋税。"④海南的特产椰子，唐代已懂得加工为工艺品，刘恂说："椰子树，亦类海棕，结实大如瓯盂，外有粗皮如大腹，次有硬壳，固而且坚，厚二三分。有圆如卵者，即截开一头，沙石磨之，去其皴皮，其斑斓锦文，以白金装之，以为水罐子，珍奇可爱。壳中有液数合，如乳，亦可饮之，冷而动气。"⑤又如用桃榔树的须用咸水浸渍，即粗胀而韧，以此缚舶，不用钉线。用橄榄树枝节上生的脂膏如桃胶，和其皮叶煎煮，调如黑汤，谓之橄榄糖。用泥船损，干后牢于胶漆，著

---

① （宋）欧阳修、宋祁撰：《新唐书》卷四十三《地理志七》下，中华书局1975年版，第1100—1101页。

② （清）明谊修、张岳崧纂：道光《琼州府志》卷十四《经政志八·盐法》，海南出版社2006年版，第641页。

③ （唐）段公路：《北户录》卷三，见《文渊阁四库全书》第589册，台湾商务印书馆1986年版，第55页。

④ （唐）刘恂：《岭表录异》卷中《岭表录异补遗》，载《历代岭南笔记八种》，广东人民出版社2011年版，第81页。

⑤ （唐）刘恂：《岭表录异》卷中《岭表录异补遗》，载《历代岭南笔记八种》，广东人民出版社2011年版，第63页。

水益坚。刘恂在《岭表录异》中也说到铜鼓：岭南俚僚（包括黎族）制作铜鼓，"蛮夷之乐，有铜鼓焉，形如腰鼓，而一头有面，鼓面圆二尺许，面与身连，全用铜铸。其身遍有虫、鱼、花、草之状，通体均匀，厚二分，已来炉铸之妙，实为奇巧。击之响亮，不下鸣鼍"。①唐代海南的纺织品，已被人们钟爱。这种手织工艺色彩斑斓，价值也昂贵，刘恂对此项纺织工艺也作了记载："南方草木可衣者，曰'卉服'。绩其皮者，有勾芒布、红蕉布；绩其花者，有桐花布、琼枝布、婆罗布。又古贝木，其花成对，如鹅毳，抽其绪纺之，与苎不异，曰'吉贝'，俗呼'古'为'吉'也。多紫白二种，亦有诸色相间者，蛮女喜织之，文最繁缛。间出售城市，值最贵。自衣，则谓之'斑衣种女'。"②这种纺织工艺，其美丽程度，真可谓巧夺天工，被唐代列为当地贡品之一。

唐代的商贸活动十分活跃，汉族商人来海南岛把许多特产源源不断地运往大陆贩卖，如香料、吉贝、五色藤及药材等，成为珍贵的商品。有的官吏直接参与商务活动，获取暴利。如郡守韦公干，"有女奴四百人，执业者太半，有织花缣文纱者，有伸角为器者，有镕锻金银者，有攻珍木为什具者，其家如市，日考月课，唯恐不程"。③韦公干家的女奴，实际上成为手工业工人，他的家庭成为一个手工业作坊，他本人是官商合为一体，一边收租赋，一边经营商业。他到海南后，看到海南"多乌文咶唔，皆奇木也。公干驱木工沿海探伐，至有不中程以斤自刃者。前一岁，公干以韩约婿受代，命二大舟，一实乌文器杂以银，一实咶唔器杂以金，浮海东去。且令健卒护行，将抵广，木既坚密，金且重，未数百里，二舟俱覆，不知几万万也"。④韦公干兼儋崖振万安五郡招讨使时对海南物产的

① （唐）刘恂：《岭表录异》卷上，载《历代岭南笔记八种》，广东人民出版社2011年版，第51页。

② （唐）刘恂：《岭表录异》卷中《岭表录异校勘记》，载《历代岭南笔记八种》，广东人民出版社2011年版，第98页。

③ （宋）李昉等编：《太平广记》卷二百六十九《韦公干》，中华书局1961年版，第2113页。

④ （宋）李昉等编：《太平广记》卷二百六十九《韦公干》，中华书局1961年版，第2113页。

公然掠夺，贪而且酷，的确是残人以得货，"竭夷獠之膏血以自厚"。①
唐代的统治者对海南的政策，虽然以招抚政策为主，但派到海南的官
吏，"竭夷獠之膏血以自厚"者大有人在，这类人掠夺海南特产经营
贸易，以此聚敛财富，以致黎族的反抗活动此起彼伏，有的地方延续
100多年，唐代政权无法设置，是有其原因的。而唐代的工商业，已
形成官商勾结或谓官商一体，对海南岛上的先住民黎族来说，虽然社
会在不断演变，但唐王朝对于黎峒仍然实行政策上的双轨制，以二重
管理体制的复合制政治结构进行统治，使黎族的发展也受到限制。

四、赋税

唐代对岭南地区实行轻税之法，如初唐时所征赋税，内地多以丁
口计算，但在岭南地区则以户为计算单位，据《旧唐书·食货志》载：
"规定岭南诸州则税米，上户一石二斗，次户八斗，下户六斗。"② 这种以
户为单位征收赋税，明显比中原地区赋税轻。有的地方，以物充赋税，
如刘昫所说的编鹿野藤为幕，挑纹为花药鱼鸟之状，"业此纳官，以充赋
税"。③ 虽如此，海南岛有的州县由于治力不及，也有不收赋税的。在赋
税政策上，唐朝统治者尽可能把民族地区与中原地区区别开来。④

但是，并非在海南岛上就能真正地减轻赋税或不征赋税了。海南
的赋税，表现在两个方面：一方面是以贡折赋，唐胄在正德《琼台志》
载："《刘志》本杨行素羁縻度外，田不亩计之说，谓琼之赋，自元以
前皆未闻。《外纪》因之，称唐宋以贡折赋，元始制赋除贡。予尝疑
郡户自汉详明，安有不租之丁？"⑤ 的确如此，唐代田赋史书上虽没记

---

① （宋）李昉等编：《太平广记》卷二百六十九《韦公干》，中华书局1961年
版，第2113页。

② （后晋）刘昫等撰：《旧唐书》卷四十八《食货志》，中华书局1975年版，第
2088页。

③ （后晋）刘昫等撰：《旧唐书》卷四十八《食货志》，中华书局1975年版，第
2088页。

④ 参见卢勋、萧之兴、祝启源：《隋唐民族史》，四川民族出版社1996年版，
第237页。

⑤ （明）唐胄纂：正德《琼台志》卷十一《田赋》，海南出版社2006年版，第
235页。

载海南岛情况，但事实上是存在的，不外因户口无法统计明确，更多的是用以贡折赋的方式进行而已。另一方面是由当地官吏收纳肥私，据《太平广记》载："崖州东南四十里至琼山郡，太守统兵五百人。兼儋、崖、振、万、安五郡招讨使。凡五郡租赋，一供于招讨使，四郡之隶于琼，琼隶广海中，五州岁赋，廉使不得有一缗，悉以给琼。军用军食，仍仰给于海北诸郡。每广州易帅，仍赐钱五十万以犒铁，琼守虽海渚，岁得金钱，南边经略使不能及。"① 这说明唐代海南已有赋税，"五州岁赋，廉使不得有一缗，悉以给琼"。

在海南，有的地方的确还不知赋税为何物。王象之在《舆地纪胜》引《系年录》云："黎母山诸蛮环居，号黎人。去其省地远，不供赋役者号生黎；耕作省地者号熟黎。熟黎之外，始是州县。四郡各占岛之一陲，朱崖在岛南，既不可取径，则复桴海循海岛而南，所谓再涉鲸波也。四郡之人多黎姓，盖其裔族，而今黎人乃多姓王。"② 这说明深居内地的生黎，"不供赋役"。

总体来说，唐代海南对于国家统一的收纳赋税，尚未形成制度，有关典籍志书也都缺记。

第六节　风俗与文化生活

一、风俗习惯仍以黎区生活方式为代表

虽然唐代汉族移民已比过去增加，但整个岛上的居民，仍以黎族占主要地位。那"桄榔椰叶暗蛮溪"③ 的蛮荒之地，仍是黎族群居的地方。海南的风俗，虽有汉文化的开始移入，但仍以黎族为主体。当鉴真和尚从海上漂流到万安州时，所看到的是"男着木笠，女着

---

① （宋）李昉等编：《太平广记》卷二百六十九《韦公干》，中华书局1961年版，第2113页。

② （宋）王象之撰：《舆地纪胜》卷一百一十四《风俗形胜》，中华书局1992年版，第3564页。

③ （唐）李德裕：《谪岭南道中作》，载《全唐诗》卷四七五《传世藏书》，海南国际新闻出版中心出版，第1808页。

布絮。人皆雕蹄凿齿，绣面鼻饮"[1]，感到极其惊异。唐人杜佑在《通典》中也写到海南风俗，他说："五岭之南，人杂夷獠，不知教义，以富为雄……大抵南方迤阻，人强吏懦，豪富兼并，役属贫弱，俘掠不忌，古今是同。其性轻悍，易兴迷节。"[2] 乐史的《太平寰宇记》中对于海南各州的风俗，也分别作了叙述："儋州，风俗：《山海经》曰，儋耳，即离耳也。皆镂其颊皮，上连耳匡，状如鸡肠下垂。在海渚，不食五谷，食蚌及鳖而已。俗呼山岭为黎，人居其间，号曰生黎。杀行人，取齿牙贯之于项，以炫骁勇。弓刀未尝离手，弓以竹为弦。绩木皮为布。尚文身，豪富文多，贫贱文少，但看文字多少，以别贵贱。观禽兽之产，识春秋之气，占薯芋之熟，纪天文之岁。""琼州风俗：有夷人，无城郭，殊异居，非译语难辨其言。不知礼法，须以威伏，号曰生黎。巢居洞深，绩木皮为衣，以木棉为毯。性好酒，每酝酿，用木皮草叶代面蘗，熟以竹筒吸之。打鼓吹笙以为乐。男则髻，首插梳，带人齿为缨饰，好弓矢，削竹为弦，箭镞锐而无羽。女人文领，穿耳垂环。病无药饵，但烹犬羊祀神而已。""崖州……其俗以土为金，器用瓠瓢。无水，人饮木汁，谓之木饮。州无马与虎，有牛羊鸡犬……开宝六年，割旧崖州之地隶琼州，却改振州为崖州……风俗与琼州同。""万安州……风俗：女人以五色布为帽，以斑布为裙，似袋也，号曰都笼。以斑布为衫，方五尺，当中心开孔，但容头人，名曰思便。"[3] 唐代海南岛的习俗，以黎区生活方式为代表。

二、中原文脉在海南开始蔓延

至于文化生活方面，在唐代，中原文脉开始传入海南岛。在唐以前，海南文化教育尚处于闭塞状态。明代钟芳在《琼州府学科目题名

---

① ［日］真人元开著、汪尚荣校注：《唐大和上东征传》，中华书局 2000 年版，第 69 页。

② （唐）杜佑：《通典》卷一百八十四《州郡十四》，（台湾）国泰文化事业有限公司 1977 年版，第 1580 页。

③ （宋）乐史撰：《太平寰宇记》卷一百六十九《岭南道十三》，中华书局 2007 年版，第 3233、3236、3240 页。

记》中写道:"自唐以前,学校之政未立,造士之方多阙。"① 在贞观年间,王义方被贬到儋州,任吉安丞,他在黎区召集黎族首领,集生徒,亲自传播儒家文化,《旧唐书·王义方传》中写道:"南渡吉安。蛮俗荒梗,义方召诸首领,集生徒,亲为讲经,行释奠之礼,清歌吹龠,登降有序,蛮酋大喜。"② 唐中宗时,宋庆礼为岭南采访使,当时黎族各首领经常互相劫掠,宋庆礼到海南后,亲身深入黎地,教育诸黎首领,使其深明道义,"释仇为亲",为教化黎民做出贡献。天宝年间,鉴真和尚因海风漂流登上海南岛,在海南住了一年多时间,是时,崖州开元寺被烧,振州别驾张云奏请,由鉴真主持重建佛寺,除造佛殿、讲堂砖塔外,还造一丈六高的释迦牟尼佛像,鉴真在这里登堂授戒、讲律,弘扬佛教经典。③ 是时,海南文化落后,当黎族首领第一次接受儒家文化的熏陶时,对儒家的礼乐高高兴兴地接受了,这是海南岛上第一次见诸史籍记载的文化传播活动。

海南文化的形成,从唐代之后,开始较大程度地从大陆接受新的文化,大陆文化的传播过程,也是造成海南文化独特性的一个重要因素。唐代文脉通过贬官延续至海南,如《澄迈县志》载:"澄僻居海岛,旧俗殊陋,与中州相远。一变于汉之锡光(光武时,锡光教耕稼,制冠履,立学校),再变于唐之义方(唐代王义方招诸生徒,亲为讲经,行释奠之礼,清歌吹龠,登降有序),三变于宋之守之(守之系宋庆历间郡守,亦宋姓。教诸生讲五经于先圣庙,建尊师亭,暇日躬自讲授)。兼以名贤放谪,士族侨寓,故其风声气习自尔反薄还淳。"④ 由于"名贤放谪,士族侨寓",这些人物都有较高的文化素养,成为传播中原文脉的先驱。如宰相韦执谊,因"永贞革新"被贬海南后,在

---

① (明)钟芳:《钟筼溪集》卷八《琼州府学科目题名记》,海南出版社2006年版,第151页。

② (后晋)刘昫等撰:《旧唐书》卷一八七《王义方传》,中华书局1975年版,第4874页。

③ [日]真人元开著、汪尚荣校注:《唐大和上东征传》,中华书局2000年版,第70页。

④ (清)丁斗柄修、曾典学纂、高魁标纂修:康熙《澄迈县志》卷一《风俗》,海南出版社2006年版,第28页。

贬地倡导教化。他亲眼看到海南岛文化落后，教化未及，便极力宣扬中原文化。为了把自己的学识传授给当地的学童，他率先在其定居的韦村（今雅咏村），办起韦村里学（私立村学）。韦村里学除聘请专职教师外，他还亲自给学子们授课。一时学子云集，书声琅琅。除兴教育才外，韦执谊还带民兴修水利，改造良田。他筹划兴建岩塘、亭塘（新旧沟田洋，又称"韦公田洋"，至今仍在发挥作用，堪称海南水利史上的"都江堰"），韦执谊有《市骏骨赋》《规谱》等。① 李德裕在海南的一年时间里，写下了许多诗文。其中，如在贬崖州的道途中写了《谪岭南道中作》一诗，诗中反映出他对故乡的哀思。诗云："岭水争分路转迷，桄榔椰叶暗蛮溪。愁冲毒雾逢蛇草，畏落沙虫避燕泥。五月畲田收火米，三更津吏报潮鸡。不堪肠断思乡处，红槿花中越鸟啼。"思乡之情哀怨凄凉，也真切地描写了唐代海南岛上蛮荒的情景。唐代诗人李商隐作《李卫公》一诗。诗云："绛纱弟子音尘绝，鸾镜佳人旧会稀。今日致身歌舞地，木棉花暖鹧鸪飞。"木棉与鹧鸪，古人常用来作为海南地域自然特色的代表，诗中深切地表现出他对李德裕遭遇的同情。

李德裕的《登崖州城作》一诗，反映了唐代贬官到海南之后的忧愤情怀："独上高楼望帝京，鸟飞犹是半年程。青山似欲留人住，百匝千遭绕郡城。"在崖州一年的贬居中，他写下49篇诗文，集为《穷愁志》，他所写的《祭韦相执谊文》，也反映了他对自己被贬谪命运的悲愤之情。李德裕在崖州所留下的诗文，为海南唐代贬官文化留下了珍贵的遗产。

又如李邕，其诗文、书法冠于当时，韦执谊在海南所著的《规谱》流传于世，这些被贬的官员，带来了先进的中原文化。

唐胄在正德《琼台志》云："琼，广藩属郡。汉锡光建学，导之礼仪。唐岭南州县仅四五十人，虽旧与诸郡同，其后人才之盛则独与广潮齐声。"又《琼台志》中有"宋无名氏记：琼管古在荒服之表，历汉

---

① 《唐朝宰相韦执谊研究资料选集》，内部刊物，第5—6页。

及唐，至宣宗朝文化始洽"。①宣宗朝是847—859年，属晚唐，证明中原文化在唐代已开始逐步传播。

被贬到海南的名臣谪宦，大多是当代的著名文人。他们在谪居海南期间，通过各类活动及自己著述，在各个不同的领域传播中原文化，中原的文脉也因此陆陆续续传至海南岛。文化传播是一个相当复杂的过程，由于海洋的阻隔，海南岛上不可能将大陆文化因素原封不动地吸取过来，海南岛对大陆文化的吸收，必然是一个自觉或不自觉的变异过程。这一变异不仅体现在文化传入的过程中，也体现在传入之后的吸收消化过程中，它使海南文化成为一种源自大陆，但又独特于大陆的文化形态，这一点，在以后的历史发展中被慢慢地显示出来。

第七节　海上交通

海南岛及南海诸岛，在中国版图中的记载具有悠久的历史。据《旧唐书》载："南海，五岭之南，涨海之北，三代已前，是为荒服。秦灭六国，始开越置三郡，曰南海、桂林、象郡，以谪戍守之。"②唐代，从广州启航，经西沙、南沙群岛到波斯湾、红海的海上"丝绸之路"航线更为繁盛兴旺，唐人称之为"广州通海夷道"。贾耽在《皇华四达记》中，把从广州到大食国巴士拉港称为东航路，航经国家为今越南、马来西亚、印度尼西亚、斯里兰卡、印度、巴基斯坦、伊拉克等。船舶沿南海西部南下，经新加坡、马六甲海峡、尼科巴群岛抵斯里兰卡。这条航线的交通中转站，必须经过海南岛。据《旧唐书·地理志》载："振州（今海南三亚市）……南至大海……东南至大海二十七里，西南至大海千里……与崖州同在大海洲中。""儋州……

---

① （唐）唐胄纂：正德《琼台志》卷十五《学校》上，海南出版社2006年版，第335、339页。
② （后晋）刘昫等撰：《旧唐书》卷四十一《地理志四》，中华书局1975年版，第1712页。

与崖州同在海中洲上，东至振州四百里。"① 这是《旧唐书》中关于海
南岛南部海域的记载。书中"西南至大海千里"，是指以振州为出发
点海上向西南延伸千里，边界应到越南顺化东海岸附近海域。"东南
至大海二十七里"，是指振州治所至陆地岸边的距离，振州东为万安
州管辖。《韩愈传》云："臣所领州，在广府极东，去广府虽云二千里，
然来往动皆逾月。过海口，下恶水，涛泷壮猛，难计期程，飓风鳄
鱼，患祸不测。州南近界，涨海连天，毒雾瘴氛，日夕发作。"② 唐穆
宗长庆三年（823年），工部尚书郑权出任岭南节度使，当时韩愈（任
潮州刺史）在《送郑权尚书序》中说："隶府之州，离府远者，至三千
里，悬隔山海，使必数月而后能至……其南州皆岸大海，多洲岛，驱
风一日踔数千里……若岭南帅得其人，则一边尽治。不相寇盗贼杀。
无风鱼之灾、水旱疠毒之患。外国之货日至，珠、香、象、犀、玳瑁
奇物，溢于中国，不可胜用。"③ 此处记载岭南节度使所辖州很多，范
围很广，远达3000里，且南边州濒临大海，海中又有很多州岛，其
所指包括南海诸岛。

海南岛不像广州，是对外贸易中心，但海南岛是交通线上的必经
之地。中国与印度、阿拉伯的文化交流，也随这条贸易水道开展。

唐贞元宰相贾耽在《广州通海夷道》中，对海上"丝绸之路"作
了详细记载：

> 广州东南海行，二百里至屯门山（今香港北屯门岛），乃帆风西
> 行，二日至九州石（海南岛东北角之七洲列岛）。又南二日至象石（海
> 南岛东南岸之独珠山）。又西南三日行，至占不劳山（今越南占婆岛），
> 山在环王国（即或占城，今越南中南部）东二百里海中。又南二日

① （后晋）刘昫等撰：《旧唐书》卷四十一《地理志四》，中华书局1975年版，
第1762—1764页。

② （后晋）刘昫等撰：《旧唐书》卷一百六十《韩愈传》，中华书局1975年版，
第4201页。

③ （唐）韩愈：《韩愈文集汇校笺注》卷十一《送郑权尚书序》，中华书局2010
年版，第1205—1206页。

行至陵山（今越南归仁以北之燕子岬）。又一日行，至门毒国（今越南归仁）。又一日行至古笪国（今越南芽庄）。又半日行，至奔陀浪洲（即宾童龙，今越南藩朗）。又两日行，到军突弄山（今昆仑岛）。又五日行，至海峡，蕃人谓之质（马六甲海峡），南北百里；北岸则罗越国（今马来半岛南端），南岸则佛逝国（今苏门答腊岛东南部）。佛逝国东水行四五日，至诃陵国（今爪哇），南中洲之最大者。又西出硖，三日至葛葛僧祇国（海峡南部不罗华尔群岛），在佛逝西北隅之别岛，国人多钞暴，乘舶者畏惮之。其北岸则箇罗国（今马来半岛西岸之吉打）。箇罗西则哥谷罗国（今克拉地峡西南海岸）。又从葛葛僧祇四五日行，至胜邓洲（今苏门答腊岛北部东海岸棉兰之北的日里附近）。又西五日行，至婆露国（即婆鲁师洲，在今苏门答腊岛北西海岸大鹿洞附近）。又六日行，至婆国伽蓝洲（今尼科巴群岛）。又北四日行，至师子国（今斯里兰卡），其北海岸距南天竺（今南印度）大岸百里。又西四日行，经没来国（即印度西南部之奎隆，宋代称为故临），南天竺之最南境。又西北，经十余小国，至婆罗门（今印度）西境。又西北二日行，至拔颱国（今印度盂买以北的巴罗奇）。又十日行；经天竺西境小国五，至提颱国（今印度河口以西，卡拉奇略东），其国有弥兰太河，一曰新头河（今印度河），自北渤崑国（今昆仑山）来，西流至提颱国北，入于海（今阿拉伯海）。又自提颱国西二十日行，经小国二十余，至提罗卢和国（今波斯湾头的阿巴丹附近），一曰罗和异国，国人于海中立华表，夜则置炬其上，使舶人夜行不迷。又西一日行，至乌剌国（巴士剌以东之奥波拉），乃大食国（今阿拉伯地区泛称）之弗利剌河（今幼发拉底河），南入于海（今波斯湾），小舟泝流，二日至末罗国（今巴士拉），大食重镇也。又西北陆行千里，至茂门王所都缚达城（今巴格达）。自婆罗门南境，从没来国至乌剌国，皆缘海（今阿拉伯海和波斯湾）东岸行；其（指阿拉伯海）西岸之西，皆大食国。其西最南谓之三兰国（今坦桑尼亚之达累斯萨拉姆）。自三兰国正北二十日行，经小国十余，至设国（今也门的席赫尔）。又十日行，经小国六、七，至萨伊瞿和竭国（今阿曼的哈德角），当海（今阿拉伯海）西岸。又西六、七日行，经小国六、七至没巽国（今阿曼的苏哈尔）。又西北十日行，经小国十余，至拔离謌磨难国（今波斯湾内巴林岛的麦纳麦）。又一日行，至乌剌国，与东岸路合。①

这条海上航线表明，从广州出发之后，海南岛是从广州出发通往南海各国的中转站。屯门在大屿山及香港二岛之北，海岸及琵琶洲之间。九州石似即今之七洲，象石为今之独珠山，这条航线均首先经过南海中的海南岛管辖领域。贾耽所记载的"广州通海夷道"，充分反映了当时中国远洋航行的水平，在中外航海史上占有十分重要的地位。这条航线将东亚、东南亚、南亚、波斯湾与东非联结起来，其航线之长，航区之广，在中古时代的世界上是相当突出的。

当鉴真和尚第五次东渡日本遇风暴漂流到海南岛振州，振州别驾冯崇债迎接他时说："昨夜梦有僧姓丰田，当是债贸。"这里"丰田"是日本姓，中国没有相似的姓氏，在当时落后僻远的海南官员冯氏居然已经知道这个日本姓氏，可见已经和日本有往来，否则是无从知道的。

第八节 儒学、佛教、伊斯兰教与民间信仰

一、关于儒学

唐代儒学鼎盛，据《新唐书·儒学》上载：唐自高祖初年"诏有司立周公、孔子庙于国学，四时祠。求其后议加爵士。国学始置生七十二员，取三品以上子弟若孙为之；太学百四十员，取五品以上；四门学百三十员，取七品以上。郡县三等，上郡学置生六十员，上、中下以十为差；上县学置生四十员，中、下亦以十为差。又诏宗室、功臣子孙就秘书外省，别为小学。太宗身櫜鞬，风纚露沐，然锐情经术，即王府开文学馆，召名儒十八人为学士，与议天下事。既即位，

---

① 《广州通海夷道》，此书已佚，但在《新唐书》卷四十三下《地理志七》留了下来，中华书局 1975 年版，第 1153—1154 页。

殿左置弘文馆，悉引内学士番宿更休，听朝之间，则与讨古今，道前王所以成败，或日昃夜艾，未尝少怠。贞观六年，诏罢周公祠，更以孔子为先圣，颜氏为先师，尽召天下惇师老德以为学官。数临幸观释菜，命祭酒博士讲论经义，赐以束帛。生能通一经者，得署吏。广学舍千二百区，三学益生员，并置书、算二学，皆有博士。大抵诸生员至三千二百。……新罗、高昌、百济、吐蕃、高丽等群酋长并遣子弟入学，鼓箧踵堂者，凡八千余人"。① 这是唐代全国的状况，而海南自贞观以后，崖州、儋州、琼州、万安州州县所在地，均立州县学，由州县司吏儒师掌理，置博士一人，以王义方吉安为例，讲明经义，开明六经三传之旨，通经监察院按年贡学。中宗以后乡社均设小学（即学馆），讲明经义外并旁及章句疏义，直至晚唐以后蔚然成风，《舆地纪胜》卷一百二十四《景物下》载有"明伦堂，在郡学"。② 明人唐西洲谓"文教盛于唐宣宗"，即指此事。

二、关于道教和佛教

因唐代皇帝姓李，与被天师道神化为太上老君的道教哲学家李耳同姓，故唐代对道教多有推崇。

唐太宗于三教论道中以明诏尊道教为上席。海南州县所在地贞观以后均设有道观，置专司道士，设道坛收道徒置道观常产，供三清李道君，民间信仰颇众。武则天之后，笃信佛教，力抑天下道观，广建大云寺，而海南又为佛教东来必经之地，所以道教一度受到抑制。

关于佛教，武则天夺取政权之后，颁示天下重译佛典，各州普遍建造大云寺，置大云经。海南各州县均于天授元年（690 年）十月，奉诏普遍兴建大云寺一所，后中宗即位，又诏天下将大云寺改为大唐中兴寺，后又改为龙兴寺，至玄宗开元二十六年（738 年），复诏天下

---

① （宋）欧阳修、宋祁撰：《新唐书》卷一百九十八《儒学上》，中华书局 1975 年版，第 5636 页。

② （宋）王象之撰：《舆地纪胜》卷一百二十四《景物下》，中华书局 1992 年版，第 3567 页。

州县各建寺观一所，定名开元寺，铸金铜天尊各一座安置其中，海南各州县是时亦一律将大云寺改为开元寺，有海南振州开元寺、儋州开元寺和崖州开元寺。据《舆地纪胜》载有："吉安开元寺在城西百余步，胡儋庵缘化钟楼。"①

三、鉴真和尚漂流到海南

就在这东接东南亚海上"丝绸之路"的交通要冲的海岛上，天宝七年（748年），迎来了高僧鉴真和尚，这是佛教传入海南岛的一桩盛事。

天宝元年（742年）十月，鉴真55岁时，日本留学僧荣叡、普照两人从长安来扬州拜谒鉴真。邀请鉴真到日本去传道弘法，并担任授戒大师。获得鉴真的同意，弟子中也有21人准备随行。他们准备了四次的航行，均告失败。第五次是天宝七年（748年）六月二十七日从扬州崇福寺出发，到舟山群岛停住了些日子，三个月后再度驶航过海时又遇到台风，在海中朝西南方向漂流14天到了海南岛。这样，第五次航海又失败了。在海南岛，一行人受到了当地佛教徒地方官冯崇债的招待供养，并在他的护送下，从海南回到大陆，取道广西、广东、江西、江苏而回扬州。这次航行中，最大的损失是，鉴真不但失去了敦促他东渡的日本留学僧荣叡和所爱的弟子详彦，而且他本人的双目也因医治无效而失明了。②

四、海南的伊斯兰教

唐代除佛教僧人来海南岛外，还有伊斯兰教徒。据徐恒彬、鞠继武《海上丝绸之路自古联结中西》中所载：隋大业六年（610年）至唐贞观六年（632年）间，由于唐朝与阿拉伯世界海上交往频繁，不仅广州有光塔怀圣寺、清真先贤斡葛思墓，成为著名的伊斯兰教圣地和海上交通的重要史迹，而且海南岛三亚市的酸梅角和陵水县的千教

---

① （宋）王象之撰：《舆地纪胜》卷一百二十七《景物下·吉阳军》，中华书局1992年版，第3625—3626页。

② 参见［日］真人元开著、汪向荣校注：《唐大和上东征传》，中华书局2000年版，第62—74页。

坡发现的 50 多处阿拉伯人墓葬群，也是这个时期南海"丝绸之路"的重要见证。墓群面临大海，成为主要航线必经之地。许多阿拉伯人的商船在此驻留，安葬死者。墓碑和墓多用海边的珊瑚石制作和砌造，其中一块墓碑高 63 厘米，宽 52.5 厘米，厚 12 厘米，碑额刻一圆月，内刻阿拉伯文，意译为"万物非主，唯有穆罕默德是真主的使者"。碑面亦刻一行阿拉伯文，意译为"凡人必有一死，唯有至尊至大的真主永存"。[①]

现在，在三亚市伊斯兰古墓群中，可看到墓碑的墓尚有 60 座，墓均为坚穴土坑墓，上无封土，长 1.8—2 米，宽 0.8—1 米，深 1.2 米，没有葬具和随葬品，死者侧身屈肢，头在西北，脚在东南，面朝西。每座墓前后各竖一珊瑚石碑，碑多向西北，略呈方形，高 36—60 厘米，宽 35—58 厘米，碑上刻圆月、卷云、花朵、生命树等图案。碑文用阿拉伯文或波斯文书写，内容为《古兰经》、墓主姓名、死亡日期。[②]

据真人元开著的《唐大和上东征传》载，在鉴真和尚到万安州时，州大首领冯若芳请住其家，三日供养。冯若芳每年常劫取波斯船舶两三艘，取物为己货，掠人为奴婢。其奴婢居处，南北三日行，东西五日行，村村相次，总是若芳奴婢之［住］处也。[③] 由此可见，唐代已有大批波斯人住在海南。在唐代，佛教及伊斯兰教已进入海南岛，或因统治阶层的命令，或因唐代"丝绸之路"经过海南，宗教文化随着政权的建置和海上交通的商务交往，已经成为海南岛上文化生活的一部分了。

五、冼夫人由"凡俗"走向"神圣"

冼夫人本来是一位少数民族的首领，是凡俗中的一员。就个人的作为来说，因为她对海南岛有特殊的历史功绩，岛上各族人民都敬仰

---

① 陈克勤主编：《中国南海诸岛》，海南国际新闻中心 1996 年版，第 356 页。

② 文物出版社编：《文物考古工作十年》，《海南省的考古发现与文物保护》，1991 年版，第 247 页。

③ ［日］真人元开著、汪向荣校注：《唐大和上东征传》，中华书局 2000 年版，第 68 页。

她。由是，在她死后，民间百姓、知识分子以及最高统治者，出于不同的目的，在不同的历史时期，对她进行了不同方式的重新塑造，将她逐渐推上神坛。而这个过程，是在海南岛儋州的一所庙宇里先后完成的。这个庙是唐初年建。始建时称祖婆庙，是为祀奉冼夫人的专门庙宇。南宋时才改称为宁济庙。

第八章　南汉的兴亡对海南的影响

　　五代十国自 907 年兴至 960 年结束，是中国历史上第二次政治大分裂时期，也是承唐启宋的过渡阶段。自 907 年朱晃（全忠）代唐之后，中原大地出现了梁、唐、晋、汉、周五个前后衔接的政权，史称"五代"。史家在政权名称前加上"后"字，有别于历史上同名的朝代。从 10 世纪初至 960 年数十年间，相继成立了后梁、后唐、后晋、后汉、后周五个朝代。同时，在长江流域南部，又先后成立吴、前蜀、吴越、楚、闽、南汉、南平（荆南）、后蜀、南唐、北汉十个主要政权，史称"十国"。至 979 年宋灭北汉方告结束。五代政权，前后 53 年，更换了 14 个皇帝。各个王朝均未能形成一个政权中心，政局又不断急剧变动，没有统一的政治制度及法令规章，实际上是地方势力抢劫混战的局面，十国之中，除北汉外，均在江南。十国里面，有两个国号为汉，一在南，一在北，故分别称南汉、北汉。

　　南汉自 917 年至 971 年。唐朝自黄巢起义之后，全国各地藩镇割据。905 年，刘隐任靖海军节度使，辖岭南，他在岭南崛起，907 年，梁帝封刘隐为靖海（交州）两军节度使，大彭郡王。911 年，刘隐病故，其异母弟刘龑（又名俨、陟、龚）继袭官爵，攻韶、潮、高、容 4 州。后梁末帝贞明三年（917 年）八月，刘龑即帝位于广州，是为高祖（917—941 年），年号乾亨，国号大越，后改称为汉，史称南汉。刘龑用士人为诸州刺史，不让武夫做地方官，这是岭南较为安静的一个原因。南汉承袭了唐代的一些典章制度。刘龑设置百官，充实州县，开科取士，铸钱，继续开展商务活动，结好邻国，使岭南封建文化有所发展，自刘龑在粤称帝起（即 917 年至 971 年），传三世，共54 年。如连同刘隐割据广州算起，则有 75 年。南汉的疆域为广东省，包括海南岛在内。

第一节　五代十国政治的混乱促使
移民避乱海南

五代十国的政治十分混乱，这五代十国以外的中国疆域内的其他各国也视海南岛为己有，有的贬官也被贬到海南；但海南主要是南汉统治。南汉统治海南 50 多年中，对州县的建置初依唐制，后来，于乾和十五年（957 年），对各州、县作了调整，从唐代五州 22 县裁减合并为五州 14 县，宋代行政建置是在南汉的基础上奠定的。

当然，偏安一隅的南汉小朝廷对海南岛的统治并没有作出什么成绩。但在这一时期，由于北方战乱频繁，因乱避地来岭南者甚多，苏轼在《伏波将军庙碑》中写道："自汉末至五代，中原避乱之人，多家于此。今衣冠礼乐，盖班班然矣。"[1]《新五代史》载："是时，天下已乱，中朝士人以岭外最远，可以避地，多游焉。唐世名臣谪死南方者往往有子孙，或当时任宦遭乱不得还者，皆客岭表。"[2] 当然，岭表也包括海南岛，在五代时期，海南岛又一次迎来中原地区的移民高潮。王云清在《儋耳赋》中载："五季（五代）之末，神州陆沉。大夫君子，避乱相寻。海门一带，比屋如林"，其注云："当时中原大家世族，纷纷迁徙，相率而来。居儋者则有羊、杜、曹、陈、张、王、许、谢、黄、吴、唐、赵十二姓，或以仕隐，或以戍谪，挈眷踵至。沿海一带皆由黄沙港上岸，皆以种蔗为业。上自顿积港，下至德义岭，皆系客

---

① 《苏轼文集》卷十七《伏波将军庙碑》，中华书局 1986 年版，第 506 页。
② （宋）欧阳修撰：《新五代史》卷六十五《南汉世家第五·刘隐传》，中华书局 1974 年版，第 810 页。

民住云。"① 他们移居海南岛后传播中原地区的礼乐文化，从事生产活动，对海南的发展起到了推动作用。

第二节　行政区划沿袭唐制

五代沿袭唐代的行政区划。对州县建置初依唐制，至南汉乾和十五年（957年），始将各州之县废罢8个，留14县。其中琼州省曾口、颜罗二县，儋州省富罗县，万安州省富云、博辽二县，振州省延德、临川、落屯三县，凡罢8县。由唐朝的五州22县调整为五州14县。②

第三节　经济状况与赋税

范文澜说："南汉国君自刘龑起，都是极奢侈、极残忍的暴君，934年，刘龑造昭阳殿，用金作屋顶，银作地面，木料都用银装饰。殿下设水渠，渠中布满珍珠。又琢水精琥珀为日月，放在东西两条玉柱上，刘铤造万政殿，饰一条柱子就用银三千两。又用银和云母相间隔，包装殿壁。这种富丽辉煌的建筑物，是用多少民众鲜血变成的，

---

① （清）王云清：《儋县志初集》下册《儋耳赋》，海南出版社2004年版，第1191、1225页。

② （清）吴兰修：《南汉地理志》。在吴兰修、石华撰的《南汉地理志》中，对于海南岛五个州的沿革资料，作了如下解释：琼州：《舆地广记》《通考》同。兰修按《太平寰宇记》云：颜罗，唐时省，今不从。又按《太平寰宇记》《舆地广记》《通考》并云：唐贞元七年（791年）省容琼县，《十国春秋》仍有容琼县，误。崖州，兰修按：《唐志》，贞观五年（631年）割崖州、临高入琼州，《通考》《十国春秋》仍有临高，误也。又按《旧唐志》崖州有舍城县。《宋元》《宋朝事实》《通考》并云：开宝五年（972年）废崖州，以舍城、澄迈、文昌入琼州，与《旧唐志》合，今从之。《新唐志》谓舍城，开元后省，亦误。儋州，《舆地广记》《通考》同。关于洛场，《新旧唐志》《舆地广记》皆作洛场。《太平寰宇记》《舆地广记》《通考》同。关于洛场，《新旧唐书》《舆地纪胜》皆作洛场。《太平寰宇记》《通考》《十国春秋》作洛阳误。万安州：《舆地广记》《通考》同。兰修按《太平寰宇记》云：唐末省，今不从。关于陵水，《十国春秋》作陆水，误。振州，《宋朝事实》《舆地广记》《通志》同。兰修按《太平寰宇记》，仍领县五，误。又据《长编》：开宝五年（972年）六月，徙崖州于振州，遂废振州。《欧史职方考》无振州，亦误。兰修对历史上各类史籍五州沿革的校勘诠释，录此以备考。

实在使人触目惊心，不寒而栗！刘䶮恶毒无比，设有灌鼻、割舌、肢解、剖剔、炮炙、烹蒸等惨刑，又有水狱，聚毒蛇在水池中，投入他所谓的罪人，让毒蛇咬死。他的继位子孙，都是和他类似的野兽，他们造成穷奢极侈的宫殿，取得人力和财物的方法就是惨刑。"① 大宝三年至五年（960—962年），南汉设清化军以戍黎。这样的几代帝王，虽然统治了海南岛，但对于海南经济的发展，却无多少措施，只能在客观上保留唐代的状态。各类史书对这方面的记录，也几乎是空白点。南汉统治者对于海南的赋税，却比唐代严重。唐胄在正德《琼台志》中曾说："予曾疑郡户自汉详明，安有不租之丁？及读诸史，刘氏赋敛繁重，琼州斗米税四五钱，是知唐有赋，而南汉加敛。"② 封建王朝对海南的压榨，有增无减。不过，由于岭南没有战争，人民生活比较安定，所以老百姓虽受沉重的剥削但还可以维持起码的生活。岭南地区又吸引了北方移民，在此客观情况下，海南岛也获得了相对的安定与发展。

　① 　范文澜:《中国通史》，人民出版社1963年版，第507—508页。
　② 　（明）唐胄纂: 正德《琼台志》卷十一《田赋》，海南出版社2006年版，第235页。

第二编

宋元时期

第九章　宋代政府对海南的统治

第一节　北宋海南地方政权的建立

宋代分为北宋和南宋两个阶段，由 960 年至 1279 年。北宋自太祖至钦宗，历经九帝，共 167 年。南宋再传九帝，共 152 年。两宋共传国 319 年。

宋太祖赵匡胤，在后周时任殿前都点检，统领精锐禁军，960 年，率兵到陈桥驿兵变，黄袍加身，诸将拥为皇帝，国号宋，建都于开封。宋太祖建立宋王朝后，为加强中央集权的统治，他采取"杯酒释兵权"的措施，收回藩镇的兵权，派出节度使，然后集中兵力征服经济富庶的江南，以"先南后北"的方针，平荆湖，灭后蜀，灭南汉、南唐，吴越投降，泉州归附，初步完成统一国家的大业。976 年 10 月宋太祖暴死，其弟赵匡义即位，接着灭北汉；北伐辽朝失败。从此以后，宋金长期在辽、金战争中反复胜败，不断丧失国力。宋代专制主义中央集权的国家制度，主要是兵制和官制，在太祖、太宗两朝已经基本建立。

而海南岛归属于北宋政权则另有过程。964 年 9 月，宋兵开始攻南汉，当了解南汉国内宦官当权，政治极度黑暗混乱后，开始集中兵力攻后蜀，没有对南汉立即发兵。970 年 9 月，潘美为贺州道行营都部署，领兵灭南汉。① 第二年二月，直逼广州，刘铱将妃嫔和金银财

---

① 参见（元）脱脱等撰：《宋史》卷二《太祖纪二》，中华书局 1975 年版。

宝载入十余大船，准备入海逃跑，被宦官乐范与卫兵千余人将大船盗去。南汉残兵据水抵御，大败。《续资治通鉴长编》记录下这段历史："辛未王师至白田，南汉主素服出降，潘美承制释之，遂入广州，俘其宗室、官属九十七人，与南汉主皆縻于龙德宫。"① 宋兵入广州，俘刘鋹，押解到汴京，南汉平。宋封刘鋹为"恩赦侯"，9 年后老死于汴京。南汉政权自此覆灭。又过了两个月，太子中允周仁俊任琼知府，自此，海南归属北宋统治。

第二节　北宋政府对海南的统治策略

北宋平广南后，得州六十，县二百十四、户十七万六十三。② 宋代统一岭南后，以岭南儋、崖、振、万等四州隶属琼州令，广州择官分知事。大赦广南，免二税，南汉署官仍旧。三月又下诏："广南有买人男女为奴婢转佣利者，并赦免；伪政有害于民者具以闻，除之。"③ 逐渐稳定岭南政治局面。

综观北宋时期的海南历史，相较前朝而言，海南的政治、经济、文化及教育出现了一个崭新的局面，社会风貌也随之有大的变化。但是，相对于中原地区，边远的海南仍是宋代朝廷谪贬官员的地方。

一、宋代地方建置

宋代的地方行政建置分为路、州（府、军）、县三级。在广南分东、西两路，广州、桂林分别是广南东路和广南西路的治所。海南属广南西路，分为琼州、昌化军（后改南宁军，原儋州）、万安军和朱崖军（后改吉阳军，原振州）。宋代李焘《续资治通鉴长编》载：开宝四年（971 年）三月壬辰，"以岭南儋、崖、振、万安等四州隶琼州，令广州择官分知州事"。④

① （宋）李焘撰：《续资治通鉴长编》卷十二，中华书局 1992 年版，第 260 页。
② 参见（宋）李焘撰：《续资治通鉴长编》卷十二，中华书局 1992 年版，第 261 页。
③ （元）脱脱等撰：《宋史》卷二《太祖纪二》，中华书局 1975 年版，第 32 页。
④ （宋）李焘撰：《续资治通鉴长编》卷十二，中华书局 1992 年版，第 264 页。

在宋代建立之初，还没有把海南岛放在一定的位置。统治者认为海南是"遐荒炎瘴"之地，不必"别命正官"。《续资治通鉴长编》中曾记载："初平岭南，命太子中允周仁俊知琼州，以儋、崖、振、万安四州属焉。"上谓宰相曰："遐荒炎瘴，不必别命正官，且令仁俊择伪官，因其俗治之。"乙卯，周仁俊列上骆崇璨等四人。上曰："各授检校官，俾知州事，徐观其效可也。"① 据《宋史·地理志》载，州军设置时有变动：

> 琼州，下，琼山郡，靖海军节度。本军事州。大观元年（1107年），以黎母山夷峒建镇州，赐军额为靖海。政和元年（1111年），镇州废，以其地及军额来归。
>
> 南宁军，旧昌化军，同下州。本儋州，熙宁六年（1073年），废州为军。绍兴六年（1136年），废昌化、万安、吉阳三军为县。隶琼州。十三年（1143年），为军使；十四年（1144年）复为军，以属县还隶本军。后改今名。
>
> 万安军，同下州。旧万安州，万安郡。熙宁七年（1074年），废为军。绍兴六年（1136年），废军为万宁县，以军使兼知县事，隶琼州。十三年（1143年），复为军。
>
> 吉阳军，同下州。本朱崖军，即崖州。熙宁六年（1073年），废为军。绍兴六年（1136年）废军为宁远县。十三年（1143年）复。后改名吉阳军。②

宋代对海南建置，废置常有变动，可见宋代对海南的统治政策，还缺乏一致的认识；统治者在开国之后，对海南仍认为是蛮荒之地，民俗彪悍，尚未开化，只能"因其俗治之"。

但宋代对海南的管理，在总结了唐以前各代治理的经验之后，已逐渐深入及正规化，特别是对于黎族的所谓的"治黎"策，全面推行土官制。土官的作用往往比汉官更大。据宋代周去非的《岭外代答》

---

① （宋）李焘撰：《续资治通鉴长编》卷十三，中华书局1992年版，第281页。
② （元）脱脱等撰：《宋史》卷九十《地理志》，中华书局1975年版，第2245—2246页。

卷二"海外黎蛮"条载:"琼管有令于黎峒,必下王宜人,无不帖然。"①
采取了以黎治黎的方法,以"羁縻政策"收买黎族上层首领,羁縻州
峒的长官为大土地所有者,以此加强对海南先住民的统治。由于朝廷
政策的改变,加上后来汉族移民逐渐增加以及浮海而来的回民,于是
民族融合也随之加快,海南的经济、文化也都有较大提高。

二、宋代对海南的开发

宋代海南的开发是在承上启下的背景下进行的。

在文化方面,由于北宋和南宋与辽、金的长期战争,大量逃避兵
灾的流民迁徙到岭南一带,也进入海南岛,同时,被贬而流寓到海南
的官吏,在海南创学校,办书院,汉文化以极强的优势,与黎族传统
文化的相互融合,使黎族的汉化不断加深。

在生产生活方面,海南已逐渐改变蛮荒状态,开始进入文明社
会;虽然步子不大,步履蹒跚,但汉人到达海南岛之后,带来了先进
的生产技术,有利于对土地的开发和农业的发展,海南的水稻在汉
代已经种植,《汉书》记载:"自合浦、徐闻南入海,得大州,东西南
北方千里。武帝元封元年,略以为儋耳、珠厓郡。民皆服布如单被,
穿中央为贯头。男子耕农,种禾稻、纻麻。女子桑蚕织绩。"②汉代时
已经种植水稻的海南土地,经历了一千多年后,到了宋代,海南由
占城传入新稻种——占城稻,以及从海外传入小粒花生种。占城稻
种耐旱,早熟,北宋真宗以后即在南方逐渐推广。此后不但平原地
区的水田广为种植,而且水源比较充足的丘陵也被辟为梯田,推广
的面积也越来越广,被誉为近千年来我国粮食生产上所经历的第一
次革命。③正德《琼台志》载:"自宋播占禾种,夏种秋收,今有三

---

① (宋)周去非著、杨武泉校注:《岭外代答校注》卷二,中华书局1999年版,
第70页。

② (汉)班固撰:《汉书》卷二十八《地理志》,中华书局1962年版,第
1670页。

③ 引自司徒尚纪:《海南岛历史上土地开发研究》,海南出版社1992年版,第
133页。该书注明此条材料引自何炳棣:《美洲作物的引进、传播及其对中国粮食生产
的影响》,此文载《大公报在港复刊三十周年纪念文集》下,香港大公报社1978年版,
第681页。

熟者。"①水稻的三熟，使海南的开发史进入一次大幅度的飞跃，由于粮食生产的增加，不仅促进贸易的交易量，而且吸引了大批的移民，使汉族的先进文化得以在海南获得更广泛的传播，极大地促进了海南的开发。

第三节　宋代政府与黎族

一、宋代的黎人社会

自从海南岛归入中国封建王朝的统治范围以后，海南岛上的先住民——黎族，从来都不曾服帖以汉族地主阶级为主的封建专制统治。因此，对黎族的治理，自西汉以后到隋唐，随着封建化的发展，社会矛盾在宋代已经十分激化。宋王朝在内忧外患的政治环境中对黎族不得不表现出一定的让步，采取了较为合适的策略，也促进了黎族地区社会文化的发展。

在这里，我们需要先厘清"俚"与"黎"的关系。

海南黎族的族称，最早称为"里"。《后汉书·南蛮传》载："建武十二年（36年），九真徼外蛮里张游，率种人慕割内属，封为归汉里君。"《后汉书》有"于是，九真、日南、合浦，蛮里皆应之"。"蛮"与"里"并称。东汉以后，史籍中常有"俚獠"之称，三国吴人万震《南州异物志》有："广州南有贼曰俚。"以后"俚"作为族称在史书中频繁出现，直至唐代刘恂著《岭表录异》卷下"紫贝"条中，有"儋、振夷黎，海畔采以为货"的说法，这是古籍中第一次出现黎的族称。从此以后，"黎"代替了"俚"的称呼了。宋代以后，史籍上都统一以"黎"作为海南黎人的族称了。

到了宋代，海南先住民——黎族，开始有"生黎"和"熟黎"之称，这两种称呼，是封建统治阶级对黎族带有歧视性的说法。但实质上，这是海南岛在发展过程中不可避免地所出现的历史现象。海南自汉代

---

① （明）唐胄纂：正德《琼台志》卷七《水利·风俗》，海南出版社 2006 年版，第 140 页。

以来，一批批的汉族移民迁徙到海南，一个高潮又涌来一个高潮，到了宋代，汉族移民的人数不断增加，从政治、经济、文化多层次地与黎族文化发生冲撞与融合，并在政权、文化方面取得优势，黎族渐由原始的海边生活而转入山区。有部分黎人，居住在平原或丘陵地带，他们与汉人保持一定程度的接触，被称为"熟黎"，这些黎人与汉人杂居，耕作省地，供赋役，颇能说汉语，改变服式，出入州县墟市。而退居深山中未汉化的黎人称"生黎"。①宋代王象之《舆地纪胜》云："海南四郡岛上蛮也。岛直雷州，有黎母山，诸蛮环居，号黎人。去其省地远，不供赋役者，号'生黎'。耕作省地者，号'熟黎'。熟黎之外，始是州县，四郡各占岛之一陲……四郡之人多黎姓，盖其裔族，而今黎人乃多姓王。"②周去非《岭外代答》③、乐史《太平寰宇记》④、范成大《桂海虞衡志》⑤、徐松辑《宋会要辑稿》⑥、明谊、张岳崧的道光《琼州府志》⑦

---

① 〔日〕小叶田淳：《海南岛史》，张迅齐译，台湾学海出版社 1979 年版，第 61—62 页。

② （宋）王象之撰：《舆地纪胜》卷一百二十四《广南西路·琼州》，中华书局 1992 年版，第 3564 页。

③ （宋）周去非著、杨武泉校注：《岭外代答校注》卷二，中华书局 1999 年版，第 70 页。《岭外代答》云："海南有黎母山，内为生黎，去州县远，不供赋役；外为熟黎，耕省地，供赋役，而各以所迩隶于四军州，生黎质直犷悍，不受欺触，本不为人患。熟黎多湖广、福建之奸民也，狡悍祸贼，外虽供赋于官，而阴结生黎以侵省地，邀掠行旅、居民，官吏经由村峒，多舍其家。"

④ （宋）乐史纂：《太平寰宇志》卷一百六十九《儋州·风俗》，中华书局 2007 年版，第 3233 页。《太平寰宇记》云："俗呼山岭为黎，人居其间，号曰生黎。"

⑤ （宋）范成大：《桂海虞衡志》，载《范成大笔记六种》，中华书局 2002 年版，第 157 页。《桂海虞衡志》云："朱崖在岛南陲，复浮海乃至，所谓再涉鲸波也。最外耕作省地供赋者，名熟黎，内为生黎，黎之巢，外人不复迹。黎母之巅，则虽生黎亦不能至。相传其上有人，寿考逸乐，不与世接，虎豹守险，无路可攀，但觉水泉甘美绝异尔。"

⑥ （清）徐松辑：《宋会要辑稿》第一百九十八册《蕃夷》五之四七，中华书局 1957 年版，第 7790 页。《宋会要辑稿》云："其服属州县者为熟黎；其居山峒无征徭者为生黎。"

⑦ （清）明谊修、张岳崧纂：道光《琼州府志》卷二十《海黎志》，海南出版社 2006 年版，第 843 页。道光《琼州府志》云："黎有生熟二种，有此地即有此人。生黎虽犷悍，不服王化，亦不出为民害，为民害者唯熟黎。初皆闽商荡贼亡命为黎，亦有本省诸郡人利其土、乐其俗而为黎者。前此黎人屡叛，或迫于诛求，或迫于凌虐。间有贸易奸徒，利其香物，教以背叛，又使之构衅生黎，阴阳反复，凭陵为患者，此黎祸之媒蘖，亦古今之通患也。"

等史籍有大体相同的记述；其他如元马端临撰《文献通考》的说法也相同。由是可知，海南的先住民黎族，到宋代已开始分化，在汉族移民的影响下，部分黎族先住民迁移至山区居住，他们仍然与世隔绝，不与汉人交往，而部分还留居海岸或河口平原地带的"服属州县者"，与大陆移来的汉族杂处，在汉族强势的政治、经济、文化的影响下，日益汉化，他们能讲汉语，耕作省地，出入州县墟市与汉人进行贸易，所以汉人以"熟黎"称呼他们。

"熟黎"之称的内涵，已经说明了一个十分重要的问题，是时汉族移民已经有人在海南岛腹地，将黎峒的产物，逐渐商品化。而汉人与黎人杂处的过程中，应该说，两个民族的融合交往是历史发展过程中的必然现象，苏轼在儋州"历小巷，民夷杂糅"①，赵汝适的《诸蕃志》中所提及的万安军"民与黎蜑杂居"，吉阳军"（民）与黎獠错杂"② 的记载，都说明了黎汉民族融合的过程。而汉人中有"两广、福建之奸人亡逃居其间，每鼓煽生乱"，也是自宋以后黎乱产生的根源之一。

宋代海南经济、文化的勃兴，特别是中原的大批移民进入海南，对海南的政治、经济、文化及教育的影响不断加深，使黎族社会也产生了极大的变化。

中央王朝因普遍实施土官制度，汉族统治者对黎族地区采取了间接统治的办法；黎族基层社会中在当地握有实权的首领，虽然是黎族的代表，但实质上他们成为中央王朝统治黎人的社会基础，黎族社会在政治上也由是相对比较稳定。

也由于汉、黎在广大的平原、丘陵地带"错杂""杂糅""杂居"，促进汉、黎的交往与贸易往来。朝廷在政策上倡导黎、汉"互市"，黎人因此"率皆肩担背负或乘桴而来；与民贸易，黎人和悦，民获安息"。③

---

① 《苏轼文集》卷七十一《书上元夜游》，中华书局 1986 年版，第 2275 页。

② （宋）赵汝适著、杨博文校释：《诸蕃志校释》卷下《海南》，中华书局 2000年版，第 218—219 页。

③ （宋）赵汝适著、杨博文校释：《诸蕃志校释》卷下《海南》，中华书局 2000年版。

宋代海南社会，特别是黎族人民，在经济上还处于较为原始状态，"互市"中少有货币，而是在贸易中用货物进行初级的交换。苏轼在《和陶劝农六首》的引文中说："海南多荒田；俗以贸香为业。""贸香"，是以物易物的交易。因为海南的沉香，"实超然而不群。既金坚而玉润，亦鹤骨而龙筋"。① 苏轼又说："海南地产沉水香，香必以牛易之黎。"②

跟苏轼的记载内容大体一致的是《岭外代答·香门》条载："省民以一牛于黎峒博香一担。"一头牛换取一担香，说明黎族人民性格老实、憨厚，汉族商人也因此往往获取厚利。当然，汉族商人要做回头生意，也要报以诚信。据《文献通考》记载，黎族人民"时出与汉人互市"③，接着引《桂海虞衡志》说：黎族人民跟汉族商人进行"博易，甚有信而不受欺绐，商人有信则相与如至亲，借贷有所不吝。岁望其一来，不来则数数念之"。④

上引《文献通考》转述《桂海虞衡志》的记载时，说黎族居住的地方，"山水分流"，"水泉甘美绝异"。又因"山极高，常在雾霭中"，如遇"久晴，海氛清廓，时或见翠尖浮半空云，下犹洪濛也"。这样非常好的自然环境，"土产沉水、蓬莱诸香。漫山悉槟榔、椰子木。亦产小马、翠羽、黄蜡之属"。⑤ 因此，苏轼在《和陶劝农六首并引》的其二说，黎族聚居地，"民无用物，珍怪是直"。意思是说，这里的人们没有更多有用的东西，特产的珍奇就是他们值钱的物品。这些"珍怪"恰好是宋代社会经济的发展，引发了中原地区富裕起来的部分民众、政府官僚们的追求和民间众多庙宇的巨大需求。

---

① 《苏轼文集》卷一《沉香山子赋》，中华书局 1986 年版，第 12 页。
② 《苏轼文集》卷六十六《书柳子厚牛赋后》，中华书局 1986 年版，第 2058 页。
③ （元）马端临撰：《文献通考》卷三百三十一《四裔考八》，中华书局 1986 年版，第 2598 页。
④ （元）马端临撰：《文献通考》卷三百三十一《四裔考八》，中华书局 1986 年版，第 2599 页。
⑤ （元）马端临撰：《文献通考》卷三百三十一《四裔考八》，中华书局 1986 年版，第 2599 页。

因为市场的巨大需求，而黎族人民又急需用自己富足的土产去交换生活中天天用的盐和生产中必需的铁器工具。双方的互动，就产生了"墟市"。这种"墟市"也是一种简单的市场交换场地，常常是一个不大的区域中，约定俗成，比如10天当中4个地点成"墟日"：初二、初七在甲地，初三、初八在乙地，初四、初九在丙地，初五、初十在丁地，逢"墟日"买卖双方都到当地的场地进行以物易物的交易。这正如范成大所记载的，"熟黎能汉语，变服入州县墟市，日晚鸣角结队以归"。① 可见黎族人民已经形成一种惯例，穿着汉装，早上出发，日落回归，而且成群结队行进，好一番热闹。

这种交易，促进黎族社会经济的发展的同时，也加强了黎、汉之间族群的沟通、相互了解和融合。

二、黎族族群的社会体制

黎族在族群的社会习俗中，自然形成族群之间的社会体制，称为"峒"。在峒之上没有更高层次的社会组织。

首先，峒是一个地域单位。"峒"，黎语称为 Kom，原意是指"人们共同居住的一定地域"。因此，"峒"是一个地理概念，每一个峒都有固定的地域。峒有大小，有几丘水田的地方就可以称之为峒，一个包括村镇及周围盆地的地方也可称为峒；有的峒是以河流或山岭为界线。一个个的峒，就是一个个独立的生态环境，不同峒之间的族群，其语言、习惯、生产、生活存在不同程度的差异。马端临在《文献通考》中说："黎峒，唐故琼管之地，在大海南，距雷州泛海一日而至。其地有黎母山，黎人居焉。"② 王存在《元丰九域志》中载："万安军，西至黎夷峒穴，五十里"，"朱崖军，北至黎峒，五十里"。③ 在唐宋时期，黎族的峒，遍布于海南岛上。

黎族族群在部落迁徙过程中，"因从征至者利其山水、田地，占

---

① （元）马端临撰：《文献通考》卷三百三十一《四裔考八》，中华书局1986年版，第2599页。

② （元）马端临撰：《文献通考》卷三百三十一《四裔考八》，中华书局1986年版，第2598页。

③ （宋）王存撰：《元丰九域志》卷九，中华书局1984年版，第438—439页。

食其间，开险阻，置村峒"。① 村峒之间有固定的地域，一般以山岭、河流为界，每一个峒中的土地、水田、山林、水源等都归各峒所有。峒是黎族最基层的社会组织。

其次，峒又具有血缘性的特点，一个峒包括一个大的宗族和若干小的家族，峒内各宗族之间大多有血缘或亲缘关系。范成大的《桂海虞衡志》中云："举洞纯一姓者，婚姻自若。"② 不过峒有大峒和小峒之分，大峒之下往往包括几个小峒，每个小峒最初是由同一血缘的人居住在一起，小峒内部则严禁通婚。

最后，每一个峒都有一套较完整的行为准则。凡同住一个峒的人，都被认为是峒的一个成员，他们都以世代祖先的传统习惯为一切行动的准则。如对峒的疆界的保卫责任；峒内成员间相互援助和保护的义务，特别是受到外峒人欺侮时必须帮助复仇；共同负担械斗时向外请援兵的费用；以至峒头（又叫峒首或峒主）的选举、罢免或继承等等，大家都按传统习惯行事。峒内的社会秩序主要靠这些习惯法来维持。③

黎峒的自治情况又因地域关系或习俗各异而相对独立，峒与峒之间是平等的关系，峒主只能管理自己领地上的峒民，举凡生活上产生的纠纷、格斗或习俗上的婚丧各事，都由峒主全权解决，外人无法介入。因为一个个的峒，就是一个个独立的社会体制。所以说，"峒"是黎族族群中最基层的社会组织，他们之间是相对独立的。赵汝适云："生黎所居，不啻数百峒。""黎之峒落日以繁滋，不知其几千百也，咸无统属，峒自为雄长。"④ 不同的族群又各有不同的族群符号，这方面在现今黎族的文身及黎锦的纹样中可以窥见其痕迹。

① （明）戴熺、欧阳灿总裁，蔡光前等纂修：万历《琼州府志》卷八《海黎志》，海南出版社 2003 年版，第 410 页。

② （宋）范成大撰、严沛校注：《桂海虞衡志校注》，广西人民出版社 1986 年版，第 149 页。

③ 参见高和曦：《黎族峒的组织及其历史作用》，载《越过山顶的铜锣声》，云南民族出版社 2006 年版，第 113 页。

④ （宋）赵汝适著、杨博文校释：《诸蕃志校释》卷下《海南》，中华书局 2000 年版，第 219—220 页。

三、宋代政府的治黎政策

在当时，针对黎族时叛时降的特点，朝中的治黎之法，知识界和政界高层，有几种不同的意见。苏过的《论海南黎事书》中举出下列三种看法。

1. 出锐师镇压

《论海南黎事书》中说："议者曰：黎人之居，非有重门击柝之固，甲盾剑戟之利，特若鸟兽聚散于山林溪谷之间耳。若以锐师出其不意，焚其聚落，一举可灭也。"

2. 实行强制的法令治理

《论海南黎事书》中说："黎人所以慢边吏而侮吾民者，法不惩耳。今杀人者止于输牛羊，是何足创哉！若屯师于境而许以自新，易之衣冠，使之内属，法令徭赋，一均吾民，则易治矣。"

3. 以隔离封锁的办法对付

《论海南黎事书》中说："黎人处不毛之地，盐酪、谷帛、斤斧、器用悉资之华人，特以沉香、古贝易之耳。吾焉用此藉寇兵而资盗粮哉！宜饬边吏谨视商贾之出入，彼自困矣。"

苏过认为，知识界和政界所主张的这三种办法来治理海南先住民黎族，都非良策。他认为，自己"侍亲（苏轼）海南，实编于民，所与游者，田父野老闾阎之民耳。道不足以相休戚，而言之者又忘其忌讳，故所得为最详"。他在海南居住三年的日子里，生活在民间的底层，最了解民间的事，如果朝廷出师镇压，或者强压"易之衣冠，使之内属，法令徭赋，一均吾民"，或者采取隔离封锁的办法，都是无济于事的。他提出使用"自治"的方法："朝廷若捐数官以使人，则贤于用师矣"，而"今朱崖屯师千人，岁不下万缗，若取十一以为黎人之禄，可以罢千师之屯矣"。以十分之一的费用让黎族自治，这样一来，"戍卒可省，民兵可用"。因为将黎峒自治的工作实施起来，使"编户之家，家有武备，亲戚坟墓所在，人自为战；而又习其山川险阻，耐其风土瘴疠。吏若拊循其民，岁有以赏之，则吾藩篱不可窥矣"。[①]苏

---

① （宋）苏过：《斜川集》卷五《论海南黎事书》，巴蜀书社1996年版，第492—494页。

过的这些意见，恰好触及宋朝对黎族政策的实施情况。虽然苏过不是当朝执权的官吏，但他随父苏轼居住儋州三年的底层生活中，与黎人朝夕相处，深悉黎族与汉人如何亲善。他这篇《论海南黎事书》，也不一定在当时能上达决策者手上，不过从宋代对黎族所施行的策略说明，执政者的做法与苏过所论，在一定程度上是不谋而合的。

事实上，宋代政府对黎族采取两手政策：以怀柔招抚为主、用兵为辅，做两手准备。这是朝廷不得已而为之的政策，因为宋代自身积贫积弱，朝廷一直处于内忧外患的夹击之中，而这一以招抚为主的策略，较为合适。

第十章　宋代海南政治

第一节　政区沿革

宋代对于海南地方行政区的区划，前后共进行了六次调整。对所属各县，每次都有兴废，所以显得比较复杂。宋代的建置，北宋有四次，南宋有两次。

宋代政府对海南的多次建置，目的是为了更有利于推进海南的发展。其表现有下列几个特点。

1. 崖州地点的改变

开宝五年（972年）崖州并入琼州，又将振州改为崖州，从此之后，崖州一名，从岛北移到海南岛的南端。

2. 置琼管安抚司都监，统管全岛军政事宜

安抚司直接管辖琼州下领各县，加强对东北地区的管理。

3. 注意到对黎区及海南岛整个西部地区的发展

大观元年（1107年）以黎母山夷峒建镇州，赐军额为靖海。但北宋徽宗政和元年（1111年），因镇州地方出产货物不多，并深在黎峒，中间别无人旅往还，遂废镇州，罢了节度，以其地属琼州，将靖海军额拨归琼州，罢都督府，升琼州为靖海军，置节度使。在黎峒建州仅四年。尽管这次建镇州之举是宋史上因部分官员邀功请赏的一次政治骗局，但宋王朝对海南岛的治理已注意到深入黎族聚居地的心腹地带。

第二节　移民与人口

宋代是海南岛开发的重要时期，从北宋中叶至南宋，福建很多人迁移到海南岛。于是，海南岛是现代主要的闽语区之一，福建移民是海南岛汉人的重要组成部分。

宋代海南的大陆移民从唐代时的七万人增到十万人。[①] 人数增加三分之一，奠定了海南人口发展的基础。海南诸州人口密度的提高，也是黎族逐渐被汉化成为编户齐民的结果。

一、宋代重视人口增长的统计

宋代朝廷加强对海南岛的统治，宋王朝认识到户口数据对政权建设的重要性。乾德元年（963 年）十月，宋太祖下诏进行宋代历史上第一次大范围的户口和财产调查。《续资治通鉴长编》记载：诏诸州版簿、户帖、户钞，委本州判官、录事掌之，旧无者创造。始令诸州岁所奏户账，其丁口，男夫二十为丁，六十为老，女口不须通勘。[②]

所谓户账，就是丁账。在全国，编制丁账工作是一件烦琐的事，因每年都有一批人达到 20 岁，可以开始承担赋役，有一批老人超过 60 岁需要免税除赋役，地方官要一年一造丁册。这一项目，对于全国各州县来说，要努力做好这项工作，十分困难，对于当时尚属蛮荒的海南岛来说，对于这项工作没有任何基础，也就更是难上加难了。

宋代在农村依据有无土地等生产资料，在城镇依据有无房屋等生活资料，将人民分为主户和客户两大类。主、客户均列入丁账统计范围，地方将丁数逐级上报户部。州县丁账登记全部男性，即一家当中，其家老丁几人，名某，年若干；成丁几人，名某，年若干；幼丁几人，名某，年若干。这样按老丁、成丁和幼丁三类，分别登记各个

---

①　参见司徒尚纪：《海南岛历史上土地开发研究》，海南出版社 1992 年版，第 88 页。

②　参见（宋）李焘撰：《续资治通鉴长编》卷四，中华书局 1992 年版，第 106—107 页。

男口的姓名和年龄。但自州上报到户部的可能只报成丁。21岁至59岁的男子才称为丁。其他男性及妇女都不算"丁"。因为至今学术界还没有发现五等丁产簿的实例，所以无法据之判断簿上登记的是全部男口，还是只登记成丁。另外，客户不得编入五等丁簿，但客户如果有了财产，就必须作为主户编入簿中。①《宋史·食货志》：大中祥符二年（1009年）颁《幕职州县官招徕户口旌赏条制》："旧制，县吏能招增户口者，县即升等，乃加其奉；至有析客户为主户者，虽登于籍，而赋税无所增。"② 由此可知，宋代对于海南岛，在建置不断改置的过程中，各州官也还是极其重视对人口的统计。

宋代海南户口及其分布，各志书所记载的都较唐代少，这是因为宋代登记人口的目的是为了征缴赋税。也就是其统计数字中，只统计男丁，在汉族移民地带及"熟黎区"的纳税户口才被登录，而"生黎区"未纳税者则未登记。

宋代海南处于地广人稀的状态。《宋史·地理志六》云："宋初，以人稀土旷，并省州县。然岁有海舶贸易，商贾交凑……儋、崖、万安三州，地狭户少，常以琼州牙校典治。"③ 宋代官吏在海南治黎过程中，省界（指有建置地区的边界）常为四郡患，琼州王二娘是黎族首领，能制服群黎，"其余三郡，强名小垒，实不及江浙间一村落。县邑或为黎人据其厅事治所，遣人说谢，始得还。前后边吏，惴不敢言。"④

当宋代的贬官来到海南岛时，看到的也是一片人口稀少的情景，苏轼《和陶劝农》诗云："岂无良田，膴膴平陆。兽踪交缔，鸟喙谐穆。

---

① 参见葛剑雄主编：《中国人口史》第三卷，复旦大学出版社2000年版，第33—35页。

② （元）脱脱等撰：《宋史》卷一百七十四《食货志上》，中华书局1975年版，第4205页。

③ （元）脱脱等撰：《宋史》卷九十《地理志六》，中华书局1975年版，第2249页。

④ （元）马端临撰：《文献通考》卷三百三十一《四裔考八》，第2598页，此处是马端临引范成大《桂海虞衡志》中《黎峒》的记载。现版《桂海虞衡志》无此文，严沛校注的《桂海虞衡志校注》已将其作为佚文收入，第172页。

惊麢朝射，猛豨夜逐。"①"从我来海南，幽绝无四邻。耿耿如缺月，独与长庚晨。"②"溪边古路三叉口，独立斜阳数过人。"③海南人口的稀少，在苏轼诗中已作了如实的反映。又如胡铨贬崖州时所写的《买愁村》诗云："区区万里天涯路，野草荒烟正断魂"④句。丁谓被贬崖州，有《到崖州》诗云："今到崖州事可嗟，梦中常若在京华。程途何啻一万里，户口都无三百家。夜听猿啼孤树远，晓看潮上瘴烟斜。吏人不见中朝礼，麋鹿时时到县衙。"⑤这些作品，都真实地反映了宋代海南地广人稀所形成的荒凉。所以虽说移入人口已经到十万，而实际上，海南岛的人口仍然十分稀少。

正因为地广人稀且政局稳定，所以吸引了大陆移民群的到来。由是，转变了海南的社会风气。如谪居昌化军的李光，说到当年的昌化时云："近年风俗稍变，盖中原士人谪居者相踵，故家知教子，士风浸盛。"⑥明人丘濬也指出中原人移居海南岛的情况是："海内氏族，所谓故家乔木者，皆自中州来，故其遗风流俗，往往而在，苏长公所谓衣冠、礼乐斑斑，盖指此也。其散在四州者琼为多，琼属邑文昌大族，可数者五六家，邢其一也。邢之先自汴来，盖在宋南渡初至今，子姓蕃衍，散居邑中者，殆居他姓什三四焉。"⑦正德《琼台志》载："琼僻居海屿，旧俗殊陋。唐宋以来，多名贤放谪、士族侨寓，风声气习先后濡染，不能无今古淳漓之别。""盖自五代以来，中原多故，衣冠之族类寓于此。建炎托名避太学上书之祸，于是有苍原陈家。汴都分畻，启万安文学之守，于是有水北邢家。纲使留子孙，大昌忠惠之

---

① 《苏轼诗集》卷四十一《和陶劝农六首》其三，中华书局1982年版，第2256页。

② 《苏轼诗集》卷四十一《和陶杂诗十一首》其一，中华书局1982年版，第2272页。

③ 《苏轼诗集》卷四十一《纵笔三首》其二，中华书局1982年版，第2382页。

④ 《全宋诗》卷一九三三胡铨诗。

⑤ 《全宋诗》卷一〇一丁谓诗。

⑥ （宋）李光：《庄简集》卷十六《儋耳庙碑》，《文渊阁四库全书》第1128册，台湾商务印书馆1986年版，第611页。

⑦ 《丘濬集·琼台诗文会稿》卷十《文昌邢氏谱系》序，海南出版社2006年版，第4058页。

宗，于是有叠村蔡家。"① 这些例子，都说明移民对海南岛文化生活的影响，中原的文脉在海南岛上蔓延开来。

海南的移民现象在宋代十分突出，而且久而久之，反客为主；先住民黎族的聚居地逐渐由沿海地区向山区退却。汉族一批批移入后显著的影响是在文化发展上，汉族与黎族两种传统文化在冲突、融合的过程中，汉族传统文化占了上风，汉化现象日趋激烈，在世变风移之中，海南岛不断地在改变、在发展。

二、宋代移民群体及其迁琼始祖

宋代海南岛的移民情况，比较复杂，除大陆移民外，还有海外移民。不同民族、不同地域、不同职业的各类人物，因不同的原因迁移到海南岛，在宋代移居海南的每一个家庭及其历史都是一个解释和说明宋代海南历史发展的个案。

宋代的移民，除回族以外，汉族移民群体中，大概可分为五类。

一是到海南岛从征戍守的军士。他们中的一部分人在服役期满之后，落籍海南。有论者指出，这些移民有一部分是到海南从征戍守，服役期满后留下的军人，至今流行于岛西部和西南部的沿海军话，即因他们而得名。这种军话略似普通话，但带有浓重的中原口音，当地人称为官话，而在岛东部却不普遍，这与宋代以前海上交通线偏重于北部湾领域有关。这些军人原先驻地有一部分在沿海内地，接近山区，他们与当地民族长期融合，进行文化和血缘上的交流，慢慢地浸染了当地人的某些特点，所以也被视作"熟黎"的一部分。除中原外，他们有些人还来自广东高州、化州、阳江，广西梧州、藤县等地，多王、符二姓。他们在征黎行动中，深入内地，把黎人赶跑，占领黎人肥沃的土地，后来在这里安家落户，繁衍子孙。追随他们而来的还有福建、两湖一些由于各种原因而逃亡黎区的人。这些亡命者视黎区为避难所，开险阻、置村峒，以先来者为峒首，同心协力者为头目，并与外界保持一定的联系，接受州县统治，加入"熟黎"行列，实际就

---

① （明）唐胄纂：正德《琼台志》卷七《风俗》，海南出版社 2006 年版，第137、138、148 页。

是大陆移民的一部分。①宋代范成大《桂海虞衡志》也指出："熟黎贪狡，湖广、福建之奸民亡命杂焉，侵轶省界，常为四郡患。"②赵汝适的《诸蕃志》也说："黎之峒落日以繁滋，不知其几千百也，咸无统属，峒自为雄长，止于王、符、张、李数姓。同姓为婚。省民之负罪者多逋逃归之。"③大陆移民来海南后，在与本地黎族共同生活的过程中，有的同化为黎民，在黎峒繁衍后代，这些移民也被称为"熟黎"，但由于这部分移民中，夹杂了一些大陆不法逃亡者，他们到海南岛后，成为黎族反抗王朝统治的因素之一。

二是到海南进行商贸活动的商人。到达海南之后，他们经商活动有如范成大所记述的，黎人"与省地（指有建置地区）商人博易，甚有信而不受欺绐"④，由此证明，是时很多商人来往海南岛经商。在商人群体中如福建商人，由于福建沿海商业发达，"泉商兴贩"，泉州是一个大商埠，他们来往于海南和福建之间，"闽商值风飘荡，赍货陷没，多入黎地耕种之。归官吏及省民（指有建置地区的居民）经由村峒，必舍其家，恃以为安"。⑤有许多汉族商人进入黎区后，与黎族人民相处融洽，因而在黎寨定居下来，安家立业。

三是贬官，宋代贬谪海南的官吏，数目是相当多的。这许多贬官，被贬的原因多种多样。有在南宋抗金战争中主和、主战两派之争，当主和派占上风时，主战派的中坚人物被贬到海南岛来。如被海南临高人王佐称为"海外四逐客"的李纲、赵鼎、胡铨、李光。有与宰相赵普有矛盾而被贬崖州的卢多逊，有因"专权黩货"失败被贬的

---

①　参见司徒尚纪：《海南岛历史上土地开发研究》，海南出版社1992年版，第88页。

②　（宋）范成大：《桂海虞衡志》，载《范成大笔记六种》，中华书局2002年版，第159页。

③　（宋）赵汝适著、杨博文校释：《诸蕃志校释》卷下《海南》，中华书局2000年版，第220页。

④　（元）马端临撰：《文献通考》卷三百三十一《四裔考八》，第2598页，此处是马端临引范成大《桂海虞衡志》中《黎峒》的记载。现版《桂海虞衡志》无此文，严沛校注的《桂海虞衡志校注》已将其作为佚文收入，第172页。

⑤　（宋）赵汝适著、杨博文校释：《诸蕃志校释》卷下《海南》，中华书局2000年版，第220—221页。

宰相丁谓、有盛名海内外的名人苏轼等。这许多贬官，把中原文化直接带到海南岛来，同时他们也因在海南的生活环境中被海南风俗所同化，他们在不经意之中充当了中原与海南文化交流的使者与媒介。

四是因避乱而来的民众。因宋代中原地区战乱频繁，尤其是南宋时抗金的斗争十分激烈。海南是南疆最安静的乐土，自古无战场，所以有的民众因逃避战乱来到南方，有的移居海南岛，海南多荒地，吸引了外来客户，他们到达后，或射地而耕，或沿海捕鱼，或"以舟为室，浮海而生"①的这些胥民都过着安居乐业的和平生活。

五是被朝廷派到海南当官的。这类官员到海南后，落籍海南，繁衍子孙。

在宋代海南岛移民最多的是福建人。自唐代开始，北方汉人大批移居福建，北宋初，福建户数较唐开元增加三倍多，到南宋金兵入侵，独未能进入福建。与两广和四川比较，福建又靠近南宋首都所在地区，被视为逃避战乱者的乐园。就福建本土而言，这里土地迫狭，生籍繁多，虽硗确之地，但耕褥殆尽。因地狭人稠，迫使福建人大量向外移民，主要移向广东的潮州、海南岛沿岸、广西沿海地区、浙江温州及中国台湾澎湖列岛。因此，我们从家谱及方言中可看到，海南岛的移民，多数来自福建。

第三节　田赋与徭役

一、田赋

与宋代的专制制度相适应的宋代的赋税，十分苛刻，而且名目繁多。如身丁税，男子二十岁为丁，六十岁为老。二十至六十岁的男子，都要缴纳身丁钱。客户也要和主户一例缴纳身丁钱。田税，官府向土地所有者按田亩收税。每年夏、秋各收税一次，又叫"夏税秋苗"。秋苗或秋税，在每年秋收后，按亩征收粮食。夏税收钱，或折

---

① （宋）周去非著、杨武泉校注：《岭外代答校注》卷三，中华书局1999年版，第145页。

纳绸绢、布、麦等。官庄又设租赋，官庄田地招佃客耕种，由官府收地租，称"公田之赋"。杂变，包括蚕盐钱、牛皮钱、蒿钱、农器钱、鞋钱等名目。杂变以外，宋代还以"进奉""土贡"（贡土特产）等等名义，随时勒索多种财物，强迫农民贡纳；私籴是官府强制取购民间粮米。和买是官府强制收购民间布帛。名为籴或买，而实际上甚至并不给钱，等于强征。

如此繁多的赋税，强加在百姓头上。海南岛也不例外。唐胄的正德《琼台志》曰："《刘志》本杨行素羁縻度外，田不亩计之说，谓琼之赋，自元以前皆未闻。《外纪》因之，称唐宋以贡折赋。"唐胄认为："予尝疑郡户自汉详明，安有不租之丁？及读诸史，刘氏赋敛繁重，琼州斗米税四五钱，是知唐有赋，而南汉加敛。冼雷《临高公署记》：'大德间，增税粮至六百余石。'是宋有赋而元益增。盖绍兴之免琼、万等州军经界，是有田也；开宝度灵塘之溉田三百余顷，是有亩也；嘉定蠲琼丁盐钱，是有税也；熙宁之根括海南四州军税赋旧额，存其正数，是有赋也。惜当时《管志》失书，而略散于史者如此尔。虽然，岂独宋为然哉？汉之欲守屯田，隋赐冼氏临振汤沐邑，郡之田赋，有自来矣。"[1]唐胄从史籍中了解，自汉以来，海南就收赋税，并举诸多事实，说明宋代非"以贡折赋"，而是对百姓加收赋税，不过因史书失散或残缺，未能详知而已。

《宋史·食货志》也说明："海南四州军税籍残缺，吏多增损，辄移税入他户，代输者类不能自明"。[2]笔者从史籍及杂记中，仍然可以知道海南宋代赋税情况的一斑。

《宋史·食货志》云："宋制岁赋，其类有五：曰公田之赋，凡田之在官，赋民耕而收其租者是也。曰民田之赋，百姓各得专之者是也。曰城郭之赋，宅税、地税之类是也。曰丁口之赋，百姓岁输身丁

---

① （明）唐胄纂：正德《琼台志》卷十一《田赋》，海南出版社2006年版，第235页。

② （元）脱脱等撰：《宋史》卷一百七十四《食货志上》二，中华书局1975年版，第4209页。

钱米是也。曰杂变之赋，牛革、蚕盐之类，随其所出，变而输之是也。"① 这些名目繁多的税额，送纳繁扰，又兼官吏贪利，而致民间纷纷逃税。

除了常规的繁重税收外，海南地方官员还巧立各种税收名目，致使税收管理十分混乱，如各县随便妄增税苗，加重耕者负担。加收丁口之赋，即所谓丁税米，据《文献通考》记载："元丰二年（1097 年）七月，提举广西常平刘谊言：广西一路户口二十万，而民出役钱至十九万缗，先用税钱敷出，税数不足，又敷之田米，田米不足，复算于身丁。夫广西之民，身之有丁也，既税以钱，又算以米，是一身而输二税。"②

海南岛在宋代属于广西南路管辖，每年的输丁米，也颇伤农，后来，采取支移办法，解决丁税米纳税问题。所谓"支移"，按《宋史·食货志》的说法是："其输有常处，而以有余补不足，则移此输彼，移近输远，谓之'支移'。"③ 对于海南四州，宋朝廷采取"支移"办法收税，《宋史·食货志》云："海南四州军税籍残缺，吏多增损，辄移税入他户，代输者类不能自明。琼州、昌化军丁税米，岁移输朱崖军，道远，民以为苦。至是，用体量安抚朱初平等议，根据四州军税赋旧额，存其正数；二州丁税米止令输钱于朱崖自籴以便民。"④ 琼管体量安抚朱初平，也曾上书为民请命，提出如何改进海南缴纳丁税米的窘境。他指出："海南四州军诸县簿书不整齐，或书手妄增税苗，或以误税拨入书手户下，或代纳之弊未去，或户名二三，而催科之人不知。乞根括元额存正数外，其余欺弊诡伪，一皆改正。自来黎峒田土，各峒通同占据，共耕分收，初无文记。今既投降入

---

① 参见（元）脱脱等撰：《宋史》卷一百七十四《食货志上》二，中华书局 1975 年版，第 4202 页。

② （元）马端临撰：《文献通考》卷十一《历代户口丁中赋役》，中华书局 1986 年版，第 113 页。

③ （元）脱脱等撰：《宋史》卷一百七十四《食货志上》二，中华书局 1975 年版，第 4203 页。

④ （元）脱脱等撰：《宋史》卷一百七十四《食货志上》二，中华书局 1975 年版，第 4209 页。

省地，止纳丁身及量纳苗米，而海北之民，乃作请田文字，查其田土，使无所耕种。"① 他提出海南可采取"支移"办法收税。朱初平说："朱崖军在琼州之南十有六程，地窄人少，税米不足。旧年拨昌化军丁税米输之，不惟地远，兼在路为黎人抄截。每年吏人先以钱往籴纳，每斗算钱三四百，民甚苦之。然闻朱崖军颇有生熟黎峒米，并海北客舟载米，及军人等坐仓，皆可收籴。如岁计得足，乞尽令纳见钱，实为久利。"② 此意见正补《宋史·食货志》记载之不足处。因过去由官吏先以钱往籴纳，每斗折钱三四百，实际上增加人民的负担，而致"民甚苦之"。

二、役法与青苗法

宋代役法，因唐代之制，"以衙前主官物，以里正、户长、乡书手课督赋税，以耆长、弓手、壮丁逐捕盗贼，以承符、人力、手力、散从官给使令；县曹司至押、录，州曹司至孔目官，下至杂职、虞候、拣、掏等人，各以乡户等第定差"。③ 役法在执行过程中，弊端丛生，如差役法的困弊，差役之家多贫苦，往往硬凑贫苦人户资差，强令差充。被差充人户自入衙司承领看守场务开始，举凡看场、纲运等等都受勒索，刁难，全家充役，还要赔累，以致破产。④

熙宁四年（1071 年）十月，正式全面实施王安石新法的免役法。"天下土俗不同，役重轻不一，民贫富不等，从所便为法。凡当役人户，以等第出钱，名免役钱。其坊郭等第户及未成丁、单丁、女户、寺观、品官之家，旧无色役而出钱者，名助役钱。凡敷钱，先视州若县应用雇直多少，随户等均取；雇直既已用足，又率其数增取二分，

---

① （宋）李焘撰：《续资治通鉴长编》卷三百十，中华书局 1992 年版，第 7520 页。

② （宋）李焘撰：《续资治通鉴长编》卷三百十，中华书局 1992 年版，第 7520 页。

③ （元）脱脱等撰：《宋史》卷一百七十七《食货志上》五，中华书局 1975 年版，第 4295 页。

④ 参见郑学檬主编：《中国赋役制度史》，上海人民出版社 2000 年版，第 389 页。

以备水旱欠阁，虽增毋得过二分，谓之免役宽剩钱。"① 熙宁役法的关键是使民出钱免募人充役、变差役为雇役，"计民之贫富，分五等输钱，名'免役钱'。若官户、女户、寺观、单丁、未成丁者，亦等第输钱，名'助役钱'。凡输钱，先定州若县应用顾直多少，随户等均取顾直。又增取二分，以备水旱欠阙，谓之'免役宽剩钱'，用其钱募人代役"，于熙宁三年（1070 年）开始实施。②

免役法对于抑制豪强、减轻下户差役压力有积极作用；但在施行过程中出现许多困难和漏洞，如定户等级、役钱不均等现象。于是，又以手实法加以补充，以查清户籍等级，均平役钱；但在实行过程中，又产生了弄虚作假的弊病。到了王安石变法失败、司马光执政之后，罢免役法，恢复差役法。

这一役法制度的反复变革过程，在朝廷上对于变法新旧两派的激烈斗争固不待言，而执法的波折也反映到海南岛。海南岛，并不因为山高皇帝远而有"不租之丁"；相反，海南的赋税，名目繁多，而且十分苛刻。除田税、身丁税、商税、船舶税与土贡等普通税收之外，因海南产盐，还有盐税。由于海南土地瘠薄，税收沉重，人民苦不堪言。

第四节　职官制度

宋代开拓出三个多世纪的中国社会的肇兴，地方职官对海南的稳定和发展起到了非常重要的作用。当时贬官的作用有一定的限制，是偶发性的；职官的作用则是全面的、不可替代的。在这一阶段，海南的职官制度开始步入正轨。

---

① （元）脱脱等撰：《宋史》卷一百七十七《食货志上》五，中华书局 1975 年版，第 4300—4301 页。

② （清）毕沅撰：《续资治通鉴》卷六十八，中华书局 1957 年版，第 1695—1696 页。

一、宋代开始全岛统属于琼州

宋代官制，承袭唐、五代制度，并从制止割据、集权中央的目的出发，作了重要改革。唐代地方分州（府）、县两级，另设"道"为监察区域。宋代改为路、州（府、军、监）、县三级，州一级是关键；但对州一级严密控制，权力集中在中央。

宋太宗至道三年（997年），改道为路。全国分十五路（京东路、京西路、河北路、河东路、陕西路、淮南路、江南路、荆湖南路、荆湖北路、两浙路、福建路、西川路、峡路、广南东路、广南西路）。海南岛上不设路级的行政机构，将全岛辖属于广南西路。

全岛虽然没有路一级机构的设置，但却有路一级的工作职能。自从宋代建立以后，宋太祖平定南汉即将全岛统属于琼州。据《宋会要辑稿·方域》记载，宋太祖赵匡胤开宝四年（971年）平定南汉以后，即以"琼州……兼提举儋、崖、万安等州水陆转运事"[1]，这也就是规定了海南全岛的政治、经济、军事和对中央王朝的诸种关系，都要有官员对接，统一办理。

按照宋王朝的规定，路一级的机构要设置四种管理相应职能的官员。据道光《广东通志·琼州府》记载，海南也同样设置四种官员，即经略安抚使司、转运使司、提点刑狱司和提举常平使司[2]等来管理相应的职能。这四种官员，到南宋时，分别被简称为帅司、漕司、宪司和仓司。

海南所设置的经略安抚使司是掌握海南全岛的兵政。一般由琼州知州兼任。如朱初平，他于元丰年间（1078—1085年）任琼州安抚使，属临时性质，但做了三件大事：清理各州及军的税收，因为此前"海南四州，军税籍残缺"；省输运；宽盐征，这些都是利民、便民、惠民的好事。

转运使司，有路一级机构的地方，主管称转运使，全称为"某路

---

① （清）徐松辑：《宋会要辑稿》第一百八十九册《方域七》，中华书局1957年版，第7435页。

② 参见（清）阮元总裁：道光《广东通志·琼州府》（上册），海南出版社2006年版，第45页。

诸州水陆计度转运使"。在太宗朝和真宗朝前期，其职权远远超过了计度转运本路财赋的范围，还包括按察州县、荐贤举能、点检狱讼、维持治安、救灾赈恤等内容，实际上掌握了路的军、民、财、刑等各项大权。① 这是路转运使的职权范围。但在海南，因为转运使不是路一级机构的主官，多是广南西路转运使兼管，因此尽到路一级的主要责任就足够了。如陈尧叟，他在至道年间（995—997 年）担任广南西路转运使时，兼管将"军粮泛海给琼州"②，能设法将军粮悉数运到琼州就完成任务了。

提点刑狱使司，有路一级机构的地方长官，它的全称是"提点某路刑狱公事"，简称提点刑狱或提刑。它的职权是察访本路刑狱复查案牍、按劾拖延狱讼与失捕盗贼的失职官员。同时，也有权刺举官吏，亦兼管督察一路的财政事宜。但是，这个官职的设废有过反复，到神宗熙宁二年（1069 年）重置而成永制。海南的提刑，也是广南西路提刑兼管。如崔与之，在宁宗朝（1195—1225 年）曾经"浮海巡朱崖，秋毫无扰州县，而停车裁决，奖廉劾贪，风采凛然"。③

提举常平使司，前身是常平仓提举官，有过设废的反复。绍圣元年（1094 年），始设提举常平使司，掌管常平仓、义仓、市易、坛场、河渡、水利之法以及丰歉散敛、役钱多寡、吏禄厚薄、物价高低等事，亦有监察、荐举官员的责任。

后面这三使司，都具有监察职能，故一般称为"三监司"，指的是他们都是中央最高统治者的耳目，对地方进行一定的监督，有事即向皇帝报告。

二、"权知"执掌琼州府军事与民政

宋太祖赵匡胤为了加强中央集权，除了对全国各个藩镇实施"杯酒释兵权"以外，对各个地方的府、州、军、监及下属的各县，由中

---

① 参见万昌华：《秦汉以来地方行政研究》，齐鲁书社 2010 年版，第 222 页。下文的"提刑"及"提举"都参考该著。
② （明）唐胄纂：正德《琼台志》卷三十三，海南出版社 2006 年版，第 697 页。
③ （元）脱脱等撰：《宋史》卷四百六，中华书局 1975 年版，第 9554 页。

央派出朝官直接进行统领。

海南实际的行政大权，由朝廷派来的朝官掌握，称为"权知琼州府事"，简称"琼州府知府"。"权知"是表示以中央大员的身份（暂且）全权管理琼州府的军事与民政。

海南首任知府是周仁俊①。在宋开宝四年（971 年）二月，潘美率宋朝大军攻克广州，南汉政权覆灭，海南随即纳入宋版图。过了两个月，这一年四月，"以儋、崖、振、万安等四州隶琼州"。② 开宝五年（972 年），"命太子中允周仁俊知琼州，以儋、崖、振、万安四州属焉。上谓宰相曰：'遐荒炎瘴，不必别命正官，且令仁俊择伪官，因其俗治之。'辛卯，仁俊列上骆崇璨等四人，上曰：'各授检校官，俾知州事，徐观其效可也'"。③

这就证明，周仁俊以太子中允这样的中央大员身份，来海南担任知府。赵匡胤给他以实权。他可以选择南汉时的"伪官"担任儋州、崖州、振州和万安州的知州④，而且皇帝说可让他们"因其俗治之"，"徐观其效可也。"可见周仁俊全权管理了琼州府的各项事务。

像周仁俊这样的知府，在"遐荒炎瘴"的海南岛上，正所谓是"山高皇帝远"，离中央王朝遥远，且通信极不发达，知府大权在握为所欲为。也因此，过了不到四年，开宝八年（975 年）三月，赵匡胤就把周仁俊降为平凉县令。这一责备，"坐知琼州日贩易规利故也。"⑤

第五节　交通状况

交通对于海南岛的开发，至关重要。宋代海南岛上的交通，处

---

① 周仁俊，原作"周仁浚"，据宋本、宋提要本等改。《续资治通鉴长编》卷十六为"周仁俊"。

② （宋）李焘撰：《续资治通鉴长编》卷十二，中华书局 1992 年版，第 264 页。

③ （宋）李焘撰：《续资治通鉴长编》卷十三，中华书局 1992 年版，第 281 页。

④ 据《宋会要辑稿·职官四七》载："骆崇璨知崖州、谭崇知儋州、扬舜卿知振州、朱光毅知万安州"，第 3419 页。

⑤ （宋）李焘撰：《续资治通鉴长编》卷十六，中华书局 1992 年版，第 336 页。

于原始的土路状态中，但也道路连环。周去非云："四州军乃海上一洲耳。中有黎母大山，四州军环处其四隅，地方千里，路如连环。欲历其地，非一月不可遍。"① 赵汝适的《诸蕃志》也云："熟黎之外，海南四州军镇，其四隅地方千里，路如连环，欲历其地，非一月不可遍。"② 意思相同，说明海南岛上以黎母山为中心的网状交通状况。周去非还提及："崇宁（1102—1106 年）中，王祖道经略广西，抚定黎贼九百七十峒，结丁口六万四千，开通道路一千二百余里，自以为汉唐以来所不臣之地，皆入版图。"③ 进入海南的官吏，面对蛮荒的海岛，都把开辟道路作为首要的工作。

海南岛在南海中，"南对占城，西望真腊，东则千里长沙，万里石床，渺茫无际，天水一色，舟舶来往，惟以指南针为则"。宋代科学落后，海运交通的船舶来往，仅能靠天。而在岛内，尚有河流可以交通，赵汝适的《诸蕃志》载："诸蛮环处，其山峻极，常在雾霭中，黎人自鲜识之。秋朗气清时，见翠尖浮插半空。山有水泉涌流，派而为五，一入昌化，一入吉阳，一入万安，一入琼州，一流为大溪，有滩三十六，至长寮村，属澄迈县。一流为小溪，有滩二十四，至硃运村，属乐会县。二水合流为三合水，属琼山县。"④ 这些水流，成为岛上交通网络。正德《琼台志》引朱熹语："凡水必源于山之起而委于止。郡水之最大者，发原山之中指，远越临高、澄迈、定安，而东为南渡；其左指西出抱万、镇州，北经峨娘、居候为昌江；右指则自石龙、纵横出思河，北历多河，而东之乐会为万全江，俱入海。其余若南牛、浦白、巡崖、温泉、金仙诸黎水，自东北出者，不可胜记，此水之可验者

---

① （宋）周去非著、杨武泉校注：《岭外代答校注》卷一，中华书局 1999 年版，第 45 页。

② （宋）赵汝适著、杨博文校释：《诸蕃志校释》卷下《海南·黎》，中华书局 2000 年版，第 221 页。

③ （宋）周去非著、杨武泉校注：《岭外代答校注》卷二，中华书局 1999 年版，第 70 页。

④ （宋）赵汝适著、杨博文校释：《诸蕃志校释》卷下《海南·黎》，中华书局 2000 年版，第 220 页。

也。"① 宋时海南尚未普遍设驿铺，人们交往有赖自然之力，来往交通不便。不过，宋代海南已注意修桥通路，只有路通，经济才能发展。有志书记叙宋代海南人极为注意桥梁的修建。

宋代海南有关建桥的工程十分活跃。有的是久寓儋州的汉人，如许康民父子，从泉州命工匠渡海而来海南，鸠工凿石为桥。有的是当地父母官——知县建，有的是道士、僧人做善事而建，这些都说明汉人移民到海南之后，把中原地带的交通工程——建桥，也带到海南来，其中尤其是福建移民，在海南致富之后，"赵闽运石，为桥以通来往"。由此还可了解到宋代僧道活动已十分活跃，他们能以个人名义募捐建桥，说明了其号召力。宋代的海南移民，为疏通海南交通做出了贡献。

第六节　对南海诸岛的管辖

一、宋代南海诸岛交通活跃

宋代中国社会经济、文化的发展，造船、航海技术的进步，特别是发明了指南针并用于航海。在这样的背景下，中国对南海诸岛的管辖也大为加强。在宋代史籍里，有更多对南海诸岛的描述。

今存于西安碑林中的《华夷图》刻石② 即有海南岛之南的南海，属于中国境内的海域。同样，绘于宋代的《舆地图》③，图中有南海诸岛自占城开始的南海。④

---

① （明）唐胄纂：正德《琼台志》卷六《山川》下，海南出版社 2006 年版，第126页。

② 《华夷图》刻石于 1137 年（南宋理宗嘉熙元年），该图绘于 1040 年（北宋康定元年），参阅李约瑟《中国科学技术史》第三卷，第 548 页（1959 年剑桥版），引沙畹（E.Chavannes）之说。

③ 1274 年《舆地图》，图中有"南海"，包括南海诸国的占城、三佛齐等，原图系日本东福寺（塔头）栗棘庵所藏。青山定雄论断该图"恐系以南宋黄裳之《舆地图》为基础，咸淳间有所修订改版"。

④ 韩振华：《南海诸岛史地论证》，香港大学亚洲研究中心 2003 年版，第 35—36 页。

周去非的《岭外代答》记叙之前，晋代张华的《博物志》说："南北尾闾之间，三江流入南海。"周去非在此基础上联系到海南岛作出分析："海南四郡之西南，其大海曰交阯洋。中有三合流。波头喷涌而分流为三：其一南流，通道于诸蕃国之海也。其一北流，广东、福建、江浙之海也。其一东流，入于无际，所谓东大洋海也。南舶往来，必冲三流之中，得风一息，可济。苟入险无风，舟不可出，必瓦解于三流之中。传闻东大洋海，有长砂、石塘数万里，尾闾所泄，沦入九幽。昔尝有舶舟，为大西风所引，至于东大海，尾闾之声，震汹无地。俄得大东风以免。"① 在这里，已见"长砂、石塘"之名。宋代《琼管志》云："东则千里长沙，万里石塘。"② 这是用"千里长沙，万里石塘"泛称南海诸岛之始。顾祖禹《读史方舆纪要》"崖州条"记："宋天禧二年（1018 年）占城使言国人诣广州，或风漂船至石塘即累岁不达。石塘，在崖州海面七百里。"③

南宋时赵汝适于宋理宗宝庆元年（1225 年）以朝散大夫提举福建路市舶兼权泉州市舶时，撰写《诸蕃志》一书，书中序言说："汝适被命此来，暇日阅诸蕃图，有所谓石床、长沙之险，交洋、竺屿之限，问其志则无有焉。"④

他也详细写及千里长沙、万里石塘的海道。在"海南"条中写道："海南，汉朱崖、儋耳也。武帝平南粤，遣使自徐闻（今雷州徐闻县）渡海略地，置朱崖、儋耳二郡。昭帝省儋耳并为朱崖郡。元帝从贾捐之议，罢朱崖。至梁、隋复置。唐贞观元年（627 年），析为崖、儋、振三州，隶岭南道。五年分崖之琼山置郡，升万安县为州，今万安军是也，儋、振则今之吉阳、昌化军是也。贞元五年以琼为督府，

① （宋）周去非著、杨武泉校注：《岭外代答校注》卷一，中华书局 1999 年版，第 36 页。

② （宋）王象之撰：《舆地纪胜》卷一百二十四《广南西路·琼州》，中华书局 1992 年版，第 3564 页。

③ （清）顾祖禹：《读史方舆纪要》卷一〇五，中华书局 2005 年版，第 4783 页。

④ （宋）赵汝适著、杨博文校释：《诸蕃志校释》，中华书局 2000 年版，第 1 页。

今因之。徐闻有递角场，与琼对峙，相去约三百六十余里，顺风半日可济，中流号三合溜，涉此无风涛，则舟人举手相贺。至吉阳，乃海之极，亡复陆塗。外有洲曰乌里、曰苏密、曰吉浪，南对占城，西望真腊，东则千里长沙、万里石床，渺茫无际，天水一色，舟舶来往，惟以指南针为则，昼夜守视唯谨，毫厘之差，生死系焉。四郡凡十一县，悉隶广南西路。"① 长沙、石塘分别指西沙群岛和南沙群岛。首次分指两个群岛，即以沙岛为主的"长沙"（西沙）和以环礁为主的"石塘"（南沙）。

由此可知，这条航线在宋代已十分通行。

为了防止商人逃税及方便海南与海外通商，提举舶司黄良心奏请在琼州置分司，没有得到朝廷批准。②

二、出土文物证明中国对南海诸岛及附近海域的主权

半个多世纪以来，海南文物发掘中，不仅可以了解宋代南海的商船来往的盛况，同时也证明中国对南海诸岛及其附近海域所拥有的主权。

1. 金银岛礁盘，陶瓷器出土地（永乐群岛金银岛西北礁盘边缘），有宋元时期的越窑瓷碗。③

2. 北礁礁盘，陶瓷器、铜钱出土地（永乐群岛北礁北部礁盘东北角），北礁地称"干豆"，位于西沙群岛北端，是广州到东南亚海上交通的必经之地。有宋代的石砚，龙泉窑青釉碗、盆、罐、盂盒、壶。④

3. 全富岛礁盘，瓷器山土地（永乐群岛全省岛西北 30 米），有宋代青白釉花瓣印纹碗。⑤

---

① （宋）赵汝适著、杨博文校释：《诸蕃志校释》，中华书局 2000 年版，第216 页。

② （清）徐松辑：《宋会要辑稿》第八十六《职官》四四之二九，中华书局1957 年版，第 3378 页。

③ 《文物》1974 年第 10 期、1996 年第 10 期，《考古》1992 年第 9 期。

④ 广东省博物馆编：《广东文物考古资料选辑》第二辑，1989 年 10 月，第327 页。

⑤ 广东省博物馆编：《广东文物考古资料选辑》第二辑，1989 年 10 月，第327 页。

4.晋卿岛，铜钱出土地（永乐群岛吾卿岛西南海岸 30 米），晋卿岛在甘泉岛东南 100 海里处，在距海深约一米的珊瑚沙中，出土宋徽宗建中靖国元年（1101 年）铸造的行书，"圣宋元宝"小平钱。①

5.南岛遗址（宣德群岛南岛），南岛在永兴岛北 20 海里，南距南沙洲 500 米，遗址在岛的中南部，东西长约 100 米，南北宽约 30 米。采集有宋代青釉划花瓷碗、青釉划花梳齿纹筒形杯残片等。

6.北礁沉船遗址（永乐郡岛北礁环礁内），南距北礁南环礁盘约 2 公里，距水面深 5—15 米，东西宽约 500 米，南北宽约 400 米，文化堆积厚约 5 米，小船也有 18 米，出土遗物数十万件，主要有瓷器、陶器、石器、铜器和铜钱。采集有宋代耀州窑大碗，龙泉窑花口大盘、暗花水注，影青套钵、碗、瓜棱形粉盒。②

7.广金岛遗址(永乐群岛广金岛)，广金岛又称小脚峙、小三脚峙，东南是永兴岛，落潮时东南与琛航岛相连。东西长约 40 米，南北宽 30 米，采集有宋代釉陶罐。③

考古人员在西沙群岛发现大批宋代文物，以事实证明西沙群岛在宋代已经是船舶往来的海道，也许是海南渔民生活的地方。尤其是海南在香料之路上所起的作用，更是南海商海趋之若鹜的地方了。

甘泉岛的唐宋遗址和出土文物尤为重要。甘泉岛，位于永乐群岛西部，渔民俗称"圆峙"，以井泉甘甜著名。该岛长 700 余米，呈南北向的椭圆形。中间低平，四周沙丘环绕如同堤围，长满热带树木麻枫桐和羊角树，出土唐宋时期文物近 100 件。从器物没有经海水浸泡看来，是古代居民直接携带到岛上，多是居民日常生活用品。

考古工作的成果，联系到中国文献的记载，说明在宋代人们对南海诸岛及其附近海域的状况更为了解。

1.上文引楼钥的诗和典籍记载，证明宋代时南海船舶往来的盛况；而且，史籍中对海南岛屿的称呼已相对统一。宋以前，人们多以"涨

---

① 《文物》1974 年第 10 期。
② 《文物》1974 年第 10 期、1976 年第 9 期。
③ 《考古》1992 年第 9 期。

海"泛称南海诸岛。宋代谈到南海诸岛的典籍中,如自周去非以后,大都以千里长沙(砂)、万里石塘(床)来泛称南海诸岛,并进一步命名今天的西沙群岛为"九乳螺州",称南沙群岛为石塘。

2. 中国沿海渔民在那里的活动已相当频繁,人们对南海海域的著名水产品和海域情况也更加熟悉。南海海域很早就是中国渔民进行捕捞作业的重要水域。

海南渔民们通常在秋冬季借助东北风南下,在西沙群岛补充淡水及柴草后,再到南沙群岛停留,分散作业,从事水产捕捞。第二年夏初西南风到来时再北返。当年宋代人根据从那里捕捞的海产品所作的记录,与海南渔民在南海捕捞的海产品是一致的。比如关于南海的贝类,南宋《岭外代答》一书记载说:"海南有大贝,圆背而紫斑,平面深缝,缝之两旁,有横细缕,陷生缝中,《本草》谓之紫贝。亦有小者,大如指面,其背微青,大理国以为甲胄之饰。且古以贝子为通货,又以为宝器,陈之庙朝,今南方视之,与蚌蛤等。"① 对另一种生活在热带海洋中的贝类砗磲,北宋人沈括在《梦溪笔谈》中记载说:"海物有车渠,蛤属也。大者如箕,背有渠垄,如蚶壳,故以为器,致如白玉,生南海。"②

3. 对西沙群岛进行了有效管辖,并派海军前去巡逻。上文征引的北宋曾公亮所著《武经总要》一书记载,宋代曾"命王师出戍,置巡海水师营垒","治舠鱼入海战舰","从屯门山用东风西南行,七日至九乳螺州"③,从当时的航行里程计算,九乳螺州应该就是西沙群岛,乳螺是时人对西沙群岛的形象称呼。

4. 甘泉岛上出土的唐宋文物更加证实,中国人民特别是海南渔民,在唐宋及以前已经是这里的主人了。

---

① (宋)周去非著、杨武泉校注:《岭外代答校注》卷七,中华书局1999年版,第268页。

② (宋)沈括:《梦溪笔谈》卷二二《谬误》,文物出版社1975年版,第9页。

③ 曾公亮:《武经总要》前集卷二〇,《文渊阁四库全书》第574册,台湾商务印书馆1986年版,第726页。

第十一章 宋代海南经济的发展

第一节 农业和手工业

海南的农业和手工业，都因地域的特殊性，决定它与大陆有同有异，富有鲜明的热带特色。

一、稻米种植

在宋代，海南耕种稻谷，还是处于刀耕火种的阶段。

当苏轼被贬到海南岛之后，他苦口婆心地写下《和陶劝农六首》。其序云："海南多荒田，俗以贸香为业。所产秔稌，不足于食。乃以藷芋杂米作粥糜以取饱。"其第三首《劝农诗》也指出："岂无良田，膴膴平陆。兽踪交缔，鸟喙谐穆。惊麏朝射，猛豨夜逐。芋羹藷糜，以饱耆宿。"于是他苦劝黎族同胞垦荒种田，努力耕种。第四首写道："听我苦言，其福永久。利尔锄耜，好尔邻偶。斩艾蓬藋，南东其亩。父兄揩梃，以抶游手。"①诗歌真实地反映了北宋时海南黎区，虽然良田阡陌，土地肥沃；但耕作落后，故田园荒芜，粮食缺乏，以芋羹藷糜充饥的生活状态。苏轼与子苏过在海南岛，以山芋作玉糁羹以充饱腹，他看到"土人顿顿食藷芋，荐以薰鼠烧蝙蝠"。②他在《记藷米》中写道："南海以藷米为粮，几米之十六。今岁米皆不熟，民未至艰食

---

① 《苏轼诗集》卷四十一《和陶劝农六首》，中华书局 1982 年版，第 2256—2257 页。

② 《苏轼诗集》卷四十一《闻子由瘦》，中华书局 1982 年版，第 2257—2258 页。

者，以客舶方至而有米也。然儋人无蓄藏，明年去则饥矣。吾旅泊尤可惧，未知经营所从出。"[1] 又《学龟息法》中云："儋耳米贵，吾方有绝粮之忧。"[2] 他在《纵笔》三首中写道："北船不到米如珠，醉饱萧条半月无。"[3] 苏轼这些现身记录，真实地反映了海南粮食的艰难。

朱初平在元丰三年（1080年）的奏章中也提及："朱崖军在琼州之南十有六程，地窄人少，税米不足。"[4] 每年货商从高、化运米到海南，可见当时海南是缺粮地区。

海南的稻米耕种，还是传统的刀耕火种的方式。黎人"择久荒山种之。有数种，香者味佳，黎峒则火伐老树挑种"。[5] 海南稻谷，种在沿海平原地带，品种比较多。有秔、糯二种，秔为饭米，品种有：百箭、香秔、乌芒、珍珠、鼠牙、东海、早禾、山禾。后来，宋真宗年间，海南引来占稻种，占稻有数种，性耐水，择高田。五六月种，七八月收。有播种六十日熟者，谓之"六十日"，即宋真宗遣使取种占城，分布江淮诸处者。[6]

宋真宗年间（998—1022年），真宗因江淮两浙稍旱，即水田不登。遣使就福建取占城稻三万斛，分给农户耕种。占城稻比中国稻穗长而无芒，粒差小，不择地而生。占城稻是稻谷的优良品种，《异物志》载《交趾稻作情形》云："交趾稻，夏冬又熟，农者一岁再种。"[7] 占城国与我国的关系，源远流长，所谓占城稻，究竟是占城的稻种，抑或是中国的稻种？冯柳堂的《中国历代民食政策史》中说：人们"但知为占城稻，而不知占人知有稻作，因我中华民族所启迪也"。他提

---

① 《苏轼文集》卷七十三《记诸米》，中华书局1986年版，第2368页。

② 《苏轼文集》卷七十三《学龟息法》，中华书局1986年版，第2339页。

③ 《苏轼诗集》卷四十二《纵笔》，中华书局1982年版，第2328页。

④ （宋）李焘撰：《续资治通鉴长编》卷三百一十，中华书局1992年版，第7521页。

⑤ （明）唐胄纂：正德《琼台志》卷八《土产上·谷之属》，海南出版社2006年版，第153页。

⑥ 参见（明）唐胄纂：正德《琼台志》卷八《土产上·谷之属》，海南出版社2006年版，第153页。

⑦ （汉）杨孚撰：《异物志》，广东科技出版社2009年版，第22页。

出《水经注》所载："任延为九真太守，教民耕艺，法与华同。名白田，种白谷，七月火作，十月登熟。名赤田，种赤谷，十二月作，四月登熟，所谓两熟之稻也。"他认为，宋代提倡多种杂谷，复因江浙苦旱，选配旱早熟之稻，乃将占城稻种，重复移植来华，此与纯粹之外来稻种，不能作一例看也。① 冯柳堂认为占城稻是中国移植占城，再反过来由占城移植来中国，而宋真宗把占城稻种分给江淮、两浙种植，海南也移植了占城稻，这是一年再熟之稻的优良品种，冬种夏熟曰小熟，夏种冬熟曰大熟。正德《琼台志》载："《吴都赋》'国税再熟之稻，乡贡八蚕之绵'。盖琼三国时吴属，故云。自宋播占城禾种，夏种秋收，今有三熟者。"② 张岳崧的道光《琼州府志》曰："自宋播占城禾种，夏种秋收。"③ 由于海南引进的占城稻种，一年三熟，每年可增加一半的收获，有效地缓和了海南的粮食紧张。即使如此，"海南所产秔稌不足于食，乃以薯芋为粮，杂菜作粥"。④ 也即苏轼所说的"海南诸为粮，几米之十六"。

二、热带作物

海南岛的热带作物，自古以来就因为独具特色，而备受国内外青睐。有的作为贡品，有的作为特殊商品，运出岛外。海南香料已在海上香料之路中展现了海南热带作物的无穷魅力。除此之外，有槟榔，海南人以槟榔为命。王象之的《舆地纪胜》载："琼人以槟榔为命，产于石山村者最良；岁过闽广者，不知其几千百万也。又'市舶门'曰，非槟榔之利，不能为此一州也。"⑤ 槟榔是海南特产，宋代已在商品流通中备受商家重视。周去非的《岭外代答》云："槟榔生海南黎峒，亦

---

① 参见冯柳堂：《中国历代民食政策史》卷上，商务印书馆 1934 年版，第 110 页。

② （明）唐胄纂：正德《琼台志》卷七《风俗》，海南出版社 2006 年版，第 140 页。

③ （清）明谊修、张岳崧纂：道光《琼州府志》卷三《舆地志》，海南出版社 2006 年版，第 92 页。

④ （宋）王象之撰：《舆地纪胜》卷一百二十四《琼州·风俗形胜》，中华书局 1992 年版，第 3564 页。

⑤ （宋）王象之撰：《舆地纪胜》卷一百二十四《琼州·风俗形胜》，中华书局 1992 年版，第 3563—3564 页。

产交阯。木如棕榈。结子叶间如柳条，颗颗丛缀其上。春取之为软槟榔，极可口；夏秋采而乾之为米槟榔；渍之以盐为盐槟榔；小而尖者为鸡心槟榔；大而扁者为大腹子（药品称槟榔之果皮为大腹子）。悉下气药也。海商贩之，琼管收其征，岁计居什之五。广州税务收槟榔税，岁数万缗。推是，则诸处所收，与人之所取，不可胜计矣。"① 在宋代的经济作物中，槟榔以热带特有的果实，为海南岛创造了财富。宋代所收的槟榔税，岁数万缗，也算一笔可观的数目了。

　　海南的热带作物，品类繁多，富有特色，史籍多有记述。周去非的《岭外代答》载："土产名香、槟榔、椰子、果下马②、翠羽、黄蜡、苏木、吉贝之属"。③ 赵汝适的《诸蕃志》载："土产沉香、蓬莱香、鹧鸪斑香、笺香、生香、丁香、槟榔、椰子、吉贝、苎麻、楮皮、赤白藤、花缦、黎幙、青桂木、花梨木、海梅脂、琼枝菜、海漆、荜拨、高良姜、鱼鳔、黄蜡、石蟹之属，其货多出于黎峒。"④ 又，祝穆的《方舆胜览》载："土产琼枝、椰子、海漆、长节竹、知风草、槟榔水、五色雀、红藤簟、乌喙。"⑤ 范成大的《桂海虞衡志》载："土产沉水，蓬莱诸香。漫山悉槟榔、椰子木，亦产小马、翠羽、黄蜡之属。"⑥ 乐史的《太平寰宇记》载：儋州："酝酒不用曲蘗，有木曰严树，取其皮叶，

---

① （宋）周去非著、杨武泉校注：《岭外代答校注》卷八，中华书局 1999 年版，第 292—293 页。

② 杨武泉注：即果下马，因矮小可乘之以行于果下得名。名始见《三国志》及《后汉书》之《东夷·涉传》。《魏书·高句丽传》又称之为"三尺马"。五代王仁裕《开元天宝遗事》上着花马条，则直称之为"矮马"，自古即受重视，产地亦广，唯骏驽有异。此矮马自是特异物种，《广东新语》二一果下马条云："然果下马非有种，马中偶然产之，不可常得，故其价绝贵。"恐未必然。（宋）周去非著、杨武泉校注：《岭外代答校注》，中华书局 1999 年版，第 351 页。

③ （宋）周去非著、杨武泉校注：《岭外代答校注》卷二，中华书局 1999 年版，第 71 页。

④ （宋）赵汝适著、杨博文校释：《诸蕃志校释》卷下《海南》，中华书局 2000 年版，第 216—217 页。

⑤ （宋）祝穆编：《方舆胜览》卷四十三《琼州》，上海古籍出版社 1991 年版，第 392 页。

⑥ （宋）范成大：《桂海虞衡志》，载《范成大笔记六种》，中华书局 2002 年版，第 158 页。

捣后清水浸之，以粳酿和之，数日成酒，香甚，能醉人。又有石榴，亦取花叶，和酿酝之，数日成酒。高良姜、白藤花、煎沉香（出深洞）、苏木（出黎峒）、苔塘香、相思子、贡金。"琼州土产：琼州出煎沈、黄熟等香，苏木、蜜蜡、吉贝布、白藤、高良姜、益智子、干桄皮。旧崖州出紫贝叶，真珠，金华（金有花彩者贡），金，碁子。又琼崖州，有酒树，似安石榴，其花著瓮中即成美酒，醉人。崖州：土产，贡金。① 又如花生，现在称珍珠品种，实际上宋代已从国外引进，大量播种生产，称小粒花生。清代檀萃的《滇海虞衡志》所载，证明是宋代自海外引进的："宋元间……粤估从海上诸国得其种。归种之。落花生曰地豆，滇曰落地松，高、雷、廉、琼多种之。"② 这诸多种类的土特产，都因海南岛热带作物的特色，而备受重视，是海南岛的珍奇物品，是其天然财富。

三、手工业

宋代海南的手工业，也显示海南岛的民族特色。

首先是黎族的织锦，在宋代已大放异彩。南宋著名诗人范成大，是一位正直的封建官吏，曾于乾道八年（1172年）冬知静江府（治所在今桂林市），广西经略安抚使，他在任上严惩不守法纪的地方官吏并晓谕各族人民团结守法，并为地方做了不少有益的事，写下了《桂海虞衡志》一书，留下了岭南地带包括海南黎人的许多真实的记录。其中对于海南黎族的手工业，也有所记载。

是时海南黎族手工业的品牌，已相当著名。如：

（1）黎幕：范成大的《桂海虞衡志》云："黎幕，出海南黎峒。黎人得中国锦彩，拆取色丝，间木棉，挑织而成，每以四幅联成一幕。"③

---

① 参见（宋）乐史撰：《太平寰宇记》卷一百六十九，中华书局1992年版，第3236—3239页。

② （清）檀萃：《滇海虞衡志》卷十《志果》，《中华文史丛书》第9辑，影印本，第258页。

③ （宋）范成大：《桂海虞衡志》五《志器》，载《范成大笔记六种》，中华书局2002年版，第101页。

（2）黎单：亦黎人所织。青红间道，木棉布也。桂林人悉买以为卧具。①

（3）吉贝：方勺的《泊宅编》云："闽广多种木棉，树高七八尺，叶如柞，结实如大菱而色青，秋深即开，露白棉茸茸然。土人摘取去壳，以铁杖杆尽黑子，徐以小弓弹令纷起，然后纺绩为布，名曰吉贝……海南蛮人织为巾，上出细字，杂花卉，尤工巧，即古所谓白氎巾。"② 又《岭外代答》载："吉贝木如低小桑，枝萼类芙蓉，花之心叶皆细茸，絮长半寸许，宛如柳绵，有黑子数十。南人取其茸絮，以铁筋碾去其子，即以手握茸就纺，不烦缉绩。以为之布，最为坚善……雷、化、廉州及南海黎峒富有，以代丝纻。雷、化、廉州有织匹，幅长阔而洁白细密者，名曰慢吉贝，狭幅粗疏而色暗者，名曰粗吉贝。有绝细而轻软洁白，服之且耐久者。海南所织，则多品矣：幅极阔，不成端匹，联二幅可为卧单，名曰黎单；间以五彩，异纹炳然，联四幅可以为幕者，名曰黎饰（即范成大的《桂海虞衡志》中所称"黎幕"）；五色鲜明，可以盖文书几案者，名曰鞍搭；其长者，黎人用以缭腰。"③ 苏轼来海南后，黎族聚居地的黎人，虽然与他语言不通，除织锦外，到了冬天，"海风今岁寒"时，黎人"遗我吉贝布"，送吉贝布给他御寒。这也是一种黎家的名品。

第二节　商贸与税收

宋代以前，中国的政治、经济中心都在北方，贸易往来的物资也以北方的消费市场来决定；这样，西北方向的西域丝绸之路在一定程度上决定了外贸的规模。入宋以后，陆上贸易的额度逐渐缩小，贸

---

① 参见（宋）范成大：《桂海虞衡志》五《志器》，载《范成大笔记六种》，中华书局 2002 年版，第 101 页。

② （宋）方勺：《泊宅编》卷中，方勺，宋人。寓居湘州之泊宅村，因此其书名为《泊宅编》，中华书局 1983 年版，第 81 页。

③ （宋）周去非著、杨武泉校注：《岭外代答校注》卷六，中华书局 1999 年版，第 228 页。

易的中心由西北陆路转向东南海路，广州成为宋代海上贸易的重心之一。而海南因地理位置优越，在外贸重心转向海洋以后海南的商贸及农业、手工业同时得到了长足的进步。

一、宋代海南的交通贸易日益繁荣

宋太祖在开宝四年（971年）平定南汉政权之后，在广州设立市舶司，管理海上交通与贸易。当时通过广州与宋代通商的国家共有 50 多个。进口商品种类，北宋时有七八十种，南宋时有 330 多种，对外贸易规模进一步扩大，并成为沿海地区经济的支柱甚至生命线。广州经济的繁荣，相当一部分来自于对外贸易的收入。[1] 作为南海航海必经之路的海南岛，地理位置十分优越，有良好的港湾条件和珍贵的海产品，以及丰富的热带资源，吸引了许多商贾入岛贸易，有的商人甚至深入黎区，专门贩卖海南的热带产品。商业的发达，带动了海南经济的发展。

二、海南在海上香料贸易中的特殊贡献

积贫积弱的宋王朝，需要发展海外贸易，以缓解财政的困难，于是设立市舶司，将 3 世纪开始的对南洋各国朝贡贸易进一步发展，逐渐开展对国外特别是东南亚各国的贸易，以获厚利。《宋史·张逊传》载：太平兴国（976—984 年）初，补左班殿直。从征太原还，迁文思副使，再迁药香库使。岭南平后，交趾岁入贡，通关市。接着，"并海商人遂浮舶贩易外国物，阇婆、三佛齐、渤泥、占城诸国亦岁至朝贡，由是犀象、香药、珍异充溢府库。逊请于京置榷易署，稍增其价，听商入金帛市之，恣其贩鬻，岁可获钱五十万缗，以济经费。太宗允之，一岁中果得三十万缗。自是岁有增羡，至五十万"。[2]"香药"开始由南洋诸国输入。

由于对外贸易可获重利，因此，太宗雍熙四年（987 年）便派遣内侍奖励外商（主要是阿拉伯人）来华贸易，《宋史·食货志》指

---

[1]　参见司徒尚纪:《中国南海海洋国土》，广东经济出版社 2007 年版，第 65 页。

[2]　（元）脱脱等撰:《宋史》卷二百六十八《张逊传》，中华书局 1975 年版，第 9222—9223 页。

出，宋代政府的经费收入，除了茶、盐、矾之外，只有香之为利博，所以由官府专利。建炎四年（1130 年），泉州抽买乳香一十三等，八万六千七百八十斤有奇。此后，福建、广东，特别是泉州的商人，纷纷贩卖乳香而获巨利。当时泉州知州连南夫向朝廷上奏，对于那些成批运输货物达到 5 万贯 10 万贯的商人，要封官，时大食的贩香商人另外辛卖香达到"三十万缗"，而贩香商人的头目蔡景芳招诱舶货，收入达九十八万缗。"各补承信郎"职。①

在对外贸易中，以香料贸易为最，因香料贸易获利最大，国家也不断给予奖励，海商也因之获得暴富。王应麟说："海舶岁入，象犀、珠宝、香药之类，皇祐年中（1049—1053 年）五十三万有余，治平年中（1064—1067 年）增十万，中兴（高宗）岁入二百万缗。"② 在宋代对外贸易中，香料贸易已形成海上的香料之路，而海南岛在香料之路的交易中，又有举足轻重的作用与地位。

海南因出产奇香而吸引了各国商人，于是也成为海上香料之路的必经之地。由于海南地理位置优越，香料质优价低，中外商人趋之若鹜。波斯和阿拉伯的商船就常到海南进行贸易。在宋代，海南的海外贸易迅速发展，香料大量输出到国内外市场。关于这一点，廖大珂曾在一篇文章中作出精辟的分析。他指出，由于宋代政府禁止外商到海南贸易，大批闽、浙商人来此采买香料。他引用丁谓的《天香传》中的一段话："琼管之地，黎母山酉之四部境域，皆枕山麓，香多出此山，甲于天下。然取之有时，售之有主。盖黎人皆力耕治业，不以采香专利。闽越海贾惟以余杭航即市香。每岁冬季黎峒俟此船，方入山寻采，州人从而贩尽归船商，故非时不有也。"当时"自泉、福、两浙、湖广来者，一色载金银、匹帛，所直或及万余贯"③，海南的香料通过

---

① 参见（元）脱脱等撰：《宋史》卷一百八十五《食货志·下》，中华书局 1975 年版，第 4537—4538 页。

② （宋）王应麟：《玉海》卷一百八十六，广陵书社 2016 年版，第 3434 页。

③ 参见廖大珂：《海南回族形成初探》一文，载新加坡《南洋学报》第五十六卷（2003 年），又周伟民主编：《琼粤地方文献国际学术研讨会论文集》，海南出版社 2002 年版，第 272—273 页。

闽、浙商人的贩运，行销于国内外市场。

三、盐法与盐税

宋代盐法没有统一，或行通商法，或行产盐法，或行官搬法。宋初以官搬为主。所谓官搬，即官运官卖。官吏组织搬运置务发卖。其后，由漕运返航的空船运回官盐，由各地官府出售。官盐质次价高，民户多不愿买，官府往往强制配售。

官搬又变行钞法，令商人以钱买钞，赴产盐地领盐，任其运卖，票盐之法从此始。崇宁以来，蔡京行钞盐法，定为长引短引，凡商人运盐，限以时日，视地远近，各给以引，盐引之法，始于此。

南渡之后，改变盐法，置合同场，收引税钱，引课之法，也始于此。综观宋代，无一定制度，官搬客钞，屡相更改，法规甫立，奸弊随生。[①]

宋代朝廷治理海南，也依全国盐法改变而变更。唐代容琼、宁远、义伦等县，各有盐场。《新唐书·地理志》：容琼、宁远、义伦等县，各注有盐而无则例。到宋，四州、感恩、英田场等盐，皆煮给本州。《宋史·食货志》载："高、窦、春、雷、融、琼、崖、儋、万安州各鬻以给本州，无定额。天圣以后，东、西海场十三皆领于广州，岁鬻五十一万三千六百八十六石，以给东、西二路。而琼、崖诸州，其地荒阻，卖盐不售，类抑配衙前。前后官此者，或擅增盐数，煎盐户力不给，有破产者。元丰三年（1080 年），朱初平奏鬻盐之不售者，又约所卖数定为煎额，以惠远民。久之，广西漕司奏民户逋盐税，其县令监官虽已代，并住奉敕催，须足乃罢。而广东漕臣复奏岭外依六路法，以逐州管干官为盐官，提点刑狱兼提举盐事，考较赏罚如之。琼、崖等州复请赋盐于民，斤重视其户等，而民滋困矣。"[②] 海南所实行的是官搬法，强卖一定额的食盐给人民。但因海南本为是"无定额"，而官府又以此做文章，擅增盐数，而致使"煎盐户力不给，有

---

① 参见林振翰：《盐政辞典》，中州古籍出版社 1988 年版，第 14 页。

② （元）脱脱等撰：《宋史》卷一百八十三《食货志》下五，中华书局 1975 年版，第 4466—4467 页。

破产者”，地荒路阻，卖盐不售，盐法又给海南人带来了灾难。《宋会要辑稿》载：元丰三年（1080年）“十二月二日诏，琼州、珠崖等处，官卖盐不售，令主吏陪买者，与放免。又海南州军买盐于民，前后官政擅增其数，或不给钱，盐户多破产逃窜。下广南转运使司，立定每丁所买盐数，从琼管体量安抚朱初平之请也”。[①]

海南岛是沿海海岛的产盐区，海岛30%的沿岸段，都分布有盐田，盐民鬻海为盐，鬻盐之地曰亭场，民曰亭户，或谓之灶户。户存盐丁，受钱或折租赋，皆无常数，盐价高低，也没有一定制度。在宋代，岛上盐田的开发规模也有限，仅有琼山等县，感恩、英田等场栅。亭户煎出盐后，首先要完成“盐额”，卖纳入官的任务，以完成课额和偿还预借的本钱，卖纳的价格又极不合理，官府买低价卖高价，对老百姓施行的盐政非常苛刻，使民不聊生，只好走上逃亡或反抗的道路。

四、商税、船舶税与土贡

所谓商税，是指住税和过税，即相当于现代的营业税和商品流通税。宋代的商税，《宋史·食货志》载：“商税，凡州县皆置务，关镇亦或有之，大则专置官监临，小则令、佐兼领，诸州仍令都监、监押同掌。行者赍货，谓之‘过税’，每千钱算二十；居者市鬻，谓之‘住税’，每千钱算三十，大约如此，然无定制，其名物各随地宜而不一焉。行旅赍装，非有货币当算者，无得发箧搜索。凡贩夫贩妇细碎交易，岭南商贾赍生药及民间所织缣帛，非鬻于市者皆勿算。常税名物，令有司件析颁行天下，揭于版，置官署屋壁，俾其遵守。应算物货而辄藏匿，为官司所捕获，没其三分之一，以半畀捕者。”[②] 这里，对于征税官、征税纪律、免役、偷税的处罚，都作了许多规定。

征税的定署。北宋在四京的开封府、河南府、应元府、大名府所

---

① （清）徐松辑：《宋会要辑稿》第一百三十三册《食货志》二四之二〇，中华书局1957年版，第5204页。

② （元）脱脱等撰：《宋史》卷一百八十六《食货志》下八，中华书局1975年版，第4541页。

设的税务称"都商税院"，南宋时设在临安的税务也称"都商税院"；各州、府的税务称"都税务"，各军、县、镇的税务或称税场。所谓商税院、务、场，顾名思义，以征收商税为主要任务，但也负责检查私贩茶盐等缉私工作。① 在海南岛，"宋置琼州、万安、珠崖三务，税额皆五千贯以下"。② 张岳崧所撰道光《琼州府志》说得具体一点，指出"熙宁十年以前，置琼州、万安、珠崖三务，额皆五千贯以下，诸州盐折银有差"。③ 所谓"折银"，即税法中之"折变"，按《宋史·食货志》的说法是：其入有常物，而一时所须则变而取之，使其直轻重相当，谓之"折变"。④ 而在"折变"的过程中，也是加重人民税收的剥削。

因海南岛四面环海，来往货物必须船运，因此商税中船舶税最为普遍，《宋史·食货志》载："琼管奏：海南收税，较船之丈尺，谓之'格纳'。其法分三等，有所较无几，而输钱多寡十倍。贾物自泉、福、两浙、湖、广至者，皆金银物帛，直或至万余缗；自高、化至者，唯米包、瓦器、牛畜之类，直才百一，而概收以丈尺。故高、化商人不至，海南遂乏牛米。请自今用物贵贱多寡计税，官给文凭，听鬻于部内，否则许纠告，以船货给赏。"⑤ 每次收税，只比较船的大小分为三等，只丈量船的尺度，而不看船上货物的贵贱，比如，一船"金银物帛"价在万余缗，而一船瓦器、牛畜之类只值一二百贯，极不合理。

商税的定额标准，大大影响货源的输入。而由海南开往外地的

---

① 参见郑学檬主编：《中国赋役制度史》，上海人民出版社 2000 年版，第362 页。

② （明）戴熺、欧阳灿总裁，蔡光前等纂修：万历《琼州府志》卷五《赋役志·钞课》，海南出版社 2003 年版，第 255 页。

③ （清）明谊修、张岳崧纂：道光《琼州府志》卷十四《政经志九·榷税》，海南出版社 2006 年版，第 651 页。

④ （元）脱脱等撰：《宋史》卷一百七十四《食货志》上二，中华书局 1975 年版，第 4203 页。

⑤ （元）脱脱等撰：《宋史》卷一百八十六《食货志》下八，中华书局 1975 年版，第 4544 页。

船舶，收税标准也相同，而且这些税款，是"本州官吏兵卒即此以赡"，是地方官及军队仰以赡养的费用。赵汝适的《诸蕃志》云："琼山、澄迈、临高、文昌、乐会，皆有市舶，于舶舟之中分三等，上等为舶，中等为包头，下等名蜑舶，至则津务申州，差官打量丈尺，有经册以格税钱，本州官吏兵卒仰此以赡。"① 在运载的货物中，不仅是外地货物运进海岛，海南的热带作物也备受客商青睐，海南的货物，以槟榔、吉贝独盛。例如槟榔，《舆地纪胜》载："琼人以槟榔为命，产于石山村者最良，岁过闽广者，不知其几千百万也。又《市舶》门曰，非槟榔之利不能为此一州也。"② 槟榔的商税甚丰，周去非云：槟榔"海商贩之，琼管收其征，岁计居什之五。广州税务收槟榔税，岁数万缗。推是，则诸处所收，与人之所取，不可胜计矣"。③ 而在广州税务对于海南货物的交往，规定也极其严格，非广州市舶司批准，则不准过境。直至元丰五年（1082 年），广西漕臣吴潜上书申述："雷、化州与琼岛对境，而发船请引于广州舶司，约五千里。乞令广西濒海郡县，土著商人载米谷、牛酒、黄鱼及非舶司赋取之物，免至广州请引。"④ 由是，宋代朝廷才下诏孙迵详度行之，这样就方便了海南土著商人。

海南虽然孤悬海外，但宋代的税收并未因而减轻。每年在海南所收商税额，据《宋会要辑稿》所记载的数字，海南每年的税额负担，十分沉重。其《食货志》中载："琼州旧在城一务岁四千二百八十八贯。熙宁十年在城一万九千五百九十二贯四十二文。昌化军旧不立额，熙宁十年在城一万六千五百三十九贯一百八十三文。昌化镇二百八十五贯七百文。感恩镇七十九贯四百八文。朱崖军旧在城一务岁二百贯。

---

① （宋）赵汝适著、杨博文校释：《诸蕃志校释》卷下《海南》，中华书局 2000 年版，第 217 页。

② （宋）王象之撰：《舆地纪胜》卷一百二十四《琼州》，中华书局 1992 年版，第 3563—3564 页。

③ （宋）周去非著、杨武泉校注：《岭外代答校注》卷八，中华书局 1999 年版，第 293 页。

④ （元）脱脱等撰：《宋史》卷一百八十六《食货志》下八，中华书局 1975 年版，第 4560 页。

熙宁十年在城一千二百三十七贯一百四十五文。"①

除商税之外，还有土贡，《元丰九域志》卷九载："琼州，土贡银一十两，槟榔一千颗。昌化军：土贡银一十两。万安军：土贡银五两。朱崖军：土贡高良姜五斤。"② 正德《琼台志》载："土贡，宋贡琼州：银、槟榔。南宁军：高良姜、元丰银。吉阳军：高良姜。"③ 每年，各州要向朝廷进贡土特产，在琼州贡品中，应该还有玳瑁、鼍皮、紫贝。因为在《续资治通鉴长编》中载：宋仁宗天圣五年（1027 年）三月癸卯，"罢琼州岁贡瑇瑁、鼍皮、紫贝"。④ 宋朝对海南的宽贷中，也有此记录。正德《琼台志》中《宽贷》一书，详述给予海南宽贷的物品及税额："天圣五年（1027 年），罢琼州岁贡玳瑁、鼍皮、紫贝。熙宁八年（1075 年），海南四州军税籍残缺，吏多增损，移税入他户代输者，类不能自明。至是用体量安抚朱初平等议，根括四州军税赋旧额，存正其数。绍兴十二年（1142 年），诏琼州、万安、昌化、吉阳军，海外土产瘠薄，已免经界，其税额悉如旧。乾道二年（1166 年），民无产者，官给田以耕，复其租五年。嘉定六年（1213 年）十二月壬寅，蠲琼州丁盐钱。"⑤ 以上各项，应是宋代朝廷给予海南的恩典。

---

① （清）徐松辑：《宋会要辑稿》卷一百二十九《食货》一七之九一一，中华书局 1957 年版，第 5088 页。

② （宋）王存撰：《元丰九域志》卷九，中华书局 1984 年版，第 437—439 页。

③ （明）唐胄纂：正德《琼台志》卷十一《田赋》，海南出版社 2006 年版，第 262 页。《宋史》卷九十《地理志》六记载同。

④ （宋）李焘撰：《续资治通鉴长编》卷一百五，中华书局 1992 年版，第 2438 页。

⑤ （明）唐胄纂：正德《琼台志》卷十一《宽贷》，海南出版社 2006 年版，第 266 页。

第十二章　宋代海南的军事

宋代是中国封建社会高度发展的阶段，同时也采用了专制主义中央集权高度专制的制度，这主要体现在官制和兵制。

第一节　兵　制

宋代全国的兵制，据《宋史·兵志》载：

> 宋之兵制，大概有三：天子之卫兵，以守京师，备征戍，曰禁军。诸州之镇兵，以分给役使，曰厢军。选于户籍或应募使之团结训练，以为在所防守，则曰乡兵。
>
> 又有番兵。①

在海南，实行步军制。步军制是宋太祖赵匡胤获得政权以后的建隆年间规定的。正德《琼台志》记载，海南的兵制是"宋建隆以来"确定，实行步军制的。②

海南的步军制，有两个任务。

第一是"宁海"："以戍海、崖、儋"③，也就是"澄海军，以戍

---

① （元）脱脱等撰：《宋史》卷一百八十七《兵志》，中华书局 1977 年版，第 4569 页。

② （明）唐胄纂：正德《琼台志》卷十八《兵防上·兵制》，海南出版社 2006 年版，第 397 页。

③ （明）戴熺、欧阳灿总裁，蔡光前等纂修：万历《琼州府志·兵防志·兵制》，海南出版社 2003 年版，第 320 页。

海"①，即是根据海南的地理特征和海防任务，对海南沿海作安全防备。

第二是"清化"。"以戍黎、琼、儋。"②道光《琼州府志》说得更加明白："以戍黎。"③即是驻守在黎族聚居地，以防止黎族人民的反抗斗争。

根据上面这两个任务，海南的兵制，不像其他各州那样，将厢兵"拣选勇壮兵士，作为禁军"，"经多次选拔，留在地方的，不再训练，只服杂役，成为不能作战的役卒"。④经过这样选练禁军以后，各地方兵根本不能跟禁军对峙，中央直辖兵力极大加强，地方兵力不断削弱，中央也高度专制集权。因为海南有海防任务，兵士仍需勇壮，方能作战。况且，海南远离中央，不怕军队有异心，所以海南的兵士没有经过选练以充禁军，仍然是壮士。

海南兵士的来源有二：

第一，在海南防守南海安全和"戍黎"的兵士，"皆诸州戍兵"⑤是从各州中选调海南的。

第二，"其土军蛮，皆各处获罪免死者配"。⑥

土军蛮是一些奸悍无赖之徒，军队加以消纳，"使之团结训练，以为在所防守"，一旦遇有战事，这些无赖出身的亡命之徒，战斗力有时或许远胜于乡民。就整体来说，兵的质量下降。有识之士也指出："绍兴三年，知琼州府黄揆言，中外奸人抵死获贷者，尽投海外为兵，恐一旦稔恶萌积不可制。"⑦这段话点明，宋代海南兵制有两个弊

---

①　（清）明谊修、张岳崧纂：道光《琼州府志·经政志·兵制》，海南出版社2006年版，第731页。

②　（明）戴熺、欧阳灿总裁，蔡光前等纂修：万历《琼州府志·兵防志·兵制》，海南出版社2003年版，第320页。

③　（清）明谊修、张岳崧纂：道光《琼州府志·经政志·兵制》，海南出版社2006年版，第731页。

④　蔡美彪等：《中国通史》第五册，人民出版社1995年版，第19页。

⑤　（明）戴熺、欧阳灿总裁，蔡光前等纂修：万历《琼州府志·兵防志·兵制》，海南出版社2003年版，第320页。

⑥　（明）唐胄纂：正德《琼台志》卷十八《兵防上·兵制》，海南出版社2006年版，第398页。

⑦　（明）戴熺、欧阳灿总裁，蔡光前等纂修：万历《琼州府志·兵防志·兵制》，海南出版社2003年版，第320页。

病：第一，内地许多"奸人抵死获贷者"，都到海南来当兵。如正德《琼台志》引宋史的《兵志》说，元符五年以后，皇帝诏书差使臣一人到广南等处拣选这些"杂犯"入伍①，这样一来，兵额大大增大，数量多了，兵的战斗质量反而降低。第二，兵士中有许多奸悍之徒，他们的旧恶累积而重犯，则不可制止。

第二节　军事设施

宋代对海南的军事设施，目的非常明确，是为了弹压黎峒的反抗力量以及沿海的海盗。

在海南所设的官兵，有安抚都监一员，兵署的安抚司，步兵制称澄海军，戍海。清化军，戍黎。清江军，天圣年间（1023—1231 年）后增置，皆诸州戍兵，后通改清化军，统一指挥。土军，以罪人充配；黎兵，无额；疍兵，以疍人为之。诸镇寨皆有守兵，崖有营兵，及延德、通远二寨，并招军士，习武艺，在岛上诸镇寨皆有守兵。政和元年（1111 年）罢镇州都督府，升琼州为靖海军节度使及安抚都监。② 正德《琼台志》云："宋置土军奕于万州，以获罪人充配，设官一员领之。"③

在地方组织上，设有寨。《宋史·职官志》："寨置于险扼控御去处，设寨官，招收士军，阅习武艺，以防盗贼。"④

宋代在各寨之中，皆有守兵，或用官军，或用峒丁，或用寨丁，这些寨官，都有官管辖黎民百姓，施行法制及缴纳赋税等事宜。《岭外代答》记载说："琼州有宝西寨、西峰寨、延德寨。万安军有万全寨。吉阳军有通远寨。凡诸寨之戍，或用官军，或峒丁，或寨丁。寨官或

---

① （明）唐胄纂：正德《琼台志》卷十八《兵防上·兵制》，海南出版社 2006 年版，第 398 页。

② （明）戴熺、欧阳灿总裁，蔡光前等纂修：万历《琼州府志》卷三百二十《兵制》，海南出版社 2003 年版，第 320 页。

③ （明）唐胄纂：正德《琼台志》卷十八《兵防上》，海南出版社 2006 年版，第 403 页。

④ （元）脱脱等撰：《宋史》卷一百六十七《职官志》七，中华书局 1999 年版，第 2666 页。

巡防使臣，或都监，或知寨。或一寨有长贰官属。是皆系乎寨之大小也。诸寨行事，动关化外，法制不得不少宽，威权不得不稍重。夫诸寨迥居于诸峒之中，寨丁更戍，不下百人。彼寨之境，山谷阻深，异材生之。今边境晏然，亦未免有采山之役。"① 宋代在海南设置寨，寨辖的兵丁，称为寨丁，寨丁与土丁同出自"省民"，土丁为沿边民兵，保丁为行保甲法后遍于各地的民兵。《宋史·兵六》云："二广（海南属广西南路）保丁，每户一名；土丁，父子兄弟皆在其数。"② 这些土丁，是征服黎族叛乱的最前线士兵。如绍兴三十年（1160 年）十二月，因定南知寨刘荐借黎人头人王文满银、马、香等不还，致结连西峒黎首王承闻等攻破定南寨，房劫刘荐男等人。峒本州已将刘荐送狱根勘，追出银、马、香钱交还，文满后复犯省地房杀居民，遂遣官部土丁分头攻杀，文满奔走窜伏深峒，后被收捕。③ 又《宋会要辑稿》载："绍兴四年（1134 年）九月五日，广南西路经略安抚转运提刑司奏，契勘西峰定南寨及应定寨安两栅，昨来陈韬、吴怀等破荡，人民离散，近方收复，正是控扼去处，难以废罢。外照峰一栅，系在澄迈县界，却不是控扼黎贼去处，今欲将照峰栅废罢，更不差置，土丁守御从之。"④ 《宋会要辑稿》载："淳熙十六年（1189 年）十一月二十三日诏，琼州澄迈县人黄弼守寨有劳，与补承信郎，差专一弹压本界黎峒。"⑤ 由此可知，土丁是被朝廷直接指派弹压不服王化的黎民的一支军队最基本的组织了。宋代在海南岛上调兵守寨，防遏黎民反抗。《宋会要辑稿》载："绍熙三年（1192 年）六月二十七日，权发遣万安军杜孝恭言，乞将琼州

---

① （宋）周去非著、杨武泉校注：《岭外代答校注》卷三，中华书局 1999 年版，第 137—138 页。

② （元）脱脱等撰：《宋史》卷一百九十二《兵六》，中华书局 1975 年版，第 4790 页。

③ 参见（清）徐松辑：《宋会要辑稿》第一百九十八册《蕃夷》五之四七，中华书局 1957 年版，第 7790 页。

④ （清）徐松辑：《宋会要辑稿》第一百九十四册《方域》十八之三〇，中华书局 1957 年版，第 7624 页。

⑤ （清）徐松辑：《宋会要辑稿》第一百九十八册《蕃夷》五之四九，中华书局 1957 年版，第 7791 页。

寨下土兵二十人移家属改充调器寨土兵，为额有关许令，招填请受移，就乐会县支给，其琼州、万安军所差厢军各一十五人，每三月一替。就委乐会县差拨土保丁改本寨木栅，随其地势筑作城堡，其博敖、地烂两村民兵，各有总辖。无事则各轮差辖下民兵一二十人赴寨添同弹压，三月一替，有警则各带民兵赴寨，听从防遏从之。"①

关于兵饷，一般调广南西路各州送军粮过海补给。《宋史·陈尧叟传》中曾提及此事，当陈尧叟任广西南路转运使时，"先是，岁调雷、化、高、藤、容、白诸州兵，使辇军粮泛海给琼州。其兵不习水利，率多沉溺，咸苦之。海北岸有递角场，正与琼对，伺风便一日可达，与雷、化、高、太平四州地水路接近。尧叟因规度移四州民租米输于场，第令琼州遣蜑兵具舟自取，人以为便"。②元丰年间，命令输米军粮给珠崖军的单位，批准以钱折米。正德《琼台志》云："琼州、昌化军丁税米，岁移输朱崖军，道远，民以为苦，至是，用初平（朱初平）等议，根括四州军税赋旧额，存其正数，二州丁税米止令输钱于朱崖军，自籴以便民。"③宋代军队所领取的给养，几多转折，采取了折粮为钱的办法。

第三节　水　军

除了陆军之外，还有水军。海南四面环海，海境四通八达。宋代对此也十分重视，正德《琼台志》中对于海南海境的记载，颇为详细：

> 郡东水路半日至文昌铺前港，半日至清澜港，日至会同调懒港，半日至乐会博敖港，半日至万州莲塘港，日至南山李村港，日半至崖之临川港。俱无隐泊处。

---

① （清）徐松辑：《宋会要辑稿》第一百九十四册《方域》十九之三三，中华书局1957年版，第7642页。

② （元）脱脱等撰：《宋史》卷二百八十四《陈尧叟传》，中华书局1975年版，第9584—9585页。

③ （明）唐胄纂：正德《琼台志》卷三十三《名宦》，海南出版社2006年版，第695页。

西水路半日至澄迈东水港，半日至临高博浦港，日至儋州洋浦港，日至昌化乌泥港，日至感恩抱罗港，日至崖之保平港。俱有湾汊，可泊舟。①

北自徐闻抵琼必渡海，有海安、踏磊、冠头、那黄、老鸦洲、车仑等渡。

外匝大海，接乌里苏密吉浪之洲，南则占城，西则真腊，交趾，东则长沙，万里石塘，东北远接广东、闽、浙，近至钦、廉、高、化。开洋四日至广州，九日夜达福建，十五日至浙江。

儋海之西与廉境相对，顺风一日可至。二日达交趾万宁县，三日可抵断山云屯县。崖之南二日接占城外番。

黄支国，民俗略与珠崖相类，其州广大，户口多，多异物。

韩国，七千余里，其地大较在会稽东冶之东，与珠崖、儋耳相近。

安南（现越南），一路自骧州东，二日行至唐林州安远县，南行经古罗江，二日行至环王国之檀洞江，又四日至珠崖。

占城，近琼州，顺风舟行，一日可抵其国。②

基于如此重要的海境，海上的海盗也经常在这一带出没，频年入寇。甚至以海南为根据地，开展亦资亦商的各式活动，反抗宋代朝廷市舶司的制度。宋代对此也十分敏感，在《海南朱氏族谱》中记载其迁琼始祖朱延玉时有这样的一段话："景德二年（1005年），时海盗猖獗，常侵扰琼州沿海，皇帝真宗（赵恒）派遣他率兵渡琼征海盗。他指挥有方，英勇作战，很快平定海盗，协镇琼州，加升雷琼总镇。"③陈尧叟在至道年间（995—997年）任广南西转运使时，就已注意到这一问题的严重性，《宋史·陈尧叟传》载："陈尧叟加恩黎桓，交京州国信使……

① （明）唐胄纂：正德《琼台志》卷二十一《海道·海境》，海南出版社2006年版，第463—464页。
② 参见（明）唐胄纂：正德《琼台志》卷二十一《海道·海境》，海南出版社2006年版，第464页。
③ 海南朱氏族谱万宁卷编辑委员会编印：《海南朱氏族谱》（万宁卷），1997年3月印，第21页。

又桓界先有亡命来奔者，多匿不遣，因是海贼频年入寇，尧叟悉捕亡命归桓，桓感恩，并捕海贼为谢。"①陈尧叟宣布对海盗"威德擒服"。正德《琼台志》载：宋庆历年间（1041—1048年），招收广南巡海水军：忠敢、澄海，虽曰厢军，皆予旗鼓训练，备战守之役（注：雷《志》"绍兴间，置水寨军一屯三百，弹压本路沿海盗贼。"而琼无者，恐《志》略也）。②绍兴三十二年（1162年），宋廷令招置水军二百人驻扎琼州，置将领兼海南水陆都巡检一名，在白沙港岸设寨。《宋会要辑稿》载：绍兴三十二年（1162年）四月二十七日，广南西路经略安抚、提刑司申：本路转运判官邓酢言广西琼、雷、化、钦、廉等州，自来不曾置水军，遇有海贼冲犯，如蹈无人之境。今欲招募水军四百，于琼州白沙港岸置寨屯驻，差主兵官一员，合用先锋战船六只，面阔一丈六尺，又大战船四只，面阔二丈四尺，从沿海逐州以系省钱置造，逐司详所陈事理，除依旧存留雷州已置水军二百人，统领一员，在雷州驻扎。欲琼州招置二百人，就于本州驻扎，经略司准备将领兼海南水陆都巡检一员，于白沙港岸置寨，统辖水军，弹压盗贼。③

宋代朝廷对海南水军，早已做了安排，但山高皇帝远，海南的海盗藏匿于沿海村寨，有的甚至与当地黎人首领相结合，非官兵力量所能管制，因此常年以来，海盗活动日益猖獗，一百多年间未能制服。

① （元）脱脱等撰：《宋史》卷二百八十四《陈尧叟传》，中华书局1975年版，第9584页。
② （明）唐胄纂：正德《琼台志》卷二十一《海道·海境》，海南出版社2006年版，第465页。
③ 参见（清）徐松辑：《宋会要辑稿》第一百九十四册《方域》一八之二，中华书局1957年版，第7610页。

第十三章　宋代海南的民族融合

第一节　迁移到海南的回族

回族迁入海南岛，最早是在唐代或者是更早的隋代。据史载，隋大业六年（610 年）至唐贞观六年（632 年）遗留下的广州的光塔怀圣寺和清真先贤斡葛思墓，成为伊斯兰教传入中国最早的史迹；与此同时，海南岛三亚市酸梅角和陵水县千教坡上的数十座阿拉伯人的墓群，也是这时期中国因与亚、非、欧的海上丝绸之路开通之后，阿拉伯商人和波斯商人从海路到广州、泉州等城市经商或到海南的振州、万州、陵水等滨海地区寄舶，留下的古墓群，也包括当时到海南岛来传教的传教士以及像《唐大和上东征传》和《太平广记》等所载的，遭遇抢劫而落难居住海南岛的伊斯兰教徒，是海南岛上最早的回族移民。

如果说，宋代以前迁入海南岛的回族，是从中亚、西亚等地单独、个体的迁移，那么，在宋代则是群体的成批的迁入海南岛，并形成了"番坊"。而海南岛的回族，作为独立的民族共同体，则是在明代中叶以后才形成的。

一、海南回族的多元族源

据史籍及相关资料记载，在宋代，迁入海南岛的回族，其族源是多元的。

最早一批迁入海南岛的回族是从占城国迁来的。从占城国迁入的回族，也是宋代回族迁入的主体。

据《宋史》介绍，在宋代，占城国的地域，"东西七百里，南北三千里。……所统大小州三十八，不盈三万家。其国无城郭，有百余村，村落户三五百，或至七百，亦有县镇之名"。①

《岭外代答》介绍说，这个国家，"土皆白砂，可耕之地绝少"。它不仅受交趾国侵犯，又"日与真腊为仇"。②

占城国因为自身的土地、人口都少，是个弱小国家，而交趾国经常对它侵犯："与交阯邻，常苦侵轶。"③

北宋雍熙三年（986年），"占城人蒲罗遏为交州所逼，率其族百口来附"。雍熙四年（987年），"占城夷人斯当李娘并其族一百五十人来归"。端拱元年（988年），"占城夷人忽宣等族三百一人来附"。④

占城国伊斯兰教回族接连三年批量迁入。到宋元年间，据《古今图书集成·方舆汇编·职方典》卷一千三百八十记载："崖州……番俗，本占城回教人，宋元间，因乱挈家而来，散泊海岸，谓之番村、番浦，今编户入所三亚里，皆其各类也……"⑤

清代乾隆《崖州志》记载："番俗，本占城人。宋元间，因乱挈家驾舟而来，散泊海岸，谓之番村、番浦。人多蒲姓。不食豕肉，家不供祖先，共设佛堂，念经礼拜。"⑥

光绪《崖州志》也记载："番民，本占城回教人，宋元间因乱挈家泛舟而来，散居大蛋港、酸梅铺海岸。后聚居所三亚里番村。初本姓

---

① （元）脱脱等撰：《宋史》卷四百八十九《外国传五·占城》，中华书局 1975 年版，第 14077 页。

② （宋）周去非著、杨武泉校注：《岭外代答校注》卷二，中华书局 1999 年版，第 77 页。

③ （元）脱脱等撰：《宋史》卷四百八十九《外国传五·占城》，中华书局 1975 年版，第 14084 页。

④ （元）脱脱等撰：《宋史》卷四百八十九《外国传五·占城》，中华书局 1975 年版，第 14080 页。参见

⑤ 转引自《地理志·海南》，海南出版社 2006 年版，第 354 页。

⑥ （清）宋锦增辑、黄德厚分修：乾隆《崖州志》，海南出版社 2006 年版，第 296 页。

蒲，今多改易。"①

宋代迁入海南岛的回族，除了占城国回族以外，还有其他的族源。

据《蒲寿庚传》记载："自宋朝年间，原有十二只船，被风漂流，到崖州居住。"②这是自海上因遇风浪而漂流到海南岛的崖州；这里并没有明确这12只船是什么国籍的船，来自什么地方。

回族有传说认为，回族是从安南漂流来的：宋时有安南渔民二百余人，被风吹到琼州，他们都信仰伊斯兰教。当时的政府问他们自何地漂来，他们不懂汉话，只连说："华蒲，华蒲。"安南话"华蒲"是吃饭的意思。当时政府以为他们姓蒲，就定他们为蒲姓。后来因为通婚而部分改姓，并分别把他们移至万州的太阳坡（约五六十人），儋州的莪蔓村（约一百余人）和崖县的黄流（约一百人）。黄流一带因既不近海又无田地，遂又移至崖县的大蛋，后在清乾隆年间又移至"三亚里"。③

回族的族源多元，有流传广泛的传说。如一说，他们的先祖是阿拉伯大食时代的一个渔民部落，因国家内乱，生活十分困苦，而移居至一个称为安南的地方，后因发生一次瘟疫，死了很多人，所以他们离开了那个地方，出海寻找适宜居住的地方，但不幸遇到台风，飘散到海南岛。④

又有一说，据当地老一辈的人讲，他们的祖先最早居住在马来西亚，后来漂泊到了越南南部居住，从事渔业。一次，遇到台风，有几只船被吹到海南岛崖县海岸，其中一只船翻了，一只漂到今田独海面，一只漂到三亚海面，一只漂到崖城海面。在田独的那部分人被当

---

① （清）钟元棣创修、张嶲等纂修：光绪《崖州志》，海南出版社2006年版，第52页。

② 罗香林：《蒲寿庚传》中《海南岛蒲氏回族考》，台北中央文化出版事业委员会1955年版，第140页。

③ 《广东海南黎苗回族情况调查》，广东省人民政府民族事务委员会1951年印，第223页。

④ 江青武：《海南穆斯林今昔》，载《三亚文史》1991年第2辑。

地人赶走，后来去儋县定居；在三亚的看到当地环境很好，就住下来了；在崖城的那部分人不久也迁来三亚一起住下。①

还有一说，他们祖先原是西域人（大食人后裔），唐代时，由于大食内乱移居占城，宋元年间又在占城以海外捕鱼为生，因台风所逼，船只漂泊至海南岛滨海各地，主要是崖州、万州、儋州。在崖州的六盘、西岛、大蛋、回辉里，后来全部迁移聚集在三亚街回辉里（今回新巷）居住，距今约有七八百年的历史。②

以上材料说明，宋代回族移民的族源是多元的。其中，以占城国为主体，也有阿拉伯人、西域人、马来西亚人和安南渔民等。

需要说明的是，上面引文中有两处说到回族祖先是阿拉伯人，而且有两个传说说明是唐代时的"大食"。对于阿拉伯国家，中国自唐代开始，就用"大食"这两个字来作称呼。"大食"是 TaZi 的译音，原是一个波斯字。从唐永徽二年（651 年）起，一直到蒙古人入中原止，中国朝廷及民间都使用着这个名字称呼唐宋时期的阿拉伯国家。对阿拉伯和波斯商人称为"胡商""番商"，对伊斯兰教，唐宋朝代叫作大食法。这一点，也在客观上回应了德国人类学家史图博说的"表现为阿拉伯白种人的混血"③ 这一说法。

二、"政教合一"的番坊

在宋代，回族到海南岛来的族众虽然不少，但还远没有能够形成自己的民族共同体；宋代到海南岛来的阿拉伯、波斯等国的回族，他们或者有当地政府的认真安排、组织，或者是他们自觉不自觉地聚居在一起，自成聚落，这样就形成了海南岛上的番坊、番浦或番民所。

这类回族族众聚居点之所以形成，原因是多方面的。其中原因之一在于，他们虽然是从多个国家或地区汇聚到这里，居住下来，因为他们都是外来"番"客，是侨居者。这样，他们自然结合在一起；他

---

① 郑贻青：《海南岛崖县的回族及其语言》，载《民族研究》1981 年第 6 期。
② 江振雄：《海南岛三亚市回族来源与民族风俗的调查研究》，1990 年第六次全国回族史讨论会论文，载姜樾、董小俊主编：《海南伊斯兰文化》，中山大学出版社1992 年版，第 29—30 页。
③ ［德］史图博：《海南岛民族志·附录三·伊斯兰教徒》。

们之间，尽管相貌、语言、风俗习惯等稍有不同，但这与周围相邻的汉人之间的不同相比，实在是太小了。这就使这些不同地域、不同国家的回族，在这个居民点内，互不计较彼此之间的不同点，时间长了自然消除；生活上、感情上时间一长就互相融合。慢慢在聚居点上自成一种特定的风尚和生活情调，并且有不同于汉人的村落和屋宇布置。

多元族源的回族，聚居在一起，他们都信奉伊斯兰教，这起了很大的团结作用。伊斯兰教，不仅仅是一种宗教信仰，还设定了一套社会制度。

唐代杜环撰写的游记《经行记》是我国最早用汉文记述伊斯兰教教义的文献之一，也是中国历史上非穆斯林介绍伊斯兰教最为扼要正确的记录。该书较准确、全面地介绍了伊斯兰教的基本信仰、礼拜、斋诫和日常生活上应该遵守的一些教义教法和社会制度。可惜，《经行记》原书早已佚失。现在我们只能从《通典》上引用《经行记》的几段文字："女子出门必拥蔽其面，无问贵贱，一日五礼天"，"不食猪狗驴马等肉，不拜国王父母之尊，不信鬼神，祀天而已"，"罪责自负，不相株连"，"法唯从宽，葬唯从俭"。①

这几段话，在海南志书中有较为详细的叙述：

> 不食猪肉。宰牲，必见血方食。不供祖先。识番书者，为番长。设庙祀番神，朔望诵经，合掌罗拜。每月轮斋。当斋者，涎不下咽，见星月乃食。男子素帛缠头，不饮酒。妇女髻垂后，短衣长裙。以烧灰染菁为生。女将嫁，亲邻往馈贺，以手摸其面，慰之。殁，不棺，但以布裹骸，侧身而葬。②

这些习俗，使身处海南岛上来自不同国度、不同地域，但同一宗教信仰的人群，逐渐地融合为一个个小小的居民点。

---

① 转引自王国强编著：《走进回族》，宁夏人民出版社2008年版，第45页。

② （清）李琰纂修：康熙《万州志》卷三《风俗》，海南出版社2004年版，第141页。

　　再一个原因，是他们在海南岛上生活的时间长了之后，逐渐形成了共同的语言。有研究者认为，这种语言不同于我国西北宁夏的回语或波斯语、阿拉伯语。而属汉藏语系壮侗语族，跟占语、马来语或印尼语近似，是一种混合语种。这可能跟回族来自不同地域，操不同语种以及历代演变、融合有关。

　　有共同的语言和共同的心理素质，让这些回族族群形成了聚居点，有些还长久地遗存下来。

　　这类回民聚居点，是多国的侨民汇聚的居民点，它们延续存在的时间相当长。也有的是多年来久经舶航汇聚番船的停靠站，番舶连成一片，自成水上居民点。

　　据海南地方志的记载，这类回族的聚居点或停靠点很多。诸如琼山神应港，"蕃舶所聚之地"①；琼山学前水有番旦村②；崖州望楼港，"番国贡船泊此"③；崖州毕潭港，"占城贡船泊此"④；崖州有番坊港⑤；崖州有番人塘，"塘上昔有番人村"⑥；等等。这些聚居点或水上居民点，在它们的附近一定有寺、庙等配套设施。诸如崖州的"佛堂寺，在州南三里番村，堂制、礼念与礼拜寺同"⑦，等等。这些聚居点虽然志书并未明确其时代，但有相当一部分是宋代形成的。

　　上文所引康熙《万州志》中，记述了这些番坊中都设"番长"。这与宋代朱彧的《萍州可谈》所记相类似："广州蕃坊，海外诸国人聚

---

　　① （清）明谊修、张岳崧纂：道光《琼州府志》卷四《舆地志·山川》，海南出版社 2006 年版，第 110 页。

　　② （清）明谊修、张岳崧纂：道光《琼州府志》卷四《舆地志·山川》，海南出版社 2006 年版，第 109 页。

　　③ （明）唐胄纂：正德《琼台志》卷六《山川下》，海南出版社 2006 年版，第 122 页。

　　④ （明）唐胄纂：正德《琼台志》卷六《山川下》，海南出版社 2006 年版，第 122 页。

　　⑤ （明）唐胄纂：正德《琼台志》卷六《山川下》，海南出版社 2006 年版，第 123 页。

　　⑥ （明）唐胄纂：正德《琼台志》卷六《山川下》，海南出版社 2006 年版，第 123 页。

　　⑦ （明）唐胄纂：正德《琼台志》卷二十七《崖州·寺观》，海南出版社 2006 年版，第 574 页。

居，置蕃长一人，管勾蕃坊公事。"①

番坊中的番长之设，在海南方志中也有另称"先生"的职位，职能与"番长"相类似。正德《琼台志》记述海南三亚地区，有"礼拜寺，在州东一百里番人村，洪武间建，中只作木庵刻番书。以一人为佛奴，早晚鸣焚。有识番书，称先生者，俱穿白布法衣，如回回之服，寺中席地念经礼拜，过斋日亦然"②。

"番长""先生"等神职人员，后来演变成各寺的"掌教"。"番长""掌教"，是寺中的教长，通晓《古兰经》的教理、教义，为人正直，听讼公平，一切都依《古兰经》、圣训及伊斯兰教习惯行事。

他根据《古兰经》中开宗明义的教诲："真主是正道的引领者"，"引导人于至正之道"，劝导一切信徒，所有行为（包括经济行为）都不能离开道德而独行。

伊斯兰教的成年信徒们严格恪守日常的宗教义务，努力身修力行，实践伊斯兰教规定的五项基本功课，"身有礼功，心有念功，性有斋功，命有朝功，财有课功"，努力做到"尽其礼以达乎天"的境界。"礼"即礼拜，每日五次祈祷，每周五举行大礼，每年举行两次节日会礼；"念"，即熟念《古兰经》；"斋"，即每年有一个月封斋；"课"，即要求每位穆斯林，以自己的财物的一部分（四十分之一）散济贫民；"朝"，即凡是有条件的信徒，都要去麦加朝圣一次。③

而对于妇女和少年儿童则另有教育方式。各寺所属的妇女，晚上都要在女寺接受宗教教育。而每周日组织全体少年儿童，根据孩子们的年龄特点传授《古兰经》的系列知识。

这样，全社会都在伊斯兰教的掌控下，让这类番坊组织，既是回族人民的社会管理机构，又是穆斯林的宗教组织，自然起到"政教合

---

① （宋）朱彧撰：《萍州可谈》，载《历代岭南笔记八种》，广东人民出版社2011年版，第115页。

② （明）唐胄纂：正德《琼台志》卷二十七《崖州·寺观》，海南出版社2006年版，第574页。

③ 《三亚羊栏回族的历史与现状》，载姜樾、董小俊主编：《海南伊斯兰文化》，中山大学出版社1992年版，第44页。

一"的社会功能。

还应该指出，这些远离了自己的故土、居住分散、政治和经济都依附于当地汉族或黎族的回族小小的群体——番坊，尽管在一个历史时期内，曾经遍布海南岛的东南沿海地区，在经历了漫长的历史历程后，曾经盛极一时的清真寺、礼拜寺倒塌，他们或者迁徙到明末清初形成的穆斯林聚居地——羊栏地区，或者是融合于当地的汉、黎民族之中。总之，宋代数量可观的番坊，现在都已经找不到踪迹了，有不少只留下了历史的地名。

第二节　黎汉民族融合加快

一、黎汉矛盾的背景

海南岛自从汉族大举移民以后，先住民黎族一直处于弱势，任政治场中的权势者们肆意摆布。北宋徽宗年间，发生了一起由高官合谋蒙蔽朝廷的大骗局，这也使《宋史》中的相关记载容易被误判而误引用。

宋徽宗时，"入为户部、吏部员外郎，左司谏"的大官王祖道，看准宰相蔡京开边的机会，"欲乘时徼富贵"，向皇帝夸大其词，说："（海南岛）向慕者百二十峒、五千九百家、十余万口……"又说："黎人为患六十年，道路不通。今愿为王民，得地千五百里。"在这个基础上，他又请示："请于黎母山心立镇州，为下都督府，赐军额曰静海。"①

于是，《宋史·地理志·广南西路》中记载："大观元年，以黎母山夷峒建镇州，赐军额为靖海。"

王祖道的谎言得逞，立即升官："擢祖道显谟阁待制，进龙图阁直学士。"

更有甚者。他又串通跟他一样的骗——融州张庄，共同合谋，指使张庄向徽宗上奏称："海南一千二十峒皆已团结，所未得者百七十

---

① （元）脱脱等撰：《宋史》卷三百四十八《王祖道传》，中华书局 1977 年版，第 11040—11041 页。

峒，今黎人款化，则未得者才十之一耳”。①

而现实中，王祖道和张庄的这些谎言，激怒了少数民族的领袖，“于是徭、黎渠帅不胜忿，蜂起侵剽，围新万安军及观州，杀官吏”②。

又因王祖道当年讲大话骗皇帝：“徙城时，言黎人伐木助役。乃是诏问，不能对。”③

张商英为相，“治其诞罔”④。但是已经造成恶果：“朝廷受其蔽”。诸如宋徽宗认为他治黎有方，误以为黎族都“款化”：“镇州。薄海之南……凡前世羁縻而弗可隶属者，莫不稽颡踰蹶，顺附王化，奄有夷峒殆千余所，怀保丁民逾十万计。”⑤这个“十万”的数字，即是据王祖道在蔡京开边时、心怀叵测向徽宗撒谎说是黎族“向慕者……十余万口”的数字。

戳穿王祖道的骗局，是要有相当胆识和相当高的职务的。因为王祖道在中央行政部门的门下省任左司谏，这个门下省的职权是主管皇帝宝玺等事，有机会直接接触皇帝。他还兼任吏部员外郎，管理文、武官员选试，又兼户部员外郎等职。而揭发他的也是中央行政部门的中书省的中书舍人，这个职位是“判中书省事”，真正掌管中书省职权的，而直接负责惩治王祖道的是宰相张商英。

宰相张商英以及宋代明智的官员，在这个问题上表现出对黎族采取的比较务实的态度。

宋代的地方行政机构，设置路、州、县三级。路以下的州级行政单位是府、州、军、监。

---

① （元）脱脱等撰：《宋史》卷三百四十八《王祖道传》，中华书局1977年版，第11041页。有论者把这些史事当作正面资料加以引用。

② （元）脱脱等撰：《宋史》卷三百四十八《王祖道传》，中华书局1977年版，第11041页。

③ （元）脱脱等撰：《宋史》卷三百四十八《王祖道传》，中华书局1977年版，第11041页。

④ （元）脱脱等撰：《宋史》卷三百四十八《王祖道传》，中华书局1977年版，第11042页。

⑤ （清）徐松辑：《宋会要辑稿》第一百八十九册《方域七》，中华书局1957年版，第7438页。又，宋徽宗这段话，有论者作为正面史料加以征引。

　　凡政治、经济、军事三者兼重的地方设府，只有军事意义的地区设军。而府的地位比州略高一些，因此，稍大的州，则多升为府。州升为府时，是以该州军事、政治地位作为参考而酌情审定的。

　　据此，在海南的黎母山的中心地区设置一州，称为镇州，又在沿海地区设置一军称为延德军，又以镇州为下都督府，令升为靖海军。而这些府、州、军的设置，是宋徽宗在大观元年十一月诏告颁布天下的。这在当时诸多官员中是有不同看法的。

　　经过由大观元年十一月到政和三年十二月这前后六七年的实践以后，由广南西路的转运副使陈仲宜加以总结，认为上述的设置，很不合适，主要是因为黎母山中心位置，"货物不多"且不说，而且，"深在黎峒中间，别无人旅往还"，这里连走路的人也没有。因此，"奉圣旨：海南新置镇州、延德军、县寨并废罢，所有昨赐镇州作靖海军额拨归琼州"。①

　　这个总结是由管辖琼州的广南西路转运副使这一职务的陈仲宜说的。

　　转运使司的职权，不仅经营一路财赋，保障向上级机关的供给及地方经费的足额，还要巡察辖境，稽考簿籍，举劾官吏。转运使便成为事实上的路一级的监司官。也正因如此，这个陈仲宜的总结极具权威，并得到圣旨。张商英是据此而采取实事求是的态度，指出王祖道的谎言并惩治他。

　　一场政治骗局被揭穿，黎族因此也得到朝廷实事求是的对待。

二、宋代政府对黎族的治理

　　宋代在政治、经济及文化教育等方面对黎族治理方针有大的转变，促进了黎族社会的进步和黎汉民族团结。

　　政治层面，首先是保持宋代自真宗开始制定的政策直到哲宗，由皇帝降旨治黎各级官员，要求"革旧弊，开示恩信，令生黎洒然

---

① （清）徐松辑：《宋会要辑稿》第一百八十九册《方域七》，中华书局 1957 年版，第 7438 页。

知有所赴，恕能改过自新者，厚抚恤之"①。宋哲宗在元祐三年（1088年）的意见，跟80年前宋真宗在大中祥符二年（1009年）的意见一脉相承。

其次，官员以民族友好、平等和谐的态度处理民族间的纠纷。诸如至和元年（1054年），广南西路经略司主动送还黎人符护奴婢十人归黎峒，于是符护将手中掌控的琼崖州巡检三班借职慕容允则及军士五十六人归还。②又，元丰三年（1080年）十二月二日，琼管体量安抚朱初平报告说，海北有人侵占黎民田地。上级即命令四州军民不得招惹生事，要求"与黎人相杂，分耕教习武艺"，共同防御边寇。③又，绍兴三十年（1160年）十二月四日，广西运判邓酢报告，临高县黎人王文满起事，原因是前任定南知寨刘荐，借王文满的银、马、香钱等不还。于是"本州已将刘荐送狱根勘，追出银、马、香钱交还"④，这些说明治黎的汉族官员能以民族平等相待的态度处事。

最后，推行黎族土官制度，实施"以夷制夷"的间接统治政策。这一政策的实施有三种情况，一是原来朝廷正式授职的黎族首领出面。诸如绍兴年间（1131—1162年）琼山民许益作乱，"王母黄氏抚谕诸峒，无敢从乱者"。⑤因为王氏"三代受朝廷诰命，及至母黄氏承袭"。⑥二是鼓励黎族有实力的领导人出面招降，然后论功行赏，再授予官职。诸如乾道九年（1173年）八月，乐昌县"黎贼"劫省民，焚县治为乱。"黎人王日存（用）、王承福、陈颜招降之"；然后，"琼管安抚司上其功，

---

① （清）徐松辑：《宋会要辑稿》卷一百九十八《蕃夷》五之四十四，中华书局1957年版，第7788页。

② （清）徐松辑：《宋会要辑稿》卷一百九十八《蕃夷》五之四十四，中华书局1957年版，第7788页。

③ （清）徐松辑：《宋会要辑稿》卷一百九十八《蕃夷》五之四十四，中华书局1957年版，第7788页。

④ （清）徐松辑：《宋会要辑稿》卷一百九十八《蕃夷》五之四十四，中华书局1957年版，第7788—7789页。

⑤ （元）脱脱等撰：《宋史》卷四百九十五《蛮夷传三·黎洞》，中华书局1977年版，第14220页。

⑥ （清）徐松辑：《宋会要辑稿》卷一百九十八《蕃夷》五之四十八，中华书局1957年版，第7790页。

得借补承节郎"。① 三是官府不动用武力，只是晓以利害再退兵。诸如绍兴年间（1131—1162年），儋民王高叛，临高尉陈适径造贼垒，谕以祸福，遂乞降。② 又，绍兴十二年（1142年），琼州黎峒反。时吴群以员外郎出判琼州，"单骑诣堡，开谕利害，遂戢兵归耕"。③ 这种情况，恰如苏过在《论海南黎事书》中所指出的："入喻诸黎，晓以利害，惧以祸福"④，即能奏效。在政治层面上这些政策实施以后，"边面宁帖""边界宁静""边面肃静"⑤，进而促进了黎汉百姓的交流和经济的昌盛。

经济层面，首先是重视农业生产。如乾道二年（1166年），广南西路经略转运司认为，凡是省民逃入黎峒成为黎人者，官方出文榜招诱，给予优惠政策，此前欠官私税租，一律免除；而且，复业耕种后田租科料，减效五年；无田可耕者，可以在空闲土地上"从便耕垦"，亦免五年税赋。⑥ 在这之前，元丰三年（1080年）十二月，时任琼管体量安抚朱初平认为："黎峒宽敞，极有可为良田处……拣愿耕少壮之人，籍成保甲，与黎人杂处分耕。"⑦ 过了三年，元丰六年（1083年），琼州知州刘威认为："朱崖军土脉肥沃，欲乞委本军，除旧系黎人地不许请射外，余许招诱客户请系官旷土，住家耕作，仍立赏格激劝。"⑧ 官府定出一系列的优惠政策，激励汉人和黎人开垦荒地，"令复乡业"。这样一来，原先朱崖军"税米不足"，每年都要"拨昌化军丁税米"

---

① （元）脱脱等撰：《宋史》卷四百九十五《蛮夷三·黎洞》，中华书局1977年版，第14219页。

② （明）唐胄纂：正德《琼台志》卷二十一《平乱》，海南出版社2006年版，第461页。

③ （清）金光祖纂修：康熙《广东通志》卷十四《名宦》，海南出版社2006年版，第149页。

④ （宋）苏过：《斜川集》卷七《论海南黎事书》，巴蜀书社1996年版，第494页。

⑤ （清）徐松辑：《宋会要辑稿》卷一百九十八《蕃夷》五之四十八，中华书局1957年版，第7790—7791页。

⑥ （清）徐松辑：《宋会要辑稿》卷一百九十八《蕃夷》五之四十三至五十，中华书局1957年版。

⑦ （宋）李焘撰：《续资治通鉴长编》卷三百十，中华书局1992年版，第7520页。

⑧ （宋）李焘撰：《续资治通鉴长编》卷三百三十九，中华书局1992年版，第8165页。

救济。后来，"闻朱崖军颇有生熟黎峒米"。①

其次，发展交通运输业。在宋代，"郡治之南有海口驿，商人舣舟其下，前有小亭，为迎送之所"②。在海口，当时商贾停船靠岸的船只很多。而且，上文引元丰三年（1080年）朱初平的奏议中说到"海南收税"时所论，也从一个侧面证明宋代海南的海运交通运输业发达。他说，舟船收税以"丈尺量纳"。量定船的丈、尺之后定为三等纳税。他指出，船的大小相差一尺"而纳钱多少相去十倍"，且不说这不合理，主要是客人来自何处、载货贵贱不同，"自泉、福、两浙、湖、广来者，一色载金银匹帛，所直或及万余贯；自高、化来者，惟载米包、瓦器、牛畜之类，所直或不过一二百贯"③。这样用丈尺大小收税当然不合理。他是从税收不合理的角度引出这番话，但朱初平所论，证明海南当时有来自七八个州的商船，所运载进岛的货物贵贱都有，都是市场所需。交通运输业的兴旺，大大促进社会的发展进步，黎区也在其中受益。

最后，黎汉之间"互市"，商品互通有无，促进黎族地区的社会稳定与发展。

朝廷倡导"互市"，在各州县或大的乡镇设"圩市"，"生黎""熟黎"都经常越过儋、崖、安、万的黎汉交界，"时出与郡人互市"。④ 关于这一点，苏轼诗《和陶拟古九首》其九，记载了黎母山上的一个黎人出山卖柴的形象："黎山有幽子，形槁神独完。负薪入城市，笑我儒衣冠。生不闻诗书，岂知有孔颜。倏然独往来，荣辱未易关。日暮鸟兽散，家在孤云端。问答了不通，叹息指屡弹。似言君贵人，草莽栖龙鸾。遗我吉贝布，海风今岁寒。"⑤

这位到"互市"中来做买卖的黎人，身体显得瘦骨嶙峋，但却怡

---

① （宋）李焘撰：《续资治通鉴长编》卷三百十，中华书局1992年版，第7521页。

② （宋）赵汝适著、杨博文校释：《诸蕃志校释》，中华书局2000年版，第218页。

③ （宋）李焘撰：《续资治通鉴长编》卷三百十，中华书局1992年版，第7522页。

④ （元）脱脱等撰：《宋史》卷四百九十五《蛮夷三·黎洞》，中华书局1977年版，第14219页。

⑤ 《苏轼诗集》第七册，中华书局1982年版，第2266页。

然自得，精神境界十分高尚。在带有原始性质的以货易货的互市中，苏轼记述的是当时的一个典型形象。

这首诗不可能论互市的内容。苏过在《论海南黎事书》中加以补充。黎族老百姓从互市中，卖出自己的土产品如沉香、吉贝等，购入盐、酪、布帛、斤斧、铁器等诸多生活用品和生产工具，而且还要鼓励那些"轻风涛之虞，涉不测万里之险"的商人，多作商贸以利交易①，让黎族得实惠并因此而发展。

文化教育层面。宋初，赵氏政权建立以后，有鉴于此前王朝的历史教训，在政治上重视文教事业。于是政策也随之倾斜，偏向于文教与科试。再加上因海南地广人稀而大量大陆移民迁入和土官影响的扩大，中原文脉在海南岛上也迅速地广泛传播，黎族地区通过教育，由是在文化上得以逐渐改变面貌。

首先，办学逐步深入到黎族聚居地，教育带动了社会进步。

严格说来，在海南，由朝廷出面举办正规化的官办学校自宋代始。宋代在府学以外设县学。黎族地区最早举办县学的，据道光《广东通志》记载是昌化县："县学，宋大观年间（1107—1110 年）建于旧县治之东。"② 又，陵水县的县学，"宋建于那亮乡"。③ 正德《琼台志》记载："昌化县学，宋立于旧县之东、昌江二水洲上。""陵水县学，宋立，附县治。""崖州学，宋立，在州城外东南。郡倅慕容居中移城北，后郡守莫豫复故。淳熙十四年（1187 年），郡守周康重修。淳祐五年（1245年），郡守毛奎移于郡城西南。""感恩县学，宋立于县治之左。"④

在黎族地区办的这些县学，连同有些乡镇办的社学，教学内容，主要是根据儒家经典，宣传儒家的"身心性全"和"天人合一"的学说，

---

① （宋）苏过：《斜川集》卷七《论海南黎事书》，巴蜀书社 1996 年版，第493 页。

② （清）阮元总裁、陈昌齐总纂：道光《广东通志·琼州府》，海南出版社2006 年版，第446 页。

③ （清）阮元总裁、陈昌齐总纂：道光《广东通志·琼州府》，海南出版社2006 年版，第450 页。

④ （明）唐胄纂：正德《琼台志》卷十五《学校上》、卷十六《学校下》，海南出版社 2006 年版，第361—383 页。

教导学生怎样"做人"。中原文化通过教育，传入黎区；潜移默化，黎族地区的社会文明由是得到长足的提升。

其次，大量大陆移民迁入，带动黎族的进步。

上文说过，海南地广人稀，"中原人士谪居者相踵"。① 这其中有军士服役期满后落籍海南，有商人、谪官、避乱而来的民众等。数量较大的是从大陆逃匿黎区的所谓"奸民"和沦落黎区的商旅。

周去非《岭外代答》载："熟黎，耕省地，供赋役""熟黎多湖广、福建之奸民也，狡悍祸贼，外虽供赋于宦，而阴结生黎以侵省地，邀掠行旅、居民。官吏经由村峒、多余其家。"②

赵汝适《诸蕃志》的记载又有补充，略为不同："闽商值风飘荡，赍货陷没，多入黎区耕种之。归官吏及省民经由村峒，必舍其家，恃以为安。"③

据范成大《桂海虞衡志》记载："熟黎能汉语，变服入州县圩市，日晚鸣角结队以归。"④

在许多"熟黎"的带动下，原先惯于以物易物，而且认为"得钱无所用"⑤ 的黎族百姓，逐渐在交换中觉悟。联系到《诸蕃志》记载的"黎之峒落日以繁滋，不知其几千百也"。⑥ 这些本来是湖广、福建的居民，所以是"能汉语"的"熟黎"，他们直接带动了"不知其几千百"的黎族百姓接受汉文化的影响，他们穿着汉族的衣服入州县圩市"人莫辨焉"，跟汉族人一样。文化由是也渐趋汉化。

最后，峒首的影响力扩大。上文说过，宋代对黎区的治理，不直

① （宋）李光：《庄简集》卷十六《儋耳庙碑》，《文渊阁四库全书》，台湾商务印书馆 1986 年版，第 1128 页。

② （宋）周去非著、杨武泉校注：《岭外代答校注》卷二，中华书局 1999 年版，第 70 页。

③ （宋）赵汝适著、杨博文校释：《诸蕃志校释》，中华书局 2000 年版，第 220—221 页。

④ （宋）范成大撰、严沛校注：《桂海虞衡志校注》，广西人民出版社 1986 年版，第 170 页。

⑤ （宋）赵汝适著、杨博文校释：《诸蕃志校释》，中华书局 2000 年版，第 220—221 页。

⑥ （宋）赵汝适著、杨博文校释：《诸蕃志校释》，中华书局 2000 年版，第 220 页。

接由汉人操办，而往往是通过黎峒的峒首实行，即由黎族的土官去贯彻执行。周去非举了一个十分典型的例子：有一位王二娘，是黎峒峒首，她的丈夫是什么人倒不闻名，而她却是"家饶于财，善用其众，力能制服群黎，朝廷赐封宜人，琼管有令于黎峒，必下王宜人，无不帖然"。[①] 这些峒首，对维护黎族聚居地的封建秩序起到了极其重要的作用，同时，也由于他们在黎峒中的威信高，"琼管有令"下达时，与这些土官接触，土官办完后向上说明办得"帖然"时也与汉人交往，由是这部分峒首接受汉文化加深，加上他们有能力送后一代上学接受儒家文化熏陶。他们起到在黎区扩大中原文化影响的巨大作用。

第三节　海南的疍民[②]

一、疍民的历史渊源与界定

疍民，是一个非常复杂的群体。历史上对他们的称谓有多种；他们的地域分布十分广泛；历史文献中根据他们的生产生活特征又区分为三种疍民；他们的迁徙状况也极其纷繁。这些问题，都史有明文，这里不作考究。但必须明确，我们不是以地域区分，而是以生产生活和习俗等特征出发来界定疍民。今天所说的疍民，是指长年舟居，在江海中以单舟为生产单位进行水捞生产，依靠水产品为生；以舟为居室，生产工具和生活工具都是舟艇；他们拥有群体独特的生活习俗和观念文化。

海南疍民，历史久远，目前还不能确证。

历史上海南岛曾经分别隶属于广西和广东；广西和广东疍民的历史，应该涵盖海南。这样说来，历史上两广的疍民就不只是始于晋代而至迟是在汉代。

史家一般都根据顾炎武在《天下郡国利病书·广东备录下》[③] 的记载，

---

①　（宋）周去非著、杨武泉校注：《岭外代答校注》卷二，中华书局1999年版，第70页。

②　疍民，亦称"蜑民""蛋民"。本书采用"疍民"。

③　（清）顾炎武著、黄坤等点校：《天下郡国利病书》，上海古籍出版社2012年版，第3426—3427页。

认为广东疍民在晋代迁徙到广东。顾炎武在书中引《晋书·陶璜传》说：

> 晋时，广州南岸周旋六十余里，不宾属者五万余户，皆蛮疍杂居。[1]

顾炎武接着说："自唐以来，计丁输课于官。"认为疍民在珠江三角洲各县和潮汕平原地区多，而"至雷、琼则少"。

疍民在晋时迁入广州，顾炎武是根据《晋书》下文所说的"合浦郡土地硗确，无有田农，百姓唯以采珠为业。商贾去来，以珠贸米"，采珠为生即是疍民。

合浦郡采珠为生即是疍民。这一点，学术界有过不同意见。[2] 笔者认为，毕竟顾炎武"博览群书"，他的判断是对的。

据宋代蔡絛《铁围山丛谈》的记载：

> 凡采珠必蜑人，号曰蜑户，丁为蜑丁，亦王民尔。特其状怪丑，能辛苦，常业捕鱼生，皆居海艇中，男女活计，世世未尝舍也。采珠弗以时。众咸裹粮会，大艇以十数环池，左右以石悬大絙至海底，名曰定石。则别以小绳击诸蜑腰，蜑乃闭气，随大絙直下数十百丈，舍絙而摸取珠母。曾未移时，然气已迫，则亟撼小绳。绳动，舶人觉，乃绞取。人缘大絙上，出辄大叫，因倒死，久之始甦。下遇天大寒，既出而叫，必又急沃以苦酒可升许，饮之醯，于是七窍为出血，久复活。其苦如是，世且弗知也。[3]

蔡絛的记载是正确的。虽然蔡絛在宋徽宗宣和年间，与父亲蔡京一起为奸作恶，劣迹昭著；《铁围山丛谈》中也有不少为洗脱自身的污秽而歪曲史实的地方。但我们不能因人废言，蔡絛像上文所引的记载，是研究宋史的有用史料。而上文所引，是作者被贬白州（今广西

---

[1] 《晋书》卷五十七《陶璜传》中原文没有"皆蛮疍杂居"句。又，顾炎武引文中说是"六十余里"，原书是"六千余里"。关于顾炎武引文与《晋书》中增多一句，陈序经在《疍民的研究》（商务印书馆1946年版，第46页）中已经指出。

[2] 陈序经说："决不能因其采珠而遂谓为疍民。"见《疍民的研究》，商务印书馆1946年版，第46页。

[3] （宋）蔡絛：《铁围山丛谈》，中华书局1983年版，第99页。

博白）时，接触下层群众，甚至是实地调查所得而记录的。不然，他不可能如此真切地反映出疍民采珠的痛苦状况。何况下文还有现场听当地老百姓的言说的记录，证明他是到达现场的。

估计顾炎武在作上述判断时，是读过像蔡絛这类记载的。

顾炎武所引《晋书》的记载，是否是两广最早的疍户采珠的时代？

据史书记录，两广地区采珠的历史起码是在汉代。《后汉书》卷七十六《孟尝传》载：孟尝"迁合浦太守。郡不产谷实，而海出珠宝，与交阯比境，常通商贩，贸籴粮食"。孟尝的前任，"多贪秽，诡人采求，不知纪极"。① 这样，这种责人过度采珠，合浦郡的珠宝，都迁到交阯郡去了。孟尝到官之后，革易前敝，"移风改政，去珠复还"。合浦郡采珠，有过这么大的反复波折，可见东汉时合浦的采珠业已经相当发达了。这证明，在东汉以前，疍民已经在合浦生活很长时间了。

疍民在两广地域中生存，当然也会有疍民到海南岛，不过是少些而已。然而，史书缺记。正史中记宋代海南岛疍民的见于《宋史》卷二百八十四《陈尧叟传》：当时调雷、化、高、藤、容、白诸州的兵士，让他们将粮食运到海南；但是，这些兵士都"不习水利，率多沉溺，咸苦之"。而徐闻地区有著名渡口递角场，与海南相对，"风便一日可达"。陈尧叟"因规度移四州民租米输于场（递角场），第令琼州遣蜑兵具舟自取，人以为便"。② 与《宋史》记载相应，明代蔡光前等纂修的万历《琼州府志》也说："疍兵，以疍民为之。"③ 这样看来，宋代海南的疍民已经组成有相当规模的疍兵船队服务于政府了。可见疍民在海南岛活动已经有很长时间了。

二、疍民在宋代海南的生存状况

疍民在海南岛的生存状况，据宋人诗文所记，约略可以描述如下。

① （南朝宋）范晔：《后汉书》卷七十六《循吏列传·孟尝传》，中华书局1965年版，第2473页。

② （元）脱脱等撰：《宋史》卷二百八十四《陈尧叟传》，中华书局1975年版，第9584—9585页。

③ （明）戴熺、欧阳灿总裁，蔡光前等纂修：万历《琼州府志》，海南出版社2003年版，第320页。

1. 他们聚居的地域是岛的东南部和西北部沿海平原地区

根据赵汝适在南宋理宗宝庆元年（1225 年）以朝散大夫提举福建路市舶司兼权泉州市舶司时所撰《诸蕃志》记载，琼州属邑的琼山、澄迈、临高、文昌、乐会，"皆有市舶"而舶舟之中分为三等，"下等名蜑舶"。① 蜑舶中即是蜑民，可证海南岛的东北部和东部海边生活着蜑民群。下文又说：北宋熙宁六年（1073 年）时万宁、陵水一带，"民与黎蜑杂居"②，都是明证。

比赵汝适早得多的北宋诗僧惠洪，因为被卷入政治斗争的旋涡成为北宋党争的牺牲品，并于政和元年（1111 年）十月被发配朱崖军。政和二年（1112 年）春天写《过陵水县》诗，其中说"黎人趁牛日，蜑户聚渔村。篱落春潮退，桑麻晓瘴昏"③，也记叙陵水一带有蜑民聚居并成为渔村，且比惠洪稍早。

苏轼在北宋绍圣四年（1097 年）从惠州贬到海南岛。刚到海南不久，他写信给程全父，说他到了海南岛以后，他与儿子的身体都还好，"但黎蜑杂居"。④ 当时苏轼居儋州，是在岛的西部。

这样，在宋代，蜑民聚居的地域自儋州、临高、澄迈、琼山、文昌、琼海、万宁、陵水等地都是，即岛西北和东南的沿海平原地带。

2. 宋代蜑民居住在舟艇

宋代蜑民，有居住在陆上的，如上文引苏轼说的"黎蜑杂居"。赵汝适也说是"民与黎蜑杂居"⑤。陆上居住的蜑民，据顾炎武说是"自唐以来，计丁输课于官"，已经是按照男丁数量捐纳赋税。如果蜑民没有相当的数量政府是不会给自己添加麻烦的。可见，宋代蜑民陆居

---

① （宋）赵汝适著、杨博文校释：《诸蕃志校释》，中华书局 2000 年版，第 217 页。

② （宋）赵汝适著、杨博文校释：《诸蕃志校释》，中华书局 2000 年版，第 219 页。

③ （宋）释惠洪著、［日］释廓门贯彻注、张伯伟等点校：《注石门文字禅》，中华书局 2012 年版，第 619 页。

④ 《苏轼文集》，中华书局 1986 年版，第 1626 页。

⑤ （宋）赵汝适著、杨博文校释：《诸蕃志校释》，中华书局 2000 年版，第 219 页。

的不在少数。

然而，疍民更多的是舟居。

北宋陈师道说："舟居谓之蜑人。"① 以是否舟居为疍民的标记。

上文征引《宋史》卷二百八十四《陈尧叟传》中说到"蜑兵具舟"，载米到琼，蜑兵的数量大，"具舟"，不论是蜑兵自备的舟艇还是临时征用疍民的舟艇，海河边上的疍舟一定很多。

赵汝适记载，当时琼山、澄迈、临高、文昌、乐会等县，都有"疍舶"，"舶舟之中分三等，上等为舶，中等为包头，下等名蜑舶"。接着指出，地方政府派员"打量丈尺，有经册以格税钱，本州官吏兵卒仰此以赡"。② 疍舶是三种舶舟之一，也在赡养地方政府的官吏兵士中出了三分之一的力量。

苏轼贬儋三年，即将北归的时候，写信给秦观，两处说到乘疍舟事，亦见出当时海南疍民舟艇很多。一是说，自海南北归，"自此径乘蛋船至徐闻出路"③，即是说自儋州直接乘疍民的舟艇到海北，然后再转北上。另一说，他北归的准备工作大约十天可以办妥，"但须得泉人许九船，即牢稳可恃。余蛋船多不堪"。④ 在苏轼看来，海南当时疍船虽多，但渡海这样的远程交通，疍舟却是不稳当可靠的，还是泉州的大船过海可恃。

海南岛的海河边上，疍民舟艇林林总总。可证当时疍民数量之多，亦见出疍民生存状态之一斑。

三、生产生活习俗

自广东、广西迁徙到海南岛的疍民，因海南岛在南海中，海洋资源丰富，鱼汛期长，海滩广阔，避风条件好，安全。加上这里长夏无冬，疍民习俗是"隆冬单衣，跣足"。⑤ 这里的生产条件以及生活环境

① （宋）司马光撰：《资治通鉴》，中华书局1986年版，第4183页。
② （宋）赵汝适著、杨博文校释：《诸蕃志校释》，中华书局2000年版，第217—218页。
③ 《苏轼文集》，中华书局1986年版，第1538页。
④ 《苏轼文集》，中华书局1986年版，第1537页。
⑤ （清）吴震方：《岭南杂记》卷上，商务印书馆1936年版。

都比在广东时好。因此，他们自两广迁来以后，长期在这里生息。他们继承了在广东时的习俗，同时，又据海南岛的自然条件，因地制宜，形成了海南疍民的生产生活习俗。

海南疍民的生产习俗与广东疍民一样，不过又有所改变和分化。我们现在见到的关于广东疍民在生产方面的记录的最早材料是北宋乐史（930—1007年）的《太平寰宇记》卷一百五十七"新会县"条的两段记载：

> 蜑户，县所管。生在江海，居于舟船，随潮往来，捕鱼为业。
> 卢亭户，在海岛中，乘舟捕海族蠔螺蛤蜊为业。①

"蜑户""卢亭户"都是疍民，居于舟船，捕鱼及蠔螺为业。这是他们生产的最重要的特征。所以，杨万里有《蜑户》诗：

> 天公分付水生涯，从小教他蹈浪花。
> 煮蟹当粮那识米，缉蕉为布不须纱。
> 夜来春涨吞沙嘴，急遣儿童斸荻芽。
> 自笑平生老行路，银山堆里正浮家。②

杨万里这里是说，疍民的本性是靠水生活，这是上天安排了的。他们用水产品和河海边上生长的植物如荻、蕉等作为自身衣食的本源，生活过得很安稳。可见，南宋时期的疍家族群已经形成并且稳定。当时海南岛上的疍民，也在海岛中捕蠔。苏轼在北宋元符二年（1099年）十一月初六日在儋州有《食蚝》一文③，记载当地疍民献蚝："己卯冬至前二日，海蛮献蚝。"宋代称疍民为"海蛮"。

海南疍民的生活习俗，据赵汝适的《诸蕃志》载，宋代的万宁、陵水一带，"民与黎蜑杂居。其俗质野而畏法，不喜为盗，牛羊被野，无敢冒认。居多茅竹，瓦屋绝少。妇媪以织贝为业，不事文绣。病不服

---

① （宋）乐史：《太平寰宇记》，中华书局 2007 年版，第 3021 页。
② 杨万里：《诚斋集》卷十六，《文渊阁四库全书》第 1160 册，台湾商务印书馆 1986 年版，第 170 页。
③ 《苏轼文集》中《苏轼佚文纂编》卷六，《食蚝》原题作《献蚝帖》。

药，信尚巫鬼，杀牲而祭，以祈福佑。"① 当时，疍民的生活习俗已经有自己的特点：第一，他们为人质朴，遵纪守法，没有偷盗行为，所以与汉人、黎人相处得很好；第二，他们的居处多是茅竹结构，很少有砖瓦房屋；第三，妇女们以织贝为业；第四，病不服药，迷巫鬼以求保佑。

疍民长期在海南岛安居乐业，生息其间。

四、海南疍家的称谓和祖源

海南疍家与广东疍家一样，终生终世，而且世代相承，都生息在水上；河海是他们的劳动对象，艇仔是他们最重要的劳动工具，也是他们栖身生息之所。这决定了他们是采取分散作业的经营形式，具体说来，是一家一艇独立生产，操舟打鱼或摆艇撑渡，各行其是，互不相干，自食其力，自给自足。子女长大后成亲，又另立一艇，独立组成另一个小家庭。这种一艇一家的组织形式，经历千百年都未曾变动。他们各个小家庭，没有日常生活之外的多余财产积蓄，而且"疍家艇"是在江河上行踪不定，故无法形成比小家庭更大的亲属群体。他们都生活在小艇上，没有像陆上人群一样，有宗祠、宗庙、族谱，所以没有陆上人们常见的种姓群体。

这种生产和生活形式决定每个家庭永远都是"单家"；是故，疍家其实在最早时是"单家"。大家约定俗成，将这种水上人家叫"单家"。②

历史上说疍家人都"茫然于祖先的出处"。③

---

① （宋）赵汝适著、杨博文校释：《诸蕃志校释》，中华书局2000年版，第219页。

② 三亚市河西区榆港社区居委会书记、疍家人郑石喜说："疍"字其实是"单"字。笔者与郑石喜因为工作关系，是老朋友。多年前因为研究南海海盗向他作过调查，此后，关于疍家研究又多次互相切磋，经常互相赠予疍家的研究参考资料。他说："疍家"，其实是"单家"。我们沿着这个称谓的解释，用广州话交谈，于是越发切近疍家的本质。广州话的"dàn"，发音是"dān"。

③ 徐松石：《东南亚民族的中国血统》第十章《疍族和吴越的关系》，载《徐松石民族学研究著作五种》，广东人民出版社1993年版，第859页。

第十四章　宋代海南的宗教与民俗

第一节　宗　教

一、海南各县都建有佛寺

汉传佛教中的禅宗，自唐代传入海南岛，有较快的发展。宋朝建立不久，对佛教的传播有所控制。《宋会要辑稿》载："建隆初，诏佛寺已废，不得再兴。"[①] 不过，这只是短暂的政策。到了宋真宗、宋仁宗时代，重视佛经刻印，陆续刊刻《大藏经》，促进了宋代佛教的传播。宋代佛教以禅宗、净土宗最为流行，尤以禅宗为最盛，《五灯会元》就是唐宋禅宗史与语录集。

唐代鉴真和尚因飓风漂流到海南时，建筑佛寺，传播佛旨，推动了佛教的传播。宋代，佛教也普及至民间。是时，海南各县都建有佛寺。

二、觉范禅师在海南

宋代佛教中禅宗最盛。政和年间（1111—1118 年），觉范禅师因护佛逆旨南谪朱崖。觉范禅师名德洪，又字惠洪，宋筠州新昌县（今江西宜丰县）人，自幼聪颖好学。14 岁时出家，16 岁从临济宗黄龙派真净克文禅师学禅，19 岁试经于东京天王寺，得度为僧。后归庐山归崇寺，再谒真净克文禅师，相随七年，尽得其道。政和元年（1111 年）八月，蔡京党人讦告张商英与郭天信漏泄禁中言，张商英罢相。惠洪

---

① （清）徐松辑：《宋会要辑稿》卷二百《道释》之一五，中华书局 1957 年版，第 7876 页。

坐交张、郭厚善，下开封狱，并于当年十月二十六日刺配朱崖军，愤激之余，遂取此号。政和元年（1111 年）十二月贬谪海南，曾号海南逐客。他在《邵阳别胡强仲序》中写道："政和元年十二月十九日海南逐客某序。"政和三年（1113 年）十一月十九日自琼州澄迈北渡，居海岛三年，北渡后隐居江西石门寺潜修，著有《禅林僧宝传》《林间录》《石门文字禅》《临济宗旨》《冷斋夜话》《天厨禁脔》《法华经合论》《楞严经合论》《智征使》《云岩宝镜三昧》等书，高宗建炎二年（1128 年）圆寂于同安，享年 58 岁，同门为其建塔于凤栖山，赐号"宝觉园明"。

觉范禅师在海南三年期间，潜修弘道，广阐禅宗及儒释之宏旨。他的足迹南至陵水、崖州，北至琼山、澄迈、儋州。

觉范作为一位禅师，被贬谪海南后，一方面传播佛教禅理；另一方面也随遇而安，效法东坡。但他内心之中还是不免有戚戚之情，贫病之叹，这是每一个贬谪者所难以避免的心态，佛门弟子也难以超脱。

三、道教

宋代汉族上下阶层的人物多兼信佛、道二教，而在佛教传入中国和在道教创立以前，民间所崇拜的诸神，在道教创立以后大多归入为道教诸神。道教也不断创造新的道教神仙，举凡天、地、风、雨、雷、名山大川、湖海，直至城隍、土地、山神、门神、灶神，无不有神。而名人义士也不断变为神仙，民间信奉的"八仙"，就是新创造的道教神仙。"八仙"中的大多数是在五代、宋代创造的。①

宋太祖对佛、道采取兼容政策，宋太宗利用道士张守真等为其夺取帝位制造舆论，宋真宗在大中祥符元年（1008 年）正月利用道教制造神人降"天书"《大中祥符》而改国号为大中祥符，继而在全国建道场，修玉清昭应宫，祭祀道教教祖太上老君李耳，信奉道教已经成为全国一股狂潮，正如《宋史·真宗纪》中所说的："及澶渊既盟，封禅事作，祥瑞沓臻，天书屡降，导迎奠安，一国君臣如病狂然。"②

宋徽宗仪奉道教，将天下大寺称为神霄玉清万寿宫，把院称为

---

① 参见任继愈主编：《中国道教史》第三编，上海人民出版社 1990 年版。
② （元）脱脱等撰：《宋史》卷八《真宗纪三》，中华书局 1975 年版，第 115 页。

观，自号教主道君大帝。宣和元年（1119年）正月，呼佛为大觉金仙，呼僧为德士，八月将御笔御制的《神霄玉清万寿宫诏》在京城内的神霄宫内之碑刻石，并且颁告天下，要各地摹勒立石。目前在海口市五公祠内的宣和御碑，是海南岛最古的现存碑刻，也是全国尚存的宋徽宗书瘦金体刻石《神霄玉清万寿宫诏》碑两块中完好的一块。

北宋的道教符箓派分为龙虎宗、茅山宗（上清派）和阁皂宗（灵宝派）。北宋中叶张伯端著《悟真篇》，被奉为全真道南宗始祖。张伯端传石泰，石泰传薛道光，薛道光传陈楠，陈楠传白玉蟾。白玉蟾广收门徒，形成道派，称建宗传法之所为"靖"，白玉蟾称碧芝靖、其徒彭耜称鹤林靖，彭耜之徒林伯谦称紫光靖。南宗受符箓派影响，自陈楠起兼行雷法。南宗到元初与北方全真道（北宗）逐渐合流，元代被称为全真道南宗，张伯端、石泰、薛道光、陈楠、白玉蟾被尊为南宗五祖。[①]

而白玉蟾就是海南岛第一位信奉道教并组织道派的被尊为五祖之一的人物。

北宋真宗（998—1022年）下诏在全国普遍修道教宫观，海南虽孤悬海外，道教在原有基础上迅速兴起，当时在琼州、万安州等地建有天庆观，是海南最早的官立道观。琼州和万安州的天庆观后来改称为玄妙观。海南岛上各州县后来也建有道观。

第二节　风俗习惯

宋代海南岛虽然已有大量的汉族移民、被委派到海南任职的官吏和一批被贬的汉族官吏，带来了汉族的文化及汉族的风俗习惯。正如苏轼所说的："自汉末至五代，中原避乱之人，多家于此。今衣冠礼乐，盖班班然矣。"[②]虽然如此，但宋时的海南，就整体来说，仍然相当贫穷落后，苏轼云：儋州"食无肉，病无药，居无室，出无友，冬无炭，夏

---

① 参见白寿彝总主编：《中国通史》第七卷《中古时代·五代辽宋金夏时期》（上），上海人民出版社1999年版，第1031页。

② 《苏轼文集》卷十七《伏波将军庙碑》，中华书局1986年版，第506页。

无寒泉，然亦未易悉数，大率皆无耳。惟有一幸，无甚瘴也"。① 说明当时海南仍很荒凉。苏轼还曾说过："海南多荒田，俗以贸香为业。所产秔稌，不足于食。乃以薯芋杂米作粥糜以取饱。"②《闻子由瘦》诗云："土人顿顿食薯芋，荐以薰鼠烧蝙蝠。"③ "儋耳颇有老人，年百余岁者，往往而是，八九十者不论也。"④ "南海以薯米为粮，几米之十六。今岁米皆不熟，民未至艰食者，以客舶方至而有米也。然儋人无蓄藏，明年去则饥矣。"⑤ 这类记录，都真实而又生动地反映了宋代海南的习俗。

李光贬谪海南时，写了一篇《儋耳庙碑》，对当地风俗曾做过一番描绘："虽地狭民贫，而酒茗皆资之舶舡，土宜薯芋，民资之以为粮；歉岁惟食薯，薯有二种，大者径尺，丰岁几不论钱，故凶年不见丐者。虽无富民，而风俗俭约，妇人不曳罗绮，不施粉黛，女子自少小惟绩吉贝为生，故多跣足，富者穿履袜而已。苏子瞻尝有诗云：'冯冼古烈妇'至'歌此送迎诗'。近年风俗稍变，盖中原士人，谪居者相踵，故家知教子，士风浸盛，应举终场者，凡三百人，比往年几十倍，三郡并试时得人最多。夫人生有功于国，没能庇其民，天有水旱，民有疾苦，求无不应。每岁节序，群巫踏舞，士女骈辏，箫鼓之声不绝者累日。自郡守已下，旦望朝谒甚恭，必有神灵以镇一方而为之主宰。"⑥ 这里，李光对于儋州古城的风俗习惯、妇女的生活习俗、民间信仰及其纪念形式、中原人士谪居海南岛后学风的转变等方面，都作了真实的记载。

---

① 《苏轼文集》卷五十五《与程秀才》三首，中华书局 1986 年版，第 1628 页。
② 《苏轼诗集》卷四十一《和陶劝农》六首，中华书局 1982 年版，第 2255 页。
③ 《苏轼诗集》卷四十一《闻子由瘦》，中华书局 1982 年版，第 2257—2258 页。
④ 《苏轼文集》卷七十一《书海南风土》，中华书局 1986 年版，第 2275 页。
⑤ 《苏轼文集》卷七十三《记薯米》，中华书局 1986 年版，第 2368 页。
⑥ （宋）李光：《庄简集》卷十六《儋耳庙碑》，《文渊阁四库全书》第 1128 册，台湾商务印书馆 1986 年版，第 611 页。

第十五章　宋代海南的教育与文化

第一节　中原文脉在海南广泛传播

随着中国封建社会的发展，中原文化在海南的传播也不断扩大和深入，特别是宋太祖赵匡胤总结历史经验，为了巩固自己的皇权，重文轻武，在政策上向文教与科试倾斜，厚待文人，由是学校教育有极大的发展，涌现出各类学校，培育新人，儒家学说也通过教育而逐渐普及。

一、各州县普遍办学校

宋代地方办学，自宋太祖开国时已设立郡县学校，但这不是政府明确提倡的。宋代各州县普遍办学，开始于庆历四年（1044 年）。《宋史》载："景祐四年（1037 年），诏藩镇始立学，他州勿听。庆历四年（1044 年），诏诸路州、军、监各令立学，学者二百人以上，许更置县学。自是州郡无不有学。始置教授，以经术行义训导诸生，掌其课试之事，而纠正不如规者。"① 海南各州县办学，宋仁宗的下诏只许藩镇所辖地方设立，于郡县地方还不能。只有到庆历新政之后才陆续建立的。这是范仲淹一派革新者推行新政，政府才下令各州县都设立学校。新政失败后，宋仁宗倡导办学校失败；但海南因距中央政权遥远，仍然执行诏令。

---

① （元）脱脱等撰：《宋史》卷一百六十七《职官志七·教授》，中华书局 1975 年版，第 3976 页。

后来，到神宗熙宁四年（1071 年）王安石实施新政，于是在这一年中央下令各州县设置官学并拨出官田用于赡养学生。

最后一次是在徽宗崇宁元年（1102 年），下诏命令天下普遍办学，进行正规的儒学教育，此后纳入制度化轨道。到了南宋，海南的各州、县都办县学。计有临高、琼山、澄迈、定安、文昌、会同、乐会、儋州、昌化、万州、陵水、崖州、感恩等县学 13 所。

两宋官办儒学、社学、书院、贡院和私立学校，盛况空前。

二、儒家教育的输入

琼州府学是宋代海南建立的最早的学校。以后，各县陆续以官办或私办创建各类学校总数有 15 所之多，可以说是海南教育史上的盛事，也是中原人士移民海南岛之后对教育事业上起的促进作用。正如苏轼所说的："自汉末至五代，中原避乱之人，多家于此。今衣冠礼乐，盖班班然矣。"① 苏轼是北宋哲宗绍圣四年（1097 年）五月贬谪到海南岛的，距离庆历四年（1044 年）办琼州学府时已有半个世纪；自五代开始大量移民到海南，各州、县建立学校以宣教化，传播儒学，已初具规模。

李光于绍兴二十年（1150 年）被移昌化军（儋州）编管时，写下《昌化军学记》。其中说："绍圣间，苏公端明谪居此邦，有《游学舍诗》云：'摄衣造两塾，窥户无一人。邦风方杞夷，庙貌犹殷因。先生馔已阙，弟子散莫臻。'盖叹之也。今相去五六十年间，文学彬彬，不异闽浙……异时长材秀民，业精行成，登巍科膺膴仕者继踵而出，则予虽老矣，尚庶几及见之。"② 李光距离苏轼在儋州时间，相隔又有五十年时间。他进一步肯定海南文教已是"文学彬彬，不异闽浙"，而且

---

① 《苏轼文集》卷十七《伏波将军庙碑》，中华书局 1986 年版，第 506 页。
② （宋）李光：《庄简集》卷十六《昌化军学记》。（明）欧阳灿：万历《琼州府志》卷十一《艺文志》将其题目改为《儋州迁学记》，（清）明谊修、张岳崧纂：道光《琼州府志》卷三十八《艺文志》则为《迁建儋州学记》。文章中的文字也略有差异，如《府志》中"海南自古无战场，靖康以来，中原纷扰，而此郡独不兴兵"，而在《庄简集》中则为"海南地处遐裔，显屡经怀扰，而是邦独不见兵革"。现据《文渊阁四库全书》第 1128 册，台湾商务印书馆 1986 年版，第 610 页。

已看到人才成长的灿烂曙光，估计成才的学子一定会"登巍科膺腴仕者继踵而出"。钟芳正确地指出："宋兴，始建学校。"这是因为"率皆中土衣冠之裔，先世转徙，流风存焉"①。

从北宋到南宋，海南的教育事业是一步步地向前推进。中原人士，功不可没。

1. 苏轼对海南教育事业的影响

在北宋时期，影响海南教育最深的人物是苏轼。

北宋文豪苏轼于绍圣四年（1097 年）七月二日到儋州贬所，他初临海南之时，虽然在思想上遭遇许多困惑，但他那随遇而安的精神，使他能以超然物表的态度，面对海南岛的困难生活，为海南岛的文化教育的传播与建设，尽力而为。

在海南岛整整三年的日子里，他除了作文写诗之外，还致力于他所为之献身的教育事业。他到海南不久，曾游城东学舍，写下《和陶示周掾祖谢》，诗云：

> 闻有古学舍，窃怀渊明欣。
>
> 摄衣造两塾，窥户无一人。
>
> 邦风方杞夷，庙貌犹殷因。
>
> 先生馔已缺，弟子散莫臻。
>
> 忍饥坐谈道，嗟我亦晚闻。
>
> 永言百世祀，未补平生勤。
>
> 今此复何国，岂与陈蔡邻。
>
> 永愧虞仲翔，弦歌沧海滨。②

苏轼这首诗，写他出游城东学舍时的无限感慨。诗的大意是，当他听说儋州有一座古学舍村，兴冲冲地揽起衣裳造访学校的两间教

---

① 钟芳：《琼州府学科目题名记》，载《钟筠溪集》，海南出版社 2006 年版，第 151 页。

② 《苏轼诗集》卷四十一《和陶示周掾祖谢》，中华书局 1982 年版，第 2253—2254 页。

室，竟空无一人，宋庆历年间，范仲淹进行庆历革新，开始诏告天下，建设学校。但海南因地僻俗薄，办学不景气，苏轼指出海南当时情况是风俗习惯渐被黎族所同化，而祠庙社坛还保留着汉族的传统。由于学堂经费短缺，困难重重，老师为饮食短缺而忧虑，学生四散未归。这种"忍饥坐谈道"的情景，他也是现在才知道。今天这里是处在什么时代了，哪里能像古代陈、蔡两国一样落后呢？他永远愧对三国吴国的虞翻，虞翻在逆境中尚能讲学不倦，学生数百，为教育事业出力。这是苏轼游城东学舍时内心的自白。他以虞翻虽处流放而讲学不倦而自励。于是，在儋州的日子里，他与黎族青年交朋友，如黎子云、王霄、符林等，琼山秀才姜唐佐也从苏轼学。其《别姜君》书中写道："元符己卯闰九月，琼士姜君来儋耳，日与予相从，至庚辰三月乃归。"后来，他遇赦北归时，将自己用的端溪砚送给姜唐佐，并写诗赠云："沧海何曾断地脉，白袍端合破天荒。"鼓励他"异日登科，当为子成此篇"。苏辙曾为此事记叙云："予兄子瞻谪居儋耳，琼州进士（误，应为举人）姜唐佐往从之游。气和而言道，有中州士人之风。子瞻爱之，赠之诗曰：'沧海何曾断地脉，白袍端合破天荒。'且告之曰：'子异日登科，当为子成此篇。'君游广州州学，有名学中。崇宁二年（1103 年）正月，随计过汝南，以此句相示。时子瞻之丧再逾岁矣。览之流涕。念君要能自立，而莫与终此诗者，乃为足之。"其诗补曰："生长茅间有异芳，风流稷下古诸姜。适从琼管鱼龙窟，秀出羊城翰墨场。沧海何曾断地脉，白袍端合破天荒。锦衣他日千人看，始信东坡眼力长。"[1]

在苏轼北归后三年，姜唐佐举乡贡，王霄、陈功、李迪、刘廷忻等举明经，杜介之举文学。大观三年（1109 年），儋人符确成了海南历史上第一位进士。其后"业精行成，登巍科膺膴仕者继踵而出"。[2]

---

① （宋）苏辙：《栾城后集》卷三《补子瞻赠姜唐佐秀才并引》，上海古籍出版社 2009 年版，第 1148 页。

② （宋）李光：《庄简集》卷十六《昌化军学记》，《文渊阁四库全书》第 1128 册，台湾商务印书馆 1986 年版，第 610 页。

苏轼在儋县建载酒堂，在堂上讲学。《儋县志·选举志》序云："吾儋自宋苏文忠公开化一时，州中人士，王、杜则经述称贤，应朝廷之征聘；符、赵则科名济美，标琼海之先声。"《琼台记事录》载："宋苏文忠公之谪居儋耳，讲学明道，教化日兴，琼州人文之盛，实公启之。"《琼州杂事诗》也有诗咏及此事。诗曰："自有端明苏学士，海南人物读书多。"① 这是后人对苏轼在儋州教育业绩的肯定。

苏轼是中国传统文化重要的继承者和发扬者，朱熹论学时，把苏轼的学术思想命名为苏氏之学，朱熹认为，苏轼的学术，"高者出入有无而曲成义理，下者指陈利害而切近人情"。肯定苏轼文章的气概以及他的学术思想之深。苏轼的思想，儒、道、佛三者合一，他以杰出的思想理念，在海南培养出一批人才，开创海南岛的教育事业，实为海南教育之大幸。

2. 朱熹学说的传入

南宋时思想文化教育方面的领军人物朱熹虽然没来过海南，但朱熹的学术思想和教育理念也传至海南。淳熙九年（1182年），琼管帅守韩璧在琼州府学里重修明伦堂，派使者带图邀朱熹写记，对朱熹说："吾州在中国西南万里炎天涨海之外，其民之能为士者既少，幸而有，其记诵文词之习，又不能以先于北方之学者。故其功名事业遂无以自白于当世，仆窃悲之。今其公堂序室则既修矣，然尚惧其未能知所兴起也，是以愿有谒焉。吾子其有以振之！"② 韩璧在治琼过程中，深知海南文教与北方的差距，海南岛上的士子，其功名事业无以自立于当世，所以他大力支持教育，重修琼州府学的明伦堂，并诚邀儒学大师朱熹为明伦堂作记。朱熹热情地接受韩璧的邀请，写下《琼州府学明伦堂记》。在文中一方面宣扬儒学伦理的"父子有亲，君臣有义，夫妇有别，长幼有序，朋友有信"的五伦学说，并指出先王教化的

---

① （清）程秉钊：《琼州杂事诗补注》，长征出版社2005年版，第16页。

② （明）戴熺、欧阳灿总裁，蔡光前等纂修：万历《琼州府志》卷十一《艺文志》朱熹《琼州府学明伦堂记》，载万历《琼州府志》卷十一《艺文志》，海南出版社2003年版，第805页。又道光《琼州府志》卷三十八也有朱熹所写文章。

内容是"开之以《诗》《书》，而成之以《礼》《乐》"。这也是宋代教育的基本法则，也于此让儒家思想在海南岛得以更深入的传播。朱熹说："熹窃惟国家教学之意不为不广，斯人蒙化之日不为不深，然犹有如侯（即韩璧）之所虑者，岂前日之所以教者未尝导之以其身心之所固有，而徒强之以其外，是以若彼其难与？因为之书其所闻于古者以告之，使琼之士知夫所以为学者，不外于身心之所固有，而用其一日之力焉，则其德成行修，而无所疑于天下之理，将无难者。而凡所谓功名事业云者，其本已在是矣。若彼记诵文词之末，则本非吾事之所急，而又何足为重轻乎？"[1] 朱熹由是阐述儒家教育的理念是身心性命的道理，并强调了学生必须身心领悟，其德成行修自然告成功，所以功名事业的成就也在于此。朱熹以此说明儒家教化之道，令海南士子接受儒家学说的根本。

韩璧在治理海南之时，得到人民拥戴，建一座知乐亭于放生池上，又诚请朱熹写一篇《知乐亭记》。朱熹在这篇文章中指出，要"令凡居侯之位而游兹土者，必以侯之心为心，又观于其政而取法焉，则庶乎民生日厚，民德日新，而王化之纯无远迩矣"。[2] 朱熹教化的目的，是要使海南人民接受宋朝王化，通过宣化教育提高人民的认识水平。但是，由于海南地处边隅，其险且远，朝廷所派遣的官员"往往不暇择人，冒而往者意亦私有所利，固不复知有所谓承流宣化为何等事"。官员不懂得宣化教育的重要性，因此海南经济文化长期滞后，无法发展。朱熹称赞韩璧于淳熙八年（1181 年）以经略使廉察表行州事，到海南之后，"正田亩之籍，薄盐米之征，教之以耕耨灌溉之法，而诎其官吏之无状者。民业既有经矣，然后日为陈说礼义廉耻之意以开晓之。既又表其从化之民，以励其不率教者，出入阡陌，劳来不息，行之一年，民吏洽和，俗以变化，黎人闻风感慕，至有愿得供田税比省

---

① 朱熹：《琼州府学明伦堂记》，载万历《琼州府志》卷十一《艺文志》，海南出版社 2003 年版，第 805—806 页。

② 朱熹：《知乐亭记》，载万历《琼州府志》卷十一《艺文志》，海南出版社 2003 年版，第 807 页。

民者"。① 他在肯定了韩璧的政绩之后，进而赞扬韩璧推行儒学教育的重要性，以礼义廉耻的学说启发民心，改变陋习，使黎人归服王朝，自愿交纳田税，等等，教育之功不可没。朱熹在《知乐亭记》中，陈述了教育的重要性。他的教育思想，通过帅守韩璧的实行，推动了海南岛的教育事业，南宋学校的创建和发展，官学设施的不断完善和扩大，朱子教诲之功不可没。

3. 宋代海南文官及贬官对海南教育的贡献

苏轼及朱熹二位大儒固然对海南教育有着重大的影响，此外还有一批文官，或被派遣到海南任职，或被贬谪海南。由于宋代实施文官制度，这批官员都具有较高的文化素质，所以他们到海南岛之后，这批正直的官吏都认识到教化工作是改变海南面貌的根本，因此能倾注精力于海南教育，为海南教育奠定基础。

第二节　贬官与海南

宋代自庆历新政、王安石变法至北宋灭亡，上层政治人物的内部斗争日趋激化，在封建统治集团的政治倾轧中失志者，被贬谪边疆。而据唐胄说，"以琼土远隔，而罪放必置，固宜"。② 靖康二年（1127年），徽、钦二帝及宗室被金兵所掳掠。赵构建立南宋政权，在与金、元的对峙中，维持了 153 年的统治。是时，抗金派与求和派之间的斗争十分激烈，秦桧执政 19 年之久，许多爱国抗金将领及高层官员被杀害或流放，于是又有大批流放者远谪海南。这些被贬逐的官吏身临海南后，为这一地方教育和文化的发展，作出了重大的贡献。

宋代流贬海南的贬官有 79 人。③ 这许多贬官，其成分比较复杂。

---

① 朱熹：《知乐亭记》，载万历《琼州府志》卷十一《艺文志》，海南出版社 2003 年版，第 806—807 页。

② （明）唐胄纂：正德《琼台志》卷三十四《流寓》，海南出版社 2006 年版，第 175 页。

③ 曾庆江、周泉根、陈圣燕：《海南历代贬官研究》，南方出版社、海南出版社 2008 年版，第 175—176 页。

如宋太宗时为相的卢多逊，宋真宗时为相的丁谓，宋高宗时为相的李光等宰相级人物，其他诸如翰林学士、边疆武将、僧人、宦官、奸臣等不同的官阶者，忠奸不齐。有在海南岛生活近二十年之久，有的三年之后被召归，有的死于海南贬所，有的被贬而来，半路就已赐死未登岛者，更有奇绝的，即使死后还再认为罪应加重，又追贬到海南，如司马光。也有的本人死了，他的妻子儿女再贬海南，如赵良嗣的妻小。又有"量移内地"和不知所终的。由此看来，贬谪到海南的官员，是对他们除死刑外最重的刑罚。

宋代流贬海南的官员，除了在教育方面作了力所能及的贡献外，他们对海南文化的发展，也是一支劲旅。贬官们在文化方面为全岛衣冠礼乐班班然作出了不可磨灭的贡献。主要表现在下述三点。

第一，对海南汉族姓氏的多样性和人口文化素质的增长发挥了促进作用。

史书上记录的第一个流贬海南岛的贬官是隋朝杨纶。他在大业七年（611年）被贬到朱崖，后又携妻带子逃到儋耳。于是海南杨氏子孙繁衍。

宋代流贬海南的官员多，在家谱中有记录的也多，典型人物是梁肱。安定堂《海南梁氏族谱》载始祖梁肱，宋开宝时贬琼，"海南自始启有梁氏"。另一位是卢多逊，因与赵普有矛盾贬谪海南。《海南卢氏族谱》的卢宪中《续修范阳家谱总序》里面指出：卢多逊是"琼之太始祖也"。

这许多贬官，他们在中原时文化素养甚高，在琼重视子孙的教育，家族"遗风流俗"，"表冠礼乐彬彬"，海南人口文化素质于是也大为提高。

第二，对海南的自然景观的抒情让人的情感渗透到自然景物上，这些景观也添上浓厚的人文色彩，山川石头从而也蕴含着丰富文化历史内涵和人们悲喜的象征意义。这样，海南的景观更具旅游文化的意义和价值。

昌化镇，宋代时这里十分荒僻；但昌化大岭当中有似人的巨石，石高 10 米，顶端盖一块落石，外形酷似戴帽，被称为山神。宋代以后被诏封为峻灵王。苏东坡为此写了《峻灵王庙碑》和一首诗。再加上道教传说的原因，这个石头也成了一个著名景点。赵鼎绝食而死，葬于昌化县旧县村，也成为百姓缅怀"赵鼎公"的景点。

至于崖州的天涯海角，宋时更是遥远荒僻，志书记载说："崖州，岩疆僻处"①，因此是统治者们"贬忠逐良，驱凶放愚"的理想场所。宋代贬崖州者有卢多逊、丁谓等十多人。丁谓有诗《到崖州》，说是"户口都无二百家，夜听孤猿啼远树，晓看潮浪瘴烟斜"。而且，"麋鹿时时到县衙"。他"梦中常得到京华"，今天却处在这个绝境之地，他所代表的贬谪边疆、身世飘零的个人情感，是很有普遍性的。贬官们写的这类诗与天涯海角的自然美之间的美学价值相得益彰，旅游文化的吸引力也更加强了。也因此，三亚几十公里的热带海滨风光带，有崖州末任知州范云梯对联"有如此锦绣江山恰称天南极地，看将来文明气象居然海上雄州"，这里成为举世著称的旅游胜地。

第三，宋代贬官在海南的诗歌创作，开启了海南诗词创作的良好风气。

贬官们到海南以后，身世感受各不相同，但多有诗文传世。苏轼在儋州住了三年，完全适应了海南的生活，说自己"自疑本儋崖之人"，对海南的感情越深之后，说自己"我本儋耳人，寄生西蜀州"。在镇江他写诗对自己一生作总结时说："问汝平生功业，黄州、惠州、儋州。"因儋州人接受了苏轼诗趣，儋州成为海南著名的诗词之乡。

南宋对金议和，胡铨"抗疏切直"，连遭贬窜。后来，秦桧死，宋孝宗即位，"召还"。他在回答孝宗问话时说，自己在海南时，"日率作诗数十首"。胡铨的诗作很多，影响极大。后来在明代，海南有"吟绝"之称的著名诗人王佐，对贬谪海南的人士多所吟咏。他有《海外四逐客四首》，其三是《胡忠简公铨》，结联感叹说："公去如今三百

---

① （清）钟元棣创修、张嶲等纂修：光绪《崖州志·宦绩志》，海南出版社 2006 年版，第 463 页。

载，海潮犹有不平声。"① 这代表了海南人民对贬官的怀念与评价，也说明宋代贬官的诗作对后来海南诗人的启迪。荒僻的海南，有贬谪的一大批文人，写下了情景交融、意境高妙、诗味醇厚的好诗，哺育了海南明清两代的诗人，他们多益于贬官们诗作的教益而成为诗人。

当然，宋代贬官对海南文化的影响不止上述三端。其他，诸如将儒家的思想文化在海南普及；力促政治、文化的改革，如苏过《论海南黎事书》，敦促朝廷赐予黎酋爵禄、改变治黎政策等。

---

① （明）王佐：《鸡肋集》，海南出版社 2004 年版，第 70 页。

第十六章　元代对海南的短暂统治

元代是中国历史上蒙古贵族统治者建立的统一王朝。元代统一中国，结束了五百多年的民族纷争，使全国各族人民有可能在比较安定的环境中从事生活和生产。作为一个少数民族入主中原的朝代，各类矛盾互相交织，但在各民族文化接触过程中，相互补充和相互吸收，出现了多元文化互相融合的时代特色。

元代的历史，从成吉思汗建国漠北算起，到元顺帝退出中原、大都被明朝攻陷为止，首尾 163 年（1206—1368 年），历 14 帝。①

第一节　地方政权的建立

一、元军登陆海南遭遇的抵抗

在宋、元最后决战中，海南岛的宋朝守军也有一番壮烈战斗。据史籍记载大抵有四项内容相同的说法。第一是正德《琼台志》记载了琼州安抚使赵与珞的抗元事迹："祥兴元年（1278 年）秋，元将阿里海涯（牙）略地海外，遣宣慰旧帅马旺招降，不听。率义勇谢明、谢富、冉安国、黄之纪等兵御白沙口，极力死战，舟师不得登岸。久之，元将患焉。冬十一月壬辰，因购内应，执与珞等

---

① 白寿彝总主编：《中国通史》第八卷《中古时代·元时期》（上），上海人民出版社 1997 年版。

以降。漫骂不屈，元将怒，皆裂杀之。"① 第二是《元史·阿里海牙传》载："既而宋二王称制海中，雷、琼、全、永与潭属县之民文才喻、周隆、张虎、罗飞咸起兵应之，舒、黄、蕲相继亦起，大者众数万，小者不下数千。诏命讨之，且略地海外。阿里海牙既定才喻等，至雷州，使人谕琼州安抚赵与珞降，不听。遂自航大海五百里，执与珞、冉安国、黄之纪，皆裂杀之，尽定琼南宁、万安、吉阳地。"② 第三是《元史·世祖纪》载：至元十六年（1279 年）春，"诏以海南、琼崖、儋、万诸郡俱平，令阿里海牙入觐"。第四是五月甲戌，"潭州行省上言：'琼州宣慰马旺已招降海外四州，寻有土寇黄威远等四人为乱，今已擒获。'诏置之极刑"。③ 这样，元军平定海南全岛。

元军登上海南岛以后，在旧宋官员及当地土豪的协助下，稳定了对异族统治怀着抗拒情绪的海南岛上的居民。当阿里海牙及马旺占领海南岛后，据沈矗撰《大元混一海表碑文》中所载：至元十五年（1278 年）"十一月壬辰，舟师次白沙，山东西头目以归附状来。越三日甲午既望，入城散榜，招谕诸乡村，俾各复业。五日之内，襁负而至者不绝。闰月庚戌朔，越三日癸丑，正郡将之诛，及管军等，余不妄戮一人。移檄诸县，三军旋踵而定。市肆不易，衣冠如故"。④ 碑中记叙了元代军队在一阵杀戮之后，登岛平息民心的实际情况。

正德《琼台志》中唐胄发了一通感慨："噫！琼去中原万里，朝廷政泽之沾独迟，及国之亡也，人心结固，独后于天下，岂三百年惠养之所致欤，抑张、赵二使君当日之义气所激欤！或人情土俗之美而自

---

① （明）唐胄纂：正德《琼台志》卷三十三《名宦·赵与珞传》，海南出版社 2006 年版，第 698 页。
② （明）宋濂等撰：《元史》卷一百二十八《阿里海牙传》，中华书局 1976 年版，第 3128 页。
③ （明）宋濂等撰：《元史》卷十《世祖纪七》，中华书局 1976 年版，第 208、212 页。
④ （明）唐胄纂：正德《琼台志》卷三十二《破荒启土》，海南出版社 2006 年版，第 676 页。

不能已欤！① 在宋代灭亡的时刻，处于遥远海外的海南宋代军民，虽然在宋代三百年中受"朝廷政泽之沾独迟"，也经常受贪官污吏所苦，但在国运危难当头，尚有正直的良吏如赵与珞等为国壮烈牺牲，义气磅礴，有海南岛人民黄威远等奋起反抗，也被元代处以极刑。唐胄认为，他们血洒南荒的忠烈之举，留芳后代。

连同上文评价沈熹的"碑文"，认为是"曲舌"。② 这是明代史家的个人历史观的表现。这里存而不论。

赵与珞等被杀后，"四州县及外蛮皆附于元"。③ 在赵与珞死后三个月，宋亡，元代以强大的军事力量镇压平定了海南岛。

元代统治海南岛共91年（1278—1368年），其统治政策措施，是以武力镇压放在第一位，尤其是围剿五指山黎峒，十分残酷。

元世祖忽必烈即位之后，采用汉制建立中书省为全国最高行政机构。省的下属政区为路、府、州、县四等，而路、府、州、县又按人口多寡，土地广狭分为上、中、下三等。各级的最高行政长官叫"达鲁花赤"，达鲁花赤是蒙古语译音，其意为"长官"，由蒙古人担任。另设置元帅宣抚使、安抚使、州尹、总管、同知、万户、千户、提举等副职，均受达鲁花赤指挥。海南属于湖广等处行中书省的海北海南道宣慰司。元建都于燕京后十五年〔即至元十五年（1278年）〕始渡海掠取海南。元代对海南的建置，多仿宋代，即"一州三军十三县"。海南一路三军的基本行政建置，元代又称之为"海外四州"。到元代末年，海外四州改隶广西等处行中书省海北海南道宣慰司。

由于元代的统治措施，是建立在武力的政策上，元统治者将全国居民分为四等：一是蒙古人，二是色目人（西域人），三是汉人（原属金朝统治的北部中国以及较早归附蒙古的四川、云南居民，

---

① （明）唐胄纂：正德《琼台志》卷三十三《名宦·赵与珞传》，海南出版社2006年版，第699页。

② （明）唐胄纂：正德《琼台志》卷三十三《名宦·马旺传》，海南出版社2006年版，第675页。

③ （明）唐胄纂：正德《琼台志》卷三十三《名宦·赵与珞传》，海南出版社2006年版，第698页。

包括契丹、女真等族在内，都被划为汉人），四是南人，是受南宋统治的汉人。海南属于南方，元代对南方人的压制，比其他汉人更甚。

二、黎族及土人的反抗斗争与元代的残酷镇压

1. 元代黎族的反抗斗争十分激烈

嘉靖《广东通志》载："元设黎兵万户府，统十三翼，兼管民兵。黎峒万千百户俱以土人为之，致黎乱终元之世。"[①] 由此可知，元朝虽然采用以黎治黎的统治政策，但因民族歧视，重压下的黎族人民奋起反抗，每次都受到元朝残酷的镇压。有的被"置之极刑，有的被'火其巢'"，手段十分残酷、恶毒。从元代统一中国那一年算起，元世祖虽然曾经宣称要对海南黎族采用羁縻政策，但纵观元代统治海南的整个过程，仅有元军队进入海南的第二年，即至元十六年（1279年）朱国宝招抚谢有奎一例，以及天历二年（1329年）王高等二十余峒黎人"皆愿输贡"[②] 一例，其余都是进行血腥镇压。

元代统治海南岛将近90年，黎族人民的反抗一刻也没有停止过。大抵上可分为前、中、后三期，各期都各具特点。

前期，即至元十六年（1279年）至大德十年（1306年）。

这一期，有至元十六年（1279年）的黄威远等四人"为乱"，剿平后抓到"诏置之极刑"。[③] 同年，临高的大黎、密塘、横山等峒反抗元军，最后是"诛首恶李实，火其巢"。[④] 至元二十九年（1292年），"黎兵百户邓志愿谋叛，伏诛"。[⑤] 这些都是小股的反抗斗争。尽

① （明）戴璟修、张岳等纂，黄佐纂修：嘉靖《广东通志·琼州府·外志》，海南出版社 2006 年版，第 519 页。

② （明）戴璟修、张岳等纂，黄佐纂修：嘉靖《广东通志·琼州府·外志》，海南出版社 2006 年版，第 521 页。

③ （明）宋濂等撰：《元史》卷十《世祖纪七》，中华书局 1976 年版，第 212 页。

④ （明）宋濂等撰：《元史》卷十七《世祖纪十四》，中华书局 1976 年版，第 365 页。

⑤ （明）宋濂等撰：《元史》卷一百六十五《朱国宝传》，中华书局 1976 年版，第 3878 页。

管黎族反抗斗争声势不大，但元代最高统治者采纳了陈仲达的"平黎策"，在至元二十八年到至元三十年（1291—1293 年）对黎族进行一次"自开郡以来所未有"的大规模征伐。共用兵二万一千二百人，实际上打了十三个月，"黎巢尽空"，其战果是"得峒六百，户口二万三千八百二十七，招收户口一万三千四百九十七"。至元二十九年（1292 年），在黎区"立寨学，训谕诸黎"，同时"立定安、会同二县"。① 经过这样一次大规模的征伐，黎族聚居地被收编入官方户籍，黎族的反抗斗争相对安定了短暂时间。因为元军扫平黎峒，大多人口都被"招收"，少数不服的黎人退入山区；同时，政府又成立定安、会同二县，在至元三十年（1293 年）新成立的"屯田万户府"的统率下开垦土地，促进了地方的进步，这两个县据郑廷鹄的评价，这次元军大扫荡后变成了"衣冠文物，黎为名邑"。②

这样平静了几年，但在大德年间，王应嘉在澄迈反抗，大德十年（1306 年）王文河在临高"作乱"，都被"讨平"。

这一时期黎族百姓经陈仲达等三年围剿，并立县和开垦田亩，黎族的反叛暂时消退。

中期，即自皇庆二年（1313 年）到（后）至元三年（1337 年）。

元代的统治，进入中期，官兵更加骄横；黎族的反抗斗争的声势，也远胜于前期。因为蒙古贵族政权在中国大地实施民族歧视政策，汉人、南人中的上层人物固然不能在地方掌管实权，就是色目人也基本上没有人在地方上当一把手，只有蒙古的贵族派往地方各路、府、州、县把握实权的总辖官、制裁者，蒙古语称为达鲁花赤的官，他们在当地是镇压者。海南岛上的达鲁花赤在黎区更加为所欲为，激发黎族的反抗斗争。在延祐二年（1315 年）十二月二十三日，黎族的英勇斗士百余人进入横州永淳县，将当地的达鲁花赤肢解身体致死并射伤

---

① （明）戴熺、欧阳灿总裁，蔡光前等纂修：万历《琼州府志》卷八《海黎志》，海南出版社 2003 年版，第 424 页。

② （明）郑廷鹄：《石湖遗稿·平黎疏》，见《湄丘集等六种》，海南出版社 2006 年版，第 231—232 页。

县尉。①

皇庆二年（1313年），黎族反抗领袖王奴欧造反，而且自称为平章元帅，并"立国设官"。② 这种反抗，带有强烈的政权意识。

此后，除了仍有小股起义，如至治元年（1321年）夏四月，吉阳"黎蛮寇宁远县"。③ 此外，反抗斗争的规模越来越大，天历元年（1328年），琼山地区反叛，县主簿谭汝楫动员五千大兵讨伐，"有贼二千突出欲战"，谭汝楫"复以万二千人"围攻。④ 可见反抗者的战斗规模之大。还有比这更大规模的战斗。至顺元年（1330年）黎族黎王王官福，"寇乾宁"，"明年，贼数万寇石山新村梁陈渡"。因黎族反抗者人多势众，谭汝楫大败。明年"夏，官福贼五万复由东入寇"。⑤ 在"王官福据南建州"时，"土贼王周亦纠十九峒黎蛮二万余人，乘间作乱"。⑥

更有甚者，至顺三年（1332年）春正月戊子，"万安军黎军黎贼王奴罗等，集众五万人寇陵水县"。⑦

又，（后）至元三年（1337年）"万安军贼吴与期等聚众三千人作乱"。⑧ 不仅"作乱"，在此前的两年（后）至元元年（1335年）九月，"黎贼犯茶洞"，（后）至元二年（1336年）七月，黎族领袖王火烧的同党

---

① 佚名，金山钱熙祚锡之校：《招捕总录》，载《笔记小说大观》十五编，广陵书社2007年版，第2985页。

② 佚名，金山钱熙祚锡之校：《招捕总录》，载《笔记小说大观》十五编，广陵书社2007年版，第42页。

③ （明）宋濂等撰：《元史》卷二十七《英宗纪一》，中华书局1976年版，第611页。

④ （明）戴璟修、张岳等纂，黄佐纂修：嘉靖《广东通志·外志》，海南出版社2006年版，第520—521页。

⑤ （明）戴璟修、张岳等纂，黄佐纂修：嘉靖《广东通志·外志》，海南出版社2006年版，第521页。

⑥ （清）明谊修、张岳崧纂：道光《琼州府志》卷二十二《海黎志·平黎》，海南出版社2006年版，第905页。

⑦ （明）宋濂等撰：《元史》卷三十六《文宗纪五》，中华书局1976年版，第800页。

⑧ （明）唐胄纂：正德《琼台志》卷二十一《平乱》，海南出版社2006年版，第462页。

蒙毡毡甘佛龙、彭瘦等被官军捕获，关在监狱里，王火烧能够"劫狱夺去。又陷南偏洞、寨杀夺采等"。①

这一时期黎族的反抗斗争，规模声势大到二万众以上，并将县主簿战败，还敢于把蒙古贵族在地方上的压迫者、掌印者杀死，并自称元帅，还"立国设官"，这很大程度上说明黎族的反抗从自发逐渐走向自觉。

后期，从至正十一年（1351 年）到至正十八年（1358 年）。

这一时期，蒙古的贵族政权也走向没落，黎族的反抗斗争更为自觉。至正十一年（1351 年）文昌土酋陈子瑚构乱，寇乾宁，"州县皆为所有"。陈子瑚死后，他的弟弟陈有庆承接他的威势，并联结当时担任蒙古人委派要职的官员一同掌权，诸如"万户袁元贵、镇抚潘荫、经历吴绍先、千户洪义等屯据琼城"。②元代黎族人民最后一次反抗斗争是发生在至正十八年（1358 年）"黎酋吉天章逐昌化县尹黄半山，夺其印，自为县尹"。③

这一时期黎族人民的反抗完全进入自觉，自己起来掌管州、县的政权。

在元代，黎族的反抗斗争，是从被大规模军事镇压而平息了短暂时期，接着就如火如荼地大规模进行反抗到最后完全进入自觉状态，自己掌管政权。虽然最终都失败，但显示了元代的军事镇压并不能让黎族人民屈服。

2. 元代大军深入黎山残酷镇压

在元代，黎族和居住海南岛上的居民（称土人）率众反抗元代朝廷的武装活动，仅就史籍所载，总数有二十次以上。

元代对黎族的反抗斗争的镇压，手段有三：第一，朝廷对黎族表

---

① 佚名，金山钱熙祚锡之校：《招捕总录》，载《笔记小说大观》十五编，广陵书社 2007 年版，第 42 页。

② （明）唐胄纂：正德《琼台志》卷二十一《平乱》，海南出版社 2006 年版，第 462 页。

③ （清）明谊修、张岳崧纂：道光《琼州府志》卷二十二《平乱》，海南出版社 2006 年版，第 906 页。

面上实行羁縻政策，利用土人和黎兵来镇压黎人起义，使用黎族峒首率兵讨捕起义的黎人百姓，以自己人打杀自己人，这一手是十分毒辣的。如万州峒首王丽珠率民兵平复黎族的武装起兵，然后自己当万州尹，元代官兵就可以不费一兵一卒而令黎族归复。这是元代以前的各朝代所未能做到的。但元代这一狡黠的政策，却难以收效。因为有的土官并不忠于朝廷，一旦时机成熟，就联系黎人起义。明代王佐在《论革土舍峒首》文中说："元通用土酋，策环海州县分割兵民，建置黎兵十三翼，翼置官千百户，而设兵屯万户府统属，皆土酋而世其官，联合州县豪酋峒长合为一家，争立主势以相逞，而客视州县。威权既夺，政令难行，州县日轻，兵屯日重。幸晚悟其失，折革兵屯，复归有司，然已后矣。停其世袭，遂为蓄怨，卒乘元之季世，挟贼以乱。"① 王佐此语，说明了元代朝廷虽运用"以夷制夷"的办法，但未能在海南岛上奏效；元代后期，统治阶层矛盾尖锐，土司们与各路起义者联合，所以反抗力量日益炽热，元代未能平息黎族的反抗斗争。

第二，元朝对黎族镇压的另一手是以大军压境，对反抗者斩尽杀绝。这是历代最残酷的举措。元世祖至元三十年（1293年），元都元帅朱斌统兵深入人迹罕见之处，斩尽杀绝。第二年（1294年）春，刻石五指、黎婆而还。在三年期间，剿平各州县清水峒等降附者不可胜数。所到之处，"黎巢尽空"，元军对黎族反抗的讨伐，往往率大军直入深山，剿杀"绝其根株"。对黎族镇压之狠辣，正如危素在《送敖巡检序》中所提到的："天历、至顺之间，海内黎母山寇作，出师讨之。时主将募勇悍无赖子弟为之前驱，谓之达尔罕军。达尔罕者，纵恣无禁也，于是尽斩刈黎人无遗种。"② 黎族不堪荼毒，因而反抗活动的规模愈演愈烈，参加人数之多是空前的，如至顺三年（1332年）万安军黎王奴罗的反抗队伍，竟"集众五万人寇陵水县"。元统元年（1333

---

① （明）王佐：《鸡肋集》补遗，《论革土舍峒首》，海南出版社2004年版，第266页。

② （元）危素：《说学斋稿》卷三《送敖巡检序》，《文渊阁四库全书》第1226册，台湾商务印书馆1986年版，第722页。

年）王官福率五万多黎人围攻乾宁，反抗人数之众，可谓浩浩荡荡，元军措手不及，使元代调广东、福建的军队前来讨伐。黎族的斗争方式，比以往也有所改变，如吉天章驱逐昌化县尹，夺其印自为县尹的举动，也属史无前例。虽然时间短暂，但也可见黎人在海南岛上当家做主的渴望。

第三，实行繁重的经济剥削和兵役。正德《琼台志》载："宋有赋而元益增"，"至元经理八则之法行，而始加重于古。"而且，对黎族"州县制其赋役与齐民等"。① 当明灭元之后，海北海南道宣慰使陈乾富在降明奏表中说及元末海南贫穷状况："僻居海岛，环里三千，外接诸番，中盘百峒，民黎杂处，驿路崎岖。所守城池，仅止四州，秋粮几三万石，土地、人民稀少。"② 元代对黎族征收的赋税，日益加重，让黎区日益凋零。而且元代对南海周围国家发动战争，如征安南、征日本、征占城，都大量征黎兵前往打仗，繁重的兵役也使黎族民不聊生。黎族人民在不堪繁重压迫剥削下，奋起反抗，争取活路。

"野火烧不尽，春风吹又生"，尽管元代统治者对黎族的残酷迫害，但反抗之火越烧越炽。统治者的高压政策，决非治黎策略，有识之士，对于如何在海南岛上与黎族共处共荣，吸取历史上的血的教训，贡献过良策，但这一切都因为地主阶级政权的性质而不能实行。

第二节　元代政府对海南的统治政策

元世祖至元十五年（1278 年），改琼州为琼州路安抚司，隶湖广等处行中书省。是年十二月，南宋万安内附，置屯田总管府。至元二十八年（1291 年），改为琼州路军民安抚司，增琼州定安、会同二县。文宗天历二年（1329 年），又改为乾宁军民安抚司，改定安县为

---

① （明）唐胄纂：正德《琼台志》卷十一《田赋》，海南出版社 2006 年版，第235 页。

② （明）唐胄纂：正德《琼台志》卷三《沿革考》，海南出版社 2006 年版，第50 页。

南建州。至正末年（1367—1368年），始置广西等处行中书省领导海南。① 为了便于监察百官，至元三十年（1293年），在雷州路设置肃政廉访司，统辖海南海北两道，大德九年（1305年），在江南诸道行御史台之下统理海南海北以及其他九个道的肃政廉访司。②

元代统治海南岛，镇压多于招抚。唐宋朝廷对海南实行羁縻政策，以招抚为主；元代对海南的统治，采用各种强硬的手段，压制黎族的生存及反抗。也有的官吏对海南采取明智的方略，较为温和地统治海南岛。情况如下：

1. 元人不满前代之萎靡，奋师大伐黎峒

在元代90年的统治中，大举"征黎"不下16次，以至元二十八年（1291年）的一次征战为例：据嘉靖《广东通志》载："至元二十八年，命廉希恕等将蒙古、汉军、顺化军七千二百人，益以民兵一万四千，平诸黎。湖广行省平章阔里吉思以分省督师，十一月庚午师行至。"过了两年，至元三十年癸巳（1293年）七月辛酉，被召还朝，乃以余贼付都元帅朱斌，统兵深入人迹不到之处，黎巢尽空。至元三十一年甲午（1294年）春，刻石五指、黎婆而还，得峒六百，户口二万三千八百二十七，降户口一万三千四百九十七。③ 这是元朝征黎的一次最大的战役，历时四年。

元军队这次征黎，留下了三处刻石。一是马下营刻石。据民国《感恩县志》载："在城一百五十里，马下营岭上（即小黎母山）。巨石刻'大元军马下营'六大字，旁小石刻'至元甲午三十一年正月十日立'，稍旁又刻'十一日到黎婆山'。相传张弘范辈所为也。"④ 这是今乐东县尖峰岭下石刻。二是虞山石刻。据正德《琼台志》载："在镇

---

① （明）唐胄纂：正德《琼台志》卷三《沿革考》，海南出版社2006年版，第49页。

② ［日］小叶田淳：《海南岛史》，张迅齐译，（台湾）学海出版社1979年版，第80—81页。

③ （明）戴璟修、张岳等纂：嘉靖《广东通志初稿·生黎》，海南出版社2006年版，第161页。又顾炎武：《天下郡国利病书》，《广东备录》下，上海古籍出版社2012年版，第3399页。

④ 周文海重修：民国《感恩县志》卷二十《杂志·金石》，海南出版社2004年版，第408页。

州之东河中。鼓圆六尺，以小石击之，声如空瓮。傍五大石，有异人迹及鞋、马蹄痕。顶刻'大元军马到此'，旁有小刻'成化间通判陈音也携兵抚黎至其处'。"①这是今东方县中方村和陈龙村交界的虞山石刻。三是黎婺山石刻。据王映斗总纂光绪《定安县志·杂志·金石》载："在山巅。元都帅朱斌统兵入黎，抵古镇州，遂登五指山，次黎婺山，各刻石'大元军马到此'。"②这是定安县黎婺山石刻。

2. 在重兵压力下进行招抚

《元史·朱国宝传》载：至元十五年（1278年），"移琼州，立官程，更弊政，训兵息民，具有条制。南宁谢有奎负固不服，国宝开示信义，有奎感悟，以其属来归。于是黎民降者三千户，蛮洞降者三十所。至元十八年（1281年），破临高蛮寇五百人，招降居亥、番毫、铜鼓、博吐、桐油等十九洞，遣部将韩旺率兵略大黎、密塘、横山，诛首恶李实，火其巢，生致大锺、小锺诸部长十有八人，加镇国上将军、海北海南道宣慰使都元帅。供给占城军饷，事集而民不扰"。③像朱国宝这样的官吏，在统治海南岛期间，采用两手方法，顺者招降，逆者镇压，使海南岛成为元朝出师占城的大本营。

3. 赋予黎族土官以实权

宋朝也利用黎族土官，但所采用手法是给予小官职位及官服，并不赋予权力，实际上是一种哄骗的虚假行为。而元朝则不然；重用黎族土官，授之以实权，而且让他们掌握兵权，参加征讨日本、交趾的战役，让土官成为元朝统治海南岛的坚实基础。这种"以夷制夷"的办法，在元朝的政治实践中，取得了实效。如元世祖至元二十年（1283年）九月壬戌，调黎兵同征日本。④至元二十四年（1287年）

---

① （明）唐胄纂：正德《琼台志》卷六《山川下·感恩县》，海南出版社2006年版，第124页。

② （清）吴应廉创修、王映斗总纂：光绪《定安县志》，海南出版社2004年版，第819页。

③ （明）宋濂等撰：《元史》卷一百六十五《朱国宝传》，中华书局1976年版，第3877—3878页。

④ （明）宋濂等撰：《元史》卷十二《世祖纪九》，中华书局1976年版，第257页。

春正月，"诏发江淮、江西、湖广三省蒙古、汉券军及云南兵，及海外四州黎兵，命海道运粮万户张文虎等运粮十七万石，分道以讨交趾"。己亥九月，湖广行省臣言："海南琼州路安抚使陈仲达、南宁军总管谢有奎、延栏总管符庇成，以其私船百二十艘、黎兵千七百余人，助征交趾。"① 可见，元代朝廷统治海南岛之后，见黎兵勇猛善战，于是派遣黎兵去参加征伐日本及交趾的队伍，由于海南在南海诸岛中所处的优越地理位置，元代还以海南岛作为战争的战略基地，输送军粮，而且他们对海南黎族土官委以重任，给予实职，如《元史·世祖纪》中所载：至元二十九年（1292 年）七月戊寅，"黎兵百户邓志愿谋叛，伏诛"。② 黎族土官邓志愿，被委任为"百户"，"百户"是"千户"之下的一级官职，拥有军事实权。这里所记载的邓志愿不服管辖反对元朝统治，朝廷立刻以武力镇压。大德十年（1306 年）十二月癸亥，"琼州临高县那蓬峒主王文何等作乱，伏诛"。③ 也即谓王文何被任命为临高县那蓬峒主，后被诛。大德二年（1298 年）五月辛卯，罢海南黎兵万户府及黎蛮屯田万户府，以其事入琼州路军民安抚司。④ 元统二年（1334 年）冬十月丁卯，"立湖广黎兵屯田万户府，统千户一十三所，每所兵千人，屯户五百，皆土人为之，官给田土、牛、种、农器，免其差徭"。⑤ 黎族土官被任命为万户府屯田，具有实际的财权和兵权。顺帝至正十八年（1358 年），黎酋吉天章反，夺昌化县印，自为尹。⑥ 王丽珠，万州人，世为峒首，

---

① （明）宋濂等撰：《元史》卷十四《世祖纪十一》，中华书局 1976 年版，第295、300 页。

② （明）宋濂等撰：《元史》卷十七《世祖纪十四》，中华书局 1976 年版，第365 页。

③ （明）宋濂等撰：《元史》卷二十一《成宗纪四》，中华书局 1976 年版，第472 页。

④ （明）宋濂等撰：《元史》卷十九《成宗纪二》，中华书局 1976 年版；（清）明谊修、张岳崧纂：道光《琼州府志》卷四十二《杂志一》，海南出版社 2006 年版，第 1875 页。

⑤ （明）宋濂等撰：《元史》卷三十八《顺宗纪一》，中华书局 1976 年版，第824 页。

⑥ （清）明谊修、张岳崧纂：道光《琼州府志》卷四十二《杂志一》，海南出版社 2006 年版，第 1877 页。

至正年间（1341—1368 年），陈子瑚陷郡城，王丽珠率义兵讨平之。元帅陈安远拟授万宁县主簿。至正二十三年癸卯（1363 年），土酋符奴达、陈俊甥等窃发，陈有庆复攻城，王丽珠举义兵收捕，达鲁花赤大都请于元帅分司，升县尹，统民兵保障。① 又戴璟《广东通志初稿》载：张贤，琼山人。至正年间（1341—1368 年），陈子瑚寇陷郡城；瑚死，弟有庆接踵煽祸，与伪万户袁元贵、镇抚潘荫，经历吴绍先屯据琼城，民被荼毒。贤倡义兵击斩袁元贵，余党殆尽，还所虏符印，恢复郡城。宪司以乘马器服赏其功，授安抚司佥事。丁未（1367 年），立屯田万户，以贤机谋宏远，升授万户领之。② 元朝统治者对黎族的策略，采用"以夷制夷"的手法，对黎族土官赋予权力，但有的土官仍然不服，起来反抗，则又利用黎族土官对其加以镇压，有功者又加以升官奖赏。这种办法，在对海南岛的统治上，取得一定政治效果。

4. 以海南黎兵为主体，在蒙古将领的管辖下，设立黎兵万户府，给予黎兵首领以各类官阶，使其获得实际的利益

据《元史·百官志》载：顺帝元统二年（1334 年）十月，湖广行省咨："海南僻在极边，南接占城，西邻交趾，环海四千余里，中盘百洞，黎、獠杂居，宜立万户府以镇之。"中书省奏准，依广西屯田万户府例，置黎兵万户府。万户三员，正三品。千户所一十三处，正五品。每所领百户所八处，正七品。③ 在海南特地设置万户府，以利于朝廷对海南的统治，也说明元代朝廷对海南所处的地理位置的重视。在黎兵万户府的统率下，千户所有 13 处，每处又有百户所 8 处，全岛就有百户所 104 处，海南土官势力遍布全岛。

---

① （清）胡端书、吴鸣清撰：道光《万州志》卷七《前事略》，海南出版社 2004 年版，第 419 页。

② （明）戴璟修、张岳等纂：嘉靖《广东通志初稿·人物·将略》，海南出版社 2006 年版，第 87 页。

③ （明）宋濂等撰：《元史》卷九十二《百官志八》，中华书局 1976 年版，第 2341 页。

第三节　文宗与海南

元代统治者在文宗统治时期，对海南具有特殊的情结。

元文宗原名图帖睦尔，武宗的次子，明宗的弟弟。大德十一年（1307 年）武宗入继大统。至大四年（1311 年）武宗崩，传位于弟仁宗。延祐三年（1316 年），丞相铁木迭儿等议立英宗为皇太子，明宗因为是武宗长子，所以贬出居于朔漠。英宗即位后，铁木迭儿复为丞相，怀私固宠，于骨肉间寻找间隙，制造矛盾，诸王大臣，莫不自危。至治元年（1321 年）五月，一位官居中政使的大臣，诬告脱欢察儿等人联络各位亲王，于是出文宗（图帖睦尔）于海南。至治三年（1323）六月，铁失、也先铁木儿等叛逆，拥立晋王（也孙铁木儿）为皇帝，改元泰定。召文宗于海南之琼州，还至潭州，命其居潭州数月，才还京师，十月，封怀王，赐黄金印。致和元年（1328 年）七月，泰定帝卒于上都，八月，金书枢密院事燕铁木儿谋立文宗（图帖睦尔）为帝，于是发动政变，率勇士入兴圣宫，将泰定朝平章政事乌伯都剌、伯颜察儿拘捕，又命勇士将中书左丞朵朵、参知政事王士熙、参议中书省事脱脱、吴秉道、侍御史铁木哥、丘世杰、治书侍御史脱欢、太子詹事丞王桓等拘捕入狱，并于九月派人迎怀王文宗至大都，立为帝，改元大历。

同月，泰定朝左丞相倒剌沙在上都诸王梁王王禅、辽王脱脱等支持下，拥立泰定帝之子为帝，改元天顺（1328 年），同时发兵进攻大都的文宗政权，从而形成了两个政权对峙的局面。燕铁木儿一面派兵反击，一面命人将乌伯都剌、铁木哥处死，又将朵朵、王士熙、伯颜察儿、脱欢等各流于远州，并籍其家。

是年（1328 年）十月辛丑，齐王月鲁帖木儿、元帅不花帖木儿以兵围上都，倒剌沙乃奉皇帝宝出降，接着倒剌沙、王禅等被处死，文宗派哈散及撒迪去漠北迎接其兄周王和世瓎来大都为帝，是为明宗。天历二年（1329 年）三月，周王行至洁坚察罕时，文宗派右相燕铁木儿前去迎接，四月癸巳，燕铁木儿朝见明帝，率百官上皇帝宝玺，帝嘉其勋，拜太师，仍命为中书右丞相。八月丙戌（初二），文宗以皇太子身份入见明宗，庚寅（初六），明宗暴卒，年三十。葬起辇谷。是月己亥，皇太子复即皇位。一年多的皇权争夺战就此结束。文宗在位五年，于至顺三年（1332 年）八月卒，年二十九，庙号文宗，至元六年（1340 年）六月，惠宗朝认为文宗对明宗谋为不轨，使明宗饮恨而崩，诏除其庙主。

这就是元代第八位皇帝文宗，在宗室内部争夺帝位的残酷斗争中，他曾一度被贬谪到海南，也是历史上唯一落难海南的皇帝。

文宗在帝位争斗胜利之后，政治地位稳定了，也许因为他到过海南，在海南时"峒主王官事之以礼"①，具有海南情结。他因此为海南做了两件事。

第一，天历二年（1329 年）三月，当他策划迎接明宗的路上，乃改潜邸所幸诸路名，其中就有琼州，其所改路名是，建康曰集庆，江陵曰中兴，琼州曰乾宁，潭州曰天临。② 八月，"流诸王忽剌出于海南"。③ 九月己未，"立龙翔、万寿营缮提点所、海南营缮提点所，并秩正四品，隶隆祥总管府"。冬十月，"改琼州军民安抚司为乾宁军民安抚司，并升定安县为南（康）[建] 州，隶海北元帅府，以南建峒主王官知州事，佩金符，领军民"。④

第二，天历二年（1329 年）九月，"海南贼王周纠率十九峒黎蛮二万余人作乱，命调广东、福建兵，隶湖广行省左丞移剌四奴统领讨捕之"。⑤ 十一月，"隆祥司使晃忽儿不花言：'海南所建大兴龙普明寺，工费浩穰，黎人不胜其扰，以故为乱。'诏湖广行省臣玥璐不花及宣

---

① （明）唐胄纂：正德《琼台志》卷三《沿革考》，海南出版社 2006 年版，第 49 页。

② （明）宋濂等撰：《元史》卷三十三《文宗纪二》，中华书局 1976 年版，第 731 页。

③ （明）宋濂等撰：《元史》卷三十三《文宗纪二》，中华书局 1976 年版，第 737 页。

④ （明）宋濂等撰：《元史》卷三十三《文宗纪二》，中华书局 1976 年版，第 740、743 页。

⑤ （明）宋濂等撰：《元史》卷三十五《文宗纪四》，中华书局 1976 年版，第 790 页。据《寰宇通志》卷一百六改，按下文友以南建峒主王官知州事，峒名与州名符合。

慰、宣抚二司领其役，仍命廉访司滥之"。① 经过黎人作乱、平乱、继续建寺工程。大兴龙普明寺建成。文宗自大都贬到边远的海南，仍平安无事，他认为这是"上天垂祐，祖宗洪庥"，所以在谪居地大兴土木建规模壮丽的佛寺。以此实际行动"答天地祖宗昭贶，以介福于太皇太后，又以馁保其民人"。建成后又命翰林学士虞集创作了《大兴龙普明禅寺碑》。②

此外，图帖睦尔在海南时有一桩爱情故事也流传颇广。据正德《琼台志》记载，当时海北海南道宣慰使都元帅陈谦亨府中有侍娃叫作青梅，"通词翰，善歌舞，声色并丽"。文宗贬海南后，"慕之，尝示其家以觊窥之意，不就。因赋诗云：'自笑当年志气豪，手攀银杏弄金桃。暝南地僻无佳果，问着青梅价亦高'"这件佚事，后来剧作家据以创作了琼剧《青梅记》。

文宗在位短短五年，他 17 岁贬海南，24 岁立为帝，不到 29 岁逝世。他的一生，大都是在宫廷政治斗争中度过，没有什么太大的政治作为。

元代朝廷对海南的统治以武力为主，恩抚为辅，但在施政过程中，对海南的开发和经济发展，比前代更为深入，对岛内外的建置作了一定程度的调整，在行政的基层组织上，由于采用土官制度，因此也普遍地深入岛上的黎村黎寨。由于实行屯田制度，海南岛上的耕地不断扩大，人口也因多种因素大大增长。在 90 年的统治过程中，海南是处于不断发展的态势，但由于对海南岛上的汉、黎族的压迫和屠杀，导致黎族的反抗斗争十分强烈，政治上的迫害使海南无法稳定与发展。

---

① （明）宋濂等撰：《元史》卷三十五《文宗纪四》，中华书局 1976 年版，第793 页。

② 该碑编入虞集《道园学古录》卷四十七，见道光《琼州府志》卷三十八《艺文志》，转载时题目略有改动。

第十七章　元代海南政治

第一节　政区区划

元朝在至元十五年（1278 年）之后，才开始掠取海南。其对海南的建置，仍保留宋朝的体制，变更不大，所不同的是大军围剿五指山黎峒，十分残酷。元朝对海南政区的建置，共有三次。

一、第一次建置

由至元十五年到二十八年（1278—1291 年），属湖广等处行中书省，简称湖广行省。湖广行省统 30 路，3 府，13 州，15 安抚司，3 军；路辖府 3，辖州 17，路、府、州辖县 150。分置湖南道宣慰司（治天临路，今长沙），广西两江道宣慰司（治静江路，今桂林），海北海南道宣慰司（治雷州路，今广东海康），八番顺元宣慰司都元帅府（治顺元，今贵阳）。辖境包括今湖南、广西、海南及贵州大部分地区，湖北小部分地区。[①]

元代至元十五年（1278 年），海南改隶海北海南道宣慰司，司治设于雷州路。海南名为琼州路安抚司。

正德《琼台志》载："至元十五年（1278 年）湖广行省，又十七年（1280 年）立海北海南道宣慰司。"[②]

---

① 白寿彝总主编：《中国通史》第八卷《中古时代·元时期》（上），上海人民出版社 1997 年版。

② （明）唐胄纂：正德《琼台志》卷二《沿革表》，海南出版社 2006 年版，第33 页。

道光《琼州府志》："至元十五年（1278年），改为琼州路安抚司，隶湖广行省。至元十七年（1280年），又置海北海南道宣慰司于雷州，领琼州路。"①

《元史·地理志》："元至元十五年（1278年），隶海北海南道宣慰司。"天历二年（1329年），改乾宁军民安抚司。领县七：琼山、澄迈、临高、文昌、乐会、会同、安定（应为定安）。南宁军，元至元十五年（1278年），隶海北海南道宣慰司，领县三：宜伦、昌化、感恩。万安军，至元十五年（1278年），隶海北海南道宣慰司，领县二：万安、陵水。吉阳军：元至元收附后，隶海北海南宣慰司，领县一：宁远。②

元代置"道"之"宣慰司"，系择在距京师或省治较远的地方设置的，并非在各省遍设，此制介于"省"与"路"之间，多一承转机构。除此之外，又有"肃政廉访司"，此一职位，为司法及监察，并非正常行政区划。

二、第二次建置

由至元二十八年至天历二年（1291—1329年）置琼州路军民安抚司。唐胄正德《琼台志》卷二《沿革表》载：至元二十八年（1291年）军民安抚，平章阔里吉思平黎，增置定安、会同二县。③又卷三《沿革考》：至元二十八年（1291年），改为琼州路军民安抚司，增琼州定安、会同二县。

道光《琼州府志》：至元二十八年（1291年），改为琼州路军民安抚司，增置定安、会同二县，省吉阳县；其南宁、吉阳、万安三军，仍宋制。④

---

① （明）明谊修、张岳崧纂：道光《琼州府志》卷首《沿革表》，海南出版社2006年版，第13页。
② （明）宋濂等撰：《元史》卷六十三《地理志六》，中华书局1976年版，第1538页。
③ （明）唐胄纂：正德《琼台志》卷二《沿革表》，海南出版社2006年版，第34页。
④ （清）明谊修、张岳崧纂：道光《琼州府志》卷首《沿革表》，海南出版社2006年版，第13页。

三、第三次建置

由天历二年（1329 年）至元朝末年。置乾宁军民安抚司。

正德《琼台志》卷二《沿革表》：天历二年（1329 年）乾宁安抚，文宗既袭帝位，以潜邸所幸故升。升定安县为南建州（以王官故）。[①]又卷三《沿革考》：文宗天历二年（1329 年），又改为乾宁军民安抚司（以潜邸所幸故），寻升定安县为南建州（以潜邸时峒主王官事之以礼，故升，而以官世袭知州事）。至正末年始置广西行省领之。[②]

道光《琼州府志》：天历二年（1329 年）改琼州路为乾宁军民安抚司，升定安县为南建州。至正末，改隶广西行省。[③]

《元史·地理志》：天历二年（1329 年），以潜邸所幸，改乾宁军民安抚司。领县七：琼山、澄迈、临高、文昌、乐会、会同、安定。[④]

至元惠宗顺帝元统二年（1334 年）冬十月丁卯，改乾宁军民安抚司曰乾宁安抚司。

元代对海南的建置，第一、二次主要是为军队镇压过后，利于行政统治，第一次建置是元代统一中国之后，对海南岛实行管理的体制，第二次建置是大军直入黎峒镇压之后，刻石而还，故调整海南建置，以便管理。第三次建置是文宗称帝之后，为报海南峒主对他贬海南时的厚遇之恩，因而，"改琼州军民安抚司为乾宁军民安抚司。升定安县为南建州，隶海北元帅府，以南建洞主王官知州事，佩金符，领军民"。[⑤] 文宗对海南的情结，让他称帝后对在海南时有恩于他的人加以报答，而他的恩人是黎族的峒主。

---

① （明）唐胄纂：正德《琼台志》卷二《沿革表》，海南出版社 2006 年版，第 34 页。

② （明）唐胄纂：正德《琼台志》卷二《沿革表》，海南出版社 2006 年版，第 49 页。

③ （清）明谊修、张岳崧纂：道光《琼州府志》卷首《沿革表》，海南出版社 2006 年版，第 13 页。

④ （明）宋濂等撰：《元史》卷六十三《地理志六》，中华书局 1976 年版，第 1538 页。

⑤ （明）宋濂等撰：《元史》卷三十三《文宗纪二》，中华书局 1976 年版，第 743 页。

第二节　人口、屯田与移民

海南在元代人口的数量，比起宋代有大幅度的增长。有论者指出："宋代是今海南岛开发的重要时期。琼州（治在今海口市南）、昌化军（治在今儋县西北）、万安军（治在今万宁县）和吉阳军（治在今三亚市西）在元世祖至元二十七年（1290 年）的户数，比北宋元丰户数分别增长 746%、1152%、2461% 和 410%。"至元二十七年（1290年）距宋亡只有十余年，因此其基础是在南宋奠定的，南宋无疑是海南岛历史人口发展的重要时期。[①] 笔者认为，元代人口数的剧增不仅此一端。更重要的原因如下文所述。

一、元代海南的人口

关于海南岛人口数量的提高，其中，自然增长以及一百多年来移民迁入和南宋时的人口发展都是原因，但更为重要的是元军自进入海南岛以后，实行对黎族征剿政策；结果是让大量的原来不受约束和控制的"生黎"，转变成受政府管辖的"熟黎"，这些原先不在册的"生黎"成为纳粮征税的"熟黎"人口。如在至元二十九年（1292 年），海南岛将 519 个峒寨的 2 万余户黎族收为编户齐民，将为此设立会同、定安两县。《元史·世祖纪》：至元二十九年（1292 年）六月壬午，敕以海南新附四州峒寨五百一十九、民二万余户，置会同、定安二县，隶琼州，免其田租二年。[②] 这二万余户，如果按元初邢梦璜《至元（1293年）癸巳平黎碑记》中的数字计算，当时 626 户，即 47000 多人口[③]，每户平均 7.5 人。仅这一次元世祖下的诏书"编户齐民"的即有将近 20 万人口。元军征黎，不仅这一次，而是多次进入黎区征剿，政府把过去没有纳入编户的黎族人口，也正式像移入的汉人及交赋税的"熟

---

① 葛剑雄主编：《中国人口史》第三卷，复旦大学出版社 2000 年版，第 558—559 页。

② （明）宋濂等撰：《元史》卷十七《世祖纪十四》，中华书局 1976 年版，第 363 页。

③ （清）明谊修、张岳崧纂：道光《琼州府志》卷十三《经政志五·屯田》，海南出版社 2006 年版，第 1686 页。

"黎"一样，咸籍为民。这样一来，政府在册的人口就会急速增长，这同时也进一步促进了民族的融合。

元代人口的数字，如果以《元史·地理志》作为依据，户数和人口数，特别是人口数远逊于实际人口数。更何况像上文引的"人口史"，元初户数比宋时户数增加了1152%。唐胄正德《琼台志》中的人口统计，也是以《元史·地理志》为根据。无其他信息可作为参考。见下表：

地区	设置时间	户数（户）	人口数（人）
乾宁军民安抚司	天历二年（1329 年）	75837	128184
南宁军	至元十五年（1278 年）	9627	23652
万安军	至元十五年（1278 年）	5341	8686
吉阳军	至元收附后	1439	5735

资料来源：（明）宋濂等撰：《元史》卷六十三《地理志六》。

在正德《琼台志》卷十中，有一项是：乾宁安抚司总户数 92244 户，总人口数 166257 人。注明是"据《元史·地理志》"。不知何所本。

元代人口的准确数量，史无实据。

历史上人口的数字，是不可能准确的。相对而言，宋代海南人口是 1 万多户，而元代则增加到 9 万多户，这主要原因是将"生黎"改为"熟黎"，而归附于元代海南的地方政府控制之下。

二、大规模的屯田开垦与水利设施

元代海南岛人口的增加，大部分原因是屯田移民。元代实行全民皆兵制度，为了解决规模庞大的军队的粮食问题，在全国各地每次军事行动之后，因兵屯田，且耕且战为久居之计。通过屯田的形式，迁徙大量军队和内地人民到边疆地区，进行军民屯田，借此促进该地区的土地开发和经济发展。

海南岛立屯田，据正德《琼台志》记载，是因至元三十年（1293 年）湖广行省有人建议海南屯田，并由官方送给老百姓牛、种子等，"召民耕佃"，除了民户以外，还有"旗军二千四百九十七名"。① 海南屯田属于军民混合屯。因此，《元史》的说明是："世祖至元三十年（1293年），召募民户并发新附士卒，于海南、海北等处置立屯田。"并设屯田万户府加以管理。到了"成宗元贞元年（1295年），以其地多瘴疠，纵屯田军二千人还各翼，留二千人与召募民之屯种。大德三年（1299年），罢屯田万户府，屯军悉令还役，止令民户八千四百二十八户屯田，琼州路五千一十一户，雷州路一千五百六十六户，高州路九百四十八户，化州路八百四十三户，廉州路六十户。为田琼州路二百九十二顷九十八亩，雷州路一百六十五顷五十一亩，高州路四十五顷，化州路五十五顷二十四亩，廉州路四顷八十八亩"。② 这其中，琼州路的户数及田亩数居各州之冠，移民户数及人口数的增加是必然的结果了。关于海南屯田的记录，《元史·顺帝纪》也有记载：元统二年（1334年）十月"丁卯，立湖广黎兵屯田万户府，统千户一十三所，每所兵千人，屯户五百，皆土人为之，官给田土、牛、种、农器，免其差徭"③。

元代在海南岛上，以土民为黎兵，用则为兵，散则为民，所以军队屯种自给，与民杂种。专业屯田军一般不任征戍，专门屯种以供军食。元世祖统一海南之后，大量抽调汉军和新附军为屯田军，开发海南农业。

屯田的目的是增产粮食。这一决策在海南岛是有针对性的。本书第五章第三节叙述宋代置民时，曾征引《宋史》卷二百八十四《陈尧叟传》，说的是宋代缺粮，需征葺船从海北运粮到海南岛一事，证明宋代海南的确缺粮。苏轼在海南切身体会到这一点。他说："北船不到米如珠。"④ 但到了元代，因屯田产粮，元代粮食能自给自足，而且上

---

① （明）唐胄纂：正德《琼台志》卷二十《兵防下·屯田》，海南出版社 2006 年版，第 447—448 页。

② （明）宋濂等撰：《元史》卷一百《兵志三》，中华书局 1976 年版，第 2578 页。

③ （明）宋濂等撰：《元史》卷三十八《顺帝纪一》，中华书局 1976 年版，第 824 页。

④ 《苏轼诗集》卷四十三《纵笔三首》之三，中华书局 1982 年版，第 2328 页。

缴国库税粮。据正德《琼台志》说，元代上缴税粮 16511 石。唐胄明确指出：这个数字是正确的；而一说是"几三万石"，这是不对的。"三"是"二"的误写。①

与屯田相关的是元代重视农田水利建设。据康熙《崖州志》载，元代贬官王仕熙贬吉阳军后写的《八景》诗，其中第四首《水南暮雨》有句："稻田流水鸦濡翅"②，说明元代十分重视水利灌溉，"稻田流水"即是水田得到水利浇灌而连成一片。不仅吉阳军如此，琼州府各县军都有水利设施。以万州和琼山为例。万州的洪口，在州西九里庆云都。元代大德九年（1305 年），达鲁花赤贺贾委坝守吴显昌，开导大溪水，引流经车头等处。众捐金募工开挖成溪，灌济东南二洋田畴。③另一处是衍丰渠，在州南十里富仁都。元至正年间（1341—1368 年）寓士刘复初从南山大溪之南引水，东北至保定村，经永宁堂会大溪入于海。④

而最为典型的农田水利设施是琼山县的义丰堤闸，义丰、遵化、丰好等处民田，往因洪水冲决，陵谷变迁，难于稼穑。元至元丁丑春，诸田老以实闻于郡，檄委前雷庠二教张宜举董其役。有田之民不期而至，堤桥车闸修制有方。七年始效，获水利者一十八处，成熟田者十余万顷。⑤

因为许多水利灌溉的推广，配合着屯田耕地大量增加，加上农田生产技术的改进和优良品种的选择，元代的稻谷产量大大增加。这在客观上有利于民生。

---

① （明）唐胄纂：正德《琼台志》卷十一《田赋》，海南出版社 2006 年版，第 237 页。
② （清）张擢士、李如柏纂修：康熙《崖州志》卷二《艺文志》，海南出版社 2006 年版，第 71 页。
③ （清）陈梦雷编纂：《古今图书集成·琼州府部汇考三》，海南出版社 2006 年版，第 206 页。
④ （清）陈梦雷编纂：《古今图书集成·琼州府部汇考三》，海南出版社 2006 年版，第 208 页。
⑤ （清）陈梦雷编纂：《古今图书集成·琼州府部汇考三》，海南出版社 2006 年版，第 195 页。

三、移民

在海南实行大规模的屯田，这也是海南岛历史上第一次大规模开发，此举促进了对海南荒地的开垦，改变了人口与土地分布上的矛盾。从大陆到海南来的移民，许多人为了寻生存，也加入屯田大军中参加土地开发，一时间生产力大为提高，如上述，仅琼州路就有屯田民户五千一十一户，屯田二百九十二顷九十八亩。无疑推动了农业生产的发展。但是，由于屯田采取军事组织形式，带有明显地强制性，再加上元代吏治腐败，经营管理不善，屯田的经济效果受到制约。

除屯田移民外，还有汉族移民和回族移民。

汉族部分官吏及其眷属，由朝廷派来海南当官以后，就连眷属都落籍海南。有的是渡琼经商而定居海南的。

元代海南汉族移民中，许多成为各个姓氏的迁琼始祖。如张氏一家在当时环境下显得独特。张氏迁琼始祖是张�，原籍浙江省宁波府，元时来琼，任进义校尉。元顺帝至正九年（1349年）卜居琼山县五原都滨涯村（今海口市郊滨涯村）。二世祖张大，任黎兵屯田万户府知事。三世祖张国祥，任吉阳军吏目。四世祖张贤，任乾宁安抚司佥事，因为贤良而且机谋宏远，韬略深沉，荣升黎兵屯田万户府万户，授兵权，号表里元帅，拜弟张德任琼州府澄迈县尹，这是元代一家四世的事。到了明代洪武元年（1368年）张贤归附大明政权。洪武二年（1369年）明太祖以贤良起用。书召张贤进京任职，贤应召到广州，因身体不适，告老还乡。死后葬于城南瑶亚村北里先茔之次。祀乡贤。[①] 在《张氏史料汇编》第二期中，关于"张氏迁琼始祖简介"，张熘写成"张炤"，其他记录事例均相同。

张氏一家因官职移民海南岛后，二世祖张大任黎兵屯田万户府知事，四世祖张贤统领了海南屯田事宜。

元朝灭宋之后，俘虏了南宋大批贵族及官员，挟裹他们充军南下。有的来到海南后，由黎蛮海北海南兵屯万户府在海南设立的琼州

---

① 张烛辉：《世袭万户仕宦世家——迁琼公张熘及其后裔》，载伍尚光、王俞春主编：《海南先民研究》第二辑，辽宁民族出版社2000年版。

路安抚司管理，琼州路安抚司的办事机构设在乾宁府，与南宁军、万安军、吉阳军合称一府三军，乾宁府管辖琼山、澄迈、文昌、乐会、临高、会同六县，万安军管辖万宁、陵水两县，吉阳军管辖宁远县，南宁军管辖宜伦县、昌化县、感恩县。各县设兵屯管理所，其工作是分配田地、收缴公粮、兴修水利及军训等项。元朝为有效地统治海南岛，派驻大量镇戍军。正德《琼台志》记载："元初，湖广行省于平阳、保定、冠州等翼轮差官军万户一员，率千百户，统汉军一千，海南镇守，三岁交换，以新附土军分隶炮手所辖。"[1] 由此可知，海南岛上的镇戍军实行的是三年一换制度，而张畑父子几代人都在屯军领导机构里担任重要的职位。张氏家族移居海南后，对于海南屯田制度的推行、海南土地的开发，作出了重大的贡献。

元代移民除汉族外，还有回族，从宋到元，都有因战乱从占城移居到海南岛的回民，正德《琼台志》卷七载："番俗本占城人在琼山者，元初，驸马唆都右丞征占城，纳番人降，并其属发海口浦安置，主营籍为南番兵。无老稚，皆月给口粮，三年以优之。立番民所，以番酋麻林为总管，世袭，降给四品印信。元末兵乱，今在无几。其外州者，乃宋元间因乱挈家驾舟而来，散泊海岸，谓之番坊、番浦，不与土人杂居，其人多蒲、方二姓。"[2] 这部分回族，成了今万宁、陵水、三亚等地的居民。

除了这部分从海上迁入的回族，还有从大陆南迁的回族人民。这部分回族多是因为商贸的原因而迁居海南的。

第三节　赋税与徭役

正如《中国赋役制度史》所指出的："元朝的统治是蒙古贵族和

---

① （明）唐胄纂：正德《琼台志》卷十八《兵防》上，海南出版社 2006 年版，第 398 页。

② （明）唐胄纂：正德《琼台志》卷七《水利·风俗》，海南出版社 2006 年版，第 149 页。

汉人地主的联合统治，其生产关系具有民族压迫和阶级压迫的双重性质。"① 元代海南人民遭受上述双重性质压迫，因而赋役负担的复杂程度和徭役的加重超过前代。

元代赋税，因南北政治、地理情况不同，在赋税的内容上也有较大差别。北方赋税分税粮和科差两大类。南方赋税分秋税和夏税。《元史·食货志》载："取于江南者，曰秋税，曰夏税，此仿唐之两税也。"② 实际上，南方也有如北方一样的科差。

元初，世祖平宋时，除江东、浙西，其余独征秋税而已。"成宗元贞二年（1296 年），始定征江南夏税之制。于是秋税止命输租，夏税则输以木棉、布、绢、丝、绵等物。其所输之数，视粮以为差。粮一石或输钞三贯、二贯、一贯，或一贯五百文、一贯七百文。"③ 这次加征夏税的地征为浙东、福建、湖广等地，湖广也包括海南岛地区。

除了两税以外，又有一门所谓门摊，即按户摊派之意。《元史·食货志》云："初，阿里海牙克湖广时，罢宋夏税，依中原例，改科门摊，每户一贯二钱……（大德）三年，又改门摊为夏税而并征之，每石计三贯四钱之上。"④ 这种说法不够准确。而据姚燧《湖广行省左丞相神道碑》记："初，北上田租亩取三升，户调岁惟四两。及定湖广税法，亩取三升，尽除宋他名征。后征海南，度不足于用，始权宜抽户调三之一佐军。"所谓户调，当即北方的包银。所谓"抽户调三之一佐军"即包银四两的三分之一，大致为一两二钱。由此可知，湖广门摊的征收实始于至元十五年（1278 年）元军征海南前夕，此时湖广税法已定，初科门摊是为了弥补征海南的军费不足，与夏税的罢废并无直接

① 郑学檬主编：《中国赋役制度史》，上海人民出版社 2000 年版，第 445 页。
② （明）宋濂等撰：《元史》卷九十三《食货志一·税粮》，中华书局 1976 年版，第 2357 页。
③ （明）宋濂等撰：《元史》卷九十三《食货志一·税粮》，中华书局 1976 年版，第 2359 页。
④ （明）宋濂等撰：《元史》卷九十三《食货志一·税粮》，中华书局 1976 年版，第 2359 页。

关系。这种湖广门摊，实际上是包银在湖广的变相形态，故元人直接将其与北方包银相提并论，其赋税性质属于科差。① 因而，南方也与北方一样，有科差。

这种北方科差性质的包银，其税额规定为每户二两，除"与人作佃、佣作，凭房居住，日趁生理，单丁贫下小户不科"②之外，一般民户均须缴纳。在实际执行中，贫下户不能免。又有州县官吏征取包银时往往数倍于法定数额："包银之法，户不过二两，而州县征之加十倍。"③ 这跟元代初平海南时减轻赋税是两码事，包银也是海南人民的一大负担。

一、元代海南的赋税

海南的赋税，正德《琼台志》云："宋有赋而元益增。"

相对于宋代，元代赋税"益增"，并非在元代开国时，而是在这以后的十年。

因为元代官吏在南方执政时，曾减轻海南赋税，借以笼络民心，得到海南民众的接受，如阿里海牙在元初平定海南时曾减轻赋税以安民心。《元史·阿里海牙传》载："（至元）十八年（1281年），奏请徙省鄂州。所定荆南、淮西、江西、海南、广西之地，凡得州五十八，峒夷山獠不可胜计。大率以口舌降之，未尝专事杀戮。又其取民悉定从轻赋，民所在立祠祀之。"④ 在至元二十九年（1292年）六月壬午，"敕以海南新附四州洞寨五百一十九、民二万余户，置会同、定安二县，隶琼州，免其田租二年"。⑤ 当元代朝廷接受海南新附四州519个峒寨时，立刻表示皇朝对海南的恩赐，免会同、定安二县田租两年，

---

① 白寿彝总主编：《中国通史》第八卷《中古时代·元时期》（上），上海人民出版社1997年版，第786页。

② 《元典章》卷二一《户部七》。

③ （明）宋濂等撰：《元史》卷一百八十四《王都中传》，中华书局1976年版，第4231页。

④ （明）宋濂等撰：《元史》卷一百二十八《阿里海牙传》，中华书局1976年版，第3128页。

⑤ （明）宋濂等撰：《元史》卷十七《世祖纪十四》，中华书局1976年版，第374页。

以此作为招抚黎族的手段。万历《琼州府志》载："天历二年（1329 年），生黎叛服不常，海北海南道宣慰使按摊，威望素著，生黎王高等二十余峒皆愿输贡税。"①

元代初年，为了"安民"而对海南减轻赋税。但是，经过多年的统治，站稳了脚跟，于是开始增生赋役。如至元二十九年（1292 年），乌古孙泽"诏擢为海北海南廉访使。故例，圭田至秋乃入租，后遂计月受之，泽视事三月，民输租计米五百石"。②所谓"至秋乃入租"即收秋税，"计月受之"指的是乌古孙泽按月征收秋税。这种按月征收秋税的做法，比起其他地方的秋税要重得多。

除了上述的两税和科差之外，元代在江南还征收"加耗"等税项。据《元典章》记载："江南民田税石，依例每石带收鼠耗，分例七升。"这就增加 7%；还不止此，例如延祐七年（1320 年）在此基础上又"增两淮、荆湖、江南东西道田赋，斗加二升"③，即增加 20%。这些税项，在海南的地方志中没有记录，但关于中央政权的规定，海南一定是要执行的。

二、元代海南的徭役

关于徭役，元代的力役和职役，合称为"杂泛差役"。杂泛，就是力役，也称夫役，即征发民夫及车、牛从事工程兴造、开河筑坝、河渠治理、官物运送等役作。差役，即职役，是差派民户承充政府需要的部分职事。至于杂泛差役如何摊派，至元二十八年（1291 年）元世祖颁布的《至元新格》对杂泛的差充作了规定。《大元通制条格》载其内容曰：

> 诸差科夫役，先富强后贫弱，贫富等者，先多丁后少丁，开具

---

① （明）戴熺、欧阳灿总裁，蔡光前等纂修：万历《琼州府志》卷八《海黎志》，海南出版社 2003 年版，第 417 页。

② （明）宋濂等撰：《元史》卷一百六十三《乌古孙泽传》，中华书局 1976 年版，第 3834 页。

③ （明）宋濂等撰：《元史》卷二十七《英宗纪一》，中华书局 1976 年版，第 601 页。

花户姓名，自上而下置簿挨次。遇有差役，皆须正官当面点定该当人数，出给印押文引，验数勾差，无致公吏、里正人等放富差贫，那移作弊。其差科簿仍须长官封收，长官差故，次官封收。①

从这段话看来，"遇有差役"的"差役"是"差科"的意思。据此规定，杂泛的差充原则是根据各户的财产情况进行摊派。但在不同地区，对不同的项目，差充的办法往往有很大的差别。

杂泛有一部分是在比较富实的人户中差充，有的杂泛是不论贫富普遍按田土数或税粮数进行摊派，但实际负担者往往是贫下户。富家大户总是千方百计地逃役，把杂泛的负担加到贫下户身上。他们逃役的主要方法之一是诡名析户，就是多立户头，将一户分成几户或几十户向官府申报，这样每户的丁力资产很少，就可以少当甚至不当杂泛。所以元代的杂泛差役是民间的一项沉重负担。夫役的承担者主要是贫苦农民，大规模的夫役征发往往役及数万或数十万人。②

海南的"杂泛差役"史籍无记载，仅在《元史·顺宗纪》中提及：元统二年（1334年）冬十月丁卯，"立湖广黎兵屯田万户府，统千户一十三所，每所兵千人，屯户五百，皆土人为之，官给田土、牛、种、农器，免其差徭"。③"免其差徭"，即是上面所说的"杂泛差役"，由此可知，海南实行了元代的差役，而且黎族地区的人民也受此殃及。

---

① （元）至正中敕撰：《大元通制条格》卷一七《赋役·科差》，（台湾）大中国图书公司印行，第532—533页。

② 白寿彝总主编：《中国通史》第八卷《中古时代·元时期》（上），上海人民出版社1997年版。

③ （明）宋濂等撰：《元史》卷三十八《顺宗纪一》，中华书局1976年版，第824页。

第十八章　元代海南经济的发展

第一节　农业的发展

元代重视农桑。元世祖即位之初，首诏天下：国以民为本，民以衣食为本，衣食以农桑为本。中统二年（1261年），立劝农司，至元七年（1270年），立司农司，专掌农桑水利。又分布劝农官及知水利者，巡行郡邑，察举勤惰。并颁农桑之制一十四条，倡导重视农桑之术。[①]至元十年（1273年），翰林学士王磐在为司农司编纂的《农桑辑要》一书题写的"序文"中称"诏立大司农司不治他事，专以劝课农桑为务"[②]。劝农家布百谷，种农桑以足衣食。在元代，还有鲁明善撰《农桑衣食撮要》、王祯撰《农书》等，教民种植和农耕。应该特别指出，王祯的《农书》，记载了元代江南地区各种农田水利工程及灌溉提水工具，如水渠、陂塘、堤堰、水栅、水闸、石笼、涵窦、阴沟、渡漕、水井等。由于元代"重农"的措施得力，因此在土地开发、水利兴修以及经济作物的推广、栽培诸方面都有所发展。

一、开发海南岛农业的措施

1. 招集逃亡，鼓励开荒，实行屯田

元代在每次军事行动之后，即实行屯田，"官给牛、种，召民耕

---

① （明）宋濂等撰：《元史》卷九十三《食货志一》，中华书局1976年版，第2354页。

② 《文渊阁四库全书》第730册，台湾商务印书馆1986年版，第195页。

佃"。开始，朝廷采用军民结合的屯田制，组织老百姓垦荒，免租二年以作鼓励。世祖至元二十九年（1292 年）六月壬午，"敕以海南新附四州洞寨五百一十九、民二万余户，置会同、定安二县，隶琼州，免其田租二年"。① 在鼓励开荒的同时，实施军民结合的屯田制。上文说过，元代最高统治者采纳陈仲达的"平黎策"，对黎族进行了一次"自开郡以来所未有"的征伐，之后的至元三十年（1293 年），"召募民户并发新附士卒，于海南、海北等处置立屯田"。② 同时设立屯田万户府。但过了两年，即成宗元贞元年（1295 年），"以其地多瘴疠，纵屯田军二千人还各翼，留二千人与召募民之屯种"。大德三年（1299年），"罢屯田万户府，屯军悉令还役，止令民户八千四百二十八户屯田"。③ 这个时候，琼州路凡五千一十一户，为田二百九十二顷九十八亩。④ 至顺三年（1332 年），"右丞完泽平黎，建议复立屯田万户府"。因此黎族不得不又复军屯。但很快，建议"请罢"，于是又"以兵还民"。元统二年（1334 年）冬十月丁卯，因湖广行省上奏，说是海南因地处极边，且少数民族杂居，"宜立万户府以镇之"。这一奏议，得到中书省采纳。于是，像广西屯田万户府的例子，"立湖广黎兵屯田万户府，统千户一十三所，每所兵千人，屯户五百，皆土人为之，官给田土、牛、种、农器，免其差徭"。⑤ 朝廷给予屯民以土地、耕牛、种子、农具，还免其差徭，以此奖励农耕。这些政策措施的制定，对当时因战乱流亡到海南的民众以及本地黎民有利，海南的土地开发也一度掀起了热潮。

① （明）宋濂等撰：《元史》卷十七《世祖纪十四》，中华书局 1976 年版，第363 页。
② （明）宋濂等撰：《元史》卷一百《兵志三》，中华书局 1976 年版，第2578 页。
③ （明）宋濂等撰：《元史》卷一百《兵志三》，中华书局 1976 年版，第2578 页。
④ （明）唐胄纂：正德《琼台志》卷二十《兵防下·屯田》，海南出版社 2006 年版，第 447 页。
⑤ （明）宋濂等撰：《元史》卷三十八《顺帝纪一》，中华书局 1976 年版，第824 页。

　　有元一代，海南安抚司属官民田、地、塘共一万五千五百一十九顷二亩二分七厘零，秋苗米一万六千五百一十一石八斗三升二合零。①应该说，屯田的主要目的在于军事镇压，但对海南的农业发展还是产生了积极的作用，实行屯田后所获的成效是十分显著的。海南的屯田对农业的开发，已证明元代"天下无不可屯之兵，无不可耕之地"。

　　屯田制实行之后，开头虽取得成效，但是，实施之后，却困难重重。正德《琼台志》论及元代实施屯田因种种原因而难以一以贯之，有许多反复："屯田本古人耕守之良法，然吾郡独累病于难行者有五焉。元贞年间（1295—1297年）之惧瘴疠，还半军而并之招募，一也。大德尽归之民，而领于安抚，二也。至顺苦土人之冗滥，罢府以还其兵，三也。国初，桑昭以临逼黎海，请准不立，四也。宣德之急城宗，归各屯于有司，五也。"②因此，在元代后期，海南屯田已经式微，而"以兵还民"变成了当地土官，又成为反抗元代朝廷的一股力量。

2. 兴举水利

　　元代统一中国后，政府里设立都水监，地方设河渠司，办理兴举水利、修理河堤等事务。在海南农业经济的另一特点，是兴修水利，引水灌溉，促进农业旱涝保收的同时，也疏通道路。

　　因为海南的地势决定了全岛的田地多倚山垦辟，取水维艰，海南农业对于水利工程，深知启闭蓄泄的重要性。明代张岳崧说，海南的水利工程有多种："近水泉者，甓砖以引之，曰圳；架竹以通之，曰笕；树栅畚土以潴之，曰陂；砌石为门，以时出纳，曰闸；凿木为机，手挽脚踏风转，曰车。之数者，因地制宜，其利渐溥。更得良有司察其利病，时其修葺，则三农收灌溉之利，而四时无旱涝之虞，将化瘠壤为膏腴，而耕凿之风可复见于今日矣！"③而唐胄正德《琼台志》所

---

　　① （清）明谊修、张岳崧纂：道光《琼州府志》卷十三下《经政志四·土田》，海南出版社 2006 年版，第 597 页。

　　② （明）唐胄纂：正德《琼台志》卷二十《屯田》，海南出版社 2006 年版，第 450 页。

　　③ （清）明谊修、张岳崧纂：道光《琼州府志》卷四《舆地志七·水利》，海南出版社 2006 年版，第 207 页。

论及的最为贴切："琼田，唐尚未力，自宋开宝修溉之后，元人渐知潴泄。"①

二、海南纺织技术与黄道婆传说

提及元代海南的纺织技术，不得不提到的一个人物就是黄道婆。关于黄道婆的记述，自元末以后流传颇为广泛，论著中（含历史著作）连篇累牍地探讨她不畏艰辛、敢为天下先的革新精神，肯定她是我国棉纺织业的先驱，13 世纪杰出的纺织技术革新家。

其实，对黄道婆的记述，应该将科技史上的黄道婆传艺和文献实证的黄道婆传说这两者区分开来。

目前科技史②研究中普遍认为黄道婆有重大的贡献，即在革新棉纺织工具、手工棉纺织技术如传授乡民错纱、配色综线、絜花技艺等方面。③内容有四：

1."捍"

棉纺织的第一道工序是"轧棉去籽"。大多数学者认为，她在使用轧棉搅车上作出了贡献。认为当时乌泥泾人"率用手剖去籽"，效率很低，"厥功甚艰"。而宋末元初《农桑辑要》卷二说当时北方用两头细中间粗的纺锤形铁杖，在木板上回旋，擀出棉籽，虽然比手剥略有改进，但效率不高，也十分吃力。而黄道婆用的是踏车，即利用回转方向相反的两轴喂入棉花之后互相挤压的原理，二人摇轴，一人喂棉，则"籽落于内，棉出于外"。这种脚踏的轧籽车，完全改变了当时用手剥籽或用铁杖擀去棉籽的落后状况，大大提高了去籽效率。

---

①　（明）唐胄纂：正德《琼台志》卷七《水利》，海南出版社 2006 年版，第129 页。

②　张家驹：《黄道婆与上海棉纺织业》，《学术月刊》1958 年第 8 期；樊树志：《纺织家——黄道婆》，《人民日报》（历史人物版）1961 年 6 月 25 日；上海市纺织科学研究院：《纺织史话》，上海科学技术出版社 1978 年版；宋浩杰：《黄道婆及乌泥泾手工棉纺织技艺》，载《被更乌泾名天下——黄道婆文化国际研讨会论文集》，上海古籍出版社 2007 年版；仲富兰：《黄道婆与淞沪棉花传播考略》，载《被更乌泾名天下——黄道婆文化国际研讨会论文集》，上海古籍出版社 2007 年版；樊树志：《乌泥泾镇与"棉花革命"》，载《黄道婆研究》，上海社会科学院出版社 1992 年版；等等。

③　参见沈关宝、杨丽：《社会记忆及其建构——关于黄道婆的集体记忆研究》，载《东岳论丛》2012 年第 12 期。

2．"弹"，开松除杂

宋末元初一般有两种弹棉花的方法。第一种是胡三省注《资治通鉴》卷一五七记载的弹弓：以竹做成，长四五寸，牵弦以弹，使得棉花匀细；第二种是陶宗仪记录的弹弓：线弦竹弧置案间，振掉成剂，功率很低。黄道婆改用"椎弓之制"，用现代的话说，椎子和弹弓联合作用，即是用椎子槌击弓弦。据《农书》解释，这种弹弓是长四尺许的竹弓，控以绳弦。这种大的绳弦竹弓，又用弹椎，敲击弓弦开棉，弹出的棉花均匀、细致，且工效高。这种"弹弓"，后来流传海外。

3．"纺"，即纺纱

她改进了原先的麻纺脚踏纺车，成为三锭脚踏棉纺车，凭纺者的熟练技能和技巧，纺出三根同样支数且捻度均匀、条干又好的棉纱；操作也较省力，使纺纱效率一下子提高了两三倍。被认为是世界棉纺织史上最有科技价值的一次重大革新。这是被称为"黄道婆纺车"的脚踏纺车。

4．"织"，即织布的方法

用棉纱通过织布机织成布匹。黄道婆将黎族妇女使用多年的腰织机，加以革新，改造成大型高效的脚踏提综织机。"错纱配色，综线絜花，各有其法。"能够织出像"棋局"一般的色织物；又能织出"折枝、团凤、字样"的提花织物，织出了被、褥、带、帨等织品，而且，上面的"絜花"（提花）织出鲜美的图案好像写生画出的活生生图画一般光彩夺目。

上述的四项关于棉纺织技艺的改革，是当前多数科技史论著所肯定的黄道婆传说。

第二节　造船业与船税

一、造船业的发展

由于元代统治者通过海南出征南海某些国家，所以海南的造船业也比较发达，姚燧在《中书左丞李公家庙碑》中写道："计征占城，诏使给粮仗，造舟海南，取得其宜，黎儋之民，劝趋之。"①《元史》载：至元二十四年（1287 年）九月己亥，湖广行省臣言："海南琼州路安抚使陈仲达、南宁军总管谢有奎、延栏总管符庇成，以其私船百二十艘，黎兵千七百余人，助征交趾。"②这 120 艘私人建造的船只，从元代的建船工业发展情况来说是颇为可观的。又程矩夫在《海北海南道宣慰使马府君神道碑》中也说："寻拜……海北海南道宣慰使……又出新意，造大舰数十，号海哨马部。"③海南的造船业，由此可见一斑。

二、船税与税收机构

关于商税，因海南与海外交通、贸易的特殊地位，主要表现在船税方面。宋代尚未被批准成立博易提举司，但过往船只要收税。元代重视这个机构设置。元世祖至元三十年（1293 年）九月乙丑，"立海北海南博易提举司，税依市舶司例。"④《元史·百官志》也载：元至元三十年（1293 年）九月乙丑，"立海南博易提举司"。这是加强了对船科的管理。至大四年（1311 年）罢之，禁下番船只。⑤

延祐元年（1314 年），弛其禁，改立泉州、广东、庆元三市舶提举司。每司提举二员，从五品；同提举二员，从六品；副提举二员，从七品；知事一员。⑥还是把海南隶属于广东。海道交通及贸易的权力，收回广东掌握。

① （元）姚燧：《牧庵集》卷一百二十一《有元故资善大夫中书左丞赠银青荣禄大夫平章政事谥武愍公李公家庙碑》，载《文渊阁四库全书》第 1201 册，台湾商务印书馆 1986 年版，第 517 页。

② （明）宋濂等撰：《元史》卷十四《世祖纪十一》，中华书局 1976 年版，第 300 页。

③ （元）程矩夫：《雪楼集》卷二十《海北海南道宣慰使马府君神道碑》，载《文渊阁四库全书》第 1202 册，台湾商务印书馆 1986 年版，第 288 页。

④ （明）宋濂等撰：《元史》卷十七《世祖纪十四》，中华书局 1976 年版，第 374 页。

⑤ （明）宋濂等撰：《元史》卷九十一《百官志七》，中华书局 1976 年版，第 2315 页。

⑥ （明）宋濂等撰：《元史》卷九十一《百官志七》，中华书局 1976 年版，第 2315 页。

　　为什么罢海北海南市舶提举司呢？在这里，历史有点迂回曲折。最早发现这点的是日本人小叶田淳。问题出在罢市舶提举司一事。据《元史·成宗纪》所记：至元三十一年（1294年）十一月甲子，以湖南道宣慰使何伟为中书参知政事。罢海北海南市舶提举司。壬申，立覆实司。[①] 而在《新元史·百官志》中也载及此事："至元二十二年（1285年）立市舶都转运司。二十五年（1288年），改海南博易市舶提举司。三十一年（1294年）罢，后复置。至大四年（1311年）又罢。延祐三年（1316年），改立泉州、广东、庆元三所市舶提举司。"[②] 这一段记载中"二十五年（1288年），改海南博易市舶提举司"一语，与前面《元史·世祖纪》所载：三十年（1293年）九月乙丑，"立海北海南博易提举司"之说相龃龉，而"三十一年（1294年）罢，后复置。至大四年（1311年）又罢"一说，则回答了小叶田淳在《海南岛史》中所提出的问题，小叶田淳在"博易提举司与南方贸易"一节中写道："至元三十年九月，设立海北海南博易提举司，这和市舶提举司属于同一种类，所以，他的税法，不仅依据市舶司的惯例（《元史·本纪十七·世祖十四》），所以翌年九月将其废止的时候，把海北海南市舶提举司也一并废止，那是极为明显的。《元史·百官志》上说，至元三十年立海南博易提举司，到至大四年而罢，所以看上去好像不是在至元三十一年废止的。"[③] 可知，小叶田淳没有查及《新元史·百官志》中所说的"三十一年罢，后复置。至大四年又罢"的说法，所以产生以上的疑问。

　　不过《新元史·百官志》中"延祐三年（1316年），改立泉州、广东、庆元三所市舶提举司"的记载，又与《元史·百官志》中"市舶提举司"条中所说的"延祐元年（1314年），弛其禁，改立泉州、广东、庆元

　　① （明）宋濂等撰：《元史》卷十八《成宗纪一》，中华书局1976年版，第389页。

　　② 柯劭忞撰：《新元史》卷六十二《百官志八》，《传世藏书》第一十五册，第583页。

　　③ ［日］小叶田淳：《海南岛史》，张迅齐译，（台湾）学海出版社1976年版，第85页。

三市舶提举司"①的说法相差两年。这一疑问，后人已无法考证了。尽信书不如无书之说如是。

至于《成宗纪》中所说何伟任中书参知政事之后，罢海北海南市舶提举司，立覆实司一事，所谓覆实司，是针对海南与海外的贸易关系而设的，因为海南是印度、阿拉伯、安南、占城等国来往中国的必经地，为了抑制走私，以覆实司作为税收机构，与市舶提举司掌管同样的事务。

三、盐的生产与盐税

海南盐税，虽然元代这一阶段在海南史籍上是空白点，但史书所记全国和海南所属的湖广行省的盐务管理机构相当完备，因为"国之所资，其利最广者莫如盐"。又指出："元初，以……盐税……取课于民。"后来又实行了盐法。② 都是根据各地的人口收取盐税的。海南也应该缴纳盐税无疑。

对于海南盐的生产和上缴国家盐的任务，史载颇详：《新元史·食货志·盐课》云："至元二年（1265 年），监察御史韩承务言：'广东道所管盐课提举司，自至元十六年（1279 年）为始，止办盐额六百二十一引，自后累增至三万五千五百引，延祐间又增余盐，通正额计五万五百五十二引。灶户窘于工程，官民迫于催督，呻吟愁苦已逾十年。泰定年间，蒙减免余盐一万五千引。元统元年（1333 年），都省以支持不敷，权将已减余盐依旧煎办，今已二载，未蒙住罢。窃意议者，必谓广东控制海道，连接诸蕃，船商辏集，民物富庶，易以办纳，是盖未能深知彼中事宜。本道所辖七路八州，平土绝少，其民刀耕火种，巢颠穴岸，崎岖辛苦，贫穷之家，经岁淡食，额外办盐，卖将谁售？所谓富庶者，不过城郭商贾与船舶交易者数家而已。灶户盐丁，十逃三四，官吏畏罪，止将见存人户勒令带煎。又有大可虑

---

① （明）宋濂等撰：《元史》卷九十一《百官志七》，中华书局 1976 年版，第 2315 页。

② （明）宋濂等撰：《元史》卷九十四《食货志二·盐法》，中华书局 1976 年版，第 2386 页。

者，本道密迩蛮獠，民俗顽恶，诚恐有司责办太严，敛怨生事。如蒙捐此微利，以示大信，疲民幸甚'。中书省送户部定拟：'自元统三年（1335年）为始，广东提举司所办余盐，量减五千引。'中书省以所拟奏行之。"①

韩承务申述了海南必须减少上缴国家盐任务的原因，中书省表示理解并支持。联系到此前的宋代元丰三年（1080年）朱初平知琼州府时，就已注意到产盐户负担过重的状况，元代韩承务的奏言，更直接地指出实情："其民刀耕火种，巢颠穴岸，崎岖辛苦，贫穷之家，经岁淡食，额外办盐，卖将谁售？"于是他为民请命，恐怕迫民太甚，敛怨生事。

而在关于广海盐场的记载中，就直接提及海南盐的生产状况："广海盐场：至元十三年（1276年）置，办盐二万四千引。大德十年（1306年）增引为三万一千，至大元年（1308年）又增余盐一万五千引，延祐二年（1315年）正余盐通为五万一百六十五引。至元五年（1268年）湖广行省言：'广海盐课提举司额盐三万五千一百六十五引，余盐一万五千引，近因黎贼为害，民不聊生，正额积亏四万余引，卧收在库，若复添办余盐，困苦未苏，恐致不安，事关利害。如蒙免除，庶期元额可办，不致遗患边民。'户部议：上项余盐若全恢办，缘非无额，兼以本司僻在海隅，所辖灶民累经劫掠，死亡逃窜，民物凋敝，拟于一万五千引内量减五千引，以纾民力。中书以所拟奏行之。"②是时湖广行省所奏内容，讲明了海南盐的生产和上缴国家盐的情况。由于元代黎族此起彼伏的反抗斗争，使元代朝廷害怕引起边患，加之海南地处荒僻海隅，灶民在累经掠劫之后，死亡逃窜，民物凋敝，元代官吏不得不考虑实行减少盐的上缴任务。《新元史》所记，弥补了其他史籍之不足。补充说明这一点，有利于说明海南人民当时盐税的负担

---

① 柯劭忞撰：《新元史》卷七十一《食货志四·盐课》，《传世藏书》第十五册，第636—637页。

② 柯劭忞撰：《新元史》卷七十一《食货志四·盐课》，《传世藏书》第十五册，第637页。

沉重。

　　除了盐税之外，还有土贡，表面说是以本地特产进贡皇朝，实际上也是一种变相的税收。正德《琼台志》载："元贡，琼州拔踉子十斤（按:《外纪》注，拔踉子海南无此名色，意只是槟榔，顺胡音作字。而《永乐志》以为巴豆。今考《本草》，拔踉形扁，可药鱼。今巴豆土人虽用药鱼，而子圆。《外纪》注恐是。），崖州干良姜五斤。"① 虽然量不大，但也是人民的额外负担。

---

① （明）唐胄纂:正德《琼台志》卷十一《田赋·土贡》，海南出版社 2006 年版，第 262 页。

第十九章　元代海南军事

第一节　军事体制

一、军事组织设置

元代军事组织系统极其严密。军事组织也实施民族分等级，以体现民族歧视政策，其军队有蒙古军、汉军、侍卫亲军、探马赤军、新附军以及其他军事组织。

这些种类的军事组织，其中与海南有关的是蒙古军、汉军、新附军等。蒙古军以草原各部的蒙古人为主体，按牧区划分，二十里以上，三十里以下，按十进制编组成十户、百户、千户，以千户为基本军事单位。汉军是依附于蒙古政权的中原诸军总称，包括金朝降蒙的各种军队、中原各地的地方武装和早期降蒙的南宋军队。新附军是南宋灭亡之际，大批宋军降元，被元人称为新附军或新附汉军、南军等。在地方镇戍军队中，还包括"乡兵"一类的军事组织，主要由边疆地区少数民族组成。如湖广有土兵、黎兵、峒兵、瑶兵等，由黎族、壮族、瑶族等民族的青壮年人组成。元代的军事部署，表现了元代朝廷内外相维、层层控制的特征，形成一套较为严密的镇戍体系。

元代军官不仅掌管军队，还兼管所在地区的民政。军官分等级，万户、千户、百户分上中下三等。上万户府统兵七千人，中万户府五千人，下万户府三千人。万户府置达鲁花赤、万户、副万户各一员。上千户所统兵七百人，中千户所五百人，下千户所三百人。千户所置达鲁花赤、千户、副千户各一员。百户所只分上、下两等，上百户所统兵七十人，下百户所五十人，各置百户一至二员。百户之下，设牌子头，有时设"五十户"之职。此外，万户之下，还有总管、镇抚等军职；千户之下有把总，百户之下有弹压等职。①

元朝廷在管辖海南时，为确保对海南的统治，也像云南等边远地区一样，在海南屯戍大量军队。《元史》载："至于云南八番，海南、海北，虽非屯田之所，而以为蛮夷腹心之地，则又因制兵屯旅以控扼之。"② 在海南岛设海北海南道宣慰使司都元帅府，镇守黎蛮海北海南屯田万户府。

二、军队对海南的管理

因为元朝廷规定了军官们除了率领军队外，同时也掌管地区的民政。从元初开始，实施了两种办法。

1. 派出镇戍军以军事形式管辖海南

据唐胄记载，这些镇戍军中的湖广戍兵，从大陆的平阳、保定、冠州和冷水河等地调来，这些轮差管军万户一员，率千百户，统汉军一千，轮换着镇守海南。指挥所叫海北海南道宣慰使司都元帅府，设在琼州城内。此外，广泛招募民户和新附士卒，他们的军营屯守在琼州城外的西边。还收编了南宋的祥兴遗卒，镇守白沙防海。这部分军队统称为土汉军，营部称为靖海营。③

原先，湖广来的戍兵，据柯劭忞记载，本来是"岁一更代"，但由于海南地处边陲，大海阻隔，地老天荒，每轮换一次军队都十分艰辛，后来加以改变，改成"给俸钱，选良医，往治其疾病者，命三二年一更代之"④。

---

① 参见白寿彝总编：《中国通史》第八卷《中古时代·元时期》（上），上海人民出版社 1997 年版。

② （明）宋濂等撰：《元史》卷一百《兵志三》，中华书局 1976 年版，第 2558 页。

③ （明）唐胄纂：正德《琼台志》卷十八《兵防上·兵制》，海南出版社 2006 年版，第 398 页。

④ 柯劭忞撰：《新元史》卷九十九《兵志二·戍镇》，《传世藏书》第十册，第 827 页。

2. 对海南民政的掌管实施以夷制夷的政策

元朝把黎兵编入其军事系统，在地方治理上实行以夷制夷的政策。

在这偏远的海南岛上，元朝廷为了加强对海南黎人聚居地的统治，组织了所谓的"乡军"，主要是"号为兵官，守隘通道，于官有用"的"黎军"，任用黎人"峒首"为世袭土官。据正德《琼台志》载：至元二十八年（1291年），阔里吉思平黎，议佥土民为黎兵，用则为兵，散则为民，并设置了"黎蛮海北海南屯田万户府"，全岛分设五原、仁政、遵化、义丰、潭榄、文昌、奉化、会同、临高、澄迈、永兴、乐会十二翼。各立千、百户所，隶万户府管领。大德二年（1298年），罢府，拨隶军民安抚司。至元统二年（1334年），省奏复置黎兵万户府，增万安翼为十三所。编佥黎兵以镇压黎乱。①

由于黎人土官力量过于强大，难以制服，因此，元成宗大德二年（1298年）五月辛卯，罢海南黎兵万户府及黎蛮屯田万户府，以其事入琼州路军民安抚司。②但不用土官难以维持对海南黎区的统治，明宗至顺三年（1332年）春，"戊子，万安军黎贼王奴罗等，集众五万人寇陵水县"。③《元史》的记载，说明黎区人民反抗力量仍然十分激烈，元朝无法控制，于是元统二年（1334年）十月，又置黎兵万户府。《元史》载："元统二年（1334年）十月，湖广行省咨：'海南僻在极边，南接占城，西邻交趾，环海四千余里，中盘百洞，黎、獠杂居，宜立万户府以镇之。'中书省奏准，依广西屯田万户府例，置黎兵万户府。万户三员，正三品。千户所一十三处，正五品。每所领百户所八处，正七品。"④也即《元

---

① （明）唐胄纂：正德《琼台志》卷二十《兵防下·营寨》，海南出版社2006年版，第453页。

② （明）宋濂等撰：《元史》卷十九《成宗纪二》，中华书局1976年版，第419页。

③ （明）宋濂等撰：《元史》卷三十六《文宗纪五》，中华书局1976年版，第800页。

④ （明）宋濂等撰：《元史》卷九十二《百官志八》，中华书局1976年版，第2341页。

史·顺帝纪》中所载的：元统二年（1334年）冬十月丁卯，立湖广黎兵屯田万户府，统千户一十三所，每所兵千人，屯户五百，皆土人为之。①

元代一而再地以"土人"任万户、千户、百户等世袭官职，这些人大多是熟黎中的上层分子，元代笼络收买他们充当统治海南广大黎民的工具，这对于大面积地招揽黎人归附朝廷的统治有利。

不过，由于元代土官并非与过去历代朝廷一样仅给予虚衔，元代是赋予掌握军队的实权，并世袭其职。因此，这些土人官吏往往是割据一方，一旦朝廷力量式微，土官就成为一支支强大的反抗武装队伍。正如正德《琼台志》所指出的："万千百户兼用土人，至是冗滥，民甚苦之。本道宪阃以蚕食扰害言于朝，诏革罢，以兵还民。时黎官子侄有营充长官者，乡士陈舜道复言革罢。后盗乱，土人复以长官名职而胁民从寇。及归附后，逃亡者众，余兵皆归民籍。"②甚至可以假土官的名职逼迫恐吓老百姓去当强盗，可见当时黎族土官力量的强大和深远。

，元代还率领黎兵参加对日本、交趾的对外扩张战役，《元史》卷十二《世祖纪九》：至元二十年（1283年）八月壬戌，"调黎兵同征日本"。③至元二十四年（1287年）春正月辛卯，"诏发江淮、江西、湖广三省蒙古、汉券军及云南兵，及海外四州黎兵，命海道运粮万户张文虎等运粮十七万石，分道以讨交趾"。又九月己亥，"湖广行省臣言：'海南琼州路安抚使陈仲达、南宁军总管谢有奎、延栏总管符庇成，以其私船百二十艘、黎兵千七百余人，助征交趾。'诏以仲达仍为安抚使，佩虎符，有奎、庇成亦仍为沿海管军总管，佩金符。"④是时，

---

① （明）宋濂等撰：《元史》卷三十八《顺帝纪一》，中华书局1976年版，第824页。

② （明）唐胄纂：正德《琼台志》卷十八《兵防上·兵制》，海南出版社2006年版，第399页。

③ （明）宋濂等撰：《元史》卷十二《世祖纪九》，中华书局1976年版，第257页。

④ （明）宋濂等撰：《元史》卷十四《世祖纪十一》，中华书局1976年版，第295、300页。

元代军队已把黎兵纳入正规军的一支，利用海南地理、习俗之便，命令黎兵参加其对外扩张的军事行动。

元代最高统治者以军事形式管辖海南的同时，又将黎兵编入军事系统，利用海南的地理和习俗之便，实行以夷制夷的政策并调动黎兵参加对外扩张的军事行动，这给海南各族人民，特别是黎族，造成不堪忍受的苦难；反过来，黎乱也最终葬送了元代的统治。

第二节 海疆与海防

一、郭守敬到南海进行测量

元朝消灭南宋的残余之后，就把注意力放到海外。至元十六年（1279 年），元世祖忽必烈派同知太史院事郭守敬到南海进行测量，"南踰朱崖"。《元史·世祖纪》载：至元十六年（1279 年），"三月庚戌，敕郭守敬繇上都、大都，历河南府抵南海，测验暑景"。[1]《元史·郭守敬传》："至元十六年（1279 年），改局为太史院，以恂为太史令，守敬为同知太史院事，给印章，立官府。及奏进仪表式，守敬当帝前指陈理致，至于日昃，帝不为倦。守敬因奏：'唐一行开元间令南宫说天下测景，书中见者凡十三处。今疆宇比唐尤大，若不远方测验，日月交食分数时刻不同，昼夜长短不同，日月星辰去天高下不同，即目测验人少，可先南北立表，取直测景。'帝可其奏。遂设监候官一十四员，分道而出，东至高丽，西极滇池，南踰朱崖，北尽铁勒，四海测验，凡二十七所。"[2]其中所设的"朱崖"就是今天的海南岛，"南踰朱崖"测得"夏至景在表南，长一尺一寸六分"，从而推出"南海北极出地一十五度"（相当于纬度）。据考证，南海测量点就是黄岩岛。[3]《元史·天文志》载："南海北极出地，一十五度。""琼州，北极

① （明）宋濂等撰：《元史》卷十《世祖纪七》，中华书局 1976 年版，第 210 页。

② （明）宋濂等撰：《元史》卷一百六十四《郭守敬传》，中华书局 1976 年版，第 3848 页。

③ 韩振华：《元代"四海测验"中的中国疆宇之南海》，载《南海诸岛史地论证》，香港大学亚洲研究中心 2003 年版，第 315、323 页。

出地一十九度太。"① 张炜、方堃在《中国海疆通史》中分析说："从这个结果来看，以元制一周圆 365 度 25 分转化成现在的 360 度周圆，按南海在北极出地 15 度计算，即相当于现在的北纬 14 度 47 分，加上元代测量时普遍存在的 1 度左右误差，其地正好在今天的西沙群岛。"②

关于这一测量，明代丘濬也有论及，他在《大学衍义补》中说："元人袭用金旧，而规环不协，难复施用，于是郭守敬乃创为简仪、仰仪及诸仪表。其说以谓昔人以管窥天，宿度余分约为大半少，未得其的，乃用二线，推测于余分，纤微皆可考。而又当时四海测景之所，凡二十有七，东极高丽，西极滇池，南逾朱崖，北尽铁勒，皆古人所未及为者。其法俱载《元史》，而其仪表至今遵用之。"③ 这里，丘濬充分肯定郭守敬测量价值。

二、元代以军事实力管理南海

元代的海上军队，早已在南海活动频繁。《元史·史弼传》："（世祖至元二十九年）十二月，弼以五千人合诸军，发泉州，风急涛涌，舟掀簸，士卒皆数日不能食。过七洲洋、万里石塘，历交趾、占城界，明年正月，至东董西董山牛崎屿，入混沌大洋橄榄屿，假里马答、勾阑等山，驻兵伐木，造小舟以入。"④《新元史·史弼传》有相同的记载：世祖至元二十九年（1292 年），十二月，弼以五千人发泉州，风急舟掀簸，士卒皆数日不能食。过七洲洋、万里石塘，历交趾、占城界。⑤ 其中七洲洋、万里石塘都是海南岛周边海域的岛屿，可见元代在南海及海南岛海域已有巡海活动了。当时的七洲洋指今天的西沙群岛。

---

① （明）宋濂等撰：《元史》卷四十八《天文志一·四海测验》，中华书局 1976 年版，第 1000—1001 页。

② 张炜、方堃主编：《中国海疆通史》，中州古籍出版社 2002 年版，第 249 页。

③ 《丘濬集·大学衍义补》卷九十三《历象之法》，海南出版社 2006 年版，第 1433 页。

④ （明）宋濂等撰：《元史》卷一百六十二《史弼传》，中华书局 1976 年版，第 3802 页。

⑤ 柯劭忞撰：《新元史》卷一百八十一《史弼传》，开明书店 1935 年版，第 479 页。

元军的活动再向南，到达万里石塘，这包括了中沙和南沙群岛的部分海域。汪大渊的《岛夷志略》在"万里石塘"条中分析了南沙群岛的地理走向，说："石塘之骨，由潮州而生。迤逦如长蛇，横亘海中，越海诸国，俗云万里石塘。以余推之，岂止万里而已哉！舶由岱屿门一，挂四帆，乘风破浪，海上若飞。至西洋或百日之外。以一日一夜行百里计二之，万里曾不足，故源其地脉历历可考。一脉至爪哇，一脉至勃泥及古里地闷，一脉至西洋遐昆仑三之地。盖紫阳朱子谓海外之地，与中原地脉相连者，其以是欤！"[①] 郭守敬的科学测量与汪大渊的亲身见闻，是符合实际的。元代朱思本绘的《舆地图》中，绘有石塘、长沙。前面已说过，石塘、长沙是古代对南海诸岛的泛称。石塘即环礁中的潟湖，长沙是珊瑚沙洲，说明元代已对南海诸岛有了正确的认识。朱思本所绘的这幅《舆地图》长七尺，据说是花了10年工夫，从至大四年（1311年）至延祐七年（1320年）画成的。今已不存。[②] 明人罗洪先删繁就简，绘《广舆图》。它同样绘有两个石塘和一个长沙。值得指出的是，《广舆图》上的长沙绘在一个圆圈中的一半，中间有线条分开，另一半圆圈中并无文字说明。这表明长沙是个珊瑚礁沙洲，有的露出水面，有的藏于水下。这与今天西沙和中沙群岛的实际情况是完全一致的。[③]

与朱思本绘的《舆地图》同一时代的，还有李泽民绘的《声教广被图》、天台僧清濬绘的《混一疆理图》，这两种图也皆不存。不过朝鲜李荟和权近所作的《混一疆理历代国都之图》是根据《声教广被图》

① （元）汪大渊：《岛夷志略校释》，中华书局1981年版，第318页。

② 朱思本（1273—1333年），字本初，江西临川人。据瞿镛《铁琴铜剑楼书目》卷二二载：朱思本"学道江西龙虎山冲，从张仁靖真人扈直两京，又从吴全节居都下……尝以周游天下，考核地理。竭十斗之力，著有《舆地图》二卷，刊名于龙虎山上清之三华院，惜今不传"。朱思本还著有《九域志》八十卷、《贞一斋杂著》一卷、诗稿一卷等。朱思本绘《舆地图》所本之一、天台僧清濬绘《广轮疆里图》，近年被发现。香港学者陈佳荣（南溟子）2007年9月1日在香港大学图书馆，发现影印《文渊阁四库全书》版清濬《广轮疆里图》的摹本和《水东日记》嘉靖癸丑刻本《广轮疆里图》原图摹本。

③ 张炜、方堃主编：《中国海疆通史》，中州古籍出版社2002年版，第249页。

和《混一疆理图》绘制的，该图在南海海域标有两个石塘和一个长沙地名。从位置上看，靠东北的石塘明显是指东沙群岛，靠西南方向的石塘应指南沙群岛，而长沙则是指西沙和中沙群岛。① 以上史实说明，在元代，海南岛以南的西沙群岛一带已设有天文测验点，元将史弼已带军五千人巡行南海，历交趾、占城界。汪大渊《岛夷志略》已注意到海底的地形骨脉。这是元代人观察南海的自我认识，自外表更深入到海底内部的探查。

在海南岛上，"元置白沙水军，巡海上"。②"元朝白沙水军原系浙军，自宋末从祥兴帝船遁至本州，为元兵所败，遗卒收为水军。后于白沙津置镇，设官管领，给粮巡防海上。"③ 当时，元朝廷已注意在这里建置白沙水军，加强海上巡逻。元至正二十五年（1365年），海贼麦福来等入寇。④ 海南岛上从海路到南海各国的军事活动十分频繁，元朝廷也屡屡命令海南黎兵参加征伐活动及后勤运输工作。至元二十年（1283年）八月壬戌，调黎兵同征日本。⑤ 至元二十四年（1287年）春正月，"诏发江淮、江西、湖广三省蒙古、汉券军，及云南兵，及海外四州黎兵，命海道运粮万户张文虎等运粮十七万石，分道以讨交趾"。"八月己亥，湖广行省臣言：'海南琼州路安抚使陈仲达、南宁军总管谢有奎、延栏军总管符庇成，以其私船百二十艘、黎兵千七百余人，助征交趾。'"⑥ 张文虎运粮时，"粮船遇贼兵船三十艘，文虎击之，所杀略相当。费拱辰、徐庆以风不得进，皆至琼州。凡亡士卒二百二十人、船十一艘、粮万四千三百

---

① 张炜、方堃主编：《中国海疆通史》，中州古籍出版社2002年版，第249页。

② （明）戴熺、欧阳灿总裁，蔡光前等纂修：万历《琼州府志》卷八《海黎志·海防》，海南出版社2003年版，第389页。

③ （明）唐胄纂：正德《琼台志》卷二十一《海防》，海南出版社2006年版，第465页。

④ （清）明谊修、张岳崧纂：道光《琼州府志》卷十九上《海黎志·海寇》，海南出版社2006年版，第801页。

⑤ （明）宋濂等撰：《元史》卷十二《世祖纪九》，中华书局1976年版，第257页。

⑥ （明）宋濂等撰：《元史》卷十四《世祖纪十一》，中华书局1976年版，第295、300页。

石有奇"。① 诸凡海上军事活动，元朝廷都是利用本地黎兵的熟悉水性及勇猛进行征伐。

元代海南的海上贸易是十分繁忙的，与宋代一样，海南是南海海路的中转站，对外的商品流通具有优越的环境。因此，元代在海南成立海南海北博易提举司，作为税收机构。海上的贸易与海上交通是相辅相成的，海南岛成为印度、阿拉伯、安南、占城等国来往中国必经之地，促进海南商业经济的发展。但由于海南在当时仍处于被掠夺的地位，因此得利的是过往的国内外客商，海南岛的商品经济尚未能获得一定程度的发展。

元代海上交通、商贸活动很活跃，海上丝绸之路促进了海南岛经济的发展。在西沙群岛北礁礁盘上发现不少元代龙泉窑青瓷器，显然是当时外贸沉船的遗留物。② 证明了海南的海洋文化和海洋经济的勃兴。

---

① （明）宋濂等撰：《元史》卷十五《世祖纪十二》，中华书局 1976 年版，第 310 页。

② 郝思德、毛德驰：《西沙，把历史秘密告诉我》，《海南特区科技报》1996 年 11 月 29 日。

第二十章　元代海南的宗教

蒙古族群在 13 世纪以前，普遍信仰一种原始宗教——萨满教。萨满教相信万物有灵和灵魂不灭。蒙古贵族率领的骑兵，在冷兵器时代因速度优势而建立起一个版图辽阔的大帝国。因为大帝国内是由多元种族文化组成的复杂体，为方便管理好这个庞大的社会，蒙古贵族统治者在宗教政策方面实施开放的、兼容的政策，在社会上实行多元宗教并存的方针。这样，佛教、道教、伊斯兰教、基督教和其他民间信仰一概并存于中国社会。

第一节　佛　教

蒙古统治者最先接受的是佛教，似为中原汉地的禅宗，至元初，元代政府设总制院以掌浮屠氏之教，至元二十五年（1288 年）改称宣政院，在江南地区，初置诸路释教总统所领佛教事。至元二十八年（1291 年）立江南行宣政院，治杭州，不久遂立总统所。此后，江南行宣政院迭经废置。至顺年间废行宣政院，立广教总管府于各地，共 16 所，隶于宣教院。至元二十八年（1291 年），全国有寺院 24000 余所，经过登记的僧尼共 21 万人。

元代佛教，不论是南方还是北方社会，最为流行的是禅宗中的曹洞宗和临济宗两家。

海南的佛教，在元文宗流谪海南时，就已开始筹划，据《元史》记载：天历二年（1329 年）九月"己未，立龙翔、万寿营缮提点所、海南营缮提点所，并秩正四品，隶隆祥总管府"。[①]

第二年，至顺元年（1330年）春正月，"赐海南大兴龙普明寺钞万锭，市永业地"。[②]二月庚寅，"改万圣祐国、兴龙普明、龙翔万寿三提点所并为营缮都司，秩正四品"。[③]

又一年，至顺二年（1331年）十一月癸未，隆祥司使晃忽儿不花言："海南所建大兴龙普明寺，工费浩穰，黎人不胜其扰，以故为乱。"诏湖广行省臣玥璐不花及宣慰、宣抚二司领其役，仍命廉访司涖之。[④]

这样看来，在海南建普明寺，创始于至治元年（1321年），元文宗贬谪海南的时候。嘉靖《广东通志》曾载："元至治元年（1321年）辛酉，文宗潜邸，于城南创观音阁。及还，戊辰即位，赐名大兴龙普明禅寺，置规运提点所，设官员六员。"[⑤]

第二节　道　教

元代的道教，据正德《琼台志》中的《寺观》记载，当时的宫观规模相当庞大，有上百名道士的道观，如玄妙观。而且道观的建筑十分普遍，海南七个县有道观十数座之多。

元代海南道观一览表

道观名称	地　址	备　注
玄妙观	琼山县城北一里。	宋建，原名为天庆观，元改今名，乃郡祝厘之地。元天历二年（1329年），立海南营缮提点所，秩正四品，隶隆祥总营府，有正一道士百余名。

① （明）宋濂等撰：《元史》卷三十三《文宗纪二》，中华书局1976年版，第740页。

② （明）宋濂等撰：《元史》卷三十四《文宗纪三》，中华书局1976年版，第750页。

③ （明）宋濂等撰：《元史》卷三十四《文宗纪三》，中华书局1976年版，第751页。

④ （明）宋濂等撰：《元史》卷三十五《文宗纪四》，中华书局1976年版，第793页。

⑤ （明）戴璟修、张岳等纂，黄佐纂修：嘉靖《广东通志·琼州府·外志》，海南出版社2006年版，第507页。

续表

道观名称	地 址	备 注
佑圣堂	琼山县城东一里。	宋祥符年间乡人建。
三官堂	琼山县城南一里。	元建。
真武宫	琼山县城中府西南百步许。	元建，祀真武玄天上帝。
永兴观	临高县西十里县郭都。	宋建。
玄庙观	临高县。	《方舆志》云在县旁。
真武堂	文昌县南。	元建。
玄妙观	儋州城东南。	宋建，原名天庆观，元改今名。
玄妙观	昌化县东。	元建。
玄妙观	万州城东。	宋建，原名天庆观，正一道士五十余名。元改今名。
佑圣堂	万州城北。	宋知军何以鹏建。
玄妙观	崖州西部。	元建。
真武堂	崖州南城上。	宋建。
灵照堂	万州东山岭。	宋建，元人王仕熙为之题诗一首。

资料来源：正德《琼台志》卷二十七《寺观》。

第三节　妈祖信仰

妈祖是福建民间广泛信仰的海上女神。妈祖信仰在元代传入海南岛。宋太祖建隆元年（960 年）农历三月廿三日林默娘降生于福建湄洲岛，是福建望族林氏后裔。父林愿（惟悫），宋初官任都巡检。妈祖小时候称默娘、娘妈，自幼聪颖灵悟，成人后识天文，懂医理，相传可"乘席渡海"，预知人休咎事，又急公好义，助人为乐，做了很多好事。北宋雍熙四年（987年）农历九月初九，年仅28岁的妈祖在一次抢救海难中不幸遇难。相传羽化升天后，屡屡显灵救出苦难者。在人们遇到危难时只要求声"妈祖保佑"，妈祖就会闻声而至，使人们逢凶化吉，遇难呈祥。据历史资料记载，北宋宣和五年（1123年）路允迪出使高丽（今朝鲜）途中，船遇大风巨浪，"八舟七溺"，唯有路允迪"祈求妈祖保佑"，忽而一道红光出现，只见有一名朱衣女子端坐桅间，瞬间风平浪静，终于平安脱险。路允迪返朝后奏明圣上，宋徽宗下诏赐"顺济"匾额。此后，历史上有众多人士受到妈祖的庇佑，留下许多故事。历代皇帝对妈祖进行了34次的褒封。其爵位从"夫人""妃"直至"天妃""天后"，并被人尊称为"天上圣母"。同时，皇帝还颁诏天下，"春秋谕祭"，编入国家祀典。终元一代，5次褒封，遣官致祭全国15座著名妈祖庙，祭仪、祭品、祀文均入典制，盛况空前。

第一次：元世祖至元十八年（1281年），封护国明著天妃。

第二次：元世祖至元二十六年（1289年），封护国显祐明著天妃。

第三次：元成宗大德三年（1299年），封护国辅圣庇民显祐明著天妃。

第四次：元仁宗延祐元年（1314年），封护国辅圣庇民显祐广济明著天妃。

第五次：元文宗天历二年（1329年），封护国辅圣庇民显祐广济灵感助顺福惠徽烈明著天妃。

元代统治不到100年（1271—1368年），对妈祖的褒封有5次，平均20年一次，都是为庇护漕运而加封的。

元代对妈祖历次褒封的出发点，主要是发展国家的漕运事业。元大都是当时全国政治、经济、文化和军事中心，人口激增，而生活的供应则依赖南方，于是开始海运漕粮，海上平安极为重要。从元世祖至元十九年（1282年）开始利用运河进行漕运，到至元三十年（1293年）改由海道运粮北上。每年数量猛增，天津有句名言："先有天后宫，后有天津卫。"元代诗人张翥有《代祀湄洲天妃庙次直沽》诗曰：

"晓日三岔口，连樯集万艘。普天均雨露，大海静波涛。入庙灵风肃，焚香瑞气高。使臣三奠毕，喜色满宫袍。"① 描绘了当年祭祀活动与航运繁荣的盛景。虞集在《送祠天妃两使者序》中说："世祖皇帝岁运江南粟，以实京师，漕渠孔艰，吴人有献策航海，道便以疾久之，人益得善道。于今五十年，运积至数百万石以为常。京师官府众多，吏民游食者至不可算数而食有余，贾常平者，海运之力也。"② 为了保护漕运安全，作为海上保护神的妈祖就自然地受到元代统治者的格外恩宠，对妈祖的封号也放在"护国""辅圣""庇民"方面。而使妈祖由地方的海神，发展成为全国漕运的保护神，妈祖信仰从东南沿海到北方的京津地区，得到中央王朝的承认，又通过行政的力量，进一步推广妈祖的信仰。《元史》也载："凡名山大川、忠臣义士在祀典者，所在有司主之。惟南海女神灵惠夫人，至元中，以护海运有奇应，加封天妃神号，积至十字，庙曰灵慈。直沽、平江、周泾、泉、福、兴化等处，皆有庙。皇庆以来，岁遣使赍香遍祭，金幡一合，银一铤，付平江官漕司及本府官，用柔毛酒醴，便服行事。祝文云：'维年月日，皇帝特遣某官等，致祭于护国庇民广济福惠明著天妃。'"③

在这样一种信仰的氛围下，妈祖信仰也从元代开始，传到了天涯海角的海南岛来。

笔者从正德《琼台志》和万历《琼州府志》中获得元代海南已建立天妃庙的记录，其中以正德《琼台志》卷二十六《坛庙》的记载较为完整，现照录如下：

（1）琼山县：天妃庙，在海口，元建。（元代在海口有两座天后宫，一在中山路，一在白沙门）

（2）澄迈县：天妃庙，初在城西下僚地，洪武丙寅知县邓春创建。永乐癸巳，知县孙秉彝重修。天顺甲申，同知徐鉴始迁于今海港。

---

① （元）张翥：《张悦庵诗集》卷一，书林书局复制四部丛刊续编本，第41页。
② （元）虞集撰：《道园学古录》卷六，《文渊阁四库全书》第1207册，台湾商务印书馆1986年版，第101页。
③ （明）宋濂等撰：《元史》卷七十六《祭祀志五》，中华书局1976年版，第1904页。

（3）文昌县：天妃庙，在县南新安桥南。洪武庚戌，知县周观创。成化甲午，知县宋经移建桥北。

（4）乐会县：天妃庙，在县北。洪武二年，知县王思恭建。正德丙子，知县严祚重修。

（5）昌化县：天妃庙，附所治西。永乐癸巳，千户王信建。

（6）万州：天妃庙，在城东，元建。永乐丙申，千户祝隽重建。

（7）崖州：天妃庙，在州西南海边，元立。永乐癸巳，千户史显重募建。

（8）感恩县：天妃庙，在县西，元乡人韩德募建。

有史籍记载，元代在海南建天妃庙有以上8座。另外，有几处没明显注明的时间，无可考。海南的妈祖崇拜，已经开始深入沿海各地。

妈祖信仰在海南已遍布民间。百姓尊为海神，她也像观音菩萨一样，救苦救难，给人们带来吉祥。作为一种民俗文化现象，在海上丝绸之路上，她是一位和平使者，最典型的是郑和下西洋的过程中，尊奉妈祖，因此在大海航行中遇到海难，处处化险为夷，而完成海上的和平之旅。妈祖信仰是似佛非佛，似道非道，似儒非儒，似巫非巫，但妈祖信仰在海南与全国其他各地一样，在民间广泛存在。尤其对航海家来说，成为航海者的精神寄托。

第三编

明代时期

第二十一章　明代政府对海南的统治

第一节　明代政府对海南政策的转变

洪武元年（1368 年）六月，明军进军海南岛，海南统一在明朝廷的统治之中。在明代 276 年历史中，万历新政时期，是最为繁荣昌盛的时期，是中国逐渐融入世界，与全球经济发生密切关系的时代，也是伴随着"西学东渐"中国开始发生变化的时代。时代发展的洪流，也波及南海之滨的边陲海岛，海南岛在历代发展的基础上，进入一个跨大步伐向前迈进的新阶段，朝廷及政府官员一改过去视海岛为蛮荒流放罪人之地的蔑视态度，而称海南岛为"南溟奇甸"。

明太祖朱元璋统治海南之后，其《宣谕海南敕》云："盖闻古先圣王之治天下也，一视同仁，无间远近，况海南海北之地，自汉以来列为郡县，习礼义之教，有华夏之风者乎！顷因元政不纲，群雄并起，朕举义除暴，所向廓清。迩者师临南粤，尔诸州郡不烦于传檄，奉印来归，向慕之诚，更可嘉尚。今遣使者往谕朕意，尔其益尽乃心，以辑宁其民。爵赏之锡，当有后命。"

又发《劳海南卫指挥敕》云："南溟之浩瀚，中有奇甸，方数千里，历代安天下之君必遣仁勇者戍守。地居炎方，多热少寒，时忽瘴云埋树，若非仁人君子，岂得而寿耶？今卿等率壮士连岁戍此，朕甚念之，今差某往劳。"①朱元璋这两次敕文说明：第一，开国之初对海南人民释放善意，只要"传檄奉印来归"，就可获得"爵赏之赐"。第二，明朝廷一反历代皇朝蔑视海南的态度，认为海南岛是"南溟奇甸"，是中国的一块宝地。第三，认识到戍守海南边疆的重要性，肯定历代君王"遣仁勇者戍守"的功绩。第四，清醒地认识到海南地理、气候的特殊性。由于明太祖的敕书，使在朝廷任高职的海南名人丘濬大为感动，拜手稽首写下著名的《南溟奇甸赋》，其"序"曰："伏读太祖高皇帝御制文集，其劳海南卫指挥敕。有曰：'南溟之浩瀚，中有奇甸，方数千里，地居炎方，多热少寒。'是时琼郡入职方仅再期，其地在炎天涨海之外，荒僻鄙陋，而我圣祖即视之以畿甸，而褒之以奇之一言，岂无意哉！谨按文集若干卷，其中劳天下军卫诏敕，何啻百数，大率叙其边徼险远，将领勤劳，征戍艰苦而已，未始有褒美其疆域若此者。噫！圣人之心与天通，物之美恶，必豫有以知其后之所必然于千百载之前，则夫吾郡之在今日，民物繁庶，风俗淳美，贤才汇兴，无以异乎神州赤县之间，且复俊迈奇诡，迥异常侪，有由然哉！濬世家于海南，北学于中国，偶有所见，谨拜手稽首而为之赋。"②丘濬世家海南，北学中国，在北京成就辅国大业，他由是挥笔写下《南溟奇甸赋》，以记述海南的风物人情。一敕一赋，把海南别具一格的风貌、物产及人文特殊性，展示于明朝泱泱大国之中。这是海南历史上的盛事。

第二节　明代海南地方政权的建立

明太祖朱元璋成就帝业后，即着手平定南方。洪武元年（1368 年）春二月癸卯，命廖永忠为征南将军，朱亮祖副之，由海道取广东。四月，廖永忠师至广州，元守臣何真降，广东平。六月甲辰，海南海北

---

① （清）明谊修、张岳崧纂：道光《琼州府志》卷三十八《艺文志一》，海南出版社 2006 年版，第 1657—1658 页。
② 《丘濬集·琼台诗文会稿》卷二十二《南溟奇甸赋》，海南出版社 2006 年版，第 4456 页。

诸道降。① 是时廖永忠率师至广东，长驱直入，所向披靡。《明史·廖永忠传》载："寻拜征南将军，以朱亮祖为副，由海道取广东。永忠先发书谕元左丞何真，晓譬利害。真即奉表请降。至东莞，真帅官属出迎。至广州，降卢左丞。擒海寇邵宗愚，数其残暴斩之。广人大悦。驰谕九真、日南、朱崖、儋耳三十余城，皆纳印请吏。"② 当廖永忠率军兵临海南岛时，前通议大夫同知海北海南道宣慰使司副都元帅陈乾富等纳款投降，其所纳降款如下：

> 天兵南下，率土来王。臣乾富叨授元帅之职任，固守海南，控制乾宁安抚司万安、吉阳、南宁三军，南建一州，属县十有三也。僻居海岛，环里三千，外接诸番，中盘百峒，民黎杂处，驿路崎岖。臣所守城池，仅止四州。秋粮几三万石，土地、人民稀少。盖因陈子瑚作乱日久，荼毒者多。臣今撼效保安，以待大军之至。外有乐会小踢峒王观泰占据地方，伫听剿灭，所据军州县治版图，遭罹灰烬，无可献纳。今奉款状，专化州路照磨黄建泽、奏差唐孔锡先行诣阙以闻，伏乞敕命。洪武二年（1369 年）七月□日谨状。③

从陈乾富所上纳降奏表，可见元末的海南，都元帅所统治的还是一片贫瘠的土地。朱元璋派出重兵南征成功之后，就开始进行政权建设。明朝的政治制度，仍沿元朝旧制。中央设中书省，置左右丞相；中书省下设六部，各部设尚书、侍郎。地方设行中书省、置平章政事和左右丞。但朱元璋执政后，发现丞相和中书省权力过大，于洪武九年（1376 年）废行中书省，在全国陆续设置 13 个承宣布政使司，同时又设提刑按察司、都指挥司分管一省民政、司法和军队。行政执行权归属六部，决策权收归皇帝，因而集中制权力大大加强。

元代置广东道宣慰使司（治广州路），属江西行中书省。又置海

---

① （清）张廷玉等撰：《明史》卷二《太祖纪二》，中华书局 1974 年版，第19—20 页。

② （清）张廷玉等撰：《明史》卷一百二十九《廖永忠传》，中华书局 1974 年版，第 3805 页。

③ （明）唐胄纂：正德《琼台志》卷三《沿革考》，海南出版社 2006 年版，第 50 页。

北海南道宣慰使司（治雷州路），属湖广行省。洪武二年（1369年）三月，以海北海南道属广西行中书省。四月，改广东道为广东等处行中书省。四年（1371年）十一月，置广东都卫。八年（1375年）十月，改都卫为广东都指挥使司。九年（1376年）六月，改行中书省为承宣布政使司。领府十，直隶州一，属州七，县七十五。北至五岭，东至潮州，西至钦州，南至琼海。①

从明朝开始，海南岛划归广东管辖，这是促进海南发展的关键。历代的封建统治王朝，对于海南都是实行遥控的政策，不是把海南隶属广西行省，就是把海南隶属湖广行省。明洪武把海南划归广东，作为广东一个地方行政区，使海南的海洋文化与海洋经济的发展，与广东连成一片，而同时又便于对海南政治上的控制、经济上的管理和文化上的交融。

除此之外，朱元璋对海南特别重视的另一措施，就是升琼州为府，让海南直属广东之后，有一个统一的领导机构。正德《琼台志》载："洪武二年（1369年），改为琼、崖、儋、万四州，省琼山，复南建州为定安县，复万安县为万宁州，仍各领属县，隶广西如故。三年（1370年），升琼州为府，总领州三、县十三，隶广东。十九年（1386年），以儋之感恩县属崖州。正统五年（1440年），省三州附郭宜伦、万宁、宁远三县，领州三县十。"②对于海南建置的调整，正如司徒尚纪所说的："自汉开郡以来，海南行政建置，虽间有唐都督府，宋安抚都监这类兼领军政的机构，但不算一种行政区划。全岛没有一个统一的治理的机构，缺乏一个首府，各州管各州，互不相干，因而对岛上资源开发、经济中心的形成都是不利的，行政指挥也弊多利少。琼州升格为府，成为全岛行政中枢，这是海南政区沿革上一件大事。"③

---

① （清）张廷玉等撰：《明史》卷四十五《地理志六》，中华书局1974年版，第1132—1133页。

② （明）唐胄纂：正德《琼台志》卷三《沿革考》，海南出版社2006年版，第50页。

③ 司徒尚纪：《海南岛历史上土地开发研究》，海南出版社1992年版，第46页。

明王朝对于海南统治的策略，比历代王朝高明得多，他们详细分析海南的地理形势及沿海所能遇到的民族问题、海盗问题，制定切实可行的行政管理方略，明人杨理写了一篇《琼管论》，对这一问题说得极为透彻。《琼管论》曰：

> 天下郡邑，滨海者有之，未有若琼之四面环海者。其东南广九百里，南北一千一百四十里，长山峻岭，生、岐、熟三黎，错居其间。而五指腹心，尽为黎据，群冈之中，安定尤险，郡邑封疆，反四面而环列。古城暹罗诸番，西南外峙，东北又与闽浙诸洋相通，稍或撤备，则门庭皆敌矣。广东处南海之边，而琼又当其南，实南徼之要害也。国朝设府，统州县十三，复设海南卫，统内千户所五，外守御千户所六，各海口咸置烽堠僚戍，指挥部军统辖之，名曰备倭巡捕巡司，分散布列，海寇望帜而知有备。然黎防之制，琼、澄、临、乐、文、定诸地。旧置营戍，事久寝弛。元有炯（金监），不可不戒也。近因辛丑之乱，举兵讨平，珠崖驻设参将，事虽大定，而险疑终在黎，未为吾有议者，欲于罗活冈据以重兵，迟以岁月，置兵镇之，其陵水要枢之邻于崖者，则界以十字路，断其往来窜伏，更于黎众民稀之处，如感恩者，缮城郭甲兵以卫之，噫！必如是而后为久安之计乎！

杨理在这篇文章里提出三个办法：一是"于罗活冈据以重兵，迟以岁月，置兵镇之"。二是于"其陵水要枢之邻于崖者，则界以十字路，断其往来窜伏"。三是"于黎众民稀之处，如感恩者，缮城郭甲兵以卫之"。这三者，为人们阐明明朝统治海南的各方面措施，从而达到统治海南久安之计。

第三节　明代政府对黎族的统治

一、明代政府对黎族的统治政策

在明代，黎族人口仍然占海南岛人口的大多数，要统治海南，治黎是关键。正如海瑞所说的："自国初至今，言官琼者必以治黎人为一急事，然卒未有以得黎人之治者。"① 而对海南岛上的黎族抗争，仍然是明政府统治海南岛的心病。"事虽大定，险终在黎"，对于黎族问题，岛内外官吏，包括海瑞、唐胄、王佐等在朝廷当官的海南籍官员，也为朝廷出谋献策，如何使黎族归服。海瑞认为明代黎族的团结安抚政策，尚未能得治理之道。而是"动以弓刃相向""以弓刃为雪仇之具"，他说："予偿谓恃有人心，小则息争，大则开通十道，地为郡邑，人人版图，百千万年无不可者。所恨知此道者之难其人也。"同时治黎的难处，又在于基层官吏的腐败，海瑞说："而又赋役繁难，官吏刻削，彼自为诚，我自为诈，有以灰其心而格其至。至诚之为，难乎其为动矣。"② 下层官吏对黎族不堪重压而起义反抗的行动，采取残酷镇压手段，将领为贪功而杀戮无辜，更使黎族叛乱此起彼伏。明朝廷对黎族所采取的政策，首在安抚，同时招抚讨伐并用。

自明太祖开始，即改变过去对海南蔑视的观念，一反明以前历朝视海南为蛮荒之地的做法，以"天下一家"的观念治理海南，安抚黎民。《明实录·太祖实录》载："吏部奏，凡庶官有罪被黜者，宜除广东儋、崖等处。上曰：'前代谓儋、崖为化外，以处罪人。朕今天下一家，何用如此？若其风俗未淳，更宜择良吏以化导之，岂宜以有罪人居耶！'"③ 明太祖能使海南与全国各地为"天下一家"，这一观念的改变，对于海南的治理极有益处。

二、黎族对抗官府的斗争过程

自朱元璋建国以来，黎族的抗争从来没有间断过。

明代海南黎族的抗争，有记载的就有76次之多，已使"海南之境，被其摇动"。④ 明朝催督左右两江土官目兵及起调附近卫所汉达官军民壮打手人等庞大队伍，及先进武器，进行镇压，但起义队伍或愈抚则负固益坚，或暂从而寻复背叛，或阳顺而阴逆，或没东而出西，驰突

---

① 《海瑞集》卷四《赠养斋蔡太守抚黎序》，海南出版社2003年版，第537页。
② 《海瑞集》卷四《赠养斋蔡太守抚黎序》，海南出版社2003年版，第537页。
③ 《明实录·太祖实录》卷四八。
④ （明）张鎣：《交黎剿平事略》卷四《奏疏》，载《玄览堂丛书》第十二册，第34页。

充斥之势益甚。为什么在永乐朝前后的一派招抚归化的平静景象不能维持下去呢？究其主要原因，还是在于官逼民反，"激黎大变"。

以符南蛇起义为例，其时户部主事冯颙上表说："国初，民黎安堵。永乐间，军民潜通贸易，始从招抚，置土官知州、知县等，分属节制。寻皆革罢，犹统其属，抚安如故。成化间，黎人作乱，三度征讨，将领贪功妄杀，残及无辜。弘治间，知府张桓贪残私敛，大失黎心。继以知府余濬贪刻尤甚，黎人苦之，相聚为乱，致有今日符南蛇之祸。"① 又以嘉靖二十七年（1548 年）那燕、那内这次大规模起义为例，我们仅依据欧阳必进的奏疏中所述，已能洞悉那燕铤而走险的原因。欧阳必进写道："嘉靖二十六年（1547 年）十二月初二，本州判官差赵坤文将盐土碗入止强村，每家派碗一个，取膳鸡一只，盐一碗，取芝麻五升，各黎遵从。初四日赵坤文同王细恩捉拿黎人那燕，绑缚图赖先次盗伊马鞭，勒取牛三支或银三两赔还。那燕忿，叫伊侄男那内、那乃当时杀死赵坤文、王细恩。那燕投入罗活峒，各黎惊惧逃散。"

那燕在无奈的情况下，才领黎众起来抗争，正如顾岕所说的："弘治末困于征求，土官符南蛇者，煽动诸黎，远迩响应。"② 欧阳必进所说的，此次黎变，是由于"判官黄本静，奸贪科扰黎人，致纵赵坤文等乘机捉局，勒取牛财，激黎大变"。因此，地方激变黎情，事各有因。这次那燕"激变之由，实因判官黄本静贪赃坏法，抚字失宜所致"。③ 黄本静经常派民壮进村迫交"杂项银谷"，王仕广差赵坤文进止强村外派麋皮蟾蜍等货，止强村的起义，是黄本静平时剥害黎村所引起的。那燕起义的声势，"万倍于儋州之符南蛇"。④ 而当起义的星星之火，造成燎原之势时，官府又调动大兵征剿，更加深矛盾的激

---

① 《明实录·孝宗实录》卷一九三。

② 顾岕：《海槎余录》，（台湾）学生书局 1985 年版，第 404 页。

③ （明）张鏊：《交黎剿平事略》卷四《奏疏》，载《玄览堂丛书》第十二册，第3—5 页。

④ （明）张鏊：《交黎剿平事略》卷四《奏疏》，载《玄览堂丛书》第十二册，第27 页。

化。是时，明朝派遣打手土兵"精锐三千名，达官三十员名，铳手三十名，爪哇铳二十把并火药哨黄等项，及将指挥张麒哨，官军选委谋勇指挥二员，能干千百户四员"前来镇压。那燕起义在大军压境之下失败了。不过，欧阳必进总结这次战争的原因时说："其起乱之由，实因判官黄本静贪残无耻所致。盖其初散盐铁，失马鞭，即缚取牛，以激那燕之忿，继而赵坤文、王细恩被杀，又发票封仓，以为偿命之资，致将土舍黎芳冕等杀死，因遂激变诸黎构党，骤成海滨大患。"①

由此可见，明代76次的黎族武装斗争，事出有因，官吏的腐败，对黎族荼毒的残暴，逼使连年抗争不断。

三、土官制度的建立与黎族的治理

1. 明朝的土官制度

土官制度，至明朝最盛。但海南的土官称号与西南各少数民族又不相同，各地称为土司，而海南则称为土官。土司与土官，都是封建王朝对边疆民族地区所采取的统治措施，但是为何像云南、贵州、广西、湖北……各地的少数民族地区设土司，而海南不设土司而仅设土官呢？这是明朝统治者所采用的另一统治方法。

《明史》卷三百十《土司》谓："西南诸蛮，有虞氏之苗，商之鬼方，西汉之夜郎、靡莫、邛、莋、僰、爨之属皆是也。自巴、夔以东及湖、湘、岑峤，盘踞数千里，种类殊别。历代以来，自相君长。原其为王朝役使，自周武王时孟津大会，而庸、蜀、羌、髳、微、卢、彭、濮诸蛮皆与焉。及楚庄跻王滇，而秦开五尺道，置吏，沿及汉武，置都尉县属，仍令自保，此即土官、土吏之所始欤。"②这一段话，说明了土官的历史渊源。

到了明代，土官又称为土司，《明史》中说："尝考洪武初，西南夷来归者，即用原官授之。其土官衔号曰宣慰司，曰宣抚司，曰招

---

① （明）张鏊：《交黎剿平事略》卷四《奏疏》，载《玄览堂丛书》第十二册，第30—31页。
② （清）张廷玉等撰：《明史》卷三百十《土司传》，中华书局1974年版，第7981页。

讨司，曰安抚司，曰长官司。以劳绩之多寡，分尊卑之等差，而府州县之名亦往往有之。袭替必奉朝命，虽在万里外，皆赴阙受职。天顺末，许土官缴呈勘奏，则威柄渐弛。成化中，令纳粟备振，则规取日陋。孝宗虽发愤厘革，而因循未改。嘉靖九年始复旧制，以府州县等官隶验封，宣慰、招讨等官隶武选。隶验封者，布政司领之；隶武选者，都指挥领之。于是文武相维，比于中土矣。"① 从以上的阐述可以看出，土司与土官实质上是有区别的，土司的职位权力与土官并不一样。

所谓宣慰司，据《元史·百官志》载："宣慰司，掌军民之务，分道以总郡县，行省有政令则布于下，郡县有请则为达于省。有边陲军旅之事，则兼都元帅府，其次则止为元帅府。其在远服，又有招讨、安抚、宣抚等使，品秩员数，各有差等。"② 说明宣慰司的职权，不限于少数民族族群之间，而是指介于行省郡县之间的政权机构，掌握地方军政大权。

在明中叶之后，嘉靖年间，"以府、州、县等官隶验封（吏部验封司），宣慰、招讨等官隶武选（兵部武选司），文职属布政司，武职属都指挥管辖"。这样一来，官职就"比于中土"，与全国的官职一致了。而土官则没有这般大的权限，土官一般指设置于府、州、县的土职官员，如土知府、土知州、土知县、土县丞、土典吏等，这些人的职权，仅限于管理自己族群中的事务。正如《天下郡国利病书》中所指出的："土舍之先僭名土官，实与西广、云、贵羁縻者事体不同。矧洪武旧制，革去元弊，土酋主郡如陈乾富犹降徙远郡通判，兵屯子孙尽复民役，或为峒首，仅授副巡检，州县得以制之。今之土舍峒首，岂敢复如昔日土官之僭，与有司分庭抗礼哉！"③ 这段话说得很明白，设土官而不设土司，是为了限制土官的权力。

---

① （清）张廷玉等撰：《明史》卷三百十《土司传》，中华书局1974年版，第7982页。

② （明）宋濂等撰：《元史》卷九十一《百官志七》，中华书局1976年版，第2308页。

③ （清）顾炎武：《天下郡国利病书》，上海古籍出版社2012年版，第3418页。

不过，土司与土官，经常在称呼及述说中混淆不清，如《辞源》在"土官"条释文中有一说："统称土官，也叫土司"，认为土官与土司都是一样的官位。于是，在土司与土官的称呼上，常让理解者莫衷一是。

其实，海南黎区所设的土官，不能与云南、广西等地土司制度相比。嘉靖《广东通志》载："土舍之先僭名土官，实与西广云贵羁縻者事体不同。"① 究其原因，在于较之云南、广西等地区，海南黎族首领力量薄弱，并未形成一股强大的政治力量。其次，是海南的地理位置及社会环境所使然，海南岛孤悬海外，如设土司，就可能成为一个独立王国，这是统治者最避忌的，所以只能设土官，由中央政府直接统治。吴永章在《中南民族关系史》中分析道："抚黎土官，仅限于在海南岛黎族中设置，名称亦繁多，有抚黎土官、抚黎通判、土官、土舍、粮长、长帅、峒首、头目、总管、黎总、哨管、峒长等等。而抚黎土官，由来已久。元代有黎兵万户府，明裁而改设抚黎官，类如土舍，'上按知府，下受巡检，爵虽不同，其职专以抚黎为事，不得与民事焉'。"② 其实际内容，是防止土司之职，权力过于强大，而设土官制，把权力范围局限于黎人一族而已。

王佐在《珠崖得失论》中也论及此事，他说："元用土酋之策，分割兵民，建置黎兵十三翼，翼置官千、百户，而设兵屯万户府。统属皆土酋，而世其官，联合州县豪酋峒长通为一家，争立主势以相逼，而视州县为外客，威权既夺，政令难行，州县日轻，兵屯日重，于是大种主势复起如汉世焉。卒乘元之季世，挟贼以乱。呜呼，此势不可长也！国朝洪武扫除元弊，土酋主郡者仅以降免徙远郡，佐贰兵屯子孙尽复民役，或为峒首，州县得以制之。三十年间，转乱为治。"③ 这里王佐所言及的，是把明朝的平黎策与元朝相比，因元朝的"土酋之

---

① （明）黄佐纂修：嘉靖《广东通志》卷六八《外志五》，海南出版社 2006 年版，第 546 页。

② 吴永章主编：《中南民族关系史》，民族出版社 1992 年版，第 408 页。

③ （明）戴熺、欧阳灿总裁，蔡光前等纂修：万历《琼州府志》卷八《海黎志·海防》，海南出版社 2003 年版，第 433 页。

策"给予黎峒主的权力太大，无法驾驭，所以明朝要"扫除元弊"，不设土司，限制黎峒首领的权力，仅设土官，仅让黎酋自己管理自己，权力范围就缩小多了。克服了元朝存在的"彼主而我宾"的状态。

唐胄也指出历朝的经验教训，他说，由于海南岛的特殊环境，即"盖地颛岛无援，其势彼高而我下，彼内而我外，大海之险我与共之，桐乡所谓常与我为主宾是也"。也即是在"夷汉分治"的框架之下，朝廷所采取的二重管理体制的复合制政治结构，在统治海南岛的过程中，朝廷的力量与岛上黎峒的势力往往处于力量消长起伏的状况。他指出，在元朝是"彼主而我宾，唐宋则彼宾而我主，南朝主宾势敌，汉则彼全主而无宾矣"。这样历数上去，在汉代由于黎峒遍布全岛，王朝官吏的势力很难树立，再加上吏治贪污腐败无度，所以黎峒黎民群起而攻之，一年三叛，势在必然，而造成所谓"彼全主而无宾"的局面，汉王朝的政权无法在海南岛立足，而有贾捐之之议，政权退出海南岛达五百多年之久。

所以从汉朝到明朝一千多年的岁月里，在朝廷的力量与黎峒的力量消长的过程中，明朝吸取了历史的教训，统治者不会给予黎族峒首过高的权力，采用与其他西南少数民族不同的政策，只在海南黎区设立土官而不设土司，目的在于削弱黎族土官管理的权力，力图通过土官的环节，让黎峒黎民帖服。

由此看来，明朝在海南岛不设土司而仅设土官，与"土司制度根本不同，仅为协助地方之职"①的意图就十分明显了。

明朝在黎区设立土官制度之后，利用土官为中介来控制或疏通黎峒。政府通过各处峒首，"凡遇公差役，征纳秋粮，有司俱凭峒首催办，官军征捕亦凭峒首指引"。②这是明朝对黎峒的定位。实际上，明朝也与历代王朝一样，从来没有承认过黎族这一族群在功能上有何独立之处，更没有以特许证的形式来赐予黎族独立地位。所以，如果有

---

① 吴永章主编：《中南民族关系史》，民族出版社 1992 年版，第 408 页。
② （清）明谊修、张岳崧纂：道光《琼州府志》卷二十二《海黎志》，海南出版社 2006 年版，第 888—889 页。

人以永乐皇帝的敕谕来与长吏对抗或争分土地的话，这些地方官吏就加以镇压。万历《琼州府志》载："因土人建议，本土招黎授官，有司吏民之中，又复一辈桀黠者应例新起。果有收藏敕谕窃柄之事，遂致不逞之徒借职名以与长吏抗，甚至争分土地人民，尤甚元弊。"①

2. 设土舍黎兵

明代从永乐年间起，在海南岛设立土舍制度，这是在卫所之下设立的地方武装。一方面，遇有调发，随军征进，专为前锋；另一方面，无事则派守各营，听管营官调度。实际上，设立土舍的目的，是以土舍峒首管辖黎民。明代土舍制度，是作为地方民族武装的组织，其军事职能，在于平时防黎，战时攻黎。由于土舍是黎族内部的成员，他们了解黎族的内部情况，可以利用他们招抚或分化黎峒的反抗活动。茅一桂《黎兵议》曰："复黎兵而以峒口民熟习弓箭者充当，有五便焉。盖原额黎粮约募兵八十名。今革募兵，即以编充黎兵之饷，则募兵一名之工食，可养黎兵二名，是得兵一百六十名矣。更以思马、卑纽、卑凹、普礼四图乡勇，选取一百二十名为之翼助，并统于州调度。尽革哨官名色，永不得以他哨钻谋代管，则上无科索而下乐为用，其便一。且募兵皆异棍惰民，挂名为守。本官之差役，本兵之闲游，不可稽查。若黎兵各有家室当业，无迁徙闲游之虑，而食官粮以自卫，身家乐守而守必固，其便二。又往年之土舍，即土官也，专督黎兵。彼得借兵威以弹压黎岐，故缓急可用。今不必别设官哨，选近黎民户有身家、识黎情、少有勇略者二人，立为正副土舍，稍假以冠带宠异之，总辖二峒，不必分任，以恣其推诿。仍于蒲莩、南头咽喉处所，各设一营，以扼其冲。其长沙等处，存为浮铺，以游兵往来巡逻哨探。且令切近居民联属守护，有事即兵，无事即农。此与募兵名存而实不足用者相去远矣，其便三。又黎兵苦于他哨之统辖，情不相安。兹以其所出之粮银，卫其所居之土地，以其素所信服之人，推为土舍以统驭之，更稍免其排门之差以鼓舞之，则近黎之民乐为兵，无不朝

---

① （明）戴熺、欧阳灿总裁，蔡光前等纂修：万历《琼州府志》卷八《海黎志·海防》，海南出版社2003年版，第433—434页。

令而夕赴者，其便四。自乡老黎兵之名革，而近黎诸屯无所联属倚藉以自卫，是以居民逃亡，黎田荒芜，而粮多空赔。今复黎兵，则有可耕之地，无侵盗之扰。昔之逃散者，将渐复故土，而墟市可立，营堡益固，永可无黎患矣，其便五。此虽一得之见，实亦万全之策。主计者详之。"①

各州县的土舍，分布在黎区各地，朝廷设立土舍，调度防御，"遇有调发，随军征进，专为前锋，无事则派守各营，听管营官调度"。②《天下郡国利病书》论及儋州黎时也说：儋州黎一分为三，"东黎属土舍峒首部领，南黎属州部属，其余自耕食，不属州"。土舍在各地以文、武两线互相配合，作为明朝政府在黎区的统治力量。土官上任之后，世代相传，世袭其职，而土官的子弟，也有机会进入学堂读书，甚而升入太学。儋州符添庆授为土官，其孙符节应世其官，被选入昌化县学校读书，符节考试中举，例该升进太学，但他却辞去回乡继承土官一职，世世相引。

土官、土舍的设立，作为明代政权的二重管理体制，很难收到实效。

设立土官、土舍，明王朝是作为其政治体制中二元管理体制的良策，希望以此管辖峒首，转乱为治。但是，当土官、土舍势力不断增强之后，"事久玩惕反以黎岐为利"。③顾炎武《天下郡国利病书》曰："初以熟黎为藩篱，有土舍峒首以管束之，事久玩惕，反以黎、岐为利。"④其中详细指出：其一，弘治年间，符南蛇的反抗活动，损失官军，靡费钱粮巨万。其二，永乐四年（1406年），峒首赴京朝见，蒙赏，仍勒各黎首归峒安生乐业。时招主见敕谕全不霭己，乃谓生黎归

① （清）李琰纂修：《万州志》卷四《艺文志》，海南出版社2004年版，第205—206页。

② （明）戴熺、欧阳灿总裁，蔡光前等纂修：万历《琼州府志》卷七《兵防志》，海南出版社2003年版，第332页。

③ （清）龙朝翊主修、陈所能等纂修：光绪《澄迈县志》卷五《海黎志》，海南出版社2004年版，第273页。

④ （清）顾炎武：《天下郡国利病书》，上海古籍出版社2012年版，第3417页。

取敕书，各家收畜以为己物，因而窃柄。其三，土舍利用管理黎人的权柄，扩张自己势力，仗货以利肥家，"黩货者反倚之以干囊箧"。有子孙如临高王绍祖因袭不得，乃假官坐县，立万人屯，截路禁行，欲谋不轨。自立土舍数十年来，贪横之心，非独革官子孙，聿起奸刁，见土舍间有衰弱，窃据数黎，遂自立号角敌。有本峒首，今乘盛欺压而争雄长者；有本奴隶，今背主自立而称峒首者；或黎首附籍州县，而所主积恨异己者，以此互相侵夺，或引诱出没，使其罪坐所主；或左道仇杀，俾其利致旁收。这一切，皆因土舍之辈乘机嫁祸，侵黎利所致。[①] 而且，在官军镇压黎峒反抗的时候，有时土舍泄露给黎峒，而致大败而归。如《古今图书集成》中引按《琼州府志》载："正德七年，万州鹧鸪、龙吟等峒黎郑那忠等复出。先于弘治甲子杀督备指挥谷泰，后愈构乐会纵横、陵水黎亭等黎会应，势日昌炽。督府因被害民王昕等奏闻，始委兵备副使詹玺统官军兵约五千征剿。三月癸未，遣指挥王琥等四路分进，期癸亥会哨于中地草唱。为土舍泄机，贼多屯匿纵横峒大连山麓。西哨指挥赵檠曳兵走出熟黎长沙村，逗留不进。东南二哨指挥高焕、周世英，千户王韶等，是日亦止远营于太平村。随征指挥陈振入觅空村，见数贼，先驰归，倩随旗军皆遇害。既夕，贼乘劫民兵等营，杀伤数多。焕等遂掣往南山路出，惟北哨指挥王琥抵会所，见贼空巢，焚之。时玺驻扎于张牙市，闻太平营为贼劫，遂散师而归。黔驴技露，猛虎愈肆，是役之谓矣。"[②]

3. 防黎条议

明朝的官吏们特别重视加强对黎族统治的问题，除以土官制控制黎族之外，他们还提出种种统治黎族的策略，这是历朝所少见的。这些策略，归纳起来大致有下列几个方面。

第一，检讨黎族反抗原因，反对片面的武力镇压。

---

① （清）顾炎武：《天下郡国利病书》，上海古籍出版社 2012 年版，第 3417—3418 页。

② （清）陈梦雷编纂：《古今图书集成·广东黎人岐人部》，海南出版社 2006 年版，第 513—514 页。

王佐在《进〈珠崖录〉奏》中附王副使权告示指出："照得洪武永乐年间，本处地方俱系土舍管束，熟黎纳粮不当差，专令防守地方，以固藩篱，生黎不得生事，以此百姓安业，地方宁靖。后来在官不守法度，尽将革除，所有熟黎俱归版籍粮差，固一时拯救之法。奈何法久弊生，官吏贪酷，里老侵渔，土舍剥削，豪势军民之家贪置黎业，百计侵谋，以致熟黎失所，逃入生黎，日积月盛，藩篱敝毁；又有逃军、逃民、逃囚入黎煽惑为恶，酿成苟南蛇之祸。"① 户部主事冯颙也曾上奏说："永乐间，置土官州县以统之，黎民安堵如故。成化间，黎人作乱，三度征讨。将领贪功，杀戮无辜。迫弘治间，知府张桓、余濬贪残苛敛，大失黎心，酿成今日南蛇之祸。"② 当黎族起义遭欧阳必进大军镇压之后，欧阳必进在《预处兵后地方以图治安疏》也写道："是琼黎之变，非为无州县以统治之，实起于官州县者之非其人，州县官之贪肆，亦非为无法制以禁治之，实起于典法制者之无其官。查得琼州一府十县三州之地，止一分巡副使，其分守官原缺设，以分巡兼管。其初授而来也，每畏怯而甚迟；及遇有事故而去也，多欣幸而甚速。其在任则又公出住府之时多，而巡历考核之日少。各州县每数年不一见上司入其境，闻其俗，察其政，而黎民亦懵懵然无所控诉，听有司之为，至其弗堪，则惟有反而已矣。"③ 因此，他们认为："官剿能捷而不能守"，"不在于多杀戮以为功，惟在于饬法制以善后"。必须在政治制度上防止任用非人，及革除贪官污吏生事刻剥，才不致伤民害物妄生事端。否则，戮杀人民，伤害军士，费耗钱粮是无济于事的。

第二，主张革去土舍峒首，加强各州县统治。

如欧阳必进提出在各州县设一参将官，"使各官吏俱任有专责，

---

① （明）王佐：《鸡肋集》卷四《进〈珠崖录〉奏》，海南出版社 2004 年版，第114—115 页。

② （清）张廷玉等撰：《明史》卷三百十九《广西土司传三》，中华书局 1974年版，第 8274 页。

③ （明）张鳌：《交黎剿平事略》卷四《奏疏》，载《玄览堂丛书》第十二册，第 41 页。

志有定向，遇有事故，不致缺人，如内地三司，然各州县虽在海外之远，而法度昭明，纪纲振肃，官吏有所畏而不敢肆，奸宄有所惮而不敢发"。①韩俊奏稿曰："为今之计，莫若革去土舍峒首，立以州县屯所，量拨在外军民，杂处于中防引。"②给事中郑廷鹄的建议更为详细，他在《平黎疏》中提出："故百年之祸，皆土舍酿成之。黎将附籍州县，百计沮挠；有司或失黎心，多方煽惑。已成祸变，又走泄军机，若使向导我军，遂道迂回险阻，以致陷没。"③因此，他们认为革除土舍峒首，势在必行，这是作为加强政府统治的一项重要措施。

第三，主张召集新民，建立州县，开通道路，多兴学宫，治城郭，兴水利，采取多种于民有利的措施，驯服黎民百姓。

欧阳必进在《预处兵后地方以图治安疏》中提出对黎善后办法："其终也，招集新民，定以约束，多兴学校，禁挟弓矢，复故地，设县所，授田庐，凿通衢，防阻塞，建参将于要地，使之画便宜，治城郭，兴水利，徙反侧，如前所云当经略者。"他认为："顾惟地方久远之计，不在于多杀戮以为功，惟在于饬法制以善后"。他很清醒地提出一个比喻："譬之身焉，彼既为编民，犹之手足肌肤也，惟风寒暑湿之失其养，而后震掉踯躅痿痹之患所由生；治之者惟去其疾之甚，调摄其元气，以渐复其初，而反其为吾用则已矣，若尽弃之，则何以为身也。"④欧阳必进的见解，与给事中郑廷鹄《平黎疏》中的建议大略相同。《平黎疏》中提出"经略三事"，一是一劳永逸之计。认为在扫荡之后，"愿招集新民，定以约束，因其势而利导之，多兴学宫，禁挟弓矢"，使黎族驯服。二是恢复启土之功。他认为："德霞之膏腴，千家、罗活之饶足，招集之后，愿建州县，因以屯田，且耕且守，务

---

① （明）张鏊：《交黎剿平事略》卷四《奏疏》，载《玄览堂丛书》第十二册，第38页。

② （明）戴熺、欧阳灿总裁，蔡光前等纂修：万历《琼州府志》卷八《海黎志·海防》，海南出版社2003年版，第436页。

③ 郑廷鹄：《石湖遗稿·平黎疏》，见《湄丘集》等六种，海南出版社2006年版，第233页。

④ （明）张鏊：《交黎剿平事略》卷四《奏疏》，载《玄览堂丛书》第十二册，第41页。

庐其居，而东南其苗，又由罗活、磨斩开路，以达定安，由德霞沿溪水而下，达于昌化，道路四达，屋庐相望，井里既定，岂不为国家增拓舆地哉！"三是久任责成之道。他建议，建"参将府于德霞，联络州县，亦如马援故事，治城郭，兴水利，条奏便宜事务，以镇安人心"。① 参将俞大猷在《图说》中更提出建立保甲制度，"渐次制其土舍，行令更为里长，该管黎人就编属之，以为甲首，纳粮之外不得再加差役。其各州县掌印官，务将管下黎人严禁童女不得如前披发文身，男人务着衣衫，不得如前赤身露腿，其首各要加帽包网，不得如前簪髻倒颠。各村黎童之幼小者，设社学以教之，使其能言识字。每一年之间，守巡官查考各州县官，变化各熟黎几村，招抚过生黎为熟者几村，具呈抚按衙门，以为殿最。如此，经略渐次举行，熟黎既不得倚生黎以为祸，土舍亦不得假熟黎以生奸，不数年间，皆登州县之版籍矣"。② 黎国耀也建议编保甲，他说："琼州等县原设有排门乡盟兵，择其豪者为乡勇哨官或保长以领之。"③

第四，主张开通十字道路，开道立县。

户部主事吴会期，在奏议中提出："黎居良民五之一，宜以兵威削平之际，开通十字大路于其间。大约以道里计之，自府至崖千里而遥，自儋至万六百里而遥，此四至之境也。细度之，自府至沙湾三百里，自崖至罗活三百里，俱为坦途矣。其中未开通处，不过四百里耳。官军属武官领之，民兵属有司领之，士兵属乡保长领之，通力合作，相其溪壑，易其险阻，假以数月，而琼崖之路可由黎峒中行矣，儋、万之功则又杀焉。四路交达，度中建城，量地置堡，就堡立屯，以攻则取，以守则固矣。"④

---

① 郑廷鹄：《石湖遗稿·平黎疏》，见《湄丘集》等六种，海南出版社 2006 年版，第 233—234 页。

② （明）戴熺、欧阳灿总裁，蔡光前等纂修：万历《琼州府志》卷八《海黎志·海防》，海南出版社 2003 年版，第 442—443 页。

③ （清）萧应植修、陈景埙纂：乾隆《琼州府志》卷八《海黎志》，海南出版社 2006 年版，第 854 页。

④ 彭元藻、曾友文修，王国宪总纂：民国《儋县志》卷八，海南出版社 2004 年版，第 465—466 页。

第二十二章　明代海南政治

第一节　海南政区沿革

一、明代海南的三次建置

明朝自洪武元年（1368 年）朱元璋称帝开始，传 16 帝，共 276 年零 4 个月。在这段时间里，海南行政区域的划分，经历了三次大规模的沿革。

1. 明代海南岛第一次建置

自洪武元年（1368 年）至洪武三年（1370 年），这是建国初期，琼州府的建置仿效元制，继元改置琼州路之后，洪武初改为琼州，不久升为府，领州三、县十。

《明史》卷四十五《地理志六》："洪武元年十月改为琼州府，二年降为州。"

《明会典》卷十八："琼州府领州三，县十。即：琼州府领琼山县、澄迈县、临高县、定安县、文昌县、会同县、乐会县。儋州：昌化县。万州：陵水县。崖州：感恩县。"

正德《琼台志》卷二《沿革表》："洪武二年（1369 年），琼州改安抚司为州，省琼山，复南建州为定安县，共领六县。崖州，改吉阳军为州，领县一。儋州，改南宁军为州，领县三。万州，改万安军为州，万安县为万宁，领县二。是年永嘉侯朱亮祖平乐会寇王观泰，四月改州，并隶如故。"

万历《琼州府志》："洪武二年，改为琼、崖、儋、万四州，省琼山，复南建州为定安县，复万安县为万宁。州仍名，令属县，隶广西如故。"

道光《琼州府志》卷首《沿革表》："洪武元年，改琼州路为琼州，仍属广西。改南宁军为儋州，万安军为万州，吉阳军为崖州，改南建州仍为定安县。"

《大明一统志》卷八十二："洪武初，改为琼州，寻升为府，领州三、县十。"

2. 明代海南岛第二次建置

自洪武三年（1370 年）至正统四年（1439 年），这一时期建置比较稳定。

《明史》卷四十五《地理志六》："洪武三年（1370 年）仍升为府，领州三，县十。东北距布政司千七百五十里。"

正德《琼台志》卷二《沿革表》："洪武三年（1370 年），属广东行中书省管辖。洪武二年（1369 年）八月，分守指挥孙安请，至是年十一月始准升。复琼山县。共领州三、县十三。洪武七年（1374 年），布政行政行省为治广州。十九年（1386 年），知州林茂请，割儋之感恩县属崖州。"

万历《琼州府志》卷二《沿革志》："洪武三年（1370 年），升琼州为府（用分守指挥孙安议），领州三、县十三（复琼山），隶广东（元广东统于江西行省。洪武初沿元制。七年，改布政司）。十三年（1380年），割感恩县属崖州。"

道光《琼州府志》卷首《沿革表》："洪武三年（1370 年），升琼州为府，改属广东，以儋、万、崖为属州，仍各领县。九年（1376年），属布政使司海南道。琼州府领县七：琼山、澄迈、临高、定安、文昌、乐会、会同。儋州领县二：宜伦、昌化。万州领县二：万宁、陵水。崖州领县二：宁远、感恩。"

明代海南第二次建置，自洪武三年（1370 年）至正统四年（1439

年）。属广东布政使司。海南道治设琼州。

3. 明代海南第三次建置

自正统四年（1439 年）至崇祯十七年（1644 年）。

《明史》卷四十五《地理志六》："正统四年（1439 年）六月以州治宜伦省入"儋州。"正统四年（1439 年）六月，以州治万安县省入"万州。"正统四年（1439 年）以州治宁远县省入"崖州。

正德《琼台志》卷二《沿革表》："正统五年（1440 年），知府程莹请，省崖、儋、万三州之宜伦、万宁、宁远三附郭县，共领州三、县十。"

万历《琼州府志》卷二《沿革志》："正统五年（1440 年），省三州附郭宜伦、万安、宁远三县（知府程莹请）。领州三、县十。"

道光《琼州府志》："正统四年（1439 年），以州治宜伦省入儋州，万宁省入万州，宁远省入崖州。琼州府领三州十县。"

《大明一统志》卷八十二："正统五年（1440 年），以宜伦县省入"儋州。"正统间，以万安县省入"万州。"正统间，以宁远县省入"崖州。

海南第三次建置，自正统四年（1439 年）至崇祯十七年（1644 年）明亡。此段期间，属广东布政使司海南道。

海南地域的建置，到了明代，已趋于完善，其变化调整过程中，也不影响明朝对海南的统治。同时，因为海南建置的变化，也与全国地方行政的变革有关，如开国之初，琼州府建置仍依元制，属广西行省。至洪武七年（1374 年），明朝设立广东布政使司，所以琼州府归属布政使司下。明朝广东布政使司领府九，即：广、肇、韶、南（雄）、惠、高、雷、廉、琼。而当时的广东五道，即：岭东、岭南、岭西、岭北、海南。

二、海南城市建筑的发展

海南城市发展到明代，城市建筑有了重大变化，主要表现在城墙结构上，由竹城逐渐向土城过渡。土城的建筑相继改为鸠工砌石，拓址甃石。以石头筑建，使城墙更加牢固。城内的建筑不是一次建成的，而是逐年不断完善的。

明代筑城牢固的原因，除了时代的发展需求外，还有守城防御的目的，防黎变及海盗，各个郡县都普遍筑城。

三、乡村的都图制度

除了各府、县纳入国家建置之外，海南各乡村联民尚有乡里都图之名。所谓都图，"即古先王乡田同井，使百姓亲睦遗意也。"①而实际上，因海南黎族聚居乡村，明朝采取编入都图的管理形式，让黎峒成为其统治的基层组织，而峒长就成为基层的乡一级的官员了。

海南岛政权的建置，在元朝以前，进展比较缓慢，由于沿海地带交通比较方便，所以完成环岛建置较为方便，进入海南腹地的黎区，交通不便，生产力落后，政权体制的建设十分困难。到了明代，对于开发海南的管理，已逐渐深入黎区，黎区的管理也渐渐地纳入明朝社会的统治轨道了。

第二节　户籍与人口

一、户籍制度的管理

明朝十分重视户籍登记和管理工作，"太祖籍天下户口，置户帖、户籍，具书名、岁、居地。籍上户部，帖给之民，有司岁计其登耗以闻"。洪武十四年（1381 年），明朝在户帖制度的基础上建立了黄册制度。同时又确立了里甲制度，《明史·食货志·户口·田制》载："洪武十四年（1381 年）诏天下编赋役黄册，以一百十户为一里，推丁粮多者十户为长，余百户为十甲，甲凡十人。岁役里长一人，甲首一人，董一里一甲之事。先后以丁粮多寡为序，凡十年一周，曰排年。在城曰坊，近城曰厢，乡都曰里。里编为册，册首总为一图。鳏寡孤独不任役者，附十甲后为畸零。僧道给度牒，有田者编册如民科，无田者亦为畸零。每十年有司更定其册，以丁粮增减而升降之。册凡四：一上户部，其三则布政司、府、县各存一焉。上户部者，册面黄

---

① （明）戴熺、欧阳灿总裁，蔡光前等纂修：万历《琼州府志》卷三《地理志》，海南出版社 2003 年版，第 139 页。

纸，故谓之黄册。年终进呈，送后湖东西二库庋藏之。岁命户科给事中一人、御史二人、户部主事四人厘校讹舛。其后黄册只具文，有司征税、编徭，则自为一册，曰白册云。"① 黄册比户帖在详密的程度上又进了一步，在登记的过程中，以户为单位，然后登记各户的籍贯、姓名、年龄、丁口、田宅、资产，并按照各人不同的职业进行计算。《明史》载："凡户三等：曰民，曰军，曰匠。民有儒，有医，有阴阳。军有校尉，有力士、弓、铺兵。匠有厨役、裁缝、马船之类。濒海有盐灶。寺有僧，观有道士。毕以其业著籍。"② 对于黄册的编造，十年一造，由地方官核实丁口、田宅及资产的变动情况，将逐年累计的材料进行整理。

二、明代人口增长缓慢

明朝刚建立的时候，由于元末战乱，"版籍多亡"的缘故，一直没有比较准确的人口数字。明太祖推行黄册制度以后，洪武十四年（1381年）在《明实录》中才第一次出现全国户口数：户 10654362，口 59873305。洪武二十六年（1393年），户 10652870，口 60545812。至永乐元年（1403年），户 11415829，口 66598337。22年间户增 76万多，口增 672万余。③ 这是明朝人口发展的最高峰，自此以后，人口的发展变化都比较缓慢。

第三节　田赋与徭役

明朝在统一全国之前，其征收赋税的标准是："赋税十取一，役法计田出夫。县上、中、下三等，以赋十万、六万、三万石下为差。府三等，以赋二十万上下、十万石下为差。即位之初，定赋役法，一以黄册为准。册有丁有田，丁有役，田有租。租曰夏税，曰秋粮，凡二

---

① （清）张廷玉等撰：《明史》卷七十七《食货志一》，中华书局 1974 年版，第 1878 页。
② （清）张廷玉等撰：《明史》卷七十七《食货志一》，中华书局 1974 年版，第 1878 页。
③ 杨子慧主编：《中国历代人口统计资料研究》，改革出版社 1996 年版。

等。夏税无过八月，秋粮无过明年二月。"① 明朝的两税法，分为夏税和秋税，所包含的税目十分繁杂琐碎，把许多附加杂项都加到两税中去。据弘治十五年（1502年）记载，两税的税目多达41项。到万历年间，夏税秋粮的税目增加到50余种。

一、海南明代的田赋五倍于元代

明朝的田赋分官田和民田。"凡官田亩税五升三合，民田减二升，重租田八升五合五勺，没官田一斗二升。"② 这是明太祖定天下时所定的税额。但以后在不同的年代及不同的地方，税额均根据当时当地的实际情况发生变化。

二、土贡

土贡，就是把本地的特产上贡给政府。元代以前，土贡方物比较简单，只挑选海南几件特产每年进贡。明代开始未闻有私贡，至永乐三年（1405年），抚黎知府刘铭，率各州县土官入贡马匹、黄蜡、麝皮、土香、蚺蛇皮、良姜、益智子。后知府黄重用，是为例，三岁一贡，其数无常，剥黎徼功。后革土职，贡亦随废。

这些土贡，项目繁多，费数繁重。海南僻地险海，"每年上纳除纳获批单外，其间或海上被风失落，或料价高贵、奏告添办，或弃批逃回，或揭债赔纳，告扰户丁，经年不绝"。如琼山县唐儒海洋沉失官银千余两，两监追将二十年，累死户丁三人，倾家累户，只赔得一半。李镒惠因债打死人命。薛蓁解纳二次，尚有不完，似此者难以枚举。而且海南离大陆遥远，京师万里，至省城二千余里，如崖州到府亦一千余里，解官解户，每经一年零六七个月得完回。冲寒冒暑而死亡疾病者，不可胜数。又且官多缺员，部运又委别官代其署印，是致事多因循废弛。是时知府谢廷瑞上奏上纳贡税的艰辛，并要求明朝皇帝体恤海南地处海外边远地带，将琼州府粮料价银只解布政司，与腹

---

① （清）张廷玉等撰：《明史》卷七十八《食货志二》，中华书局1974年版，第1893页。

② （清）张廷玉等撰：《明史》卷七十八《食货志二》，中华书局1974年版，第1896页。

里府分委官带运，以减轻人民的负担。① 因此，弘治十七年（1504 年）在朝廷宽贷中，免琼山海吞田粮二顷零。

三、徭役

明代徭役分为正役和杂役两大类。正役即里甲，"以一百十户为一里，里分十甲曰里甲。以上、中、下户为三等，五岁均役，十岁一更造。一岁中诸色杂目应役者，编第均之，银、力从所便，曰均徭。他杂役，曰杂泛。凡祗应、禁子、弓兵，悉金市民，毋役粮户。额外科一钱、役一夫者，罪流徙"。② 而杂役，自里甲正办外，其余皆为杂泛，亦称杂役，《明史》载："凡役民，自里甲正办外，如粮长、解户、马船头、馆夫、祗候、弓兵、皂隶、门禁、厨斗为常役。后又有斫薪、抬柴、修河、修仓、运料、接递、站铺、闸浅夫之类，因事编金，岁有增益。嘉隆后，行一条鞭法，通计一省丁粮，均派一省徭役。一条鞭法行十余年，规制顿紊，不能尽遵也。天启时，御史李应升疏陈十害，其三条切言马夫、河役、粮甲、修办、白役扰民之弊。"③

落实到海南岛的徭役情况，据正德《琼台志》所载，琼州府所辖州县里分多寡不等。内琼山、澄迈、临高、定安、文昌、乐会六县，儋州、万州二州，俱十年一编。乐会、昌化、陵水、崖州、感恩五州县，俱五年一编。间有黎图，自无编差。盐疍人丁，免其办盐课及例免田粮外，其该差，都图府州县躬亲清审。

以上银差、力差，各徭役均有规定银数。此外，驿递马夫属于粮差，琼台等驿递及陵水县马夫共 540 名。每攒造之后，只计粮朋凑编金。每夫一名，驿分繁者编米 80 石，简者米 70 石。每石岁出银一钱，十年而终。如繁者该银 8 两，内推户粮多者为正，户主之余贴照粮出办交与，类纳六两作雇人工食二两通收在官，为买马置船铺陈之需。驿简七十石者仿此。

---

① （明）唐胄纂：正德《琼台志》卷十一《田赋》，海南出版社 2006 年版，第 263—264 页。

② （清）张廷玉等撰：《明史》卷七十八《食货志二》，中华书局 1974 年版，第 1904 页。

③ （清）张廷玉等撰：《明史》卷七十八《食货志二》，中华书局 1974 年版，第 1905—1906 页。

还有民壮属于丁差，琼山等十三州县民壮共 1965 名，每十年攒造之后，只计丁编金，诸户朋凑至 30 丁为一名，推户丁多者为壮丁应当，余 29 丁贴之，月该 1 日。这些规定，是弘治末年副使王檙所定。

此外，还有借倩夫，每图十老，内除见年、催粮、均徭三老外，余七老每日各供夫一名，号曰排年夫。成化二十三年（1487 年），张守英迁移府治，暂起应工，后遂为例。①

海南赋役浩繁，不过，自张居正于万历九年（1581 年）全面推行一条鞭法之后，琼州也施行了一条鞭法，将赋税、徭役各个项目合并为一起进行编派，正如万历《琼州府志》所说："琼昔赋役浩繁，自条鞭法行，一应派额合为一条计，岁用若干，丁石若干，通融均派，依粮定银，数既易知，又附征于粮，事已而民不扰，诚简易画一之良法哉！得古人烹鲜之意矣！"②

---

① （明）唐胄纂：正德《琼台志》卷十一《田赋》，海南出版社 2006 年版，第 269—276 页。

② （明）戴熺、欧阳灿总裁，蔡光前等纂修：万历《琼州府志》卷五《赋役志》，海南出版社 2003 年版，第 283 页。

第二十三章 明代海南经济的发展

第一节 农业与水利

一、农业

明代在农业生产上虽然比过去朝代有所发展，但是农业生产工具仍然沿袭旧习俗，在黎区照旧是刀耕火种。王士衡在《劝麦说》中谈到定安的农业状况时说："今本处（定安）多荒地，桑麻蔬菜皆少，何婪惰若是！天下各处才无雨便车水……今我地方有水处亦不车。甚至溪水拍岸，岸上田多焦枯折裂。一遇旱干，便即付之无可奈何，坐受其困……今我附近乡人，全不知耘为何事，间有知者，亦仅耘得一遍，田间野草反多过于苗……全然不复以粪为事，其视人粪轻弃如土。夫农卤莽而种之，天亦卤莽而报之。想在它年，米谷平，不知艰苦。近年饥荒，流移者众，其幸而不濒死者，亦曾吞饥忍饿，或典田卖地，或赊钱借债，或质当男女，受了万千苦恼。"[①]

王士衡，明成化十三年（1477年）举于乡，游太学，为丘濬所器重。弘治元年（1488年）选中书舍人。嘉靖元年（1522年），致仕家居，年八十卒。他所写这篇《劝麦说》，真实地反映了明代海南岛上的农业状况。由此看来，明代的海南农业，除了沿海一些交通较方便的地

---

① （清）吴应廉创修、王映斗总纂：光绪《定安县志》卷七《艺文志》，海南出版社2004年版，第565—566页。

区，因大陆移民多，生产力发展水平较高外，大多数地方，尤其是黎族地区生产还是十分落后的。正德《琼台志》也有同样的记载："盖郡东界田不及西界，故荒年多取充给于西。取西界田不及黎田，故河下每日米船多出黎村。然耕作皆甚卤莽。东田瘠，虽粪至有用骨者，然皆望天，不事桔槔。西田肥，至有不用粪。黎田至有不用耙者。每岁耕作，惟取据农家口诀、五行，以为趋避弛张之宜。"①

吴郡顾岕，于嘉靖年间（1522—1527年）在儋州任职，写下《海槎余录》一书，亲笔实录当年儋州风土人情及人民生活，其中一条写及儋州农田状况："儋州境山百倍于田，土多石少，虽绝顶亦可耕植。黎俗四五月晴霁时必集众斫山木，大小相错，更需五七日，皓洌则纵火，自上而下，大小烧尽成灰，不但根干无遗，土下尺余亦且熟透矣。徐徐锄转种棉花，又曰贝花；又种旱稻，曰山禾，米粒大而香可食，连收三四熟，地瘦弃置之，另择地所，用前法别治，大概地土产多而税少，无穷之利盖在此也。"② 这是所谓"刀耕火种"的实况记录，也是黎区稻田种植的一般情况。

对于海南田地的耕种，顾岕还说："海南之田凡三等，有沿山而更得泉水曰泉源田，有靠江而以竹桶装成天车，不用人力日夜自车水灌田者曰近江田，此二等为上，栽稻二熟；又一等不得泉，不靠江，旱涝随时曰远江田，止种一熟，为下等。其境大概土山多平坡，一望无际，咸不科税，杂植山薁、棉花，获利甚广，诚乐土也。"③ 海南黎区粮食种植，多杂种，在山坡地上，杂植山薁、棉花。其耕山之法，不仅是明代如此，就是延续到400多年后的现代，有的边远山区也维持这种状态。

不过由于海南良好的天气环境，稻作农业，一年可两熟或三熟，

---

① （明）唐胄纂：正德《琼台志》卷七《风俗》，海南出版社2006年版，第145—146页。

② （明）顾岕撰：《海槎余录》，载《中国史学丛书续编》，（台湾）学生书局1975年版，第383页。

③ （明）顾岕撰：《海槎余录》，载《中国史学丛书续编》，（台湾）学生书局1975年版，第393页。

除本地生产稻米外，由于明代中西交通已进入一个新的阶段，从海外传入广东的新作物品种很多，比较重要的粮油作物有番薯、玉米、大粒种花生，经济作物有烟草、菠萝、辣椒、南瓜、番茄、甘蓝、莴苣、洋葱、香芹等。因海南是海上交通的门户，所以高产作物番薯也传入海南岛，因"海南岛有大面积砖红壤和砖红壤性红壤，海滨砂土等适于番薯生长，渐次广种于台地丘陵"。还有玉米，"海南山区里的黎苗族人，不少人靠玉米为生，是刀耕火种的主要作物之一"①。

二、水利

唐代以前，海南水利无可考。自宋开宝年间修溉之后，元人渐知潴洩，到了明代，政府对兴修水利倍加重视，"相地之宜，观水泉之会，疏流决壅，障以陂渠，泻以川浍"。② 使海岛上各地的农田灌溉，有了更好的保障。

根据万历《琼州府志》卷三《水利》记载，海南各县拥有塘、闸、坝、陂、圩岸、泉、沟水堤、江、河等148处。

明代著名清官海瑞，对兴修水利十分重视。隆庆四年（1570年）海瑞任应天巡抚时，正月，以工代赈，疏浚吴淞江；二月，以同样方法疏浚白腊河。活饥民十三万，垦江、河两岸熟田四十余万亩。隆庆五年（1571年），海瑞被罢官回家乡琼山闲居，虽身居山林，却心念国事，他对海南的水利事业依然十分关心。据王国宪编的《王氏族谱》载，海瑞在闲居时不闲，他带领琼山县谭文青草村一带群众，于十里外的藤竹垄发现水泉，挖沟引水，流经长坡、乐安、南伯、美瑞四村，受益农田千余亩，农作物获得好收成，百姓感激不尽。海瑞当年开挖官隆渠道的遗迹迄今尚可辨认，百姓立碑纪念。

记下了海瑞兴修水利的功绩。王承烈在海瑞逝世三百多年后，盛赞海瑞开官隆田沟的功绩，他说："自昌华桥长坡前至鸡头墩，逶迤

---

① 转引自司徒尚纪：《海南岛历史上土地开发研究》，海南出版社1992年版，第141—142页。

② （明）戴熺、欧阳灿总裁，蔡光前等纂修：万历《琼州府志》卷三《地理志》，海南出版社2003年版，第95页。

十余里，灌田千百顷，民到于今受其赐。岂非士大夫居一乡，则益一乡，居天下则益天下之善政哉。然公之广兴水利，有益于天下者，人尽知之。"海瑞兴修水利的理念付诸行动，从吴淞口至白茆河，回乡后开浚官隆田沟，令"官隆之人咸知田沟之利出于公创"，于是当地百姓立碑纪念，永垂不朽。

第二节　畜牧业与手工业

一、畜牧产品输向大陆

明代海南在冬天农闲之暇，还保持着远古围猎的习俗，十分壮观。顾岕的《海槎余录》记载得颇为生动详尽："黎俗二月十月则出猎。当其时，各峒首会遣一二人赴官告知会，但出，每数十村会留壮兵一二十辈守舍，男妇齐行，有司官兵及商贾并不得入，入者为之犯禁，用大木枷胫及手足，置之死而不顾，何其愚也。猎时，土舍峒首为主，聚会千余兵，携网百数番，带犬几百只，遇一高大山岭，随遣人周遭伐木开道，遇野兽通行熟路，施之以网，更参置弓箭，熟闲之人与犬共守之，摆列既成，人犬齐奋叫闹，山谷应声，兽惊怖向深岭藏伏，俟其定时，持铁炮一二百，犬几百只，密向大岭举炮发喊，纵犬搜捕，山岳震动，兽惊走下山，无不着网中箭。肉则归于众，皮则归于土官，上者为麖皮，次者为鹿皮，再次为山马皮，山猪食肉而已。文豹则间得之也。"[1] 明代海南黎区的狩猎活动，仍保持古风。村峒集体行动，人数众多，武器充足，气势浩大，山岳震动。狩猎收获，大家均分。仅有的区别是，肉归于众，皮归于土官，而土官所得珍贵的兽皮，或自己享用，或作为礼品、贡品献给官家。

除狩猎活动外，山区的畜牧业也比以前发达，如牛的养殖，在宋代，苏轼写过一篇《书柳子厚牛赋后》，言及是时广东高州、化州载牛渡海贩卖情况："百尾一舟，遇风不顺，渴饥相倚以死者无数。牛登

---

[1] （明）顾岕撰：《海槎余录》，载《中国史学丛书续编》，（台湾）学生书局1975年版，第389—391页。

舟皆哀鸣出涕。既至海南，耕者与屠者常相半。"① 而到了明代，则相反，"今肇庆、新兴客反岁货牛于琼，以给广左右"。② 可见明代海南畜牧业已开始发达了。明代牛税课征得最多的是定安、琼山、澄迈、儋州、万州、临高、文昌等几个州县，会同、昌化、乐会等县，也有记明渡海牛税银。③ 这又从另一侧面说明畜牧业已开始从海南输往大陆。

二、手工业停滞不前

明代的手工业与元代以前没有多大变化，从明人的笔记看，如顾岕《海槎余录》记录了以下几种：

鹦鹉杯：即海螺，产于文昌海面，头淡青色，身白色，周遭间赤色数棱。好事者用金厢饰，凡头、胫、足、翅俱备，置之凡案，亦异常耳。

玳瑁：产于海洋深处，其大者不可得，小者时时有之，其地新官到任，渔人必携一二来献，皆小者耳，此物状如龟鳖，背负十二叶，有文藻，即玳瑁也。取用时必倒悬其身，用器盛滚醋泼下，逐片应手而下。但不老大则其皮薄不堪用耳。

桄榔：木类，树抄挺出数枝，每枝必赘青珠数条，每条不下百余夥。计一树可得青珠百余条，团团悬挂，若伞盖然，可爱也。其木最重，番舶用为枪，以代铁。其钟重锋芒侔于铁也。色类花梨而多综纹。

椰子树：初栽时，用盐一二斗，先置根下则易发。其俗，家之周遭必植之，木干最长，至斗大，方结实，当摘食时，在五六月之交，去外皮，则壳实圆而黑润，肉至白，水至清且甜，饮之可祛暑气。今行商悬带椰瓢，是其壳也。又有一种小者端圆，堪作酒盏，出于文昌、琼山之境，他处则无也。④ 这些，都以当地的土特产加以制作，

---

① 《苏轼文集》卷六十六《题跋·书柳子厚牛赋后》，中华书局1986年版，第2058页。

② （明）唐胄纂：正德《琼台志》卷九《土产下》，海南出版社2006年版，第183页。

③ ［日］小叶田淳：《海南岛史》，学海出版社1979年版，第132页。

④ （明）顾岕撰：《海槎余录》，载《中国史学丛书续编》，（台湾）学生书局1975年版，第392—400页。

成为手工用品。

又（明）罗曰褧著《咸宾录》："女工纺织，得中国彩帛，拆取色丝和吉贝织花，所谓黎锦被服及鞍饰之类，精粗有差。"[①] 这种黎锦的制作，是传承明以前的传统纺织工业，到了明代，所产有黎锦、黎单、黎幔等不下十余种，有的非常精美，以府城、儋州、崖州最多，其他州县次之。

海南的纺织品，素以精美著称，明代有葛布、蕉布、麻布、丝绸、水绸、土绸、棉布、胡椒布、双紽布、鹅毛布、吉贝布、广幅布、素被、青被、油红（以上三被俱出儋州）、花被、假被（以上二者俱出琼山）、帐房（即被）、帨（素花假锦）、黎幔（一名幕，金丝者为上）、黎裐。[②] 纺织是海南手工业的精品。

其他各类器用也制作得具有海南特色，如马尾小帽、缠棕、藤器、漆器、雕带、黄村席、红竹簟、椰冠、鸬鹚杓、鹦鹉杯、铜鼓、黎金、黄子木柱杖、老鸦扇（出临高）、槟榔皮扇、金刚子、瓦器等。海南的金、银、铜、漆器制作精巧，木、皮、雕作在明代已制作十分优良，尤其是藤作，出万州，穿织俱精致，擅名天下，历年都作为官司货贡。[③]

明代海南的手工业，承前启后，因地制宜，品种精美多样，具有浓郁的地方特色。

第三节　商业与商税

一、活跃的岛内商业活动

明代海南的贸易活动，空前活跃，不论在岛内的墟市，还是通向大陆的贸易，以及对外的商业活动都远远超越过去任何朝代。

---

① （明）罗曰褧著、余思黎点校：《咸宾录》，中华书局 2000 年版，第 229 页。
② （明）戴熺、欧阳灿总裁，蔡光前等纂修：万历《琼州府志》卷三《地理志》，海南出版社 2003 年版，第 129—130 页。
③ （明）唐胄纂：正德《琼台志》卷九《土产下》，海南出版社 2006 年版，第 213—215 页。

明代的钟芳说："尽崖之封内，出入者各屏弓矢，牧畜恣于野，商旅歌于途，垦田尽于荒莱，贸易通于深谷。"① 又，明代的俞大猷说："黎岐居于三州十县之中，与吾治地百姓鱼盐米货相通，鸡鸣犬吠相闻。"②

民国《儋县志》云："旧志谓村市为墟。墟者，虚也。有人则满，无人则虚，而村市满时少，虚时多，故谓之墟。柳子厚《童区乙传》云：'虚所卖之。'又诗云：'青箬裹盐归洞客，绿荷包饭趁墟人。'即此也。"③

明朝，黎区与外州县之间，交通往来进行贸易，已比过去方便多了。正如海瑞的《平黎疏》所说："若琼则内之黎岐与外州县百姓，鸡犬相闻，鱼盐米货相通。其间虽多峻岭丛林，彼之出入往来，自有坦夷道路。"④

黎族的墟市，在宋代已初见规模，到了明代，从朝廷而下，由政府开设墟市，给予民间更多方便。《明神宗实录》载："两广总督奏：琼州府添设抚黎通判一员，驻扎水蕉、大会，抚戢黎、岐，编甲立籍，开设墟市。"⑤

由于官府开设墟市，而使岛上的墟市贸易更加活跃。明代罗曰褧的《咸宾录》载："熟黎能汉语，变服入州县墟市，日晚鸣角结队以归。"⑥

顾岕的《海槎余录》："黎村贸易处近城则曰市场，在乡曰墟场，又曰集场。每三日早晚二次，会集物货，四境妇女担负接踵于路，男

① （清）明谊修、张岳崧纂：道光《琼州府志》卷三十九《艺文志》，海南出版社 2006 年版，第 1716 页。
② （清）陈梦雷编纂：《古今图书集成·广东黎人岐人部》，转引自《地理志·海南》，海南出版社 2006 年版，第 562 页。
③ 彭元藻、曾友文修，王国宪总纂：民国《儋县志》卷二《地舆志·客俗》，海南出版社 2004 年版，第 136 页。
④ 《海瑞集》卷一《平黎疏》，海南出版社 2003 年版，第 111 页。
⑤ 《明实录·神宗实录》卷二六三。
⑥ （明）罗曰褧著、余思黎点校：《咸宾录·南夷志》卷之八《黎人》，中华书局 2000 年版，第 229 页。

子则不出也。其地殷实之家，畜妻多至四、五辈。每日与物本令出门贸易，俟回收息，或五分三分不等，获利多者为好妾，异待之。此黎獠风俗之难变也。"①

道光《万州志》云："记云：日中则市，南越谓市为墟，柳柳州诗'缘荷包饭趁墟人'是也。夫市之所在，人多则满，人少则虚。万市虚时良多，从其俗呼亦云当矣。"②黎族贸易会集场皆妇女负货出门，男子不参与，故人皆多畜妻。每逢墟市，买则满时少，虚时多，这是墟市的普遍现象。不仅是万州墟市如此，其他墟市也然。赴市者则到此交换，有所求于市而来，满足而归。所谓聚则满，散则虚。丘濬《岐山八景诗序》云："琼城之东，两舍许有胜地曰条岐，其山谓之岐山……越田而南有墟市焉，乡人云贸易者恒长集于是。"又《山市晓晴诗》云："晖晖晴山照山隈，野市柴门趁晓开。木屐穿花游子至，绿荷包饭远人来。化居有道晨常集，挂杖无钱晚始归。"③

明代海南的墟市，还有一项任务，即征收牛税。据万历《琼州府志》载："墟市原以通贸易，非以征牛税。万历二十八年（1600年），因剿黎马屎，雷州府同知署府事兼监军万煜议各税助饷，始定市中牛税，申详院道。原议事竣即止，今因增兵设饷，遂援为例。间无牛处，收米谷猪鸡等杂货充之。但商贾聚散靡常，税额难定。"④ 这里说明了墟市收税及墟市中"商贾聚散靡常"的状况。至于海南岛上的各州县墟市，各志书所载不一。正德《琼台志》所录是"非大集不录"，而万历《琼州府志》记录得比较详细。

二、商税

明代初期的商税征收比宋、元时期有所减轻，征收手续也比较简

①　（明）顾岕撰：《海槎余录》，载《中国史学丛书续编》，（台湾）学生书局1975年版，第399页。

②　（清）胡端书总修，杨士锦、吴鸣清纂：道光《万州志》卷三《舆地略》，海南出版社2004年版，第281页。

③　查《丘濬集》缺此二诗，转引自王兴顼注，载《丘海二公合集》卷四。

④　（明）戴熺、欧阳灿总裁，蔡光前等纂修：万历《琼州府志》卷四《建置志》，海南出版社2003年版，第210—211页。

约。《明史·食货志》曰:"关市之征,宋、元颇繁琐。明初务简约,其后增置渐多,行赍居鬻,所过所止各有税。"①明代各种商品皆收税,"惟农具、书籍及他不鬻于市者"②可以免税。"凡商税,三十而取一,过者以违令论。"③各类商品即按时价定出 1/30 的交易税,当时全国估定税额的商品大约有 200 多种。

正德《琼台志》按语云:"上杂课凡一十二项,内关油全无征,翎毛、杂皮未卜即否工料,余茶课、起税、酒醋、赁房、窑冶、地利、纸札、丝农桑、户口食盐九项,虽州县实征内与额增减,然皆岁解府库,以给官员俸钞,共四万八千四百一十九锭三贯二百一十文,折钱四十八万四千一百九十七文,换银共六百九十一两七钱一分。"④

明代的商品交易税名目繁多,而且时有改变,洪武二十年(1387年),朱元璋又将课税征收定额改为实征制。他在批复户部奏请时说:"商税之征,岁有不同,若以往年既为定额,苟有不足,岂不病民。宜随其多寡,从实征之。"⑤所以税课司衙门税收是根据实际情况而有所裁减,不是每年都是同样数目。

第四节　造船业与海上贸易

一、造船业

海南古代水运工具制造十分丰富多样,也有独创。浮水葫芦、扎制筏排、烧刨独木舟,都有一套令人赞叹的工艺。海南的缝合船,已载入《中国船谱》。苏轼曾云:"番人舟不用铁钉。止以桄榔须缚之,

---

① (清)张廷玉等撰:《明史》卷八十二《食货志五》,中华书局 1974 年版,第 1974 页。

② (清)张廷玉等撰:《明史》卷八十二《食货志五》,中华书局 1974 年版,第 1974 页。

③ (清)张廷玉等撰:《明史》卷八十二《食货志五》,中华书局 1974 年版,第 1975 页。

④ (明)唐胄纂:正德《琼台志》卷十一《田赋》按语,海南出版社 2006 年版,第 262 页。

⑤ 《明实录·太祖实录》卷一八五。

以橄榄糖泥之，泥乾甚坚，入水如漆。"①

海南的造船业，在明代也颇具规模，清人钮琇《觚剩续编》卷二载：崇祯十五年（1642年），海述祖在海口造的出海商船，"治一大船，三年乃成。首尾约二十八丈，桅高二十五丈"。这艘大船的首尾长约28丈，桅高25丈，可见海南造船技术已相当发达。又据道光《琼州府志》载：明成化七年辛卯（1471年），百户林富往省打造战船，驾回备倭。

《琼州府志》有载："万历丁巳（1617年），道府会同参将详议，奉院批允，以后年例打造兵船，于白沙寨立厂，取材于本处地方，或转运于附近吴川等地方，以专其责。府为监督，而委官分理，至于价值，又不必妄希节省，拘执成例。估计大小船号通融增补，务在足敷材料、工匠诸费，期于造作坚厚，可为兵家战守之利而已。盖监视在府，则官无浮克，工无隋窳，打造于近地，则人免跋涉，船免驾回，而查点之规，胶舟之虞，自不致于贻戾也。"②可见，明代白沙寨已成为造战船的基地。

二、海南与大陆的贸易

屈大均《广东新语》中说："'东粤之货'，其出于九郡者，曰'广货'；出于琼州者，曰'琼货'，亦曰'十三行货'。"③屈大均是明末清初人，所记载的多是明代事实。"琼货"在明代，已是与远销海外的"广货"相昆仲，形成富有海南岛特色的冠以琼字号的"琼货"。

海南输往大陆的"琼货"更多的是农产品，最著名的有下列几种。

槟榔：海南"以槟榔为命"，琼俗嫁娶，尤以槟榔之多寡为辞。有斗者，甲献槟榔则乙怒立解，至持以享鬼神，陈于二伏波将军之前以为敬。旧志四州皆产，以会同（今海南琼海）为上，乐会（今海南琼

---

① 海南省地方志办公室编：《海南省志·交通志》，海南出版社2010年版，第2页。

② （清）明谊修、张岳崧纂：道光《琼州府志》卷十七《经政志》，海南出版社2006年版，第755页。

③ （清）屈大均：《广东新语》卷十五《货语》，中华书局1985年版，第432页。

海）次之，儋、崖、万、文昌、澄迈、定安、临高、陵水又次之。而槟榔又是海南最珍贵的货物，诸州县皆以槟榔为业。岁售于东西两粤者十之三。于交趾、扶南十之七，以白心者为贵。① 王佐的《槟榔》诗曰："九夏霜花自作春，三秋青子渐宜人。云笼瑞凤巢中卵，雨洗骊龙颔下珍。簇簇万房看去好，圆圆千颗摘来新。庄翁待价闲开圃，海贾寻村远问津。清望已闻天北极，高情惟恋海南滨。若于赤县评佳果，合与青皇作外臣。四海分身皆有泽，九州开眼更无邻。"② 诗中叙写贾客专程到海南的村村落落收购槟榔的盛况，十分令人瞩目，在明代，槟榔不仅输入大陆，而且已远输海外交趾、扶南各国，成为外贸的珍贵货物。

椰子：树高数丈，槟榔、桄榔之属也。实小者如栝蒌，大者如西瓜。有粗皮包之。皮内有圆壳，润而坚硬，厚二三分。壳内有白肉，瓤如凝雪，味甘如牛乳。瓤内空处有浆数合，清美如酒。其壳磨光有斑缬点纹，横破之可作壶，纵破之可作瓢杓。又可作冠。……又一种小者，其壳可作数珠，价逾沉香，中土甚宝贵之。皮可绞缆，为用甚溥。所以皮壳之利较大于肉。新鲜的椰子，每岁白露后落子，即航货于广。而小种椰子，价逾沉香，中土甚宝贵之，已告诉人们小椰子作为商品的价值了。③

波罗蜜：干湿胞二种，剖之若蜜，其香满室，出临高者佳。间有根结地裂，香出尤美……宣德十年（1428年），内使岁取充贡，民甚苦之。正统改元，圣后临朝禁止。波罗蜜不仅作贡品，而且传之海外。④

木类有乌木，产万州、崖州，性坚老者纯黑色。鸡翅木：出崖州、

---

① （清）屈大均：《广东新语》卷二十五《木语》，中华书局1985年版，第628—630页。

② （明）王佐：《鸡肋集》卷二《槟榔》，海南出版社2004年版，第72页。

③ （清）吴应廉创修、王映斗总纂：光绪《定安县志》卷一《舆地类》，海南出版社2004年版，第111—112页。

④ （明）唐胄纂：正德《琼台志》卷八《土产上》，海南出版社2006年版，第171页。

文昌、陵水，白质黑章，纹如鸡翅，用为杯盏盘匣诸器。虎班木：即乌蛇，产文昌、崖州，其纹理似虎斑。花梨木：产崖州、文昌，紫红色，与降真香相似，亦有微香，其花有鬼面者可爱，广人多以为茶酒盏床料。黄杨：货于广，品劣广西。

香类：香生黎山者品有四：曰沉香、曰蓬莱、曰脱落、曰黄熟。产州县者品有七：曰白木香，曰土檀香，曰龙骨香、曰降真香、曰鸡虱香，曰鸡骨香，曰海漆香。

红豆：一名相思子，藤生，售诸京钿首饰。

吉贝：一名攀枝，西路多，岁货诸广，土人用杂绵织布及被帨。

高良姜：出产儋州。高良姜茎叶似姜而大，高一二尺，花红紫如山姜。《一统志》：出崖州、昌化。史唐崖州，宋南宁、吉阳俱贡。

通草：取以饰物。

麻：货及海北。

藤：有赤藤、黄藤、白藤（又名圆藤）、苦藤、青藤、牛八藤、土藤、圭藤。圆藤作为贡品。

琼芝菜：一名石花，岁利亚于槟榔。

水牛：会同、乐会及黎村多，肇庆、新兴货客岁至，则银价廉落。

皮类：作为贡品的有麞皮、沙水牛皮。此外有山马皮、鹿皮、蚺蛇皮、獭皮、檀蛇皮、鲨鱼皮等作货物卖出。

其他类：鱼膘、翠毛、黄蜡作贡品。蜂蜜、浮石、砗磲、青螺、盐、珠等货物运大陆。□帽，货及广，惟葵蓑售诸海北。

这些经济作物，有的"岁货诸广"，有的贩运闽广，有的运往海北，转贩各地。至于纺织品，如吉贝、绩麻、织布、花幔等都是海南对大陆作为贸易之资；海南的藤织品以万州最著名，白经黑纬，或粗经细纬，其图案有人物、山水、花卉，十分美观。漆器有垒漆、雕漆，皆运销两广。

明代海南以本岛特产为货，经商大陆，商业活动已比较频繁。在明朝洪武初年，已有海商从海南贩香货入京师，据《明实录》载：（洪武三年八月）己巳，琼州海商以香货入京，道溺死，有司请验数，征其什一入官。上曰："其人既不幸死，将谁征？令同行者与鬻之而归，所货资于其家。"① 其商贸交易地点，不仅是两广、福建，而且已到南京。在入琼定籍的人员中，如孔氏家族孔承裕之子孔宏集、孔宏林落籍琼山，他们就是渡琼经商而来的。有的商人来海南经商发财之后，为寺庙铸铜鼓为祝，如天宁寺铜鼓，"款云：大明成化十二年广州府番禺县客人李福通铸造"。②

明朝末年，崇祯十年也有广东商人在海南万州铸钟祈祀。1984年，陵水出土一座铁钟，钟上铸字："广府新会县商人区伯煦、刘九锡虔诚铸洪钟一口重二百余斤。奉万州东山万封峒三宝观音前祈求生男进财福寿绵长，崇祯十年十二月吉日立。"③ 自古以来，海南土特产及手工业品运往岛外的多数是闽粤客商。当时客商出入海南岛十分频繁，丘濬曾说："琼郡，自昔号为乐土，而以易治闻于天下也久矣……奇香异木，文甲蠵龟之产，商贾贸迁，北入江、淮、闽、浙之间，岁以千万计，其物饶也。"④

三、海南与海外的贸易

在明代，自明成祖永乐年间（1403—1424年）郑和下西洋之后，南海诸国朝贡不绝，而南海诸国的朝贡与国际间的贸易有着密切关系，即所谓朝贡贸易，而海南岛是海上交通要道，南海诸岛各国的朝贡及互市船舶多数由此经过，如民国《儋县志》卷六《诸夷入贡事例》载："番贡多经琼州。暹罗国，洪武三十年（1397年）、正统十年（1445年）、天顺三年（1459年）继贡象方物；占城国，宣德四年（1429年）贡方物，正统二年（1437年）又贡，十二年（1447年）贡象，十四年（1449年）贡方物，天顺七年（1463年）贡白黑象，成化七年（1471年）贡象、虎，十六年（1480年）又贡虎，弘治十七年（1504年）

---

① 《明实录·太祖实录》卷五五。
② （清）明谊修、张岳崧纂：道光《琼州府志》卷四十三《杂志》，海南出版社2006年版，第1949页。
③ 《陵水文史》第二辑。
④ 《丘濬集·琼台诗文会稿》卷十二《送琼郡叶知府序》，海南出版社2006年版，第4124页。

贡象，正德十三年（1518 年）又贡；满剌加，弘治十八年（1505 年）贡五色鹦鹉。各遣指挥、千百户、镇抚护送至京。"①顾炎武的《天下郡国利病书》曾记录诸番与琼州的历程："自化州下水，至海口四日程，从州东至东三十里渡海抵化州界，地名岗州，通闽浙。从州东南陆行一百四十五里抵海至诸蕃国。从州南陆行一百七十四里至递角场，抵南海，泛海一程可至琼州。从州西陆行一百五十里，泛海水路至安南国。故诸蕃国县东洋琉球等国，被风飘多至琼。"注云："琼州东至海南一百二十里，其南崖州去海最近云。"这段水路，如遇风暴，十分危险，但番舶因经常来往，水路熟悉，顾岕的《海槎余录》曾记载："千里石塘，在崖州海面之七百里外，相传此石比海水特下八九尺，海舶必远避而行，一堕即不能出矣。万里长堤出其南，波流甚急，舟入回流中，未有能脱者。番舶久惯，自能避，虽风汛亦无虞。"②张岳崧也提及番舶遇难情况："予往闻邑（文昌）人濒海居者，洋番巨舰猝遇飙击石啮，浮沉漂泊，货贿狼藉不得顾，里恶因以为利，剽夺攘窃，视舟人呼号喘息莫之救。幸有援手者，卒倾其赀，哀丐流离，无所告语。"③他给其九弟子明诗云："大瀛海以外，汝游知通衢。暹罗过交海，去去常如归。习险轻涛澜，逐利无锱铢。"④从以上各类书籍的记载可知，海南地处交通要道，在明代番舶往来已十分频繁了。

四、南海航线的重要节点——海南岛

中国在南海"丝绸之路"的航线，从南海起航，途经今天的越南、泰国、马来西亚、缅甸，远航至黄支国（今印度康契普拉姆），再取道斯里兰卡返航。到了明代，海上丝绸之路又进一步发展；在传统的从南海到印度洋的航线上，郑和下西洋的船队七次往来，把中国商品

---

① 彭元藻、曾友文修，王国宪总纂：民国《儋县志》卷六《诸夷入贡事例》，海南出版社 2004 年版，第 333 页。

② （明）顾岕撰：《海槎余录》，载《中国史学丛书续篇》，（台湾）学生书局 1975 年版，第 407—408 页。

③ （清）张岳崧：《筠心堂文集》卷十《太学生云耀望墓志铭》，海南出版社 2006 年版，第 319—320 页。

④ （清）张岳崧：《筠心堂文集》卷二《子明九弟航海至端州》，海南出版社 2006 年版，第 30 页。

带到东南亚、印度半岛、波斯湾沿岸、阿拉伯半岛以及东非的许多国家，在经济与文化交流方面产生了巨大的影响。

1.海南所辖的南海诸岛是郑和下西洋必经的航线

我们从郑和留下的《郑和航海图》上可以明显看到，其航线经过海南琼州府的海域。在万州外海独猪山岛旁的航线上，注有"独猪山丹艮针五更船用艮寅针十更船平大星"字样，接着是"外罗山为癸丑及单癸针二十一更船平独猪山"。

郑和的宝船经过海南岛，永乐三年（1405年）六月，明成祖命郑和及王景弘"将士卒二万七千八百余人，多赍金币。造大舶，修四十四丈、广十八丈者六十二。自苏州刘家河泛海至福建，复自福建五虎门扬帆"①出海，经广东南海依次历遍南洋诸国，这次航线从江苏刘家河出发，沿海岸边经福州、泉州、嘉禾千户所（厦门），经广东省南澳山（今南澳岛）、大星尖（今广东省惠东县东南小星山岛对面突出之海角处）、独猪山（即独州山，今海南省万宁县东南三大洲岛）到七洲洋（海南七洲列岛），然后到达占城、爪哇、苏门答腊、锡兰山（锡兰）、古里（今印度喀拉邦北岸的卡利库特 Caliant）、旧港（今巨港 Palembang）等国家地区。永乐五年（1407年）七月，返回到南京向明成祖复命。②除了第二次在广东启航出发外，其他各次下西洋都经过南海，也就是说，从江苏出发，到福建五虎门放洋后，均是经广东的南澳岛、大星尖、独猪山（现海南大洲岛）、七洲洋（现海南七洲列岛）而到达南洋各国，这说明海南岛海域与郑和下西洋的关系极为密切。海南岛海域有关郑和下西洋的地名有：

郑和群礁，位于北纬 10°09′—10°25′，东经 114°13′—114°44′。这是南沙群岛最重要的群礁之一。

永乐群岛，在北纬 15°46′—17°07′，东经 111°11′—112°06′范围内。明永乐至宣德年间，郑和七下西洋，因此以永乐命名。

---

① （清）张廷玉等撰：《明史》卷三百四《宦官传一·郑和》，中华书局1974年版，第7766页。

② 《明实录·太宗实录》卷七一。

晋卿岛，位于北纬 16°28′，东经 111°44′。明永乐五年（1407 年）施晋卿（一名施进卿）在三佛齐协助郑和擒海盗有功，被封为宣慰使，故以其名为岛名。

宣德群岛，在北纬 15°43′—17°00′，东经 112°10′—112°54′范围内。宣德原是明宣宗朱瞻基的年号（1426—1435 年）。明宣宗时经营西洋甚力，郑和第七次下西洋就是在明宣德年间。

景宏岛，位于北纬 9°53′，东经 114°20′。王景宏（亦作王景弘）是明朝宦官，随郑和下西洋，任副使（郑和第二次、第三次、第七次下西洋时都同行）。

马欢岛，位于北纬 10°44′，东经 115°48′。马欢，回族，郑和七次下西洋，他参与第四次、第六次和第七次航海，至南亚沿海诸国，任通译，著有《瀛涯胜览》，记载航海见闻。

费信岛，位于北纬 10°49′，东经 115°50′。明成祖永乐，宣德年间，费信作为三保太监郑和的随行人员通使西洋，多次航经南海诸岛。他前后四次出使西洋，历览海外诸国人物、风土、出产，以所见所闻撰成《星槎胜览》，共二集，前集记亲历诸国，后集采辑而成，逐国分叙咏以诗篇。据序文所言，成书时当在正统元年（1436 年）。为研究南海诸岛以及中西方海上交通重要参考资料。近人冯承钧曾根据现存版本整理校注。《星槎胜览》一书记载有："俗云，上怕七洲，下怕昆仑，针迷舵失，人船莫存。"当是穿越南海诸岛的经验之谈。

尹庆群礁，在北纬 8°48′—8°55′，东经 112°12′—112°53′范围内。尹庆出使爪哇、满剌加、柯枝、古里等国，较郑和为早，且与以后郑和下西洋相配合。

南海诸岛这些岛屿的命名，一部分是晚清时期留存的，一部分是民国时期确定的，这证明，海南所辖的南海诸岛是郑和下西洋的必经航线。①

---

① 广东省地名委员会编：《南海诸岛地名资料汇编》1987 年版，第 296—300 页。

2. 海南充当明朝朝贡贸易中转站

海南是中国最南的领土。它充当亚洲和大洋洲的中途站，是亚洲东北部各港口通往东南亚、非洲、西亚和欧洲的海洋航线必经之地，为我国同菲律宾、印度尼西亚、马来西亚、新加坡等国往来的纽带。明代黄省曾所写的《西洋朝贡典录》中关于占城国的记录写道："其国在广州之南可二千里。南际真腊，西接交趾，东北临大海。（福州长乐五虎门张十二帆大舶，西南善风十昼夜程。）由福州而往，针位：取官塘之山。又五更取东沙之山，过东甲之屿。又五更平南澳。又四十更平独猪之山。又十更见通草之屿，取外罗之山。又七更收羊屿。（海行之法，六十里为一更，以托避礁浅，以针位取海道。）"[①]这其中四十更经过的独猪之山，即上文说过的海南岛万宁县东南海上的大洲岛。又同书关于暹罗国的记录："其国在占城西可一千五百里。由漳州而往，针位：见南澳，取东董之山，山之状如唐冠。又取铜鼓之山。又经独猪之山。又取外罗之山……"[②]这里所说的铜鼓之山即今海南省文昌市东北海岸之铜鼓角。独猪之山即海南岛万宁县三大洲岛，又名独珠山。从这二则记录看，可知海南岛是通往东南亚丝绸之路的必经岛屿。清代陈伦炯的《海国闻见录》载："琼之大洲头过七洲洋，取广南外之咕哔啰山而至广南，计水程七十二更，交趾由七洲西绕而进厦门至交趾，水程七十四更，七洲洋在琼岛万州之东南，几往南洋者必经之所。"[③]

明朝的朝贡贸易，实际上是官方的对外贸易，因为海外诸国入贡，许附载方物与中国贸易。因此国家设市舶司，置提举官，洪武年间，设宁波、泉州、广州市舶司，广州通占城、暹罗（今泰国）、西洋诸国。在广州这一航线中，海南岛经常是朝贡船的中转站。如《明实录》中载：

①　（明）黄省曾著、谢方校注：《西洋朝贡典录校注》卷上，中华书局2000年版，第1—3页。
②　（明）黄省曾著、谢方校注：《西洋朝贡典录校注》卷上，中华书局2000年版，第55—56页。
③　（清）陈伦炯：《海国闻见录》，《文渊阁钦定四库全书》，第594—858页。

　　洪武七年（1374 年）三月癸巳，暹罗斛国使臣沙里拔来朝贡方物，自言本国令其同奈思里侪剌悉识替入贡，去年八月舟次乌诸洋，遭风坏舟，漂至海南，达本处官司，收获漂余苏木、降香、儿罗绵等物来献。①

　　天顺四年（1460 年）七月丁丑，占城国副使究村则等奏："蒙本国王差委，同王孙进贡。至崖州，与象奴先来。今王孙及正使人等在广东未至，闻三司官留与方物同行，诚恐迟误。"上命礼部遣人乘传，谕广东三司，先以金叶表文同王孙起送至京。②

　　成化二十二年（1486 年）十一月癸丑，巡按广东监察御史徐同爱等奏："占城国王子古来攻杀交阯所置伪王提婆苔，交阯怒，举兵其压境，必欲得生提婆苔。古来惧，率其王妃王孙及部落千余人，载方物至广东崖州。"事下礼部复议，上曰："古来以残败余息，间关万里，提携眷属投附中国，情可矜悯。其令总兵、镇守、巡抚等官加意抚恤，量与廪饩，从宜安置，毋致冻馁。仍严密关防之。"③

　　成化二十三年（1487 年）元月辛酉，命南京右都御史屠滽往广东谕占城国王古来。总督两广军务右都御史宋旻奏："古来在崖州，坚欲入朝赴诉交阯侵虐之害，且言其所还州县皆荒僻凋弊之区。"事下，兵部复议，谓古来辞与安南国前所奏者不同，命多官集议。④

　　弘治八年（1495 年）九月戊子，暹罗国夷人挨凡等六人，舟被风飘至琼州府境，广东按察司以闻。命给之口粮，俟有进贡夷使还，令携归本国。⑤

　　弘治十年（1497 年）九月乙巳，先是，江西南城县民万轨商往琼州，因飘风流寓暹罗为通事，屡以进贡来京，至是乞回原籍，且欲补充暹罗通事在京办事。⑥

　　① 《明实录·太祖实录》卷八八。
　　② 《明实录·英宗实录》卷三一七。
　　③ 《明实录·宪宗实录》卷二八四。
　　④ 《明实录·宪宗实录》卷二八六。
　　⑤ 《明实录·孝宗实录》卷一○四。
　　⑥ 《明实录·孝宗实录》卷一三五。

　　万历《琼州府志》载：凡番贡，多经琼州，必遣官辅护。暹罗国洪武三十年（1397年）、正统十年（1445年）、天顺三年（1459年）继贡象、方物。占城国宣德四年（1429年）贡方物，正统二年（1437年）又贡，十二年（1447年）贡象，十四年（1449年）贡方物，天顺七年（1463年）贡白、黑象，成化七年（1471年）贡象、虎，十六年（1480年）又贡虎，弘治十七年（1504年）贡象，正德十三年（1518年）又贡。满剌加弘治十八年（1505年）贡五色鹦鹉。各遣指挥、千百户、镇抚护送至京。①

　　明朝的朝贡贸易在政治上采取怀柔政策，并不完全以发展海上贸易、增加财政收入为目的。正如丘濬所说的："盖用以怀柔远人，实无所利其入也。"② 因此，对外国前来贸易者，只允许以"朝贡"为名义，附带贸易前来，所以必须遵循贡期、贡道、朝贡人数的规定及持有明朝颁给的"勘合"，本国的表文等证明文件。只准官方与官方接触，但实际上"贡船"与"商船"有时很难分辨，"朝贡"与"贸易"兼重，在这一海上的贸易当中，海南岛已充当了中转站的重要角色。

第五节　海南渔民独创更路簿

　　海南岛渔民在历史上独创的"南海更路簿"（以下简称"更路簿"），在没有完备航海地图和导航设施的年代，作为指导渔捞实践活动的实用工具书，曾经在海洋捕捞中发挥过不可或缺的巨大作用。在海图和卫星导航普及以后，它成为历史。然而，其作为中国南海海洋文化遗产的价值，不可低估；特别是在维护国家南海主权和海洋权益中起着应有的作用。

---

　　① （明）戴熺、欧阳灿总裁，蔡光前等纂修：万历《琼州府志》卷八《海黎志》，海南出版社2003年版，第408页。

　　② 《丘濬集·大学衍义补》卷二十五《治国平天下之要》，海南出版社2006年版，第467页。

一、更路簿

1987 年以前发现的更路簿共有 12 种，另外有一种带有更路簿性质的 1935 年老渔民符宏光绘制的《西南沙地理位置略图》。历史上到底存在过多少种更路簿，至今无法统计。

现存在 1987 年以前发现的这 12 种更路簿中有 9 种是由琼海市潭门镇人氏抄录或收藏，有 3 种分别由文昌市东郊镇、铺前镇和清澜镇人抄录或收藏。但这两个市的抄录、收藏者又有交叉。如 1921 年苏德柳（潭门人）本在扉页上注明是"抄自文昌"。而苏德柳本开始处，"立东海更路"："自大潭过东海"，渔船出发的始发站是大潭。"大潭"即合水水库出海口潭门镇隔着浅海外面大片珊瑚礁盘所面对的大潭。因此，"苏本"显然是琼海渔民首创！可以推断，琼海潭门渔民创造了"苏本"，后来由文昌渔民传抄过去，在潭门地区却消失了；于是潭门人苏德柳父亲又自文昌抄回！不管历史上存在过多少种更路簿，传抄情况多复杂，显然更路簿是由琼海市的潭门渔民与文昌市东郊镇、铺前镇和清澜镇的渔民所创造的。

2010 年以后，笔者在潭门镇等处又发现了 12 种更路簿。其中，苏承芬独创到中沙群岛的《中沙水路簿》最为重要。而他记录到黄岩岛为五条更路，确证黄岩岛是海南渔民传统的捕捞地，是中国领土。在中沙群岛的黄岩岛，是苏承芬父子两代经常去捕捞的地方。苏承芬说，自从他当上船长独立出海之后，经常去黄岩岛进行捕捞作业。黄岩岛海产丰富，有砗磲、公螺、海参等，每次捕捞都有很大的收获。他有时候一年去几次，有时隔一两年才去。黄岩岛是一个海产品种类及产量极其丰富的渔场，每次去都可捞很多东西回来。他说在黄岩岛上捞砗磲，那是最大的贝类，捞上来后，先割去肉，然后，留下贝壳。收割时，要注意其闭壳时手别被夹住。砗磲的壳内是洁白的，有很高的观赏价值。

相信在老渔民手中，肯定还会挖掘出新的抄藏本。

上述诸镇的渔民为什么要创造更路簿？更路簿产生的历史背景是什么？概括地说有四点：

（1）上述各镇的土地条件不适合于耕田，而所面对的海域又极适宜于"耕海"。这些镇的所在地，都是在珊瑚礁滩所形成的海边，土层浅薄，而且都是海沙堆积，不宜农耕，特别是明清到民国时期，化肥极少且昂贵，所以，居民们的生活不能在土地中获得供给。而海边又特别适宜于渔捞，如铺前镇的海岸边，从北面的新埠港、铺前港到东寨港，都是浅海，鱼虾丰美。清澜镇和清澜港也是一样，潭门镇更为特殊。沿着海边绵延几公里的浅海隔岸半海里处形成了几公里长的珊瑚礁，阻挡大海的海浪拍岸，让浅海风平浪静；海域内水质肥沃，鱼虾丰富。潭门居民明代成化初年①迁来以后，就以渔捞为生；浅海锻炼了潭门人的一身渔捞本事，随着社会的发展，他们不满足于浅海渔捞，逐渐趋向西沙，特别是南沙。

（2）当地海神信仰的精神支撑。海洋波涛万顷，特别是到了南海以后更是如此。在船只仅靠风帆的时代，人在大海中的命运常遇不测，渔民心灵中祈求超自然力的海神保护非常迫切。

文昌市渔民一般是信奉妈祖、108 兄弟公②或外加水尾圣娘。而最具特色的是潭门，这里渔民将普遍性的海洋信仰和本土的精神资源相磨合，让本地渔民出海有安身立命的安全感！他们将 108 兄弟公和本地的"山水二类五姓孤魂"一起供奉。这里的"兄弟"与"孤魂"指的是两座神位：右座"108 兄弟之神位"，左座"山水二类五姓孤魂之神位"，神位前面都有一只相同规格的香炉。经征询潭门镇麦

---

① 据潭门镇苏德柳家藏《苏氏族谱》记载，祖宗是在明代成化四年（1468 年）迁到潭门的。

② 关于 108 兄弟公遇难的时代和情节，在海南的民间传说中有多个版本，但没有书面记录。书面记录仅见（法）苏尔梦《巴厘的海南人：鲜为人知的社群》一文，指出："所谓'一百零八兄弟'实际上是一群海南籍海上商人，他们在安南经商后正在回国途中。（1851 年）在顺化水域被贪婪的越南海岸巡警杀害，尸体被抛入海中。这些商人们的灵魂升入天堂后，便担负起保护航海者安全的使命。在海南的铺前（1864 年）和清澜（1868 年）这两个与南洋贸易往来密切的海港，首先建起了奉祀他们的神庙。后来这两座神庙都被毁坏了。海南人在越南、马来西亚和泰国沿岸，即海南人迄今到达过的几乎所有地方，都为兄弟公单独建庙或在其他海南寺庙中拜祭他们。（在新加坡和西贡，把兄弟公的牌位引进奉祀天后宫的时间无法肯定。在曼谷，祭祀兄弟公的昭应庙建于 1871 年。参见 Wolfgang Franke, Pornpan Juntaronanont, ChunYin and Toe Lee Kheng：《泰国华文碑铭汇编》，（台北）新文风出版社 1998 年版，第 65—76 页。）全文载周伟民主编：《琼粤地方文献国际学术研讨会论文集》，海南出版社 2002 年版。

邦奋会长，这五姓孤魂是本地渔民将外地的无主孤魂收留供奉，他们与兄弟公一道协力救助遇难渔民，神通广大，有求必应。

当地渔民出海，据以在心灵深处得到慰藉与支持。是故，庙里香火颇盛。

（3）当地渔民历代"耕海"所铸就的性格。渔民们共同的性格特征体现在他们经常口头说的三句话："再大的风浪也是船底过！""宁可死在海里也不死在家里！""踏平南海千顷浪！"他们世代闯南海，对大风大浪司空见惯，习以为常。

这些话，印证了当地渔民之所以能创造更路簿的倔强的民间性格。

（4）在历史上，大海培养和造就了一批识字的、多年在南海航行积累了丰富的经验而且在海难中又幸存下来的、有百折不挠的事业和历史使命感的船长。他们将自己的航海经验加以总结并不断在实践中加以修正、完善，形成了更路簿。

因此可以说，更路簿是上述诸镇渔民先辈历代不耕田而耕海，并在与大风大浪搏斗中用血汗乃至生命凝固成的生产实践的结晶。

为什么叫"更路簿"？

"更"是表示航海时所走的里程，也表示 360 度中的角度。

"路"，指道路或途径。大海茫茫无际，不像在陆地上"走的人多了就成了路"，海路是看不见、摸不着的，只能以地名间的间距来标示"路"。于是更路簿中的路，是一种虚拟的形态，它只有跟"更"和罗盘结合起来才能体现。"更"在与"路"联系时，就赋予里程含义。

更路表示里程，见于明代正德年间黄省曾《西洋朝贡典录·占城》。[①]其中说："海行之法，六十里为一更"。后来《东西洋考·舟师考》

---

　　①　此前的 1416 年《瀛涯胜览·占城国》曰"昼夜分为十更"，1436 年《星槎胜览》"占城"条曰"昼夜以善捶鼓十更为法"。"更"都是时间概念。这也证明"更"用于航海是在郑和多次下西洋之前的事，见（明）费信著、冯承钧校注：《星槎胜览校注》，中华书局 1954 年版，第 2 页。

用马欢的说法是把一日一夜分为 10 更："如欲度道理远近多少,准一昼夜风利所至为十更。"清乾隆年间陈伦炯《海国闻见录》亦说"每更约水程六十里"。

更路还要靠针位指示才能航行。针位是罗盘指示的。罗盘装在一个普通的圆形木盒内,结构很简单,中间是指南针,罗盘把圆周分成二十四等份,用四维、八干、十二支等二十四个字表示各等份的方位。古代罗盘,将罗盘圆周的二十四个字,分别从"子"和"午"两字开始,把"子、壬、亥、乾、戌、辛、酉、庚、申、坤、未、丁",和"午、丙、巳、巽、辰、乙、卯、甲、寅、艮、丑、癸"分成对称两部分。把两部分相对的字"子午""壬丙""巳亥""乾巽""辰戌""乙辛""卯酉""甲庚""寅申""艮坤""丑未""癸丁"分成十二组,每组表示两个相反方向,于是便构成了二十四方向。在使用相对的两个字时,是用正向还是反向,每条更路包含的起讫地点、针路和更数,在确定航向时,船长心中有数。

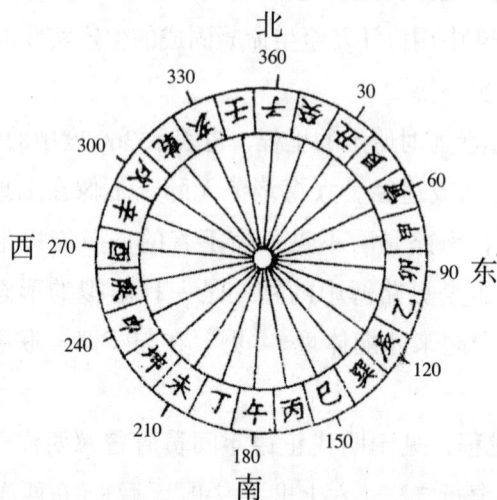

罗盘中的 24 个字,将圆周 360 度分开;子向正北、午向正南、卯向正东、酉向正西,相近的左右两个字之间形成一个锐角,有 15°,这个锐角又可分成五部分,每部分是 3°但这些细分为 3°的"线"

在罗盘表面上不出现，驾驶员凭经验据上述的海流、风向等具体情况灵活掌握。

因为风帆船全靠着风力作驱动，海航中风向和风速等影响大，虽然航行的距离、时间在更路簿中都用更数表示，但船行路线多是走"之"字形路线，一更一般是10海里，变化却是绝对的。故而，不同的更路簿在相同的两地间的条文中更路数据往往不同，如潭门到西沙北岛，苏德柳本和卢洪兰本标示是15更，而李魁茂本则标示17更。

"簿"，就是今天说的"本子"。

在没有时钟计时的情况下，渔船在茫茫大海中远航，特别是夜晚，怎样计时？约定俗成，一昼夜分为10更，一更是多久？渔民通常是点燃香条，"以焚香几支为度"。一更烧几支香。

海航或者进港时要知道水深，上引明代黄省曾《西洋朝贡录·占城》明确指出："以托避礁浅。"黄省曾说的"托"，是古代航海测海水深浅的长度单位。据张燮在《东西洋考·舟师考》所说，托是方言，"谓长如两手分开者为一托"。[1] 托即探水。打水深浅的目的，是为避礁、浅，以免触礁或搁浅。一托约为1.5米，即一人双臂伸直的长度。用长绳系铁砣投入海中探测深浅，叫"打水托"。

而探海流的方法是将湿炉灰捏成团抛入流水，如稍有溶解即下沉谓之正常，若溶解极快或被冲走则是异常。

概括地说，更路既表时间又表航向和里程，"火长"把渔船特点、海水流向、流速、风向、风速和所需时间融为一体，综合考虑，加以自然修正而成。因此，现代船舰航行，不能使用更路簿。

二、更路簿的形成

更路簿的形成，是时代的发展决定的。

中国是面向海洋的国家。远在新石器时代，中国人早已在南海一带活动。出土的文物中，有肩石斧、有段石锛分布于广东、广西、

---

① （明）张燮著，谢方点校：《东西洋考·舟师考》，中华书局2000年版，第170页。

台湾、海南岛及东南亚一带，说明中国人航海活动范围在今南海一带。

　　汉代起，南海有通过中南半岛经过印度洋到地中海沿岸的海上通道，简称海上丝绸之路。最早的书面记载是《汉书·地理志》："自日南障塞、徐闻、合浦船行……"① 对于南海海上丝绸之路这条黄金海道，汉代在《汉书》记录以前，已经是经过千百次航行的经验总结，然后肯定这种走法最为便捷；因为当时开通了与东南亚、南亚、大洋洲、非洲、欧洲等地的贸易。到了唐代，曾任鸿胪寺卿，主持和各族往来朝贡并熟悉边疆山川风土，又勤于搜集资料的地理学家贾耽，对南海远航有更为详细的记载。《新唐书·地理志》附录贾耽所记南海通各国的水路，是当时南海航行的通道。②

　　南海这条黄金海道，是中国历代航海家、渔民及海盗们所勘探出来的。因为南海水下的礁、滩特别复杂，古来有"千里长沙""万里石塘"之称，这是海上航行的危险地带。东汉杨孚的《异物志》记载说："涨海崎头，水浅而多磁石。徼外大舟锢以铁叶，值之多拔。"③ 这是中国最早记载南海的海况。此后，各个历史时期典籍都有南海海道的记载。例如：三国时万震《南州异物志》载："东北行，极大崎头，出涨海，中浅而多磁石。"④ 宋代赵汝适《诸蕃志》载："暇日阅《诸蕃图》，有所谓石床、长沙之险，交洋、竺屿之限。"⑤ 这些文献所说的崎头、磁石、石床及长沙等，指的是南海中珊瑚礁或珊瑚岛的周围由珊瑚碎屑构成的浅滩、沙洲、暗沙等，石床、石塘、长沙及前面有时加

---

　　① （汉）班固撰：《汉书》卷二十八下《地理志下》，中华书局1962年版，第1671页。

　　② （宋）欧阳修、宋祁撰：《新唐书》卷四十三下《地理志下》，中华书局1975年版，第1153—1154页。

　　③ （明）唐胄纂：正德《琼台志》卷九《土产下·药之属》，海南出版社2006年版，第197—198页。

　　④ （宋）李昉：《太平御览》卷七百九十，《四夷部十一·句稚国》，中华书局1960年版，第3501页。

　　⑤ （宋）赵汝适著、杨博文校释：《诸蕃志校释·赵汝适序》，中华书局2000年版，第1页。

上"千里""万里"等，都是指南海中的岛、礁、沙、洲的形成过程，都与珊瑚虫的活动有关，所以这些古地名有时是泛指南海诸岛，有时是专指其中的一些群岛，或某一群岛；同一个古地名，在不同时代、不同的文献中所指的地域有的又不相同。总而言之，所说都是南海水道的险阻。

到了明代的永乐年间郑和下西洋时，《郑和航海图》中明确绘出石塘所在地。

长沙、石塘都是南海，也是海南渔民征服而经常出入进行渔捞生产的地区。

据考古资料，甘泉岛有唐宋居住遗址，出土了大量的铁锅碎片、烧煮食物的炭灰烬、瓷器和陶器碎片、铁刀和铁凿残片，还有吃剩的鸟骨和螺蚌壳。当时活动的应是渔民。明代海南人王佐所著《琼台外纪》已经失传，但道光《万州志·卷三·舆地略·潮汐》转述了《琼台外纪》的话，说"州东长沙、石塘，环海之地，每遇铁飓，挟潮漫屋、淹田，则利害中于民矣"。[①]证明当时西、南沙群岛上有田园房屋，他们很可能是海南渔民的先人。今天，在永兴岛、石岛、东岛、赵述岛、南岛、北岛、晋卿岛、琛航岛、广金岛、珊瑚岛、甘泉岛等处，还有明、清两代遗存的小庙14座。这些小庙供奉的是海南文昌、琼海等市县信仰的天妃、观音、108兄弟公及五姓孤魂等。有些神庙还保存有神像。如琛航岛上的"娘娘庙"中供奉的瓷观音像，是明代的龙泉窑烧制的。北岛的小庙中供有木制的神主牌。

南海诸岛小庙中，有些还悬有对联、横匾。如永兴岛孤魂庙的对联是："兄弟感灵应，孤魂得恩深。"这副对联，与潭门文教村兄弟庙的对联"兄弟联吟镜海清，孤魂作颂烟波静"互相呼应，异曲同工，都是祈求"海不扬波"。和五岛上娘娘庙的对联是："前向双帆孤魂庙，庙后一井兄弟安"，门额是"有求必应"。

可见海南渔民在明代以前就在南海诸岛进行渔捞生产。不过，这

---

① （清）胡瑞书总修，杨士锦、吴鸣清纂：道光《万州志》卷三《舆地略》，海南出版社2004年版，第285页。

些可能是产生更路簿的外部条件，还不是更路簿产生形成的必然证据。

由于南海自古以来是沟通西太平洋与印度洋之间重要的海上通道，我国古代航海家及渔民不断探索这条黄金海道的安全路线。航海家和渔民的航海，有同有不同。

关于航海家们的航海，他们使用的是航海针经书；而渔民航海的路线记录是"更路簿"，记录的路线包括国内和国外两部分，国内更路又包括西沙群岛和南沙群岛两组。

先说航海家们所用的针经书。由向达校注的《两种海道针经》序中说："古代航海家往返于汪洋无际波涛山涌的大海中，对于各地路程远近、方向、海上的风云气候、海流、潮汐涨退、各地方的沙线水道、礁石隐现、停泊处所水的深浅以及海底情况，都要熟悉。航海的人要知道路程远近和方向，是不消说的了；还得知道风云气候，不仅台风飓气，就是平常的风暴、风向不对，也足以使海船大大为难。海流、潮汐也很重要，古代谈到台湾落漈，往往为之色变，即是一例。海船抛矴，怕碰上铁板沙、沉礁，也是知道停泊处所是泥底、石底还是石剑，怕走碇或弄断碇索。所以一定要知道水道、沙线、沉礁、泥底、石底、水深水浅等等，诸如此类，这是一本很复杂而又细致的账，掌握不了，就无从在大海中航行。"[1]

对航海家航海经验的总结，中国有悠久的历史传统。班固的《汉书·艺文志》中著录有《海中星占验》十二卷、《海中五星经杂事》二十二卷、《海中五星顺逆》二十八卷、《海中二十八宿国分》二十八卷、《海中二十八宿臣分》二十八卷、《海中日月彗虹杂占》十八卷等。这些典籍，总结出汉代出南海航向印度洋航道的经验。而关于航行中由指南针定位，则至北宋才有记载，如北宋朱彧说："舟师识地理，夜则观星，昼则观日，阴晦观指南针，或以十丈绳钩取海底泥嗅之便知。"[2]吴自牧的《梦粱录》也说："全凭南针，或有少差，即葬鱼腹"。

---

[1]　向达校注：《两种海道针经·序言》，中华书局 2000 年版，第 2 页。

[2]　（宋）朱彧：《萍洲可谈》卷二，《文渊阁四库全书》，台湾商务印书馆 1986年版，第 289 页。

宋代已有专书记载航海路线用指南针导航的状况。

到了明代，有另一批"航海家"——水手们据自己航海的经验编写出水路簿。《渡海方程》是现在所见到的中国第一本刻印的"水路簿"。1936 年，向达对这本水路簿作鉴定时，推测其年代约在明代隆庆、万历之间（1567—1620 年）。①

1959 年 2 月，向达校注了《两种海道针经》，称为《海道针经（甲）顺风相送》《海道针经（乙）指南正法》。这时，向达作出另一结论，认为《顺风相送》完成于 16 世纪。②

向达写道：这里刊布的《两种海道针经》都是从英国抄回来的。原本都是旧抄本，原藏于英国牛津大学的鲍德林图书馆（Bodleianli-brary）。甲种封面上旧题有"顺风相送"四字，今即取为书名。《顺风相送》的副页上有拉丁文题记一行，说此书是坎德伯里主教牛津大学校长劳德大主教（Arch·laud）于一六三九年所赠。一六三九年为明崇祯十二年。据说劳德曾收购到欧洲一所耶稣会大学的藏书，有好几种中文书，《顺风相送》是其中的一种。③

但是，对向达 1936 年和 1959 年先后两年所作的两个结论，中外学术界都存在不同学术观点：英国鲍德林图书馆休斯（E.R.Hughes）认为其与 15 世纪初郑和多次远洋航行有关。④ 戴文达（J.J.L.Duyvendak）依据该书无署名、无年代序言等内容，支持休斯的意见，同样认为这是明代初年郑和七次海外航行的产物。⑤ 李约瑟博士则把这本水路簿的完成年代推溯到 15 世纪上半叶，即郑和远洋航行的末期。⑥

田汝康经过一系列缜密论证之后，得出新的结论：所谓《顺风相送》，实际上是中国第一本刻印的水路簿《渡海方程》的传抄本。《渡

---

① 田汝康：《〈渡海方程〉——中国第一本刻印的水路簿》，载《中国帆船贸易和对外关系史论集》，浙江人民出版社 1987 年版，第 127 页。

② 向达校注：《两种海道针经·序言》，中华书局 2000 年版，第 4 页。

③ 向达校注：《两种海道针经》，中华书局 2000 年版，第 3—4 页。

④ E.R.Hughes, *The Bodleian Quarterly Record*, Vol.VIII, No.91, 1936, p. 233.

⑤ J.J.L.Duyvendak, *Toung Pao*, Vol.34, 1938, p. 230.

⑥ 田汝康：《〈渡海方程〉——中国第一本刻印的水路簿》，载《中国帆船贸易和对外关系史论集》，浙江人民出版社 1987 年。

海方程》是根据远在 15 世纪上半叶郑和多次远洋航行之前的一些水路簿编纂成书的，首次刻印时期是在明嘉靖十六年（1537 年）。这个传抄本虽然保存了原刻本的某些基本内容，但在传抄过程中又有取舍地作了添加和省略。因为绘制困难，即使已经被列入传抄本目录中的"山形水势深浅泥沙地礁石之图"却被省略了。这应该是原本的主要内容部分。①

所以，田汝康指出：以"顺风相送"为名的水路簿从未见于中国古籍记载，也从未为任何人所引用过。明代航海指南之类书之反复见于各种记载的，只有《渡海方程》及《海道针经》。而根据《日本一鉴桴海图经》的说法，这两本书实际上"同出而异名"。②

笔者认为田汝康的结论是正确的：《渡海方程》是中国第一本水路簿，而且是根据郑和下西洋之前的一些水路簿编纂成的。

而更路簿的产生并形成，不是一朝一夕的事，是距海南岛由近及远、更路由少到多的一个长期积累过程。

第六节　盐业及盐税

一、明代海南盐业概况

煮海之利，历代都由官府管制。明洪武初年，即立盐法，置局设官。当时，设置盐课提举司的有广东、海北、四川、云南等地。海北提举司管理高州、雷州、廉州、琼州 4 府盐事，辖 15 场，其中 6 场在琼州，即大小英感恩、三村马袅、乐会陈村、博顿兰馨、新安、临川，各设盐场大使一员，六场原额正丁共 5024 丁，办盐不等，共盐 6253 引 312 斤 8 两，每岁运赴海北新村盐仓上纳。正统七年（1442 年），知府程莹奏准每盐一引折米一石，共米 6253 石 7 斗 8 升，合 2 勺 5 抄，在本府上仓。弘治年间（1488—1505 年），每米 1 石，例折银 3 钱，

---

① 田汝康：《〈渡海方程〉——中国第一本刻印的水路簿》，载《中国帆船贸易和对外关系史论集》，浙江人民出版社 1987 年版，第 128 页。

② 郑舜功：《日本一鉴桴海图经》，民国二十八年影印本，第 1 页。

共银 1876 两 1 钱 3 分 4 厘 3 毫 7 丝 5 忽，赴本府广盈库投纳，支给军饷。①

海南因与大陆横隔琼州海峡，所生产的盐运输不便，所以以盐换米于海南各仓中纳，以避免远地运输之苦。《明实录》载：洪武十年（1377 年）冬十月庚午，儋州大丰仓副使李德新言："琼州府军饷每岁俱于广东漕运，经涉海洋，往来艰险。宜以盐引发下琼州府，转发儋、万、崖三州，召商以米于海南各仓中纳，付与盐引，就场支给，庶免漕运之劳。"于是命户部定其米数：琼州府每引米二石，儋州米一石八斗，万州米一石五斗。② 这是以钞代盐制演变为以盐代粮制。在明代的边防卫所，其军士月盐，大都是由盐政衙门直接支给。海南军士纳米支盐形式，《明英宗实录》卷七九载："琼州府，海外极边，控制诸番诚为要地，粮饷之积不可不备，而其所属新安等盐场，自永乐至今积盐甚多，无商中贩。请敕廷臣熟议，令彼灶丁暂停煎办，听本处军民每盐一引于所属州县仓纳米五斗，以近就近，支作户口食盐，俟其尽绝仍旧煎办，庶官民两利，边储者有积"。③ 由此看来，海南所行的纳米支盐，因不受户口盐额的限制，军士与民人均可以米易盐，不过所支的盐仅作为食用，不能渡海贩卖。

二、明代食盐的开中制度

明初对食盐实行开中制度，即根据财政的需要，出榜招商，应招商人把官府需要的实物输送到边防卫所或指定地点，从而取得贩盐的专利执照——盐引，然后凭盐引到指定盐场支盐，并在指定盐区内销售。

《明史·食货志》云："洪武三年（1370 年），山西行省言：'大同粮储，自陵县运至太和岭，路远费烦。请令商人于大同仓入米一石，太原仓入米一石三斗，给淮盐一小引。商人鬻毕，即以原给引目赴所在官司缴之。如此则转运费省而边储充。'帝从之。召商输粮而与之

---

① （明）唐胄纂：正德《琼台志》卷十四《盐场》，海南出版社 2006 年版，第 326 页。
② 《明实录·太祖实录》卷一一五。
③ 《明实录·英宗实录》卷七九。

盐，谓之开中。"① 可见，开中制是商人以力役和实物向官府换取食盐的专卖权的制度。因为明朝户口食盐，是由地方官府卖盐，收其盐价，因此商人借开中制承运的盐货，很难介入盐的销售领域。但在官府无盐配给民户的情况下，户口盐制实际上已失去存在价值，在"民不可一日食淡"的自然压力下，商盐的行销就必然取代官府的户口食盐。② 海南出产的海盐，基本上在户口盐制下，由地方府县官府给散征价，为官卖盐，缴纳盐税，以支给军饷。

据正德《琼台志》记载："洪武初年，灶户除里甲正役纳粮外，其余杂泛差徭并科派等项，悉皆蠲免。后来州县官吏不体盐丁，日办三斤，夜办四两，无分昼夜寒暑之苦，科役增害。至正德元年（1506年），盐法佥事吴廷举查申各该旨敕及抚按区处事例：自正德四年（1509年）以后，灶户赋役除十年一次，里甲正役依期轮当，并甲内清出军人照旧领解，其办盐一丁，准其二丁帮贴。每户除民田一百亩不当差役，多余人丁佥补。逃故灶丁多余田土，扣算纳银，不许编充民壮、水马站夫、解银大户等役。其买绝民户田粮，随其粮之多寡，编其差之大小，只令雇役出钱，不当力役，有妨煎盐。区处甚为周悉，有司能继体行之，其不为晒沙淋卤之苦，解酷暑于一吹哉。"③ 这是海南盐丁的状况。也就是说，对于民间豪富奸猾之徒，将田诡寄灶户户内，或将民户诡作灶户名色，或将各县灶户姓名寄庄者多搬奸计，躲避差役者逐一清查，问罪改正。如若再有前弊者，查访得出，就便验丁收充灶户，以补逃故原额，并通行各府，但有盐场灶户去处，一体施行。这样一来，灶户不致亏损，奸弊亦可清革。不过，在明代，灶丁生活仍处于苦累之中，如天顺年间（1457—1464年），感恩场禾丰、杜村三廒灶丁被海寇杀掠，遗下正丁230丁，共盐230引

---

① （清）张廷玉等撰：《明史》卷八十《食货志四》，中华书局1974年版，第1935页。

② 郭正忠主编：《中国盐业史》，人民出版社1997年版，第625页。

③ （明）唐胄纂：正德《琼台志》卷十四《盐场》，海南出版社2006年版，第328页。

30 斤，俱发大小英、感恩、铺前四廒赔纳。奏准大引折米 1 石，小引折米 5 斗，不拘父子每丁岁办课米 1 石 5 斗 5 升。嘉靖末（1566 年前），又惨罹兵寇，逃死者众，额丁亏损，各场官复每丁加派花灯及火工、灶甲、栅长等役，灶丁苦累。万历八年（1580 年），御史龚懋贤复为榜以禁横征，并奏裁临川大使并入新安。今见征课米 4833 石 3 斗 9 升 6 合 2 勺 6 抄，共银 1450 两 1 分 8 厘 8 毫 7 丝 8 忽。万历九年（1581 年），禁私贩，盐灶丁赴盐法道告，纳银充饷。每年感恩、马袅、乐会各税银五两，小民肩担背负以资衣食者不在禁例。

万历四十五年（1617 年），查点大引 414 丁，每丁办盐 615 斤，折米 1 石 5 斗 3 升 7 合，折银 4 钱 6 分 1 厘；小引 365 丁，每丁办盐 410 斤，折米 1 石 2 升 5 合，折银 3 钱 7 厘。大小引正办人丁 779 丁，其盐引米银额数仍旧。①

三、盐税

海南近海百姓煮海水为盐，远近取给。明代海南有六个盐场，生产有一定规模。《明会典》卷三十五在"海北盐课提举司"中，有关海南的盐课司有六个，即大小英感恩场盐课司、临川场盐课司、三村马袅场盐课司、官寨丹兜场盐课司、白沙场盐课司、博顿兰馨场盐课司。② 在正德《琼台志》及《琼州府志》中，没有"官寨丹兜场"盐课司。今据正德《琼台志》及万历《琼州府志》所列各场丁引米银如下。

大小英感恩场，去琼山县西北十里大小英都。洪武二十五年（1392 年），设大使，曾子直建厅、门各一座，辖下六廒（大英、小英、感恩、铺前、禾丰、杜村）。原额办盐正丁 838 丁（原额 644 丁，永乐间，客人吴皮洪首出演顺都二图私煎，净民黄钦等 194 丁）。共盐 1071 引 50 斤，折米 1071 石 1 斗 2 升 5 合，该银 321 两 3 钱 3 分 7 厘 5 毫。

三村马袅场，离临高县北五十里马袅都。洪武二十五年（1392

---

① （清）明谊修、张岳崧纂：道光《琼州府志》卷十四《经政志八·盐法》，海南出版社 2006 年版，第 643—644 页。

② （明）李东阳等重修：《明会典》卷三十五，《文渊阁钦定四库全书》，第 617—379 页。

年），盐丁侯如章建。原额办盐正丁 1109 丁，共盐 1417 引 230 斤，折米 1417 石 5 斗 7 升 5 合，该银 425 两 2 钱 7 分 2 厘 5 毫。万历二十四年（1596 年）征课米 1288 石 4 斗 2 升 5 合，每石折银 3 钱，该银 386 两 5 钱 2 分 7 厘 5 毫。万历四十五年（1617 年）仍旧。

陈村乐会场，去文昌县南五十里迈陈都。洪武二十五年（1392 年），灶老符绍志创。原额办盐正丁 802 丁，共盐 1026 引 112 斤 8 两，折米 1026 石 2 斗 8 升 1 合 2 勺 5 抄，该银 307 两 8 钱 8 分 4 厘 3 毫 7 丝 5 忽。万历二十四年（1596 年）征课米 495 石 5 斗 7 升 1 合 2 勺 6 抄，银数仍旧。万历四十五年（1617 年）同。

博顿兰馨场，在儋州西五里大英都。洪武二十五年（1392 年），灶老谢亨建。永乐间，大使郑喜修。原额办盐正丁 1497 丁，共盐 1913 引 270 斤，折米 1913 石 6 斗 7 升 5 合，该银 574 两 1 钱 2 厘 5 毫。万历二十四年（1596 年），征课米 1359 石 1 斗 2 升 5 合，共银 407 两 7 钱 3 分 7 厘 5 毫 1 丝 3 忽。

新安场，在万州南四十里新安都，洪武二十三年（1390 年），灶老崔均和建。成化八年（1472 年），大使罗润重修。原额办盐正丁 611 丁，每丁办盐 1 引，共盐 610 引 160 斤，折米 610 石 9 斗，该银 183 两 2 钱 7 分，派添银 3 分 4 厘，水脚银 1 两 9 分 3 厘，又添派 84 两。万历四十一年（1613 年），议并入椰仓抽补抵额。

临川场，在崖州东一百里临川村。洪武二十五年（1392 年）设，灶老钟仕那创建。原额办盐正丁 167 丁，共盐 214 引 90 斤，折米 214 石 2 斗 1 升 5 合，该银 64 两 2 钱 6 分 7 厘 5 毫。万历二十四年（1596 年），征课米 215 石 2 斗 5 升，银 64 两 5 钱 7 分 5 厘，今仍旧。①

在明代，盐法大坏，余盐盛行，往往正盐未派，先估余盐，商灶俱困。奸黠者借口官买余盐，夹贩私盐，法禁无所施。海南的情况又比其他地方特殊，可以将余盐自煎自卖。嘉靖《广东通志》中说："其

---

① （明）唐胄纂：《琼台志》，第 326—328 页；（明）戴熺、欧阳灿总裁，蔡光前等纂修：万历《琼州府志》，第 253—255 页。

盐田灶户自煮。"[1] 海南自古未设盐商，由灶户自煎自卖，如果设盐商的话，盐的价格就提高了，山区的黎人淡食难堪，又乏钱购买，恐生不测，故历代如此。

第七节 渔业与渔课

一、渔业

明代海南政府和渔民，沿着本岛海岸线和沿海的诸多港湾，逐渐形成一批渔港，如海口、铺前、清澜、青葛、潭门、博鳌、港北、坡头、新村、三亚、莺歌海、八所、昌化、海尾、新港、海头、新英、白马井、新盈、调楼及西沙群岛永兴渔港等。

渔民们不局限于本岛的渔港捕捞，在更路簿的指引下，将船开到南海诸岛捕鱼、采参，并在岛上居留。商贾开始有近居琼海"采海""贩珠"的踪迹。汉族移民陆续移向海南沿海地区，进行渔货捕捞和通商贸易。据家谱记载，潭门苏氏的祖宗是明代成化四年（1468年）迁到潭门从事渔业捕捞的。[2] 海南岛的珠玑、玳瑁、犀角、广幅布和热带果品也因此而声闻中原。此后，南海一直是海南岛海洋渔业的生产海域。

今天的潭门镇，明代时即有任职官吏和知识分子用诗歌高歌潭门。如当时的会同县（后改名琼海）知县刘廷桂，江西人，进士出身，治县颇有政绩，史称"政和民安"[3]，他有《大海澄潭》诗："百川争学海，何处可朝宗？豚浪连潮雨，鲸鳞起夜风。远天浮水碧，旭日射波红。夕阳空潭影，观澜悟道通。"诗中说到当时的潭门，豚鱼、鲸鱼很多："豚浪连潮雨，鲸鳞起夜风。"[4] 据《会同县志》记载，潭门的渔产品丰富，有鲨鱼、皂泥、贴石、金鳞和龙虾等。

---

① 嘉靖《广东通志》卷三十二"军饷"条。
② 据苏德柳家藏《苏氏族谱》。
③ 乾隆《会同县志》，海南出版社2006年版，第104页。
④ 余俊贤：《琼东县志》，琼东县志重印即续编增补资料委员会编印，1984年，第118页。

此外，又有著名的博鳌港湾，位于琼海市嘉积镇之南20千米，万泉河、九曲江汇合该港湾后入海。博鳌港湾古代已辟为渔港，别名北鳌港、古名北鹅港，是由明朝北鹅的小商贩在港口处搭棚经商而得名。渔港的渔产品很多。

三亚港在明代，主要是为防海寇和缉私而于此设水师巡海。同时也盛产鱼虾。

明代的渔业资源，据正德《琼台志》及万历《琼州府志》记载，当时鱼类有：龙、蛟、鲤、细鳞、鲫、草鱼、龄鱼、斑鱼、黄锋、鲇鱼、塘虱、泥鳅、镰刀、鳗鱼、鳝鱼、斋鱼、鳟鱼、黄花、偶鱼、刀鱼、马鬃、黄鱼、鲳鱼、马膏鱼、骨鳝、鲨鱼、燕鱼、蜡鱼、暨鱼、带鱼、巴榔、勒鱼、面条、西纲、跳天、鳜鱼、蒲鱼、竹叶、屐鳍、鞋底、金钱、麻鱼、钱、鳟白、飞鱼、红鱼、倒挂、翻车、河豚、含嘶、鲭鱼、海猪、乌贼。

另外，水族有：龟、鳖、鼋、鲨鱼、玳瑁、虾、蟹、蚌、蛤、蛏、海镜、蚬、海狮、蛤蜊、螺、江珧、车螯、蚝、流螺、水母、鹦鹉螺、海胆、九吼、蚶等。[1]

明代淡水捕捞用的渔具种类繁多、构造复杂，这些生动地反映在王圻著《三才图会》中。该书绘图真切，充分显示了广大渔民的创造性。它将渔具分为网、罾、钓、竹器四大类，很多渔具沿用至今。

中国渔民到南海诸岛从事渔业生产活动，源远流长。明以前，随着中国造船业的发展，以及指南针的发明，并制造罗盘应用于航海，使中国具备了经由海路开展对外贸易和邦交联系的方便条件。南海诸岛即在这些航海过程中被发现和开发、经营并长期由政府管辖。此后，中国东南沿海渔民即相继前往生产和居留，历代延续。[2]

明代洪武三年（1370年），在广州宋代市舶亭旧址，设置广东市

---

① （明）唐胄纂：正德《琼台志》卷九《鱼之属》，海南出版社2006年版，第192—194页。

② 海南省地方志办公室编：《海南省志·渔业志》，海南出版社2009年版，第61页。

舶司，专通"占城、暹罗、西洋诸国"，并对海南进出港口的船舶进行监管及征收关税。

明代洪武二十八年（1395 年），设琼州课税司，负责管理海事和收取船舶税。接着又设河泊所，专管收渔税事务。这是中国历史上征收渔税的开始。

正德末年（1521 年），由于葡萄牙殖民者在广东沿海侵略骚乱，朝廷宣布实行"海禁令"，禁止沿海居民、商人出海贸易。海南的对外贸易受到影响。直到隆庆元年（1567 年），海禁开放，民间获得合法贸易。海南的对外贸易日见生机。

二、渔课

明代开始收渔税，于是在各地设河泊所，系专设的办课衙门。在《明会典》中"琼州府"条下载有七个河泊所，即琼山县河泊所、澄迈县河泊所、文昌县河泊所、临高县河泊所、崖州河泊所、儋州河泊所、万州河泊所。[①] 这里所记载的仅有七所。正统七年（1442 年），"令湖广所属府县河泊所岁办课钞不及三千贯，油鳔、黄白麻不及三千斤，翎毛不及十万根者，但裁革，该办课税归并附近河泊所管，无河泊所处令府州县带办"。"成化十八年（1482 年），奏准湖广河泊所，凡课税少者，印记许附近河泊所带管，原设官起送别用，止存吏一名，同带管官办钞。"[②] 可见当时河泊所的设置，常因收渔课的多寡而合并或重设，并不固定。

海南的渔课，主要由疍户负担。万历《琼州府志》云："本朝设官河泊，其职于鱼者，专其取于疍也。法分三等：科以船者，船罢则止；科以礵者，礵变则迁；科以户者，丁尽户绝而课不改额焉。"[③] 而海南的渔课，除捕鱼外，还比附海菜、鱼鳔、翎毛、翎鳔。而且所设河泊

---

①　（明）李东阳等重修：《明会典》卷三十二，《文渊阁钦定四库全书》，第357—617 页。

②　（明）徐涛等奉敕撰、李东阳等重修：《明会典》卷三十二《户部十七》，《文渊阁钦定四库全书》，第 357—617 页。

③　（明）戴熺、欧阳灿总裁，蔡光前等纂修：万历《琼州府志》卷五《赋役志·鱼课》，海南出版社 2003 年版，第 251 页。

所，因地处海岛，所以设置的河泊司，除定安、乐会外，共设 11 处，但也时设时废。洪武十六年（1383 年）是设所最多的一年。正德《琼台志》载："国朝洪武十六年（1383 年）本府除定安、乐会二县，共设河泊所凡一十一处，后废会同、昌化、陵水、感恩四处，附县带管、课凡鱼米，比附海菜、鱼鳔、翎毛、翎鳔计六项。"

第二十四章　明代海南军事

第一节　军事建置

海南岛四面环海，海岸线长达 1927.6 千米。北控琼州海峡与雷州半岛接壤，西距北部湾与越南遥望，是通向东南亚各岛的桥梁。明代置琼州隶属广东省之后，在南方军事上更居重要地位。明政府在海南军事上给予了相当程度的重视，包括建立卫所，设立地方治保组织、设置水陆募兵等，海南地方还有土舍民兵，另有驿站与铺舍，除服务于岛内外贸易之外，还方便政府在战时传递军情、转运军需。

一、海南卫所设置几经变迁

明洪武初年，建统军元州府，不久改大都督府。洪武十三年（1380 年），改大都督府为中、左、右、前、后五军都督府，分统诸军司卫所和在外各都司。

都司即都指挥使司，设都指挥使一人，正二品；都指挥同知二人，从二品；都指挥金事四人，正三品。都司掌一方之军政，各率其卫所隶于五府，听于兵部。责任是管理一个军事区的武官考选、地方卫所兵训练、卫所屯田、地方巡警、军器保管、漕运等工作，并可以与布政使、按察使共同对中央与地方重大问题提出建议与意见。而卫所是明朝兵制的基础，也即明朝军队的基本组织形式。

据《明史》载："明以武功定天下，革元旧制，自京师达于郡县，皆立卫所。外统之都司,内统于五军都督府。"①"天下既定,度要害地,系一郡者设所,连郡者设卫。大率五千六百人为卫,千一百二十人为千户所,百十有二人为百户所。"②

洪武五年（1372 年）,置亲王护卫指挥使司,每府三护卫,卫设左、右、中、前、后五所；所,千户二、百户十、围子手所二；所,千户一。③洪武二十六年（1793 年）,定天下都司卫所,共计都司十有七,留守司一,内外卫三百二十九,守御千户所六十五。及成祖在位二十余年,多所增改。其后措置不一。④

海南属广东都司,设有万州千户所、儋州千户所、崖州千户所。据万历《琼州府志》所载,海南卫所的设置,也几经变迁,其更改原因,除为海防御工作任务外,更多的是为了镇压海南黎族起义反抗。

二、地方治保组织

在地方治保组织方面,有巡检司,《明史》载:"巡检司。巡检、副巡检,主缉捕盗贼,盘诘奸伪。凡在外各府州县关津要害处俱设,俾率徭役弓兵警备不虞。初,洪武二年,以广西地接瑶、僮,始于关隘冲要之处设巡检司,以警奸盗,后遂增置各处。十三年二月特赐敕谕之,寻改为杂职。"⑤海南巡检司是在全国巡检司设置的背景下成立的,而且经常因"剿黎"需要而增革。

明代巡检司在洪武之后,各设有副巡检之职,由黎人担任,原因是明朝统治海南之后,废除元朝所设的黎兵万户府、屯田万户府,凡

---

① （清）张廷玉等撰:《明史》卷八十九《兵志一》,中华书局 1974 年版,第 2175 页。
② （清）张廷玉等撰:《明史》卷九十《兵志二》,中华书局 1974 年版,第 2193 页。
③ （清）张廷玉等撰:《明史》卷八十九《兵志一》,中华书局 1974 年版,第 2194 页。
④ （清）张廷玉等撰:《明史》卷八十九《兵志一》,中华书局 1974 年版,第 2196 页。
⑤ （清）张廷玉等撰:《明史》卷七十五《职官志四》,中华书局 1974 年版,第 1852 页。

由黎族土酋主管的州县，一律革免其职务。那么管理黎人则实行以峒管黎的办法。

顾炎武《天下郡国利病书》载："洪武初，尽革元人之弊，土酋主郡者元帅陈乾富以降免罪，徙为广西平乐通判，州县各另除官，不用土人，兵屯子孙，尽革为民，以峒管黎。"

当明朝军队进入海南之后，在洪武六年（1373年）、洪武十年（1377年）、洪武二十八年（1395年）、洪武二十九年（1396年）均有黎峒群起反抗。因此建文二年（1400年）庚辰三月壬辰，广东公差大理寺丞彭与民等奏言："琼州府所属周围俱大海，内包黎峒，民少黎多，其熟黎虽是顺化，上纳秋粮，各项差役俱系民当。其生黎时常出没劫掠，连年出镇征剿，为害不息。今询访各处熟黎，俱有峒首，凡遇公差役，征纳秋粮，有司俱凭峒首催办，官军征捕，亦凭峒首指引，今所属各有防黎及备倭巡检司，如将各处峒首，选其素能抚服黎人者，授以巡检司职事，其弓兵就于黎人内佥点应当，令其镇抚熟黎当差，招抚生黎向化，如此则黎民贴服，军民安息矣。诏如所请，明年（1401年）五月十一日，琼州府宁远县、藤县巡检司添设副巡检黄旗，通远巡检司添设副巡检黎让。十月十一日，万宁县莲塘巡检司添设副巡检王钱，陵水县苗山巡检司添设副巡检符森。其后永乐中虽复洪武官制，独两广及荆南土人为副巡检者，仍权留云。"[①]

三、土舍与民兵

在琼州府里，还设有土舍四十一所，辖黎兵多寡不等，遇有调发，随军征进，专为前锋，无事则派守各营，听管营官调度。其中琼山土舍三，澄迈土舍三，临高土舍三，定安土舍四，文昌土舍一，乐会土舍二，儋州土舍七，昌化土舍二，万州土舍三，陵水土舍一，崖州土舍九，感恩土舍二。

海南的黎兵，朝廷利用其"以黎制黎"镇压黎民起义，另外，还

---

① （清）顾炎武：《天下郡国利病书》，上海古籍出版社2012年版，第3392—3393页。

调黎兵去攻打越南或大陆，镇压农民起义。钟芳《平黎碑记》载："弘治以前，每调儋黎征钦、廉逋寇"。①

还有保甲乡兵的设置，明朝利用乡兵镇压黎族起义。隆庆元年（1567年），初操乡兵。万历五年（1577年），兵巡舒大猷令各州县各立乡兵，复遣同知杨继文等分行查点。琼州府合属乡勇二万零四百八十名，精兵三千四百七十名。万历九年（1581年）辛巳，陵水知县吴道亨立土哨，制衣甲以练乡兵。万历十八年（1590年）庚寅，二院奏行挑选乡勇，给粮操练。

民兵的设置，也即置兵于民，可以随时加以精减淘汰老弱，收其精悍，保存民兵的实力。

除基层民兵外，明朝在各州县还设有营寨，如琼山县存营新旧凡十三堡，寨一，烽堠九。澄迈有寨二、营七、烽堠二。临高有营八，烽堠十九。定安有营十一。文昌有营八，堡二，烽堠二十三。会同有营一，堡、烽堠七。乐会有营二，烽堠四。儋州有寨二，营十七，烽堠二十九。昌化有营一，堡三，烽堠十五。万州有营新旧十二，堡四，烽堠八。陵水有营十二，堡四，烽堠十。崖州有寨二，营十，堡十，关隘，烽堠。感恩有营三，堡四，烽堠三。各州县还设有教场、演试亭，以训练士兵。

四、驿站与铺舍

驿站之设，早在殷商时代已经出现，春秋战国时期，驿递制度又有所发展，各地设有邮驿。到了汉代，各地有传舍，通路上每三十里，置驿一所，供歇宿；又置邮亭供传递文书；唐还于水路设水驿，驿有驿田，设驿长，置备车、马、船，并派当役驿夫。宋代每十里或二十里设邮铺，有邮卒传递文件，大路上并设马递铺。元驿传称站赤，组织规模极大。明各地都设驿站，有水驿、马驿和递运所；又置急递铺传送公文。驿站备人夫、马骡、车船并措办廪给口粮，供应传递文书人员及过境官员。由所在地州县编派站户支应，或随粮派夫

---

① （明）钟芳：《钟筼溪集》卷九《平黎碑记》，海南出版社2006年版，第188页。

役，或随田派马匹、车船。[1]

由于琼崖千里环海，地老天荒，到了宋代之后，开发的步伐刚刚起步，宋志书里仅有驿站的零星记载，但是在被贬官吏的诗歌中，也呈现宋代已有驿站的痕迹，如苏轼离开海南北归时，写《澄迈驿通潮阁二首》其二云："余生欲老海南村，帝遣巫阳招我魂。杳杳天低鹘没处，青山一发是中原。"《名胜志》（查慎行注）载："通潮阁，乃澄迈驿阁也。"《旧志》载："通潮阁，一名通明阁，在澄迈县西。"[2]由此可见宋代海南澄迈县有"澄迈驿"或曰"通潮驿"。

又宋代觉范禅师因坐张商英案于政和元年（1111 年）南谪朱涯，政和三年（1113 年）赦还，十一月自澄迈北渡，居海岛三年，在海南时经常写诗抒发忧郁情怀，其中有一首《出朱崖驿与子修》，诗的题目也提到"朱崖驿"。丁谓贬海南时，作《途中盛暑》："山木无阴驿路长，海风吹热透蕉裳。"杨万里赋《归姜驿》五律句云："岚气秋还热，归姜晚暂栖。云随一海至，日在万山西。密树通泉过，荒林使径迷。登高发长叹，清世说生黎。"[3]在这些诗作中，可见宋代已有多处驿站。

胡铨（澹庵）被贬海南后，写了《题琼州临高县茉莉村》，其中有句云："眼明渐见天涯驿，脚力将穷地尽州。"这里的"天涯驿"似泛指，而不是海南岛上有一名为"天涯驿"。又一释，"天涯驿"在广西钦州西南。但联系到诗意，似乎不是指广西钦州，而是定指海南岛。

明代海南岛上的驿递机构，已初具规模。驿站递送使客、飞报军情、递送公文物资等任务，十分迅捷。驿站的配置及驿路的分布，与岛上的交通路线有着密切的关系。要研究明代海南岛上的政治、经济、军事及交通路线，必须重视研究驿站机构的设立及驿路的安排。

在明代，海南的贸易活动，空前活跃，不论在岛内的墟市，还是通向大陆的贸易，以及对外的商业活动都远远超越过去任何朝代。海

① 夏征农主编：《辞海》，上海辞书出版社 2009 年版，第 2720 页。

② 《苏轼诗集》卷四十三《葛延之赠龟冠》，中华书局 1982 年版，第 2364—2365 页。

③ （清）聂缉庆、张延主修，桂文炽、汪瑔纂修：光绪《临高县志》卷二十四《艺文类》，海南出版社 2004 年版，第 580 页。

南岛与南海诸国的朝贡与国际间的贸易也有着密切的关系，蕃舶往来也十分频繁。南海诸岛各国的朝贡及互市船舶多次由此经过。因此，在海南岛上，驿传机构的设立，递送使客的任务，转运军需及商务流转的需要，都需要驿站来承担。因此，对于驿站的设立，人夫的设置，马、驴、船、车、什物等项的备用，都要经常进行整治或差人点视，一旦有人夫、马、驴、船、车、什物损坏缺少，要及时修理补买，同时会对驿所官吏论罪处分。要保证随时需要，就能即时供应。例如各驿马夫，须置铜铃，遇有紧急公务，将急带马上前，路驿分专一听候铃声，随即供应，不致妨误。

驿站是官办的邮传机构，每个驿站设有驿丞、典邮传递送各类事宜，有的大一点的驿站还由各县衙门修建驿所，如琼台驿，在洪武十八年（1385 年），主簿李子强议请驿基为县治，创建正厅、穿堂、两廊、门房。天顺七年（1463 年），副使邝彦誉命驿丞叶学重修，凿月池于二门外。正德六年(1511 年)，副使詹玺、知府欧阳傅再葺。《明史》载："驿丞典邮传递送之事。凡舟车、夫马、廪糗、庖馔、裯帐，视使客之品秩，仆夫之多寡，而谨供应之。支直于府若州县，则籍其出入。（巡检、驿丞，各府州县有无多寡不同。）"[①] 驿站之设，由各地政府负责修建及管理。这标志着军队实际控制的地域。所以说，这些宣达政令的驿站，是中央政府有效统治边远地区的象征，其政治意义不可轻视。

驿站及畅通的驿道使全岛交通畅通，在商业经济活跃的海南岛，商贾人士在商业运输的过程中，经常买通驿丞贩商贸，使驿路成为商品流通的便捷通道，所以明代与前朝相比，为了商业经济的扩大发展，对保证驿路畅通及配置驿站的各项建设显得更加重视，由此可知，驿站的设立与海岛经济的开发有着十分密切的关系。

明代在镇压黎族反抗活动中，为了飞报军情，转运军需，驿站的置设和驿路的畅通，在军事行动上起着关键性的作用。

---

① （清）张廷玉等撰：《明史》卷七十五《职官志四》，中华书局 1974 年版，第 1852 页。

明代初期，由于政治的稳定，经济的发展，所以驿传在上传下达的正常运作中，促进了社会经济的发展，但是到了晚明，由于政治的腐败，驿政也日益衰落。明《神宗实录》载：户科左给事中萧崇业奏驿递事宜，神宗有"四方驿递疲弊，小民困苦至极"①等语，说出神宗对驿递已弊端丛生，官吏贪污驿站费用，驿夫因生活困苦而纷纷逃亡等弊端十分忧心。在海南也是一样，如长岐、宾宰、乌石三驿，因廪粮被扣而被裁革。感恩知县麦春芳，亦"以邑小民疲，通详免解"。后又再减义宁、都许、太平马夫共四十七名，知州盛赍汝以民疲驿简议减。终明一代，虽仍有驿道、驿站在运行，但至崇祯年间，驿站建设已逐渐式微，已呈现"支应之苦，破亡之状"，"益之锱铢，民不堪命"。②到了晚明，驿政腐败，驿站已逐渐倒闭，驿递制度与明王朝一起归于灭亡。

第二节　海　防

一、明代海防政策

明太祖朱元璋在建国初期，即留心海上的交通。收复广东、海南之后，改市舶司于宁波、泉州、广州。宁波通日本，泉州通琉球，广州通占城、暹罗、西洋诸国。永乐三年（1405年），"以诸番贡使益多，乃置驿于福建，浙江、广东三市舶司以馆之。福建曰来远，浙江曰安远，广东曰怀远"。③但明太祖为了防海盗，海禁甚严，影响了海上交通及对外贸易。明成祖朱棣即位后，执行了放松海禁的政策，他一方面派遣使者到海外诸国，另一方面奖励海外诸国对中国的朝贡贸易。永乐元年（1403年）后历时28年，郑和七次下西洋访问了东南亚、印度半岛、阿拉伯和东非37个国家，郑和舰队在变幻莫测的大洋里"云帆高涨，昼夜星驰，涉彼狂澜，若履通衢"。④郑和打开走向

---

① 《明实录·神宗实录》卷四二。
② 《海瑞集》卷二《驿传申文》，海南人民出版社2003年版，第199页。
③ （清）张廷玉等撰：《明史》卷八十一《食货志五》，中华书局1974年版，第1980页。
④ 《天妃神庙应记》碑文。

世界的航线，不仅吸引了更多国家来中国朝贡和经商，也促使东南沿海的大批中国人移居南洋。这一冲向世界的浪潮，对海南岛的影响是重大的。

但是，随之而来的是倭寇和海盗的猖獗。于是，在沿海建立卫所、巡检司，筑城堡、墩台、烽堠，派兵守城。① 杨理的《琼管论》中也指出，海南岛上"设海向卫统内千户所五，外守御千户所六，各海口咸置烽堠暸戍，指挥部军统辖之，名曰备倭巡捕巡司，分散布列，海寇望帜而知有备"。

明代对海盗倭寇的防御，有完备的设置。比如，设备倭巡视海道副使、备倭都指挥，沿海地区巡海水军，加以防患。

《御制文集·劳海南卫指挥敕》："曩自勘定以来，人皆臣服，然当此之际，必居安虑危，方称保民之道。前者命尔？兵炎地，固守疆圉，朕恐尔恃沧海之险，旷城隍之高深，忘备肆逸，特遣人往谕。且沧海之旷也，人将以为险，朕谓非险也。其海淀迤西及南诸番蛮？国无大小，环而王者，不知其数矣。海之旷，吾与共之。设有扬帆浮游，奚知善恶者耶？必加严备，乃无警于民。策之善者，汝其慎之。"

官卫指挥一员，专掌巡海，听广东海道副使、备倭都指挥节制。所辖内外十一所，每所官各一员，督所管军船常于所部海面巡视，有警辄行申报。

二、海外贸易滋生的倭寇和海盗

明代初年，为了巩固政权的统治，防止海外侵略，实行海禁政策，明太祖定制"片板不许入海"②，有私下出诸番互市者必置之重法。但在实行海禁的同时，"朝贡"贸易仍然进行。而且，民间商人也在海路上出入，与倭人及佛朗机诸国人互市。他们与官府权势者互相勾结，在海上进行走私，大获其利。《明史·朱纨传》载："闽人李光头、

---

① （明）郑若曾撰、李致忠点校：《筹海图编》，中华书局 2007 年版，第 233—240 页。

② （清）张廷玉等撰：《明史》卷二百五《朱纨传》，中华书局 1974 年版，第 5403 页。

歙人许栋踞宁波之双屿为之主，司其质契。势家护持之，漳、泉为多，或与通婚姻。假济渡为名，造双桅大船，运载违禁物，将吏不敢诘也。"①虽然明太祖在位期间下达6次禁海令，企图以官方垄断中外贸易的朝贡贸易，实现对外的羁縻和对内的控制。明人王圻曾说："通华夷之情，迁有无之货，减戍守之费。又以禁海贾，抑奸商，使利权在上。"②这一说法，点破了明朝统治者海禁的目的。但海禁并不理想，私人海外贸易是民间生活的需求，仅靠政令无法阻断。

随着东南沿海地区商品货币经济的发展，民间从事海外贸易的要求愈加强烈。在海外，西方殖民者继续东来，开始了他们在东方海上进行殖民征服和贸易垄断的竞争历程。国内外形势的变化，加速了明王朝独占朝贡贸易的衰亡，以民间海商为主体的海外贸易活动应运而生。而朝廷对于民间的贸易又竭力加以限制和打击，以强大武力进行扼杀。这样，民间的海外贸易只有破禁而出，采取亦商亦寇的方式从事武装贩卖活动，与政府的禁制进行强烈的抗争，给予明王朝闭关自守的海禁政策以猛烈的冲击。谢肇淛谓："广东惠潮、琼崖狙狯徒，冒险射利、视海如陆，视日本如邻室耳，往来交易、彼此无间。"③从洪武到崇祯的276年间，海盗活动连绵不断，而且规模大，先后出现许多实力强大的海盗海商集团。明太祖期间，为了征剿海盗，除实行海禁外，强行迁徙东南海上岛屿居民，尽"墟其地"，如在广州，官兵出海攻剿三灶山海盗刘进与"通番为乱"的吴进添，强迫三灶山居民迁徙内地，使三灶山变为荒岛。官兵镇压海盗，迫害岛民，激发岛民反抗，更多人因此而参加海盗活动。④这些海盗也被称为海寇商人。因此说，海寇商人是明王朝厉行海禁政策的产物。海寇商人从事武装贩卖活动，严禁则商转为寇，亦寇亦商；弛禁则寇转为商，亦商亦寇，剿则远走海外，客居异国；抚则招安为官，亦官亦商。所谓倭寇，也

---

①　（清）张廷玉等撰：《明史》卷二百五《朱纨传》，中华书局1974年版，第5403页。

②　王圻：《续文献通考》卷三一《市籴考·市舶互利》。

③　谢肇淛：《五杂俎》卷四《地都一》。

④　郑广南：《中国海盗史》，华东理工大学出版社1998年版，第163—164页。

是海寇商人的一支，在明初，倭寇尚未酿成大乱，到了嘉靖时，中国海盗与倭寇合流，中国人数居多，其倭人数寡。由于明王朝政治腐败，官邪政乱，迫民为盗，所以，沿海"小民好乱者，相率入海从倭。凶徒、逸囚、罢吏黠僧，以及衣冠失职书生，不得志群不逞者，皆为奸细，为之响导"。① 郑晓说："闽、浙、江南北、广东人皆从倭奴，大抵贼中皆我华人，倭奴直十之一、二"。② 也有人认为倭人仅占20%，80% 是沿海一带的海盗。他们披着倭寇的外衣，在海上从事亦寇亦商的海上贸易活动。海盗与倭寇合流，使东南沿海城乡遭受严重的破坏。海南岛地势十分特殊，一方面，海南岛是联结东南沿海与东南亚地区的纽带，明代东南亚地区各国通向广州贡道的中转站，"凡番贡多经琼州"，他们到了琼州之后，由琼州官府辅护。而通向东南亚一带海道的海盗活动十分活跃，海南岛也成为海盗通向东南亚的必经之地；另一方面，海南岛孤悬海外，远离朝廷政治中心，正如当时巡抚广东右副都御史陈濂在奏章中所说：

> 海南海北二道，地理纡远，边方多事，按察司官更番出巡者，多托故迁延，或到彼即回，以致所司事有申达者，往复旬月，动失机宜。③

又巡抚广东都御史关琛等奏：

> 琼州孤悬海外，所辖州县凡十有三，原设海南一卫，及在外儋州等六千户所，去广城二千余里，分巡、分守官经年不一至，遇有警急，猝难驰报。④

可见，沿海地区法令推行十分困难，无数的海岛海湾使得整治滨海水路的海令条规成为一纸空文，官吏对海南岛沿海的巡查，经年不一至，海南岛的政治管辖十分松弛。这样的特殊情况，使海南岛成为

---

① 佚名：《嘉靖东南平寇通录》。
② 郑晓：《吾学编》四《皇明四夷考》上卷《日本》。
③ 《明实录·宪宗实录》卷七三。
④ 《明实录·宪宗实录》卷七七。

南海海盗的避难所和驻扎休息的理想的地方。他们自由自在地在海南沿海地带活动，或登岛找寻粮食进行骚扰劫掠，海南岛周围的众多岛屿，漫长的海岸线，四通八达的航线，与海外交通的方便等条件，都有利于海盗的活动，使海南岛成为海盗的天然基地。因此，把海南的海盗活动与江浙一带相比，更具有时间长、活动频繁的特点。

明代是海南岛上倭寇及海盗活动的活跃时期，这时期的海盗武装活动，比以前各代活动的次数更多、规模更大，而且已跨越国界。

当时，海南岛上特别强调乡甲自管，于乡间设一老自相管摄，十家为甲，百家为乡，出入互相觉知，行检互相纠察，盗寇互相守望，这样，沿海居民就无法挺身入海为盗。如有聚众漂洋为盗者，则从三方面加以扼制：第一，凡盗入俱由海港，扼海港，则入劫无路，久自困矣。第二，防岛内居民与之相通，馈之粟米酒肉，溃之利器炮药，绝其内交，久之自困。第三，扼沿海之山，出泉流为溪涧，水清可食。海贼据洋中，水咸〔卤〕以食则泻，以〔频〕则皮溃，贼乏清水，久自据困矣。①

海瑞说："琼二十年来至今接有海寇之患，百姓苦之。心讼口罾，已谓官司不能抵民一保障矣，然害止濒海地方。日甚一日，年甚一年，今正月突有船先后分入，攻围临高、定安、万州等城，破文昌乐会治，屯据于中，来来往往，杀掠村市，如入无人之境，任彼所为。其惨其害，从前以来无有也。平时养兵迄与不养之时无异。晏游击来援，亦既月余矣，如斯而已矣。贼伙数虽多，各伙人数则寡，继后至者，将何以御之耶？昔人称为匹夫匹妇复仇，今日之仇屡矣、大矣，复之不可已矣。"②

明代的海南岛，可以说是海无宁日。海寇出没海上，纵横转掠，有的与岛内人员勾结，以海岛为藏匿之地，沿海著名海盗如曾一本、林凤之辈，都曾流窜袭扰过海南岛。万历以后，本地海盗李茂长期进

---

① 唐顺之：《条陈海防经略事疏》，载《明经世文编》卷二六。
② 《海瑞集》卷五《书简·启殷石汀两广军门》，海南出版社 2003 年版，第636 页。

行攻劫，后来虽被招安，但其"利在珠池"，为害甚烈，终被朝廷歼灭。明代海南岛上的海盗活动，总算暂时得以平息。

在与海盗长期的斗争中，朝廷在沿岛的兵备亦在不断加强。洪武初年，在海南卫设备倭指挥一员，专掌巡海事宜，宣德七年（1432 年）以后，设立水寨，以据险伺敌。但驻守海防前线的官兵因百年以来，海烽久息，人情怠玩，因而堕废。明初海岛便近去处，皆设水寨，以据险伺敌，后来将士惮于过海，水寨之名虽在，而皆自海岛移置海岸。由此，海南岛的海防设施往往处于被动状态。由于海盗的肆虐，导致海上的民间商船贸易式微凋零，使处于优势的海南岛对外贸易经济无法获得长足的发展。

第二十五章　明代海南民族与文化的融合

第一节　中原文脉与海南本土文化的融合

大学士丘濬在《南溟奇甸赋》中写道："是以三代以前，兹地在荒服之外，而为骆越之域，至于有汉之五叶，始偕七郡而入于中国。曼胡之缨未易也，椎结卉服之风未革也，持章甫而适之，尚惝而未之识也。魏、晋以后中原多故，衣冠之族，或宦、或商、或迁、或戍，纷纷日来，聚庐托处，熏染过化，岁异而月或不同，世变风移，久假而客反为主，劗犷悍以仁柔，易介鳞而布缕，今则礼义之俗日新矣，弦诵之声相闻矣，衣冠礼乐彬彬然盛矣。北仕于中国，而与四方髦士相后先矣。策名天府，列迹缙绅，其表表者，盖已冠冕佩玉，立于天子殿陛之间，行道以济时，而尧、舜其君民矣。孰云所谓奇者，颛在物而不在人哉！"[1] 丘濬之说，道出了明代文化振兴的概况。

一、移民促进了海南文化的发展

海南由于受历代中原文化的熏陶，尤其是宋元之后，中原大批移民进入海南岛，这些移民的后代，对海岛上的文化发展起着推波助澜的促进作用。

丘濬在《学士庄记》中说："予先世闽人，来居于琼，世数久远。

---

① 《丘濬集·琼台诗文会稿》卷二十二《南溟奇甸赋》，海南出版社 2006 年版，第 4461 页。

自七世祖学正公以来，代有禄仕。"①

海瑞在《梁端懿先生墓志铭》中说："瑞亦番禺人也，隶籍琼南……后与先生裔孙建、柱臣辈同学省城禺山书院。其院乃先生讲学旧址，祀先生其中，瞻仰德徽，亲依灵爽，非一日矣。"②

《明故中顺大夫都察院左佥都御史邢公墓志铭》载："公讳宥，字克宽。其先由汴徙琼之文昌。"③

王弘诲《万安林氏族谱序》曰："当国朝某年间，林之先有金坛县丞铺，在都门会莆田甲科，授万州牧。坐者叙谱合族，相沿至今……前此吾乡参政、北泉林公士元，尝敦宗盟，为修谱序。顷莆田谕德兼齐公尧俞复遣侄柱芳奉谱，逾海而来，与大任兄弟会宗联谱。"④

《通议大夫户部左侍郎赠都察院右都御史西洲唐公神道碑》载："公讳胄，字平侯，姓唐氏，西洲其号也。先世桂林之兴安人。宋淳祐间，始震刺琼州，卒于琼。子叔建荫琼山县尉，遂卜城东番蛋里，家焉。"⑤

王佐《海口〈黄氏族谱〉序》云："乡彦黄维坚钰间以其族谱见示。谱其先世闽之莆田凤谷里人：高祖讳守仁，元雷州别驾，曾祖讳受甫，徐闻助教。始因元季乱不得归，避兵于琼。洪武岁辛酉，占籍琼山海口都第一里，遂为琼山人。"⑥

王弘诲《定安莫村新屯合族谱序》云："定安莫氏，予母族也。其先卜宅莫村者，祖曰志公，徙居新屯者，祖曰意公，二公为同胞兄

---

① 《丘濬集·琼台诗文会稿》卷十九《学士庄记》，海南出版社 2006 年版，第 4358—4359 页。

② 《海瑞集》卷二五《梁端懿先生墓志铭》，海南出版社 2003 年版，第 612 页。

③ 《丘濬集·琼台诗文会稿》卷二十三《明故中顺大夫都察院左佥都御史邢公墓志铭》，海南出版社 2006 年版，第 4501 页。

④ （明）王弘诲：《天池草》卷六《万安林氏族谱序》，海南出版社 2004 年版，第 166—167 页。

⑤ （明）王弘诲：《天池草》卷十九《神道碑》，海南出版社 2004 年版，第 412—413 页。

⑥ （明）王佐：《鸡肋集》卷六《海口〈黄氏族谱〉序》，海南出版社 2004 年版，第 156 页。

弟，而志居长，今二冢连壤，在莫村可验。父老相传，宋熙宁间，有自闽之同安，以千户戍琼，守西南黎者，卜地莫村居焉，当为莫氏初祖。"①

《定安文堂陈氏族谱序》云："陈之先出虞舜氏，世世称侯邦焉，以宾于夏殷周。而其嗣世至纂梁之祚，用衣冠倾中原。云冈君谓其远不足征，独断自忠孝公，由宋末以尉职渡海，卜居于琼之买崖者，为陈之始。再世而分塘、猛，历迁文堂，若乡宾文赋者，为陈之派。自是乃有由乡荐任临桂知县若猷者，为陈之望。由云冈君溯而观之，或祖考行，或伯叔行，或兄弟行。而自云冈，与予父子兄弟通家世好，其一时子姓辈鳞集鹊起，文学行谊，绍箕裘而衍胤祚者，日绳绳然未有艾。"②

海南曾氏是古代文化名人曾子的后裔。明初迁琼的五十六派始祖曾文发，生于元朝晚期，于明洪武初年举孝廉，授琼州府教授，署陵水知县。由福建莆田衍井亭村迁徙陵水港坡镇港坡村，配姒高氏，同葬九龄地之右琼岭，后人美称："天鹅孵蛋岭"。曾氏家族在海南繁衍子孙，发扬中原文化。③ 明初迁琼始祖曾元奎，从江西吉阳迁琼。明朝六十二派祖曾传，从福建莆田迁居澄迈老城镇文大村。

从这些族谱资料看，明代这些知名人士，文化名人，其祖辈均是中原移民，唐、宋、元各朝因官宦或其他原因移民海南，世世代代沿袭下来，各支各派繁衍子孙，他们带来的中原文化、文学行谊，传播到海南岛上各个州县。

二、中原文脉在海南占主流地位

自秦汉以来，中原汉族移民进入海南岛，他们有来海南当官的，有经商的，有因战乱迁移来的，有戍边的士兵居住下来的。汉族文化

---

① （明）王弘诲：《天池草》卷六《定安莫村新屯合族谱序》，海南出版社2004年版，第164页。

② （明）王弘诲：《天池草》卷六《定安文堂陈氏族谱序》，海南出版社2004年版，第168页。

③ 曾广河主编：《海南曾氏》，海南曾氏文化开发有限公司，2005年，第27—30页。

以其强大的优势，与黎族本土文化不断地融合，到了明代，海南岛上已是"世变风移，久假而客反为主"。

黎族族群在强势的文化交流下，分为生黎和熟黎，熟黎是已被汉化的黎族，他们接受朝廷的管理及赋税制度，生活习惯也逐渐在改变，用丘濬的话说："蒯犷悍以仁柔，易介鳞而布缕"，"礼义之俗日新"，"弦诵之声相闻，衣冠礼乐彬彬然盛矣"。

海南岛明代考中科举人数已占历史上最高峰，整个明代，全岛登进士者 63 人，中举人者 594 人。万历《琼州府志》云："迨于我朝圣圣相承，薄海内外，咸建学宫，遴选硕师以专教道，是以贤才辈出，有进列六卿位八座者矣，有视草玉堂兼信史者矣，亦有明习经史、肇登桂籍者矣。"① 说明海南岛在明朝，从科举道路上成功中举而进入高官行列的人数，远远超越以往历朝历代。

过去，科举考试没有在海南岛上设考场，必须渡海到雷州参加考试。到了明代，因赴考人数剧增，每年，从海南往雷州赴考人数，不下数千计，而渡海赴试的艰难险阻，又使许多学子无法如期参加考试。为此，王弘诲曾写下《拟改海南兵备道为提学道疏》，向明王朝诉说海南学子渡海考试的苦衷，建议在海南设考场，方便学士赴考。王弘诲写道："该琼州府所辖地方，为州者三，为县者十。环海而周为里者，凡三千有奇。青衿学子，每岁集督学就试者，不下数千计。然远涉鲸波之险，督学宪臣，常不一至。每大比年，惟驻节雷州，行文吊考。自琼抵雷，航海而北，近者如琼山、定安、文昌、澄迈、临高、会同、乐会七县，或二三百里，或四五百里；远者如儋、崖、万三州，陵水、感恩、昌化三县，多至七八百里，或千余里。贫寒士子，担簦之苦已不待言。乃其渡海，率皆蜑航贾舶，帆樯不饰，楼橹不坚，卒遇风涛，全舟而没者，往往有之。异时地方宁靖，所虑者特风波耳。迩来加以海寇出没，岁无宁时。每大比年，扬扬海上，儒生半渡，尽被其掳，贫者隕首而无还，富者倾家而取赎。其幸无事者，皆出一生

---

① （明）戴熺、欧阳灿总裁，蔡光前等纂修：万历《琼州府志》卷十一《艺文志》，海南出版社 2003 年版，第 813—814 页。

于万死耳。"①

但是，朝廷的督学宪臣，多不知其苦，只执常规，严格程限，而迫使参试儒生，因期会而不惮危险，致使伤亡甚众。如嘉靖三十六年（1557年），因风涛而于海上覆没者数百人，临高知县杨址送学子过海，也在其中，并失县印。即使有一二提学能体悉民情，亦不过行文该府截考而已。甚如隆庆三年（1569年），仅容许琼山、定安、澄迈、会同等三四县考，其余各州县，以一时远不及试，竟置不录，致使许多士子，无法参加年试。因此，王弘诲希望朝廷以陕西、甘肃等边远地区为例，即今巡按提学都不能到达，可在海南道额外设兵备副使一员，驻扎琼州，或者改海南兵备道兼管提学道，换给敕命，每遇员缺，必选甲科之有学行者充之。其使琼州一带，师儒考试巡察，任其便宜行事。王弘诲陈述最后说："如此，庶见闻习而人才之贤否不淆，法度新而德化之流行不壅矣。"②王弘诲要求在海南设立一个考区，以保障考生安全，其奏疏上达获得批准，自此，海南岛的考生每年就地赴试。

三、黎族上层人物接受汉族的文化教育

到了明朝，海南的文化教育不仅在汉族中传播，黎族也因文化融合的日渐深入，其上层人物的子弟也广泛地接收汉族的文化教育。如丘濬在《世引堂记》中所述的儋州黎族大姓符氏，曾受符印为守土官："永乐初，符添庆者，率其人朝阙庭。文皇帝嘉其功，授宜伦县令，以抚其人，世袭其职。及宗孙符节，应世其官，以俊选入昌化县庠为弟子员。今有司以充贡上春官，既引赴奉天门，试中，例该升进太学，循资出身。节叹曰：'环我家村，总总之人，恃吾家以有生。吾一旦名系仕籍，游宦中州，吾之身荣矣，此数十百家，何以依乎？今幸朝廷有太学生不愿仕者赐冠带、授散官之比，盍归乎哉，以终我祖

---

① （明）王弘诲：《天池草》卷三《奏疏·改海南兵备道兼提学道疏》，海南出版社2004年版，第32页。

② （明）王弘诲：《天池草》卷三《奏疏·改海南兵备道兼提学道疏》，海南出版社2004年版，第33页。

父之惠。'乃以其情言于天官。天官卿为请于朝，上曰'如比'。"① 这里所述的是黎族符姓子孙符节，经考试升进太学，但他不愿当官，申请还乡，得到皇帝的恩准。他归故里时参见丘濬说的一番话，说明明代黎族上层人物的子孙，已能普遍接受汉族的教育。

符节对丘濬说："节自幼有志世用，潜心经史，而专门于《春秋》。初志固欲出一奋，以光大我宗祊也。但以祖父来官乡土，节忝为宗子，当继其职，而为一坊人所附。土俗，非其宗不属也。不得已，舍己之所业，以缔先世之所基。恒念先考无恙时，为屋数楹，中有黄堂，为祖宗栖托之地，傍有列馆，为会友读书之所。他日仕归，将为终老之计。今幸蒙圣恩，未老而荣归故里，将终焉于其中。伏请大人先生赐以一名，上述祖宗，下示子孙，以为不朽之托。非但符氏一族为幸，凡吾一方之山林草木，亦与有光焉。"②

可见，当时黎族中的知识分子已列馆读书，而且"潜心经史"，专攻《春秋》，进而跃进太学之龙门。但他功成身退，欲归黎乡，于是，请托丘濬为其读书堂屋提名，丘濬执笔题其名曰"世引堂"，希望延儒师以教其子弟，使其世世代代承先启后，"善而继之，光而大之，引而申之，延而长之，永永勿替"。

由此可知，儒学是时已渐渐深入黎村山寨，黎族中上层人物已接受儒学的熏陶，祈求子孙世世代代也像汉人一样，读书当官了。

第二节　汉族文化主导下的移民交流与融合

明朝内地迁居海南的移民有 47 万之多，而且与历代移民情况比较来看，当时居住在海岛上的民众，不仅有汉族、黎族、回族、疍民，而且还有苗族迁入，不仅内地居民迁入海岛，而且岛内居民开始

---

① （明）丘濬：《世引堂记》，载《丘海二公文集合编》卷五一《四库全书存目丛书》集部 406，第 330 页。

② （明）丘濬：《世引堂记》，载《丘海二公文集合编》卷五一《四库全书存目丛书》集部 406，第 330 页。

外迁东南亚各国，移民现象及移民文化，日趋复杂。海南文化名人丘濬《送友人唐彦宜诗》云："海南风俗颇淳和，山水清幽海味多。有约他年重结社，下田番蛋日相过。"① 丘濬青年时代在琼山老家生活的日子里，汉族与各民族已融合在一起，过得非常融洽。

一、汉族"世家大族"及落籍的官、商、流寓家庭移民

明代的海南移民中，汉族是大多数，而且在移民中有不少"世家大族"及落籍的官、商、流寓家庭，他们给海南带来了新的活力与生机。

在汉族移民中，至今家喻户晓的有元末移居海南的丘濬前辈，其祖父丘晋，元代时，自福建香江来琼州任官，并在海南落籍，是临高县医官。父名传，号学士，系一独子，丘濬在《学士庄记》中写道："予先世闽人，来居于琼，世数久远。自七世祖学正公以来，代有禄仕，惟先公早世，虽不仕，而亦有貤赠之命，世业虽以士，而率亦未尝废农，盖仕者其暂，而耕者其常欤！予家依城以居，而先世多负郭之田，去所居一里。"② 丘濬的先人因官移居及落籍海南后，繁衍后代，正如丘濬自己所说："濬世家于海南，北学于中国"，成为有明一代海南杰出名人。

又如海瑞，其始祖官指挥讳俅，由闽到广，籍番禺。俅生钰，钰生甫震、甫云。甫震生逊之，逊之生答儿。洪武十六年（1383 年），答儿从军海南，居琼山，为海瑞高祖，曾祖福，敕封松溪县知县。祖宽，景泰七年（1456 年），领乡荐，官福建松溪县知县。父翰，廪生，海瑞四岁时父逝，由母教海，而成就一代名臣。又如薛远，其祖父是安徽无为州人，洪武年间任工部尚书，父亲薛能获罪，充军到海南卫当军戍，占籍琼山。薛远于正统七年（1442 年）中进士，后官至南京兵部尚书，进阶荣禄大夫。又如邢宥，其祖先是汴梁人，曾担任文昌

---

① 《丘濬集·琼台诗文会稿》卷十五《送友人唐彦宜诗》序，海南出版社 2006 年版，第 4216 页。

② 《丘濬集·琼台诗文会稿》卷十九《学士庄记》，海南出版社 2006 年版，第 4358—4359 页。

知事，落籍文昌。廖纪的祖父廖能，从直隶河间府的东光县被徙，来海南陵水占籍。钟芳的祖先钟佃，宋朝时来海南占籍等等。明朝海南许多成功人士，其祖先都是汉族移民而占籍海南的。

正德《琼台志》载："盖自五代以来，中原多故，衣冠之族类寓于此。建炎托名避太学上书之祸，于是有苍原陈家。汴都分𬇕，启万安文学之守，于是有水北邢家。纲使留子孙，大昌忠惠之宗，于是有叠村蔡家。帅守出台阁，盛衍肃质之脉，于是有蕃旦唐家。伯侄继职儒师，是为倘驿之李。祖孙袭秉兵柄，是为莫村之莫。锦山能承韩魏国之先，水南无愧裴晋公之后。黄龙派出曲江，承唐宰相之遥华；昌黎系分陇水，蕃元参政之近脉。黎廖衍文昌之陈于万州，潭榄分澄迈之吴于南建。烈楼之与调塘，拜名二王；东洋之于东岸，各称一周。他如西溪之林，莲塘之张，石门之吴，北戚之曾之类，名门故家，不可胜纪。宗衮宗盟，愈绵愈繁。"①

正德《琼台志》又载："建武中元二年（57年），青州人王氏与二子祈津，家临高之南村，则东汉有父子至者矣！"②

由此可知，从东汉开始，史籍已记下移民来琼的王氏二子。到了魏晋南北朝时期，中原地区战乱频繁，而海南远离中土，交通阻塞，因此化为战争的避难所，不少中原仕宦、商贾、士卒乃至一般民户，避难逃荒到海南的日益增多，东晋时移居海南人口达十万之多。唐、宋朝一批批移民到海南后，在海南繁衍子孙已反客为主了。③

而明朝从大陆移居海南的汉人中，据吴华在《各姓入琼始祖》一文中所记，始祖于明朝入琼的姓氏有：杨、刘、廖、宋、沈、祝、戴、陶、孔、梅、范、邓、伍、严、赵、姚、史、方、了、曹、江、谭、安、侯、萧、汪、薛、齐、蒋、殷、龙、白、康、钱、张、林、

① （明）唐胄纂：正德《琼台志》卷七《风俗》，海南出版社2006年版，第148页。

② （明）唐胄纂：正德《琼台志》卷三《沿革考》，海南出版社2006年版，第58页。

③ 海南省地方志办公室编：《海南省志·人口志》，南海出版公司1994年版，第7页。

钟、华、徐、彭、叶。这许多大姓，多是落籍海南岛的官、商、流寓家庭。

二、明代家谱背景下的海南汉族移民

中国的谱牒，源远流长。司马迁作《三代世表》《十二诸侯年表》曾提到"余读牒记……稽其历谱牒"，"读春秋历谱牒"，可知西汉时代的司马迁，已读到周代的谱牒。两汉时期，修谱成为一种政治需要。至魏晋南北朝，实行九品中正制度，讲究出身门第，更加重视家谱、族谱，这时的族谱，至今俱已佚失。到了隋唐时代，基本上修谱牒以官谱为主。唐代的谱姓之学，史官撰述的较多，其中又以族姓为主。宋代以后，官府不再组织修撰谱牒，谱牒作为家庭档案，分散保存于大姓的祠堂手中。

我国现存族谱，绝大多数是明、清两代编修的，明代修谱的宗旨，是在宋、元修谱的基础上发展演变的。宋元修谱宗旨主要是"尊祖收族"，而明代的修谱宗旨，主要是宣扬"三纲五常"；宋代欧阳修、苏洵的谱例，不书生女，不书继娶，不书妾。明代的体例则扩而大之，不但书生女，而且书生女出嫁之夫名与官爵；不但书继娶、书妾，而且妻妾并书，如若妾子长，则族长的权力越大，族谱的功能越强。这样一来，族长的权力和作用，是基层官吏根本无法取代的。①

汉族各类人物移民海南，带来了中原编纂谱牒的文化传统。随着落籍海南的人数增加，编写家谱、族谱的名家巨族，已蔚然成风。

三、苗族、回族、疍民和客家人

1. 苗族

苗族在古代曾聚居于长江下游及黄河流域的部分地区。海南的苗族是明代从广西作为兵士被朝廷征调来的，尔后落籍海南。

王佐的《平黎记》载明弘治十四年（1501年）年夏，儋州七万峒黎符南蛇倡乱时也曰："而两广官校暨汉达军狼士兵以十万"，"十五年

---

① 　张海瀛：《明代谱学概说》，载《中国家族谱纵横谈·家谱》，广西教育出版社1993年版，第271页。

（1502 年）冬腊月王师驻琼"，又说："参将马澄将中军，以两广汉达军狼土兵一万攻中坚"。①

弘治十四年（1501 年），潘蕃进右都御史，总督两广……黎寇符南蛇乱海南，聚众数万。蕃令副使胡富调狼兵讨斩之，平贼巢千二百余所。②

王弘海的《议征剿黎寇并图善后事宜疏》也载："窃观两广军门兵食足用，只须量移广西狼兵合本处营兵土兵，约三五万人，即可纵横诸黎中"。③

海瑞的《平黎疏》则载："许其调用广西土兵，广东汉达官军打手约四千人"。④

钟芳的《平黎碑记》复载："崖黎最大者曰罗活，万、陵、昌、感诸黎倚为声援。程又多设间谍，图山川险夷曲折以献，曰：'寇众且强，非剪寇无以辑民，非西广目兵无以挫敌。'公如其请奏调目兵八万，合汉达官军士獞敢死士十数万人征之。"⑤

明嘉靖二十八年（1549 年）八月，海南崖州黎族那燕举行大规模的反抗起义，朝廷诏发两广汉达土舍兵九千进行围剿，无法取胜。是时，给事中郑廷鹄上书说："臣生长其方，见闻颇确，今日黎患非九千兵可办。若添调狼、土官兵，兼招募打手，其集数万众，一鼓而四面攻之，然后可克尔。"⑥ 结果，明朝听取郑廷鹄的提议，派遣狼、土官兵，兼招募打手数万兵众前来海南打仗。而其中的狼、土官兵就是广西苗族组成的军队。欧阳必进的《走报志方紧急黎情疏》载，明嘉靖

---

① （明）王佐：《鸡肋集》卷五《平黎记》，海南出版社 2004 年版，第 140—141 页。

② （清）张廷玉等撰：《明史》卷一百八十六《潘蕃传》，中华书局 1974 年版，第 4938 页。

③ （明）王弘海：《天池草》卷二《奏疏·议征剿黎寇并图善后事宜疏》，海南出版社 2004 年版，第 47 页。

④ 《海瑞集》卷一《平黎疏》，海南出版社 2003 年版，第 114 页。

⑤ （明）钟芳：《钟筠溪集》卷九《平黎碑铭》，海南出版社 2006 年版，第 187 页。

⑥ 《明实录·世宗实录》卷三五一。

十九年（1540年），罗活、抱宥（抱由）等村黎人叛乱时有谓："次调土狼官兵数万前来剿灭"，"早乞催促指挥范德荣并前呈打手狼兵前来镇压"。

另一文《预处兵后地方以图治安疏》又曰："琼州府属崖州、感恩、昌化地方黎贼构乱"，"当添调狼土官兵打手数万，期以不误军机，声势大振，所至披靡"。又曰："如果重大，即便添调狼兵，募集打手人等，及时并进"。[①]

由此得知，明孝宗朱祐樘的弘治年至明世宗朱厚熜的嘉靖年，海南岛曾有过黎人大起义。地方政府或是上奏，或为征募，已调遣数千或万计的广西狼兵、狼官、狼土官，广西土兵、目兵、土僮敢死队和广东的汉达官军等诸武装军队，越海进入海岛进剿。因为苗族分布地区的土司，大都属于武职，都有自己的武装。这种武装，贵州、湘西、鄂西、川东一带称为"土兵"，湘西南一带称为"洞丁"，广西称为"狼兵"，一般通称为"土兵"。土兵有两种：一种是人数不多的职业兵，是世职兵；另一种是由广大的农民组成，平时各在家耕种，有事则聚集为兵，这是土兵的主体。由于苗族的人民有勇悍、敏捷等特点，因而苗兵在土兵中占有很大分量。自明正德以来，苗族土司经常奉调到各处征战平乱，包括嘉靖年间平定倭寇之乱在内，其兵多以苗族充数，作战时，苗兵冲锋在前，披坚执锐，能克敌称强。所以，当嘉靖年间海南黎族起义声势浩大时，"狼、土官兵"就奉调前来冲锋陷阵。这些土兵打完仗后，有的就落籍海南，成为海南一个族群，被称为"苗黎"。

2. 回族

回族自唐、宋、元各朝移入海南岛后，到了明朝，又有了新的发展。

（1）明代两个回族家谱中关于移徙海南岛的情况

海南岛上的回族有从波斯、阿拉伯及越南占城地区移居来的，也

---

① （明）张鏊：《交黎剿平事略》卷四《奏疏条》，《玄览堂丛书》第十二册，第7—39页。

有从大陆移居来的，其中，从大陆移居来的，有家谱记载的是蒲氏和海氏。

《南海甘蕉蒲氏家谱》，初辑于明万历四十七年（1619年），清道光二十八年（1848年）、光绪七年（1881年）和光绪三十三年（1907年）三次重修，遂具规模，于民国二年（1913年）付梓。该谱为广东南海县蒲姓家谱，被广东省博物馆和广东省民族研究所发现，藏于广东省博物馆，1987年12月由天津古籍出版社出版，丁国勇标点。在这部蒲氏家谱中，蒲氏本立堂宗支图记载了蒲氏二世祖蒲彦民的次子蒲杰迁居海南岛儋州。

杰子玉、璞居儋州，开茇蔓房。柏谷、乐善居甘蕉。柏谷子云泉，孙东宽以从弟西泉子甘村入嗣，开南野、南池两房。乐善开粤峰、西圃两房。粤峰即养拙曾祖，故称养拙房，我族四房所由分也。

在"先代分房考"中的"茇蔓房"条云："属琼府那细司登龙图五甲民籍。明时，由我甘蕉房三世伯祖俊公往海南贸易，其子玉、璞公遂家于儋州茇蔓乡。今子孙丁口一千五六百人云。"

除蒲氏家族外，还有海氏家族，也是从大陆移徙来海南的。

据《海氏答儿公族谱》（卷之一）中《续修海氏族谱序》云："独念令祖自南宋时官指挥，讳俅三公，由闽隶籍于广之番禺，为迁广始祖，阅五传至答儿公，于明洪武年间，又从军海南，卜居于琼之琼山，为琼始祖。其间人文蔚起，族姓蕃昌。列春，官捷秋闱，才德彬彬，指不胜屈，且不数传；而忠介公挺然崛起，经济卓冠，前朝志节，彪炳今古，而海族遂为天下者，天下莫不知有忠介也。"[①] 这段文字，比较详尽地记述了明代海瑞家族的早期源流。海氏广东始祖海俅，南宋时，由闽迁广东番禺，其曾孙（四世祖）海逊之，在明朝开国之初任广州卫指挥，五世祖海答儿于洪武七年（1374年）从军驻海南岛，落籍琼山左所，成为海氏迁琼始祖，海瑞（1515—1587年）是九世祖，

---

① 《海氏答儿公族谱》卷之一，光绪二十五年修，第7页。

即海南海氏五世祖。

又据王国宪《海忠全公年谱》云："上世□南宋始祖官指挥讳俅，由闽来广，籍番禺。俅生钰，钰生甫震、甫云。甫震生逊之，逊之生答儿。洪武十六年，答儿从军海南，居琼山，为公高祖。不再传而后姓蕃衍，科甲继起，为海南望族。"海氏一脉，在闽粤，时间为 13 世纪中叶至 14 世纪中叶，历经南宋后期、元、明初期，正是我国东南海地区海上航运及商贸发展和蕃客大量拥入中国的时间。正德《琼台志》"琼山县寺观"载："海瑞出世前百年，琼山有'礼拜寺，在土城北街巷内。宣德初，军海兰答建，废'。"琼山的清真礼拜寺，是海氏族人所建。所以，海氏以回族而落籍海南，是毫无疑问的。①

这里蒲、海两姓有家谱记载，故对其入琼始祖的记载比较明确，除这两姓外，因海南岛为中国南方门户，回民移居此岛人数一定还不少。《古今图书集成·方舆汇编·职方典》载："昭应庙，在（万）州东北三十五里莲塘港门。其神名曰舶主。明洪武三年（1370年），同知乌肃以能御灾捍患，请敕封为新泽海港之神。祀忌豕肉。往来船只必祀之，名曰番神庙。"②由此可知番客回民来往海南岛贸易人数之多，非只蒲、海二姓。

（2）明朝回民移徙海南的生活状态

三亚回族在 20 世纪 40 年代尚存有《崖县三亚港蒲氏简谱》，此谱的抄录者是刘贤遵，是谱中四甲刘姓第九传裔孙，后来他把这一族谱带到台湾，至今无法寻找。所幸罗香林著《海南岛蒲氏回教徒考》，以这部家谱为根据。对海南回族进行考察。《崖县三亚港蒲氏简谱》中写道："臻明朝，因黎叛，官府追迫粮税，多逃散各处，如儋州、万州、琼州、三亚等圩，居住安身。历代之后，三处反教难劝，为明末之时，三亚被西黎大叛破过。"由此，罗香林下断语云："可知此蒲姓

① 参见姜永兴：《广东海南回族研究》，广东人民出版社 1989 年版，第 85 页。
② （清）陈梦雷编纂：《古今图书集成·方舆汇编·职方典》第一千三百八十卷，转引自《地理志·海南》，海南出版社 2006 年版，第 366 页。

回教徒，自明初即以受黎人寇掠，而辗转迁居，其一部分族裔之改称海、哈、米、金等姓，或即起于迁居之际。按明初儋州、崖州，黎人变乱无常，崖州蒲姓曾以避乱而散居各地，自无可疑。"①在明初洪武年间，崖州曾出现几次黎族反抗斗争，如：

洪武元年（1368年）十一月，耿天璧征海南，克南宁、儋、万等州，与生黎化黎小踢洞主王官泰等战，败之。又以恩信招谕各贼使降，于是海南悉平。

"二十八年（1395年），崖州千家村，定安光螺樵木，文昌白延等处，黎纠众为乱。都指挥花茂，本卫指挥石坚牛铭，千户崇实等，率兵讨之悉平。"

"建文元年（1399年），崖州黎相仇杀，以反闻。琼州知府王伯贞，捕其首恶，兵遂罢。"

罗香林由此证明说："此与崖州蒲氏简谱所述明初黎人叛乱，正相符合。唯崖州蒲氏以遭受黎患，曾散居琼州、儋州等地，且有改称海、哈等姓之事实，则明代琼山县之海姓，如海瑞家族等，或亦与此蒲氏有关，然未能遽为论定也。"②罗香林对《崖州蒲氏简谱》的考察，说明了一个问题，明代海南岛上的回族移民，受各地黎族起义及官军弹压武装斗争的影响，无法定居一地，经常因环境的影响而到处迁徙。《三亚港通村蒲氏简谱》昭示了这一回民居住的讯息。

3. 疍民

自晋至唐，疍人已经遍布四川、滇、黔、两湖等省。可以说，在唐朝以前，整个中国南部地区，都曾是疍民的住地。对这一类疍民，叶显恩说："谭其骧先生经研究，认为'蜑族最初见于巴中，六朝以来，始辗转流入粤东。'我认同谭先生所言。蜑族是六朝以来，始从巴中

---

① 罗香林：《蒲寿庚传》，台湾中华文化出版事业委员会1955年版，第142页。

② 罗香林：《蒲寿庚传》，台湾中华文化出版事业委员会1955年版，第142—143页。

和澧水、沅水地区辗转移居两广、福建等地。"① 在唐代以前的记载，
疍人与南蛮的其他族群一样，划地而居，住在溪边山洞。到了宋代以
后的记载，未被汉化的疍人的情况，已从内地的溪洞转移到沿海岸的
水上人家了。

为什么会有这样的转变呢？据叶显恩分析：蜒人，本幽居溪洞，
不知中原礼俗，文化发展缓慢。南北朝时，与廪君蛮、盘瓠蛮和白虎
蛮等杂居而被称为"蛮蜒""夷蜒"。唐代柳宗元《岭南节度使飨军堂
记》所说的"林蛮洞蜒"与"胡夷蛮蜒"并称。文中说："公与监军使，
肃上宾，延群僚，将校士吏，咸次于位。卉裳鬣衣，胡夷蜑蛮，睢盱
就刘者，千人以上。"② 这里仅把"蜒"作为少数民族的泛称。宋代以
降，在汉化日益加剧的情况下，他们趋居水上，以舟楫为家是其最优
的抉择。③

明朝疍民在海南的户数，正德《琼台志》也有统计，如正德七年
（1512 年）："总蜑户有 1913 户，琼山县蜑户 183 户，澄迈县蜑户 152
户，临高县蜑户 221 户，文昌县蜑户 230 户，会同县蜑户 88 户，乐
会县蜑户 112 户，儋州蜑户 333 户，昌化县蜑户 12 户，万州蜑户 77
户，陵水县蜑户 100 户，崖州蜑户 349 户，感恩县蜑户 56 户。"④ 这近
2000 户疍民，生活在海岛各州县，保存了疍家的生活习俗，他们以渔
为生，岁办鱼课，自相婚娶，不与外人通婚，在陆地上生活者，还养
牛耕种，妇女织纺布被，男渔女织，遵纪守法。

4. 明代客家人迁入海南岛

客家人是海南移民族中的一支十分特殊的队伍，在海南移民史上
也有着特殊的地位。从明朝开始，客家人就开始从广东移民海南。他

---

① 叶显恩：《关于疍民源流及其生活习俗》，载林有能等主编：《疍民文化研究》，香港出版社 2012 年版，第 5 页。

② 《柳宗元全集》，上海古籍出版社 1997 年版，第 320 页。

③ 叶显恩：《关于疍民源流及其生活习俗》，载林有能等主编：《疍民文化研究》，香港出版社 2012 年版，第 6 页。

④ （明）唐胄纂：正德《琼台志》卷十《户口》，海南出版社 2006 年版，第 224—231 页。

们大都住在海南岛西南山区，即儋县、临高、澄迈、琼中、白沙五县的交界处。

钟平曾说："那大镇已有400多年历史，明万历年间设那大营。原有两个村庄，一个叫那稔村（讲临高话），一个叫大同村（讲客家话），后合并成那大。"① 可知客家人在明万历年间以前已渡琼定居那大了。又明万历《儋州志》载："客自高、化载牛渡海。"② 其实，载牛渡海经商的广东人自唐宋以来就有，不过志书上没明确标明是客家人而已，万历《儋州志》写明是"客人"载牛到海南岛经商，所说的"高化"，即广东的高州、化州一带的客家人。在万历《琼州府志》中也讲道："语有数种。有官语，即中州正音，缙绅士大夫及居城所者类言之，乡落莫晓。有东语，又名客语，似闽音。"③ 又正德《琼台志》"语有数种"条也载："州城惟正语，村落乡音有数种，一曰东语，似闽音。"其"迈客俗"条云："迈人、客人，俱在崖州，乃唐宋以来仕、宦、商寓之裔。迈居附郭二三里，及三亚、田寮、椰根三村，在州治东一百里。其言谓之迈语，声音略与广州相似。客居番坊、新地、保平三村，俱在州治西南三四里。又有多银村、永宁乡，俱在州治东一百里。习尚多与迈人同，惟语言是客语，略与潮州相似。旧时服用，男妇脑髻，戴藤笠。婚礼不用猪羊，死以圆木为棺。今皆渐变，与城郭同。"④《崖州志》也提及："曰客语，与闽音相似，永宁里、临川里、保平里及西六里言之。"⑤ 自从唐宋以来，客家人或仕、或宦、或商来到海南之后，很多就落籍海南了，到了明代，其后裔多定居海南西南部儋州、崖州一带，尤其是崖州三亚。正德《琼台志》标明聚居于番坊、新地、保

---

① 钟平等编著：《儋县概况》，海洋出版社1989年版，第21页。

② （明）曾邦泰等纂修：万历《儋州志》天集《民俗志》附，海南出版社2004年版，第47页。

③ （明）戴熺、欧阳灿总裁，蔡光前等纂修：万历《琼州府志》卷二《地理志·方言》，海南出版社2003年版，第115页。

④ （明）唐胄纂：正德《琼台志》卷七《水利》，海南出版社2006年版，第151—152页。

⑤ （清）钟元棣创修、张嶲等纂修：光绪《崖州志》卷一《舆地志·风俗》，海南出版社2006年版，第52—53页。

平三村；《崖州志》标明聚居于永宁里、临川里、保平里及西六里。由此可知，明代客家话已经成为海南方言中的一个语种，这批客家人已经成为海南岛的"老客"。

明代海南的移民，还有一个新的特点，即由于社会经济环境的变化，民族之间的杂处、融合现象日益凸现，最显著的是熟黎与汉族移民之间的关系，已成为移民群体中的普遍现象，如《方舆志·生黎》中载："熟黎，相传其本南、恩、藤、梧、高化人，多王、符二姓，言语皆近彼处乡音，因徙居长子孙焉。"① 又《岐人考》也云："熟岐本南、恩、藤、梧、高、化人，音语皆同，昔从征至此。"②《明史》也有同样记载："熟黎之产，半为湖广、福建奸民亡命，及南、恩、藤、梧、高、化之征夫，利其土，占居之，各称酋首。"③ 嘉靖《广东通志初稿》载："旧传其先本南、恩、藤、梧、高、化人，多王、符二姓，言语皆近彼处乡音，因从征至此，利其山水，迫掠土黎，深入荒僻，占食其地，长子育孙，人多从之，凡豪酋皆其种。落外连居，民慕化服役，因名熟黎。今其人家犹藏昔时文诰。"④ 苏轼《书柳子厚牛赋后》云："客自高化载牛渡海，百尾一舟，遇风不顺，渴饥相倚以死者无数。牛登舟皆哀鸣出涕。既至海南，耕者与屠者常相半。今肇庆新兴客反岁货牛于琼，以给广左右。"⑤ 从这些材料中可以了解到明代海南移民的蜕变。汉族移入海南之后，由于生活环境的变迁而被黎化，成为海南移民的一种特殊的现象。黎族走出山林被汉化，汉族走入山林被黎化，民族之间的融合，随着时代与环境的变化而转移。

---

① （清）陈梦雷编纂：《古今图书集成·广东黎人岐人部》，转引自《地理志·海南》，海南出版社 2006 年版，第 546 页。

② （清）陈梦雷编纂：《古今图书集成·广东黎人岐人部》，转引自《地理志·海南》，海南出版社 2006 年版，第 547 页。

③ （清）张廷玉等撰：《明史》卷三百十九《广西土司传三》，中华书局 1974 年版，第 8277 页。

④ （明）戴璟修、张岳等纂：《广东通志初稿》卷三六，海南出版社 2006 年版，第 158 页。

⑤ 《苏轼文集》卷六十六《书柳子厚牛赋后·题跋》，中华书局 1986 年版，第 2058 页。

第二十六章　明代海南教育

明代盛行"科举文化"或称"考试文化"，《明史·选举志序》云："科举必由学校，而学校起家可不由科举。"也就是说，在明朝所有的读书人都必须通过科举考试或学校考试，才能当官，这种考试制度，推动了明代教育文化的发展。

明朝的教育制度分为民间教育和官方教育两个方面。除官方学校诸如国子监、府州学及卫学等官学之外，所有非官方教育形式，都属于民间教育范畴。

明朝重视教育，《明史》载："郡县之学，与太学相维，创立自唐始。宋置诸路州学官，元颇因之，其法皆未具。迄明，天下府、州、县、卫所，皆建儒学，教官四千二百余员，弟子无算，教养之法备矣。"[1] 明王朝吸取元代的教训，在治国的决策中，采取"治国以教化为先，教化以学校为本"的政策，大建学校。洪武二年（1369年），明太祖初建国学，谕中书省臣曰："学校之教，至元其弊极矣。上下之间，波颓风靡，学校虽设，名存实亡。兵变以来，人习战争，惟知干戈，莫识俎豆。朕惟治国以教化为先，教化以学校为本。京师虽有太学，而天下学校未兴。宜令郡县皆立学校，延师儒，授生徒，讲论圣道，使人日渐月化，以复先王之旧。"于是大建学校，府设教授，州设学正，县高教谕，各一。俱设训导，府四州三，县二。生员之数，

---

[1] （清）张廷玉等撰：《明史》卷六十九《选举一》，中华书局1974年版，第1686页。

府学四十人，州、县依次减十。师生月廪食米，人六斗，有司给以鱼肉。学官月俸有差。生员专治一经，以礼、乐、射、御、书、数设科分教。务求实才，顽不率者黜之。十五年颁学规于国子监，又颁禁例十二条于天下，镌立卧碑，置明伦堂之左。其不遵者，以违制论。盖无地而不设之学，无人而不纳之教。庠声序音，重规叠矩，无间于下邑荒徼，山陬海涯。此明代学校之盛，唐、宋以来所不及也。①

在全国的大气候下，各地纷纷建立学校，收取生员，黎族土官子弟，也可入附近儒学，无定额。

明朝特别重视社学，洪武八年（1375年），地方始建社学，延师以教民间子弟，兼读《御制大诰》及朝廷律令。正统时，许补儒学生员。

洪武十六年（1383年），诏民间立社学有司不得干预。其经断有过之人，不许为师。

弘治十七年（1504年），令各府、州、县建立社学，选择明师，民间幼童十五以下者送入读书，讲习冠、婚、丧祭之礼。②

由此，明朝自上及下，兴学教诲，为各地官员所重视。官吏来琼治政，修学宫，崇儒学或平黎之后，建立社学，教化黎众，成为他们的政绩。钟芳的《平黎碑铭》中，批评元代"虽能戡黎，所至刻石，而不能图远"。而明代来自中土将士，则注重教化，"与民杂居，久之语言习俗诗书礼让之风渐靡，庙乎穷绝，而科第与中州等"。官吏在平黎之后，"分兵屯田，广储蓄，兴文化，以变夷俗"，"建社学，择师训蒙，易巾服，习书仪"③，使教育有所普及，进入黎寨。

王弘诲在《水会平黎善后碑》中也写道：邓钟等在琼中水会所平黎之后，注意三件事："立墟市以通贸易，建乡约以兴教化，竖社学以

① （清）张廷玉等撰：《明史》卷六十九《选举一》，中华书局1974年版，第1686页。

② （清）张廷玉等撰：《明史》卷六十九《选举一》，中华书局1974年版，第1690页。

③ （明）钟芳：《钟筠溪集》卷九《平黎碑铭》，海南出版社2006年版，第188页。

训黎庶。"① 当时的水会由于设立水会所，取黎童习读，使黎人也因此知儒学。

道光《琼州府志》云："水会社学，在县南三百里林湾都。万历二十八年，抚黎通判吴俸建，廷师专训黎童，并置学田。今废。"②

社学及儒学的普遍设立，使部分黎家子弟有机会上学。尤其是土官的后代，可以进入县学读书，然后赴京应试。

在明代，海南的教育事业，是有史以来发展最辉煌的一页，也说明中原汉文化已在海南岛上蔚然成风。正如正德《琼台志》所说的："迨于我朝，圣圣相承，薄海内外咸建学宫，遴选硕师以专教道，是以贤才辈出，有进列六卿位八座者矣，有视草玉堂兼信史者矣，亦有明习经史肇登桂籍者矣。"③ 明代海南贤才辈出，与学校教育的发展密切相关。

由于教育发展的迅速、各方人士对教育事业的关怀，使中举人数空前增加。宋代海南人考上进士的有 15 名，元朝无人中进士，而明代各州县考中进士的有 63 名。人数比宋代猛增 4 倍。

---

① （明）王弘海：《天池草》卷九《水会平黎善后碑》，海南出版社 2004 年版，第 244 页。

② （清）明谊修、张岳崧纂：道光《琼州府志》卷七《建置志》，海南出版社 2006 年版，第 340 页。

③ （明）唐胄纂：正德《琼台志》卷十五《学校》，海南出版社 2006 年版，第 344 页。

第四编

清代时期

第二十七章　清代海南地方政权的建立

　　从顺治元年（1644 年）清军入关，至宣统三年（1911 年）辛亥革命成功、溥仪退位为止，清朝统治长达 268 年。再加上在关外，共有 300 多年。从清太祖努尔哈赤于 1583 年起兵，至 1840 年鸦片战争爆发，这 200 多年间，是清皇朝政权的第一阶段；自 1840 年至 1911 年辛亥革命，应划分为第二阶段，即中国历史归为近代史部分。

　　1636 年 5 月，后金君主皇太极称帝，创建蒙汉八旗制度，国号大清。这个王朝延续了 260 多年，建构了有清一代由满族贵族联合汉族贵族实施残暴的专制主义封建政权。

第一节　清初南明政权退避海南

　　顺治元年（1644 年）三月，李自成攻陷燕京（现北京），明朝崇祯皇帝朱由检于三月十九日自缢于煤山。李自成登皇极殿称帝，国号大顺，改元永昌，明朝降臣叩拜新主。是时，李自成管辖了陕西、山西、河南、山东、河北及湖广部分州县。张献忠占据四川，称大西国王。满族摄政王多尔衮，统兵杀向山海关，施用巧计，逼降吴三桂，大败李自成，乘胜追击，攻入北京。

　　清皇太极于崇德八年（1643 年）八月初九病逝，多尔衮拥立皇九子、6 岁的福临继位，八月二十六日登上笃恭殿宝座，成为大清国新皇上，以第二年为顺治元年。

顺治元年（1644年）五月初二，清军进入燕京（今北京）。九月十九日，幼主福临抵达京师，十月初一举行定鼎燕京登极大典。福临成为入主中原的皇帝，清政府正式成为明朝之后新的全国性政权。

清军入关后，挥师东下攻占南京，消灭南明弘光政权，继而向西南推进，消灭明朝抗清的鲁王政权和隆武政权。接着，顺治三年（1646年）明朝桂王朱由榔监国于广东肇庆，唐王朱聿鐭监国于广州，并抢先称帝，建立南明绍武政权，朱由榔也即位于肇庆，成立南明永历政权，两个南明政权都建立于广东。清军平定福建后，由佟养甲、李成栋率师突袭广州，朱聿鐭及苏观生自缢死。

李成栋占领广州后，一路西进，直奔肇庆，而南明兵部主事陈邦彦、大学士陈子壮与农民军领袖联合抵抗。顺治四年（1647年）二月，南明桂王总督丁魁发被李成栋杀死于大藤江。顺治五年（1648年）四月，李成栋奉命征永历帝，清朝仅授以广东提督总兵官。李成栋自认为朝廷效力，劳苦功高，谋任两广总督不得，遂生怨望。时江西、粤西兵力均威胁广东，广东与北京联系又被切断，广东处境十分艰难。于是李成栋引兵往粤西辅佐南明桂王，认为事成则易以封侯，事败亦不失为忠义。挟佟养甲等叛清归明，树"靖国安民"旗号，用永历年号，请迎永历帝入广东。当李成栋章奏至南宁，满朝惊喜，弹冠相庆。永历帝封李成栋为惠国公，佟养甲等七人为伯。清兵进攻广东又遇上了极大的障碍。顺治六年（1649年）二月，李成栋在信丰战死。而明王朝的反清武装斗争，在南方此起彼伏，对南方的海岛，如厦门岛、海南岛，进攻之后，不敢留，又复出。反对清军进占海南岛的斗争，十分激烈。

顺治四年（1647年）二月，清总兵官阎可义等进入琼州，百姓纷纷出郊欢迎，即降。据民国《琼山县志》：丁亥顺治"四年（1647年）二月，总兵官阎可义等入琼州，百姓郊迎安堵，遂定琼州"。①

据道光《万州志》记载："四年（1647年），大兵取广东，广、肇、

---

① 朱为潮、徐淦等主修，李熙、王国宪总纂：民国《琼山县志》卷二十八《杂志》，海南出版社2004年版，第1830页。

高、雷等郡县皆降。万州于是月十三日，士民剃发归诚。以戴纶知州事，朱九锡为州吏目。"在这条消息后，有一条按语，按旧志云："新降之地，人心摇摇。为有司者，正宜抚绥以安地方。今二人不称其职，卒召祸乱，故特书之以示后。"① 可见，知州事戴纶及州吏目朱九锡，在当时人心摇乱的情况下，朝不保夕，事态的发展也是如此。南明逃往海南的官吏，引诱黎人起来反抗，不久，顺治四年（1647年）五月十二日，戴纶及朱九锡被明臣曹君辅联合黎哨率众杀掉。

从顺治四年（1647年）到康熙十八年（1679年）这前后30多年里，因为清朝的政治和军事势力还没有完全能控制海南岛的局面，各派政治势力都在博弈，也包括各派之间的反复无常，政治情况十分复杂。

第二节　清代统一海南

清代在海南岛上，经过对南明反清势力的长时间征讨，终于在顺治朝后期慢慢平息，政局逐渐稳定。

据道光《琼州府志》记载，清代在海南第一位知府是朱之光，于顺治十二年（1655年）任知府事。朱之光应该说是一位不坏的官，他在任时"抚字有方，刑平政简，居官无赫赫之名，而去后常见思，祀名宦"。② 清初朱之光来海南任职，百姓为他的德政写下了《海日澄光记》，这部书记录了他当时到海南之后处境之艰苦及其事迹。明代由于兵戈四起，乡民逃窜，战后逃亡者逐渐回来，而留下来的兵士霸占了民居，先回来的人占领了田亩，因此对田产、屋宇的诉讼无虚日，前任的郡守积累下数千案件。是时，百姓有屋不得居而栖身破屋，有田不得耕而籴米糊口，向官府上诉又不能辨别是非曲直。他到任后，未一月，尽剖断之，数万民户得以复业。他审案未尝假辞色，

---

① （清）胡端书总修，杨士锦、吴鸣清纂：道光《万州志》卷七《前事略》，海南出版社2004年版，第426—427页。

② （清）明谊修、张岳崧纂：道光《琼州府志》卷三十一《官师志》，海南出版社2006年版，第1398页。

事鞭扑，于是民心信服，不敢狡饰，即吐真情，由此狱不留滞。所属地产沉香、玳瑁诸物，守土者多取以馈送给他，之光悉榜免之，其他德政，多有可称，琼人把他这些事迹写成书，名曰《海日澄光记》。①可见，清朝在海南岛上的统治站稳脚跟之后，面对当时用兵后"市井萧条，民皆避乱"的现实，在顺治后期选派官员治理海南，都比较务实，以此收复民心，巩固清代刚刚踏上海南岛后扫除南明武装势力的决心。例如顺治十二年（1655 年）派来的崖州知州梅钦，到任后，"钦劳来抚循，远近流民皆襁负来归复业。康熙元年（1662 年），为民请豁免荒米一千四十七石有奇，并请豁军屯米一千九十八石。在任七年，多惠政"。②顺治十二年（1655 年）定安县知府李宏名，"廉明慈惠，实心爱民，详请豁免荒芜田粮，不肯虚报垦荒田亩，民感德之"。③顺治后期派到海南的一批汉人官吏，为清代巩固对海南的统治立下了汗马功劳。这仅仅是清代统治海南之初良性的一面。

清初，海南岛陷入清军及南明军的激烈战乱中，清朝消灭了南明的残余兵力，统治了满目疮痍的海岛。当时有一位官员叫罗启相的，康熙二十二年（1683 年）任临高县训导。他曾写下一篇《指陈利弊书》，书中说："职于未任之先，即闻临高连年旱灾，民逃土满，及入县境，极目荒丘，破落残村，杳无烟火，城居兵役而外，罕见行人。彼时犹谓凶岁使然，阅明年，十雨五风，耕则必获，乃未闻复业，惟见接踵继逃，是则凶岁固逃，丰年亦逃，盖无日而不逃也。通学文武诸生，职到任一载，所接见者仅有二十人，余俱踪迹莫问。即一二贡生，亦皆挈族而行，招之不返。是则小民固逃，贡衿亦逃，盖无人而不逃矣。"④这是临高县的情况，其实何止一县如此，全岛实情也类此。

----

① （清）明谊修、张岳崧纂：道光《琼州府志》卷三十一《官师志》，海南出版社 2006 年版，第 1398—1399 页。

② （清）明谊修、张岳崧纂：道光《琼州府志》卷三十一《官师志》，海南出版社 2006 年版，第 1399 页。

③ （清）明谊修、张岳崧纂：道光《琼州府志》卷三十一《官师志》，海南出版社 2006 年版，第 1398—1399 页。

④ （清）明谊修、张岳崧纂：道光《琼州府志》卷四十《艺文志》，海南出版社 2006 年版，第 1786 页。

如定安县高林村，张岳崧叙述先人迁琼时的状况写道："比至，是踉跄不能立，益以岚瘴苦疟经年。当是时，国家承平数十年矣，而琼属地僻人稀，土未尽垦。定之高林距郡百里许，山谷崚嶒，林峦蓊郁，熊猢之所居，豺貘之所嗥，盗贼啸聚，瘴疬间作，至者懔懔。"① 究其原因，除政局动荡外，清廷的"捏垦""杂税""盐课""鱼课"等苛捐杂税的盘剥，再加上海盗泊船海港，杀掳疍民；接着又奉命海禁，不特缺额无征，即全课并无所出，又复重加摊派，"加上官府捏报垦荒，兼之课税缺额，官顾考成，惟民是问，民畏刑毙，惟有窜逃。逃者既众，抛荒愈多，逃荒相因，日甚一日"。② 在这种混乱的社会状况下统治海南岛。到了康熙、乾隆年间，由于政治比较稳定，清代统治也逐渐地深入黎寨山区，所以局势相对平稳。但到了嘉庆、道光年间以后，由于世界大格局的嬗变，经济形态的转变，西方殖民者的入侵，外国教会势力的渗透，民族地区与汉区社会发展的不平衡性，海南岛上反抗民族压迫和民族歧视的斗争，在鸦片战争（1840 年）前夕，黎族的反抗斗争就愈演愈烈了。尤其是一系列不平等条约签订之后，给海南岛尤其是黎区带来严重的危害，因为在各国的不平等条约中，都涉及开放口岸、设立商埠、免除关税、自由通商贸易等特权内容。外国资本主义列强凭借这些特权，把大量过剩商品输入中国倾销，同时又从民族地区掠夺他们发展资本主义所需的一切资源。自清康熙二十四年（1685 年）清政府废除了市舶司制度，设立了江、浙、闽、粤四海关，粤海关下设总口七处，海口总口是其中之一。自琼州开埠之后，英、法、美、意、比、西、丹、奥等国先后运进大批洋货，海南岛上广大的黎、苗地区成为外国商品的倾销市场，外国侵略者同时又从岛上掠夺槟榔、益智、牛只以及花藤、皮、蜡等土特产。随着外国侵略者的经济掠夺和政治危害的加深，清代后期黎族的反抗斗争愈演愈烈。

---

① 张正义、韩林元主编：《张岳崧诗文集》，《敕封文林郎翰林院编修庠生显孝厚斋府君行述》，南海出版公司 1998 年版，第 526 页。

② （清）明谊修、张岳崧纂：道光《琼州府志》卷四十《艺文志》，海南出版社 2006 年版，第 1786—1788 页。

第二十八章　清政府对海南统治的强化

第一节　政　区

清代从顺治元年（1644年）至宣统三年（1911年）辛亥革命，统治中国的时间共268年。但清代对海南的统治，一直至顺治九年（1652年）才算稳定，自这一年开始至宣统三年（1911年），统治海南有260年。

关于海南的建置，清代初年仍循明制。据《琼州府志》载："国初仍明制，以按察司副使金事分巡琼州兼提学。康熙十三年（1674年），改设分巡雷琼道，雍正八年（1730年），改分巡海南道，加兵备衔。乾隆三年(1738年)，改复为雷琼道。"[①]又《琼州府志》载："费丙章……嘉庆二十三年（1818年），由御史分巡雷琼道。""喻溥……道光六年（1826年）任雷琼兵备道。"[②]

《清史稿》载："琼州府：（琼崖道治所）……领州一，县七。琼山、澄迈、定安、文昌、会同、乐会、临高、儋州。崖州直隶州：（隶琼崖道）崖州旧隶琼州府，光绪三十一年，升为直隶州……领县四：感恩

---

　① （清）明谊修、张岳崧纂：道光《琼州府志》卷十二《经政志·文职》，海南出版社2006年版，第551页。
　② （清）明谊修、张岳崧纂：道光《琼州府志》卷三十一《官师志三·宦绩下》，海南出版社2006年版，第1416页。

（旧隶琼州府，光绪三十一年来属）、昌化（旧隶琼州府，光绪三十一年来属）、陵水（旧隶琼州府，光绪三十一年来属）、万州（旧隶琼州府，光绪三十一年降为县，来属）。"①

因清代在很长一段时间里是循明制，也即道光《琼州府志》所说的"国朝因之"。而且都隶属于广东，所以政区建置变化不大，只是至光绪三十一年（1905年），万州降为县，崖州升为直隶州，才有一些变动。

民国《儋县志·历代沿革表》："清初，琼府管州三县十：儋州、崖州、万州。琼府道台名雷琼兵备道，以琼府而兼管雷府。后因崖州近黎，黎防紧要，特于光绪年间改为琼崖道，以崖州为直隶州，管陵水、昌化、感恩三县，而万州、儋州仍为散州。"②

《光绪朝东华录》载："光绪三十一年（1905年）四月，政务处奏：本年四月初五日，准军机处钞交署两广总督岑春煊奏请添设巡道并将粮道等缺分别裁改一折，又请升崖州为直隶州知州一片，均奉硃批……再该督等片奏，请将琼州府属崖州知州升设直隶州一缺，系因与附近该州之感恩、昌化、陵水三县，万州一州，均距府治过远，管辖多有不便……所有原属该府之感恩、昌化、陵水三县，及万州改设万县，均归崖州管辖，俾便控驭而符体制……又片奏，崖州升为直隶州，万州改为万县，查崖州原系难简调缺，今升为冲难烟瘴直隶州要缺，万州原系疲要调缺，今改为县缺。"③

第二节　职　官

清代海南职官沿袭明制，而且地方政权仍由广东派官吏统治。

---

① 赵尔巽等撰：《清史稿》卷七十二《地理志十九》，中华书局1986年版，第2288—2291页。

② 彭元藻、曾友文修，王国宪总纂：民国《儋县志·历代沿革表》上册，海南出版社2004年版，第24页。

③ （清）朱寿朋编、张静庐等校点：《光绪朝东华录》，中华书局1958年版，第5347—5348页。

一、文职职官

1. 按察司副使：分巡兼提学，至康熙四十五年（1706 年）裁兼提学。

《清史稿》载："提刑按察使司按察使，省各一人。按察使掌振扬风纪，澄清吏治。所至录囚徒，勘辞状，大者会藩司议，以听于部、院。兼领阖省驿传。"各省置按察使一人，副使、佥事，因事酌置。巡道并兼副使、佥事衔。所属经历、知事、照磨、检校、司狱，因时因地，省置无恒。①

2. 佥事：设二人。

3. 分巡雷琼道：康熙十三年（1674 年）改设。

《清史稿》载："道员、粮道、河道、海关道、巡警道、劝业道等。广东有琼崖道，驻琼州。此职位各掌分守、分巡，以及河、粮、盐、茶，或兼水利、驿传，或兼关务、屯田；并佐藩、臬覈官吏，课农桑，兴贤能，励风俗，简军实，固封守，以帅所属而廉察其政治。其杂职有库大使，仓大使，关大使，皆因地建置，不备设。"②

4. 分巡海南道：雍正八年（1730 年）改设加兵备衔，乾隆三年（1738 年）复回雷琼道。

5. 知府：《清史稿》载："同知，通判，无定员。其属：经历司经历，知事，照磨所照磨，司狱司司狱，各一人。知府掌总领属县，宣布条教，兴利除害，决讼检奸。三岁察属吏贤否，职事修废，刺举上达，地方要政白督、抚，允乃行。同知、通判，分掌粮盐督捕，江海防务，河工水利，清军理事，抚绥民夷诸要职。"③

海南同知：原驻郡城，雍正九年（1731 年）移崖州照烟瘴例选调二年半，俸满候升。

---

① 赵尔巽等撰：《清史稿》卷一百一十六《职官三》，中华书局 1986 年版，第 3348 页。

② 赵尔巽等撰：《清史稿》卷一百一十六《职官三》，中华书局 1986 年版，第 3352—3355 页。

③ 赵尔巽等撰：《清史稿》卷一百一十六《职官三》，中华书局 1986 年版，第 3356 页。

海南通判：康熙三年（1664 年）奉裁。

海南推官：康熙四年（1665 年）奉裁。

6. 知县：县丞一人，主簿无定员。典史一人。知县掌一县治理，决讼断辟，劝农赈贫，讨猾除奸，兴养立教。凡贡士、读法、养老、祀神，靡所不综。县丞、主簿，分掌粮马、征税、户籍、缉捕诸职。典史掌稽检狱囚。

7. 府教授、训导，州学正、训导，县教谕、训导，俱各一人。教授、学正、教谕，掌训迪学校生徒，课艺业勤惰，评品行优劣，以听于学政。训导佐之。初沿明制，府、厅、州、县及各卫武学并置学官。康熙三年（1664 年），府、州及大县省训导，小县省教谕。康熙十五年（1676 年）复置，自是教职分正副。①

8. 海南训导：康熙三年（1664 年）奉裁，康熙十七年（1678 年）复设。

9. 经历：康熙三十九年（1700 年）奉裁，雍正七年（1729 年）复设。

10. 司狱：雍正八年（1730 年）奉裁。

11. 巡检司巡检：掌捕盗贼，治奸宄。凡州县关津险要则置。隶州厅者，专司河防。

二、武职职官

1. 总镇

管辖本标左右两营，儋州、万州、崖州协标水师陆路各一营，海口水师营以上水陆共七营，俱在琼州境内，又兼辖廉州、龙门协水师左右两营，雷州水师海安营，嘉庆十五年（1810 年）裁雷州、海安营，归高州管辖，改为琼州镇。

《清史稿》载："镇守总兵官，掌一镇军政，统辖本标官兵，分防将弁，以听于提督。参将、游击，掌防汛军政，充各镇中军官。"

2. 游击

旧设左右两营，游击各一员。嘉庆十六年（1811 年）改为中军游

---

① 赵尔巽等撰：《清史稿》卷一百一十六《职官三》，中华书局 1986 年版，第 3357—3358 页。

击一员，兼管左营事。

3. 参将

《清史稿》载："参将，游击，掌防汛军政，充各镇中军官。"

4. 守备

《清史稿》载：守备，掌营务粮饷。[1]

第三节　军事建置与海防策略

一、军事建制

清代以武功定天下。八旗兵是清入关前的部落武装。旗既是社会组织形式，又是军事组织单位，"以旗统人，即以旗统兵，盖凡隶乎旗者，皆可以为兵"[2]。八旗兵制是努尔哈赤在统一女真各部的过程中逐步创立的。明万历二十九年（1601年），设四旗，即黄、白、红、蓝。万历四十二年（1614年），增设四旗为镶黄、镶白、镶红、镶蓝，黄、白、蓝均镶以红，红镶以白，合为八旗。[3] 清兵入关之后，由投降的明军和新招的汉人编制而成，以绿旗作为标志。绿营兵除少数驻京师外，大部分布防各直省，一般地说，每省设提督、领总全省军队，省内重要防地设镇总兵官，下辖副将、参将、游击、都司、守备、千总、把总、外委、额外外委等官。总督、巡抚、提督、总兵所直辖的标兵分别称为督标、抚标、提标。各营除在驻地防守操练外，还各分领汛地，执行缉私、察奸、防盗、捕贼等任务。

顺治八年（1651年），定两广官兵经制。广东设巡抚，标兵二营，将领八，兵凡二千。设广东提督，标兵五营，将领八，兵凡五千。设广东水师总兵官，标兵六千，分左右二协，中、左、右三营。二协设副将，复分二营，设将领八，兵一千五百。三营水师，各设将领八，

---

① 赵尔巽等撰：《清史稿》卷一百一十六《职官三》，中华书局1986年版，第3389页。

② 《清代文献通考》卷一七九《兵考一》。

③ 《清代文献通考》卷一七九《兵考一》。

兵各一千。设肇庆、潮州、琼州三镇总兵官，标兵二营，将领八，兵凡二千。①"琼州镇水师兼陆路总兵统辖镇标二营，兼辖崖州协、海口等营。镇标左营、右营，崖州协，海口营、万州营、儋州营、海安营。"②广东水师，自顺治九年（1652年）设官弁千人，嗣设总督标水师。③雷琼镇标，康熙二十七年（1688年）设，分左右二营，赶缯船二艘，艍船六艘，快哨船六艘。雍正间，增快哨船十艘。嘉庆十五年（1810年），改称水师营，左营水师八百七十六人，右营水师八百八十八人。海安营，康熙初年，设副将各官。康熙八年（1669年），改设游击，隶镇标，大小哨船凡二十艘。白鸽寨营，顺治初年，设参将各官，大小哨船九艘。康熙间裁撤，存哨船三艘。海口营，嘉庆十五年（1810年），设水师协标，左营水师四百九十二人，右营水师四百八十五人，后改参将，并左右营为一营。崖州水师协标，中营属陆路，右营水师一、二、三号拖风哨船三艘，四、五、六号艍船三艘。④光绪八年（1882年），曾国荃以琼、廉二郡洋面，与越南沿海相通，拨兵轮八艘，拖船二艘，赴北海驻防。⑤

二、海防策略

1. 清初朝廷的海禁政策

顺治十二年（1655年）六月，清政府严令："沿海省份，立严禁，无片帆入海，违者立置重典。"⑥同年另又规定："大海船只除有号票文引，许令出洋外，若奸豪势要及军民擅造二桅以上违式大船，将违禁货物下海前往番国贸易，潜通海贼，同谋结聚及为向导劫掠良民者，

---

① 赵尔巽等撰：《清史稿》卷一百三十一《兵二》，中华书局1986年版，第3897页。

② 赵尔巽等撰：《清史稿》卷一百三十一《兵二》，中华书局1986年版，第3921页。

③ 赵尔巽等撰：《清史稿》卷一百三十五《兵六》，中华书局1986年版，第4015页。

④ 赵尔巽等撰：《清史稿》卷一百三十五《兵六》，中华书局1986年版，第4018页。

⑤ 赵尔巽等撰：《清史稿》卷一百三十八《兵九》，中华书局1986年版，第4117页。

⑥ 《清实录·世祖顺治实录》卷九二。

正犯处斩枭首，全家发边卫充军。"① 顺治十三年（1656 年）规定："今后凡有商民船只私自下海将粮食货物等项与逆贼贸易者，不论官民，俱奏闻处斩，货物入官。本犯家户，尽给告发之人。其该管地方文武各官不行盘缉，皆革职从重治罪，地方保甲不行举首，皆处死。凡沿海地方口子，处处严防，不许片帆入口，一贼登岸。如有疏虞，专汛各官即以军法从事，督抚提镇并议罪。"② 从顺治十一年到康熙十七年（1654—1678 年）清政府颁布了五次海禁令，欲以高压政策，隔绝沿海与外洋一切联系，彻底铲除和防范一切反清势力。③ 顺治十八年（1661 年）、康熙元年（1662 年）和康熙三年（1664 年）三次颁布"迁海令"，将"山东、江、浙、闽、广滨海人民，尽迁入内地，设界防守，片板不许下水，粒货不许越疆"④。强迫居民后退 50 里，在界外不准任何人居住，房屋拆除，田地不准耕种，不准出海捕鱼，凡越界者立斩。海南岛沿海各县，虽未令迁累，但岛四周仍立界 2700 余里，禁止居民外出。⑤

18 世纪末 19 世纪初，西方侵略势力对中国构成的威胁，日益严重。于是，清廷也开始重视海防建设。康熙二十三年（1684 年），清政府正式停止海禁，宣布"今海内一统，寰宇宁谧，满汉人民相同一体，令出洋贸易，以彰富庶之治，得旨开海贸易"。康熙二十四年（1685 年），在广州设立粤海关，作为管理对外贸易的机构。康熙二十七年（1688 年）设雷琼镇，分左、右两营，战船十四艘，雍正年间（1723—1735 年）增快哨船十艘。海安营大小哨船二十艘。白鸽寨战船三艘。崖州右营战船六艘。⑥ 历康、雍、乾三朝，清廷在东南沿海布置了一条以海岸、海岛为依托、水陆相维的海防线。海上

---

① （清）陈梦雷编纂：《古今图书集成·经济汇编·祥刑典·律令部汇考》。
② 《清会典事例》卷七七六。
③ （明）夏琳：《闽海纪要》上卷《迁界徙沿海居民于内地》。
④ （明）夏琳：《闽海纪要》上卷《迁界徙沿海居民于内地》。
⑤ 转引自司徒尚纪：《中国南海海洋文化史》，广东省出版集团广东经济出版社 2013 年版，第 224—225 页。
⑥ 王宏斌：《清代前期海防：思想与制度》，社会科学文献出版社 2002 年版，第 71 页。

力量以驻扎海岛、海口的绿营水师为主，岸上以绿营陆师为主，又以八旗兵在沿海核心城市集中驻防，加以监控。军事力量分散布置，犬牙交错，便于中央监控。与明代弃海岛而不守的海防线内缩政策相比，清代的水师布防显然加强了对于海岛的防卫，这是一个进步。但是有一个致命的弱点，即分散布防，清人称之为"星罗棋布"。这种布防主要贯彻了清廷"以禁为防""重防其出"的思想观念，海防力量主要用于防范居民私自下海出洋、稽查民船规格、技术性能以及运载货物、武器、粮食等，只能用以对付零星海盗，不能进行大规模海战。这种弱点在嘉庆时期已明显暴露，但清廷因循守旧，坚持既定的海防政策，意识不到即将面临的海上威胁有多么严重。①

2. 清代海南岛的海防布置

清代沿袭明旧制，也实行巡洋会哨制度，所谓水兵会哨制度，即按照水师布防的位置和力量划分一定的海域为其巡逻范围，设定界标，规定相邻的两支巡洋船队按期相会，交换令箭等物，以防官兵退避不巡等弊端，确保海区的安全。条例规定，江海巡逻会哨有总巡、分巡之分。总巡是指各镇水师官每年定期巡洋制度，分巡是指由都司、守备担负的巡洋任务。②

清代自道光年间海禁大开以来，形势一变，海防益重。海防分南北洋。山东烟台归北洋兼辖，闽、浙、粤三口，归南洋兼辖。"广东南境皆濒海，自东而西，历潮、惠、广、肇、高、雷、廉七郡而抵越南。"其中雷、廉二州，《清史稿》作这样的分析："又西为雷州，其南干突出三百余里，三面皆海。渡海而南为琼州。又西为廉、钦，与越南错壤。廉州多沙，钦州多岛，襟山带海，界接华夷。琼州孤悬海表，其州县环绕黎疆，沿海多沈沙，行舟至险，水师可寄泊港口仅有

---

① 王宏斌：《清代前期海防：思想与制度》，社会科学文献出版社 2002 年版，第 71—72 页。

② 王宏斌：《清代前期海防：思想与制度》，社会科学文献出版社 2002 年版，第 73 页。

六七处。"①

光绪十二年（1886年），张之洞于广州驻防兵内，选千五百人，习洋枪洋炮，以旗营水师并入，编为两翼，分防海疆。光绪十四年（1888年），张之洞、吴大澂以琼州一岛，内绥黎族，外通越南，就琼州原有制兵，酌设练军，并加练饷，一洗绿营积弊，旧额4900余人，按七底营抽练，共编练1750人。崖州等处水师，加以整顿，原有拖船，亦配拨练军，以二艘驻崖州，二艘驻儋州，二艘驻海口，二艘驻海安。其守兵2000人，匀拨紧要塘汛。②

具体考察海南岛海防状况，《古今图书集成》所载比较简略。

（1）琼镇右营游击一员，守备一员，千总二员，把总四员，驻扎海口所督练水军战船，于所部海面分巡防守。

（2）海口牛始、白沙港，战守兵456名，哨快船14只。

（3）铺前港把总一员，战守兵100名，哨快船2只。

（4）清澜、潭门港把总一员，战守兵150名，哨快船3只。

（5）东水、马袅港把总一员，战守兵150名，哨快船3只。③

关于海南海防的记载，道光《琼州府志》所录资料比较具体，该志辑录各类志书及《海国见闻录》《琼台会稿》《水师营册》等书，详细分列琼州府及各县海防情况。有的港口深广，可以泊船，有的港口曲折且小，不可泊船，均详细说明。④

3.清代海南岛的海防特点

（1）增设船只及官兵出海游巡轮流更替

在海南岛上，原设海口水师左右营，内河快哨船6只，内海赶缯船2只，双篷艍船6只。

---

① 赵尔巽等撰：《清史稿》卷一百三十八《兵九·海防》，中华书局1986年版，第4115页。

② 赵尔巽等撰：《清史稿》卷一百三十八《兵九·海防》，中华书局1986年版，第4117—4118页。

③ （清）陈梦雷编纂：《古今图书集成·方舆汇编·职方典》卷一三八一《琼州府部》。

④ （清）明谊修、张岳崧纂：道光《琼州府志》卷十八上《海黎志一·海防》，海南出版社2006年版，第769—784页。

雍正六年（1728 年），将河内快哨船只俱改造为外海拖风船。

雍正七年（1729 年）添设左右两营快桨船一只，两营配兵巡防。

雍正十年（1732 年）添设快哨船一只，左营配兵巡防。

乾隆十四年（1749 年），将左右营快桨船一只，专归右营石礁港配防。

乾隆十八年（1753 年），抽发左右营快哨船一只，归儋州、万州两营配兵巡防。

现在共有船 12 只，两番轮拨出海。每年上班参将一员，左营守备一员，把总一员，右营千总一员，管驾缯船四只，于二月初一出海游巡，三月初一参将与海安营游击会哨。每月初八，守备与海安营守备会哨。下班右营守备一员，把总一员，左营千总一员，把总一员，管驾缯船四只，于六月初一出海游巡，九月初一守备与龙门协副将会哨，每月初八把总与海安营守备会哨。

（2）更设水军级别，加强对水军的管理

如顺治年间（1644—1661 年），原设琼州镇标右营游击一员，守备一员，千总二员，驻扎海口所城，督练水军战船，于所部海面分汛防守。

康熙十七年（1678 年）改水师副将镇之，更设左右营守备二员。

乾隆三十年（1765 年）改为海口营参将，仍分左右两营。

嘉庆十五年（1810 年）以本营参将改为水师提标，后营参将以春江协副将移驻海口。

至道光十二年（1832 年），平定儋、崖黎民反抗的总督李鸿宾奏："崖州原设参将一员，不足以资弹压，请以海口协副将与崖州营参将对换。"奉准以海口协水师副将移驻崖州，管水陆两营，海口协标水师都司改为崖州协中军都司，专管陆路防黎，其崖州营原设守备一员，仍专管水师营务，崖州原设参将即移驻海口所城。

（3）对海岛洋面定期会哨进行巡洋

如海口营上班以参将出洋为统巡，每年定期三月初十带领舟师会同龙门协统巡，副将、海安营总巡，游击齐集涠州洋面会哨一次。五月初十，与西上路统巡、阳江镇总兵齐集硇州洋面会哨一次。下班以守备出洋为总巡，每年定期八月初十随统巡，总兵带领兵船，会同海安营分巡守备，龙门协总巡都守齐集涠州会哨一次。十一月初十，随总兵带兵船会同西上路统巡，阳江镇标中军游击齐集硇州会哨一次。均会同地方官禀报具结，咨部存案。

嘉庆十六年（1811年），奏准琼州镇水师每年分为上、下两班。上班自正月初一起至六月底止，海口营参将统巡琼州全郡及海安营洋面；下班自七月初一起至十二月底止，琼州镇总兵统巡全琼及海安龙门各协营洋面，以都守为总巡，分巡、千把、外委为随巡、协巡。

（4）对崖州营及儋州营特别重视，进行军事力量的调整

崖州营，在雍正六年（1728年），添设外海拖风哨船三只，分防三亚、大疍、望楼三港。雍正八年（1730年），将崖营改为水陆各半营，游击改为参将，添设水师千总一员，将陆路把总二员改换水师，添设外海哨船三只配驾出海，游巡本营所属洋面。乾隆三十三年（1768年），裁减拖风船一只。乾隆三十四年（1769年），议将儋州营自新英港南炮台起，下至昌化县马岭塘交界一带洋面，万州营自东澳港起，下至崖州赤岭港交界一带洋面，均拨归崖州营游巡，所属各处洋面并无会哨。

崖州营原系水陆兼管，参将一员。道光十二年（1832年），奉准以海口水师副将移驻崖州，改为崖州协水陆副将，定为外海水师烟瘴边疆要缺，由外题补；添设陆路中军都司一员（即海口协水师都司），移驻崖州，专管陆营。其原设水师营守备一员，仍专管本标水师营务，与副将轮替出洋巡缉。所属水师千总一员，把总二员，外委三员，额外四员，共官十二员；守步兵二百五十八名，大小师船四只，除防守各台汛外，实在巡洋兵丁一百四十六名。

崖州协水师营分管洋面，东自万州东澳港起，西至昌化县四更沙止，共巡洋面一千里。南面直接暹罗、占城夷洋，西接儋州营洋界，东接海口营洋界。

崖州协，上班以副将出洋，下班以守备出洋，专巡本营洋面，向无会哨章程。道光十七年（1837年），护道张堉春议请添设儋州水师，

以本营千把分上下班，带领师船轮替出巡。每年定期以四月初十与海口营舟师齐集进马角洋面会哨一次，十月初十与崖州协舟师齐集四更沙洋面会哨一次。文武俱结禀报，奏准遵行。

儋州向系陆路，专营所属洋面，自新英炮台以南归崖州协巡缉，炮台以北归海口营巡缉。道光十四年（1834年），护道张堉春与总兵陈步云、谢德彰等巡海至儋州，筹度形势，以崖州舟师单弱，且隔四更沙，险阻难越，不能兼顾。海口营相距亦远。又昌化县属海头港，地方帆樯辐辏，奸宄易藏，最关扼要，向无汛守。议请于儋州就近添水师营，专巡西面海道。勘得儋州新英南北二炮台、博顿、英潮二汛，俱近海滨，旧系陆兵防守，宜将四台汛分防千把四员，守步兵二百七十名改为水师，再于通省各水师营内抽出守步兵一百二十名，海安、海口、龙门左右四营各抽出缯船一只，俱拨归儋州，设立水师营，以儋营游击守备兼管。又拨阳江镇标千总一员移驻儋州，专管水师营务。添设外委四员，与四台汛弁兵更番出巡，以博顿汛弁兵移驻海头港，于全琼洋政更臻周密。道光十六年（1836年），督抚会同水师提督核奏，奉准遵办。

第二十九章　清代海南经济的发展

第一节　赋税以及关税

清初入关之后，赋税图籍多为流寇所毁。顺治元年（1644年）五月，御史曹溶、给事中刘昌上疏要求"定经赋"，希望尽快恢复正常的赋役制度。接着，御史宁承勋提出重新编纂赋役全书的建议。于是，顺治三年（1646年），晓谕户部稽覆钱粮原额，汇为《赋役全书》。顺治十一年（1654年），命右侍郎王宏祚订正《赋役全书》，先列地丁原额，次荒亡，次实征，次起运存留。起运分别部寺仓口，存留详列款项细数。其新垦地亩，招徕人丁，续入册尾。每州县发二本，一存有司，一存学宫。赋税册籍，有丈量册，又称鱼鳞册，详载上中下田则。有黄册，岁记户口登耗，与《赋役全书》相表里。① 但是各级官府在执行赋役制度的过程中，却无法有效地掌握民间人口的增减和控制人口盲目流徙，因此根据人丁编审徒具形式。康熙五十一年（1712年）二月，提出"钱粮册内有名丁数，勿增勿减，永为定额，其自后所生人丁，不必征收钱粮，编查时止将增出实数，审明另造清册题报"②。又有所谓"摊

---

① 赵尔巽等撰：《清史稿》卷一百二十一《食货志二·赋役》，中华书局1986年版，第3527—3528页。

② （清）蒋良骐撰：《东华录》卷二十二，中华书局1980年版，第358—359页。

丁入地"政策，即将丁银按丁征收，改为按地征收，把康熙五十年（1711年）的丁银总额摊入田赋银中统一征收。但是，"摊丁入地"实行后，得到一定的效果。这所谓滋生人丁，"永不加赋"的规定，在执行中也难以兑现。

一、赋税

清代的土地制度，分官田、屯垦两种。官田初设官庄，以近畿民来归者为庄头，给绳地，一绳四十二亩。其后编第备庄头田土分四等，十年一编定。设粮庄，庄给地三百饱垧，垧约地六亩。清初的圈地、拨发从顺治元年（1644年）十二月开始，历四十余年，直到康熙二十四年（1685年）才令"嗣后永不许圈"。圈地的停止，是广大汉族人民，包括官员、缙绅反对和斗争的结果。屯垦即屯兵边境，就地开垦。屯垦是历代政府为取得军队给养或税粮利用兵士和农民垦种的荒废田地，有军屯、民屯和商屯。到了清代，屯田基本上已成民田。"雍正五年（1727年），粤督阿克敦陈近年粤东垦弊四：一、豪强占夺；一、胥吏娄索；一、资本不充；一、土瘠惧为课累。劝导法五：定疆界，杜苛取，贷籽种，轻科额，广招徕。其后惠、潮贫民垦肇庆属地，高、廉、雷属山荒峣埆，皆给资招垦，并免升科。嗣琼州亦如之"。[①] 光绪二十八年（1902年）后，固漕米已由海运，清政府下令裁撤屯卫弁丁，并令屯户将所占地亩缴纳地价，报官税卖，听其营业，原征屯饷改为丁粮。漕运地方屯田也废。

1. 官田

即属官民田，清代海南属官民田从顺治十一年（1654年）开始统计，至康熙年间不断正规化。

2. 屯田

明代设卫，以屯养军，以军隶卫。清代循明制，卫屯给军分佃，罢其杂徭。顺治元年（1644年），遣御史巡视屯田。顺治三年（1646年），定屯田官制。卫设守备一，兼管屯田。又千总、百总，分理卫

---

① 赵尔巽等撰：《清史稿》卷一百二十《食货志》，中华书局1986年版，第3503页。

事，改卫军为屯丁。雍正二年（1724 年），并内地屯卫于州县。雍正九年（1731 年），令屯卫田亩可典与军户，不得私典与民。乾隆元年（1736 年），豁免广东屯田羡余，因除各省军田额外加征例。① 屯田在执行过程中，一切操于官吏之手，多与民田相杂，弊病不可胜穷。

清代的屯田粮米丁银，自雍正间裁废卫所后，概归各州县征解。丁银同正赋汇报，米征本色，同民米一并支给兵食。每年册报督粮道，会同藩司核销。嘉庆间，豁免荒缺丁粮及减则屯米各案，均于广属补升沙坦银内由司拨抵，每屯米一石，连耗拨补银八钱一分二厘。②

海南卫五所：雍正三年（1725 年）奉裁，归并琼山县管理。

崖州所：雍正三年（1725 年）奉裁，归并崖州管理。

儋州所：雍正三年（1725 年）奉裁，归并儋州管理。

万州南山所：雍正三年（1725 年）奉裁，归并万州、陵水二县管理。

清澜昌化所：雍正三年（1725 年）奉裁，归并文昌、会同、乐会、昌化、感恩五县管理。各州县屯田。

3. 科则

科则是中国历代政府征收田赋按田地类别、等级而定的赋率。《禹贡》记载中已有将九州的田分为九等征赋的说法，到后来的各朝各代科则较为复杂，各地情况不同。大抵宋分五等，元分三等，明初官田分十一则，民田分十则。明中叶至明末，官民田均为一则，土地一般分三等九则。清代官民田地塘各分九则。各县依不同情况也各不相同。现据道光《琼州府志》。

4. 土贡

道光《琼州府志》转载《乾隆府厅州县图志》，清代的土贡品种有：金、银、珠、玳瑁、蜜蜡、布、盐、木、藤、槟榔、椰子、棋子、香、海漆、琼枝、菠萝蜜果、药。至于编派办法，府属州县土贡各

---

① 赵尔巽等撰：《清史稿》卷一百二十《食货一·田制》，中华书局 1986 年版，第 3499—3500 页。

② （清）明谊修、张岳崧纂：道光《琼州府志》卷十三下《经政志五·屯田》，海南出版社 2006 年版，第 613 页。

项，在米石粮料编派者，照额征解。惟物料，在户部项下有供用库颜料、甲字库颜料、丁字库颜料，在礼部项下有均一料，银工陪项下有折本色物料、四司竹木翠毛等料并水脚，光禄寺项下有折色厨料，皆物料也。除光禄寺折色外，其余各项本折裁改向无定。至康熙十三年（1674 年），停解本色物料。康熙二十五年（1686 年），奉文全解，令俱折色归并地丁项下征解。

还有海南最著名的沉香，每岁额办沉香 40 斤，由督抚发价银 40 两，交琼州府采办。康熙八年（1669 年），以琼地出香，奉文每年贡香百斤。海南土贡，由来已久，自汉至明，均有贡献，如金、银、珍珠、玳瑁、翠毛等物价，既珍贵，品类也繁多。自雍正年间（1723—1735 年），将本色物料均改折色，编入正赋折征，每年汇同地丁起运项银报解，拨支兵饷，内仍分款造册奏销，官民皆便。至于沉香一种，独产琼南，由督抚岁发价银，交郡守采买解省，虽有土贡之名，而实非同前代取之于民。①

5.海南盐业及盐税

清代海南盐业，比明朝有进一步扩展，沿海各县均有盐田，据《中国盐业史》载：琼山县有东西二厂：即大英、小英、感恩三廒在南渡江西岸，合称西厂；塔市廒在南渡江东岸，称东厂。临高县有马裊、三村、永和三厂。文昌县有乐会、陈村等厂。儋州有博顿、兰馨及昌化、马岭、小南等厂。万宁县有新安、岭脚二厂。崖州有临川厂。康熙二年（1663 年），将员役裁省，课银归府州县经理，听任灶丁自煎自卖。

顺治十一年（1654 年），琼山县塔市、演丰、东营一带，用耙沙、淋卤、煎制方法产盐。到乾隆后期（1763—1795 年），盐业生产已形成以户为单位（一坵沙田配一个池漏为一个生产单位），琼山、文昌、儋州、临高、崖县、万宁等县共有沙田（又称沙幅）4324 坵，池塭（又称漏床）4325 个。

---

① （清）明谊修、张岳崧纂：道光《琼州府志》卷十三下《经政志·土贡》，海南出版社 2006 年版，第 638—639 页。

鸦片战争开始至 1858 年，清廷被迫开辟琼州等地为商埠。咸丰四年（1854 年），承德塌由股东投资投工创建。同治八年（1882 年），广东省电白县红花尾人李隆春与崖州陈某等人，合资在三亚港兴办润和塌。光绪三十四年（1908 年），福建华侨胡子春在三亚港建筑大盐田，直接引海水晒盐。①

因海南四面环海，遍地产盐，均系灶丁自煎自卖，并无发帑收盐配引转运等事。明朝以前俱设提举场，免埠商转运，到了清代，一并裁省，课银归府州县经理，每年照额征收完解。光绪三十四年（1908 年），福建华侨胡子春，因海南人民喜食盐，乃创建侨丰公司，禀准采运，配省行销。

清前期的盐税，基本上沿袭明制，分为场课和引课两大部分。场课又称灶课，是对盐的生产者——灶户征收的税，包括灶户的人丁税和晒盐的盐摊税两大门类，类似于农村的地、丁两大门类。

从道光《琼州府志》的资料看，海南的盐税，在康熙、乾隆年间作了几次调整。康熙二十六年（1687 年）初，设两广巡盐御史，康熙二十八年（1689 年），有商人在盐院衙门钻充琼州总埠，琼州府张万言恐累民，具详两院批准不设埠。于是各廒设廒总 1 人，催收盐课，交纳到府州县，大英、小英、感恩场及三村马袅场、永和廒的盐课送琼州府，万州新安场内岭脚的盐课送到陵水县，其他各盐场的盐税交纳也各有所属，但未明确记载。

6. 杂税

清代所收的杂税繁多，尤其在清后期，在全国如茶、矿、烟、酒等税，都在不同程度有所增长，并在国家财政税收结构中占有越来越重要的地位。海南在清朝的杂税，主要是酒税、牛税、槟榔税、门摊商税、车税、船税等。②

---

① 以上材料均引自唐仁粤主编：《中国盐业史·地方编》，人民出版社 1997 年版，第 605—606 页。

② 郑学檬主编：《中国赋役制度史》，上海人民出版社 2000 年版，第 643 页。

二、海关及关税

1. 清代海关的建立

南宋乾道年间（1165—1173 年），海南设立琼州市舶分司，隶属广州市舶司，为琼海关之雏形。

康熙二十三年（1684 年）统一台湾后，于次年开放海禁，在沿海设立粤海、闽海、浙海和江海四个海关，管理东南沿海的对外贸易。《粤海关志》载："粤东之海，东起潮州，西尽廉，南尽琼崖。凡分三路，在在均有出海门户。自海禁既开，帆樯鳞集，瞻星戴斗，咸望虎门而来，是口岸以虎门为最重。而濠镜一澳，杂处诸番，百货流通，定则征税，故澳门次之。余如惠、潮，如肇、高、雷、廉、琼，各有港汊，亦各设口岸征榷。凡货之自外入，自内出者，得查验之，盖即古者诘奸御暴之意也……讲关榷之口岸，与论海防异。海防重其险而难犯，口岸则取其通而易行。见今所设：有正税之口，有稽查之口，有挂号之口。正税之口三十有一，在琼州者十……"① 海口总口系正税总口，在琼州府琼山县，距大关一千七百里。海口总口下设九个分口，十二个分卡。

海口总口还兼管北部湾对岸大陆的廉州、钦州两个分口及其所属分卡。总口初由粤海关监督派员管理，以后监督裁撤管理几经移易，或由巡抚，或由广州副将，或由粮道，或由将军派员驻管其事务。②

清代的海关，在第一次鸦片战争以前海关行政是完全独立自主的。海关的设立，税率的规定，管理的制度，都由清政府自行决定。清廷设海关是为了监督管理对外贸易，不过由于西方各国商船的骚扰和掠夺，清政府又于乾隆二十二年（1757 年）关闭其中三个海关，只剩下粤海关为唯一对外贸易口岸。至此外船来华仅限于广州口岸，粤海关成为中国唯一管理外商进出口贸易的海关。这时期的海关行政权一直是独立自主的。

但是，第一次鸦片战争之后，道光二十二年（1842 年）八月

---

① （清）梁廷枏总纂、袁钟仁校注：《粤海关志》卷五《口岸》，广东人民出版社 2002 年版，第 59 页。

② 中华人民共和国海口海关编：《海口海关志》，1992 年 11 月，第 37 页。

二十九日，清政府钦差大臣耆英、伊里布与英国全权代表璞鼎查在南京签订了关于结束鸦片战争的条约，共 13 款。主要内容为：①中国向英国赔款 2100 万银圆；②割让香港岛给英国；③开放广州、福州、厦门、宁波、上海等五处为通商口岸；④中国抽收进出口货的税率由中英共同议定，不得随意变更。从此，西方资本主义侵略者打开了中国的门户，使中国由封建社会逐步沦为半殖民地半封建社会。

第二次鸦片战争期间，咸丰八年（1858 年）六月二十六日，英国强迫清政府订立不平等的《中英天津条约》。这次条约由清朝钦差大臣桂良、花沙纳与英国全权代表额尔金在天津签订。共 56 款，附有"专条"。主要内容为：①英国公使可进驻北京，并在通商各口设领事馆；增开牛庄、登州、台湾（台南）、潮州、琼州、汉口、九江、南京、镇江为通商口岸；②耶稣教、天主教教士可自由传教；③英国人可往内地游历、通商；④英国商船可以在长江各口岸往来；⑤中英两国派员在上海举行会议，修改关税税则；⑥中国给英国赔款白银 400 万两；⑦确定领事裁判权和片面最惠国待遇。这样，从北方辽东半岛到南方的海南岛广大沿海地区，几乎所有重要港口都被迫开放。由于中国丧失了关税制定权和海关控制权，在这种情况下，不可能给沿海地区带来真正的经济繁荣，进口的商品主要是西方的廉价工业品，如棉毛纺织品、铁品、锡、火柴、煤油、糖等，出口商品则大都是生产原料和手工业产品，如丝、茶、棉花、大豆、烟草、皮毛等原料。这些贸易对象，已反映出中国作为列强产品倾销地和原料供应地的半殖民地经济性质了。

不平等的对外贸易对海南的农业自然经济形态有所冲击。海南被辟为通商口岸后，隶属于粤海关的海口总口及其所属分口管理，负责本地商人与南洋一些地区的贸易货物，并负责办理海南与广东各地及大陆沿海各地贸易货物的出入口手续，以及执行进出口岸的各种法令、法规。监管进岛货物主要是棉花、麻、绢布、烟等，出岛货物主要是本岛生产的土产品和数量很少的加工品，其中以砂糖为大宗。

当时，出口口岸货物出入口流通除海口外，比较繁荣的口岸还有博鳌口岸。宣统《乐会县志》卷四《洋务略·口岸》载："博鳌口岸，乃统汇万泉河诸流之所，东有圣石捍海，西有三江合注，南与万县接壤，北系博鳌墟。其出入口之船舶，俱泊于此。每年夏秋间，有临高、海口等渔船捕鱼，相为贸易，秋后旋归各埠。此为本邑咽喉，亦为各处货品出入之要口。"①

博鳌港出入口的货品有："博鳌港进口之货，由南洋、香港、澳门等处进者水油，儋、崖进者生盐，江门进者纸料、爆竹、布匹等为大宗。其余潮州进者瓷器，高、廉进者埕瓮水缸等物，崖、陵、万、会、文进者灰石，崖、陵进者咸鱼。"②

博鳌港出口之货："有槟榔、椰子、红藤、黄藤、蜂糖、枋板、生猪等物为大宗。其余有黄蜡、牛油、牛筋、牛皮、牛角、藿香、艾粉、冬叶、芝麻、益智、草仁、咸蛋、骨砖等物。"③

2. 被迫开放通商口岸

咸丰八年（1858 年），清廷与英、法分别签订《天津条约》，被迫开辟琼州府等地为商埠，并允许英、法等国设立领事馆。咸丰十年（1860 年）十二月二十四日、二十五日，《中英天津条约》《中法天津条约》正式交文生效，是年英国在海口设立领事馆。

咸丰十一年（1861 年），清廷与德国签订《中德通商条约》，规定以琼州为通商口岸。（该条约于 1917 年 8 月 14 日对德宣战后废止）

同治二年（1863 年），清廷分别与丹麦、比利时签订《中丹天津条约》及《中比商约》，均规定琼州为通商口岸。

同治三年（1864 年），清廷与西班牙签订条约，订明开辟琼州为通商口岸。

同治五年（1866 年），清廷与意大利签订《中意北京条约》，规定琼州为通商口岸。

---

① （清）林大华纂修：宣统《乐会县志》卷四《洋务略·口岸·出入口货品》，海南出版社 2006 年版，第 441—442 页。

② （清）林大华纂修：宣统《乐会县志》卷四《洋务略·口岸·出入口货品》，海南出版社 2006 年版，第 441 页。

③ （清）林大华纂修：宣统《乐会县志》卷四《洋务略·口岸·出入口货品》，海南出版社 2006 年版，第 441—442 页。

同治八年（1869 年），清廷与奥地利签订《中奥通商条约》，订琼州为通商口岸。（该条约于 1917 年 8 月 14 日对奥宣战废止）

在海口被辟为通商口岸之后，首先向英、法、俄、美进而向欧洲各国相继开放，从此海南有了直接的对外贸易往来。咸丰八年至光绪二年（1858—1876 年），凡进出海南岛的沿海贸易货物和外国贸易货物均由海口总口统一负责办理，对出入内地贸易的货物，总口以签发子口单验放。输入内地的进口洋货，以核对三联单检查免税放入通行。① 在《天津条约》之后，光绪二年（1876 年）四月一日，受外国人把持的总税务司推行"各口划一管理"用"外人帮办税务"等制度，设置"琼州海关"（简称"琼海关"，俗称"琼州洋关"或"新关"），地址在今海口市中山路尾南侧。原海口总口及其所属分口、卡，为了进行区别，洋关改称"常关"，仍归粤海关监督管辖，负责管理民船（旧式帆船）所经营的国内埠际贸易。光绪十三年（1887 年）七月一日，琼海关开始对行驶香港、澳门和琼州之间的帆船进行监管。光绪二十二年（1896 年），琼海关在三亚榆林港设立分卡，规定所有去南洋贸易的帆船或汽船每次起航前须从海关申请出洋牌照交由榆林港分卡查验，销案后，始准开往。②

3. 琼海关的成立

在海关向欧洲各国开放，琼海关成立后，高级职务均由洋人担任，海关行政机构由税务部、海务部、工务部组成。

（1）税务部，由税务司兼任领导，工作人员分内班、外班及海事班三种。内班在海关内部办公，处理征税、统计、会计、总务等事务，分税务司、帮办、税务员。外班船勤监管以检查船舶、检查行邮、查验货物、查禁走私为主要业务，分监察长、监察员、稽查员、验估员、验货员。海务班掌管关艇、关警、海上缉查事务，外班的地位都不及内班。

（2）海务部，由巡工司领导，负责管理船舶进出口及港内外灯

---

① 海南省地方史志办公室编：《海南省志》第九卷《口岸志、海关志、商检志》，南海出版公司 1996 年版，第 161 页。

② 中华人民共和国海口海关编：《海口海关志》，1992 年 11 月，第 10—12 页。

塔、浮筒等助航设备。

（3）工务部，负责海关的财产（土地、房屋、灯塔、船只等）管理、修理等技术工作。

经清政府和两广总督批准，琼海关于光绪二十三年（1897 年）八月在海口市设立邮政局，由税务部兼管（1911 年海关与邮政局分开）。光绪二十七年（1901 年）琼海关接管 50 里内的常关，光绪二十七年至二十八年年间，海口仅有一家海关银行，只征收船税和货物税，不办理其他银行业务。

在光绪二年（1876 年）以后，琼海关税务司均由列强国派员担任。

4. 海关税则

《粤海关志》载："凡征税关，各颁其则，锲而树于市，令商自注于册而输课，遂给以单，稽其隐匿者、起行者，重则罪之，轻则罚之。凡贡物皆征其税，惟外藩之贡物则不征。凡免税者，核其实而验放焉。"[1]海南琼州各口岸，向有家人、书役查船，收取饭食、舟车银，自一二钱以至一两钱，自一二十文以至五六百文不等，向或以一半归公，一半赏给，或全数给予，载入例册征收。[2]海南总口多出产槟榔、藤丝、椰子、楠木板枋、牛皮、京皮各货。在收税银方面，各口税银不一。

第二节　农　业

一、农业政策

清代初期，由于社会动乱，岛上大片土地荒芜。到康熙年间，为了恢复工农业生产，采取了土地调整政策，奖励开荒，减轻赋税，纠正官纪，实行摊丁入亩制度，征收统一的地丁银，按耕地面积等级征收田赋。乾隆十八年（1753 年），清廷发布《敕开垦琼州荒地》曰："上

---

① （清）梁廷枏总纂、袁钟仁校注：《粤海关志》卷八《税则一》，广东人民出版社 2002 年版，第 150 页。

② （清）梁廷枏总纂、袁钟仁校注：《粤海关志》卷八《税则一》，广东人民出版社 2002 年版，第 161—162 页。

谕：内阁，据广东巡抚苏昌等奏称，琼州为海外瘠区，贫民生计维艰。查有可垦荒地二百五十余顷，请照高、雷、廉之例，召民开垦，免其升科等语。着照该抚等所请，查明实系土著贫民，召令耕种，免其升科，给予印照，永为世业。仍督率所属妥协办理，庶土无遗制，俾该处贫民得资种植。"① 乾隆的诏令发动百姓开垦土地之后，移民大增，人口从康熙时的 40 多万，到嘉庆时增加至 150 万。新垦耕地几十万亩。但从康熙到嘉庆期间，耕地仅有 298.8 万亩左右，仅为明朝万历四十三年（1615 年）的八成，粮食紧缺。清前期农副产品的加工业比较发达，制糖业、酿酒业、纺织业、藤器业等已具相当规模。②

二、热带经济作物的发展

康熙年间，海南农业生产有所恢复，经济作物也受到青睐。如槟榔与椰子，都是海南的特产。其经济收入大于谷物，槟榔可辟腥消食除瘴，"俗重此物，凡交接必以为先容，婚姻以为定礼"。历来海南都以"槟榔为命"，也是出岛的热门土产。③ 当时，文昌、琼山、会同等县种植最多。道光《琼州府志》云："四州皆产，文昌、琼山、会同特多。""会同县土田，腴瘠相半，多种槟榔，以资输纳。"④ 又屈大均在《广东新语》载："槟榔，产琼州，以会同为上，乐会次之，儋、崖、万、文昌、澄迈、定安、临高、陵水又次之，若琼山则未熟而先采矣。会同田腴瘠相半，多种槟榔以资输纳。诸州县亦皆以槟榔为业，岁售于东西两粤者十之三，于交趾、扶南十之七，以白心者为贵……粤人最重槟榔，以为礼果，款客必先擎进。聘妇者施金染绛以充筐实，女子既受槟榔，则终身弗贰。而琼俗嫁娶，尤以槟榔之多寡为辞。有斗者，甲献槟榔则乙怒立解。至持以享鬼神，陈于二伏波将军

---

① （清）明谊修、张岳崧纂：道光《琼州府志》卷三十八《艺文志》，海南出版社 2006 年版，第 1659 页。

② 海南省地方志办公室编：《海南省志·农业志》，南海出版公司 1997 年版，第 49 页。

③ （清）明谊修、张岳崧纂：道光《琼州府志》卷五《物产》，海南出版社 2006 年版，第 226 页。

④ （清）明谊修、张岳崧纂：道光《琼州府志》卷三《舆地志·礼俗》，海南出版社 2006 年版，第 95 页。

之前以为敬。"① 槟榔既有礼品价值，其商品价值也凸显了，所以百姓喜种槟榔。康熙《乐会县志》载："其耕种，冬稼夏获曰'小熟'；夏种秋割曰'大熟'。百亩之粪，用以培榔田。""遇凶荒遂至大歉，地方栽槟榔，赖以供粮税。""以园配田，以榔均赋。"② 是时，种植槟榔，成为生财之道。正如屈大均说的："万州岁凶，则以薯蓣、桄榔面、南椰粉、鸭脚、狗尾等粟充饥，耕者颇少，然琼山人亦皆从事贸易，不甚力耕，禾虽三熟，而杭稌往往不给，多取盈于果蓏，家有槟榔之园，椰子之林，斯则膏腴之产矣。"③

第三节　手工业

一、造船工业

海南在明万历年间，被批准打造兵船，于白沙寨立厂，取材于本地。到了清朝开始，在顺治十七年（1660年），申严洋禁，造海滨双桅沙船。④ 由于重视沿海巡视，所以修造船只的事务也比前期繁忙得多，海南的造船工业也日益发展。

海南所造的船有的称藤埠船，屈大均在《广东新语》中云："琼船之小者，不油灰，不钉镂，概以藤扎板缝。周身如之。海水自罅漏而入，喷喷有声，以大斗日夜戽之，斯无沉溺之患。其船头尖尾大，形如鸭母，遇飓风随浪浮沉。以船有巨大木为脊，底圆而坚，故能出没波涛也。"⑤ 另一种属粤船，粤船有所谓铁船纸人、纸船铁人之语。盖

---

① （清）屈大均：《广东新语》卷二十五《木语·槟榔》，中华书局1985年版，第628—629页。

② （清）林子兰、程秉悭等纂修：康熙《乐会县志》卷一《地理志·风俗》，海南出版社2006年版，第121、125页。

③ （清）屈大均：《广东新语》卷十四《食语·谷》，中华书局1985年版，第375页。

④ （清）明谊修、张岳崧纂：道光《琼州府志》卷四十二《杂志》，海南出版社2006年版，第1890页。

⑤ （清）屈大均撰：《广东新语》卷十八《舟语·藤埠船》，中华书局1985年版，第483页。

下海风涛多险，其船厚重，多以铁力木为之。船底纵一木以为梁，而舱艎横数木以为担，有梁担则骨干坚强，食水可深，风涛不能掀簸，任载重大，故曰铁船。船既厚重，则惟风涛所运，人力不费。小船一人一桨，大船两三人一橹，扬篷而行，虽孱弱亦可利涉，故曰纸人。篷者船之司命，其巨舰篷，每当逆风挂之，一横一直而驰。名曰扣篷。[1] 海南造船的缆索用棕成造，也有用藤成造，但乾隆三年（1738年），准原用棕缆一条者，添用棕缆二条，原用藤缆二条者，将藤缆改换棕缆，外添棕缆一条。

造船均为官府监督，至于价值，不希图节约，估计大小船号，通融增补，务在足敷材料、工匠诸多费用，目的在于造作坚厚，可为兵家战守之利而已。一切由官府监视，于左近地方坚固监修。如修造不坚，未至应修年份损坏者，除责令赔修外，交有关部门严加议处。

二、矿业——石碌岭铜矿的开发

海南的矿藏蕴藏丰富，在清代统治时期尚未被系统开采。

道光《琼州府志》载："崖州黎田，其水漾洄清澈，浮光耀金，有商人以金贸而淘之。"

又"生金，出岭南……旧崖州出金华，金有花彩者贵"。

又"银广州……崖州、琼州、儋州、万安州"。

又"锡产儋州"，"铜产儋州、昌化"。[2]

这些都是海南省一些地方文献对海南地下矿藏的记录。

随着各国及内地商人络绎不绝，接踵而至，他们除虎视眈眈海南农业及手工业的特产外，掠夺的对象中也开始重视海南的矿藏，其中最主要的是石碌岭铜矿的开采。

据《昌江县志》载：石碌岭铜矿的开采，有史记载可上溯到明代。《昌化县志》记载：崇祯二年（1629年），知县张三光赶走矿盗，严禁

---

① （清）屈大均撰：《广东新语》卷十八《舟语·操舟》，中华书局 1985 年版，第 477 页。

② （清）明谊修、张岳崧纂：道光《琼州府志》卷五《舆地志·金类》，海南出版社 2006 年版，第 276—277 页。

私采亚玉山（石碌岭）。明至清的几百年间，石碌铜矿多为私采，故几次议开又几次禁采。

第四节　商　业

在清代，由于移民人口的增加，促进了农业、手工业及商业的进一步发展。汉族商人、商贩深入黎寨苗村，从事商业活动，沟通商品生产信息，有的商人索性住在黎寨，以沽酒为业，于坡地种烟，雇黎人采藤及香料。《黎岐纪闻》中载："惠、潮人入黎者，多于坡地种烟。""黎产唯藤之利为大，外客出租资于山中起寮，雇黎仔采取之，出而运诸海口，通行各省，取值辄数倍其本焉。"① 黎族的生活习惯改变了，被汉族所同化。黎族"峒有数十村，土沃烟稠，与在外民乡无异"。② 道光《琼州府志》载："其近民居者，直与齐民无异，近多遵守王化。"③ 生产力低的黎族，在与汉族融合的过程中，产生了不同民族的复合结构，进而促使商品生产的发展，提高自己的生活水平。民国《儋县志》云："海头市，距州城一百四十里……外通居海港，入接黎岐……入七坊峒之坡尾、水头二村，凡一百一十里与昌化县黎交界，为儋、崖、昌、感诸黎及客民贸易之区。"④ 商品经济使海南岛家庭手工业有所发展，商品生产和商品交换状况也发生了变化。

一、墟市以及市集的发展

1. 墟市增加

海南墟市在宋代已开始萌芽，明代各地墟市发展十分迅速，已设有170处之多，以后由于战争等原因不断有所荒废。到了清代，墟市

---

① （清）张庆长撰：《黎岐纪闻》，广东高等教育出版社1992年版，第122页。
② （清）屈大均：《广东新语》卷七《人语·黎人》，中华书局1997年版，第241页。
③ （清）明谊修、张岳崧纂：道光《琼州府志》卷二十《海黎志五·黎情》，海南出版社2006年版，第842页。
④ 彭元藻、曾友文修，王国宪总纂：民国《儋县志》卷八《海黎志·关隘》，海南出版社2004年版，第456—457页。

的设立犹如雨后春笋般出现，其中有官办的，有自然成市集的。墟市使岛内的黎、汉商品贸易关系不断增强。这些墟市，五日一集，是汉、黎交易的场所。

美国传教士香便文在《海南纪行》中写及嘉积市集的景况，十分真实而生动，他写道："清晨，我们发现已经到了嘉积镇外的码头。从码头步行到客栈，我们差不多走了一英里，因此我们对镇子的规模有了一些概念。嘉积镇无论在大小还是在重要性上，即便不是等于也是仅次于海口。两条主街道相交成直角，形成一个 T 字形，主要的店铺都在这里了。还有许多小街从这两条主街上扩展出去，遇上赶集的日子，流动商贩们就在这里摆摊设点。集市上人山人海，数以千计的人挤满了各个角落，你能想到的各种物品，这里都有卖。从松鼠、长尾小鹦鹉、野生藤蔓，到火柴、廉价香水以及从遥远的西方运来的各种小玩意儿。"

"生活必需品似乎格外便宜。鲜鸡蛋 4 文（Cash）一个，又大又甜的香蕉 3 文两个，椰子 6 文一个，鸭子 4 分（Cents）钱一磅，鲜牛肉和其他东西也是这个价钱。我花了一整天时间带着书逛街，剩余的书全部算上大约有 300 本，不费吹灰之力就卖掉了。（辛世彪注：医书)"①

对黎货贸易，他如此描写："买卖黎货是本地主要的也几乎是唯一的贸易，几乎全由广东人操控，他们的四五家大商号控制着贸易。这里的人也讲其他方言，但是粤语最为普遍。黎货贸易量也很令人诧异，所有商号任何一天收购的货物竟然装不满一辆水牛车，猜想这桩生意应该利润巨大，只有这样才能做得下去。主要货物有藤、鹿角、鹿筋、干蘑菇、香木、兽皮及一些小物品。"

"这些都是从赶集的黎人和游走黎寨的汉人掮客手中零星收买来的，积攒到够装满几辆水牛车时，就经由 60 英里陆路，把货物运送到加烈（Ka-lit）码头，那里是定安河（Teng-onriver）航道的起点，再由此船运至海口。有时少量货物运到'头嘴'（How-sui），还有一些

① ［美］香便文：《海南纪行》，辛世彪译注，漓江出版社 2012 年版，第 152 页。

运到海头（Hai-tau）。"①

根据道光《琼州府志》，清代海南岛上的墟市如下：琼山县 44 个，澄迈县 59 个，定安县 36 个，文昌县 43 个，会同县 14 个，乐会县 12 个，临高县 15 个，儋州 33 个，昌化县 3 个，万州 27 个，陵水县 4 个，崖州 10 个，感恩县 3 个。

全岛共有墟市 303 个。这些墟市，都设置在水陆交通便利、各村寨居民经常出入的地方，而且墟市的特色是百姓自由交易的场所，也即自由开放，官府不宜进行控制。

《清史稿·杨廷璋传》载，乾隆三十一年（1766 年），镇压崖州黎民反抗活动之后，在呈乾隆的奏折中提到黎区设墟市一事，他说："黎民市易设墟场，熟黎令薙发。"②

张之洞在光绪十三年（1887 年）十月十二日《批雷琼道府禀请发经费创设官市》的批文中说："抚黎自以开通利源为先务，然如采木设市等事，官为倡始，只可建造屋寮，招徕商贾，防护劫夺，平定价值，减免厘税，听其自然趋赴，久之自能成聚成都。吾闻因民之利而利，不闻夺民之利以为利也。"③张之洞又批评地方官府以设市而中饱私囊的行为，他说："创设官市，建立廛舍，收买货物转售而又取约券权子母，是直夺商利而敛之官，甚非政体。且利之所在，经理一不得人，赔折则累及官帑，获利则徒饱私囊，必然之势。古来官办商务，除刘晏一人外，有利无弊者，更无所闻，其难可知。"他又说："查荔枝园地方，据周令林、伍令蓉等电禀，已建屋开市，民黎受廛列肆者甚为踊跃，他处即可仿照办理。"④

张之洞把垦田、设墟、招商诸事连在一起办理，他指出："现在

---

① ［美］香便文：《海南纪行》，辛世彪译注，漓江出版社 2012 年版，第 50—51 页。

② 赵尔巽等撰：《清史稿》卷三二三《杨廷璋传》，中华书局 1986 年版，第 10812 页。

③ （清）张之洞：《张文襄公全集》卷一百一十五（公牍三十）《批雷琼道府禀请发经费创设官市》，中国书店 1990 年版，第 7 页。

④ （清）张之洞：《张文襄公全集》卷一百一十五（公牍三十）《批雷琼道府禀请发经费创设官市》，中国书店 1990 年版，第 7 页。

琼州黎境分设抚黎局八处，各派委员一两人，文武参用。每局各募土勇一百名，或数十名，责令该员等经管平决争讼、缉拿盗匪、修路垦田、设墟招商等事。岭南一局，南丰一局，凡阳一局，番岖一局，乐安一局，廖二弓一局，茅地一局，古振州一局，皆系扼要之所，即为将来设官控制应增应移张本。其新开各路，近外者畅行无阻，近内者稍有水冲草没之处，已严饬各局随时巡查，修理芟剔，以免梗塞。设立墟市数处，商贩渐集，如定安之荔枝园，陵水之闵安墟，儋州之薄沙峒、牙汪村等处。民黎食货交易日多，其各墟所设义学，黎人子弟多有来附学者。"①

而在光绪十五年（1889年）九月十九日，朱道致电向张之洞报告说："岭门至凡阳路穿黎境，前经钟仁宠自南而北，伍蓉自北而南，修辟通畅，复因文报阻滞，由钟营安设传送六站。故自郡至凡，现在信息较便，凡阳市场日渐兴旺，今已筑窑烧瓦修房，为久远之计，并召集黎丁，逐渐开垦。新造木城内现设义学一座，有黎童五六人上学。自凡至崖，现拟修辟车路，此路一辟，商贾前往必能日多。惟该处牛只太少，尚须设法筹济耳。"②

清代的墟市，在官府的支持下，日趋繁荣。

从胡传（胡适之父）自光绪十三年（1887年）十月二十二日至十一月二十二日《游历琼州黎峒行程日记》中，也可了解到光绪年间黎区墟市的景况。"十月二十六日，由那大而南，稍东，十里过河，曰白茅村。又十里曰红坎村。官军所开道甚宽平，而大半茅寨，人行者少也。又十里，抵临高之南丰市。民黎交易处也。其地南接乾脚上水下水诸峒，西阻白沙，北连南洋，为走集之都会，而荒僻殊甚，前固为黎地也。"过了两天，十月二十八日，当他将入黎峒的时候，抚黎局的洪范卿对他说："现奉札令于南丰筹开官市官行，体察情形，有

① （清）张之洞：《张文襄公全集》卷二十六（奏议二十六）《全琼肃清汇奖出力员弁折》，中国书店1990年版，第507页。
② （清）张之洞：《张文襄公全集》卷一百三十三（电牍十三）《朱道来电》，中国书店1990年版，第358页。

四难：一入峒之黎客自有赀本者少，领行本者多，官招黎客则无本者来，有本者必不来，行赊货于客，客赊于黎，其不消乃常情也。客欠行本不清不能另投行，其所购之黎货不敢交他行，也常情也。官招之来，则其原交易之行必哗然投局评论，曲直不休，此一难也。一商贾不能不赊贷物于花户，其所赊贷之价较钱交易者必加一二分，防其亏负不能完清也。商贾每岁将此等未收之账或十作五，或十作三，或竟不作数，斯可核实通盘，官中交代，不能如此，二难也。南丰一带，处处有墟，今日在东，明日在西；黎货不能日日集于一市。设官行而山货他往，听之，则在坐食无所取利，分设于各墟，则人多费益多，终亦难取利，此三难也。原领官领本百两分四年拨归，每岁已取息二分半，加以行中薪水食用必每值百文之货值四五分价出脱，而后足以取盈，恐市上无此厚利，此四难也。"又十二月初七到凡阳，该地钟君竹汀告诉他："欲招黎中客设市于凡阳，毋许入居黎村，私与黎贸易，贸易必于市，官可就近为平物价，亦禁盘剥之一法也。"①

在黎、汉墟市的交易中，汉商缺斤短两及强行买卖的欺诈行为时有发生。因此，地方政府在管理时也发告示加以制止，据光绪三十四年(1908年)四月初十的《奉道宪严禁碑》："琼州抚黎总局为晓谕事"中其中之一事是："议客民买卖货物，斗秤须要公平，彼此交易，有信有从，不得强牵牛马及将儿女抵债，违者送官究治。"②

光绪年间的墟市，从胡传的考察日记及其他记载中，也可看到经营维艰，虽有官府出资建设及支持，但由于黎区经济落后，奸商盘剥，所以墟市虽比明代增加一倍多，但各地也因商品流通的困难，而有时设时废的现象。不过，清代农村墟市的发达，也折射出资本主义经济萌芽的迹象。曾日景的《南城晚市》诗云："北关辐辏集人烟，商贾遥通数百年。近辟城南鱼米市，散时归趁月娟娟。"③ 瞿云魁的《南

① 胡传：《游历琼州黎峒行程日记》，载《禹贡》1934年9月。
② 广东民族研究所编：《黎族古代历史资料》下，第849页。
③ （清）瞿云魁纂修：乾隆《陵水县志》卷九《艺文志》，海南出版社2004年版，第302页。

城晚市》诗云："城南半亩地，日日趁墟忙。最爱霜鳞美，争夸水芋香。夕阳人影乱，归路树烟茫。博得鱼盐利，相忘是瘴乡。"① 这里所描绘的是陵水的古墟市盛况。由此可见，城乡之间墟市盛况之一斑。

2. 各地形成规模较大的市集

在清代海南岛内的商品流通不仅各处有墟市，而且也在各地形成规模较大的市集。如三亚市、嘉积市、陵水市、那大市等具有一定规模的商品集散地，在黎区也出现如抱由、东方、保亭、牙叉、崖城、藤桥等规模较小的市集。在北面，早已从宋代繁荣发展起来的海口，到了清代，更发展成为各地商贾云集的商埠。

据《海口市志》载：康熙二十三年（1684 年），清政府取消"海禁"后，在东南沿海分设江、浙、闽、粤四海关，并在辖区内各主要口岸设置总口。当时，隶属粤海关的海口总口及其所属分口管理本地商人与南洋地区的贸易货物，并负责办理海南与广东、大陆沿海各地贸易货物的出入口监管。时海口内外贸易日趋活跃，海口商人和岛内外商船循例自由往来，定居海口的浙、江、闽、桂、粤等地商人，日渐增多。为维护自身利益，岛内外商人先后建立了许多商会馆，其中规模较大的有五邑会馆、潮州会馆、高州会馆、福建会馆、兴潮会馆和漳泉会馆，仅漳泉会馆和兴潮会馆在海口经营的商店就有近 400 家。由于会馆的兴起，商贾往来日众，促进了海口贸易的繁荣。至道光年间（1821—1850 年），海口的店铺比明代增加了 10 倍，城区街道也扩建至 25 条，形成"商贾络绎，烟火稠密"的局面。时海口港进出口的船货有"往省高雷廉货""往福潮江南货""往江坪（门）榔青货""进出口省货""往阳江货船""进出口福潮江南船""苦糖水往福建、江南等处""海北来豆子""往潮州豆子"等。②

清代，海口不仅每年有浙、闽商船从海口装运土特产往日本等

---

① （清）瞿云魁纂修：乾隆《陵水县志》卷九《艺文志》，海南出版社 2004 年版，第 286 页。

② 海口市地方史志编纂委员会编：《海口市志》上册，方志出版社 2004 年版，第 9 页。

国，而且海口本土对外贸易亦较为活跃。清前期，每年由海南开赴暹罗（今泰国）的民船不下 40 艘；开赴交趾支那南部的有 25 艘；开赴东京（今越南北部）和交趾北部的通常有 50 艘，大船载重 159 吨。[①]这种从事国外贸易的船只规模虽小，但为数甚多。[②] 据记载，清前期"海南岛小帆船，每艘估计为 150 吨，总吨数约一万吨"[③]，"这些贸易小帆船远可往暹罗、安南（今越南），近可抵海安、梅菉，甚至上达苏杭，直渡日本长崎，无处不在，十分活跃"[④]。

雍正七年（1729 年）夏四月，以琼山县县丞移驻海口所。总督孔毓珣奏：海口城商贾络绎，烟火稠密，奸民易溷，请将琼山县移驻稽察。从之。[⑤] 可见，当时海口已是十分热闹的商埠了。

二、海南的邮电设施

海南岛的邮电通信开端于海口。

海口市位于海南省北端，南渡江出海口西侧，与雷州半岛隔海相望。宋代"海口浦"成为郡治要津，州府门户，咸丰八年（1858 年）辟为通商口岸。

海口市创办邮电通信源远流长。宋代官府已在"海口浦"白沙口樵汲港码头（今海口市白沙门）设"星轺驿"，传递京师、省城文册。清代海口设"塘铺"，配铺兵两名，专司传递官府文书。民间则设民信局，为平民百姓传递家书。咸丰八年（1858 年）《天津条约》签订，海口辟为通商口岸，允许外国人来往，英国、法国、安南、中国香港等国家和地区先后在海口设立邮政局（称"客邮"），同各自的国家和地区通信。

光绪八年至二十二年（1882—1896 年），地方官府在海口设森昌成邮政办事处，负责传递香港和通商口岸来往信函。

---

① [日] 小叶田淳：《海南岛史》，张迅齐译，学海出版社 1979 年版，第 279 页。

② [日] 小叶田淳：《海南岛史》，张迅齐译，学海出版社 1979 年版。

③ 聂宝璋：《中国近代船运史资料》第一辑上册，第 52 页。

④ 海口市地方史志编纂委员会编：《海口市志》上册，方志出版社 2004 年版，第 9 页。

⑤ （清）明谊修、张岳崧纂：道光《琼州府志》卷四十二《杂志·事记》，海南出版社 2006 年版，第 1898 页。

光绪十年（1884 年），由大北公司铺设徐口单芯铜包海底电缆一条，自徐关（今徐闻县）至琼州海口。这是琼州同大陆互相通信的第一条有线电报线路。

光绪十一年（1885 年）二月，琼州电报局在海口成立，利用琼州海峡海底电缆同大陆通报。

光绪十三年（1887 年），广西提督冯子材来琼镇压黎民，曾在琼州海口等地设立无线电报局五处。

光绪二十三年（1897 年）二月二日，琼州大清邮政局在海口正式开办，由琼州海关税务局兼理。

光绪三十一年（1905 年），海口商人向上海礼和祥购买长波无线电报机两台，分装于琼州（海口）、徐闻，使用火花发报。这是我国较早的民用无线电通信。

全国划分 35 个邮界，琼州划分为一个邮界，每个邮界设一个邮政总局，设在海口的琼州邮政局改为邮政总局。

光绪三十二年（1906 年），琼州海峡海底电缆损坏，琼州海口同大陆有线电报通信中止。

光绪三十四年（1908 年），复铺设琼州海峡海底电缆，琼州海口与大陆有线电报通信恢复营业。

宣统二年（1910 年），琼州大清邮政总局改为副总局，次年脱离海关，独自设立，归邮传部管辖，并收为分局，隶属广州邮政局。

宣统三年（1911 年）五月，琼州邮政脱离海关独自设立，设在海口的琼州邮政副总局改为邮政分局。

琼州海口无线电报通信停办。[①]

三、商品经济的发展以及传统农业经济体系趋于崩溃

1. 外国商品资本输入，海南的商品经济发生变化

随着外国商品资本的输入，海南岛上的商品经济也产生了明显的变化，从商品内容看，大多为热带的经济作物，如槟榔、椰子、甘

---

① 海口市邮电局史志办公室、海口市地方志办公室编：《海口市邮电志》，南海出版公司 1994 年版，第 1—3、21 页。

蔗、香蕉等，从自然经济状态而进入商人有目的的投资经营。海上捕捞的海货，山区的木材与药材，以及畜牧业中的牛皮、皮革、生猪等也成为海南输出的重要产品。

2. 商品经济的发展以及海南的传统农业经济体系趋于崩溃

外国商品潮涌而来之后，海南传统的男耕女织式的农业经济体系趋于崩溃，古老的手工业也逐渐被淘汰，如洋布、毛料、煤油、铁料、西药的运入，使海南广大农村的土纱业和榨油业纷纷停业破产，海棠油的产量大幅度下降。黎族地区一向所用的土棉纱，一部分被洋纱代替了。[①]

先就棉纱而论，在洋棉纱未输入之前，文昌的家庭妇女，大多数自己种棉、种麻，自己纺纱织布。但自印度棉纱输入后，文昌的棉纺织业几乎停产。据琼海关报告，1876 年由印度输入棉纱 39 担，1882 年增至 3167 担，1891 年竟跃进至 17184 担，仅隔九年，就增长四倍多。这些棉纱，60% 在文昌销售，因而文昌的家庭妇女大多数放弃了棉纺业，转向织布业。再就石油输入而论。1882 年输入 6980 加仑，1890 年增至 491540 加仑。1891 年减 260690 加仑，这样，使海南岛向来作照明用的花生油、海棠油，特别是海棠油，几乎濒于绝迹。[②] 因此，海南农业原始状态的封闭性生产，也开始解体。由于海外市场对海南传统土特产及其加工品的大量需求，这时候，在汉区出现了为交换价值而投资经营的槟榔园、椰子园、甘蔗园、香蕉园等等。

最早建议引进南洋作物的是候补道杨玉书与商人张廷均。杨玉书于光绪十三年（1887 年）五月建议张之洞开辟榆林港为商埠，除了海防作用外，尚有发展经济与贸易的功能。杨玉书在电文中说："书今日请开港，实为筹海计也。港门两岸宜筑炮台，控制之内立埠头，中可容轮船数十艘，通黎山之出产。张主事愿觅外洋咖啡，吕宋烟、麻、蔗、胡椒各种，每年销售外洋，似足为穷黎开衣食之源。其港口较埠头为胜，与香港不相上下。海口水浅，高之十倍。此处一开埠头，则

---

① 《黎族简史》第五章，广东人民出版社 1982 年版，第 82 页。
② 冯河清：《海口市商业发展史》，载《海口文史资料》第一辑，1984 年版，第 116—117 页。

崖东、南、西三路源头均活，实为富琼第一要策。"①

光绪二十八年（1902年），华侨曾金城从马来西亚运回第一批橡胶树苗，在那大附近的洛基乡西领村栽植，是为我国栽培橡胶之始。②

光绪三十三年（1907年），欧榘甲（1869—1912年）在新加坡担任三年《南洋总汇报》主笔之后，深觉实业的重要，乃邀请其富商好友胡子春一同组织农垦公司，开发海南。他们二人于此年二三月间环游海南一周，作深入的考察，原计划一面移植南洋植物于海南岛上，一面开掘岛上矿产，组织银行，要建立一个现代化的省份。后因其他原因未能实行，可能是他们将自南洋带回的热带优良植物种子如橡胶、玉桂、咖啡、菠萝、椰子、木瓜等，无条件赠送给当地政府与人民，劝导推广种植，以富裕民生。③

光绪三十四年（1908年），旅居马来亚一带的华侨组织海南实业开发公司筹集资金25万—30万鹰洋（1墨西哥鹰洋可兑换0.7023两纹银），准备在海南岛投资开发实业。同年，有华侨从马来亚带回咖啡种苗在那大试种，为咖啡在海南岛栽培之始。④

光绪三十四年（1908年），陈赵隆公司在藤桥设立，资本约二万银圆，在距藤桥七里之海滨种植椰子、槟榔、甘蔗等经济作物。⑤

宣统二年（1910年），乐会县人何麟书自南洋带回巴西橡胶种苗，在定安县落河沟（今琼中县）拓地250亩，设立琼安公司，试植4000余株，五年后收割得生胶500斤。⑥

道光十七年（1837年），海南黄氏宗亲和海外泰国、新加坡、马来亚等国的华侨（英裔）捐资光洋数千银圆，在琼山府城镇兴建落成

---

① （清）张之洞：《张文襄公全集》卷一百二十九（电牍八）《杨道来电》，中国书店1990年版，第296页。
② 《热带作物手册》，转引自刘跃荃编：《黎族历史纪年辑要》，广东省民族研究所1982年版，第105页。
③ 李少陵：《欧榘甲先生传》，第35—37页，转引自苏云峰：《从南洋经验到台湾经验——1945年以前的海南农业改良》。
④ 刘跃荃编：《黎族历史纪年辑要》，广东省民族研究所1982年版，第106页。
⑤ 刘跃荃编：《黎族历史纪年辑要》，广东省民族研究所1982年版，第106页。
⑥ 陈植编：《海南岛新志》，海南出版社2004年版，第168页。

一座黄忠义公祠，共同敬奉先祖，作为华侨回国寻根问祖的地方。清代探花张岳崧为公祠题匾。

四、广东的十三行和海口的商业活动

清代广东在对外贸易中，1757 年催生了十三行，这是一个垄断性质的中国对外贸易专营机构，后来，广州十三行在告别垄断之后，轰然倒塌。

屈大均在《广东新语》中云："东粤之货，其出于九郡者，曰广货。出于琼州者，曰琼货；亦曰十三行货。出于西南诸番者，曰洋货。在昔州全盛时，番舶衔尾而至，其大笼江，望之如蜃楼蜃屃（传说中龙生九子之第六子，貌似龟而好负重，有齿，力大可驮负三山五岳），殊蛮穷岛之珍异，浪运风督，以凑郁江之步者，岁不下十余舶。豪商大贾，各以其土所宜，相贸得利不赀，故曰金山珠海，天子南库，食者艳之。"① 这是对清代广东对外贸易状况的描述，其中"琼货"也包括在内，足见当年琼货之珍贵了。

何谓十三行？清政府在对外通商时，为了保证行商对贸易的垄断，便于对商品的约束和关税的征收，必须把贸易限制在一定的街区，于是，在广州，便指定了一些商人专门同外商进行交易，这些商人称为行商，又称洋商，行商所开设的对外贸易行店，称为洋货行，俗称十三行。十三行是作为广州具有经营进出口贸易特权的总称，行商承揽对外贸易，办理外商的货物报关纳税，管理约束外商，转达政府和外商之间的一切交涉。

广州的十三行，与海南商行的建立有着密切关系。当时十三行中就有海南行，据《粤海关》载："国朝（即清朝）设关之初，番舶入市者仅二十余柁。至则劳以牛酒，令牙行主之，沿明之习，命曰'十三行'。舶长曰'大班'，次曰'二班'，得居停'十三行'，余悉守舶，仍明代怀远驿旁建屋居番人制也。乾隆初年，洋行有二十家，而会城有'海南行'。至二十五年，洋商立'公行'，专办夷船货税，谓之'外洋行'。别设'本港行'，专管暹罗（今泰国）贡使及贸易纳饷之事，

---

① （清）屈大均：《广东新语》卷十五《货语·黩货》，中华书局 1985 年版，第432 页。

又改'海南行'为'福潮行',输报本省潮州及福建民人诸货税,是为'外洋行'与本港、福潮分办之始。"①

又嘉庆五年(1800年),监督佶山奏言中提到:"乾隆十六年间,俱系'外洋行'办理,共有洋行二十家,并无本港名目,亦无福潮行名,止有省城、海南行八家。迨乾隆二十五年(1760年),洋商潘振成等九家呈请设立'公行',专办夷船,批司议准。"②

《粤海关》中所说的"海南行",虽然后来改为"福潮行",实际上还是与海南货有紧密关系,因为:①海南过去属于广东。②海南的货物多是由福建人及潮州人采购之后,运至广州再销售出去。所以专办福建、潮州贸易的"福潮行",他们的货物中一部分是海南的。那么,"十三行"是由官府培植而成为封建政府对外贸易的代理人,实际上是官商。十三行自建立至鸦片战争后,道光二十二年(1842年)被废止,行商荣枯无常,经常变动。最多时26家,最少时只有4家。清代海南的商家,也加入这一贸易活动的潮流中。

清代广东商品流通有四条水路,其中一条南边的水路是通过河流与高州、雷州、廉州、琼州(今海口)等地相衔接,是时珠江三角洲地区的商人往粤西做生意,必经此路贩货而去,所以海口是重要的出入货物的商埠。琼州的灵茶和棉花很著名,手工业方面如纺织业中,琼州的棉织业,乐会(今琼海)、临高、澄迈、琼山的麻织业,琼州的制糖业、制茶业、制香业、编织业,在清朝已贩运至中原各地。③当时海南的制糖业分布在万州、崖州、儋州、临高、澄迈等地。道光《琼州府志》记载:"琼之糖,其行至远,白糖则货至苏州、天津等处。"④屈大均在《广东新语》中说:"广州望县,人多务贾与时逐,以

---

① (清)梁廷枏总纂、袁钟仁校注:《粤海关志》卷二十五《商行》,广东人民出版社2004年版,第491页。

② (清)梁廷枏总纂、袁钟仁校注:《粤海关志》卷二十五《商行》,广东人民出版社2004年版,第496页。

③ 冼剑民:《明清广东手工业的发展》(未刊稿),转引自黄启臣、庞新平:《明清广东商人》,广东经济出版社2001年版,第18—19页。

④ (清)明谊修、张岳崧纂:道光《琼州府志》卷五《舆地志八·物产·饮馔类》,海南出版社2006年版,第280页。

香、糖、果、箱、铁器、藤、蜡、番椒、苏木、蒲葵诸货，北走豫章、吴、浙；西北走长沙、汉口；其黠者南走澳门，至于红毛、日本、琉球、暹罗斛、吕宋，帆踔二洋，倏忽数千万里，以中国珍丽之物相贸易，获大赢利。"① 其中有许多商品，都属于海南特产。

又何乔远在《闽书》中也说及广东东莞、番禺、新会的船只："其船各系富家主造船，其驾船之人名曰后生，各系主者厚养壮大，每船各四十五人，南至琼州载白藤、槟榔等货，东至潮州载盐，皆得十倍之利。"② 海南岛的特产，已成珍贵的商品。

五、各地行业会馆的创立

由于商品的流通，各地经商城镇建立了自己行业的会馆，海南于光绪年间，在海外东南亚各国也建立起来。同治九年（1870年）在马来西亚槟城建琼州会馆；光绪六年（1880年），琼州华侨69人发起在新加坡建琼州会馆；光绪八年（1882年）在马来西亚麻坡建琼州会馆，创建人陈文义；光绪十五年（1889年）在马来西亚吉隆坡建琼州会馆，创建人叶勇；光绪二十年（1894年）在马来西亚巴生建琼州会馆，创建人陈万德；同年在马来西亚安顺建琼州会馆，创建人李其仁、苏志东、云逢创；光绪二十六年（1900年）在马来西亚永平建琼州会馆。③

清代自1858年海口辟为通商口岸之后，外国船舶可以来海南直接货运，也经营海口与香港以及其他地区的客货运输。1876年琼海关成立之后，凡从事对外贸易和沿海口岸贸易的外籍船舶和华籍船舶一律从海口港入港，向琼海关作出境书面申报，接受海关监管。光绪十二年（1886年），琼海关又于三亚、榆林港特设一个关卡，从事南洋贸易的帆船或汽船，报关后可驶往境内各口岸。因此，海口口岸与三亚关卡的货物流通，又更直接影响琼货向外交流，促进了海南商业的发展。

---

① （清）屈大均：《广东新语》卷十四《食语·谷》，中华书局1985年版，第371—372页。

② 何乔远：《闽书》卷三十八《风俗》。

③ 《新加坡马来西亚华侨史》，转引自《明清广东商人》，广东经济出版社2001年版，第208—215页。

第三十章　清代海南的民族关系与治理

　　海南是一个传统农业形态的多民族的海岛，岛内的组合及不同族群的矛盾呈现着多样性和复杂性特征。当多种社会冲突发展到无法解决时，就以武装暴动的形式爆发出来。清代海南的移民，除了汉、回等各民族的正常迁移进来外，随着时代的变化和推移，又呈现出新的状况和新的趋势，既有由政府集体迁移入岛的，也有久居岛内的人民随着海运的发达而迁居南洋各国的。

　　清代在海南岛上政权稳定之后，内外贸易增加，从康熙三十一年（1692 年）到嘉庆年间，人口增加至 150 万人。乾隆十八年（1753 年），清政府发布《敕开垦琼州荒地》后，移民大批进入海南岛，道光年间，来自雷州、廉州、潮州、嘉州的人民到儋州耕种荒地，被称为"老客"。道光以后，从广州、肇庆府管辖的恩平、开平、高明、鹤山、新宁、阳江等地迁来的海南的移民则被称为"新客"。道光十五年（1835 年），海南人口为 125 万人，呈现缩减趋势。咸丰八年（1858 年），琼州被辟为通商口岸，外货输入增加，迫使大批农民和手工业者失业人数急剧上升，许多居民不得不漂泊海外。清末朝廷政治腐败，加上帝国主义不断侵略，因此，人民群众的反抗斗争日益频繁。咸丰年间的太平天国起义也波及海南岛，咸丰三年（1853 年），海南岛天地会组织会员 3000 多人，发动武装起义。同年六月，大本峒的黎族首领王亚峰响应天地会起义。咸丰八年（1858 年），陵水各地黎族人民也起来斗争，咸丰九年（1859 年），起义才被清廷残酷镇压下去。

鸦片战争以后，海南岛进入动荡不安的年代。咸丰八年（1858年），琼州被辟为通商口岸之后，海南岛逐渐沦为西方资本主义列强争夺之地。英、法、德、日等列强把持琼海关，垄断海运，操纵进出口权，对海南进行殖民开发，引起海南棉麻生产和市场萎缩，农民破产，土地荒芜，传统农业处于半解体状态。工商业遭受沉重打击，大批失业者向南洋迁移。

与此同时，清朝对各族人民的横征暴敛，也达到了空前的程度，各种名目的"附加税"沉重地压在各族人民身上，在重重压迫和剥削下，各族人民过着流离失所、倾家荡产的悲惨生活。各地汉族人民以及黎族农民的武装起义，此起彼伏，斗争越来越激烈。1911年辛亥革命爆发，成功地推翻了清王朝和两千多年来的封建君主专制的统治。①

第一节　清代在黎族地区的统治

清政府对海南黎族地区的统治，在顺治年间，尚未设官和正式纳入地方行政管辖范围。由于明代对抗争的黎族进行了大规模的征讨残杀，再加上时代的发展，黎、汉两族的融合也不断增加，因此，黎区日益缩小，黎族人口也比过去减少。清朝进入海南之后，对黎族的统治开始循依明制，一方面，采用怀柔政策，进行招抚；另一方面，对抗争者进行镇压。同时，运用行政组织的办法，把各村寨的黎民归入版图，以便各级政府进行管理控制。

乾隆十六年（1751年），傅恒奉命绘制各民族服饰及生活习惯，出版一册《皇清职贡图》，其中对于黎族作如此叙述："按黎人，后汉谓之俚人，俗呼山岭为黎，而俚居其间，于是讹俚为黎，散处于琼属五指山各峒中。性儿凶横，时相仇杀，自唐至本朝，叛服不常。康熙三十八年（1699年），总兵唐光尧率兵剿抚，始获绥靖。雍正七年

---

① 海南省地方办公室编：《海南省志·总述》，海南出版社2012年版，第32—40页。

（1729 年），各峒生黎咸愿入版图，悉为良民。"① 又乾隆《陵水县志》记载了总督郝玉麟的一份奏表表云："雍正七年（1729 年）十月，恭逢万寿圣节，众官祝厘。陵邑生黎数百人，焚香叩首，连呼万岁。八年（1730 年）春正月，崖、定、琼三州县生黎王那诚、王天贵、番否等，陵邑生黎那萃等共二千九百四十六人输诚向化，愿入版图，每丁岁纳银二分二厘，以供赋役，三月总督郝玉麟等奏。"奏表上陈后，雍正立刻回应，其颁旨的内容也十分恳切。其书云：

> 诚心向化，愿附版图，朕念其无田可耕，本不忍收其赋税，但既倾心依向，若将丁银全行豁免，恐无以达其输诚纳贡之悃忱。将递年每名输纳丁银二分二厘之数，减去一分二厘，止收一分，以作徭赋。地方文武大臣，时时训饬所属有司弁员等，加意抚绥，务令安居乐业，各得其所，以副朕胞与地方之至意。
>
> 钦此。黎民感泣，悉化为良。②

这是清朝抚黎的例子。但是由于海南岛孤悬海外，山高皇帝远，贪官恶吏、骄兵悍将们对深山老林中纯朴的自然之子黎民，只要不来盘剥他们，就诚心诚意地感激涕零了。而一旦遇到各类苛捐杂税的无理欺凌，山野之民怒气冲天，又铤而走险反抗了。另外，外面的福建商人或逃亡到海南岛的人，挑拨他们造反。因而，黎乱在康乾盛世之后，仍然层出不穷。正如《琼州府志》中所说的："黎有生、熟二种，有此地即有此人。生黎虽犷悍，不服王化，亦不出为民害。为民害者，熟黎耳。初皆闽商，药贾及本省土人，贪其水田，占其居食，本夏也而黎之。间有名为贸易，图其香物之利，实为主谋，予以叛敌之方，往往阴阳生黎，凭陵猖獗。吁，此古今黎祸之媒孽也！"③ 于是，

---

① （清）傅恒：《皇清职贡图》卷四，载《历代文人笔记中的海南》，海南出版社 2006 年版，第 159 页。

② （清）瞿云魁纂修：乾隆《陵水县志》卷八《海黎志·附抚黎》，海南出版社 2004 年版，第 225—226 页。

③ （清）焦映汉修、贾棠纂：康熙《琼州府志》卷八《海黎志·原黎》，海南出版社 2006 年版，第 754 页。

清政府循明朝办法，运用一整套的行政管理办法，深入黎民山寨，对黎族进行管辖。

一、清初的残暴统治

1.采用征抚两手兼施的政策

清代治黎主要采用征抚两手兼施的政策，主要的方针是以抚为主。如顺治年间张凤徵治陵水县，"当兵燹之时，抚定流移，兴复学校，政教大行。黎岐三十九峒，闻风向化"。①

康熙四十二年（1703 年），黄友瓒任崖营游击，"奉命抚戢生熟黎瑶。往来岚瘴间，勤劳而卒"。②

康熙十五年（1676 年），李华之视察粤东时，到琼州黎峒，"华之单骑往谕、更为布置营伍，兵黎相安"。③

又如光绪十年（1884 年），崖州协府黄、特授崖州正堂萧、特授都阃府鲍告示，其中一项写道："尔各黎人既经就抚，急宜勤耕种，完纳钱粮，其有年纪幼小者，须入书馆，教其读书识字，或各村凑合敦请先生教学，将来识字，可以记簿或钱债借拟书记簿内，不为奸民所欺，家中老幼，须讲明五伦，学习礼义，有钱者准其盖屋头田，无钱者急须学艺货耕，数年之后，衣冠兴起，即可成一文物乡村也，谁敢欺尔黎人哉。"④

清政府推行的以抚为主的抚黎措施，在当时形成了相对安定的局面。

海南黎族对清朝的反抗活动，在开国之初，与南明反清势力联合在一起，一直至顺治朝末期以后，多次的抗争是由官吏的残暴而引起的。

---

① （清）明谊修、张岳崧纂：道光《琼州府志》卷三十一《官师志三·宦绩下》，海南出版社 2006 年版，第 1401 页。

② （清）钟元棣创修、张嶲等纂修：光绪《崖州志》卷十七《宦绩志》，海南出版社 2006 年版，第 470 页。

③ 朱为潮、徐淦等修，李熙、王国宪总纂：民国《琼山县志》卷二十三《官师志》，海南出版社 2004 年版，第 1453—1454 页。

④ 《汉黎舆情》卷一《光绪十年五月初十日都司主稿》。

2. 清代镇压黎族出现的新状况

清代对黎族的镇压，其残杀手段与以往各朝代相比，又出现了新的状态。

（1）以枪炮的火力镇压赤手空拳或仅有大刀弓箭的黎民群众

雍正九年（1731年），朝廷准琼人藏枪防黎乱。

《清实录》载："雍正九年（1731年）三月，大学士等议复：'广东巡抚鄂弥达疏言，鸟枪一项，禁例甚严。但广东之琼州，孤悬海岛，外与交趾连界，内与黎人错处，居民多藉鸟枪以为防御之具，似未便照内地一例收缴。请将民间现有鸟枪，令报明地方官注册，并令地方官严饬保甲，于十家牌内开明数目，一户止许藏枪一杆，其余交官收贮。'"① 准许琼人藏枪，对付黎族起义。

不过，在黎族起义军与官军搏斗过程中，他们也夺获官军枪械，也有汉人私带军火，潜入黎区贩卖。《军牍集要》中说："黎性椎鲁犷悍，善用标枪及药箭、药弩之属，无不犀利。而近年汉奸勾引，接济军火，洋药、洋枪、洋炮逼码无不备足。多自万州、陵水海港而入，加之各处安设毒签，误踏之即难医救。"② 因此，起义军也以武器与官军对打，但官军毕竟拥有强势的枪炮、火箭等先进武器，起义军处于劣势，而被残酷镇压。

（2）调动正规军进行剿杀

每次黎族起义，官府都派遣镇守琼州的正规军或地方官长率兵进行围剿，以强大的兵力镇压，速战速决。如顺治九年（1652年），参将马正龙"率兵五百定万州诸黎"。

顺治十三年（1656年），城守何玉统兵斩黎。

顺治十八年（1661年），知县蔡嘉祯会同儋、澄牧令请兵密剿，道镇遣防儋兵参将进行围剿。

康熙元年（1662年），黎族起义，琼镇发官兵直捣其穴。

康熙八年（1669年），定安黎起义，知府牛天宿总兵出征，知州

---

① 《清实录·世宗雍正实录》卷一〇四。
② 张云卿、庄秉衡编辑：《军牍集要》卷十二。

张擢士集兵剿捕。黎族在清朝 85 次大大小小的起义活动中，官兵都调集足够兵力前往剿杀。

（3）剿黎之后实施的抚黎策略

张之洞派冯子材在海南岛剿黎之后，他又拟《抚黎措施十二条》，刊发传布，以安民心。以武力镇压之后，又以安抚的举措收服黎族民心；其抚黎策略，虽专为剿黎，以期黎汉永远相安，其政策，于黎族有好处。

关于开辟道路，统由冯子材考核督催，并饬琼州道府激励各属绅团，同心协助。这次张之洞的决定，大多参考明朝海瑞和俞大猷关于将五指山开十字路的建议，而海瑞的建议又师承于丘文庄公（丘濬），明代海南有识之士及官吏们，已深深理解海南岛开发黎区的重要性。

海瑞在《治黎策》中说："愚生以为今日之计，不过坚持开十字道之心，固执立州县之计而已。自此之外，虽议之之尽其方，处之之尽其术，皆下策也。"[1]

明朝的韩俊，在《议黎奏稿》中提出"开辟五指山十字路，以通往来"。明代杨理深入五指山考察黎情后，写下的《上卢兵备书》《上欧阳太守书》中，提出开辟道路的建议。吴会期在给皇帝的奏议中，也提出开十字大路的建议。唐胄在《平黎总论》中同样提出开路建议。王弘诲在《议征剿黎寇并图善后事宜疏》里，提到伐山开道的建议。凡是治理过海南岛或海南本土的有识之士，都异口同声地提过开十字道路的具有远见的建议，可惜明朝统治者置若罔闻。

两广总督张之洞，当他考察海南及派遣冯子材武力剿黎之后，深谋远虑，认为要统治海南岛，让黎民不造反，安居乐业，归附皇朝，不是靠武装力量所能维持，而是必须开发海南才是上策。于是，他参考海瑞、俞大猷等人之说，加以变通推广。他提出开发道路的理念、方针及策略，并加以实施。

二、在黎峒设立都图里甲直接管理

在黎区设都图里甲，黎峒又设黎总一人，哨管若干人，管理黎村

---

[1] 《海瑞集》卷二《治黎策》，海南出版社 2003 年版，第 158 页。

生产。

"都"是我国具有悠久历史的行政单位名称。"图"起源于明代里甲制度，清朝在全国确立统治后沿用明朝的都图行政管理制度，并且这一制度一直沿用到民国时期。清代南方省县以下设乡，乡以下又设图；乡设乡董，图设图董，总管一乡、一图事务。

各县都图黎峒分布情况一般依循明代分布，但到了清代，由于黎族人居住无常，迁徙不定，地方及人口的变迁，也会有所变化。

三、从"土流兼治"到"改土归流"

临高邑令樊庶说："窃查临高钱粮，名分三乡，乡分五十二图。历来旧例，催征钱粮，每图轮一人出官，名曰图长。但逢征比，花户高坐私家，惟图长一人是问，不但终年奔走，如同无罪之囚，且以一人之皮肉，代阖图之敲扑。更于每年报充之时，择其能事者，阖图敛粮顾募，每名二三十两不等，通县计之，约费千有余金。且有一等奸刁图长，因花户痴愚，任其增派，收粮饱囊，至征期将竣，耸禀签拿，复累小民，多致重纳。种种弊端，殃民不浅。"①

在明代，朝廷为了统治黎区的需要，在黎族聚居地实行土官制度，给倾心朝廷的黎族峒首以较高的政治地位和军事权力，以加强对其的笼络与统治。

清代在开国之初，仍袭土舍制，也曾利用土舍权威统治黎区。但他们后来发现土舍制对于王朝的基层统治十分不利，土舍狐假虎威，勒索黎民物力，产生了许多弊端，引发黎民激烈反抗，如昌化县陶元淳所说：土舍之弊，"略有四端：其未为土舍也，保举则贿卖黎头，委牌则贿卖官吏，此不资之费，将何以出也？其既为土舍也，衙门之赂遗，胥役之勒索，此无限之求，将何取偿也？官派一而私派十，官取百而私取千，而无不贵之于黎，酒浆鸡黍，所至为之一空，花藤皮蜡，所见皆为己有，此其吸黎之骨髓者一矣。出入乘桥，则索扛抬，营运林木，则索人夫，官府虽回雇觅，而黎人苦于中饱，黎人正欲

---

① （清）聂缉庆、张延主修，桂文炽、汪瑔纂修：光绪《临高县志》卷十八《艺文志·樊庶（条议）》，海南出版社2004年版，第430页。

耕种，而土舍督令办工，至于时晚务闲，而黎之土亩已荒，俯仰已无所资，钱粮已无所出矣，此其竭黎之筋力者一也。然其害犹未及于民也。自黎人转徙入山，而土舍所辖之地，半为民居，民与土舍等也，非有统辖之权，君临之分也。今乃擅受民词，擅理民事，甚者擅用刑罚，擅行科敛，而其害及于民矣。然犹未及于邻邦也。自符南蛇作乱于前，符梦熊兼并于后，蚕食邻峒，惟力是视，官斯土者，苟常相安于无事，隐忍不言，而朝廷之疆界，不可复请矣"。① 陶元淳指出，土舍对黎区掠夺之弊害，势力之强大，非朝廷所能控制，所以建议废除土舍制，削弱土官势力。清廷建立了制约黎族的土官制，主要是对黎峒的控制。

实际上，黎峒自古早已存在，梁隋时代的冼夫人，就曾收服海南千余峒主。历代黎峒是黎村的自然存在，他们自由选举头人，如《广东新语》中所说的"黎多符、王二姓，非此二姓为长，黎则不服。欲立长，则系一牛射之，矢贯牛腹而出，则得立。黎长不以文字要约"②，这是黎区民俗约定俗成的事。与明代相比，清代管理则利用一些自然的法则来实行对黎区的统治，如上所列举的各县组织，村（弓）是社会上最基层的组织形式，以黎峒为单位，峒设峒长、黎总、哨官，这些人员作为对黎民的行政上的管理，收纳赋税。

正如张庆长《黎岐纪闻》所载的："黎头辖一峒者为总管，辖一村或数村者为哨官，大抵父死子代，世世相传，或间有无子而妻代之及弟代之者，为众心所归而公立之也。凡小事听哨官处断，大事则投诸总管，总管不能处，始出而控告州县。"③

清代依据黎族的自然习惯所建立的黎区统治系统，对于他们的统治是十分有利的。因此，在康乾时代，清代对海南岛的统治也相对安定。

---

① 《皇朝德世文编》卷八《兵政十九》。
② （清）屈大均：《广东新语》卷七《人语·黎人》，中华书局1985年版，第242页。
③ （清）张庆长：《黎岐纪闻》，广东高等教育出版社1992年版，第117页。

第二节 清代对海南回族的统治

海南回族，自唐、宋、元、明已陆续迁徙到海南岛，形成了一个具有凝聚力特色的民族。到了清代，大部分都集族而居琼崖南端的三亚港，俗称番村。

三亚番村有东、南、西、北四座清真寺，形式与其他地方的清真寺相同。其中东庙建于明宪宗成化六年（1470年），建筑时代较早，南庙建于明成化二十三年（1487年），西庙建于清光绪二十年（1894年），北庙建于乾隆年间。岑家梧在《琼崖三亚回教考》一文中说："其人以蒲、哈、海、李、江、刘、陈为姓，蒲、哈、海应为阿拉伯人来中国后之姓，李、江以下的则系袭用汉姓。"乾隆十八年（1753年）东庙碑记云："番人初本姓蒲，今多改易，不食豕肉，不祀祖先，惟建清真寺，白衣白帽，念经礼拜，信守宗教，至死不移。吉凶疾病，亦必聚众念经。有能亲至西天膜拜祖之荣归者，群艳为荣，岁首每三年必退一月。"[①]

回民聚居三亚里番村（即现称羊栏，又称凤凰镇），以捕鱼为主要产业。在东调里有乾隆十八年（1753年）十二月十七日竖立的《正堂禁碑》，记录下三亚和平保里、望楼里因渔税和渔场范围发生纠纷的事件，为此政府给予裁定，并将其内容勒刻此碑。这是至今留下来的重要碑刻，使后代可由此了解三亚回族在清代时的生活状况。

《正堂禁碑》碑文如下：

> 特授崖州正堂，加二级，记录四次许为乞恩准，给碑横模，以垂久远事。据士民蒲儒嵩、周贤盛、周之造、王仕伟、蒲祖贤、蒲学嵩、蒲高仕、蒲弘仁、周元秀、蒲高贤、陈国傅、蒲锡嵩、蒲金玉、蒲春倚、蒲永发、蒲万谣等，状呈前事，到州堂批准抄录判语，勒碑在案。随查保平里徐翰珪等，三亚里蒲儒嵩等，互控海面一案，绿州属沿海东至赤岭与陵水交界，西至黄流莺歌与感恩接壤。

---

① 岑家梧：《琼崖三亚回教考》，载《广东日报》1941年11月19日。

共载米五百八十四石二斗零，共编征课银一百六十二两九钱零。近年所三亚里，完银六十一两三钱，保平里完银五十两六钱零，望楼里完银四十二两九钱零。其海面虽无界址，而各里疍户，向来按照各埠采捕输纳，或有异邑小艇，呈请给照顾在其海面采捕，即帮照其处课粮该管。现该完纳，相沿已久。兹保平里徐翰珪居藤桥，欲将藤桥海面归贴保平，因以海面宽窄悬殊，具控前来庭讯之。下查保平、望楼二里，载米二百五十石，黄流、莺歌二里，分载米二十石余，按户征输。自深沟至黄流海面，仅一百四十里，三亚里载米一百六十石。内于康熙五十年间，抽米饷于赤岭、琊琅等处，仅米一十石余，亦按户征输。自红岭至崖、陵交界赤岭海面，共一百七十里，其番坊绝米，已有燕菜足供输纳。若以东西海面米石相较，则西面米多海少，所以徐翰珪等有不平之鸣。但事已久远，殊难分更，仍着照旧分管在案。兹据该生等，呈请给发碑模，前来合行勒石，为此示谕，各该疍户人等，知悉嗣后，务宜照在本埠附近海面采捕。朝出暮归，不得多带米粮违禁运出，或有异籍疍户到增采捕，该埠长俱须查明，呈请给照帮课，亦不得私行越界，强占网步兹事。如敢抗违，许该埠长指名扭禀，按事究治，宜各禀遵毋违！特示。

乾隆十八年十二月十七日立

此碑共刻有 605 个字，高 154 厘米，宽 530—575 厘米，厚 100—105 厘米，原本立于三亚湾海坡岸边，日军占领期间，原住在海坡的穆斯林，被日军迫迁到回辉村时才把碑搬迁到清真古寺（东寺）保存。这是迄今为止发现的唯一的一份以汉文记载当地穆斯林族群的宝贵文物。

碑文中显示：

（1）乾隆年间，三亚回民以捕鱼为业，而当时崖州官府对渔业课税不是以渔民实际渔获量计税，而是将海面渔场划分范围分配给各埠渔民出海捕捞，所以容易使不同地段的渔民发生纠纷。清廷收缴渔税使回民承受沉重的经济负担。由此可知，渔民生活之艰苦，才会有捕鱼时的海面之争。

（2）回族大姓是以蒲姓为主，三亚回族的主体是蒲氏家族。

（3）三亚市回族的祖先在宋元之间从占城"挈家驾舟而来，散泊海岸"，《正堂禁碑》记录的是乾隆十八年（1753 年）间，回族人蒲儒嵩等呈状与徐翰珪互控海面一案的判语，是三亚市回族自宋元间以来发现的唯一用汉文刻记并能保存下来的珍贵文物。它对研究清代崖州的鱼赋以及三亚市回族对开发古崖州渔业经济的研究，有着极其重要的价值。[①]

第三节　清代对客家人的统治

海南岛上的客家人，有"老客""新客"之分。

所谓客家，《辞海》的解释是："相传西晋末永嘉年间（4 世纪初），黄河流域的一部分汉人因战乱南徙渡江，至唐末（9 世纪末）以及南宋末（13 世纪末）又大批过江南下至赣、闽以及粤东、粤北等地，被称为'客家'，以别于当地原来的居民，后遂相沿而成为这一部分汉人的通称。以粤东梅县、兴宁、大埔、五华、惠阳等地最为集中。尚有部分分布广西、四川、湖南、台湾、海南部分地区和侨居海外南洋一带。讲客家话。妇女社会地位较高，不缠足，普遍参加劳动生产，不受封建陋习的约束。在聚居区保持自己的生活习俗传统。山歌也别具风格。"[②]领导太平天国革命的洪秀全即为居住广西的客家人。语言保留较多的汉语古音的，称"客家话"。由此来理解，所谓客家人不是民族概念，而是一种文化概念，是属于一个具有共同经济和文化特征的族群。客家是一个富有新兴气象、特殊精神、极其活跃有为的民系，是汉族里面一个系统分明的支派。

---

① 黄怀兴：《三亚市回族〈正堂禁碑〉及其历史价值初探》，载《广东民族通讯》总第 11 期，1987 年 8 月 28 日。

② 《辞海》，上海辞书出版社 2009 年版，第 1247 页。

罗香林对于客家的迁移，倡导"五次迁徙说"，即晋、唐、五代、宋末、明末及清代。《崇正同人系谱》卷一云："广州属之增城、东莞、新安、番禺、花县、龙门、从化、香山、三水等县，又西江之肇阳、罗、沿海之高、雷、琼、廉等州县，广西全省各州县，湖南毗连广东等州县，在在多有吾系，大抵皆在清初康、雍、乾各朝代，由梅州及循州（即韶州古称）之人，或以移垦而开基，或以经商而寄寓。此盖为最后移殖者。至海南别有一部分之客，则又在清末咸、同年间，因世乱避地而迁往者，皆安置于高州之信宜，雷州之徐闻，琼州之陵水各属，若广州西陲之赤溪一厅，亦当时所置划地以安集移徙之民者也。"[1]

客家人又有"土""客"之分，也即所谓"老客""新客"，实际上是因迁徙的先后而称呼。正如《崇正同人系谱》中说的："如赣、汀、南韶、连各州之吾系民族，乃当日中原南来初经一次为客之民族也，而未再转徙且已成为今日最先之土著矣。然实则客中之主也。今日梅、循二州与珠江、西江上游及福建、潮、琼同系各族，乃皆当时度岭愈南再经二次为客之民族也，而不复转徙则亦成为土著矣。然实仍客中之客也。今日增城、东莞、花县、番禺、新安、龙门、从化、清远以及一概插处之客族乃又近代生齿日繁、人稠地逼因图发展更经三次、四次为客之民族也，而转徙不已，又若成为频动之客族矣。是则客中之客而愈客也，而究何者纯为土？何者不为客耶！明乎此，而吾系之本末昭然矣。"[2]

本来"土"与"客"都同为汉族其中的一个支系，但是由于鸦片战争之后政治形势的变化，广东地区遭受自然灾害之后，官府仍征收赋税，乡村生活更加贫困，在咸丰四年（1854年）广东爆发了洪兵起义。客人卷入了这场起义战争之中，宣统《恩平县志》载："客人素与土人不协，常欲借端启衅，图为不轨。及得令，益自恣睢，结寨云乡、大田，佯托官军，诬土著为匪党，肆行杀戮，各邑又潜为勾

---

[1] 《崇正同人系谱》卷一《源流》，香港崇正总会1995年版，第6页。
[2] 《崇正同人系谱》卷一《源流》，香港崇正总会1995年版，第9页。

引，蔓延六县。"① 于是客民之间互相械斗，土客交相杀戮，各自达到数十万人之多。罗香林在《客家研究导论》中写道："先是道咸之交，广东恩平、开平、增城、新宁记广西武宣、贵县等地的客家，因与土民积不相能，迭相攻击，两粤大吏不敢过问。至咸丰四年，恩平、开平、鹤山、新宁、高要等县的城池，屡为土匪攻扰，地方官无力悍御，乃募客勇防守，屡胜土匪，斩获颇众。两广总督叶名琛，复令鹤山知县沈造舟，统率客勇，搜剿余匪。是时，各地匪首及附匪的无赖，多属本地系人，一闻要剿，便生惊惧，乃散布澜言，谓客人挟官铲土。土众惑之，因遂'仇客分声'，乘势杀掠客民，客民起而报复。寻衅焚烧，遂成形械斗的局势。"②

在广东赤溪、开平、恩平、赤水、沙田等地的客人械斗，持续了十多年，土客互相残害，结仇已深，在双方械斗灾祸中，土客双方时和时战，清廷对于土客械斗，到了同治年间，土客斗祸因官军的介入而演变成客民与官军的对抗，在此过程中，清廷在用武力镇压之后，最后采取迁徙办法，把客民迁移到其他地方落户。郭嵩焘在奏稿中说："查土、客仇雠日深，各率其恣睢险狠之常，无复问曲直是非之义。本年二月间，总兵卓兴强为安插，明知土、客两不相安，犹冀痛深创巨之后，宿怨渐消，但获一二公正晓事之衿者出而调停其间，或可抚绥数年，辑睦无事。讵客民栖息有所，尚不忘未复之旧业而日肆侵凌；土民报复相寻，反深恨尽弃其前功而再谋攘夺。是以两造决计挑衅，各怀致死之心，而土著则挟数县之资财物力，酿集而共逞于一隅，客籍不堪其扰，孤立无援，势不得不抛弃田庐，去而他徙。"③

民国《赤溪县志》中也记载了官军的命令："尔等尽可不必过虑，如能革面洗心，将旧存军械全行缴出，炮台木栅悉数折毁，凡曹冲、

---

① 《恩平县志》卷十四《纪事二》，转引自刘平：《1854—1867被遗忘的战争——咸丰同治年间广东土客大械斗研究》，商务印书馆2003年版，第264页。

② 罗香林：《客家研究导论》，台北南天书局1922年版。

③ 郭嵩焘：《郭嵩焘奏稿》中《恩平县那扶等处客民逼窜出现在亟筹办法疏》，《郭凡客、嵩焘奏稿》，岳麓书社1983年版，第237—239页。

赤溪以内，住经五代以上者，姑准仍留旧居，毋庸他移，听候设官驻兵，妥为弹压，以资保护。其寄居未久之家，务须概行外徙，以杜麇聚滋事，仍准厚给川资，按地安插，断不令流离失所。"①因此，在械斗灾祸稍为平定之后，清政府重新安插客民到广东的高州、廉州、雷州、琼州各地。这样一来，海南岛也成为客民迁移的主要地点了。

① 《赤溪县志》，转引自刘平：《1854—1867 被遗忘的战争——咸丰同治年间广东土客大械斗研究》，商务印书馆 2003 年版，第 178 页。

第三十一章　清代海南的教育与文化

第一节　教　育

清代的学校，沿袭明制。京师曰国学，并设八旗、宗室等官学。直省曰府、州、县学。[①]

关于府、州、县、儒学，由官府给予经费，优免在学生员，并赈助贫穷生员。各学教官，府设教授，州设学正，县设教谕，各一，皆设训导辅佐。生员入学考试，以《四书》《孝经》《性理》《太极图说》《通书》《西铭》《正蒙》等书命题。再试时以《四书》《小学》科试加经文。康熙帝先后颁《圣谕广训》及《训饬士子文》于直省儒学，到雍正年间，儒生考试时都要背录《圣谕广训》。各地方武生附儒学，通称武生。各省又设书院，辅学校之不足。又有义学、社学，社学是以乡为单位设置，择文行优者担任社师，免其差徭，量给廪饩。凡近乡子弟十二岁以上令入学。义学在各省府、州、县多设立，教孤寒生童，或少数民族子弟。[②]

光绪末年废科举。光绪三十二年（1906 年）并停岁、科试。中国

---

① 赵尔巽等撰：《清史稿》卷一百六《选举一·学校一》，中华书局 1986 年版，第 3099 页。

② 赵尔巽等撰：《清史稿》卷一百六《选举一·学校一》，中华书局 1986 年版，第 3115—3119 页。

科举制度自隋炀帝大业二年（606 年）开始，至光绪三十二年（1906年），历时 1300 年而寿终正寝。从此以后，新的教育制度正式确立，各类学堂、公学及学校纷纷创办，学习农、工、商实业课程。在译学馆中，设立英、法、俄、德、日文各科，教育改革之后，派学生游学日本、欧、美等国，毕业后回国。

海南岛上的教育，是随着当时全国的教育制度而发展变化的。

一、学制与儒学

清代海南的学制：顺治九年（1652 年），礼部奉旨刊立卧碑，晓示生员。康熙十五年（1676 年），始以广东提学道巡试琼府。康熙四十三年（1704 年），颁《训饬士子文》于学宫。康熙五十五年（1716年），广东各卫所各取进童生一名，拨入各府学，教职督率。其补廪出贡，即附入府学原额。雍正元年（1723 年），题准广东之儋州向系中学，今改为大学，取进十五名。雍正三年（1725 年），复准广东卫所军户田粮，俱归并附近州县，其卫所军童生嗣后仍归原考之州县考录申送。琼州府学，额进二十四名，廪生四十名，增生四十名，一年一贡；武学额进二十四名。琼山县学，额进十五名，廪生二十名，增生二十名，二年一贡；武学额进十五名。儋州学，额进十五名，廪生三十名，增生三十名，三年两贡；武学额进十二名。崖州学、万州学各额进十二名，廪生三十名，增生三十名，三年两贡；武学各额进十二名。澄迈县学、临高县学、文昌县学、定安县学、会同县学、乐会县学各额进十二名，廪生二十名，增生二十名，二年一贡；武学各额进一名。陵水县学、昌化县学、感恩县学各额进八名，廪生二十名，增生二十名，二年一贡；武学各额进八名。[①]

二、书院发展概况

清代全国有书院 4365 所，广东有 531 所，在全国各省排行第一名。海南岛虽然孤悬海外，地处南荒，也有书院 42 所。

清代建国之初，由于害怕明朝遗士宣扬明末民族主义思想，以书

---

① （清）明谊修、张岳崧纂：道光《琼州府志》卷十六《经政志·学制》，海南出版社 2006 年版，第 712—713 页。

院为据点聚众反抗，因而抑制创建书院。顺治九年（1652年），诏令"各提学官督率教官、生儒，务将平日所习经书义理，着实讲求，躬行实践。不许别创书院，群聚徒党，及号召地方游食无行之徒，空谈废业"。① 官府不准书院生员，指陈社会弊病，刊刻文字，禁抑书院建设。到了康熙年间，南明已彻底覆灭，清政府对书院采取放宽政策，开始重视创建书院。到了雍正元年（1723年）开始下达命令，"命各省改生祠、书院为义学，延师教授以广文教"。② 到了乾隆年间，认为书院是一种教育机构，可以"导进人材"，以"广学校所不及"。于是规范书院管理，改山长为院长，聘请"多士模范者"担任。官方书院为官立，其创建、修复、经费、聘师、招生之权多操于各级行政长官，成为各级政区的最高学府。底层是私立的家族书院和民办的乡村书院，中间层是县立书院。到了清代中后期，书院的建立进入了一个前所未有的大发展阶段。清代书院的特点，主要是：①书院讲学由程朱理学转为经史考据之学。②建立书院的规章制度，严格院长及师资规格。③民间力量参与书院管理。清代的书院，以官府为主导，而民间的力量则以数量取胜。书院的建立，遍布全国各地。

清代海南的42所书院中，其发展有先后快慢，建立书院的目的，在于辅助官学而为国家培养人才，在取士仍为科举制度的情况下，书院也与官学一样沦为科举的附庸。

清代书院的性质，已与前代有所不同。在清代以前，书院是山林派的讲学，纯然是主修养，居敬穷理，培植各自的学术中心。而到了清代，书院从私立改为官立，讲学的中心与每年应试的课题相衔接，书院主要是培养士子的应试能力，书院的一切设备，都以应试为目标。书院的变革，是根据清代的学术、政治、社会背景而转移。

---

① （清）陈梦雷编纂：《古今图书集成·选举典·学校部》。
② 《清朝文献通考》卷七。

第二节　宗　教

清代海南岛上的宗教，比历代都丰富得多。因为除了佛教、道教和伊斯兰教外，地方民间的信仰，基督教和天主教的传入，海南岛上的天后及水尾娘娘的海上女神向海外传播，显示了海南岛上宗教信仰呈多元化趋势。

一、关于佛教

海南岛清代佛教，由于资本主义工商业的发展，一些资本家及小商贩，对佛教进行奉献和捐助，乐善好施，修庙建寺，居修之士与日俱增。尤其是康乾盛世，政治稳定，经济也相继发展，士绅及百姓自发集资兴建寺庙，使海南佛教文化出现复兴的迹象。

二、满天神佛的宗教信仰

在道光《琼州府志》中，关于清代各州府所设坛庙，或佛或道，有的是纪念有功于海南的先贤祠，有的属于民间的广泛信仰。这些坛庙，说明海南岛上的宗教信仰是满天神佛，民间的信仰是多元化的。

清代海南的民间信仰十分广泛，并非完全以佛教为主体，而是各种各样的信仰并存。

除了本岛百姓有着对神佛的信仰外，海南人移民海外，也把这种民间信仰带到海外去，最突出的是在各地建立天后宫作为膜拜的神祇。

早期的海南移民为了谋生，漂洋过海，乘着帆船前往南洋各地。他们相信天后圣母可以保佑平安，船上供奉天后圣母，祈求一路顺风。上岸之后就设神坛膜拜天后圣母。为了信仰和联络乡情，在南洋各地，凡是有海南会馆处必定有天后宫，而且很多地方是先建天后宫后建海南会馆。如马来西亚最早的海南会馆是马六甲海南会馆，该馆成立于1869年，但在此之前，槟城的海南人已创立了天后宫。槟城的琼州会馆建于天后宫之后。1870年前，先有天后宫，直到1925年重修后，才正名为"琼州会馆"。古晋的亚答街天后庙于1825年前已存在，"古晋海南公会"一名到1830年才出现。雪兰莪琼州会馆建立于1889年。

三、清代妈祖信仰的传播及其观念变迁

妈祖信仰在宋代起源于福建，元代传入海南岛，到了清代，天后庙已遍布海南岛各县。在琼山县的天后庙一座在白沙门，一座在海口所，这两座庙自元代传入，清代又在郡城内总兵署前新建一座。澄迈县在明代通潮阁建庙，清康熙四十七年（1708年）重建，乾隆四十六年（1781年）及嘉庆九年（1804年）重修。定安县于康熙三年（1664年）拓基重修。文昌县于元朝建庙，康熙五十三年（1714年）重修。会同县于康熙十年（1671年）重建。乐会县于道光十五年（1835年）重修及改建。临高县于明成化年间建，顺治十八年（1661年）重建，康熙九年（1670年）及康熙三十一年（1692年）、康熙四十四年（1705年）重修。昌化县在城西修建。陵水县有三座庙，一处在北门外，一处在城南，一处在灶村。感恩县一座，在县北。这13座庙宇，说明妈祖信仰传播范围在不断扩大。

清代是妈祖信仰发展史上一个非常重要的阶段，妈祖信仰从民间口头赋予的灵女、女神一步步上升为夫人、妃、天妃，最终达到天后的至尊地位。在清代，官方有意识的宣传起到主导作用，清朝把妈祖由天妃晋封为天后，直至尊称为天上圣母，封号累加达六十四字之多。朝廷诏令全国地方官员修建庙宇，并对妈祖尊行春秋致祭，与孔子、关帝并列。在国家政权的主导下，海南岛上的妈祖信仰也蔚然成风，建庙修庙成为各地方官员的重任。而妈祖信仰不仅是局限于海上女神的地位，而且进一步被赋予"博施于民而能济众"的政治功能，妈祖形象的演变，也随天后宫建立于各地而使妈祖崇拜逐步演变为海上保护神、地方保护神、官员升迁的保护神和赐子财神等。在清代特定的历史场景中，其功能与意义的变换，反映了地方文化资源和权力结构的历史变迁与社会形态。

1. 海南妈祖信仰在政权的推动下迅速传播

海南政府官员成为妈祖信仰发展的主体。光绪《崖州志》中载："天后庙，在州治南海滨"①，以"天后宫，每岁以春秋仲月上癸日有司致

① （清）钟元棣创修、张嶲等纂修：光绪《崖州志》卷五，海南出版社2006年版，第147页。

祭，与文昌庙同。祭品由知府捐廉备办。祝文：维后配天立极，护国征祥。河清海晏，物阜民康。保安斯土，福庇无疆。千秋巩固，万载灵长。神恩思报，圣泽难忘。虔修祀事，恭荐馨香。士民一德，俎豆同堂。仰惟昭格，鉴此烝尝。尚飨"。

每年天后宫祭祀，都由官府主祭，每年各地祭礼，如道署衙门官员赵承炳在《琼海重游笔记》中写道：光绪二十一年（1895 年）八月初十日"晴，黎明诣天后庙祠道府行秋祭礼"。在《九龙承乏笔记》（七）中记载：光绪二十八年（1902 年）正月十五日"天后庙神山庙行香"。"二月十四日，天后庙神山庙行春祭礼"，"三月十五日天后庙行香"，"二十三日晴，诣王后庙行诞祭礼，次诣神山王庙行礼回署"。[1] 由于官府每年带领祭祀，妈祖信仰更显尊贵地位。

2. 天后庙的经济费用，由官府担当，或由官员带头募捐，商人踊跃捐建

除官府主导外，海南商人是推动妈祖信仰的重要力量。

道光《琼州府志》载："天后庙，一在白沙门，一在海口所。元建，明洪武间屡葺。商人谭海清等建后寝三间及观音堂，并塑诸神像。清雍正七年（1729 年），监生陈国安、生员杨凤翔等募建大门三间。雍正十二年（1734 年），知县鲍启泌详准在海口关税内支担，规银四两四钱办春秋二祭。乾隆十一年（1746 年），陈国安复募建庙铺屋十间，岁收租银以供香火。迄今官民渡海来往，必告庙虔祀之，灵异甚著。"一在郡城内总兵署前，嘉庆四年（1799 年）建。

3. 妈祖信仰观念的变迁

（1）妈祖已成为海南岛官民的保护神

海南岛四周环绕大海，僻处天涯，渡海航路艰难，声气难通，海盗频繁，官民渡海经常遇险，因此对妈祖的神位信仰更加虔诚。《琼山乡土志》中，记载天后的神验已成神话，写道："天后庙在海口所，官民渡海必告庙祭卜而后行，灵异甚著，往往于海上救护船只，凡船

---

① （清）赵承炳：《九龙承乏笔记》（七）。

遇险，见海上有灯笼及箫管声，则虽险终得济。"妈祖在民间信仰的护航海神灵位，在海南岛上已成为救世祖。

在《康熙琼郡志》中，有洪之杰撰写的《重饬天妃庙田铺碑记》载："琼郡环处滨海，海门一区犹郡治要津，通南北而便商民者也。厥地庙祀天妃，岁时崇礼。凡诸鼓楫？帆乘潮而顺渡者，莫不肃容起敬。盖俨然海天巍柱，为神称赫焉。"海神在海南岛上的地位，垂庙祀不朽。这些记载，对于妈祖的灵迹已历历可考。

（2）妈祖成为商业发达的财神

民国《琼山县志》中，于咸丰十一年（1861年）重修海口天后庙时由琼邑举人李向桐撰写《重修海口天后庙记》，记述琼山县天后庙修建的历史，清代商人，信仰隆盛，五行商绅，争相修建。除琼山外，当年陵水县商业发达，来往广、福各地客商，踊跃募款建立会馆及天后庙，陵水县《鼎建凤城会馆碑记》记述陵水县修建凤城会馆的经过："琼之属邑为陵水，地濒溟渤，境拉珠崖，固海隅日出之乡，商旅云集之所也。"于是，商家集资建馆，"工既竣，乃修饰宝座，享禩不悉。在会之众，事无大小，必质诸神；期有要约，必盟诸神；居有体咎，必祷于神；出有攸往，必呼于神。神之人，犹母也，人之事，亦犹子也"。①

陵水《陵阳顺邑会馆记》："天后圣母建阁百余年，中间增立香亭，添设戏台，造叙福所，皆赖同人鼎力。自昔迄今，具藉神庥而获盈宁者，不独在陵居奇之否为然也，后经商游宦蒙庇佑焉。"②《重建顺德会馆并建中庭碑刻》中也写道："窃以重修会馆，妥酬圣母之灵，重建中庭，共遂邑人之念。"③乐东县《重修琼邑会馆捐题碑》："圣泽汪洋，天后克当。庙建□阳，人本琼乡。佛罗经商，神力扶康。"④ 这些碑文见

---

① 谭棣华、曹腾騑、冼剑民编：《广东碑刻集》，广东高等教育出版社2001年版，第961页。

② 谭棣华、曹腾騑、冼剑民编：《广东碑刻集》，广东高等教育出版社2001年版，第991页。

③ 谭棣华、曹腾騑、冼剑民编：《广东碑刻集》，广东高等教育出版社2001年版，第994页。

④ 谭棣华、曹腾騑、冼剑民编：《广东碑刻集》，广东高等教育出版社2001年版，第998页。

证，在海南岛上经商的商人们，都把天后尊为财神，凡建各地会馆，馆内必供奉天后塑像，以求发财致富。妈祖成为他们财产的保护神。在客籍商人看来，妈祖神灵有护商之功，因此，在创建会馆时，如陵水凤城会馆捐款人就有 323 人。

海南天后庙多为商人所建，如定安县的天后庙，"明万历年间，广府南、顺、新三邑商人创建，一间数椽。清朝康熙三年，梁、邓、李、刘诸姓拓基重建。咸丰三年，生员李尚华邀祉友捐修。县衙前东边铺一间，在三角铺右，广商置为香灯。内翰坊下东边第五间铺两进，福城社与梁飞龙买置；庙右铺内外二间，亦广商置，皆为饰神像之费。北门街口铺一间，坐北向南，为天后、观音两神诞费"。①

海南岛四面环海，而且是个移民岛，沿海居民大多数以海洋捕捞和航运为生。对于外来的闽粤移民，他们相信是在妈祖的保佑下才安全抵达海南的，本来就有民间信仰的根基；对于靠海维持生计的人们，妈祖就是他们的海上保护神，加上有大量妈祖"显灵"的传说，导致自宋至清朝廷多次颁旨册封妈祖各种称号，更加坚定了妈祖民间信仰的广泛性。

四、天主教与基督教

明代西学东渐风潮日盛，外国宗教也已开始传入海南岛。在清代，天主教与基督教的传教士们也纷纷前来海南传教。

欧洲在宗教改革以前，基督教原有两大派别：一为罗马公教（即天主教）；二为东正教（即希腊正教）。宗教改革以后，罗马公教又分出了新的教派，旧教称为天主教，新教称为耶稣教或基督教。天主教与基督教同信奉天主和耶稣基督。

1. 天主教

天主教于明崇祯三年（1630 年）开始传入海南岛。至清顺治八年（1651 年），全岛天主教徒发展到 2253 人。②

---

① （清）吴应廉创修、王映斗总纂：光绪《定安县志》卷二《建置志·坛庙》，海南出版社 2004 年版，第 188—189 页。

② 海南省地方史志办公室编：《海南省志·宗教志》，南海出版公司 1994 年版，第 476—477 页。

康熙十四年（1675 年），出身罗马尼亚的俄国使节尼·斯·米列斯库（1636—1708 年）出使中国，康熙十五年（1676 年）在北京觐见了康熙皇帝，康熙十七年（1678 年）返回莫斯科，他在中国漫游后，写下了《中国漫记》一书，内容涉猎甚广，既有历史地理、政治故事、经济文化和科学技术，也有风土人情、宗教信仰、奇闻逸事和神话传说。书中写到他来琼山府所看到的一切时说："这里有高山，山上出产人们生活所需的所有物品。不过汉人仅仅控制了海岸，岛的中央住着一个自由民族，他们只许汉人来做生意。他们居住的山里有金矿、银矿和珍珠，在靠近海岸处什么都不缺，那里还生长檀香木、大大小小的印度椰子，还有一种世界上最大的水果，一个果子就够二十个人吃，一个人勉强才能抱起来，形似大南瓜。这种树虽然也有树枝和叶子，但树枝上既不开花也不结果，其果实直接长在树干上。这种果实的外壳十分坚硬，要用镰刀才能劈开，里面有许多核，其味各异，有的类似香瓜，有的类似栗子。这里有鹿、鸟等各种禽兽，还能捕捞到鲸鱼，中国人取出鲸油擦各种草制品和船只。府城附近生长一种神奇的草，中国人称它为'知风'，意谓'能预报风的来临'，水手们从这种草可以看出一年中哪个月将有多少晴天，就像历书上记载的那样。但是只有在这个地区才能如此。中国人说这个岛有一千俄里大，岛上有许多天主教堂，也有许多天主教徒。从前有位中国皇帝征服了这个岛，给它取名'琼崖'，因为这里珍珠无数，还有一处盛产红大理石……"①

在俄国使节的眼里，清代的海南岛，还是一片令人惊诧的神奇土地，而在这布满奇树异果的海岛上，却"有许多天主教堂，也有许多天主教徒"，可知天主教传教士早已十分重视在这海中孤岛上传教。

据《海南省志·宗教志》及《海口市宗教志》记载：清崇德二年（1637 年），葡萄牙耶稣会派传教士林木笃来琼主持传教，在琼山县府城镇北高街建立一间天主教堂。崇德八年（1643 年）在琼山府城

---

① ［俄］米列斯库：《中国漫记》，中华书局 1990 年版，第 161—162 页。

至海口市的海府路中段的原五里亭附近东之坡购置土地，作为圣教坟地——信徒葬地。顺治十四年（1657年），法国耶稣会派神甫法捷来琼传教。约3年之久，法捷病死。顺治十八年（1661年），意大利耶稣会派神甫多凌斯来琼主持传教活动。康熙二十一年（1682年），多凌斯病死，由法国耶稣会派神甫加迷斯继任。康熙二十五年（1686年），加迷斯病死。多凌斯、加迷斯均葬于五里亭东坡坟地。在此期间，计有法国、意大利、西班牙、葡萄牙等国共7人相继来海南传教，住在琼山县府城天主教堂内，经常到岛内各县巡回，进行传教活动。康熙二十六年（1687年），由葡萄牙传教士林本笃主持府海地区的传教活动，在海口市租用民房增设天主教堂。全岛天主教徒人数由原来的2000多人发展到5000多人。康熙六十年（1721年），林本笃因年迈回国。

自雍正元年（1723年）始，清朝政府实行海禁，外国操纵的教会不敢再派人传教。此后70年，海南岛没有外来传教士主持传教，天主教活动几乎处于停顿状态。直到乾隆五十七年（1792年），澳门鸣九教区派葡萄牙籍神甫来海南传教，先后在琼山府城，文昌县蛟塘、昌造、东坡，安定县等地恢复传教活动。同时从定安挑选一名姓阮的，文昌挑选一名姓林的本地教徒学习拉丁文，准备培养成为本地神甫以配合传教。道光十一年（1831年），葡萄牙籍神甫因病死亡，埋葬在文昌东坡，阮、林二人无法独立传教，澳门鸣九教区不再派神甫来海南。至咸丰元年（1851年），海南天主教停止传教活动，澳门鸣九教区在海南的传教有50多年的历史。咸丰二年（1852年）起，由驻广州的法国巴黎远东传教会派3名神甫来海南传教，由姓吴的神甫负责主持海南传教活动。咸丰三年（1853年），吴神甫到文昌县昌造、定安县等地传教，在定安县深水田村举行第一次领洗，吸收新教徒。咸丰十年（1860年），吴神甫又到琼山县福同村传教设点。同治七年（1868年），在琼山县府城镇设立教堂，有教徒848人。法国巴黎远东传教会在海南传教活动20多年中，吴神甫主持有18年之久。光绪二年（1876年），改由澳门鸣九教区派葡萄牙籍传教士4人来海南主持传教，他们分散在文昌县昌造村、定安县深水田村、琼山县福同村等地传教。此时在琼山县府城镇打铁巷购买土地兴建天主教府城堂会，并在定安县深水田村培养一位当地姓何的教徒学习拉丁文，后晋升为神甫，掌管深水田堂会活动，附设一所育婴堂。澳门鸣九教区管辖有30年之久。光绪三十四年（1908年），海南天主教划归广州天主教区管辖，由驻广州的法国巴黎双圣心会派芬神甫及随行圣保录会的一位修女来海南，芬神甫在琼山县府城镇主持传教，修女初期在府城镇协助芬神甫传教和管理孤儿院（该院曾一度迁移海口市白坡一带约几个月时间，后又迁于定安县万村）。宣统二年（1910年），天主教活动从府城迁移到海口市长沙坡租用民房设教堂。

光绪三十二年（1906年），天主教在海口市铜锣园购买私人土地筹建教堂。建成后，宣统三年（1911年），从长沙坡移到铜锣园新建的教堂活动，后逐步增购土地，先后建造育婴堂、修女院、修道院、学校等附属楼房。天主教神职人员逐渐集中于海口铜锣园天主教堂，逐步形成了海南地区的天主教活动领导核心机构，成立海南天主教监牧区，指导全岛的天主教活动。海口铜锣园天主教堂建立初期，由法籍关、李两位神甫主持。后来，李神甫常驻海口分堂会，关神甫常驻定安县深水田分堂会，文昌县昌造分堂会则由一位中国籍的梁神甫管理。

海南天主教监牧区于宣统三年（1911年）成立，设在海口市铜锣园（今大同路4号）。清代海南天主教徒传教区在岛内各县设置堂口、堂会。

（1）海口堂会：创办于光绪三十二年（1906年）。开始，在海口市长沙坡租用民房设教堂，后来迁移铜锣园新建立的教堂活动，由广州教区派黄神甫主持。

（2）昌造堂会：从康熙三十九年（1700年）起，就有外籍神甫断断续续到昌造村传教。宣统三年（1911年），正式创办固定教堂。

（3）蛟塘堂会：光绪十一年（1885年），设立于文昌县蛟塘市内。

（4）深水田堂会：设在定安县深水田村内。天主教传入定安县城是从光绪二年（1876 年）开始，由天主教传教士林利洪纳、谢文、甘武（均系法国籍）到文峰村、深水田村，住在吴大业家进行传教活动，当时还没有固定教堂，只是间断地设点传教。深水田堂会于光绪十八年（1892 年）正式固定建立。宣统元年（1909 年）在堂会附近再扩建房屋两间作为传教场所。堂会主持人为林利洪纳、谢文、甘武等神甫。

（5）仙沟堂会：光绪二十一年（1895 年），设立于定安县仙沟市仙沟乡及加可乡附近，由法籍白光神甫主持。

天主教所设立的附属机构有：

（1）海南天主教圣保禄育婴堂：创办于宣统二年（1910 年）十月十九日，初办时设在海口市杂门街（今振东街），租赁民房使用。

（2）海口私立天门小学：由海南天主教传教区创办，建立于宣统二年（1910 年），校址设在海口市得胜沙路 110 号。

2. 基督教

基督教通常专指基督教新教，又称耶稣教。基督教于清光绪七年（1881 年）传入海南，美籍丹麦牧师冶基善在琼山县府城文庄路的吴氏宗祠内，设立临时传教场所，定名为中华基督教琼海区会，由美国基督教长老会领导。

清末由于时代的变化，中国国门洞开，一系列不平等条约为西方人士进入中国及海南岛提供了合法的依据，传教士在政治上、物质上得到了西方的支持和中国政府的保护。不过传教士虽然与西方殖民主义者有着千丝万缕的联系，但是他们的志趣还是有所不同，文化传教是传教士的一贯策略。传教士与教会的活动，其形式多样，在海南社会与文化生活中有其特殊的影响。不论是天主教还是基督教，他们的传教途径主要是建立学校、医院、育婴堂，以建筑教育为集合点，以此吸收百姓参加教会。譬如开设医院，传教士把基督教带到海南的同时，也带来了西方近代科学和医药学。在鸦片战争之后，迷信神灵与传统草药的海南人逐渐开始接纳西医。西医的普及，对于海南卫生条件的改善与生命质量的提高，有着不可估量的影响。如美国基督教长老会在光绪十三年（1887年）于琼山府城创办第一所教会学校以来，先后在海口、那大、嘉积等地建立多所教会学校。这些学校不仅成为传教士向海南传播近代科技文化的洋学堂，而且也培养出一批海南近现代的优秀人才。"如海南医院的创始人之一，首任院长朱润深（1894—1957年）先生早年丧母，家境贫寒，靠祖父朱守京抚养，读不起书。后由基督教传教士介绍到嘉积镇教会学校（觉民学校）当工读生。因读书用功，得到教会赏识，被送到杭州之江大学就读，两年后转到湖南湘雅医学院学医。医学院毕业后参加美国耶鲁大学考试，获医学博士学位，是海南历史上最早获得医学博士的学者。后来，他筹建海南医院，为海南人民解除疾病痛苦作出重大贡献。"①

第三节　张之洞对海南文教事业作出的贡献

张之洞重视兴办义学乡塾，关注琼州乡、会试，重视对海南文化名人及文化事业的保护。

一、兴办义学乡塾

兴办义学乡塾，是他抚黎工作中的一项重要措施。他拨经费设屯田义学，在化导琼黎之策中，就特别强调每村须设一义学。习汉文，讲圣谕，经费就地筹办。他认为，化黎必先教语言文字，兴利变俗，须好地方官循序讲求，久方有效，其义学章程，饬地方官妥议。② 因此，每处建墟市，人口比较集中，就设有一义学，如凡阳墟市，设义学，有黎童五六人入学。

在文昌，他主张应拜孔子，在《致崖州方副将敬》电讯中说道："文昌乃星宿，非义学所当奉，独祀关帝，亦未妥。欲知圣教，自应拜孔子。诸黎入学，设先师位，塾师率领叩拜，义学建用砖瓦，工宜

---

① 海南省海口市文史资料委员会编：《海口市文史资料》第一辑，林诗泉：《朱润深先生筹建海南医院一事简介》，第169—171页。
② （清）张之洞：《张文襄公全集》卷一百二十九（电牍八）《致陵水冯督办、杨令光铨》，中国书店1990年版，第297—298页。

坚实，切勿草率。"①

二、关心人才的培养

除乡村墟市建义学教诲学童外，张之洞还特别关心海南人才的培养。在清代，人才的出路在会试，因此，张之洞对会试也特别关心。光绪十二年（1886年），他专门写《请编定琼州乡会试中额折》，希望能采取办法培养琼州人才。他认为："琼州府所属十三州县，幅员方二千里，不少英才绩学之人，前代名臣通儒如丘濬、海瑞诸人，史册辉映。国朝乾隆、嘉庆年间科第颇多，嗣后稍稍不振，然如琼山、文昌、定安、会同等县，近日文风仍复可观。该府地瘠士贫，府治距省会海陆一千七百余里，所属南境州县距府治又八九百里，每逢大比，资斧艰难而重蹶竭蹷趋赴省门者甚不为少，徒以远处海南，风气近朴，游学不易，非无笃志。近思之，士或少修饰润色之功，与腹地郡邑合较自不免相形见绌，以故近十科以来每科乡试，大率七八百人至九百余人，往往竟无一人获隽。至北上春官，往返尤属不易，会试中式者数科间得一人，殊无以坚其励学之心，鼓其进取之志。查台湾未经分省之时，向定有会试中额二名，乡试则原编至字号、田字号共四名，迭加至七名之多。今琼岛孤悬，近邻越海，较台湾尤为重要。应请援案奏请，每文武科乡试编为玉字号，取中三名，会试取中一名，均由广东乡、会试中额拨出等情。由兼护雷琼道琼州府知府谦贵禀，经该司等核议，会详请奏。"

张之洞把台湾与海南两地相比较，海南较台湾尤为重要，其重要原因，他也作了详细的分析："查琼州地形最为吃重，防海、平黎、团练、捐输皆资民力，而士族单寒登进不易，若不亟思培植，何以鼓舞人才？"

张之洞更为忧虑的原因，在于"方今异学旁流，离经叛道所在横行，琼州为通商口岸，外邻越境，内接涠州墩，民俗传习素称呲杂，尤赖荐绅儒林蒸蒸继起，维持化导，庶免乡愚懵昧，见异思迁。查乡

---

① （清）张之洞：《张文襄公全集》卷一百三十一（电牍十）《致崖州方副将敬》，中国书店1990年版，第320页。

试拨加中额现有台湾成案可援，今琼、台地势略同，而海防尤冲，寒士尤苦。乡试人数至八九百名不为不多"。

因此，他仰恳天恩俯准援案，将广东乡试民卷中额八十三名内拨出三名，编定玉字号，每科就琼州府属取中三名，会试人数在十名以上，恳恩于广东中额拨出一名，取中若不及十名，临时无庸请旨，以示限制。其武乡试、会试，亦拟请照文闱名数编定中额，如果允纳的话，即自光绪十四年（1888年）乡试，光绪十五年（1889年）会试为始，庶边士登进有阶，益励敌忾同仇之气，愚民诗书被泽，不为异端邪说之归。①

明代王弘诲曾申奏士子不必过海会试，令明清两代士子感恩戴德，为海南参加科举考试立下历史性的功劳。张之洞为海南乡、会试要求增加中举名额，要求清廷在每年会试中对海南初取工作给予优惠政策，增添录取名额，造福海南士子，为培养海南人才尽心尽力。

三、书院建设

张之洞对陵水县书院的关注，他说："该县顺湖书院产业岁可收钱千串，诚不为少。现在学田久荒，至于经费无出，良由历任各令皆视官为传舍，以此为不急之务，一任绅士侵蚀亏空全不过问，良可慨叹！琼属皆有书院，似此情形者想复不少，竟无一人为之清理举发者。该署令独不避嫌怨，澈底清查究追，尤堪嘉许。"②

自唐、宋代以来，海南建设书院培养人才甚众，尤以明代为盛。而到了清代，书院如此衰落，不能不引起张之洞重视了。

① （清）张之洞：《张文襄公全集》卷十九（奏议十九）《请编定琼州乡会试中额折》，中国书店1990年版，第393—394页。
② （清）张之洞：《张文襄公全集》卷一百一十五（公牍三十）《批署陵水县格通额禀到任查勘情形》，中国书店1990年版，第19页。

第三十二章　清代海南的对外交往活动

第一节　清代撤除海禁后的海南

清代统一中国之后，经过 100 多年的经济调整，农业、手工业、商业经济获得恢复，逐渐出现繁荣的势态。到了康、雍、乾三朝，可以说是清代封建社会最辉煌的历史时期之一。在全国各地，开创了空前规模的大一统的多民族国家新格局，出现了历史上所谓的"康乾盛世"。

但在 1840 年鸦片战争以前，中国社会和资本主义萌芽发展缓慢，原因在于为了切断台湾郑氏集团，从顺治初年起，采取闭关自守的政策，清代一再颁发诏令，除有执照准许出洋者外，一律不准出海，顺治十二年（1655 年）六月，宁南靖寇大将军陈泰上疏被采纳，"严禁沿海省分，无许片帆入海，违者置重典"。[①] 禁海迁界令下达之后，沿海贸易陷入停顿状态。顺治十三年（1656 年）六月十六日，又再次申严海禁，"严禁商民船只，私自出海，有将粮物与逆贼贸易者，不论官民，奏闻正法，货物入官"。[②]

清代实行海禁政策达数十年之久，严格禁止与台湾及海外各国的民间贸易活动，海南有："壬寅（1662 年）：康熙元年，迁沿海居民，

---

① （清）蒋良骐：《东华录》卷七，齐鲁书社 2005 年版，第 109 页。
② 章开沅主编：《清通鉴》（1），岳麓书社 2000 年版，第 355 页。

令徙内地五十里。赈贫民之不能迁者。"①一直至康熙二十二年（1683年）夏六月，水师提督施琅征讨台湾，郑经之子郑克塽投降，清廷初设台湾府。施琅在设置台湾府之后，请求通市，获得朝廷允许，大西洋各国商人，皆争请开海禁，终于在康熙二十三年（1684年）下诏开放。

据《国朝柔远记》载："时沿海居民虽复业，尚禁商舶出洋互市，施琅等屡以为言。又荷兰以曾助剿郑氏，首请通市，许之。而大西洋诸国因荷兰得请，于是凡明以前未通中国，勤贸易而操海舶为生涯者，皆争趋，疆臣因请开海禁，设粤海、闽海、浙海、江海榷关四，于广州之澳门，福建之漳州，浙江之宁波府，江南之云台山，署吏以莅之。"②开放海禁之后，雍正七年（1729年）又大开洋禁，凡康熙时设置而未解除的限制均予开放。《国朝柔远记》载："先是康熙中虽设海关，与大西洋互市尚严，南洋诸国商贩之禁，自安南外并禁止内地人民往贩。比因粤、闽、浙各疆臣以驰禁奏请，是年遂大开洋禁。"③

海禁期间民间仅可与随贡品船舶来华的番商贸易，开禁之后，凡经官府允准，不违反法令者，均可进行贸易。商业开放之后，洋商洋船来到中国，打开了中国的大门，外国商船纷至沓来，到了乾隆三年（1738年），到达的外国商船有 23 艘，其中有葡萄牙、西班牙、法国、荷兰、瑞典、丹麦、英国等，尤以英国东印度公司独占贸易特权。

一、开海贸易促进海口商业的繁荣

"开海贸易"令下达的第二年（康熙二十四年，即 1685 年），正式开放广东、福建、浙江、江苏四省沿海为通商贸易口岸，并在广州、漳州、宁波、上海设立海关，尔后只以广州为唯一通商口岸。从乾隆二十四年（1759 年）到鸦片战争爆发前，垄断了全部对外贸易的广州港呈现一派繁荣景象。

---

① （清）明谊修、张岳崧纂：道光《琼州府志》卷四十二《杂志·事纪》，海南出版社 2006 年版，第 1890 页。

② 王有立主编：《国朝柔远记》卷二《开海禁》，台湾华文书局印行，第 117 页。

③ 王有立主编：《国朝柔远记》卷四《西南洋诸国来互市》，台湾华文书局印行，第 208 页。

当时，在广东辖区内各主要口岸设置总口，隶属粤海关的海口总口及其所属分口管理本地商人与南洋地区的贸易货物，并负责办理海南与广东、大陆沿海各地贸易货物的出入口监管。据《海口市志》载：时海口内外贸易日趋活跃，海口商人和岛内外商船舶循例自由往来，定居海口的浙、江、闽、桂、粤等地商人，日见增多。为维护自身利益，岛内外商人先后建立了许多商会馆，其中规模较大的有五邑会馆、潮州会馆、高州会馆、福建会馆、兴潮会馆和漳泉会馆，仅漳泉会馆和兴潮会馆在海口经营的商店就有近 400 家。由于会馆的兴起，商贾往来日众，促进了海口贸易的繁荣。至清道光年间（1821—1850年），海口的店铺比明代增加了 10 倍，城区街道也扩建至 25 条，形成"商贾络绎，烟火稠密"的局面。时海口港进出的船货有"往省高雷廉货""往福潮江南货""往江坪（门）榔青货""进出口省货""往阳江货船""进出口福潮江南船""苦糖水往福建、江南等处""海北来豆子""往潮州豆子"等。清代，海口不仅每年有浙、闽商船从海口装运土特产运往日本等国，而且海口本土对外贸易亦较为活跃。清前期，每年由海南开赴暹罗的民船不下 40 只；开赴交趾支那南部的有25 只；开赴东京（今越南北部）和交趾北部的通常有 50 只，大船载重 159 吨。这种船从事国外贸易规模虽小，但为数甚多。[1]

二、门户开放之后陷于有海无防的困境

到了乾隆后期，乾嘉之际，清王朝已由盛转衰，吏治腐败，军事废弛，社会动荡不安，海疆防御十分虚弱。道光二十年（1840 年）鸦片战争之后，各国列强觊觎中国，尤其是广东沿海几乎成为列强逞凶交战的场所。海南是南海交通的要冲，成为列强争夺的目标。如同治十年（1871 年）十二月，"俄人请援各国例通商琼州，许之"。[2]

又英国在同治十年（1871 年），"请开琼州商埠"。"先是同治七年

---

[1]　海口市地方史志编纂委员会编：《海口市志》上册，方志出版社 2004 年版，第 9 页。

[2]　赵尔巽等撰：《清史稿》卷一百五十三《邦交一·俄罗斯》，中华书局 1986年版，第 4493 页。

修新约，英使阿礼国允将琼州停止通商，以易温州。至是，英使威妥玛与法、俄、美、布各国咸以为请，允仍开琼州。"①

光绪十二年（1886年）十月，议琼州口岸。英领事以条约有牛庄、登州、台湾、潮州、琼州府城口字样，谓城与口皆口岸，中国以英约十一款虽有琼州等府城口字样，而《烟台续约》第三条，声明新旧各口岸，除已定有各国租界，应无庸议云云。英约天津郡城海口作通商埠，紫竹林已定有各国租界，城内亦不作为口岸，以此例之，则琼州海口系口岸，琼州府城非口岸也。②

光绪十年（1884年）四月，署部察院左副都御史张佩纶奏："法国水师总兵福禄诺，令税司德璀琳面呈信函，请准从中讲解等语……叠据李鸿章等电报，该国兵船先后来华，沿海各口岸防务吃重……琼州、台湾、定海、崇明等处，非通商口岸，尤为彼族所窥伺。"③

光绪十年（1884年）四月，办理广东防务兵部尚书彭玉麟等奏，琼州孤悬巨浸，为彼族所垂涎。已多备水雷，添募壮勇。④

光绪十五年（1889年），法船驶进琼州所属崖州东百里之榆林港测探水道，上岸钉桩插标，阻之。⑤

光绪二十三年（1897年），"法要求琼州不割让租借于他国，许之"。⑥

同治十年（1871年）十二月，"美请援例开琼州商埠"。⑦

从上面所引各例可知，在鸦片战争之后，俄罗斯、英国、美国、法国等国都对海南岛虎视眈眈。是时，日本的战略目标专注于台湾。

---

① 赵尔巽等撰：《清史稿》卷一百五十四《邦交二·英吉利》，中华书局1986年版，第4528页。

② 赵尔巽等撰：《清史稿》卷一百五十四《邦交二·英吉利》，中华书局1986年版，第4534—4535页。

③ 《清实录·德宗光绪实录》卷一八一。

④ 《清实录·德宗光绪实录》卷一八三。

⑤ 赵尔巽等撰：《清史稿》卷一百五十五《邦交三·法兰西》，中华书局1986年版，第4570页。

⑥ 赵尔巽等撰：《清史稿》卷一百五十五《邦交三·法兰西》，中华书局1986年版，第4572页。

⑦ 赵尔巽等撰：《清史稿》卷一百五十六《邦交四·美利坚》，中华书局1986年版，第4584页。

1895 年 4 月 17 日，清朝与日本签订《马关条约》，割让辽东半岛、台湾全岛及其附属各岛和澎湖列岛之后，台湾沦于日本之手。这一丧权辱国的条约，大大地加深了中国社会的殖民地化程度，也对海南岛造成严重的威胁。

清代自海禁撤除之后，一直到列强入侵，中国海疆门户从此洞开，陷于有海无防的困境。

为什么各列强国家都把目标引向海南岛呢？重要的原因是海南岛是南洋贸易的一个主要中心。海南岛北部的贸易中心是琼州，即现在的海口市，拱卫着南渡江河口；南部的繁忙港口是崖州，即现在的三亚市。而且海南岛与澳门、交趾（今越南）、暹罗（今泰国）有着重要的贸易往来。因海南岛地处最南端，每年 1 月都有 20—45 只帆船随季风从海南开往曼谷，因此，18 世纪清代海禁开放之后，海南已成为中南亚一带海上贸易的中转站，也是世界海上丝绸之路航线必经之地，海上的海船利用海南岛作为避风港和给养补充站。因此，海南岛也成为列强掠夺的战略要地。

三、光绪元年（1875 年）开始，英国等 10 国在琼州设领事馆

1840 年第一次鸦片战争失败，清政府派耆英与英国人签订《南京条约》。咸丰七年（1857 年），英法联军又借口向中国进军，咸丰八年（1858 年），在俄美两国支持下，攻陷大沽口炮台，清政府又被迫订立《天津条约》，咸丰十年（1860 年），八国联军攻入北京，火烧圆明园，清政府又被迫与英、法签订《北京条约》及批准《中英天津条约》和《中法天津条约》，扩展在中国的通商口岸，其中就包括琼州。《中英天津条约》第十一款规定："广州、福建、厦门、宁波、上海五处已有《江宁条约》旧准通商外，即在牛庄、登州、台湾、潮州琼州等府城口，嗣后皆准英商亦可任意与无论何人买卖，船货随时往来，至于听便居住、赁房买屋、租地起造礼拜堂、医院、坟茔等事，并另有取益防损诸节，悉照已通商五口无异。"

《中法天津条约》第六款也规定："中国多添数港、准令通商，屡试屡验，实为近时切要，因此议定，将广东之琼州、潮州，福建之台

湾、淡水，山东之登州，江南之江宁六口，与通商之广东、福州、厦门、宁波、上海五口准令通市无异。"

同时，俄国也强迫清政府订立《中俄天津条约》，把琼州作为通商口岸。咸丰十一年（1861 年）签订《中德商约》，同治二年（1863 年）签订《中丹天津条约》《中比商约》，同治三年（1864 年）签订《中西条约》，同治五年（1866 年）签订《中意北京条约》，同治八年（1869 年）签订《中奥商约》，琼州在各条约中均被列为通商口岸。从此，各国先后派领事进入琼州。从光绪元年（1875 年）十二月开始，英国最先涉足，领事是富礼赐，一直至宣统三年（1911 年），海南岛上有 10 国的领事驻扎。

外国领事进驻海南岛，说明在光绪朝以后，海口作为通商口岸，已开始对外开放，外国领事已登上海南岛进行活动了。

当时海口设立了各国领事馆，得胜沙路成为西方人的聚居地。来自海外的商贾也在得胜沙路设置办事机构。外国领事进驻海南之后，对于海南经济的变化，与他们的初衷是不一样的，历史的发展往往是从相互矛盾、相互冲突中产生剧变的。在这一历史剧变的时刻，海口市的商业活动也发生了重大的变化。

第二节　海南居民大量向海外迁徙

一、清代向海外移民的原因

清代的移民特点，是大批海南人纷纷迁徙海外，尤其是东南亚地区各国。史志上有记载的如：

道光《琼州府志》："康熙五十六年（1717 年），申严洋禁，商船不许私往南洋贸易；有偷往潜留外国之人，督抚大吏行知外国，令解回正法。再奉旨五十六年以前出洋之人，准其载回原籍。"[1]

道光《琼州府志》："道光四年（1824 年）四月，星入月宫，郡属

---

① （清）明谊修、张岳崧纂：道光《琼州府志》卷四十二《杂志·纪事》，海南出版社 2006 年版，第 1897 页。

旱、虫、大饥。自三年（1823 年）九月至道光四年（1824 年）八月，郡属久遭旱灾，蝗虫漫天遍野，所过禾麦一空，饿殍载道，鬻男女渡海者以万计。"①

光绪《临高县志》："壬寅（1902 年）、癸卯（1903 年）两年连遭大旱，高低田禾并无一粒可收，南方多文、龙波、和舍诸市地方稻堪度活，最可怜者，由城厢出东西北方各四五十里之乡村，饥馑荐臻，饔殡靡托，卖妻鬻子，离乡谋食。或往别县，或过番邦，寥落村场，尽是荒烟蔓草，抚境莫不击目伤心。"②

实际上，海南人出洋谋生，远非于清代开始。唐代海南岛已经是南海中西航线之要冲，宋代海南是海上香料之路，茶叶、陶瓷之路的通道，元朝派黎兵去征讨安南，正德《琼台志》早有记载："至元二十四年（1287 年）正月，讨安南，诏发江淮、江西、湖广、云南兵及海外四州黎兵万五千。"③ 这些出征的黎兵，应有人在当地留下。但无论是商务或战争，出洋人数毕竟是少数，而且也不是家庭或个人行为。到了清代，鸦片战争之后，坚船利炮轰开了中国的大门，咸丰十年(1860 年)，《中英北京条约》签订之后，清廷正式准许百姓自由出洋，同治五年（1866 年），恭亲王奕訢与英法两国驻京公使签订《沿海各省招工章程二十二款》，其中首要一点是"中国政府，允许华工自由出洋"。自此以后，沿海各地百姓出洋打工，形成了对外的移民高潮。

海口被辟为通商口岸后，琼州门户洞开，在南洋劳动力奇缺的情况下，大批海南人远渡重洋到世界各地，尤其是东南亚各国，《文昌县志》载："1858 年 5 月，清廷与英、法分别签订《天津条约》，海口辟为对外通商口岸。其时东南亚英、荷、法殖民地正大搞开发，锡矿业和橡胶业急剧发展，垦荒、筑路、开矿、掘河，建城市、设工厂，

---

① （清）明谊修、张岳崧纂：道光《琼州府志》卷四十二《杂志·纪事》，海南出版社 2006 年版，第 1904 页。

② （清）聂缉庆、张延主修，桂文炽、汪璿纂修：光绪《临高县志》卷三《舆地类·前事》，海南出版社 2004 年版，第 82 页。

③ （明）唐胄纂：正德《琼台志》卷二十一《平乱·番方》，海南出版社 2006 年版，第 474 页。

都需要大量廉价劳动力。商业也随之发达，去南洋者不愁无工做、无业就。在这样的背景下，大批贫苦的文昌人到南洋谋生，并通过同乡宗亲关系，互相携带，人数逐年增加。据有关资料统计，从1876年至1898年的23年间，仅通过客运出洋的琼侨人数就达24.47万人左右，平均每年1万人有余，最多的年份竟达2万余人，其中文昌人占半数以上，几乎都是青壮年劳动力。他们多从清澜、铺前乘三桅帆船于冬至前后启程，趁北风之势，随波漂流一个月左右，方抵越、泰、马、星等地。两港每年对开十余艘，每艘乘客百数十人。"①

清末民初，政局动荡，战乱不停，生活艰难，青壮年男人出洋有增无减。以新加坡为例，从1902年至1911年间，琼海关出洋人数每年都在万人以上，特别是最后两年，竟分别达2.8万与3.24万人。泰国、越南的情况亦类似。此时海口已有洋轮开往曼谷、新加坡各埠，春夏每月对开二三次不等，每次多则载千余人，少则三四百以至五六百人，其中也是文昌人居多。②

《琼海县志》也载："邑人出洋，始于唐代。其时，从福建漳州、泉州、莆田和广东等地移居于邑境的一部分商人和渔民，因受不起天灾兵祸之苦，再次乘舟划楫，远渡重洋，移居于南洋群岛，为本县最早的出国华侨之一。"③

明代，草塘埠一带渔民，常运载西沙、南沙群岛捕捞的海鲜品和贝壳到南洋销售，有少数人随船散居于东南亚各地谋生。

鸦片战争后，海口辟为对外通商口岸，出洋谋生者逐步从东南沿海地区遍及全县各乡村。据新加坡1881年的一项人口统计："琼州籍有8300人，以文昌、会同、乐会籍居多。"居住在暹罗、安南、马六甲和槟城等地的有数千人。当时出洋者，多为生活所迫，孤身独行，

① 文昌市地方志编纂委员会编：《文昌县志》第十七编《侨务外事》，方志出版社2000年版，第491页。
② 文昌市地方志编纂委员会编：《文昌县志》第十七编《侨务外事》，方志出版社2000年版，第491页。
③ 琼海市地方编纂委员会编：《琼海县志》卷二十三《侨务外事》，广东科技出版社1995年版，第696页。

不带家眷，也不打算在外作长期居留，一旦赚钱便返还家乡。他们多从海口乘船出去，也有从港门埠和博鳌港出去的。所乘之帆船，大都横过北部湾，沿着印度支那海岸到达星洲坡（今新加坡）和马六甲等地，行程顺风约半个多月泊港，倘遇天气恶劣则需一个多月，也有不幸者遭船沉人亡之祸。咸丰八年（1858 年），琼海琼剧班开始流入东南亚各地演出。名旦李凤兰系会同县嘉会都人，成名很早，赴东南亚各地演出后，留居南洋立班演出。此为本县最早出洋之女性。此后，女性出洋者逐渐增多。①

以上是志书上所载的一些材料。综观清代历史的发展轨迹，海南移民到东南亚及世界各国，因为当时各国正在发展当中，需要大批廉价劳动力，海南移民成为历史的必然：

（1）人口的压力：历代内陆移民到海南岛，人数不断增加，耕种土地相对减少。尤其是沿海地区的文昌、琼海，人多地少，土地贫瘠，生活困难，因此必须谋求出路。张之洞在《致陵水冯督办琼州谦护道》的电牍中说："文昌地隘人稠，每年出洋趁工者甚多。"② 在《致琼州朱道徐守》电文中又说："文昌田少，出洋者众，若果官为劝谕，不出乡而得恒产，民何惮而不为？"③ 陈铭枢在《海南岛志》中也提到：文昌土地贫瘠，地狭人稠。由于文昌地势平坦，到了清代，已无黎族居住其间，生活比较安全，所以南下迁徙海南的官绅商及平民多移居文昌，而且文昌港口多，汉人多，出海方便，时间长了，文昌人的航海技术也丰富了，基于这种种原因，文昌人出洋打工是理所当然的事。

（2）清代海南移民到南洋，是大量的苦工移民，完全是出于家庭或个人的自愿。因为政府苛捐杂税繁重，自然灾害的频繁，迫使人们

①　琼海市地方编纂委员会编：《琼海县志》卷二十三《侨务外事》，广东科技出版社 1995 年版，第 696 页。

②　（清）张之洞：《张文襄公全集》卷一百二十九（电牍八）《致陵水冯督办琼州谦护道》，中国书店 1990 年版，第 292 页。

③　（清）张之洞：《张文襄公全集》卷一百三十（电牍九）《致琼州朱道徐守》，中国书店 1990 年版，第 315 页。

想方设法往外迁徙。

（3）海南岛是通往东南亚贸易通商的要道，海路来往十分方便，人们大多从水路乘船出去。再加上海口辟为对外通商口岸之后，海口成为贸易的集散地，殖民地掠夺、诱骗、招募华工的规模和数量激增，南洋各国到沿海买华工的工头，即今日之所谓"蛇头"，直接到海南来贩卖华工，如光绪三十三年（1907年）正月十一日，一艘名为"昌利"号的船，载250余名华工，由文昌县缝头村偷运出去，其中有幼孩10余名、幼女6名。海口成为贩运华工的码头。

（4）海南沿海的移民，大多数来自福建、广东沿海一带。明清以来，出洋经商或当苦力的人数，与日俱增，他们的亲戚朋友，互相递送消息及门路，由于血缘的亲属关系，到了国外有亲戚朋友照顾，缘于这种关系和心理，所以纷纷奔往南洋谋生。

鸦片战争之后到1911年的移民高潮，很大程度是"苦力贸易"。在这个过程中，签订"契约"的方式有两种：一种是由外国公司招工，中国人"应募"，签订的"契约"上写明"应募地点、工作性质、年限、工资数额和预付工资数"等项；另一种称为"赊单工"或"赊欠单工"，即向船主赊欠船票，到目的地后从工钱中扣付。从表面上看，这种"契约"签订建立在自愿的基础上，完全合情合理，但问题是，签订"契约"是一回事，履行"契约"又是一回事。不仅如此，就连签订本身也是强迫的。所以说，"苦力贸易"的本质是贩卖。①

这样，大批契约华工纷纷被贩卖到各殖民国，海南的"苦力"大多到东南亚各国。第一代移民在各国当苦力，一部分人在艰苦劳力生活中死去，部分幸存的华工后来在海外事业发展中成为成功的华侨，作为长期移民，他们为家人寄来外汇，为家乡投资发展。华侨的资本成为海南岛发展建设的资源。

大批人的向外迁移，都有一个痛苦的历程，但阵痛之后，反过来又对家乡带来良好的影响。

---

① 葛剑雄主编：《中国移民史》第六卷，福建人民出版社1997年版，第521页。

二、清代海南向海外移民的状况

《海口海关志》曾经有这样的记录：

海口口岸开埠初期，没有专门从事客运的客船，进出境旅客只能搭乘货船进出。

1882 年，在海口设立两个外国商行，经营本港与新加坡、曼谷的客运业务。

1883 年，本港与新加坡通航，此后来往于本港和新加坡的旅客不断增多。

1887 年，由于暹罗（今泰国）需要劳工，海南旅客出境增多。由海南前往曼谷的旅客，由 1887 年的 1000 人增加到 1894 年的 6000 人。前往新加坡的劳工，1894 年达 7531 人。

1902 年至 1911 年间，由于本岛连年粮食缺乏等原因，迫使许多人往国外寻求生计。这十年间，自本岛往新加坡的出境旅客达 171004 人，往曼谷的出境旅客达 76515 人。

1902—1911 年来往新加坡与曼谷的旅客统计表

（单位：人次）

年份	前往新加坡	来自新加坡	前往曼谷	来自曼谷
1902	16252	5030	4929	4429
1903	15385	6029	3021	3607
1904	14633	6279	5988	5322
1905	10620	6725	7013	4360
1906	11878	2947	6799	6243
1907	15429	3473	8453	6101
1908	11948	2543	9533	7607
1909	14438	2071	9122	8036
1910	27990	5155	12193	4157
1911	32431	9052	9464	9723

1887—1911 年琼州口岸进出境旅客统计表

(单位：人次)

项目 年份	出　境				入　境				进出境总计
	香港	新加坡	其他地方	合计	香港	新加坡	其他地方	合计	
1887	8481	3940	2428	14849	6287	—	6091	12378	27227
1888	9617	3684	1917	15218	6774	7	8814	15595	30813
1889	5813	8638	3089	17540	7116	6900	2155	16171	33711
1890	4117	9123	2232	15472	8155	5486	1593	15234	30706
1891	—	—	—	—	—	—	—	—	—
1892	3998	5172	1859	11029	7748	3193	1417	12358	23387
1893	—	—	—	—	—	—	—	—	—
1894	—	—	—	—	—	—	—	—	—
1895	4182	10154	4681	19017	8012	2072	1943	12027	31044
1896	5155	6782	4797	16734	8536	5003	3281	16820	33554
1897	7085	4517	5669	17271	12054	1811	2809	16674	33945
1898	5821	6954	7635	20410	9366	2699	2682	14747	35157
1899	4362	10467	7109	21938	10102	1949	3718	15769	37707
1900	4490	7612	3233	15335	11809	1142	2975	15926	31261
1901	4151	9280	3636	17067	11583	2165	3176	16924	33991
1902	3821	16252	6576	26649	8405	5030	5237	18672	45321
1903	3117	15385	3927	22429	9213	6029	4202	19444	41873
1904	2794	14633	6484	23911	8068	6279	4041	18388	42299
1905	2528	10622	7322	20472	6818	6725	5002	18545	39017
1906	3200	11878	7182	22260	8907	2947	7374	19228	41488
1907	5542	26229	8930	40701	9064	3473	7187	19724	60425
1908	3650	11948	9948	25546	8710	2543	8599	19852	45398

续表

项目 年份	出　　境				入　　境				进出 境总 计
	香港	新加 坡	其他 地方	合计	香港	新加 坡	其他 地方	合计	
1910	3701	27990	12732	44423	7810	5155	10211	23176	67599
1911	3509	32432	9890	45831	6530	9053	10735	26318	72149

资料来源：中华人民共和国海口海关编：《海口海关志》，1992年版，第217页。

从这两份琼州口岸进出境旅客统计表中，可以了解到光绪年间（1875—1908年）琼州口岸进出境人数逐年增加的情况，其中，海南人移居南洋各地的移民也包括在内。琼州海关1904年报告追述1876—1902年间，载运旅客由海口赴南洋等埠的盛况。该报告说：

> 自光绪二年（1876年）开关以来，所有旅客出入，年盛一年。查开埠之第一年九个月中，华人之由洋船出入，不满三千名。迨至光绪八年（1882年），则增加其数，将近一万一千名。嗣后则愈增愈旺，及至光绪十一年（1885年），已愈24000名之数，光绪十四年（1888年）时，则增至31000名上下。自此十年之后，竟至35000名有奇。迨至光绪二十八年（1902年），则增至45000名有奇，洵称最旺。其故盖因载客之轮船，轮位固已洁净简便，水脚又极相宜，加以外出各工人，在船均有下役伺候，起居饮食，较之家居尤为舒服，是人皆乐于搭船远游也。①

三、清廷设驻外使臣保护侨民

从光绪中期以后，部分出洋移民已从当苦力而发展到华商，外洋各埠华商甚多，他们经常向祖国捐款，有的回国办投资企业，对国家有利，所以一些明智之士向朝廷提出建议，把过去对出洋的禁令改为保护政策，光绪十二年（1886年），张之洞与张荫桓一起向德宗（爱

---

① 苏云峰：《海南历史论文集》，海南出版社2002年版，第198页。

新觉罗·载漪）上奏折，申述在外国设立领事馆以保护侨商事宜，奏折中说："中华人民散处外洋各埠，略分工、商两途，百年以来生聚日盛，虽侨居异域而频年捐赈、捐饷，不忘本源，深堪嘉尚。特以谋食他方，漫无统属，不免为他族欺虐。大约海外各国之待华人情形，虽不一致而意存畛域，则一有官申理则共庆来苏，无所控告则苛虐殊甚。"张之洞等认为华人在外洋对中国有利，应该有一个组织来保护他们的利益，他们算了一笔账说："综计诸洋华民数逾百万，除世居海外及孤身出洋者约十之八，有家属通音问者约十之二，尚有二十万人，每年寄家少者数十，多者千百，酌中牵算，人以百元为率，亦有二千万元，为银一千数百万两。果能保护无虞，其获利回华者，复能谕禁乡邻吏胥不得讹诈，从此声息常通，不忘归计，日推日旺，实为中国无形之益。若化外视之，则沿海各省华民生机日蹙，甚非中国之利也。"因此，他们建议在"南洋各岛，特派使臣遴员分驻……请特派使臣，办事仍由使臣遴择妥员为领事官分驻各岛，益昭慎重"。[①] 这样，各国领事馆使臣就可保护侨民利益。奏折获得清廷批准实行，当时，在英属的新加坡、美国的旧金山、日本的长崎、英属的香港，均设有领事馆，执行护侨政策，使华侨的生命财产有了一定的保障。再加上南洋各国的锡矿业及橡胶业均在发展中，为华人出国谋生开辟了一条道路。因此，海南岛沿海各县的人民，出海谋生的人数就越来越多了。到光绪末年，琼口口岸出境人数竟达 45831 人。

---

① （清）张之洞：《张文襄公全集》卷十五（奏议十五）《会筹保护侨商事宜折》，中国书店 1990 年版，第 316—317 页。

第三十三章　清代时期的南海诸岛

第一节　典籍记载与文物验证

南海是中国三大边缘海之一，位于中国大陆的南方，故称南海，国外称南中国海。面积约 3.5 亿公顷，几乎被中国大陆、半岛和岛屿包围，有一个比较完整的深海盆地。东北部经台湾海峡与东海相通；东部经巴士海峡、巴林塘海峡和巴布延海峡与太平洋相通；东南部经民都洛海峡、巴拉巴克海峡与苏禄海相通；西南部经马六甲海峡与印度洋相通；南部经卡里马塔海峡、加斯帕海峡与爪哇海相连。东沙群岛、西沙群岛、中沙群岛、南沙群岛及其海域蕴藏丰富的海洋渔业资源、海洋石油资源和其他矿产资源。按《联合国海洋法公约》和中国的法律，过去属广东省管理，现属海南省管辖的海域面积约 200 万平方千米。[①]

南海诸岛即东沙、西沙、南沙、中沙四组群岛，是中国的固有领土，千百年来，中国人民世世代代在这里从事和平的生产劳动，从未受到外来的干扰。但到了清朝末期，19 世纪末到 20 世纪初，尤其在 1840 年鸦片战争之后，南海诸岛就显得不平静了。因为这里的海产资源及石油资源十分丰富，又地处欧亚交通要冲，在军事上也有重要的价值和战略地位，使某些外国政府及外国商人为之垂涎。他们或企图

---

① 海南百科全书编纂委员会编：《海南百科全书》，中国大百科全书出版社 1999 年版，第 205 页。

把海岛占为己有，或从海岛上掠夺资源。因此，利用各个借口强占海岛，使原本平静的南海诸岛，风云四起，白浪汹涌。笔者现在从下列几个方面来考察清代南海诸岛的状况。

一、清代编纂的地理书籍与志书和中外地图记载的南海诸岛

在清代，有关南海行政区划已日趋稳定，中国政府已确定属于琼州府的管辖范围，在地图上也列入版图。清人陈伦炯（父陈昂是平定台湾都统），从小就从其父熟闻海道形势，及袭父荫，历任澎湖副将、台湾镇总兵，官移广东高、雷、廉、江南、崇明、狼山诸镇，又为浙江、宁波水师提督，都是滨海地区。他以生平闻见写成《海国闻见录》一书，书中多次提及西沙群岛的千里石塘、万里长沙、七洲洋等地，他在《南洋记》中写道："七洲洋在琼岛万州之东南，几往南洋者必经之所。""独于七洲大洋大洲头而外，浩浩荡荡，罔有山形标识，风极顺利……偏东则犯万里长沙、千里石塘。"在《南澳气》篇中又说："至琼海万州曰万里长沙，沙之南又生磋古石至七洲洋，名曰万里石塘。"[①]书中所说的七洲洋、千里石塘、万里长沙等名称，即现在的西沙群岛。

谢清高的《海录》指出："万里飞沙者，海中浮沙也，长数千里，为安南外屏。"[②]

清代顾祖禹的《读史方舆纪要》记载：广东琼州府有七星山，"七星山有七峰相连，一名七洲洋山，林木茂密，下出淡泉，航海者必取汲于此"。又记崖州时说："宋天禧二年，占城使言国人诣广州，或风漂船至石塘即累岁不达，石塘在崖州海面七百里。"[③]

在南海航线上，谢清高指出西沙群岛东西两侧有两条不同航线："噶喇叭（雅加达）在南海中……海舶由往广东者走内沟，则出万山（群岛）后，往西南行，经琼州。安南至昆仑。又南行约三四日到地盆山，

---

① 陈伦炯撰：《海国闻见录》卷上《南洋记》《南澳气》，见《文渊阁四库全书》第594册，台湾商务印书馆1986年版，第858、867页。

② （清）谢清高口述、杨柄南笔录、安享校释：《海录》，商务印书馆2002年版，第127页。

③ （清）顾祖禹：《读史方舆纪要》卷一百五十《广东六·琼州府·文昌县》，中华书局2005年版，第4773、4783页。

万里长沙在其东。走外沟，则出万山后，向西南行少西，约四五日过红毛线（中沙群岛）有沙坦在其中，约宽百余里。其极浅处止四丈五尺，过浅又行三四日到草鞋石，又四五日到地盆山，与内沟道合。"①

清代有关南沙群岛归属海南岛的记载，如康熙三十六年（1697年）《广东通志》、雍正九年（1731年）《广东通志》、道光二十一年（1841年）《琼州府志》等，都把千里石塘和万里长沙列入琼州府疆域。

《琼州府志》"万州海防"条，有"万州有千里石塘，万里长沙，为琼洋最险之处，舟过此者，但望即已沉溺，不可救"。②

光绪《崖州志》载："有千里石塘，万里长沙，为琼洋最险之处。"③

民国《感恩县志》载："洲东接大洲洋，有千里石塘，万里长沙，为琼洋最险之处。"④

《海防说略》载："粤海天堑，最称险阻，是皆谈海防者所宜留意也。"⑤

由此可知，西沙群岛及南沙群岛在志书上已成为"琼洋"所属，而所谓"粤海"，也是"琼海"，因清代海南岛属广东管辖。在清代史籍中已确认南海诸岛属于琼州府的管辖范围。

笔者再从行政区地图上来获得进一步的印证，如1709年《大清中外天下全图》、1724年《清直省分图》的《天下总舆图》、1755年印行的《皇清各直省分图》的《天下总舆图》、1767年印行的《大清万年一统天下全图》和《大清万年一统全图》、1800年印行的《清绘府州县厅总图》、1803年印行的《大清万年一统天下全图》、1810年印行的《大清万年一统地理全图》、1817年印行的《大清一统天下全图》、1894年印行的《古今地舆全图》、1905年印行的《大清天下中华各省

---

① （清）谢清高口述、杨柄南笔录：《海录》，商务印书馆2002年版，第127页。

② （清）明谊修、张岳崧纂：道光《琼州府志》卷十八《海黎志一·海防·万州海防》，海南出版社2006年版，第782页。

③ （清）钟元棣创修、张嵩等纂修、安享校释：光绪《崖州志》卷十二《海防志·环海水道》，海南出版社2006年版，第306页。

④ 周文海重修，卢宗棠、唐之莹纂修：民国《感恩县志》卷十二《海防志·海防·环海水道》，海南出版社2004年版，第259页。

⑤ 徐家乾：《海防说略》。

府州县厅地理全图》等，都把南海诸岛列入清朝一统天下的疆域内。

另外，清代许多外国地图也把南海诸岛的位置标明为"支那海""南中国海""大清海"，以示中国传统领域的范围。如1852年日本竹口贞乔出版的《新订坤舆略全图》和1855年日本山路谐孝出版的《重订全国全图》，在南海位置标明"支那海"三字。1861年，日本佐藤政养出版的《新刊舆地全图》，则在南海位置上写"大清海"三字。在西方，英、美等国的地图上也标明是"中国海"，如1807年美国丁·约翰逊出版的《东方航行者》卷首附图，在今南海位置上写上"CHINASEA"（中国海）、1818年英国克拉克·艾贝尔出版的《中国航行记》、1868年英国海军部测绘局出版的《中国海指南》等均在南海中写上"CHINASEA"（中国海）。①

二、海南渔民陆续在南海诸岛上进行开发

中国渔民在南海从事捕捞海产活动，早在晋朝裴渊的《广州记》中已有记载："珊瑚州，在（东莞）县南五百里，昔人于海中捕鱼，得珊瑚。"一千多年以来至清代，海南岛上的渔民不仅到南海诸岛捕鱼，而且有的就住在岛上。陈天锡编的《东沙岛成案汇编》《西沙岛成案汇编》及厦门大学南洋研究所1978年编写的《南洋问题》第3期所发表的采访材料《海南岛渔民谈开发南沙群岛的历史资料》所保存的资料有很高的历史价值。如：

1. 渔民蒙全洲的口述材料

蒙全洲是文昌县铺前人，他说，他的祖父蒙宾文从年轻时起，约在清嘉庆年间，就由同村老渔民带到西、南沙群岛去捕鱼。他的父亲蒙辉联从十几岁开始（约在清咸丰年间），直到年老（光绪末年逝世）为止，每年都去西、南沙群岛打鱼。他十几岁就跟父亲到西、南沙群岛去，亲眼看到长辈在南沙的一些岛屿挖水井，种番薯、椰子、冬瓜和南瓜等。15岁时（1898年）到西沙群岛捕鱼，十六七岁时也去，

---

① 以上资料均引自吴凤斌：《南沙群岛向来就是中国的领土》；吕一燃主编：《南海诸岛——地理·历史·主权》；吴凤斌：《古地图记载南海诸岛主权问题研究》，黑龙江教育出版社1992年版，第64—68页。

渔民把南沙群岛称为北海。他这一代人，去过南海捕鱼的人很多，有的人死在岛上。在岛上捉海龟、海参、公螺，种瓜菜，岛上有人住的地儿就有庙，相传是遇难的"一百零八个兄弟公"。他说，他在西、南沙一带捕鱼作业几十年，见到过日本人、法国人。

2. 渔民符用杏的口述材料

符用杏在 1977 年时 91 岁，他说，他的伯父符世丰从清同治年间就在西、南沙打鱼，父亲符世详也在清同治年间到西沙去捕鱼。听他父亲讲，铺前人去南沙捕鱼的人很多。他从清澜港启航到南沙奈罗、红草、罗孔、第三、黄山马、南密、秤钩、女星屿等岛礁都去捕捞作业过，初到南密时，岛上已种有 100 多棵椰子树，还种有香蕉和菠萝。

仅从这两人的口述材料看，在清代，一批又一批的海南人到过南海诸岛上捕鱼，他们（或比他们去得更早的人）在岛上种植、建庙，以捕鱼为业，一代一代传下来。①

再从陈天锡编的《西沙岛、东沙岛成案汇编》中所载：

（1）东沙群岛

①同治八年（1869 年），广东香山渔民梁胜，前往东沙群岛，并在东沙群岛大王庙后种有椰子树三棵。

②光绪二十二年（1896 年），大王庙荒废，渔民梁胜以银二千两修茸，又以银五百两另建"兄弟庙"一座。

③光绪二十九年（1903 年），渔户集资七百余两重修兄弟庙。

（2）西沙群岛（根据 1974 年琼海县调查）

①道光年间，海南琼海县青葛地区渔民吴坤俊、李泮松等人到西、南沙进行生产活动。

②同治年间，琼海县渔民在金银岛的西部开挖水井一口，并在附近种植海棠树一株。在琛航岛琼海渔民曾用珊瑚石堆成一小庙，庙里安放了一尊观音像，渔民俗称"三脚婆"。

③光绪年间，琼海县潭门渔民王家伦在北岛东南部盖一瓦顶小

---

① 《海南岛渔民谈开发南沙群岛的历史资料》，载《南洋问题》1978 年第 3 期。

庙，在甘泉岛、赵述岛亦有海南渔民种植椰子树，并开挖水井。

（3）南沙群岛

①道光年间，海南琼海县青葛地区渔民吴坤俊、李泮松等人到西南沙进行生产活动。

②同治十年（1871年），海南琼海县潭门上教坡村渔民何大丰等二十余人到南沙群岛进行生产活动。据说，在此以前文昌县渔民亦已到该岛从事渔业生产。

③光绪年间，琼海县渔民在太平岛西北部建伏波庙一座，并在岛西北部开挖水井一口，种植椰子树二百株；又分别在红草峙、中业、双子、南钥、南威等岛各开挖水井一口，并种植椰子树二十至一百株不等，文昌县渔民长期居住在南威岛的西南方，他们在住宅里修建地窖，存放海味干货和粮食等物资。

在南沙群岛的北子岛上，就有两座坟墓，墓碑一载同治十一年（1872年）翁文芹，一载同治十三年（1874年）吴××，清代海南岛的渔民在南沙群岛上从事生产活动，而且将死者尸体葬在海岛上。

1868年，英国出版《中国海指南》一书，记载过南沙群岛的郑和群礁的情况时说："海南渔民，以捕取海参、介壳为活，各岛都有足迹……海南每岁有小船驶往岛上，携米粮及其他必需品，与渔民交换参贝。船于每年十二月或一月离开海南，至第一次西南风起时返。"20世纪初年，日本人小仓卯之助到南沙群岛进行窥探时，就坦率承认岛上有海南渔民，而且还在双子礁、西月岛、中业岛等处看到我国渔民在岛上挖的水井，建的庙宇和坟墓，也在岛上看到我国海南岛渔民绘画的南沙群岛航海的水路图。①

清末以来，中国海南岛和雷州半岛各地渔民都有到南沙群岛去捕鱼，其中以文昌、琼海两县最多，每年仅从此两地去的渔船就各有十几条到二十多条。每船载二十多人，载重五百到八百担，每船带四五只小舢板。航行靠罗盘，计算更路，初用点香，以后用钟。在南沙捕

---

① 《南海诸岛——地理·历史·主权》，载林金枝：《中国人民对西沙、南沙群岛物产开发的悠久历史》，黑龙江教育出版社1992年版，第121—122页。

捞所得公螺、赤海参、红海参运到新加坡出售，而海龟干、鸟干、白海参、黑海参则运回海南。我国南沙群岛渔业生产越来越多，从国内市场销售转向国际市场销售。同治四年（1865 年）有琼海潭门港口郑有吉、曾圣姐等 42 人把南沙捕捞海产运到新加坡去销售。[①] 到 1900 年后文昌县文教大船主黄学校逐渐垄断南沙群岛公螺壳转运到新加坡出售。黄学校拥有盛兴号、保安号和和安号三艘船只，专门航行南沙群岛、越南和泰国之间，每年可获利三万多元。[②] 南沙群岛的渔产，已开始启发文昌渔民的对外贸易活动。

三、西沙群岛发现的清代文物

1974 年春，广东省博物馆和海南行政区文化局对西沙群岛作了第一次文物调查，1975 年 3 月至 4 月，又组织了一个调查组进行第二次调查发掘，在两次调查中，考古人员踏遍了西沙群岛的绝大部分岛礁沙滩，足迹所至几乎都能发现我国古代的历史遗迹或遗物，这些大量文物资料无可争辩地证明，西沙群岛自古以来是我国神圣的领土。

在采集的文物中，自南朝至唐、宋、元、明、清，现将所采集的清朝部分的文物登记如下表。

西沙群岛礁盘、沙滩采集瓷器登记表

地点	名称	数量	大小和完成情况	时代	内容
珊瑚岛东礁盘	青花盘	78	器形略有大小、口径 21—27 厘米、高 4—5.5 厘米	清	口沿外卷，短壁圈足，内底平。盘内底一圈和外壁腹以下露胎。内壁印连弧纹和两行半边的"寿"字纹，常有压现象。少字盘外壁印蝶状图案。盘内底心双线方框内印"祠堂瑞兴""开兴""隆兴""□□合记"等文字。

---

① ［日］义田一德：《新南群岛记》。
② 吴凤斌：《西沙群岛向来就是中国的领土》。

地点	名称	数量	大小和完成情况	时代	内容
珊瑚岛东礁盘	青花碗	7	口径13厘米、高6.2厘米	清	侈口圈足，壁较斜直。碗内底一圈和足端露胎，外壁印两行"寿"字纹，二件底心印"良德""荣玉"二字。
南沙洲沙滩和礁盘	白釉小碗	2	口径8.4厘米、高3.9厘米	清	胎质细白，白釉微闪青，侈口圈足，外壁模印微凸起的小花朵。
南沙洲沙滩和礁盘	仿成化青花碗	110	残件，少数能复原器形。口径12—18.4厘米、高9厘米	清	白胎，白釉微青，青花色泽鲜蓝。直口宽底，底心微鼓，圈足较高。外壁一侧画临江楼阁或江上行船等青花图案。另一侧题唐王勃的"画栋朝飞南浦云，珠帘暮卷西山雨"，下署"蒲源"等款和圆形印章。圈足内写"成化年制"双排款，有的在款的上下写数码。
南沙洲沙滩和礁盘	德化窑青花碗		部分能复原	清	白胎略灰，青花色泽稍灰暗，青料厚处有迸裂纹。直圆口足，壁稍弧圈。圈足内有的写字款，多为一字，如"泉""源""吉"等二十多种；只牵牛花纹的一件直书"尚美"二字，还有的画月牙形、印章形以及难以辨认的文字等。
	云凤纹	97	口径13.4厘米、高5.2厘米		
	云龙纹	13	部分能复原，口径13.4厘米、高5.2厘米		
	云龙火珠纹	177	口径14.5厘米、高9.5厘米		
	牵牛花纹	1	残件		

续表

地点	名称	数量	大小和完成情况	时代	内容
南沙洲沙滩和礁盘	德化窑青花蝶	—	—	清	敞口短壁，内底平，圈足。圈足内有一字或二字款，还有印章形图案等。其中牵牛花纹和山石蝶纹的，口沿微卷。
	佛手纹	39	口径14.4厘米、高3厘米		
	云龙纹	20	口径17厘米、高3厘米		
	牵牛花纹	7	口径15厘米、高3厘米		
	山石花蝶纹	4	口径15厘米、高3厘米		
南沙洲沙滩和礁盘	青花杯	4	口径7厘米、高5厘米	清	直口，杯身较高，壁形足。外壁画青花山石、松树、人物，另一侧题诗句、款和印章。圈足内直书"玩玉"二字款。
南沙洲沙滩和礁盘	青花碗Ⅰ式	9	口径14厘米、高9厘米	清晚期	灰白胎，白釉闪青灰色。直口。圈足较高。碗内底一圈和足端露胎。外壁饰青花"寿"字纹图案，色泽稍灰，有渗化流散现象。
南沙洲沙滩和礁盘	青花碗Ⅱ式	5	口径14厘米、高9厘米	清晚期	胎釉、器形、青花色调均同上，唯外壁饰青花云龙纹。
南沙洲沙滩和礁盘	青花碗Ⅲ式	16	残件	清晚期	底内多画花蕾形图案。外壁饰各种花卉，圈足内有些写"生玉"二字款。
南沙洲沙滩和礁盘	青花碗Ⅳ式	16	残件	清晚期	内底一圈和足端露胎，外壁饰各种花卉。

地点	名称	数量	大小和完成情况	时代	内容
南沙洲沙滩和礁盘	青花碗Ⅴ式	4	口径17厘米、高9.5厘米	清晚期	敞口折腰，小圈足。外壁，内底心和圈足内各画小朵折枝花卉，碗内上壁画两组交错的金钱纹和开窗，窗内画杂宝。
南岛沙滩	德化窑青花碗	2	残件	清	一件外壁画青花云凤纹，另一件画云龙火珠纹。
南岛沙滩	德化窑青花碟	1	残件	清	碟内画佛手纹。
南岛沙滩	青花碗	2	残件	清晚期	碗内底心都写草书字款，圈足内一件写"宝玉"二字，另一件写"利"字。
北岛沙滩	青花碗	3	残件	清初	碗内底画青花芙蓉花。
和五岛沙滩	青花加彩大罐	1	残件	清早期	胎骨白细，釉面白中闪青。罐颈中部青花山石并加绘釉上彩兰草，彩釉脱落，青花色泽鲜艳。
和五岛沙滩	青花山水大瓶	1	残剩肩颈部分，器形甚大	清早期	白胎，釉面较青微似豆青釉。肩颈上画青花山水，用皴法勾画，青花色蓝。
和五岛沙滩	青花罐盖	1	残件	清早期	帽形圆钮，内有榫。盖边画青花圆珠和方格纹，盖面画花卉。

资料来源：广东省博物馆编：《广东文物考古资料选辑》第二辑，1989年版，第

321—323 页；广东省博物馆、广东省海南行政区文化局：《广东省西沙群岛第二次文物调查简报》。

从所发掘和采集的文物看，清代经过南海诸岛而在此遇难的沉船，不在少数。

第二节　抵制列强，捍卫主权

一、西方列强觊觎南海诸岛

清代初期，因为国力比较强盛，只是派水师加强海道的巡逻，对海岛上从事渔业生产的渔民进行保护。如康熙四十九年至五十一年（1710—1712 年），任广东水师副将的福建同安人吴升巡洋至与昆仑岛洋面相接的七洲洋，《同安县志》记述其"自琼崖，历铜鼓，经七洲洋、四更沙，周遭三千里，躬自巡视"，这是清初广东省水师在南海诸岛洋面上的一次较大规模的巡视。又乾隆十一年（1746 年）五月，广东巡抚准泰奏，雷琼道驻扎琼州，与雷州隔越海洋，往来须候风汛，琼郡地广事繁，海侨民性蠢愚，黎岐杂处，拊循稍有未当，转滋惊扰。若令四季越海巡查，不特奔走不遑，且恐顾此失彼。请照台湾之例，每年巡查一次。至琼属崖州、感恩、陵水、昌化四州县，水土恶劣，瘴疠最甚，应令于每年冬月，道、府按年轮巡一次。① 但是，此时的清政府尚未意识到南海诸岛地位之重要，宝藏之丰富，因此，对海岛尚未进行有效的管理、勘探和开发，南海诸岛仍处于一片荒凉的原始状态。

到了清代中后期，西方的列强，东方的日本，纷纷把触角伸进南海诸岛，才引起清政府的醒悟，开始采取行动，重视及开发南海诸岛。

二、李准巡海

从清末开始，西方列强不断进入南海群岛，企图掠夺这一海域丰

---

① 《清实录·高宗乾隆实录》卷二六八。

富的宝藏。其中以英、法、美、德、日各国列强的船只最多，日本还公然窜入南沙群岛开发公司，盗取鸟粪，竖立石碑，当时第一位向清廷报告的是两江总督南洋大臣端方，他于光绪三十三年（1907 年）向外务部报告日本商人西泽吉次占据东沙群岛，外务部即于是年九月初五电达两广总督张人骏查复。查明后由粤向日进行交涉，宣统二年（1910 年）张人骏向日本领事濑川线之进提出照会，谓东沙岛系属广东之地，今日商即行撤退。"日领声称该岛为无主荒岛，倘中国认该岛为辖境，须有地方志书及该岛应归何官何营管辖确据。粤督以我国渔船在岛捕鱼停泊、建立神庙、屯粮聚集为证据，力斥其无主荒岛之说，彼方则以志书有载，方能作据为言。争持不决。卒由粤督从事于证据搜集。嗣因查得陈译《中国江海险要图志》，载明该岛地方，为粤杂澳第十三，经日领与张督晤商时阅明，并无异言。"① 经过这一番较量，张人骏知道南海的重要，于是张人骏派李准巡视南海，并写下《李准巡海记》一篇，这样，后人得以从这篇《李准巡海记》中，看到清末南海群岛的真实状况。

李准（1871—1936 年），字直绳，号恒斋，另号任庵，四川省邻水县柑子镇活水沟人，1901 年任广东巡防营统领兼巡各江水师，统领军队和巡海兵舰。1905 年升任广东水师提督，6 月补授闽粤澳镇总兵（未到任），仍署广东水师提督，后又兼陆路提督。李准曾率部镇压 1910 年广州新军起义、1911 年广州"三二九"起义等。但后来他看到清政府分崩离析，革命风潮已日益扩大，于是在 1911 年辛亥革命期间，他通告广东省水陆军竖起白旗，革命军取得胜利。辛亥革命成功后，李准定居天津，1936 年在天津逝世，终年 65 岁。

李准任职广东水师提督兼南澳总兵期间，在两江总督兼南洋大臣张人骏的委派下，两次赴东沙群岛、西沙群岛巡海，所到之处，命名勒石，公告中外，重申东沙、西沙群岛为中国神圣领土。李准将西沙群岛的一个岛屿命名为东润岛（采用张人骏家乡一个地名。1947 年南

---

① 陈天锡编：《东沙岛成案汇编》，第 23—27 页。

京政府改为和五岛，现定名为东岛）。

1. 收回日本人侵占的东沙岛

《李准巡海记》所记时间为光绪三十三年（1907年）春，但据北京博物院明清档案部所记，其时间记载有误，应指宣统元年（1909年）四月初。实际为宣统元年（1909年）李准两次巡视南海，先到达东沙岛。

在《李准巡海记》中曰："粤之东有东沙岛，距香港一百二十海里，距汕头八十海里，在澎湖南澳之间"，是闽粤渔民航海捕鱼的海岛。当李准的船队到达东沙岛的时候，看到岛上插着日本的国旗，有木牌竖于岸曰："西泽岛"。李准率队伍登岸执日本商人西泽吉次询问，得知其在此已有两年余，他以为此岛属台湾，不知为广东属地。问其经营何种事业？西泽吉次说："取岛上之鸟粪，以为磷质及肥料，并采取海带、玳瑁等物。"李准巡岛一周，在十余里长、三四里宽的岛上，有工厂三座，办公室一座，并有制淡水机器，轻便铁道十余里，海面有小汽船一艘。李准立即派人监视，不许再行采取各物，存货亦不许运去。于是回省城向两广总督张人骏报告，与日人交涉交还此岛。其外务部索海图为证，而且日本外务部称"该岛为无主荒岛，倘中国认为辖境，须有地方志书，以及该岛应归何官何营管辖确据。并以日商在岛开办事业，中国应有保护之责"。[1] 彼时，有王雪岭观察，博览群书，告诉李准说："乾隆间有高凉总兵陈伦炯著《海国闻见录》，有此岛之名。"即据此图与日人交涉，乃交还此岛。

日本公使又以西泽吉次经营此岛花费数十万元，其工厂、房屋、机器、铁道索补偿其二十余万元，中国则谓"彼盗取此岛之磷质肥料、海带、玳瑁等物为抵偿品而交还"。在张人骏的配合下，李准在巡海的第一站，收复日本人侵占的东沙，在中国南海的海史上，功不可没。

日本人交还东沙岛后，中方由劝业道经管，仍留管事及工人在

---

① 陈天锡编：《东沙岛成案汇编》。

岛，每月余派广海舰送伙食至岛，运各物回省。此事在陈天锡编的《东沙岛成案汇编》中有详细的记载。

这是宣统元年的事，但辛亥革命之后，由于党争激烈，无暇管理此岛，《李准巡海记》还写道："改革后，党人只知占地盘，谋权利，遂不以此岛为意。海岛之人绝粮而死，可哀也。我虽不杀岛人，岛人由我而死，余滋愧内疚于心矣。"由于政治混乱，李准的爱国努力乃竟酿成悲剧，令他后来愧疚于内。后来，民国政府在东沙岛建无线电台，可通信息，不致再有绝粮之虞矣。

2. 记录晚清榆林港黎人的原生态生活状态

李准以林国祥为航海之主，王仁棠为随行参赞。任吴敬荣、刘义宽为"伏波"号、"琛航"号两船为管带，做好各类食品的充分准备，带领一班官吏李子川、王叔武、丁少荪、裴岱云、汪道元、邵水香、刘子仪、德人无线电工程师布朗士·礼和洋行二主布斯域士等，于光绪三十三年（1907年）四月初二日启行，初三日抵琼州之海口，沿琼岛南行，初五日入崖州属之榆林港。是时的榆林港，还是一派原始地貌。李准对榆林港的描绘，呈现了清末港上原住民黎人的原始生活风貌。他写道："榆林港清风徐来，余于甲板上观之，见此港山环水绕，形势极佳，而水深至二三十尺。入口不三里，下锚，四围皆山，不是水口，诚避风良港也。惜局面太小，不能多容军舰，有七八艘已不足以回旋。港内水波不兴，上下无光，一碧万顷，以为正可直驶西沙矣。"

李准等人登岸后，见到的是一派黎人生活区的原始景象，见证了清末榆林港黎族族群的原生态生活景象。通过李准的描绘，告示世人清末海南黎人尚未开化的自然状态，这真是一幅清代黎人风俗图。李准所写情意：

（1）椰汗止渴：上岸后，沿平原而入山凹，一路遍地皆椰子树，结实累累，大可逾抢，高约百数十尺，其直如棕，叶长大似蕉，但分裂而不相连属。其时天正炎热，行人若渴，以枪向椰栁击之，其实纷纷下坠，人拾一枚。其有为弹穿者，汗流出，即以口承之，味甘而滑，解渴圣品也。

（2）黎人群相：步行六七里，有居人焉，披发赤足无衣，以布围盖下身，其黑如漆，前后以及两肘两腿，毛茸茸然，两耳贯以铁环，大如饭碗之口。老少可辩，男女殊难以也。

（3）黎居：其所住室，以椰子树为主，高不及丈，宽约一二丈，横梁门柱，皆椰树也。上盖及壁，都以椰叶编作"人"字形之厚箔为之。有门无窗，屋内之地，亦铺以椰席，厚可数寸。无桌几床帐，饭食起居，咸于此焉。

（4）娱乐图：余以手镜为之照相，各嬉笑不已。又与同人行至一处，有男女多人，于野外墓地上跳舞。有老者壮者于劳，敲锣吹笛子及击瓦器，跳舞者女子居多，间赤有男子与偕，皆青年也。其齿白，而口吐红色之沫。询之，乃含槟榔使之然也。此男女跳舞者，如两情相合，即携手相归而为夫妇矣。

（5）黎山出猎：山中马鹿极多，以其大如马，可以代步，故以马鹿呼之。余即令此熟黎觅数人来带路，并驱马鹿。生黎手持一棍，举动如飞，其山中之木椿，尖如刀锥，履之过，如履平地。余率卫兵多人追随于后，乏极傍石而坐，稍事休息。正打火吸雪加烟，群鹿自林奔出，大若牛马，余持枪击之，僵其一，倒地而起者再，卫兵捉之，其角大如碗，长约三尺，余开三四叉。倒地时跌一角，血淋淋出，一卫兵以口承而吮之。嗣以五六人用大木杠抬之回船，权之重四百斤。去皮分食其肉，茸则悬之船面，以风吹之，以为可以保存也，三两日后，生蛆腐烂，臭不可近，弃之大海中矣。

（6）朴实憨厚的黎人：李准一行往三亚观盐田，抬轿之黎人，每人给银二毛，不肯受，以其求益也。增之至四毛，不受如故。询之，乃知其议价时以为每一乘轿两人共二毛，今多与二毛，故不受。其朴实如此，真上古之民哉。

李准所描述的清末榆林港黎族生活的野朴风貌，真空而不细致，可补史籍记载之不足。

3. 显示国威，为南海诸岛命名，勒石竖旗，保卫国家领土

李准于光绪三十三年（1907年）四月十一日下午四时启椗放洋，过一小岛，工人持铲锄上岸，在各地掘地及泉，而求淡水。掘十余处，至二三丈，均不可得，其实非岛，乃一沙洲耳。在这小岛上，西人亦谓之挨伦。此岛长不过六七里，行不数分钟，即环游一周矣。

《李准巡海记》中曰："岛上无大树，有一种似草非草似木非木之植物，高约丈余，大可合抱，枝叶横张。避此林中，真清凉世界也。其地上沙土作黑色，数千百年之雀粪积成之也。岛中无猛兽虫蛇，而禽鸟极多，多作灰黑色。大者昂头高与人齐，长嘴，见人不惧。以棍击之，有飞有不飞，其大者恒与人斗，不自卫，将啄人目。遥见大群之鸟，约知百余只，集沙滩上。余击以鸟枪者三，均不见飞，以为未中。遣兵往视之，已击倒三十余鸟。卫兵逐之始群飞去。盖不知枪之利害，人为何物也。其椰树及石上多德人刻画之字，皆西历一千八百余年所书。德人布朗士以笔抄其文记之。其石亦非沙石，乃无数珊瑚虫结成者，因名之曰珊瑚石。又至一处，有石室一所，宽广八九尺，四围以珊瑚石砌成，上盖以极大蛤壳两片为之。余于此而休息焉。石上亦有刀刻德文，盖千八百五十年所书也。均有照片，改革后不知失于何处矣。余督工刻字珊瑚石上曰：'大清光绪三十三年广东水师提督李某巡阅至此。'勒石命名伏波岛。以余乘伏波先至此地，故以名之。又命木匠将制成木架，建木屋于岛，以椰席盖之为壁，铺地，皆椰席也。竖高五丈余之白色桅杆于屋侧，挂黄龙之国旗焉。此地从此即为中国之领土矣。"

"午后率同人回船，留牲畜之种山羊、水牛雌雄各数头于岛。正午开行，约三十里，又至一处。两面皆岛，海底有沙，可以寄椗，非如伏波岛之尽珊瑚石，难于寄椗也。且岸边有沙，船板扒艇，皆可登岸。又率同人偕上。其林木雀鸟，一切与前岛同。工人之掘井者，少顷来报曰二已得淡水，食之甚甘。掘地不过丈余耳。余尝之，果甚甘美，即以名曰甘泉岛。勒石竖桅，挂旗为纪念焉。此岛约十余里，宽六七里，余行两三小时，尚未能一周也。阅此岛毕，亦放牲畜于上。

又过对岸之岛，较小于甘泉岛，纵横不过八里耳。其珊瑚比前更多，因名之曰珊瑚岛，亦勒石悬旗为纪念。下午回船开行，约二十海里，又至一岛，定椗后，乘舢板上岸，阅视一周，情形与各岛相同，名之曰琛航岛，勒石竖旗。回船，第三日黎明又开行，约十余海里，而至一岛。登岸见有渔船一艘于此，取玳瑁大龟，蓄养于海边浅水处，以小树枝插水内围之，而不能去。余询以尔船能盛淡水粮食若干，敢冒此险乎？渔人曰：我等四五人，食物有限，水也不能多带，食则龟肉、龟蛋、雀蛋、雀肉、鱼、虾之属，饮则此岛多椰子树，不致渴死。余告以前方有甘泉之岛，如往彼处，不忧无淡水也……岛上情形与各岛相同，游览即周，名之邻水岛。勒石竖旗，而往他岛，均皆命名勒石，有名曰霍邱岛者，以余妹倩裴岱云太守为霍邱人也；有名曰归安岛者，以丁少荪太守为归安人也；有名曰乌程岛者，以沈季文大令为乌程人也；有名宁波岛者，以李子川观察为宁波人也；有名曰新会岛者，以林瑞嘉分统国祥为新会人也；有名曰华阳岛者，以王叔武为华阳人也；有名曰阳湖岛者，以刘子怡大令为阳湖人也；有名曰休宁岛者，以吴荩臣游戎敬荣为休宁人也；有名曰番禺岛者，以汪道元大令为番禺人也。尚有一岛距离较远，约六十余海里，其岛长二三十里，向名曰林肯，改名为丰润岛，以安帅主持大事也。"李准一路航海而行，在西沙群岛上，又增入西沙十四岛。他为南海诸岛命名、勒石竖旗，显示国威，所命岛名为甘泉岛，一直沿用至今。

4. 记录南海千奇百怪的珍贵生物学资料

鳄鱼：一日雨后，余正在船面高处坐而纳凉，忽见一黑色之物自海面向余船而来，昂首水面，嘴锐而长。余问曰：此何物也？国详曰：此鳄鱼也，韩文公在潮作文驱之者，即此是也，语时鳄鱼已及船也，攀梯而上，余命梯口卫兵击之以枪，而卫兵反退后数武，不敢击。余速下夺枪击之，鳄鱼下坠，白腹朝天，距船已四五丈矣。即令水手放舢板往捞，水手以桡挑之，长约丈余，重不可起，恐其未死，不敢下手。再击二枪，反沉水底而不见踪迹矣。

鹦鹉、小猴：沿途树木内多红绿色之鹦鹉，大小不等，白色者较大而少。又多小猴，飞行绝迹，擒之不易。

蚺蛇、石蟹：有黎人以大竹笼抬大蚺蛇一条来卖，给以银二两，令抬去。又有回民操北方语者，将石蟹飞蛇来卖。其石蟹有完好者，磨醋可治疮毒，飞蛇可以催生。

珊瑚、带鱼：其处水清，日光之下，可见海底，多红白珊瑚，大如松柏之树。有一种白色带鱼，长约丈余，穿插围绕于珊瑚树内，旋转不已。

大蛤、鲸鱼、红蟹：在开往伏波岛的浅海上，李准离艇上岸时发现大蛤、鲸鱼及红蟹，十分有趣。李准写道："余仍持木棍，离扒艇，践石堆超越以过。此石跳彼石，相距有远有近，有高有低，扒艇不能前，非此不能登彼岸也。余正站圆形之大石上，欲再跳，而相距稍远，恐坠水中，恐回者再，而所立之石动矣。余以为力重为之也，而此石已起行而前，余惊惧欲仆者屡矣，石行较彼石，乃跳过焉。余惊问：石何能行？国祥敬荣同曰：此石乃海内大蛤也。其壳已生绿苔，不知若干年矣。又见一鱼，其色黑而杂以红黄。国祥曰：此小鲸鱼也，亦长七八尺。潮水退不能出，困于此浅水滩耳。余以棍拨之，头上一孔，喷出之水，高可一丈。余急登岸。见沙地上红色蟹极多，与他蟹异，爪长而多，其行甚速。以棍击之，即逃入一螺壳中而不见。拾壳起，见其爪拳屈于壳内，了无痕迹。每蟹必有一壳，大不逾二寸。有一蟹之壳，先为人拾起，致无所归，即蜷伏于沙上，如死者然。余以竹筐拾归者数百枚，分赠亲友，名之曰寄生蟹。"

海龟：李准写道："夜宿岛中，黄昏后听水中晳晳有声，国祥曰：此海中大龟将上岸下蛋也，从此不忧食矣。率众各将牛眼打镫，反光怀内，候于河上，月下见大龟鱼贯而上，为数不可胜计。群以灯照之龟即缩颈不动，水手以木棍插入龟腹之下，力掀之，即仰卧沙上，约二十只。国祥曰：可矣，足敷吾辈数百人三日之粮矣。国祥又引水手，持竹笋，在树下拨开积沙，有龟蛋无数，其色浅红，而圆大如拳，壳软而不硬，拾两大箩筐。归后，烫以开水，撕开一口，吸而食之，其味厥美。国祥曰：雀蛋更多，但不能如龟蛋可口。黎明率同人于树下拾各种雀蛋，大小不等，有如鸡鸭卵，有大如饭碗长六七寸者，均作淡绿色。其极大者，有黑点无数，剖之多腥，而此极大之卵，如鸵鸟之蛋，壳坚如石，了不可破。"

石爪、石杯：在甘泉岛沙滩上拾得一物，其状如金爪，大如蜜橘，其色为青莲，其分瓣处，间以珍珠白点，似石非石，质轻而中空，上面带蒂，如罂粟壳之状，下空一孔，甚为美观，不知为何物也。敬荣曰：此动物而兼植物，有生者当寻与军门一看，其他尚有种种色色千奇百怪之物，为内地所未见者。有一石杯，盛这凉水，不漏而易干，盛热水，则发腥臭之味。手摩之直如石制，然其质软，物本圆者，可以为方，可以为椭圆形。其红白珊瑚，遍地皆是。

从珊瑚岛开行，又至一岛上岸，海内带草极多，长不知若干丈，开小白花。舢板之桨桡，亦为之阻滞，不得进行。见一石，上有物圆如金瓜，其蒂上开紫色之花，如蝴蝶状。余曰：此必昨日海岸拾得石瓜之生者，即泊船近之，余亲手抚其根，长约四五寸，似为石质而长于石上者，力拔之始下，而根断矣。有白浆自根下流出，其腥异常，如蟹爪之肉，其花甚硬，亦似石质，然鲜艳无比，究不知其为动物植物也。

海参：在琛航岛开行，至一岛，见文昌陵水渔船一艘，余视其船内，以石灰腌大乌参及刺参一舱，皆甚小者。余问以海边之大乌参，有大逾一丈几尺者，何不腌之？渔人曰：内地不消此大者，因引余视海边之浅水内有一大乌参，长丈余，色黑如死猪然。余以棍挑之，其肉如腐者，脱去一块。皮虽甚黑，而肉极白，但无血耳。不少动，以为其死也。一工人以十字锹锄之，又脱一大块，而此参乃稍行而前，真凉血动物也。

在《李准巡海记》中，记录下这林林总总的海上奇观怪物，非亲临其境者难以见到。这些都是了解南海的宝贵资料。

李准还著有《广东水师国防要塞图说》一书，是一部记下南海领域东沙、西沙群岛主权的重要文献。但在辛亥革命时遗失，实在可惜。

《李准巡海记》是证实南海诸岛是中国固有领土的实地考察的文

献。他在开头讲到这一重要的问题："中国向不以领海为重，故于海南之岛屿，数千年来并无海图，任外人之侵占而不知也。"他这次受当时两广总督张人骏之命，乃有巡海之举，他所做的记录，至今尚有宝贵的价值。

清宣统元年（1909年），粤督张人骏建议开发西沙群岛，曾取其所产鸟粪、珊瑚及矿产等陈列于京都"南洋劝业会"。

第五编

民国时期

第三十四章 辛亥革命后海南社会状况

1911年10月10日,辛亥革命爆发,推翻封建清王朝并结束了中国2000多年来的君主专制制度。

海南岛尽管社会积贫积弱,矛盾众多,但民国成立,开辟了新的社会局面。在社会动荡的同时,也有新的建制,经济也不同于旧时,经济近代化开始萌芽。

第一节 各派政治力量"你方唱罢我登场"

当辛亥革命成功时,社会动荡。海南岛上清廷琼崖兵备道刘永滇的统治,势力仍强;也有旧军阀割据,社会局面比较混乱。

辛亥革命前夕,广东革命党人有过几次失败;但仍有人在新形势的鼓舞下,跃跃欲试。海南新民社的昙花一现即是一例。

辛亥革命前夕,同盟会组织了新民社。组织者琼山人冯齐民,受业于两广高等学堂,加入同盟会,邀同乡冯熙周、陈得平、吴公侠、吴攀桂,文昌陈岛沧等发起筹设新民社,众推冯齐民、冯熙周为正副社长,社址设在冯氏宗祠,先后发展社员百余人,秘密筹划革命,陈岛沧负责宣传工作,陈得平、吴公侠负责军事工作。琼崖临时都督刘永滇闻讯,派人告诫冯齐民"勿妄动,妄动取咎"。冯齐民知事不机密,不久,新民社解体。

广州市光复的第二天,即1911年11月10日,胡汉民从香港回到广州。胡汉民就任广东省都督，广东军政府正式成立，标志着广东独立。广东独立之后，琼山人王斧①晋谒都督胡汉民，自命成立琼崖临时行政总机关，并推荐林格兰。于是，胡汉民委派林格兰为民政长，王斧任副职，一起赴海口成立总机关，移文琼崖临时都督刘永滇定好日期交接。

当时，刘永滇看到武昌起义后各省纷纷响应的形势，亦宣布独立，自任琼崖临时都督，道署改为都督府，下剪发令，示归顺革命之意。接林格兰的移文后，借口未得省令而拒绝。后来，总机关成立，驻府城的琼崖中等学堂。

刘永滇自知不会得到省都督支持，于是称疾求去，推举万州知县范云梯代替其岗位。陈铭枢在《海南岛志》中对刘永滇去职作评价云："时本岛驻军统领刘永滇闻风向义，宣布独立，旋即自行辞职，移兵柄于琼崖兵备道范云梯。计有兵三营，军实颇完备，亦能注意保持地方治安。"②旧军阀刘永滇下台。

但是，琼崖旅省士绅厌恶范云梯，请都督府任命赵士槐。

赵士槐，文昌人。当时，琼山的王国宪为咨议局议员，学行笃实，负誉乡里。都督府派人向王国宪咨询，王国宪极称赞赵士槐，故有琼崖安抚使之命。

赵士槐率领幕僚黄健生、梁国一、林学海、云茂伦、张运镒等为本队，敢死队的陈侠农、炸弹队的陈策殿后，一行人赴海口接收的时候，被范云梯的军队袭击。赵士槐率兵反击，凭城而战，自正午至下午三四点钟，相持不决。

赵士槐自知久攻非策，引兵向文昌铺前而去，后归海口。此次兵变，阵亡一人，伤十余人，林学海中弹卒，云茂伦被俘，割耳朵后放回。

赵士槐守海口待援，由王国宪代控于都督府。省都督府以赵士槐

---

① 王斧，又名王斧军。

② 陈铭枢总纂、曾骞主编：《海南岛志》附录一《民国纪元以来海南政局变迁纪略》，海南出版社2004年版，第511页。

不洽舆情为由，调回广州，命黄明堂代其职，区金鳌为民政总长，专理民事。

在黄明堂未就职前，范云梯已逃遁。当时，广州商人李奕如，趁政治混乱的时机，混得知府头衔，到海南自称都督。省都督府得报，令安抚使黄明堂解省究办。恰好，刘永福认识此人，于是将李奕如交给刘永福带走。

此后，琼崖安抚使及民政总长俱废。黄明堂、区金鳌均免本职，改设琼崖绥靖处，以古应芬、李福隆为正副处长。各县民政长改为县知事，兼任检察所检察。县知事下，设第一、第二两科，科长各一人，科员若干，或设技士雇员等。

1912年，罢琼崖绥靖处，正副处长古应芬、李福隆俱免，改设琼崖镇守府，掌理军民两政，委邓铿为镇守使。不久，袁世凯称帝。二次革命开始。

辛亥革命后这两年里，海南岛的各派政治力量都登上政治舞台表演了一番。

一、龙济光的发迹与覆灭

龙济光早年因镇压革命有功于清朝而飞黄腾达，接着又得袁世凯的着意培养，因此得到机会进入广东省，干预广东的政局。

1913年，二次革命爆发。

7月26日，袁世凯发布命令称，撤销陈炯明的广东都督官职，任命龙济光为广东宣抚使。

龙济光得到袁世凯的命令后，便由梧州进攻肇庆，接着向三水进发。二次革命失败。

8月3日，袁世凯又任命龙济光为广东都督兼民政长，并授上将军衔。8月11日，龙济光进入广州，当上广东都督，掌握广东军政大权。自此到1916年10月被革去广东省督军职离开省城止，在粤3年。有评论者指出："龙济光督粤三年，穷极万恶。"[①] 海南属广东，海南也

---

① 《广东军阀史大事记》，载《广东文史资料》第43辑。

一并受害。

龙济光的罪恶，除了残酷镇压革命党人、维护封建统治、实行思想文化专制等外，最为臭名昭著的是经济上横征暴敛，诸如征收苛捐杂税、重开赌禁和烟禁、大量发行纸币等。孙中山明确指出："粤人恶龙甚于洪水猛兽"，"与民更始维新，万不宜留此奇凶，以祸百粤"。①

龙济光经济上的倒行逆施，也具体地涉及海南。据记载，龙济光与巡按使李国筠以救济水灾为名，招商承办山铺票，由各县赌徒投注。于是，一切杂赌随之而起，社会一片混乱。

在政治上，龙济光又趁机委任陈世华为琼崖绥靖督办。②

陈世华到任后，承袁氏风旨，捕杀革命党人。林格兰因民政长未得履任，离琼赴省，同盟会改组为国民党后，被任命为琼州支部长，兼办《民国日报》，并被选为国会议员，入京与陈发檀发动琼州建省。而二次革命起，袁世凯下令解散国民党，取消国会之国民党籍议员。于是，林格兰潜返琼州管党务及报务，被陈世华逮捕杀害。

袁世凯以及龙济光等爪牙，无恶不作。

1914 年 7 月，孙中山在日本东京成立中华革命党，继续高举反袁旗帜。1915 年 9 月，在香港正式成立了反袁讨龙工作机构。1916 年，成立粤军总司令部，誓师讨袁，全国护国运动逐渐高涨。1916 年 5 月 8 日，护国军务院成立，坚决不承认袁世凯盘踞总统之职，竭力迫使袁世凯下台。为此，军务院决定组织滇、桂、粤三省护国联合军，进行北伐。

① 《广东军阀史大事记》，载《广东文史资料》第 43 辑，第 60—62 页。
② 据中国第二历史档案馆、海南省档案局编：《海南民国档案资料选辑》第一辑，海南出版社 2013 年版，第 36 页，称："广东琼崖镇守使就任卸职文电云：'迳覆者，准贵院陆字第七七百八十六号公函开，奉大总统令，琼崖邓镇守使电，称病势日重，至函交酌核办理等因到部。查广东龙都督八月敬电内称，邓铿潜逃无踪，参谋顾问以次各员相率逃去，镇守使一缺，拟请裁撤，已委令陈世华率带数营前往驻守等语。业经贵院遵令，以本部暨参谋名义，于有日电覆龙都督如拟办理，并函交本部查照在案，兹准前因，自应毋庸置议，相应函覆贵院查照可也。此致国务总理。'这是 1913 年 9 月 16 日陆军部稿，函覆国务院镇守使一缺业经照准裁撤邓铿所请简员接任应毋庸议文件。"

广东各界在 6 月底至 7 月初，掀起声势浩大的驱逐龙济光的舆论。亚洲、美洲华侨纷纷发出"斥龙电"和"逐龙电"。梁启超等名流也致电罢龙。

在一片驱龙声中，龙济光反动势力岌岌可危。段祺瑞政府急忙于 6 月 21 日任命龙济光为广东都督兼巡按使，下令取消所有护国军名号。显然，以段祺瑞为首的北洋政府此举意在袒护龙济光。

但是，广东全省上下对龙济光的暴虐异常愤慨，遂群起而驱之。眼看龙济光踞粤的日子难以延续下去，段祺瑞密电龙济光，指示他在"万不得已"时，"退守琼崖，保全实力，伺机反攻"。①7 月 6 日，以段祺瑞为首的北洋政府作出决定：任命龙济光督办两广矿务，设督办署于琼崖，以保存龙济光的实力。

龙济光于是以琼崖矿务督办名义，率所部振武军万余人，入驻琼崖。

龙济光撤离广州，趁乱进军雷州，向四邑推进。军中无大炮，掘秀英的要塞炮，运往应用。龙济光的军队在阳江、阳春地区，为护国联军所挫。他收集余部，退守海南岛，筑垒自固。1918 年春，桂军环海进攻，于儋州、临高一带交战。龙济光的军队全数被护国联军歼灭，龙济光战亡。

二、军阀邓本殷在琼崖的残酷统治

1918 年春，龙济光趁乱进军雷州，兵败后遁入广州湾法国租界，残部退守琼州，阻海为守。桂军环海进攻，于儋州、临高、澄迈 3 县登陆。龙济光军全线溃散，被拼凑起来的桂系联军歼灭。11 月，军政府任命黄志桓为琼崖镇守使，令其搜剿龙济光军残余，以沈鸿英部协防，黄明堂为道尹。不到一年，1919 年秋，道尹黄明堂、镇守使黄志桓被免职，以饶芙裳、沈鸿英继任，但他们任职也十分短暂。1920年，军政府以李根源为海疆督办，率滇军第三师杨晋的第二旅赵德裕部四五千人，入驻琼崖。饶芙裳、沈鸿英被免，李根源命杨晋、赵德

---

① 魏继昌：《林虎所处的时代和他在当时的活动》，载《广西文史资料》第 3 辑，第 112 页。

裕兼任。这两人任职不久，李根源依附桂系，自琼率兵参战兵败。粤军混成旅邓本殷部接防，琼崖道尹、镇守使俱废，改设善后处，以邓本殷为处长，统理军民两政，掌握海南岛军政大权。

1923 年，陈炯明叛变被逐，广东省政局纷乱。邓本殷趁势侵占八属，自称八属联军总指挥，海南岛又成割据局面。1925 年，邓本殷兵分三路攻广州，被国民革命军击退。陈铭枢的第十师击退台山的邓本殷部，趁势直捣阳江，桂军也分兵截堵。邓氏残部自钦、廉退保琼崖。

邓本殷在琼崖，为搜刮财源，四处大开赌禁，又为诛锄异己，大肆清乡，嗜杀成性，视人命如草芥，以人肝为珍馐，居常宴饮，非人肝无以称快，时人称之为"生阎罗"。百姓死于其刺刀之下者，不可胜计。被害人不分男女老少，一经捕获，戳身取肝，无一幸免。其残酷之状，惨绝人寰。[1]

第二节　民国初年海南社会经济近代化的萌芽

近代工商业的发展和交通、运输的兴盛，是社会近代化的标志之一。

海南岛一直被视为蛮夷之地，孤悬海外，荒山野岭，交通闭塞。它既不为封建统治者所重视，又被世人视为畏途。所以，自隋朝到唐、宋，封建王朝一直将这里作为流放各类贬官的理想之地。

海南交通的基础设施最早是史志记载的宋、元两朝，开始建造桥梁和设置驿站；但数量甚少，且未见有修筑驿道的记载。由此可以推测，元代以前海南的陆路交通，实际上还处于未开发的原始状态。

明代中后期，资本主义商品经济开始在中国土地上萌芽，随着城乡经济的交流发展，逐步开拓陆路交通，兴修驿道。同时，也由于历代为逃避战乱而从中原地区辗转迁移到海南岛来的汉族人口日益增

---

① 参见王家槐：《海南近志》，台湾鹤见广告传播有限公司 1993 年版。

多，带来较先进的农业和手工业生产技术，从而促进了海南地区的发展。这时，人们迫切要求发展陆路交通，以适应区域间的交往和贸易需要。据《琼州府志》记载，清代海南全岛 300 多个贸易市集，都已有道路连接官路（即驿道）。由此可见，明、清两朝，海南的陆路交通得到了初步的开拓。

民国初年，海南商人黎晋隆等集资 2 万元，从香港购进老式汽车 3 辆，在海口至府城的官路上试行营运（根据台湾官房课编著的日文版《国本岛》记载）。延续到 1919 年，当时的琼崖政府投资 3.5 万元，在原有官路的基础上，加宽改建成海南岛琼海路（琼山县府城至海口），全长 3.5 公里，此路也是广东省第一条公路。此路的动工至建成，揭开了海南公路建设的序幕。

据记载，1913 年，海口市有"船行外托代售出口船票"。不过，当时有不法分子，利用这种对外贸易的交通条件专营贩卖人口，对乡村劳动力进行欺骗，然后运到南洋的荷兰所属各埠贩卖，即"卖猪仔"。后来，琼崖镇守使邓铿到海口得胜沙巡访，知道"有船行营此，大怒，派员将船行封闭，严惩行主，释出被卖人"。[①]

这段贩卖人口的故事，从反面折射出海口市得胜沙一地是海南海运交通在民国初年的外向集散地之一。

海南岛周边港口众多，既可以让船只避风，也可以在此靠岸寄泊，例如清澜港，它在文昌江汇合众流出海之处，港面长约 15 里，宽约 5 里，其最狭者亦里余。清澜港位于欧亚航路之旁，避风寄泊，颇称便利，经常有帆船数十艘，往来香港、广州湾，以及南洋各地。先是海口商会会长林天巍，认为此处倘辟成商港，将为琼东北部商业之中心，可取海口地位而代之。乃与黄有渊、陈昌运等集资，筹设清澜商业股份有限公司，资金总额 100 万元，以商港辟成，课其租息，报请备案，计划濬深航路，填筑堤基，建仓库及市场、商店等。工程自 1912 年开始，是年，工程已成堤基高 8 尺，长 700 尺，货仓一栋，

---

① 王家槐：《海南近志》，台湾鹤见广告传播有限公司 1993 年版，第 22—23 页。

购置机轮两艘。接着因欧洲大战发生，新加坡、泰国、越南各地的侨商，营业亏损，承认的设金，屡催不获，于是，工程停顿，放弃其经营计划。①

此外，海南的工商业中，盐业最为发达。1916 年，在三亚专门设立盐署。这是因为民国初年，两广盐运使派员巡察，了解到海南的盐税没有主收机关，也没有专人管理盐政，盐政紊乱之故。

三亚盐场设立盐署之后，安排知事一人、场佐一人，专责管理所属崖州、北黎、儋州、临高、塔市、文昌、琼东、万宁、陵水 9 处盐场。

此外，又设验缉员一人，专门管理运销、放秤、稽征、缉私等事务。这样一来，完全改变了清末灶丁（盐民）自煎自销，故营盐田者，多获厚利而国家征不到盐税的混乱局面。②

1912 年，海口商会会长林天巍还在海口设电灯厂，供应电力。

晚清到民国初年，海南的进出口贸易额也非常可观。琼州在 1907 年的进出口总额为 549 万海关两，1908 年增至 593 万海关两，1909 年增至 657 万海关两，1910 年降至 593 万海关两，1911 年降至 486.5 万海关两，1912 年降至 485.6 万海关两，1913 年回升至 588.3 万海关两，1916 年突破 600 万海关两大关，1922 年突破 700 万海关两大关。③ 中间除了 1911 年前后受局势影响而下降外，辛亥革命后均呈上升的趋势。

工商业的发展，初步促进了海南地方如海口等市镇的繁荣。

第三节　民国初年海南近代教育的兴起

1912 年元旦，中华民国临时政府在南京宣告成立，孙中山就任临

---

① 参见王家槐：《海南近志》，台湾鹤见广告传播有限公司 1993 年版，第41 页。

② 参见王家槐：《海南近志》，台湾鹤见广告传播有限公司 1993 年版，第38 页。

③ 参见杨端六、侯厚培等：《六十五年来中国国际贸易统计》，第 87 页。

时大总统。1月9日，成立中央教育部，由著名资产阶级民主主义教育家蔡元培任教育总长。蔡元培上任后，即致力于对封建主义旧教育进行资产阶级性质的改造。1月19日，教育部发布《普通教育暂行办法通令》和《普通教育暂行课程之标准》课程表。

《普通教育暂行办法通令》有十四条，规定"初等小学可以男女同校"，"凡各种教科书，务合乎共和国宗旨，清学部颁行之教科书，一律禁用"，"小学读经科，一律废止"，"小学手工科，应加注重"，"初等小学算术科，自第三学年起兼课珠算"，"中学校为普通教育，文实不必分科"，"旧时奖励出身，一律废止"等等。这个《普通教育暂行办法通令》实质上是力图把封建主义旧教育转变为资产阶级新教育。4月，蔡元培发表《对于教育方针之意见》，主张对青少年进行道德教育、实利主义教育、军国民教育、美感教育、世界观教育，废除了忠君和祀孔尊孔。他非常重视社会教育，在教育部中除了普通教育司和专门教育司外，特别设立社会教育司，以普及成人教育。他还主张"平民教育"，表示要使社会上所有人都有受教育的机会，通过教育，改造社会、改造国家。

辛亥革命后，广东首先进行教育行政机构的改革，废除清朝的学务公所，在广东军政府设立教育部，由丘逢甲、叶夏声任正副部长。1912年5月，改部为司，由饶芙裳、杨寿昌任正副司长。1914年5月，省教育司改为教育科，隶属政务厅，以吴鼎新为科长。①

海南属广东省的一个地区，在教育方面也相应与省府的措施相对应。在1912年，转发教育部命令："定小学堂修业期限，高等三年，初等四年。废止前清忠君尊孔之教育宗旨，代以道德与实利。军国民及美感之教育，使之相辅相成。省教育司令，将各县原劝学所改为督学局。局长下有局员、宣传员。时县立小学堂少而私塾多，故其所督主要在改良私塾。宣传员巡回村市，劝人破除迷信等事，兼及社会教育。"②

---

① 参见广东民国史研究会编：《广东民国史》（上册），广东人民出版社2004年版，第192页。

② 王家槐：《海南近志》，台湾鹤见广告传播有限公司1993年版，第15页。

这是对教育总长蔡元培 4 月发表的《对于教育方针之意见》的具体实施。

上文说到，1912 年 5 月，广东军政府设立的教育部改部为司；1914 年 5 月，又改教育司为教育科，隶属于政务厅。海南于 1915 年相应于省教育司改为科，也相应于省里的教育科属于政务厅的规定，令海南所有教育行政机构，统归道尹（即州一级的行政长官）公署管理。于是，道署特设视学若干。

海南的琼崖中等学堂改为省立琼崖中学校。"清季，科举既罢，经官绅之合力，以原琼台书院改成学堂。民国成立，限于经费，大致维持原状。至是，改为省立，经费增加，扩充设备，学生班额由三班增至六班，并附设师范班。"①

1915 年，在海南中小学生中有过一次小小的思想波动。

原因是思想复杂的参政院参政杨度，公开发表君主立宪救国论。他在民国初年反对共和革命，又参加袁世凯的复辟活动，在民初的思想界影响很大。当时，海南各县都流传帝制将复辟的说法，人们也都将信将疑。而当时广泛流传的是废止学校而恢复科举制度。这让当时在校的中小学生，人心惶惶，不知所措，甚至要辍学。

这次学生中的思想反复，在老师们的劝导下才平静下来。②

广东省在民国初年，十分重视教育行政机构的改革。1912 年，废除清朝的学务公所，即各县的劝学所，改为督学局。到 1917 年，省长公署又发布命令，要求各县渐次恢复劝学所，每所设所长一人，由公署委派，作为县知事办理教育行政的助理。劝学所恢复之后，原设的学务委员，即行裁撤。③ 这样的机构改革，目的是让县的行政一把

---

① 王家槐：《海南近志》，台湾鹤见广告传播有限公司 1993 年版，第 27 页。

② 参见王家槐：《海南近志》，台湾鹤见广告传播有限公司 1993 年版，第 33—34 页。

③ 参见王家槐：《海南近志》，台湾鹤见广告传播有限公司 1993 年版，第 42 页。

手能直接掌握和管理教育。

民国初年，海南认真贯彻教育部和省教育司所颁布的教育方针，在设置教育行政管理机构、革新教学内容和教学方法以及扩大办校规模等方面，都显示着教育近代化的兴起，并为以后海南的教育事业打下基础。

第四节　民国初年国家维新之后的社会风俗习惯及行政建置

社会风俗习惯和行政建置的革新，在一定程度上改变了全社会的风貌。

1912 年元旦，南京临时政府公布采用阳历纪元。革去长揖磕头之礼，代以握手与鞠躬。大人、老爷之称，改呼先生或衔职。男子劝其剪发，女子劝禁缠足。吸食鸦片者，严令戒绝。凡属国民，一律平等，无称种族、宗教、阶级的区别。旧有所谓奴隶、丐户、蜑家等人，不得歧视。①

这许多社会习俗的改革，实非小事，人的尊严由是得到恢复与尊重。

也是在这一年，将原先清朝时的琼崖道、琼州府、儋州和崖州直隶州等建置，完全废除。1912 年置琼崖道绥靖处，1913 年改设琼崖镇守府，再改设琼崖绥靖督办。1914 年置琼崖道，设道尹，直到 1920 年年底。将海南地区划分为 13 个县，并将这 13 个县中的县名如果有跟其他兄弟省的县名相同的，即行改变，如会同改为琼东、昌化改为昌江、儋州改为儋县、万州改为万宁等。其余的因不与其他省的县名相同，故仍沿其旧。县名改变后，多数沿用至今。

---

① 参见王家槐：《海南近志》，台湾鹤见广告传播有限公司 1993 年版，第 11 页。

第三十五章 国民政府对海南的统治

第一节 孙中山与海南建省

一、潘存向张之洞建议海南建省

关于海南建省问题，在清光绪年间早已提出。潘存，文昌人，字仲模，号孺初。博学多才。光绪九年（1883年），粤督张树声奏请他为雷、琼两郡团练。他主持团练，清廷论功加四品衔；他与张之洞成了知交。后来，潘存受聘主讲于惠州丰湖书院、琼郡苏泉书院及文昌蔚文书院，大力培养人才。他计划建奇甸书院，以恢复先贤丘文庄公之传，但没有成功；又与前雷、琼道朱采筹办溪北书院，尚未建成因病逝世。张之洞曾寄书对他提出"广、潮、廉、惠、韶，彼处情形缓急事宜，祈急草数条见示，以开暗陋。梓乡贤者，高议必多，并望汇来见教"①等语。于是，潘存与梓乡贤者相议后，撰写《琼崖建省理由与建设方案》呈张之洞。方案分为地位、政治、军事、经济、交通、文化等六类，洋洋数万言，可惜在《潘孺初集》中没有存录。四处搜索，至今仍无法找到。②

---

① （清）潘存著、刘扬烈校点：《潘孺初集·张之洞与孺初先生书》，《海南先贤诗文丛刊》，海南出版社2004年版，第96页。

② 参见陈剑流、冼荣昌：《海南简史——海南历代行政区划考》，台北维新书局1964年版。该著有《倡议海南改省问题之考据》一文，首倡潘存《琼崖建省理由与建设方案》一帙。按语严肃指出："该项史料系同盟会会员，前文昌县议长陈宗舜老先生当面告著者。陈先生并谓该文件系渠在同盟会老同志强韬先生藏书室见过潘氏之手本。该遗稿系强先生在日本留学时，偶在东京一旧书店中购得者，可惜该文献在对日战争时期，毁于炮火而无存矣！"

张之洞读到潘存的建议后，认为台湾建省，海南也应该建省。于是与岑春煊先后上奏朝廷，但是由于官府的种种复杂关系，以及张之洞调职，历史上第一次海南建省的建议，遂告作罢。

二、孙中山倡导海南建省

辛亥革命成功之后，1912年9月11日，孙中山到北京商谈国家大计。广东旅京同乡梁士诒等，假座京都南横街粤东新馆，开会欢迎孙中山，孙中山对海南建省问题发表谈话。当时座谈会上的发言十分热烈，也甚为感人。陈发檀首先发言。陈发檀是海南琼山人，同盟会老会员，曾留学日本，为宋教仁的得力助手，曾任国会议员。他说："中国有两大岛：一为台湾，一为琼州。台湾已被日本占去，惟余琼州，万一再为法国占领，则全国必受影响。若欲整顿，非将琼州府改为一省不可。其改省之理由，在建设榆林港军港，开发天然物产，及移八府之民以实边防，但一切需费，非得中央政府扶助及借外债不可，此事请孙先生帮助。"次由梁士诒发言，意思是说广东僻处一隅，去中原颇远，且山多田少，民食不足自给。从前，粤人争往外洋谋生，近因各国禁阻华工，粤华侨恐无立足之地；近虽有殖民于东三省或去外蒙古之说，然其地处苦寒，与粤人体质不相宜。琼州本为广东九府之一，粤人移此，必能适合。然非改为省，而请中央政府协济，则此事原不易言。昨与孙先生谈及此事，今又得琼州陈君（即陈发檀）为之萌芽，诸君如以为然，则请研究此问题可也。

两人发言之后，孙中山起立回答说："近日江苏人欲将江北改省，然其地与江南仅隔一扬子江耳，改省与否，无关要紧也。琼州则孤悬海外，当中华民国之南，其海峡之最狭者，只与内地口岸隔八十里（应指旧华里），万一不能关照，失去琼州，则高、廉、雷等府，及广西之太平等处大有危险。今为边防起见，宜将琼州另立一省。其五指山黎峒所未辟之地，则移广东八府之人以实之，则琼州或可自守矣。况且琼州有一榆林港，极合军港之用。此港为欧亚航路所经之地，如立为军港以守之，则可以固中国之门户，且可以控制南洋一带。至于实业，则琼州四面滨海，海产丰富；琼多山木，其木材是供数省铁路枕木之用。农田岁数熟，矿产又极富。琼地又能种植树胶之木，近日树胶用途极广，树胶一磅值银数元（即银圆），一树能出十余磅。琼之粮产及槟榔等又极丰，若为外人所占，则大利外溢，遗患无穷。试看美国檀香山，面积不过六七千方里，从前粤人侨此者四万，日本七万，土人数十万，亦足供殖民之用。今琼地万余方里，地大于檀（即檀香山），美人为海防起见，尚极力保全檀香山，何以中国不以琼为意乎？今陈君（指陈发檀）倡议设法保卫琼州，琼全则粤全，诚急务也。"①

这次座谈会之后，由孙中山及梁士诒、陈发檀等36人联名撰写《琼州改设行省理由书》，并上疏国会。

以孙中山为领衔的36人联合向国会所写的《琼州改设行省理由书》，提出了海南建省的必要性。理由书的前提是把海南岛与台湾岛作比较，台湾岛已割让日本，海南岛由于"有形势之险而不知固守，有天然之富源而不知利用"，对这个商贾货物云集、山海物产鳞屯的宝岛，"各国学者、政治家、旅行者，不绝于道，探险者纷至沓来，而吾国人昧然也"。因此，提醒国人重视这一现实，必须把海南改设行省，其理由是：（1）巩固海防；（2）开发天然资源；（3）推行民族平等的文化政策；（4）推行国内移民政策；（5）为了行政工作的方便。理由书还驳斥了琼州土地狭小，财务不足，不宜建省以及对于当时江北改省不能通过与海南利益的比较，指出台湾建省后的发展，美国诸岛自成一州的建置。最后说：唐贞元五年（789年），就已置都督府于琼州，也即海南已设置为一个独立的行政区，所以"改省之说，乃所以复古制，非创议也"。海南建省，早在唐朝就已开始实施。这篇《琼州改设行省理由书》，对于海南建省甚至认为"琼全则粤全"所以要保琼州必须改省，有重要的意义。

但是，自民国成立以后，国家迭遭军阀割据，政府倾全力于军事尚无法对付，哪有余力进行地方建设？这份《琼州改设行省理由书》

---

① 《孙中山全集》第二卷，中华书局1982年版，第453—454页。

提出后，旅居广州的同乡成立海南建省促进会，咨请国会将该案列入议程，后因南北兵争的第二次北伐受挫未能实现。

1921 年，孙中山任非常大总统，国会议员王斧、广东省议会议长郑里铎、江海防司令陈策等，设立琼崖改设行省筹备会，聘胡汉民、廖仲恺、吴铁城诸人为顾问。王斧晋谒孙中山时陈述筹备情形。孙中山指示，可名为"广南省"。广南一名，始于宋之广南路。其地即唐岭南道之全境，后分东西两路，以琼州及南宁（儋）、万安（万）、吉阳（崖）三军属广南西路。孙中山以海南建省后取名广南省，其意似以广南与广之东西方位成鼎足之势，保存唐、宋以来的历史关系。虽然王斧、陈策等热心筹建，但此事又因陈炯明叛变、广东局势不稳而作罢。1923 年春，联军东下，驱逐陈炯明出广州，孙中山回粤组织帅府，担任陆海军大元帅，又重新提出海南改省的问题。当时，琼籍革命先辈徐成章与琼崖各界人士 12 人，因西沙问题当请愿代表，前往帅府谒见孙中山。孙中山为此特别指示他们发起改省，并说："诸位是琼崖人，要图救琼崖，须先将琼崖改省，直隶于革命政府。"徐成章等第二次请愿，提出讨伐盘踞在琼崖的军阀邓本殷，再次谒见孙中山。孙中山又要求他们发起组织海南改省大会，以促进琼崖改为行省。①

1923 年 12 月，国民党进行改组。当时，孙中山每星期日都公开系统地讲解三民主义。有琼籍人士符国，听了孙中山的讲解很感动，请求到大本营参军。邓彦军带他拜见孙中山，孙中山深入浅出地向他阐释了海南建省的方略、方法、政策等问题。按照孙中山当年的说法，即要实行"军政、训政、宪政"，也就是"在琼崖把军阀、伪革命、土匪、恶地主、基督教徒、劣绅的压迫摧残干净，进而设立公共事业，使人民能够运用民权主义，各县完备法律，由各县人民代表选举省长，受中央的指挥"。孙中山认为，这三个步骤若能如期完成，改省问题自会解决。

----

① 参见冯秋泓、林尤杏：《海南百年建省史》，载《海口文史资料》第四辑，第53—54 页；黄先进：《孙中山与琼崖》也有记载。

1925 年 3 月 12 日，孙中山病逝于北京。于是，海南建省的方案，随着军阀的混战、国事的混乱而被束之高阁了。

第二节 民国时期设立海口市情况

在唐代以前，海口属于琼州州府外港。唐玄宗天宝元年（742年），改崖州为珠崖郡，海口直属珠崖郡。宋代开始，与琼山一起，有海口之称。北宋初年，迁白沙津在今海甸村建海口浦，为当时商船泊集的港口。元代，海口浦成为琼州门户，海口至府城有白沙驿道，港口码头移到通津（即今三亚街），官渡设在水巷口。北门外至府城出现了海口市最早的南北往来大道，现博爱路就是在此基础上建成的。明洪武初年（1368 年），设立海口都。洪武七年（1374 年），设立海口千户所。洪武二十八年(1395 年)，称海口所城。民国初年，海口改称海口镇，隶于琼山县。1919 年，琼崖镇守府迁驻海口饶园。1920 年，改设琼崖善后处，公署仍在饶园。孙中山在 1917—1919 年所作的《建国方略》中写道："此港位于海南岛之北端，琼州海峡之边，与雷州半岛之海安相对。海口与厦门、汕头俱为条约港，臣额之移民赴南洋者，皆由此出。而海南固又甚富而未开发之地也。已耕作者仅有沿海一带地方，其中央尤为茂密之森林，黎人所居，其藏矿最富。如使全岛悉已开发，则海口一港，将为出入口货辐辏之区。海口港面极浅，即作（行）小船，犹须下锚于数英里外之泊港地，此于载客、载货均大不便。所以海口港港面必须改良。况此港面，又以供异日本陆及此岛铁路完成之后，人地往来接驳货载之联络船码头之用也。"①

孙中山的《建国方略》，非常重视海口地区的重要性。

在 1926 年以前，海口属琼山管辖，先后称白沙津、海口浦、海口都、海口所、海口镇。1926 年，海南设立琼崖行政委员会，

---

① 《孙中山全集》第六卷，中华书局 2006 年版，第 332 页。

将海口从琼山县划出，海口镇改为市建制，成立海口市，并设市政厅。①

《海南岛志》载："海口市在琼山县之北，海口港之滨，南渡江口西岸。陆运则有车路联贯各县，海航则有香港、广州、北海、暹罗、安南、新加坡等处轮船定期往来，海陆交通占本岛重要位置。输出入货物大半集散于此，为海南第一繁荣市场。咸丰八年（1858年）开辟通商口岸，向归琼山县管辖。清末曾设海口商埠警察局。到1926年12月，始改置独立市，设海口市政厅。近年开辟马路，改建铺屋，气象一新。"②

海口设市后，商业开始趋于繁荣，全市商店有600余家，众多的华侨和国内商人（坐商）开店铺、办实业、设公司，主要以南洋和港澳及沿海地区为主要目的地的贸易往来较为频繁。正如《海南岛志》所记载的："全市面积约26方里，划三警区，凡30余街，有商店600余间。商务以第一二两区为盛，而尤以中山路、北门路、四牌楼、新兴街、得胜沙等处最为繁荣。第三区则多属村庄，统计人口约45000有奇。居留之外国人男女共40余名。主要之工商业，以布匹、洋杂货、制鞋、椰壳雕刻、米谷、棉纱、海味、九八行、香港庄（办土货运往香港者）、五金行、纸料、猪牛出口及汇总等业为多，其他书报业也渐盛。贸易品中之主要者，出口为猪牛、家禽、鸡鸭蛋、牛皮、槟榔、芝麻、赤糖、瓜子、藤、盐等，进口为洋布、煤油、米、白糖、车糖、粉丝、化学品等。贸易总额近年达二千数百万元，输入超过输出。连年捐税叠增，土产输出有逐渐减少之势。"③

海口这个历史上的港口小镇，由于地理上的优势，商业贸易出现较早，直接催生了城市的雏形。

---

① 参见海口市城建局、海口市地方志办公室编：《海口市城建志》，南海出版公司1994年版，第1—7页。

② 陈铭枢总纂、曾蹇主编：《海南岛志》，海南出版社2004年版，第91页。

③ 陈铭枢总纂、曾蹇主编：《海南岛志》，海南出版社2004年版，第91—92页。

第三节 民国时期的政区建置

民国《感恩县志》载："民国元年（1912年），改琼崖道为道尹，废州为县，十三县均为归道尹管辖。十年（1921年），改琼崖道尹为善后处，各县直接归辖广东省。十八年（1929年），废善后处，改琼州为十四、十五两巡察区，县属十四区。"①

陈铭枢的《海南岛志》载："民国初，仍置琼崖道，改会同曰琼东，昌化曰昌江，万县曰万宁。十年（1921年），废琼崖道。十五年（1926年）划琼山县属海口港设海口市，十三县如旧。"②

陈植的《海南岛新志》载："民国成立后，设琼崖道于琼山，置道尹治理全岛，并改会同为琼东，昌化为昌江，万县为万宁，共13县。十年（1921年）废道。十五年（1926年）划琼山县属为海口市，十七年（1928年）由广东政治分会将广东全省分为四善后区，设南区善后公署于琼山，统辖阳、交、雷、钦、廉、琼崖七属（共28县3市），十八年（1929年）撤销。二十二年（1933年）设琼崖绥靖委员公署于海口市，为全岛军民行政最高机构。二十九年（1940年）广东全省分为九行政督察区，而以本岛为第九区，由专员兼区保安司令，并于是年六月划黎境为白沙、乐东、保亭三县，于是本岛共16县1市。"③

许崇灏的《琼崖志略》载："民国初置琼崖道。十年（1921年）废道制。二十一年（1932年）政府曾拟划为特别行政区，而不果。现行政称为琼崖，直隶于广东省政府。增设三县，合原有十三县，为十六县。"④

1994年的《海南省志》载："民国时期行政区划分先后置琼崖道、琼崖善后处、琼崖行政专员公署、广东南区善后公署、琼崖绥靖委员

---

① 周文海重修，卢宗棠、唐之莹纂修：民国《感恩县志》卷一《舆地志》，海南出版社2004年版，第22页。

② 陈铭枢总纂、曾謇主编：《海南岛志》，海南出版社2004年版，第43页。

③ 陈植编著：《海南岛新志》，海南出版社2004年版，第14页。

④ 许崇灏：《琼崖志略》，正中书局1945年版，第1页。

会公署、广东第九区行政督察专员公署、海南特别行政区等。1935 年前管辖 13 县，1935 年增设 3 县，共 16 县，即：琼山、文昌、定安、澄迈、临高、儋县、昌江、崖县、万宁、陵水、感恩、琼东、乐会、白沙、保亭、乐安（后 3 县增设），还管辖西沙、东沙、中沙群岛的岛礁及其海域。1947 年统计，县下划分乡镇 250 个。"①

① 海南省地方志办公室编：《海南省志》第四册，南海出版公司 1994 年版，第 16 页。

第三十六章 日本军国主义对海南的
侵略及海南军民的抗争

  1939 年 2 月 10 日凌晨，日本侵略军在海口西北角的天尾村登陆，侵占海南岛。

  2 月 11 日，蒋介石发表对日寇占领海南岛的讲话。

  日本在入侵海南岛之前，早已野心勃勃地窥探海南岛。自从海口成为开放口岸之后，同治十二年（1873 年）六月，日本就在海口设立了驻琼州领事，由驻香港领事林道三郎兼管。同治十三年（1874 年）六月，由驻香港领事安藤太郎兼管。光绪九年（1883 年）十月，由驻香港领事町田实一兼管。光绪二十四年（1898 年）二月，由驻香港领事上野季三郎兼管。光绪二十七年（1901 年）十月，由驻香港领事野间政一兼管。到了民国时期，日本一直在海南岛设立领事馆。在日本领事进入海南期间，也来了一批日本商人，如药商胜间田善作开胜间田洋行，台湾商人（隶属于日本）开济南洋行，还有美南洋行、大阪商舰代理店、岳阳堂药行等。在这些商行中，有的是以商业为掩护进行间谍活动，如胜间田善作，胜间田善作家族在海南岛的活动非常广泛。1874 年，胜间田善作出生于日本富士山麓，1896 年受雇于英国商人，到海南岛从事动植物标本采集工作。1909 年以后，自己在海口开办名为"健寿堂"的药店，此后在金江、嘉积设分店，在各县有13 个办事处。他把日本商品如药材、毛线针织品、棉布等输入海南岛内，同时把岛内所产的天然蚕丝向日本输出，并在海口郊区开办农场。胜间田善作在海南岛经商期间，经常深入海南岛各县，对海南岛的政治、经济、社会、文化各方面进行详细调查，出版了《海南实业调查》《海南传书》《海南岛现势大观》《日海语集成》《最近的海南岛事情》《海南岛的矿业》等书，还组织绘制了精确的海南岛地图、海口市地图。他将调查的结果介绍到日本国内。在日本侵占海南岛之前，胜间田善作家族的海南岛调查结果，不断出现在日本研究海南岛状况的各种著作之中。胜间田善作在一些日本资料中被称为"海南岛之王"或"海南岛之主"。

1939年2月，胜间田善作和他的两个儿子胜间田政胜、胜间田义久作为向导，直接参与了日军登陆海南岛的行动。胜间田政胜参加日本海军在海口的登陆，在日本军舰上印刷有关海南话的小册子，提供给日本军队，以便在登陆后使用；之后，又随日军攻占三亚、崖县。胜间田义久隶属日军特务机关，参加日本陆军在海南岛澄迈湾的登陆行动。胜间田善作则在1939年2月10日下午随日本海军陆战队进入海口，直接投入稳固日军在海南岛的统治活动。在日军进入海口的次日，胜间田义久协助日本军方召集了海口市内的200多位店主开会，即召开了海口"维持会"准备委员会的会议。海口"维持会"成立后，胜间田义久还担任过海口"维持会"的指导官。1939年5月，胜间田善作与日方的资本协作，设立了胜间田产业株式会社，开展其家族在海口的商业活动。

1940年4月3日，胜间田善作在海口得胜沙的家中死去。胜间田洋行则一直经营到1945年日本投降，此后，其资产为中国方面所接收。①

由于胜间田家族提供了有关海南岛政治、经济的详细材料，所以，日本海军司令部制定的对海南岛实行"保障占领"的方案，在海军的"南进"策略与行动中急剧地凸显出海南岛的地位。日本将海南

---

① 参见张兴吉：《胜间田：日军侵琼"马前卒"——一个日本家族半个世纪的海南史》，载《今日海南》2005年第8期，第24页。

岛作为"新的海外殖民地"，参照统治台湾的经验，计划用10年的时间，取得与台湾同等程度的统治成绩。日本于1939年侵占海南岛之后，成立"地方维持会"，后来改为"海南地方政府"，建立傀儡政权。①

为了让侵占海南岛的日军熟悉海南的历史，1942年，日本海南海军特务部授命小叶田淳编写《海南岛史》。小叶田淳是日据时代台北帝国大学的助理教授。他们组织了一个写作班子，协助小叶田淳工作。小叶田淳在序言中写道："我遵照海南海军特务部的嘱托，而着手编纂《海南岛史》，那还是去年（昭和十七年，即民国三十一年，也即1942年）秋天的事，除掉今年一月中旬起大约两个月时间用以调查海南史迹以外，从史料的搜集到草稿的完成，以及从事推敲等等，一共花去半年时间，结果才能完成这本书，这不是编者个人的能力，而是多数人的协助所成的一点收获。"② 日本割据台湾的时候，曾组织日本人野上矫介、山崎繁树等写《台湾史》。所以，日军占领海南岛之后，并没有忽视文化的侵略。海军特务部组织一批人力，帮助小叶田淳写出《海南岛史》，并热心赞助出版，俾令日本人广泛阅读，把对海南文化的整理，作为日本整体战略的一部分。

日本在1939年后一共6年占领海南岛期间，对海南的侵占与暴行，罄竹难书。

第一节　日军在海南惨绝人寰的大屠杀

在《铁蹄下的腥风血雨——日军侵琼暴行实录》一书中，汇集了海南岛沦陷时期日军各种罪行的史事实录，包括日军侵琼活动，制造的血案、惨案，典型的个例暴行，经济掠夺和侵琼日军"慰安妇"等方面的史料。在6年多的沦陷期间，日本杀害的海南抗日军民达20多万人，烧毁民屋5.9万余间，奸淫妇女、抢夺琼民财物和自然资源

---

① 参见逄复主编：《侵华日军间谍特务活动记实》，北京出版社1993年版。
② ［日］小叶田淳：《海南岛史·序》，张迅齐译，学海出版社1979年版，第1页。

不计其数。由于日军残酷的烧光、杀光、抢光政策，数以万计的海南无辜民众无家可归、流离失所。由于滥征繁重的劳役和法西斯战争造成的种种祸害，全琼的非正常死亡人数达40万余众，占当时海南总人口的1/5。

如1939年8月，日军在海南制造儒显村血案，杀死无辜村民199人，杀人后又放火烧村，180间民房化为灰烬。1939年3月，在琼山龙发墟屠杀200余人。1941年4月，制造文昌市重兴镇昌文村的百人墓惨案，屠杀107人。1942年至1943年，在文昌市大昌、南阳、高隆等乡夷平了26个村庄，杀害2000多人。1942年秋，在文东、北平乡杀害3700多人。1945年5月，在万宁县月塘村屠杀190人。1940年12月，制造三亚市妙山村大屠杀，杀光全部村民。1939—1945年，制造田独"万人坑"，劳工惨死者数以万计。在乐东县黄流地区制造黄流"千人坟"，杀死上千人等等。仅《铁蹄下的腥风血雨——日军侵琼暴行实录》所记载的惨案、血案就有183起，"千人坟""万人坟""百人墓""千人墓"等有18处，"无人村"有476个。日军屠杀的对象，不分年龄，不分男女。他们用刺刀刺，并用机关枪扫射、放火烧、狼狗咬、开膛破肚、挖坑活埋等残酷的手段，无所不用其极。①日军还在海南设立"慰安所"76处。这些"慰安所"有的由日军直接管理，有的由日本侨民管理，有的由朝鲜人或台湾人管理。他们从各地及黎、苗村抓来一批妇女，供日军泄欲淫乐，无数"慰安妇"的肉体遭受残酷蹂躏。如潘先慎所写的《日军侵陵史实概要》中所记录的例子：1939年4月间，日军在陵城后山街石峒庙内开办"慰安所"，"慰安妇"是从日本、朝鲜、中国台湾及琼东、乐会等地抓来的年轻妇女。1942年间，日军在祖关地区强迫当地20多名年轻貌美的加茂黎姑娘当"慰安妇"。在日本铁蹄下的黎家妇女，遭受日军的摧残，终身怨恨。

---

① 参见海南岛政协文史资料委员会编：《海南文史资料》第十一辑《铁蹄下的腥风血雨——日军侵琼暴行实录》，海南出版社1995年版。

第二节　受害者沦为"慰安妇"

20 位沦为"慰安妇"的妇女情况简表

编号	姓名	受害时间（年）	受害地点	当时年龄（岁）	婚否	被抓手段	被谁抓走	关押时间
1	林阿婆	1941	临高县加来镇"慰安所"（林茂轻家）	17	否	强抓	汉奸	半年多
2	蔡阿婆	1940	琼海市石壁镇加德洋炮楼	13—14	婚	诱骗	日军	一年多
3	蔡阿婆	1941	澄迈县福来镇据点（今福来小学）	17	否	强抓	日军	一个多月
4	符阿婆	1939	儋县（今儋州市）儋歌墟据点	17（?）	否	强抓	日军	一个多月
5	李阿婆	1941	临高县加来镇加来飞机场据点	17	否	强抓	日军	十多天
6	冯阿婆	1942	澄迈县福来镇据点（今福来小学）	20	婚	强抓	日军	一个多月
7	王阿婆	1940	澄迈县山口镇大云墟	16	否	强抓	日军	一年多
8	符阿婆	1939	临高县皇桐墟日军据点	20	婚	诱骗	日军汉奸	一年三个月
9	郑阿婆	1939	陵水县祖关镇祖关岭军营	13	否	强抓	日军	一两年
10	林阿婆	1939	陵水县光坡镇尾村委会铜岭村军部	20	否	强抓	日军	直到日军投降
11	卓阿婆	1940	陵水县祖关镇祖佟村砧板营据点	16	否	诱骗强抓	日军	四年

续表

编号	姓名	受害时间（年）	受害地点	当时年龄（岁）	婚否	被抓手段	被谁抓走	关押时间
12	陈阿婆	1940	砧板营军部三亚据点	14	否	诱骗强抓	汉奸	直到日军投降
13	黄阿婆	1941	陵水县藤桥镇军营	15	否	强抓	日军	三四年
14	陈阿婆	1941	保亭县加茂乡（今加茂镇）据点	16	否	强征	日军	直到日军投降
15	黄阿婆	1940	保亭县加茂乡（今加茂镇）据点	15	否	强征	日军	直到日军投降
16	谭阿婆	1943	保亭县南林乡据点	19	否	强征诱骗	日军	直到日军投降
17	林阿婆	1943	崖县什漏村据点、保亭县南林乡据点	20	否	强抓	日军	一个多月
18	杨阿婆	1940	保亭县扎奈据点（现县看守所旁）	21	否	强征	汉奸	直到日军投降
19	谭阿婆	1943	保亭县南林峒据点附近	19	否	强征	日军	直到日军投降
20	邓阿婆	1940	保亭县保城镇日军粮仓旁边	16	否	强征	日军	直到日军投降

　　资料来源：苏智良、侯桂芳、胡海英：《日本对海南的侵略及其暴行》，上海辞书出版社 2005 年版，第 262—264 页。

　　苏智良等作者调查后说：就幸存者受害时间而言，20 位受害人沦为日军"慰安妇"的时间多集中在 20 世纪 30 年代末和 40 年代初。具体而言，1939 年受害的有 4 人，1940 年有 7 人，1941 年有 5 人，1942 年有 1 人，1943 年有 3 人。由上可知，幸存者受害的时间多集中在 1942 年以前，尤其 1940 年是海南女子受害较多的年份。同时，日军强征"慰安妇"的暴行贯穿于侵略海南的始终。

在这 20 人当中，有 8 人是直到日军战败投降之后，才得以死里逃生。可以说，这些"慰安妇"幸存者的受害伴随着日军侵琼的全过程。她们既是日军"慰安妇"制度的最大受害群体，又是日军侵略海南的重要受害见证人。

在遍及海南各地的"慰安所"中，每个"慰安所"的"慰安妇"人数少则十人八人，一般为三十几人，多者则数以百计。当时，崖县辖地 14 所"慰安所"的"慰安妇"共计 400 多人，少的如黄流日军机场等地"乐园""慰安所"有 21 人，多的如红沙市欧家园"慰安所"有 52 人，其他的均在三四十人之间。在"慰安所"最盛时期，儋县那大市日军"慰安所"的"慰安妇"有 150 人；感恩县八所市（港）的"慰安妇"有 200 多人；昌江县 3 所"慰安所"的"慰安妇"共计 400 多人；在当时日军占领的海南岛的 16 个县 1 个建制市中，上述仅崖县、昌江县、八所、那大等两县两地日军"慰安所"的"慰安妇"人数就达 1300 多人。

海南岛的日军"慰安妇"来源有以下几部分：

第一，以招募"战地后勤服务队"名义诓骗而来的韩国、菲律宾妇女和应募而来的日本妇女。

第二，通过各种名目诱骗、强迫而来的台湾年轻妇女。

第三，日本还以招收护士、医务人员和青年女工为名，从中国沿海沦陷区诱骗青年妇女做"慰安妇"。

第四，通过各种暴力手段，强掳而来的海南各地年轻妇女、少女。日军常以征派劳工为名，下村强抓妇女，或从强征在役劳工中挑选年轻妇女。不幸沦落为侵琼日军"慰安妇"的妇女们，在"慰安所"和日军营地、据点里过着饱受凌辱的非人生活，遭受日军惨无人道的蹂躏和摧残。无数的青春和生命被埋葬在龌龊的"慰安所"中。数以千计的"慰安妇"，能熬到日军投降而幸存下来的为数不多。她们由于遭受长期残酷的摧残，绝大多数人丧失了生育能力，晚年陷入了孤独艰辛的凄凉境地。在精神上，她们承受着世俗偏见，在传统伦理道德观的压力下自我煎熬，"带着难以名状的羞愧心情苟活至今"。①

第三节　日军对海南的经济掠夺

1939年2月10日日本占领海南岛后，日本军队在海南岛上推行军票政策，将军票作为岛内唯一的流通货币而逐步加以实施，从而加强对海南金融货币的统制。由于日军在海南金融贸易市场上流通军票，中国法币的价值急剧跌落。日本占领军当局甚至禁止中国法币流通。

在商务活动方面，海南岛的各种经济活动完全被置于海南海军特务部实行许可证制度的控制之下。他们制定了《海南岛设立贸易机构纲要》，组织了数十家商社控制海南岛南北各地的商业活动。

对于日军对海南资源的掠夺，台北帝国大学《海南岛学术调查报告》（第一回）中说："海南岛作为南进的一大基地，派遣驻屯军及居留侨民也许会连续地增加。为了确保驻军及侨民所需粮食，这种增产水稻为主的粮食作物是绝对必要之所在。其次，台湾的蔗糖，北海道、满洲等地的甜菜糖，以其总产之砂糖，尚且不能满足需求，从现状出发，应加强甘蔗的栽培。其他如陆续列入热带纤维、热带药用作物进入会社的栽培计划之各项，想来无论何者都是应加强努力之热带生产资源。"② 在这里，对于海南岛热带资源的急需和掠夺，作了明确的表白。

为了掠夺海南岛的农业资源，海南海军特务部通过台湾总督府外事部，于1940年、1941年派台湾台北帝国大学理农学部人员到海南岛进行调查之后，写出了《海南岛学术调查报告》（第一回）。其中，

---

① 符和积：《侵琼日军慰安妇实录》，《抗日战争研究》1996年第4期，第34—50页。

② 台湾总督府外事部：《台北帝国大学第一回海南岛学术调查报告》。

第一班（生物学班）调查海南岛的动植物，共 10 篇；第二班（农学班）调查海南岛的农作物、畜牧业以及人类学状况，共 10 篇；第三班（地质学班）调查海南岛的地质学、岩石、矿物、地理学状况，共 5 篇。他们到达海南岛之后，广泛深入全岛各市县以及山区，进行细致深入的田野调查。所写的报告有数据、图表、图版写真，其内容涉及海南岛的农业、矿业、地理以及人类学的方方面面，真实而又丰富。接着，于 1944 年又刊印了《海南岛学术调查报告》（第二回），调查海南的经济及民族关系、回族人类学、汉族生体人类学、三亚港疍民的人类学，对海南岛的各种人做相互间的比较，对海南岛的神庙以及海南的农作物、森林、农业、昆虫、地质、糖业等进行调查。调查报告对各项内容的记录十分精细。

一、垄断和控制金融业

1939 年 2 月 10 日，日本武装入侵海南岛，先后占领了海南岛的海口市和沿海重要港口、县城、市镇，建立日伪政权。日本军国主义者为了扩大南亚侵略战争，把海南岛作为侵略战争给养基地，执行"以战养战"的政策，掠夺沦陷区的军用物资、矿藏并套取外汇，加强经济统治，垄断金融，设立银行，发行不兑现的钞票。

日本对海南经济的疯狂掠夺，首先从垄断金融财政入手，通过制定专门政策，迫使原有的银行停业（或搬迁），钱庄、金铺和侨批局也多数倒闭或停业。他们在海口、嘉积、北黎和榆林等重要城镇，开设银行，输出资本。仅在海口，就设有横滨正金银行、台湾银行海口支店和琼崖银行台湾华南商业银行。海口伪政权在海口中山路 8 号设立伪琼崖银行总行，在文昌、定安县城设支行。为了加紧掠夺，在日军侵占海南的 6 年期间，日本的国家预算和民间资本加在一起，投资达 6 亿日元。他们还强行将"日本银行券"和"大日本帝国政府军票"，面额由 1 元至 100 元的钞票作为货币在占领地区发行使用；又无限制地发行军用手票和"南方开发券"，数额达 2 亿元，强迫海南百姓使用，并限令海南百姓把所存的白银拿出来兑换。市场上还流通伪满洲国的铜镍辅币。通过大量发行各种各样的"券""票"，不仅控制了海南全岛的经济命脉，还促使物价飞涨，沦陷区人民只能在饥饿和死亡线上挣扎。①

日伪统治时期，海南岛沦陷区日伪银行发行流通的货币有：

日本横滨正金银行发行的"军用手票"和"日本银行券"，票面分为1元、5元、10元等不兑现军用券，专供军队使用。自太平洋战争爆发后，从1943年起不再发行。

日本横滨正金银行发行的"大日本帝国政府军票"，主币分为1元、5元、10元等面额钞票，辅币分为1钱、5钱、10钱、50钱。

日本台湾银行在海南岛发行的"台湾银行券"，面额有1元、5元、50元、100元等票面钞票。

日伪琼崖银行发行的"南方开发券"。

此外，还有伪满洲国的面值为1分、5分、1角的铜、镍辅币等货币在市场上流通。

以上日伪多家银行发行的各种货币，据统计总数近2亿元。1945年日本无条件投降，日伪货币作废。②

二、操纵商业

日军侵琼后，指令三井物产株式会社等有实力的商社，派员到海口、三亚、北黎、那大等市镇开设几十家商店，通过这些商店对商品全面控制。所谓宣抚用品进出口，则由三井物产株式会社垄断。海南出产的鱼、盐、牛、羊、猪、鸡甚至椰子、甘蔗等，都列为战争物资，不许民间经营，由他们操纵；布匹、煤油、火柴等生活日用品，也被规定为专卖品，禁止私人买卖，由他们垄断。他们仗恃武力，利用专卖权，不仅低价收购产品，盘剥海南人民，还大量倾销日本工业品；日本商品充斥市场，遍及城乡各地，致使原来繁华的商店奄奄一息，民族工商业大批破产。如海口原有的10间银铺，都先后停业、

---

① 伦祥文：《日本侵占海南及其经济掠夺概况》，载《海口文史资料》第六辑，第197—198页。

② 韩海京主编：《海南历史货币》，中国金融出版社1992年版，第205—206页。

倒闭。①

日本人在广泛调查的基础上，根据所了解的情况，制定海南岛农业的"开发"策略，使日本在海南岛的各类企业，在统一指定的"开发"区域，没收土地，垄断生产。日本在占领时期，曾先拟五年计划从事开发。除行政经费不计外，先后投资日币6亿元，其中多半由政府指定民间投资，即所谓国策公司。其投资金额，农业公司计1亿日元，林业公司计900万日元，畜产公司计300万日元，渔业公司计1200万日元，食品加工业计600万日元，水利事业计500万日元，矿山事业计26350万日元，港湾设备计4150万日元，道路桥梁计11200万日元。

日本的民间农林企业、拓殖公司等，在日本当局的指挥下，实施在海南岛的开发事业，当时，从事农业的开发公司有22家，如明治制糖株式会社、盐水港制糖株式会社、日糖兴业株式会社、台拓海南产业株式会社、日本油脂株式会社、海南兴业株式会社、海南产业株式会社、伊藤产业株式会社、海南物产株式会社、资生堂、北部湾咖啡株式会社、三共株式会社、南洋橡胶株式会社、苏门答腊拓殖株式会社、三井农林株式会社、南洋兴发株式会社、南国产业株式会社、武田药品工业株式会社、梅村商店、南洋起业株式会社、海南拓殖株式会社。这些公司分散在海南岛上的各个角落，组织农场并从事各项农、林、牧、副业活动。

三、独占工业

日本把海南作为征服南太平洋地区的侵略基地。为掠夺海南岛的资源和满足其侵略战争的军事需要，日本人除在海南岛建设机场、港口、铁路等设施外，还建设了46家工矿企业，其中有机械、造船、水泥、制糖、采矿等门类。日本战败后，国民党陆军第46军司令部的接收清单显示，日本军队在海南各地建设的工矿企业主要有：

---

① 伦祥文：《日本侵占海南及其经济掠夺概况》，载《海口文史资料》第六辑，第198页。

海口地区：南国烟草株式会社、三友殖产株式会社等 8 个单位，生产产品种类有：香烟、玻璃用具、石灰、罐头食品、皮革、造纸、纺织、碾米等。

琼山地区：竹腰产业株式会社、海南制纸株式会社等 5 个单位，生产产品种类有：缝纫、纺织、造纸、碾米等。

榆林地区（今三亚）：石原株式会社，专门掠夺经营田独铁矿，6 年间先后有 1 万多名中国死难劳工埋于田独铁矿"万人坑"；另有日本制铁株式会社、东亚盐业株式会社等 10 个单位，生产产品种类有：士敏土、制冰、制鱼干、锯木、通信器材、缝纫、制盐、印刷、建筑等。

北黎地区（今东方、昌江一带）：日本海南兴业株式会社，专门掠夺经营石碌铁矿；西松组北黎工场，主要制造酒类；另外，日本军队建设的东方广坝水力发电站工程于 1943 年 10 月 22 日竣工，1944 年 2 月 24 日开始向石碌地区供电。

日本军队还兴办了一批小规模的半机械化轻工业加工厂，其中有白莲、那大、藤桥糖厂，日榨能力为 80—100 吨。

由于日本军队的工业设施主要为军事服务，所以，工业企业重点集中在海口、三亚、八所三地，而且规模都较小。

1943 年 3 月下旬，日本军队完成八所港部分建筑，第一船铁矿石开始运往日本。①

日本在占领区加速进行所谓"经济开发"，即全面掠夺，先后在海口、嘉积、榆林、宝桥（今叉河）、八所、田独、安游、新村、北黎和荔枝沟等地，建立了一批工厂，如军火机械厂、汽车修理厂、化学工业制造厂、火力发电厂和砖瓦、水泥及农具制造厂等。据 1946 年 6 月 26 日《华侨报》记载："日本在海口设制弹厂一所，因资源缺乏，搜刮尽了沦陷区的废铁，最后甚至抢夺了居民的菜刀、柴刀。日军在太平洋战争的失败，使其船舶损失非常严重，他们便利用海南木材资

---

①　海南省地方志办公室编：《海南省志·工业志》，海南出版社 2012 年版，第 4—5 页。

源的优势，在新村、安游、榆林等地建起大规模的造船厂。"①

　　海南的矿业，是日本掠夺天然资源的重点所在。1941年8月7日，在名为《关于海南岛急速开发的几个问题》的文件中，表明了日本侵略者的野心，文件中说："(海南岛铁矿的开发)是目前能够维持和增强日本钢铁生产的产量和质量的最为有效而切合的途径，其效果与其他途径相比，毋庸置疑。"②

　　日本对海南矿产资源的侵略性掠夺，是把海南岛作为日本南进基地计划的组成部分，其他对林业、水产业以及鸦片的生产与专卖等，都是日本在海南岛上获取他们急需的重要物资。据《海南岛之产业》和《海南岛新志》记载，日本侵占海南6年期间，共掠走铁矿石281万吨，水晶矿9吨，木材23万多立方米，稻谷300万石，砂糖67万担，麻棉30万担，原盐13万多吨，甘薯9亿斤，活牛25万头，生猪48万头，罐头100余万箱，还有橡胶、椰子、咖啡、槟榔、牛皮、红白藤、木板等农林畜产品和纸张、水泥、布匹、卷烟、糖果、皮革等工业产品，使海南受到空前的浩劫。③

第四节　海内外琼人对抗日战争的贡献④

一、驻琼国民党军爱国官兵奋起抗日

　　1939年2月14日，日寇自三亚登陆，2月15日西入崖城，2月20日入定安，国民党县党部书记陈希贤充伪县府秘书。2月22日入文昌，第二日自清澜登陆。3月13日自九所登陆望楼桥，入乐东、趋榆。3月17日自西洲登陆，进据藤桥，接着从花桥、新菜、白马井、

---

　　① 伦祥文：《日军侵占海南及其经济掠夺概况》，载《海口文史资料》第六辑，第198—199页。
　　② [日]水野明：《日本军队对海南岛的侵占与暴政》，王翔译，南海出版公司2006年版。
　　③ 许士杰主编：《当代中国的海南》第二编，当代中国出版社1993年版，第54页。
　　④ 本节选自冯子平：《琼侨春秋》，东西文化事业公司2001年版。

博鳌等港登陆，3 月 14 日入金江，国民党澄迈县县长詹伯群挟印逃去。
3 月 16 日入乐会，3 月 17 日入琼东，3 月 18 日分路入儋县与临高。
国民党临高县县长吴宗泰弃职渡海。3 月 21 日入陵水，国民党县长林
鸿勋在日寇到来前先焚县府后离境。是时，琼崖之县治，已被日军控
制大半。

日军在琼崖设伪临时政务委员会，设政务委员 9 人，以文昌的赵
士桓、吴直夫、詹松年、林耀李，琼山的毛镜澄、李济民、李志继、
谢若愚，儋县的刘乙公等充汉奸，并指定赵士桓、吴直夫为正副委员
长，下设秘书、民政、财经三处，由林耀李、刘乙公、谢若愚兼任，
另设治安部，仍由赵士桓、吴直夫兼正副部长，部之下有治安处，处
长为王钦宇。此外，又编民众自卫军，由詹松年兼司令，冯致臣为参
谋长。各县设"治安维持会"，会有会长。①

日寇与汉奸盘踞各县，抢劫奸掠，使民心愤恨。驻琼国民党军爱
国官兵守土有责，纷纷奋起抵抗。在指挥系统受重创的不利条件下，
各县国民党驻军各自为战，以县城、重要墟镇、交通要道为依托，阻
击日本侵略军。1939 年 2 月 10 日凌晨，日本侵略军在海口市西北方
向的天尾港强行登陆，国民党守军保安部队一个连抵抗后撤退。日军
登陆后进攻海口时，国民党军保安第十五团第三营在大英山进行抵
抗。3 月 29 日，日军第一队沿崖陵公路进犯，到达吊鹅岭时，遭到国
民党陵水游击队第二大队的伏击。4 月 15 日，日军 800 多人在 10 辆
坦克车的配合下进攻嘉积。国民党军留守嘉积部队保安第十一团第一
营王劳连全体官兵在市部设防迎敌，战斗一直坚持到黄昏，少尉排长
黄吉甫和士兵 35 人英勇牺牲，17 名官兵受伤。5 月 7 日，日军 700
余人向屯昌墟进攻。日军在飞机、大炮的掩护下，向国民党军阵地狂
轰滥炸。阵地被毁，国民党军队顽强抵抗。激战数日，双方均有伤
亡，因实力相差悬殊，屯昌墟沦陷。7 月 22 日，日军 1000 余人向道
堂进犯。国民党军叶丹青部 300 余人据险抵抗，击退日军的多次进攻。

① 王家槐：《海南近志》，台湾鹤见广告传播有限公司 1993 年版，第 146—
147 页。

次日，日军在猛烈炮火和坦克的掩护下，再次发动进攻。至 7 月 24 日午后，叶丹青部依据残垣断壁继续坚守，7 月 25 日突围。琼崖守备司令王毅回忆："2 月 10 日至是年底，与敌作战 148 次，敌军官死者 13 人，伤 2 人，敌兵死者 1200 名，掳获长短枪支及军用品甚多，我军亦伤亡五六百人。"其中最为壮烈的是 1942 年 2 月 27 日发生的潭陆战斗。当天，国民党定安县游击后备第一大队大队长王志发，率领雷鸣乡、宾文乡后备中队的 70 多人在宾文乡潭陆溪西岸，与进犯的日伪军 1000 多人激战，打退企图西进的日伪军的多次冲锋。王毅赞誉"潭陆一役为地方团队抗倭战中仅见者"。

1942 年后，随着太平洋战争的爆发，国民党政府抗战的主动性严重衰退，驻琼国民党军企图借助美军取得抗战胜利的依赖思想日益严重。但在广大爱国官兵的强烈要求下，对日军作战依然取得了一定的战果。1942 年 6 月 23 日，日军集中 3000 余人在飞机、战车配合下向岭门、枫木进犯。国民党军琼崖保安六团利用山地进行防御，战至黄昏，向尖石福田转移。8 月 28 日，驻陵水的日伪军 300 余人从南桥出动，向什密、大从、大里、小妹等地侵扰。退驻什密的国民党保亭县游击队据险拦击。8 月 30 日，什密阵地被日伪军突破。1943 年 4 月 15 日，侵琼日伪军 3000 余人在飞机配合下，分三路向国民党琼崖守备司令部驻地八村进犯。国民党军保安六团及守备一、二团分路据险抗击。在 6 年抗战中，海南军民与日军作殊死战斗，生命财产损失不可胜计。琼崖抗战过程中，国民党军广大爱国官兵打击、牵制日军的历史功绩是值得肯定的。①

二、海外抗日救亡活动

1937 年 7 月 7 日，日本发动卢沟桥事变，向中国大举进攻。全民族抗战爆发后，海外琼侨和港澳同胞广泛参加抗日救亡活动。

1939 年 1 月 20 日，来自新加坡、马来亚、暹罗（今泰国）、越南等地 40 个琼侨团体的代表 66 人云集香港，举行琼侨代表大会的预

---

① 摘自陈立超、王玉浩：《浴血同仇，琼崖全面抗战》，载《海南周刊》2015 年 8 月 17 日。

备会。

1939 年 1 月 22 日至 28 日，琼侨代表大会在香港石龙嘴金龙酒家二楼举行。会议通过《琼崖华侨联合总会组织章程》，宣布琼崖华侨联合总会成立。会议决定，将香港琼崖商会回乡服务团扩大为琼崖华侨联合总会回乡服务团，在南洋各埠迅速扩大组织；捐助八路军医药、物资等。

1939 年 2 月，日本侵略军进犯海南，占领海口、府城。海南岛沦陷，激起海外琼侨的公愤，纷纷向报界发表谈话，呼吁琼侨团结起来，拯救"被日人踩踏的同胞，保卫我们国家的领土，维护祖先们留给我们的田园，实是每一个琼崖同乡的责任，尤其是我们侨居国外的海外同乡，所负的责任更加重大"。2 月 12 日，琼崖华侨联合总会、香港琼崖商会和琼崖同乡会在香港德辅道西琼崖旅港商会发起成立琼崖难民救济会。会议"以紧急会议及琼侨总会名义联函拍电海外琼崖会馆急速筹募款项，办理救济"。

琼崖难民救济会成立后，新加坡、越南堤岸、吉隆坡、槟城等地的琼侨纷纷行动起来，先后成立救济机构，筹赈救济琼崖难民及发动救亡工作。

南洋琼侨和港澳琼胞通过各种渠道募捐了大批金钱、物资和药品，支援琼崖抗日斗争。据不完全统计，仅 1939 年，华侨就捐资国币 4.2 万元，并购买价值 4.26 万港币的医药、衣物给琼崖国民党当局救济难胞和将士。同年五六月间，直接给琼崖抗日独立总队的款项就达国币 4.5 万元。在各地的捐献中，香港同胞捐献约为港币 20 万元，新加坡华侨捐献约为叻币 30 万元，越南华侨捐献为越币 10 万元，泰国华侨也捐了一笔巨款。另外，还捐献和购买了大批物资，有医疗器械、药品、衣服、棉被、布匹、雨衣、胶鞋等数万件。

三、服务团回乡抗日

1938 年夏，在香港以海员俱乐部为活动中心的海南人，响应宋庆龄领导的保卫中国同盟关于发动国际友人组织医疗队参加战时救护工作的号召，发起成立综崖抗日救护队，准备返琼抗日。救护队员大部分是旅港琼籍学生和青年工人、店员。1939年1月初，琼崖旅港商会和琼崖旅港同乡会举行联席会议，决定以抗日救护队为基础，吸收10多名海外回港琼侨青年，组织琼崖商会回乡服务团。范世儒为团长，符思之为副团长，有团员32人。1939年1月26日，琼崖旅港商会执行在港召开的琼侨代表大会的决议，将其回乡服务团移交大会。会上立即宣布正式成立琼侨联合总会回乡服务团，服务团内设救护、宣传、歌咏、戏剧、电影五个办事机构。

琼侨代表大会后，各属代表回到南洋各地发动琼侨青年组织服务团。南洋英属琼州联合会救济琼崖难民会委托星洲分会，组织南洋英属琼州会馆联合会救济琼崖难民救护队。琼侨青年响应星洲分会号召，踊跃报名，经过考试，录取60人，成立救护队。越南琼侨救济总会经过严格的口试和审查，录取服务团员40多人。暹罗也招收服务团员60多人。海南岛沦陷后，琼侨联合总会还在西营（今湛江市霞山）设分会，在逃难青年中招收服务团人员。至此，经过半年的组织发动，参加琼侨联合总会回乡服务团的团员从开始的23人发展到200多人。

1939年3月25日，香港团32名团员在符思之副团长的率领下，从香港出发抵达广州湾西营、硇洲岛，并通过琼州海峡日寇军舰封锁区，偷渡回琼。7月初，香港团第二批偷渡也成功了，两次共有60多人。

1939年6月间，南洋琼州会馆救护队携带海外琼侨募捐的大批医药和医疗器械，乘英国"海英"号客轮抵达广州湾西营，然后改乘帆船到硇洲岛。7月底8月初，由正副团长陈琴、梁文墀率领偷渡琼州海峡，在文昌市的翁田至昌洒一带海岸登陆。

1939年上半年，暹罗琼侨服务团由杨文宛率领抵达广州湾。杨文宛因故回暹罗，便指定符建平、符雷率团返琼。分三批渡海，首批7人，安全登陆。第二批7人，由符鸣带领，在海上全部遇难。第三批3人，偷渡成功。暹罗团到达海南的共有10人。

1939年6月，越南琼侨回乡服务团在符克的率领下，从西贡乘船抵达香港。符克有事留港，由张奋率领团员到硇洲岛，并在文昌市北部七星岭至抱虎岭一带登陆。

1939 年秋，服务团全部偷渡完毕，共有团员 240 多人。为了加强对琼侨回乡服务团的领导，1940 年 1 月，琼侨联合总会在琼设立办事处；同时，整编了服务团的组织机构，由香港、星洲、越南三个团成立总团，统称"琼侨联合总会回乡服务团"，简称"琼侨回乡服务团"。

琼侨回乡服务团成立后，遵循琼侨联合总会提出的"救国救乡"的目标，满腔热情地投入抗日活动。

服务团分头到文昌、琼山、琼东、定安、儋县、澄迈、万宁等县村寨，向群众宣传抗日救国救乡，还给农民群众送医送药，并为抗日军民做救护治疗。

琼侨回乡服务团是在琼侨联合总会的领导下，海外琼侨青年救国救乡的抗日民族统一战线的工作团体。琼侨回乡服务团的抗日活动，得到中共驻港代表的关怀和支持。八路军驻香港办事处主任廖承志，先后接见过服务团团长符克、副团长梁文墀和张奋，听取汇报，并作了指示。中共琼崖特委书记、琼崖抗日独立总队总队长兼政委冯白驹十分关心和支持琼侨回乡服务团的工作，提供各种方便，并肩抗日。

1941 年 12 月 25 日，日军占领香港。琼侨回乡服务团与琼侨联合总会的联系断绝了，接济中断，琼侨回乡服务团被迫停止活动。1942 年春节后，在中共琼崖特委的关怀和帮助下，琼侨回乡服务团一部分人加入冯白驹领导的琼崖抗日独立总队，一部分人参加各县抗日民主政权的工作，继续为抗日救国贡献力量。

四、南侨机工回国参战

抗日战争爆发后，中国沿海口岸及交通要道被日军占领和封锁，对外交通只剩新疆和西南路线。滇缅公路于 1938 年开辟通车，由我国昆明直达缅甸腊戌，全长 1000 多公里，沿途穿过越苍山、怒山、高黎贡山等崇山峻岭，跨过漾溟江、澜沧江、怒江等大河，道路险峻，烟瘴弥漫，环境恶劣。同年，广州失守，积存在香港等地的大量军用物资亟待经仰光由滇缅公路运送回国，以供抗战所需，这需要大量司机和汽车修理工。西南运输处在国内招收了1000多名机工，但不够用。主持这项工作的宋子良便向海外求援，急电陈嘉庚代招大量华侨机工回国援助祖国抗战。1939年2月7日，南侨筹赈总会发布《征募汽车修机驶机人员回国服务通告》，号召具有一定技术能力的爱国机工志愿回国服务。

旅居新加坡、马来亚的琼侨响应南侨筹赈总会的号召，踊跃报名参加南侨机工回国服务团。1939年3月11日，新加坡英国慕娘汽车公司一级机械工程师王文松等带领207名机工前往怡和轩公馆报名，受到陈嘉庚等人的欢迎。陈嘉庚对他们说："现在是国家要你们，不是我要你们，你们志愿回去抗日，这很好。有父母妻儿在新加坡的，我们来照顾，不要担心。你们有什么话要对我说吗？"这批抱着"国家兴亡，匹夫有责"之心的琼侨机工高举拳头，大声高呼："抗日不怕死，日本不投降，我们不回新加坡。"

马来亚太平埠22岁的琼侨罗杰，看到南侨筹赈总会的布告后，组织了20多个乡亲，以成立武术团练武为名，租车一起学习开车技术。一个月后，他们一起报名参加机工队。罗杰任第九批机工队副领队，带领叔父、堂兄和乡亲70多人回国。

新加坡、马来亚的琼侨机工回国人数众多。据统计，1939年的几个月内，响应南侨筹赈总会号召应征回国的华侨机工就有3200多人，其中琼侨机工占四分之一，即达800人。琼侨机工先后分9批从新加坡、马来亚经越南抵达昆明，除少数人北上延安外，绝大多数人在西南运输处受短期军训后分配工作，战斗在滇缅公路上。王文松受命为我国设在缅甸的仰光汽车修理厂厂长。有一次，他率领由数十名琼侨机工组成的队伍装配汽车。美国工程师原计划每组5天装好一部汽车，王文松的机工组的工人干劲足、技术熟练，每天安装一辆，仅用半年时间提前完成汽车装配任务。宋子良亲临仰光嘉奖这批机工，称赞他们为中国人争了气、为海南人争了光。

为了增强滇缅公路的运输力量，陈嘉庚以南侨筹赈总会名义捐赠200辆汽车给西南运输处，组建了华侨汽车运输先锋大队，下辖4个中队。其中，第二中队基本上由琼侨机工组成。机工们日夜奋战在滇缅公路上，冒着日军飞机的狂轰滥炸，冒着车翻人亡的危险，不顾个人安危，满载救济、医药物品运往后方，每月抢运物资达 400 多吨。

在滇缅公路运输线上，有 200 多名琼侨机工英勇牺牲，为国捐躯，为祖国抗战献出了宝贵的生命。华侨汽车先锋大队分队长符气簪是上海国立暨南大学的学生，原在马来亚教书，参加第四批机工队回国服务。他率队在滇缅公路上日夜抢运物资，历尽艰难险阻，完成了任务。有一次，他驾驶汽车途经永平站段附近最高峰的险道，雾重路滑，车翻人亡，时年 20 多岁。王文松在昆明开车途中，遭日机轰炸遇难，时年 30 多岁。

第三十七章　中共琼崖革命武装力量的建立与发展

第一节　海南中共革命武装力量的创立与发展

在漫长的封建时代，海南的老百姓，尤其是海南黎民，受到封建王朝的统治者们残酷的掠夺和压榨，常常奋起反抗而又屡被镇压。20世纪之初，辛亥革命的枪声，令中华民族改朝换代，从君主专制走向共和。本来以为海南岛从此可以走向新的时代，但国民党军阀进入海南岛之后的相互厮杀、官吏的贪婪掠夺，粉碎了岛上人民的幻想。

但是，20世纪的海南岛，已与过去2000多年间默默俯首受压的状态不同了。1840年鸦片战争之后，门户开放，新思潮涌入，一批批青年到外国、外地谋生，或外出游学，接受了新思潮的影响，感受到时代的脉搏；随着国民革命军登陆海南岛，革命的启蒙人也陆续进入。1921年中国共产党成立以后，同年12月，中共中央即先后派遣罗汉、鲁易、李实、吴明等共产党员和先进分子来琼开展革命活动。此后，琼崖旅穗、旅沪、旅京学生及共产党员和先进分子杨善集、王文明、柯嘉予等，以及在琼崖的先进分子徐成章、冯平等创办报纸、刊物，介绍和宣传马克思主义及俄国十月革命的经验，为在琼崖创建中共地方组织打下了思想基础。1926年1月，广东革命政府派国民革命军进军海南岛，扫除邓本殷在海南的势力。中共广东区委派遣王文明、罗汉、冯平、罗文淹等一批共产党员骨干随军而来，海南岛的革命力量迅速发展壮大。是年2月，中国共产党琼崖特别支部在海口成立，派出一批干部到各县领导农民运动；黎族聚居的陵水、昌江、崖县（今三亚市）等地也得到特支派遣干部的指导，陵水地区的黎汉农民踊跃参加农运活动。同年6月，根据中共广东区委的指示，中共琼崖第一次代表大会在海口竹林村邱宅里召开，宣告成立中国共产党琼崖地方委员会，王文明为书记。琼崖革命从此有了统一的领导核心。7月，陵水县农民协会成立，参加农会的农民达2.8万人；9月，在陵城镇琼山会馆办起陵水农运训练所；10月，昌江县第一个乡级农民协会旦场乡农民协会成立。在这一年里，各种革命群众团体在海南各地纷纷建立起来。

　　1927年4月，蒋介石发动反革命政变。中共琼崖地方委员会转入农村，党从公开合法转入秘密的"非法"，继续进行革命活动。同年6月，中共广东区委派杨善集回琼加强领导，在乐会县第四区召开紧急会议，将中共琼崖地方委员会改为中共琼崖特别委员会，杨善集任书记。同时，成立中共琼崖特委军事委员会和肃清反革命委员会。于此前后，中共琼山、文昌、琼东、乐会、万宁、定安、陵水县委相继成立。7月，成立琼崖讨逆革命军司令部，冯平任总司令，杨善集兼任党代表。琼崖党组织从此有了自己领导下的工农革命武装。7月18日，陵水县讨逆革命军攻占陵水县城，成立陵水县人民政府。这是琼崖共产党领导人民武装夺取政权的第一次尝试。1927年9月，为响应中共中央八七会议的号召，配合湘、鄂、赣、粤四省秋收起义，中共琼崖特委决定举行全琼武装暴动。总暴动从进攻琼东（今琼海市）到嘉积镇外围椰子寨的战斗开始。9月23日，杨善集、王文明、陈永芹等率领革命军发起进攻，并很快占领椰子寨。敌人不甘心失败，调集重兵反扑。杨善集、陈永芹率部阻击敌人，在战斗中壮烈牺牲。椰子寨战斗揭开了琼崖武装总暴动的序幕。

　　11月，中共琼崖特委在乐会县白水磏村召开第一次扩大会议，由杨殷传达中共中央八七会议的精神和中共中央南方局与广东省委的指示，决定进一步扩大武装暴动，开展土地革命，建立苏维埃政权，实行武装割据。11月25日，陵水县获得解放。12月16日，陵水县苏维埃政府成立，王业熹任主席。这是琼崖第一个县级苏维埃政府。

之后，以乐会四区为中心，包括琼崖东、中、西路各县苏区在内的琼崖革命根据地初具规模，琼崖出现了土地革命的第一次高潮。不久，琼崖工农革命军改称琼崖工农红军。1928年3月，国民党军蔡廷锴部奉命抵琼"剿共"，琼崖工农红军受到挫折，琼崖地区的革命斗争转入低潮。王文明审时度势，率领苏维埃政府机关干部和琼崖工农红军600余人转移到母瑞山，开辟新的革命根据地。

从1928年3月中旬到1929年7月，琼崖工农红军遭受严重挫折，中共琼崖特委领导机关被多次破坏。在琼崖革命一时失去统一领导核心的重要关头，时任中共澄迈县委书记的冯白驹挺身而出，倡议召开各县代表联席会议。1929年8月中旬，王文明、冯白驹在定安县内峒山主持召开各县代表联席会议，重新建立特委领导机关——中共琼崖临时特委，选举王文明、冯白驹等9人为临时特委委员。9月，中共广东省委批准成立正式特委。11月，中共琼崖特委召开党团特委联席会议，选举王文明、冯白驹、傅佑山为特委常委，王文明为书记。当时，因王文明重病在身，由冯白驹主持特委工作。1930年1月，王文明病逝，冯白驹继任书记。4月，中共琼崖特委在母瑞山召开党的第四次代表大会，选举产生以冯白驹为书记的新的特委。从此，中共琼崖特委领导苏区人民开展土地革命和根据地建设，掀起第二次土地革命高潮。8月，召开第二届工农兵代表大会，成立第二届琼崖苏维埃政府。同月，成立琼崖工农红军独立师（次月，由中华苏维埃筹备委员会正式命名为中国工农红军第二独立师）。1931年5月1日，成立娘子军特务连（即著名的红色娘子军）。至1931年年底，琼崖红军发展到2000多人，恢复和成立县苏维埃政府的有陵水、乐会、万宁、琼东、定安、澄迈、琼山等县，文昌、临高成立了苏维埃筹备委员会，全琼有区苏维埃58个、乡苏维埃380个，革命根据地得到空前的巩固和扩大。

1932 年 8 月，陈汉光就任抚黎专员，对琼崖中共地方党组织和工农红军进行"围剿"。党组织被迫转入地下活动或潜伏山林坚持斗争，革命活动转入低潮。陈汉光对海南的黎族，一方面采取残酷的镇压手段，对怀疑与共产党有联系的黎族同胞以"庇匪"罪名进行枪决；另一方面采取"剿抚兼施"的手段，对黎族首领和上层人物实行招抚，让他们组织黎族同胞参加"清剿队"，协助国民党正规军"进剿"红军和苏区，企图以此从政治上孤立和瓦解红军。陈汉光出巡五指山、儋县、白沙、昌江等黎村，以飞机、大炮的威胁来威吓黎人，对"不听话"的黎族头人随意枪毙，同时又以小恩小惠的手段进行拉拢，运进布匹、针线、丝线、饰品等送给黎族妇女，以此收买人心。同时，他一路走来，在昌江县建立"汉光纪念亭"并署对联曰："汉族播威名，且看威镇琼中，兼施剿抚；光华歌复旦，愿率比邦黎庶，崇拜英雄。"他每到一地，都立碑勒石，为自己树碑立传：在大坂乡立下"筚路蓝缕"石刻，在水头村立下"南天策马"石刻，在重合村立下"金戈铁马"石刻，在七差乡岩石上刻下"纪我登攀"摩崖石刻，在五指山立下"折木拂日"石刻，等等。

陈汉光石刻——"折木拂日"位于五指山市水满乡番龙村委会冲门口村东约 1 公里处五指山一峰半山腰。

1933 年 12 月，陈汉光到水满峒"抚黎"。到后当夜和次日的晚间，连续放两场电影。虽夜间寒冷，但当时峒里群众没见过电影，故不少人提着火炉随身取火前去观看。翌日上午，在公馆墟新开辟会场开会，全峒有约 500 名群众（近处村寨的男女老少都来，远处的大人才来）参加。牙排村学校的小学生也从二三十里外远道而来。会场内外多处设岗哨，戒备森严。陈汉光大做反共宣传，大讲要开化黎族、苗族和开发黎族、苗族地区，还做抗日救国的宣传。他摊开一张大纸，纸中间画有一只大猪，四周站着一群恶人，争着抢夺这只猪，用此形象地譬喻：国家正受着列强的肉食瓜分，号召到会者要奋起抗日救亡。他还在会上向群众宣布约法五章：一是不做"匪"；二是不窝"匪"；三是不济"匪"；四是不通"匪"；五是见"匪"要报告保甲长和军队，并实行五户联保连坐法。讲完后，散发给每户一份"军民合作，杀绝共匪"的传单，嘱咐要贴在各家门口。会前，陈汉光听取水满峒头目汇报。在本土打工的毛栈乡牙合村人王老贯是个惯偷，陈汉光便派人立刻将其抓捕，押送到会场旁边枪决。以此告诫群众，他是除暴安良、维护社会治安的。陈汉光还接见水满峒大小头目并与他们座谈，任命王鸿章为水满峒"剿共"先锋队队长，并做"剿共""防共"的部署，把公馆墟学校和牙排村学校改名为水满第一光化小学和第二光化小学，以纪念他"开化"黎族的"功德"。陈汉光停留水满峒的几天中，他的随军摄影人员，拍摄大量群众欢迎的场面、五指山的风貌以及黎族妇女装饰等相片，用于宣传他深入五指山"抚黎"有功，为记其功劳。1934年，陈汉光派人镌刻一石碑抬上五指山埋立。石碑上竖刻"折木拂日"四个大字，右侧落款："民国三十三年春"，左侧落款："防城陈汉光题"。碑高约120厘米，宽约62厘米，厚约12厘米，楷体阴刻。陈汉光命令把碑石抬上五指山顶最高处埋立，但因山路难走，民夫抬石劳累过度，只好将其埋在五指山东北方向第一峰半山腰海拔1159米的小路中间。原碑石于1993年3月被炸毁。2003年，五指山市人民政府重新按原样复制立于原处。

现该碑石位于五指山一峰西南侧登山道南侧，海拔1159米，离第一峰峰顶约有2000米，距山下五指山度假寨约2000米。除了登山外，少有人到此。周围为茂密的原始森林。

陈汉光还组织黎族青年到外地观光，在广州永汉公园，把黎、苗族同胞20多人用铁栅栏围起来作为陈列品展出，侮辱黎、苗族同胞的人格。

陈汉光旅到琼进行第二次"围剿"时，琼崖红军在反"围剿"中遭到失败，红军独立师和各级苏维埃政府均解体，各县县委大都被破坏，仅剩下琼文、乐万、琼东地区有党的活动。琼崖革命进入空前艰苦的时期。冯白驹等特委领导率领红军余部和特委、琼苏区干部百余人，在母瑞山坚持长达8个多月的艰苦斗争，保存了特委领导核心，支撑住了琼崖革命红旗。1933年4月，冯白驹带领幸存的25人冲破重围，走下母瑞山到达琼山老区，以琼山、文昌为基地，领导全琼重新开展革命斗争。不久，恢复党组织，重建红军游击队，开展游击战争。1936 年 5 月，召开特委第五次扩大会议，健全特委领导核心，冯白驹任书记。同时，成立琼崖红军游击队司令部，朱运泽任司令，王白伦任政委。1937 年上半年，恢复和建立了琼文、文昌、琼定、澄迈、乐万、琼东、善集 7 个县委和陵水、临高、海口 3 个县（市）工委及西南临委、40 个区委、50 个支部，有党员 600 人、红军游击队 60 人、"在业红军" 200 人。还建立了一批青年革命组织，这为琼崖共产党领导抗日战争创造了组织条件。

1936 年，全国开展抗日救亡运动，中共琼崖特委派出一批党员到昌江、感恩两县黎、汉族杂居地区开展救亡工作。全民族抗战爆发后，以冯白驹为首的中共琼崖特委执行中共中央关于抗日民族统一战线的方针，派代表与琼崖国民党当局进行合作抗日的谈判。经过多次的谈判斗争，于 1938 年 10 月达成协议，琼崖工农红军改编为广东民众抗日自卫团第十四区独立队，下辖 3 个中队，共 300 人，冯白驹任独立队队长。1939 年 2 月 10 日，日军侵占海口、府城。独立队在琼山潭口阻击东进之敌，揭开中共琼崖党组织领导抗击日军的序幕。之后，独立队转入琼文地区建立敌后根据地，开展敌后游击战争。3 月，独立队扩编为广东省琼崖抗日游击队独立总队，部队发展到 1000 多人。1940 年 9 月，冯白驹复任特委书记（1937 年 10 月，冯白驹被国民党当局逮捕后，曾先后由王白伦任代理书记、林李明任书记，冯白驹出狱后任常委），兼任独立总队总队长、政治委员。1941 年 11 月 10 日，在各县成立抗日民主政权的基础上，中共琼崖特委在琼山县树德乡召开琼崖东北区人民代表大会，选举产生琼崖东北区抗日民主政府，冯白驹任主席。至此，中国共产党领导下的琼崖党、政、军都有了最高领导机关。从 1942 年 5 月开始，日本侵略军对琼崖抗日根据地进行大规模的"蚕食""扫荡"。中共琼崖特委制定了"坚持内线，挺出外线"的决策，粉碎了日军摧毁琼崖抗日根据地的阴谋。1944 年秋，根据中共中央的指示，琼崖抗日游击队独立总队扩编为广东省琼崖抗日游击队独立纵队，冯白驹任司令员兼政治委员。截至抗战胜利时，全琼各县除海口外均建有县级党委或工委，都成立了县抗日民主政府或联合县政府。根据地的区乡也普遍建立了抗日民主政府。琼崖抗日游击队独立纵队发展到5个支队，共7000多人。

1943年秋天，白沙县的黎族、苗族百姓在王国兴和王玉锦的领导下，举行了惊天动地的白沙起义，海南各地纷纷响应。他们以原始的武器打败装备精良的国民党军，多次打退敌人的反扑，表现了大无畏的牺牲精神。但是，在国民党军的强势"追剿"下，起义被镇压。王国兴、王玉锦在逆境中派人寻找共产党，在中共琼崖特委驻地六芹山受到特委书记兼独立总队司令员冯白驹的接见。从此，王国兴领导的白沙县黎族农民起义军直接在共产党领导下进行活动，走上了胜利的革命道路。1945年8月，日本无条件投降，抗日战争胜利结束。1945年10月，国民党军第四十六军渡琼策划反共反人民的内战。次年2月，集中5个团，兵分四路向白沙县解放区进攻，琼崖独立纵队奋起反击，琼崖内战全面爆发。琼崖独立纵队经过近一年的奋战，粉碎了国民党军第四十六军企图围歼琼崖独立纵队的阴谋。1946年4月和8月，以冯白驹为核心的中共琼崖特委和琼崖独立纵队，从琼崖已经爆发内战的实际出发，正确处理了上级指示的要琼崖独立纵队"北撤"和"南撤"这一重大问题，并以自卫反击作战粉碎了国民党军的进攻，使琼崖的革命武装力量得以保存和发展，受到中共中央的赞扬。1946年11月，第四十六军北调后，国民党又派4个保安总队来琼，这时驻琼国民党军的总兵力达1.3万人。保安总队司令蔡劲军采取"重点进攻"的策略，企图消灭琼崖独立纵队主力。琼崖独立纵队经过200多次战斗，打退了蔡劲军部的进攻。1947年年初，琼崖独立纵队领导机关迁进白沙县根据地，并指挥部队相继解放保亭和乐东县全境，使五指山区根据地连成一片。5月，中共琼崖特委升格为中共琼崖区委。同年10月，中共中央军委决定，将广东省琼崖抗日游击队独立纵队改称为中国人民解放军琼崖纵队，冯白驹任司令员兼政治委员，琼崖纵队编为3个总队（8个支队和1个警卫营）。这是琼崖建军史上具有重要意义的大事，它标志着琼崖独立纵队向正规化迈进了一大步。1948 年 7 月，中共琼崖区委和琼崖纵队根据全国和琼崖解放战争的发展形势，决定琼崖纵队的作战由防御转入进攻。同年 9 月至 1949 年 7 月，集中主力向国民党军发动秋季、春季和夏季三大攻势，先后攻克儋县、昌江、感恩县城和石碌、阳江等圩镇，共消灭国民党军 4000 多人。当 1949 年夏季攻势节节胜利的时候，国民党军第二十一兵团等部队从大陆败退来琼，总兵力骤增至近 10 万人。针对如此突变的形势，冯白驹当机立断决定停止夏季攻势，命令各部队撤回原驻地相继出击。1949 年 12 月，琼崖纵队第三总队在定安县的岭口至嘉积的公路伏击国民党军，消灭第七六五团大部。同月下旬，琼崖纵队第五支队在昌江县的新宁坡（现属东方县），又取得击溃国民党军第一五六师和重创其一个团的重大胜利。

1948—1949 年，琼崖纵队向国民党军连续发动三次大规模的进攻，解放了海南岛大部分民族地区。1949 年 3 月，琼崖少数民族自治区行政委员会在白沙县贵乡成立。

1949 年 7 月，中共中央指定海南派王国兴等为代表，到北平参加中国人民政治协商会议。会议期间，海南代表受到朱德总司令的亲切接见，并参加了开国大典。这是中共中央对黎族人民的亲切关怀，广大黎族人民感到极大的鼓舞。

第二节　抗日战争时期国共两党的统一战线

抗战初期，琼崖国共合作奠定了抗战基础。1938 年 10 月，王毅任国民党琼崖守备司令。早在 1937 年 7 月，中共琼崖特委根据中共中央关于建立抗日民族统一战线的方针政策和南委的指示，就琼崖国共两党团结抗日问题向全琼人民发表了公开的《团结抗日，保卫琼崖》的告同胞书，提出建立琼崖抗日民族统一战线，国共两党团结合作、共同抗日。王毅上任后，开始与中共琼崖地方党组织合作，推动琼崖抗日民族统一战线的形成。现在，在琼中黎族、苗族自治县和平镇乘坡河的一块巨石上，清晰地刻着遒劲的"唯战能存"四个红色大字，这是王毅于1944年5月题刻的。王毅是澄迈县文儒乡排坡园村人，在国家、民族生死危亡的紧急关头，抱定正义必胜、唯战能存的信心坚持抗战。他与中共琼崖地方党组织合作，推动琼崖抗日民族统一战线的形成。在与琼崖国民党当局进行谈判时，以冯白驹为首的中共琼崖特委始终坚持政治上、组织上独立自主的原则，即同意将琼崖红军改编为国民革命军，但政治上、组织上要独立，有独立的编制，独立的驻地、防区。经国民党琼崖守备司令同意，双方达成了合作抗日的协议。12月5日，琼崖抗日独立队成立。国共合作，琼崖全面抗战，浴血同仇。

1939年2月21日，经国共双方协商，在定安县翰林墟成立琼崖统一战线组织——琼崖战时党政处。王毅任处长，中共琼崖特委派王业熹、王均、刘秋菊、韩庆华等到党政处工作，著名的民主人士王集吾任秘书，在全琼统一指导抗日救亡宣传。琼崖战时党政处经常组织宣传队下乡，对民众做口头宣传，发传单，贴标语。同时，恢复《琼崖民国日报》，免费分发给战区军民及沦陷区广大民众。

1938年春，昌江县成立民众抗日自卫团统率委员会，郭如煊为主任，陈石（中共党员）为政训员。中共昌感县委指定有威信的党员以公开合法的身份发动群众，收集枪支，组编自卫队。

1938年年底，国民党儋县政府成立抗日后援会，吸收了不少共产党人参加工作。国民党儋县抗日游击队队长王焕安排共产党员谢凤安为政训员、谢宝辉任大队支书、王怡亭任中队长，还吸收了中共儋县县委抗日武装宣传队的大部分队员，使这支游击队成为琼崖国共合作的典范。

第三节　中共琼崖特委领导琼崖军民英勇抗日

在6年孤岛抗战中，中共琼崖特委坚决维护、执行抗日民族统一战线的方针和政策，领导海南人民积极开展敌后游击战争，组织发动和武装广大群众，坚决实行全面抗战路线，最大限度地挖掘琼崖抗战的潜力，成为抗击日本侵略者的中坚力量。

1938 年，海南成立了守备司令部，由王毅任司令。冯白驹与王毅进行谈判的结果是：第一，合作的目的，旨在共同抗日；第二，共产党部队改编，在政治上、组织上独立自主；第三，名称是广东省第十四统率区民众抗日自卫团独立队（后来简称琼崖抗日独立队）；第四，独立队为一个大队编制，下辖 3 个中队，以冯白驹为独立队队长；第五，独立队及下辖 3 个中队的副职，由国民党选派，并经共产党同意；第六，独立队队部设政训处或室，编制不超过 10 人，人员由共产党选派，设正副主任 2 人，黎民任正主任，黄振亚任副主任；第七，供给按照一个营的编制发给。1938 年 12 月 5 日，在琼山县云龙市（距县城约 25 公里）成立独立队。各地老百姓有十几万人参加，可以说是海南人民革命斗争的转折点。部队驻在云龙，训练了 2 个月零 5 天。日军入侵海南后，队伍就转入新的斗争。

1939 年 2 月 10 日夜间，日军入侵海南，从琼山县属西边地区天尾港（距海口 10 公里左右）登陆，拂晓进攻海口。冯白驹命令独立队第一中队在南渡江渡口（潭口）阻击日敌，与日军展开了战斗，有力地打击了日军长驱直入的气焰，鼓舞了全琼人民的斗志，随即兵分两路向海口、府城进攻。王毅的警备部队分别在海口市的大英山和府城南面的甘蔗园进行抗击后，就撤退到海南内地山地。琼崖人民处于存亡的紧急关头，中共琼崖特委领导的独立队挺身而出。为了避免过大伤亡，主动撤回云龙转到农村进行游击活动。

当时，海南没有正规部队，最高机关是守备司令部，直辖两个团——守备一、二团。还有各县的壮丁常备队，每县有 1 个大队到 2 个大队。原来的区乡公所武装都变成了伪军。当时，国民党的领导机关驻在少数民族地区（五指山区）的吊罗山，属保亭县；日敌的领导机关则驻在崖县榆林附近。

共产党除了独立队的力量外，县级基层组织（除白沙、乐东、保亭等个别县外）均有县委，区有区委，乡有总支，村或联村有支部。共产党的武装力量，算起来比日敌及国民党的都要少，但得到了海南广大人民的支持和拥护。

独立队到农村活动不久，在琼山县罗板铺打了一次埋伏战，消灭日敌 10 人，缴了一挺轻机枪和十多支步枪。这一仗不仅长了自己的志气，灭了日敌的威风，更重要的是提高了独立队的威信。冯白驹向王毅提出把独立队扩编为独立总队，王毅同意之后，拨给独立总队约 100 支步枪和几千发子弹及供给等。由于独立总队积极打击日敌，以及地方党组织积极发动和支持，琼崖独立总队不断扩大。1939 年，琼崖独立总队队员化装进入文昌县城，突袭日敌哨位，缴获轻机枪一挺；同样，还化装进入琼山县永兴市日敌据点，进行奇袭，消灭敌人，取得胜利，缴获轻机枪和步枪。对这一仗，王毅还向蒋介石报告，得到蒋介石复令嘉奖。1939 年，琼崖独立总队初步创建了琼山、文昌两县交界地区和琼山的树德、咸来、道崇、云龙、三江、钟瑞，以及文昌的新桥、大昌、潭牛、南阳、大坡、重兴一带的游击根据地，并组织了根据地内的各种群众组织，如农协、妇救会、青抗会和不脱产的群众武装组织。县一级则组织武装基干队，有几十人或一百多人，全配步枪。琼崖独立总队还设立军政训练班。

1940 年年底，琼崖独立总队已发展到 3000 多人，建立了支队建制。部队活动遍及琼山、文昌、澄迈、临高、儋县、昌江、感恩、万宁、琼东、乐会、定安等 11 个县，并创建了美合山区根据地、六连岭游击根据地、琼文游击根据地，且得到进一步扩大。在此期间，琼崖独立总队既要应对向根据地进攻的国民党反动军队，又要开展对日敌的战斗。在文昌到海口沿路的竹浪桥截击日敌，速战速决，消灭 3 辆车的日军，缴获轻重机枪和步枪。又在文昌的道马埋伏，打击深入"扫荡"的日敌，取得重大胜利，歼灭日敌 1 个连的力量，缴获轻重机枪、步枪和掷弹筒。在琼山的罗牛桥截击日敌，歼灭 1 辆车的日军，缴获轻机枪和步枪。对琼山的灵山、大致坡，文昌的昌洒、锦山等日敌据点展开攻击战，取得胜利，缴获轻机枪和一部分武器。同时，在澄迈、临高、儋县、乐会、万宁等地区，也开展对日敌和国民党反动顽军的战斗，取得了胜利。在儋县的那大战斗中，歼敌几十人，缴获大批武器。

1942年上半年，即大水战斗之后，日敌集中优势兵力，向琼文交界地区的共产党抗日根据地进行"蚕食"。他们集中优势兵力，进攻根据地，由点到线、到面进行"蚕食"，实行抢光、杀光、烧光"三光"政策，把共产党根据地变成"无人区"。在反对日敌的"蚕食"斗争中，开始的时候，除了动员和组织群众进行"坚壁清野"的种种斗争外，还集中一定武装力量寻机歼击日敌，抵抗日敌的"蚕食""扫荡"。经过一段时间的斗争，决定留下一部分武装力量在根据地结合群众进行游击战和各种斗争，重点放在把主力转向外线去打击日敌，发展新区工作，配合根据地内的反"蚕食"斗争，以达到粉碎日敌阴谋的目的。

据不完全统计，中共领导的琼崖抗日武装对日伪作战2200余次，击毙日伪军3500余人，击伤日伪军1000余人，俘虏日伪军150余人。其对日作战的数量是琼崖国民党当局的两倍多。

中共琼崖特委十分重视抗日民主政权和抗日根据地建设。琼崖抗日斗争进入最艰苦的反"蚕食"、反"扫荡"阶段后，抗日根据地军民发挥大无畏的战斗精神，历尽艰难险阻，抵挡着日军至少5个警备队（1万人）和伪军5000人的进攻，并面临着国民党顽军4个团与16个县游击队的干扰。尽管琼崖抗日根据地处于敌强我弱的不利形势之下，但是，根据地军民坚持持久战，坚持人民战争，以各根据地为依托，放手发动群众，不断补充、壮大抗日力量，独立自主地开展敌后游击战争，积小胜为大胜，终于使日军幻想消灭人民抗日武装的狂妄计划一次次地破产。抗日根据地军民不但打败了敌人的军事进攻，也成功地战胜了敌人的经济封锁；不但保卫了原有的琼文、六连岭、母瑞山等根据地，而且在战争中还发展开辟了六芹山、儒万山、羊山、纱帽岭、南正山、东方岗、黑眉岭、仲田岭等抗日根据地。分布在琼岛各地的抗日根据地，在中共琼崖党、政、军的统一领导下，鼎足而立，互相支援，互相配合，把抗日斗争推向全琼。

到抗战胜利前夕，中共琼崖特委领导的抗日部队，从300多人发展到7700多人，在数量上超过了琼崖的国民党军，成为琼崖抗战的主要力量，为取得琼崖新民主主义革命的胜利奠定了良好的基础。①

1945年7月26日，中、英、美三国联合发表《波茨坦公告》，敦促日本政府无条件投降。8月，美国以原子弹轰炸广岛、长崎；苏联向日本宣战，在中国东三省分三路进兵。日本接受《波茨坦公告》，并宣告无条件投降。

王毅在《告别琼崖同胞书》中写道："我琼抗战之初，兵仅两团，粮无隔宿，械既窳劣，弹绝来源，加以人心涣散，力量不能集中，敌势如火，极凶残之压迫，以众寡之悬殊，临智穷力竭之境遇。毅此时即抱定以身殉国，屡抚枕畔之枪，转念牺牲不可徒然，应索相当代价，于是，忍死驰驱，节节抵抗，深入腹地，瘴毒交攻，阅历经年，衣食尽绝，战士无百结之袍，征人断巧妇之炊，七年光阴，过非人之生活，国仇未报，誓九死而不移，所最痛心者，以气候水土之恶劣，军中每逾半数之呻吟，毒蛇山蜞之交侵，十人恒七八之疽烂，无医无药，只闻惨号这声，黎峒山陬，半作饿而之鬼。然处境虽备极艰危，我官兵杀敌之志，并不以此稍馁，必胜信念，并不因之动摇，愈困愈奋，愈苦愈坚。七年如一日，罔敢告苦。官兵年来抗战之经过，亦即我官兵来抗战之精神，此为我同胞告者一也。"② 王毅所述国民党官兵抗战之艰苦，共产党所处山区后方抗日更加艰难。在国共建立统一战线、民众全力抗日的情况下，终于迎来了抗战胜利、大快人心的时刻。

1946年，国民党政府特派宣慰使陈济棠来琼宣慰抗战军民，随即逮捕伪政务委员会委员长赵士桓，交驻军韩练成执行，送法院治罪。吴直夫以下，皆系狱。经琼山地方法院初审，各判死刑。吴直夫等上诉，高等法院第三分院复审，判称吴直夫等掩护政府地下工作人员，伪政委下令，各级爪牙，虽其罪恶昭著，被寄者不告，法院亦不理。

国民党官员腐败至此，国亡可想也。

---

① 摘自陈立超、王玉洁：《浴血同仇，琼崖全面抗战》，载《海南周刊》2015年8月17日；《关于我参加革命过程的历史情况》，《冯白驹研究史料》，广东人民出版社1988年版，第429—466页。

② 王家槐：《海南近志》，台湾鹤见广告传播有限公司1993年版，第180页。

抗日战争中，在海南岛地区，国共形成统一战线。至抗日胜利，蒋介石发动内战，海南琼崖纵队又投入新一轮的战斗中。

第四节　解放海南岛战役

解放海南岛战役，创造了历史上渡海作战的奇迹。

1949 年年底，败逃来琼的国民党军配有战斗、运输飞机 45 架，舰艇 50 余艘，由海南防卫总司令薛岳统一指挥，在琼北沿海构筑起一道海、陆、空立体防线——"伯陵防线"，企图固守海南岛。薛岳将这些建制不全的残余力量，经过拼凑，整编为第 62、63、64、4、32 军，共 19 个师，对海南岛实行环岛防卫。企图凭借海峡天险，阻止解放军渡海登陆。

1949 年年底，中国人民解放军第四野战军为消灭海南岛的国民党守军，决定发动渡海战役。四野前委会决定由第十二兵团第四十军、第十五兵团第四十三军共 6 个师，以及高炮第一师两个团和工兵一部共 10 万余人，组成渡海作战兵团，由中国人民解放军琼崖纵队 2 万余人在海南岛担任接应主力、牵制敌军的任务。12 万多人组成的解放海南岛战役参战部队，统一由第十五兵团指挥。

1949 年 12 月底，各参战部队在雷州半岛等地完成战役集结。

一、毛泽东对战役的指示

1949 年 12 月 18 日，毛泽东就渡海作战等问题指示林彪："渡海作战完全与过去我军所有作战的经验不相同，即必须注意潮水与风向，必须集中能一次运载至少一个军（四五万人）的全部兵力，携带三天以上粮食，于敌前登陆，建立稳固滩头阵地，随即独力攻进而不要依靠后援。因为潮水需十二小时后第一次载运船只方能返回运第二次，而敌可用海空军切断我之运输，故非选择时机一次载运一个军渡海登陆，并能独力攻进，建立基地，取得粮食，便有后援不继，遭受重大损失之危险。三野叶飞兵团于占领厦门后，不明上述情况，以三个半团九千人进攻金门岛上之敌三万人，无援无粮，被敌围攻，全军覆灭。你们必须研究这一教训。海南岛之敌，可能较金门敌人战力差些，但仍不可轻敌。请告邓赖及四十军、四十三军注意，并望你向粟裕调查渡海作战的全部经验，以免重蹈金门覆辙。"①

1950年1月10日，毛泽东又发出关于琼岛作战问题的指示：

（一）一月六日电及转来邓、赖、洪一月五日电均悉。

（二）既然在旧历年前准备工作不及，则不要勉强，请令邓、赖、洪不依靠北风而依靠改装机器的船这个方向去准备，由华南分局与广东军区用大力于几个月内装置几百个大海船的机器（此事是否可能，请询问华南分局电告），争取于春夏两季内解决海南岛问题。

（三）海南岛与金门岛情况不同的地方，一是有冯白驹配合，二是敌军战斗力较差。只要能一次运两万人登陆，又有军级指挥机构随同登陆（金门岛是三个不同建制的团又无一个统一的指挥官，由三个团长各自为战），就能建立立足点，以待后续部队的继进。

（四）请十五兵团与冯白驹建立直接电台联系，并令冯白驹受邓、赖、洪指挥，把琼山、澄迈、临高、文昌诸县敌军配备及敌海军情况弄得充分清楚，并经常注视其变化。

（五）同时由雷州半岛及海南岛两方面派人（经过训练）向上述诸县敌军进行秘密的策反工作，勾引几部敌军于作战时起义，如能得到这个条件，则渡海问题就容易得多了。在目前条件下，策动几部敌军起义应该是很可能的。此事应请剑英、方方、冯白驹诸同志特别注意用力。华南分局应加以讨论，定出具体的策反办法，并于三两个月内获得成绩。

毛泽东

一月十日②

---

① 《毛泽东军事文集》第六卷，军事科学出版社、中央文献出版社1993年版，第62—63页。

② 《毛泽东军事文集》第六卷，军事科学出版社、中央文献出版社1993年版，第73—74页。

毛泽东对于海南岛作战一役，十分重视，亲自提出渡海作战的几个重要问题，让带兵渡海的将领们对战役胜负问题有足够的认识。

接到毛泽东的电报，林彪即日致电邓华、赖传珠、洪学智，下达了"准备趁北风季节攻取琼崖"的预备令。

二、琼崖纵队积极配合

第十五兵团司令员邓华、政治委员赖传珠、副司令员兼参谋长洪学智组成渡海作战兵团指挥部，邓华被任命为渡海作战兵团的最高指挥官。

以第四十军，第四十三军，加农炮第二十八团，高射炮第一团、第九团以及工兵一部，共 10 万余人，组成渡海作战兵团，由中共中央华南分局统一领导、第十五兵团首长统一指挥、琼崖纵队积极配合，发起海南战役。

琼崖有我党我军的根据地，这是我军能够分批渡海、迅速解放海南岛极为重要的因素。

以冯白驹为首的琼崖区委和琼崖纵队，坚持海南岛的斗争，并以五指山为依托，建立了较巩固的根据地并延伸到全岛。因此，第十五兵团指挥渡海作战兵团进攻海南岛，有琼崖区委、琼崖纵队以及海南人民的接应、支援与协助，是构成渡海进攻海南岛胜利的重要组成部分。

1949 年 11 月，冯白驹就已经开始考虑接应主力部队渡海登岛作战的一系列问题，并及时向全琼崖各级党组织发出了紧急指示和动员令。

冯白驹派琼崖纵队参谋长符振中渡海至广州。1950 年 1 月 25 日，叶剑英、邓华、赖传珠、洪学智在广州军政委员会会议室接待符振中的到来。

符振中对首长们报告："冯白驹同志要我代表他向华南分局和渡海兵团首长问好！我带来了海南的情况和冯白驹同志的建议。"

接着，符振中汇报了琼崖纵队的兵力部署，以及接应主力部队渡海作战的各项准备工作和岛上敌人的活动情况。他转达了冯白驹的建议，即趁敌防守不严、军心涣散之际，先偷渡一批兵力，以加强琼崖纵队的力量，或派一批干部技术人员，把枪支、弹药、物资偷运过海，以充实琼崖纵队实力，里应外合，夹击敌人。

第十五兵团首长从符振中能够偷渡过海，得到很大的启发，以小部队实行偷渡的决心更坚定、更明确。冯白驹派人偷渡的实战和建议，对第十五兵团最后坚定地定下分批偷渡的决心，提出了最好、最有力的帮助。

为配合解放军的渡海作战，1950 年 1 月 2 日，中共中央华南分局发出《关于支援海南岛作战的决定》，支前委员会为渡海作战共征集船只 2000 余艘，动员船工 1 万余人。

2 月 1 日，叶剑英在广州主持召开解放海南岛作战会议，确定采取"积极偷渡，分批少渡与最后强行登陆相结合"的战役指导方针。①

三、渡海作战概况

从 1950 年 3 月 6 日起，解放军有计划地分批渡海登陆，至 4 月 25 日登陆三批，共 3 万余人。

1950 年 4 月 25 日，中央军委作战部一局的《我军登陆海南岛经过及作战概况》中有详细记载：

（甲）第一批以四十军、四十三军各组织一加强营于 3 月上旬偷渡。

（1）我四十军一一八师苟在松参谋长率三五二团一营共七百九十九名，乘木船十一只，乘东北风于 3 月 5 日 19 时半，由雷州半岛西南之灯楼角起渡，中途一度风停，我军即用人力划桨前进，于 6 日 14 时在白马井超头市一带登陆，并击溃守敌两个连（敌机六架配合）顽抗，停敌副连长以下二十一名，与我琼纵接应部队胜利会合。

此次登陆的成功，大大鼓舞了我军登陆的勇气及发现了敌人许

---

① 罗茂繁、高宏的：《解放广东诸战役综述》，载《广东党史资料》第 17 辑，第 19—20 页；转引自丁身尊主编：《广东民国史》下册，广东人民出版社 2004 年版，第 1329—1330 页。

多弱点。

（2）我四十三军以一二八师三八三团徐团长，率一个加强营共一千零七人，乘船二十一艘，利用北风及雨天，于 3 月 10 日 13 时，由涠洲岛越渡，至 11 日 9 时在文昌县赤水港北一带强行登陆。除两船百余人失联络外，余均登陆成功。3 月 17 日并于潭门（文昌西北）地区击溃向我团攻之敌一部、俘敌正副营长以下百余人。

（乙）第二批以四十军、四十三军各组织一个团兵力于 3 月下旬渡海登陆。

（1）我琼纵马白山副司令率四十军一一八师三五二团主力及三五三团二营二千九百三十七名，乘大木船八十一艘，利用东北风于 3 月 26 日 19 时由灯楼角起渡，至中途停风起大雾，我军即以人力划桨前进，因联络及掌握航线困难，至 27 日 7 时半被迫于临高东北之玉包港、雷公岛一线先后登陆。（原预定在临高西北罗堂、扶提、禾邓间登陆）在登陆及向内地挺进的作战中，共打垮敌两个半团之阻击。此次登陆部队，除五只船失联络，两只船被击沉外，其余均与琼纵接应部队会合。

（2）我四十三军一二七师王东保师长、宋维栻政委率三七九团及三八一团一个营共三千七百三十三人，乘大小木船八十八艘，于 3 月 31 日 22 时由博赊港（徐闻东南）起渡，中途遭敌舰三艘截击，我即以专门组织打敌舰之两个连（四只船）向敌猛攻，掩护主力于 4 月 1 日 4 时在海口东之北湾港、新溪角带顺利登陆；与敌舰战斗之两个连，追至海口附近，致与主力失去联络，误在白沙门（海口北）绝地登陆，经与敌顽强激战三天后，除少部乘船北返外，余大部壮烈牺牲。

我登陆之一二七师四个营与接应之先头营会合后，即向纵深发展，先后于旺塔市、排坡等地击溃敌教一团、三八团等部，继进至钟瑞市（文昌西北）带，5 日敌二五五师（属三十二军）主力两个团分三路向我合围，当即被我击溃，并歼其三个营。

以上第二批登陆中除击溃敌六个多团外，歼敌千余名。缴获步兵炮两门，六零炮四门，重机九挺，轻机三十四挺，长短枪百余支。

以上两批共登陆两个团零三个营，除伤亡失联络外，共登陆约七千人。

（丙）第三批我四十军以六个团（欠一营），四十三军以两个团（欠一营）共组织八个团（欠二营）二万五千余人，于本月16日出发渡海，17日在临高角、博铺港、林诗港、圣眼山等地区大规模登陆。

（1）我四十军指挥所率一一九师全部，一一八师两个团（欠一营），一二〇师一个团共六个团（欠一营）约一万八千七百人，于16日19时半自东场港、灯楼角（雷州西南）带起渡；17日晨3时30分至6时，在临高东北之临高角、博铺港预定地区顺利登陆。

（2）我四十三军一二七师两个团（欠一营）共六千九百六十八人，亦于16日19时半自头港、三塘港（雷州西南）起渡，17日晨2时至4时全部在林诗港、圣眼山之线（澄迈北）胜利登陆。

（3）两军在强渡和登陆过程中，均与敌海空军及陆上守备部队展开激战，17日5时并在临高角海面击伤敌舰一艘。两军登陆后，即迅速向纵深发展，同时琼纵主力并配合作战。截至25日为止，消灭敌六十四军、六十二军及三十二军各一部，约计四千余人，攻占琼崖首府海口市及澄迈、琼山、临高、加来、美台、福山、美亨、白莲等重要城镇多处，据不完全统计缴获各种炮三十四门，火箭筒二门、掷弹筒八门，重机关一〇七挺，长短枪六百余支，电台八架、汽车十辆；我军并击落敌机两架，击伤敌舰两艘。

（4）我军大举登陆后，琼敌除以飞机轮流轰炸外，并拼集六十四军四个团兵力（即一三一师三九二团，一五九师四七五团，一五六师四六六、四六七团）及暂一三师等部，向临高拼命增援，均被击溃或歼灭。海口被我解放后，敌各指挥机关（海南岛防卫部、空军指挥所等）纷纷逃走，现海南岛敌军已陷于恐慌溃乱之势。

（5）我登陆海南岛大军及我琼纵全部，已达四万五千人左右。并将企图阻击我登陆之敌消灭或击溃，现在追歼逃敌中。此外，我正组织第二梯队继续渡海登陆作战，（项接前方报告：我四十军、四十三军又以十三个营兵力，于 4 月 23 日 20 时由三塘、新地港线起渡，于 24 日 1 时半至 4 时先后在天尾港荣山场及花场港登陆成功。）以求早日全歼守敌，全部解放海南岛。①

4 月 21 日，解放军主力部队大举登陆上岛的第四天，薛岳的"伯陵防线"早已土崩瓦解，国民党国防部电令："共军登陆系大举登陆，为保卫台湾计，着令薛总司令弃守海南，将部队搬运台湾，并令有关单位从事搬运准备。"蒋介石还写给薛岳亲笔信："伯陵，情况你都清楚，海南国军是国军的精华，能否撤出关系台湾的安全，关系到党国的大计，你需全力以赴撤出海南。你对党国是有功的，我是不会亏待你的，你的任务已经完成。"薛岳的"伯陵防线"已经是不堪一击了。

薛岳在临逃走前，在海口市召开了一个"祝捷大会"，演了一出"大获全胜"的闹剧。当海口"祝捷大会"的爆竹硝烟还没散尽，解放军轰轰的炮声便打开了海口的大门。

薛岳于 4 月 22 日下午 1 时抢先爬上飞机，仓皇逃往台湾，接着是全岛国民党军全线大溃退。

至 5 月 1 日，海南岛全境获得解放。国民党在海南岛的统治崩溃。②

从 4 月 17 日解放军主力登陆至 5 月 1 日全海南解放，仅用 14 天时间。琼崖军民配合野战军歼敌 3.3 万多人。琼崖纵队从抗战胜利时的 7000 多人发展到 2.5 万多人。琼崖军民经过 23 年艰苦卓绝、前仆后继的英勇斗争，最终配合野战军渡海作战，取得了解放海南的伟大胜利。

解放海南岛那一天，中央人民广播电台报道说，北京 5 月 1 日讯：中国人民革命军事委员会今天打电报祝贺海南岛解放。电报里边说：

中国人民解放军中南军区及广东前线林彪、罗荣桓、邓子恢、谭政、叶剑英、方方、邓华、赖传珠、冯白驹诸同志和参加解放海

① 刘振华：《海南之战》，辽宁人民出版社 1988 年版，第 510—512 页。
② 郝瑞：《解放海南岛》，解放军出版社 2007 年版，第 403—405 页。

南岛战役的全体军民同志们：

我广东前线人民解放军克服敌人陆、海、空的抵抗，在我琼崖纵队和海南岛人民协助下，英勇登陆海南岛，并迅速扫荡残敌，完成全岛的解放。中国人民革命军事委员会特向参加解放海南岛战役的全体指挥员战斗员和支援这一战役的广东军民致以热烈的祝贺，向长期奋斗的琼崖军民致以热烈的祝贺。中国人民解放军应当利用海南岛战役的经验，积极准备，为解放台湾、西藏，彻底消灭全部残匪而奋斗！

中国人民革命军事委员会

一九五〇年五月一日

解放海南岛战役获得伟大胜利，在这次战役中，渡海部队、琼崖纵队及琼崖人民作出了巨大的牺牲。为纪念在长期坚持海南岛革命斗争和解放海南岛作战中为人民立下丰功伟绩的英雄们的业绩，1954年4月，在海口人民公园内建成一座纪念碑。碑上刻有朱德于1950年5月1日在海南岛解放那天亲笔写下的一段话："长期坚持琼岛革命斗争和渡海作战而牺牲的同志们！他们是中华民族最优秀的儿女。你们的英雄行为对解放琼岛和全中国起了不可磨灭的作用。烈士的功绩永垂不朽！"

第三十八章　民国时期的南海诸岛

第一节　民国时期中国政府对南海诸岛
行使和维护主权的事实

　　从 1911 年广东省政府宣布把西沙群岛划归海南崖县管辖、1921 年南方军政府又重新宣布这一政令起，直到海南岛全岛解放，当时的中国政府一直通过外交途径维护我南海诸岛的主权。

　　1912 年，英国人出版一书，详细叙述这些岛屿上居住的中国移民。

　　1917 年 6 月，日本商人平田末治乘"南兴丸"号船，闯入我西沙群岛永兴岛等 12 个岛屿擅自进行探测和调查。6 月和 8 月，平田末治、池田舍造及小松重利等人先后到太平岛进行非法活动。

　　1918 年 3 月，平田末治勾结小柳七四郎和斋藤庄四郎，一同窜入西沙群岛，对西沙群岛上的磷矿进行调查。7 月间，日本议员桥本呈请日本外相将南沙群岛划入日本版图，暴露了日本政府的狂妄野心。12 月，日本拉萨磷矿股份有限公司派海军中佐小仓卯之助组织一个"探查队"，窜入南沙群岛的南子岛、北子岛、中业岛、红草峙和太平岛调查磷矿资源。小仓卯之助行前留下遗书，叫嚣要把"无人之岛"变为"大日本帝国新领土"。但他回来后所写的《暴风之岛》（1929 年出版）一书，也承认所谓"无人之岛"的南子岛上有三个中国渔民，这些中国渔民还画有一张南沙群岛的地图，方位不错。

1919 年，平田末治与植哲氏等人成立了南兴实业公司，着手窃采西沙群岛的磷矿。

1920 年 12 月，日本拉萨磷矿股份有限公司以小仓卯之助为首组织了第二支"探查队"，详细调查鸿庥岛（日本称南小岛）、景宏岛（日本称飞鸟岛）、安波沙洲（日本称丸岛）等 3 岛。与小仓卯之助同来的恒藤规隆把我国南沙群岛定名为"新南群岛"。在尔后几年中，日本拉萨磷矿股份有限公司不断招员，先后在太平岛和南子岛大肆开采鸟粪和海产，并修建码头，营造小铁路、仓库和宿舍，对南沙群岛进行肆无忌惮的豪夺。

1920 年，法国驻越南海军司令 Remy 答复日本三井物产公司函谓"敢保证西沙群岛非法国所有"。1920 年，越南海军电询法国海军西沙群岛主权问题，法国海军的答复仅谓 1909 年中国主张西沙群岛的所有权。1920 年，法国上议院议员 Boragcon 谓安南与西沙群岛已绝无关系。

1920 年，中国政府将西沙群岛划归琼州管辖。

1920 年 10 月，法国军舰开赴西沙群岛，进行非法活动。

1921 年，日本的平田末治等组建公司在南沙群岛（太平岛及南子岛）开采磷矿，在太平岛设立办事处，建仓库、宿舍、气象台、火药库、医院、轻便铁路、码头等，并招来百余人，盗取我南沙群岛的磷矿，一直到 1929 年因受世界经济不景气影响，开发计划才告停顿。自 1918 年至 1929 年，该公司仅从太平岛就偷运鸟粪（磷矿）2.6 万多吨。

自 1921 年以后，中国商人承垦南海各群岛经广东省当局批准者，已达 5 次（第一次是 1921 年 12 月 6 日，第二次是 1923 年 4 月 7 日，均由何瑞年承办；第三次是 1929 年 7 月 13 日，由协济公司宋饧权承办；第四次是 1931 年 4 月 3 日，由西沙群岛鸟粪磷矿国产田料有限公司严景技承办；第五次是 1932 年 3 月 1 日，由中华国产田料公司苏子江承办），未闻法方反对。

1921 年，南方军政府重申把西沙群岛划归海南崖县管辖。

1922 年 3 月，小野勇五郎、高桥春吉等日本人窜入西沙群岛进行非法调查。

1923 年，英国出版的《中国海指南》第三卷中介绍我南沙群岛的情况：海南渔民以捕取海参、贝壳为生，各岛均有其足迹，亦有久居岩礁间者。海南岛有船驶往岛上，携米粮及其他必需品与渔民交换参、贝。

1924 年 10 月 13 日，中国外交总长照会日本驻华公司，禁止日本渔民非法登陆东沙岛盗采海产。

1925 年 4 月，法国殖民当局派遣平和芽庄海洋研究所所长克洪，率"得兰逊"号军舰窜入我西沙群岛，进行测绘。稍后，法国军舰侵入我西沙群岛永兴岛。

1926 年，一艘英国船侵入我西沙群岛永兴岛进行调查。

1926 年 3 月 19 日，中国海军部海岸巡防处在东沙岛建气象台。

1926 年 3 月，在东沙岛窃取海产多年的日商石丸庄助，雇用 60 余人乘"友德丸"号轮船赶赴东沙岛，继续其窃取东沙岛海产的活动。与此同时，另一名日商松下嘉一郎不甘落后，雇用了 100 余人，乘"第三竹丸"号轮船到东沙岛掠夺海产。

1926 年 7 月，法国殖民当局继续派出军舰到西沙群岛一带活动。

1927 年，广东省实业厅特许商人陈荷朝承办东沙岛云母壳海产。

1928 年 5 月 22 日，广东省派"海瑞"号军舰赴西沙群岛调查日商开采永兴岛鸟粪事件，广东省有关机构派员随行，归来后辑有《西沙群岛调查报告书》。

1929 年，广东省政府批准广东省建设厅的《修正东沙岛海产招商承办章程》。

1930 年，日商仲间武纠集了上百名人员，分乘数艘船只前往东沙岛，对这里的资源进行疯狂掠夺。

1930 年 4 月 12 日，法国派遣"麦里休士"号炮舰强行占领南威岛。

1933 年 4 月 7—12 日，法舰"亚斯脱洛拉布"号、"亚列尔特"号及调查船"达勒逊"号，先后开赴南沙群岛，占领了太平岛、安波沙洲、北子岛、南子岛、南钥岛、中业岛、鸿庥岛、西月岛，连同先前所占南威岛，共计 9 岛。同年 7 月 19 日，法国外交部公然发表占领我南沙群岛的公告。7 月 25 日，法国政府未经我国许可，竟对上述 9 个小岛进行所谓"定名"，公布于世。至 12 月 29 日，法国政府强行将我南沙群岛划入越南巴地省管辖。

1930 年，在香港召开的运东气象会议上，安南（海防）气象台台长、法国人勃鲁逊及上海徐家汇法国天文台主任劳积勋等共同请求我国代表在西沙群岛建气象台，此为国际会议对中国拥有西沙群岛主权的又一公认明证。

1931 年 12 月 4 日，法国外交部节略叙述越南国王占领西沙群岛的史实。

1932 年 1 月 4 日，法国外交部致函中国驻法大使馆，认为安南（今越南）对西沙群岛有先占权。

1932 年 1 月，我国驻法大使馆就西沙群岛主权问题驳复法国外交部。

1932 年，西沙群岛的资源开发，转由中华国产田料公司承办。

1932 年 6 月 15 日，法国擅自在西沙群岛设立行政代理署，隶属越南承天省。

1932 年 7 月 28 日，我国外交部、驻法大使馆向法国外交部驳复西沙群岛主权问题。

1932 年 11 月，日商为窃取我东沙海产，捣毁中国商人冯德安的船只一艘，并打死打伤多名中国船员。

1933 年 7 月 25—26 日，法国政府公告，法国占领的南沙群岛各岛屿名称及占领日期（南威岛等 1930 年 4 月 17 日，安波沙洲等 1933 年 4 月 7 日，太平岛等 1933 年 4 月 10 日，双子礁等 1933 年 4 月 10 日，南钥岛等 1933 年 4 月 11 日，中业岛等 1933 年 4 月 12 日），并声明这些岛屿今后的主权属于法国。

中国政府外交部发言人对法国肆意侵占南沙群岛提出严重抗议，并指出：这些岛"仅有我渔人居留岛上，在国际间确认为中国领土"。

8月，广东省政府奉命向法国当局提出抗议。

1933年7月26日，我国外交部抗议法国侵占我南沙群岛。

1933年7月，我国各地人民群众、团体抗议法国侵占我南沙群岛。

1933年7月28日，西南行政会讨论法占9岛屿案，决议提出：(1) 将9岛在广东版图之位置形势及经纬度证据等，详电国府（按：当时的中国中央政府），请据理向法国严重抗争，务保领土完整；(2) 此案文件之搜集与安置9岛吾国渔民，令广东省府会同甘介侯（按：当时任西南五省外交委员）等议；(3) 准备向驻广东的法国领事提出抗议。

1933年8月1日，广东省政府向驻广东法国领事提出抗议。

1933年8月2日，粤琼崖旅京同乡会举行会议，一致主张通电全国，唤起注意，并推派代表十余人至中央党部中政会及外交部请愿，请中国政府严重交涉，保全国土。

1933年8月19日，早已觊觎我南沙群岛的日本帝国主义，对法国占领南沙9岛一事，由日本驻法国代办泽田向法国正式提出抗议，表示"该岛主权应属日本"。

1933年8月22日，菲律宾前参议员陆雷彝谓，根据《巴黎条约》，法所占9岛应为菲律宾所有，要求政府交涉。这是菲律宾染指我南沙群岛之始。

1933年9月，法国出版的《世界著名之殖民小岛——中国海的小岛屿》记载："九岛之中，惟有华人（海南人）居住，华人以外并无其他国人。"

1933年9月27日，法国外交部复文中国驻法大使馆，不承认我国对西沙群岛的主权，略谓1887年中法续议界务专约之界限，如不视作局部界限，则越南大陆亦为中国领土。

1934年6月7日，中国驻法大使馆致函法国外交部，简略声明西沙、南沙群岛隶属中国。

1935年2月2日，广东省政府同意设东沙群岛管理处。

1936年年初，日本派军舰"胁力"号探查南沙群岛，与法国对抗。

1936年12月，日商平田末治的南洋兴业股份有限公司派办事员若干人到太平岛探查，图谋盗取鸟粪。

1937 年 6 月 20 日，广东省派云振中等乘"海周"号炮舰出海口前往西沙群岛的林岛、石岛、玲洲岛（即东岛）、北岛等视察，同月 24 日视察完毕。

1937 年 7 月 18 日，中国驻法大使馆告知法国外交部，声明西沙群岛的主权属我国，并保留一切权利。

1937 年 10 月，法国派少数警察进驻西沙群岛。日本驻法大使提出抗议，坚持该群岛属于中国。

1938 年 7 月 3 日，法国占领西沙群岛，业经法方证实。

1938 年 7 月 18 日，中国驻法大使馆致函法国外交部，声明中国政府对西沙群岛的主权。

1938 年 7 月，日商平田末治经营的南洋兴发股份有限公司盗取我南沙群岛鸟粪。

1939 年 2 月，日本占领海南岛，同时进据西沙群岛；3 月 30 日，占领南沙群岛，由台湾总督府以告示第一二二号宣告占领，并更名为"新南群岛"，隶属于台湾高雄市管辖。

1945 年 8 月，日本军国主义投降，英国太平洋舰队司令福来塞在南沙群岛接受日军投降。

1945 年 12 月 8 日，台湾省气象局派淡水测候所所长徐晋淮乘"求济"号船前往西沙群岛接收，并在南沙群岛的风力塔上悬挂中华民国国旗。

1946 年 7 月 23 日，菲律宾外长季里诺声称，中国已因西沙、南沙群岛之所有权与菲律宾发生争议。该群岛在巴拉旺岛以西 200 里，菲律宾拟将其合并于国防范围以内。

1946 年 8 月 2 日，国民政府行政院电饬广东省政府接收东沙、西沙、南沙、团沙各群岛。（行政院节省陆字第七三九一号令）

1946 年 11 月，我国接收人员按计划进驻西沙群岛的武德岛实行接收。

1946 年 11 月 28 日，"承兴""中建"两舰进抵西沙群岛，进驻官兵已登陆。

1946年12月12日，"太平"舰进驻南沙群岛的长岛。

1947年1月19日，中国驻法大使馆发表关于西沙群岛主权属于中国的公告。

1947年1月21日，中国外交部部长约见法国驻华公使梅里蔼，郑重声明西沙群岛的主权属于中国；而且，中国政府已正式公告，西沙群岛的主权属于中国。

1947年1月25日，中国外交部抗议法国军舰在西沙群岛的培特尔登陆并派兵留驻一事。

1947年1月30日，中国外交部照会法国驻华大使馆，抗议法国入侵我西沙群岛的珊瑚岛。

1947年1月31日，中国外交部回复法国驻华大使馆，重申我对西沙群岛的主权。

1947年3月6日，广东省政府宣布已于1946年12月12日接收南沙群岛的太平岛（广东省政府第〇七四五七号代电）。

1947年3月27日，南沙群岛交中国海军管辖（行政院从台字第一二一七号令）。

1947年4月，中国海军"中业"舰及台湾大学等单位，前往南沙群岛从事地质、海洋及一般情况调查。

1947年6月1日，海军总部公布东沙群岛、西沙群岛、南沙群岛各岛气象组播送气象报告的时间、呼号及周率。

1947年6月，广东省政府在广州举行西沙群岛、南沙群岛物产展览会，展出当时接收人员和历次前往考察的专家搜集的东西，总数达1300多种。

1947年9月，资源委员会呈请中国政府委托中元企业公司开发西沙群岛的鸟粪资源。

1947年9月4日，中国内政部公布南海诸岛位置及名称，当时并无任何国家提出异议（内政部1936年9月4日方字第〇八八〇号函外交部）。

1947 年 11 月，中国内政部重新确定东沙、西沙、中沙、南沙群岛及其各个岛、礁、沙、滩的名称，并公布施行。

1948 年 3 月，中国海军官兵 100 多人前往西沙、南沙和东沙群岛，进行换防。

1948 年，以探险活动为名、实施侵占为实的菲律宾狂人、马尼拉航海学校校长克洛马窜入南沙群岛的太平岛进行非法活动。经此次所谓"探险"之后，克洛马竟大言不惭地说，他发现了南沙群岛，以此为契机，菲律宾政府跃跃欲试，以图跻身于南沙群岛。

1949 年 2 月 21 日，越南在西沙群岛逮捕正在捕鱼的海南渔民 81人，2 月 22 日全部释放。①

1949 年 4 月，菲律宾总统基仁洛下令国防部部长江充转饬菲律宾海防司令安达那上校前往南沙群岛视察。对于在南沙群岛所采取的侵略步骤，菲律宾政府内部也存在分歧。外交部部长礼尼就提出了异议，唯恐因此而产生的外交影响不利于菲律宾，随即予以劝阻。

1949 年 4 月 13 日，陈质平致函菲律宾外交部，对菲律宾政府拟派安达那前往太平岛"视察"一事，提请严重注意，并在信中指出："仅借此机会反复声明，太平岛为中华民国之领土"，再次郑重声明中国政府的立场，菲律宾外交部部长礼尼在复函中声称："内阁仅讨论对据报行动（捕鱼）于埃士亚巴岛（即太平岛）附近水面之菲律宾渔民，必须予以较多的保护而已。"以此来敷衍中国政府，掩盖其觊觎南沙群岛的图谋。

第二节　民国时期开发南海诸岛的状况

南海地处热带，自然风光绮丽，碧波如茵，是一个又大又深的热

---

① 以上资料引自吕一燃主编：《南海诸岛：地理、历史、主权》，黑龙江教育出版社 2014 年版；李国强：《南中国海研究：历史与现状》，黑龙江教育出版社 2003 年版；广东省革命委员会外事办公室：《我国南海诸岛——涉外问题》，1976 年版；杨作洲：《南海风云——海域及相关问题的探讨》，台湾正中书局 1993 年版。

带边陆海。南海北接广东、广西、福建和中国台湾四个省区，以广东省南澳岛到台湾省本岛南端一线跟东海分界。东面和东南面至菲律宾群岛，南至加里曼丹岛，西面和西南到越南和马来半岛等地。

南海诸岛散布的范围很广，各种资源的蕴藏极其丰富！南起北纬3°50′附近的曾母暗沙等4个暗沙，北至北纬21°10′的北卫滩，共占纬度17°20′；西起东经109°30′的万安滩，东至东经117°45′附近的黄岩岛，共占经度8°15′。在这个辽阔的海域内，经过勘察和正式命名的岛屿、滩、礁有220多处。位于南海诸岛中最北、离大陆最近的群岛是东沙群岛，在汕头以南约310公里处，正好在台湾岛和海南岛之间，又当香港至马尼拉航线的要冲。靠西的群岛叫西沙群岛，在海南岛的东南方，从海南岛最南部的榆林港到达这里，约337公里，为印度洋和太平洋之间的国际航运通道。我国至东南亚、南亚、西亚、非洲和欧洲的航线都由这里经过，具有重要的战略意义。

1911年，广东省政府宣布把西沙群岛划归海南崖县管辖；1921年，南方军政府又重申这一政令。但是，民国初年，军阀割据，政治混乱，无人顾及南海诸岛各种事务。直到孙中山回广东设立军政府时，虽百废待兴，仍致力于西沙群岛的开发，一度派员筹办，数次开发经营。

一、关于东沙群岛的开发、经营

1912年2月，广东省军政府实业司通知招商承办该群岛渔业，兼任看守。当时有香山县（现中山市）商民叶养珍、杨志业等，呈文恳请承办该群岛渔业、盐业及磷矿等，以试办6个月为期，如有成效，即准续办10年。是时，实业部已改为实业司，对他们经营盐业的要求，加以限制；对开采磷矿的要求，则予以拒绝；对于年限的要求，则批准试办期满后再议。后经他们一再呈请，实业司始将磷矿一项，一并批准兼办；盐业一项，批明以供给岛用外，出岛须以国课有无妨碍为衡；年限一层，允予从宽。惟叶养珍等，以后卒未赴岛办理。[①]

---

① 陈天锡：《东沙岛成案汇编》，第212—213页；广东省革命委员会外事办公室：《我国南海诸岛主权概论》，1976年版，第209页。

1912 年 12 月，南洋侨商陈武烈呈请开采东沙岛磷质，拟具简章 12 条，大意系集股 300 万元至 500 万元，创立公司经营。以 50 年为限，先予一年限期，以便调查组织，经由实业司司长关景燊照准立案。呈经广东省都督胡汉民，指令嘉勉。陈武烈自经立案后，经营数载，成绩颇优，后因款绌停工。①

1918 年 7 月，商人刘兆铭向财政厅呈称，筹资本 10 万元，拟承采东沙岛磷酸石灰矿。经批准试办 6 个月，1919 年 1 月，刘兆铭呈报，已将开采事宜筹备完竣。1920 年 3 月，广东省代理省长张锦芳，以刘兆铭承办东沙岛磷矿案，未向财政厅具报为由，派人调查，后未见刘兆铭续呈办理此事，已归停辍。②

1925 年，中国政府交由海军部会同海岸巡防处统一筹建东沙岛的观象台、无线电、灯塔，海防处派许庆文监造工程，制订建设计划，测绘详图。全部工程由上海士达建筑公司承建，从 1925 年 7 月开始至 1926 年 3 月 19 日竣工。计建有观象台、无线电台、灯塔各一座，另有办公室、宿舍、储料所、药房、淡水池、火药子弹库等，并有专轮（"瑞霖"号）、汽船各一艘。此外，将此前日本人所筑轻便铁路重新改建，无线电台有大小电机两部。气象情报与日本东京、上海徐家汇、中国香港、菲律宾、越南海防各天文台每日汇报交换两次，发出的气象情报远东各地皆可收到。自 1927 年后，天气预报将前所定报远东全部气象改为上报东沙群岛一部，因而效能大减。③

1926 年 4 月，福建闽南造林公司经理周骏烈，向广东省商务厅呈请承办东沙岛的海草，特许专利年限，厅长李禄超批准承办 10 年。旋饬每年缴纳特许费大洋 500 元，特行发给执照。周骏烈准备前往经营，却查有日本人石丸、松下先后于同年 3 月至 4 月间雇工先到该岛

---

① 陈天锡：《东沙岛成案汇编》，第 219 页；广东省革命委员会外事办公室：《我国南海诸岛主权概论》，1976 年版，第 210 页。

② 陈天锡：《东沙岛成案汇编》，第 222—223 页；广东省革命委员会外事办公室：《我国南海诸岛主权概论》，1976 年版，第 210 页。

③ 陈天锡：《东沙岛成案汇编》，第 231—233 页；广东省革命委员会外事办公室：《我国南海诸岛主权概论》，1976 年版，第 210 页。

偷采海产，并声称得到广东省政府的许可。因此，周骏烈具呈广东实业厅报告，与日本领事交涉。①

1927 年 6 月，中山县百姓陈荷朝向广东省实业厅呈称，自备资本两万元，前赴东沙岛采云母壳等水产。拟具预算，请准专采 10 年。当经厅长核明，批准除海草一种，业已批由周骏烈采取，应即除去。其余云母壳等海产，均予照准承采 10 年，每年缴纳特许费大洋 500元。②

1928 年 4 月，陈荷朝赴岛开办，广东省实业厅派员张剑锋偕行。抵岛后因该岛已有日本人松下等经营海草及渔业，陈荷朝的代表人冯德安与松下发生争执。冯德安以广东省实业厅的执照为凭，松下亦以前任东沙岛管理员许庆文给有执照相拒，一时难以解决，而海防处、观象台又认为陈荷朝的执照，仍系日本人的资本，并用日工日船，与松下无异。因此，停止双方采取海产，听候实业厅解决。③

1928 年 11 月，广东省建设厅派委员司徒试等调查东沙岛承办情况并考察该岛地理、气候、土质、出产等情形。经调查，认为陈荷朝勾结日本人，采取东沙岛海产。该厅拟将周骏烈、陈荷朝双方承案撕毁收归官办。④

1947 年 1 月，广东省建设厅批准南方渔业公司承办东沙岛海产，合约为期 5 年，1 月至 3 月为筹备期。建设厅饬令该公司在筹备期内，须办妥运输轮船、驳船、仓库、办事处、宿舍、蒸馏机、储水池、电台、避风、卫生等设备。该公司拟用员工共 850 名之多，资金暂定为10 亿元（按当时的法币）。⑤

---

①　陈天锡：《东沙岛成案汇编》，第 211 页。
②　陈天锡：《东沙岛成案汇编》，第 211 页。
③　陈天锡：《东沙岛成案汇编》，第 211—213 页。
④　转引自广东省革命委员会外事办公室：《我国南海诸岛主权概论》，1976 年版，第 212 页。
⑤　转引自广东省革命委员会外事办公室：《我国南海诸岛主权概论》，1976 年版，第 214 页。

二、关于西沙群岛的开发、经营

1917 年，海利公司商人何承恩前往西沙群岛查勘各岛资源情况，归后向广东省省长公署呈请承办该群岛磷矿及海产物，已有成议。而当时管理矿务的财政厅认为，采取磷矿应照采矿程序办理，以致未能成事。[①]

1919 年，商人邓仕瀛向广东省省长公署，呈请承垦西沙群岛中的玲洲岛（即东岛），以资种植。其时因广东军政府对于琼崖森林矿产矿务及西沙群岛各事宜，已派员筹办，未予照准。关于广东军政府派员筹办之事，未见文卷，后来并未闻其结果。[②]

1921 年 3 月，香山县商民何瑞年等向内政部呈称，西沙群岛物产丰富，大宗系磷质、螺贝、棕树等物，堪资利用，屡为外人垂涎，私运开采，损失天然之利，不可胜计。拟在西沙群岛兴办实业，先行前往勘验，实地调查，然后创设公司，筹集股本，绘具图说，详订章程，呈请核明立案，请予发给护照，会行就近军队保护同往等语。内政部据以咨陈政务会议议决，咨由广东省省长查照办理。8 月，何瑞年等复向内政部呈明先集资本金 5 万元，承领西沙 15 岛开办垦殖、渔业、采矿等项，并拟具计划书，组织西沙群岛实业无限公司，11 月呈请注册，设总事务所于广州，分事务所拟设于琼州海口。后查何瑞年勾结日本人，实权握于日本人之手，以实业公司名义呈准开采矿业，但暗中经营者实为日本人组织的南兴实业公司。日本人得以在永兴岛前后开采达 9 年之久，在该岛设有：办事处、宿舍、贮藏室、小卖店、食堂、蒸馏机、仓库、畜窑、铁道、货栈、桥梁、台车、电船、木船、捞渔船、蔬菜圃等。经营期间雇工 180—190 名，共偷采去鸟粪磷矿达 9 万吨之多。[③]

1921 年 4 月，香港商人梁国之向广东省省长公署呈请开发西沙

---

① 陈天锡：《东沙岛成案汇编》第四章；广东省革命委员会外事办公室：《我国南海诸岛主权概论》，1976 年版，第 216—217 页。
② 陈天锡：《西沙岛成案汇编》。
③ 广东省革命委员会外事办公室：《我国南海诸岛主权概论》，1976 年版，第218 页。

群岛磷矿及海产，并筹集资本 30 万元，拟具预算计划各书，经省署批饬将应备第一期资本 7.5 万元，筹足呈验，并绘呈该岛地图，再行核准立案给照往办。嗣梁国之筹足第一期资本，呈验凭证，并呈缴地图，省署因查明该岛即西沙群岛，经何瑞年呈由广东军政府内政部咨陈政务会议议决，因其兴办在先，致未实行。[①]

1921 年 9 月，商民刘惠农向广东省矿务处呈请承领西沙群岛中的唠吧道岛 508 亩、么丝岛 590 亩、鸟地岛 2329 亩、经哥隆岛 3100 亩，共计 6527 亩，开采磷酸石灰，业经呈缴测量费 1000 余元。又，是年 11 月，商人谭宏向矿务处呈请开发西沙群岛的磷酸石灰，均因内政部已核准商人何瑞年有优先承领权，未予照准。[②]

1922 年 2 月，崖县县长派委员陈明华协同商人前往西沙群岛调查，并测量 10 个岛屿，于同年 3 月 5 日返县，据称查访何瑞年的公司为日本股份所组织。4 月，崖县县长孙毓斌呈文报省署，谓何瑞年所办系日本股份；各群众团体通电抗议。何瑞年呈文分辩，内政部批示广州市公安局查复。[③]

1922 年 10 月，省署拟销何瑞年承办西沙群岛实业案后，有数名商人先后呈请开发西沙群岛。一是琼山县商人冯锦江，呈请集资 100 万元；二是番禺县商人谢秉岳，呈请筹备第一期 10 万元；三是临高县商人黄耀武，呈请筹足毫银 8 万元；四是琼东县商人李德光，请办吧注、吧兴两岛（即永兴岛、东岛），但均未成办。[④]

1927 年 6 月，中山县商人冯莫彪呈请实业厅，愿报效 1 万元，专办西沙群岛的鸟粪。实业厅遂于 6 月间提议撤销何瑞年原案，批准冯莫彪专办开采鸟粪，并经广东省政府委员会第三十次会议照准，但政

---

①　陈天锡：《西沙岛成案汇编》第四章，第 26—27 页；广东省革命委员会外事办公室：《我国南海诸岛主权概论》，1976 年版，第 217 页。

②　陈天锡：《西沙岛成案汇编》第四章，第 27 页。

③　广东省革命委员会外事办公室：《我国南海诸岛主权概论》，1976 年版，第 218 页。

④　广东省革命委员会外事办公室：《我国南海诸岛主权概论》，1976 年版，第 219 页。

治会议广州分会因中山大学农科系主任邝嵩龄来函称，对冯莫彪之承办，疑为日本人暗中之侵略，遂函复省政府派人调查，因总指挥部未能派舰，遂又迁延。①

1928年10月，中山大学管理西沙群岛期间，有商人陈恒、李有光向该校呈请集资承采该岛鸟粪，因中山大学已进行规划由该校自行开采，未予批准。②

1929年4月27日，商人宋锡权集合资本30万元组织协济公司，向广东省建设厅呈请承办西沙群岛的鸟粪、磷矿，以试办5年为期，每年缴纳政府报效费毫银1万元，并预算以10万元为购置机械及在岛上工作之需，以20万元建设工厂及添置机器与化学原料等，并在上海、广州两地设立分公司，经获广东省政府批准，即行赴岛开采。该公司除将永兴岛上日本人经营时的建筑加以修葺外，另建工人宿舍2间、工程师住宅1间，修建轻便铁路，码头铁桥向海外延长80余公里。此外，置有无线电收发报机、发电机等。开办后仅经营一年，就销出鸟粪1万吨。③

1931年4月，商人严景技组织西沙群岛鸟粪磷矿国产田料有限公司，向广东省政府呈请承办鸟粪实业。经获批准，该公司即行前往开办，并在广州、香港、汕头、厦门设立批发处，推销田料。④

1932年3月，广东省建设厅将西沙群岛的鸟粪再次开投，由商人苏子江组织的中华国产田料公司出价212700元投得，以20年为限。⑤

南海诸岛的主权属于中国，在历史上已证据确凿。但是清朝以

---

① 广东省革命委员会外事办公室：《我国南海诸岛主权概论》，1976年版，第220页。

② 沈鹏飞：《调查西沙群岛报告书》，载《我国南海诸岛主权概论》，1976年版，第220页。

③ 沈鹏飞：《调查西沙群岛报告书》，载《我国南海诸岛主权概论》，1976年版，第221页。

④ 广东省建设厅：《船政特刊》，1931年8月31日，转引自广东省革命委员会外事办公室：《我国南海诸岛主权概论》，1976年版，第221页。

⑤ 广东省革命委员会外事办公室：《我国南海诸岛主权概论》，1976年版，第221页。

来，南海风云波谲云诡，愈演愈烈。民国时期，但历了最艰苦的年代——抗日战争时期。在日本投降之后，彻底结束了日本对南海诸岛的侵占，中国接收了南海诸岛，掌握了南海诸岛的主权，但蔚蓝的海域并没有因此而波平浪息。南海与南海诸岛及其周边海域，蕴藏着丰富的天然资源。根据联合国亚洲与远东经济委员会对亚洲近海矿产进行联合勘察后提出的报告显示，南海海域大陆礁层下，蕴藏的含有石油的冲积物不下 200 万立方海里，相当于中东各国石油蕴藏量的总和。一般估计，总储量约为 450 亿吨。[①] 这是南海主权冲突的焦点。所以，民国期间对南海诸岛的开发，鸟粪也好、磷矿也好、渔业也好，这仅仅是经济发展的起步，并未能真正经营或开发南海诸岛。

---

① 　符骏：《南海四沙群岛》，台北世纪书局 1982 年版，第 140 页。

第三十九章　海南经济发展状况

民国时期，海南经济发展速度慢，水平低，品类繁杂。经济主流是以农业为主的自然经济。

海南素有天府之称，但在国民党统治时期，由于政治动荡，经济凋零，海南经济陷入窘境。

1948 年上半年，中央银行海口分行的营业报告，分析了当时海南的经济情况："从工商业情况看，海南工厂原有纸厂、电力厂、火柴厂等数家，因原料缺乏，周转不灵，纸厂已宣告停业，电力厂又因机件陈旧，屡修屡坏，燃料日涨，而导致停止供电，对商业的维护影响很大。同时，商业因外币不断上涨，各种货价亦随之攀升，土产以椰干、椰油升价最高，赤糖、牛皮、树胶次之，入口货以纱布为化算，商人存货厚者均可获利，但因交通不便，土产堆积已达饱和，而来琼客轮出口货均以载盐可获厚利，同时银根吃紧，省方货价报跌，土货夏积去路几绝，来途亦团，商业遂遭打击，且因天灾影响耕种，农作物多遭失败，粮价高涨，皮费日增，大商店尚可支持，小商店则困苦万端。"①

虽然在广东军政府时代，曾计划大规模经营林业、矿业，海外华侨也闻风投资垦殖业，却多遭失败。另外，洋货大量输入，使海南岛的农村及其他部门的农作物受到严重打击。渐次让海南岛的许多农作物按外国资本的需要而配置生产，致使海南岛成了为国外资本提供农业原料的基地。

---

① 《中央银行海口分行 1948 年上期营业报告》，见《海南民国档案资料选辑》第一册，第 6220 页。

第一节　农　业

海南岛靠海平原出产的稻米，每岁可收三季：冬种春熟，春种夏熟，夏种秋熟。粮食本来应当自给自足，但正如焦映汉所说的："海滨之地多斥卤，冲于水，压于山，浮沙而土膏不沃，民不力穑，而望有秋，难矣。"① 这一情况，在清朝咸丰年间亦是如此，民国时期也无法改变状况；再加上移民和城市人口的增加，给粮食带来更大的压力。战后破产而离开土地流入城市的农民更多，甚至靠洋米过活。据陈铭枢的《海南岛志》所载，民国时期，由琼海关进口的大米，1925 年至 1928 年 4 年间输扩担数如下。

年　份	担数（担）	年　份	担数（担）
1925	740078	1927	126644
1926	161460	1928	84842

资料来源：陈铭枢总纂、曾塞主编：《海南岛志》，海南出版社 2004 年版，第 329 页。

洋米的进口，虽然补充了海南粮食的不足，但也增加了海南对进口洋米的依赖。输入大米最多的品种，是安南米、暹罗（泰国）米、仰光（缅甸）米。

蔗糖的产量，本来在海南是比较大的，但由于当时海南发生牛瘟，再加上日本在我国台湾发展糖业，被台湾糖输扩所垄断。因此，海南的糖业受到沉重打击。其他产品如：

（1）瓜子：产于儋、昌、感 3 县，多栽于沙质坡地。瓜子有红、黑 2 种，1924 年至 1928 年 5 年间的输出担数如下：

年　份	海关出口数	常关出口数	关卡出口数
1924	6038 担 44200 两	1352 担	—
1925	5343 担 42083 两	991 担	—

---

① （清）李文烜修、郑文彩纂、张廷标编辑：《琼山县志》卷二十六《艺文志·义仓碑记》，海南出版社 2004 年版，第 1027 页。

年　份	海关出口数	常关出口数	关卡出口数
1926	3554 担 33621 两	3074 担	—
1927	6926 担 62612 两	1513 担	20000 担
1928	7815 担	972 担	—

（2）花生：海南花生有大粒花生和小粒花生，各县均有栽种。1924 年至 1928 年 5 年间的输出担数如下：

年　份	担数（担）	价值（两）
1924	1224	6927
1925	493	2273
1926	286	1619
1927	667	3993
1928	957	—

（3）芝麻：芝麻有黑、白 2 色，以琼、文、澄、定、儋、昌 6 县产量最盛。1924 年至 1928 年 5 年间的输出担数如下：

年　份	担数（担）	价值（两）
1924	13866	138446
1925	6888	68880
1926	3744	37539
1927	1662	181227
1928	7202	

（4）椰子：是海南主要的产品。椰叶可以织器盖屋，椰皮可以编帚织缆，椰壳可制杯碗，椰肉可榨油制饼。1927 年，文、琼、万、崖海关各口卡出口椰子数如下：

类别	数量	价值（元）	备　考
椰子	172000 颗	3440	每 1000 颗价值约 20 元
椰油	30000 斤	6000	每担约 20 元
椰布	10 车	500	每车约 50 元
椰榄	65 车	6500	每车约 100 元
椰干	200 担	2000	每担约 10 元
合计	—	18440	统计各口输出，每年椰子千余万颗，椰油三四千担，椰干三四千担

（5）槟榔：是海南的主要产品。1924 年至 1928 年 5 年间的输出担数如下：

年　　份	担数（担）	价值（两）
1924	14784	103215
1925	15546	189387
1926	10867	165005
1927	12423	234116
1928	15688	—

此外，海南农产品还有各种番薯、玉蜀黍、薏米、咖啡、益智、艾草、莨姜、烟叶、茶、席草。果类有龙眼、荔枝、菠萝蜜、凤梨、橙、芒果、杨桃、番石榴、黄皮果、芭蕉、香蕉、莲子等。[①]

陈铭枢在 1928 年任南区善后区善后委员，到海南后督促政务处组织一个写作班子编写《海南岛志》，由曾骞主编，所搜集的资料均限止于 1928 年。这部书的编写过程比较务实，其调查材料较为可靠。

海南的橡胶业，是海南华侨对祖籍地热带作物开发的一大贡献。海南最早的橡胶栽培史，是 1902 年有华侨从马来亚引进第一批橡胶。清末宣统二年（1910 年），乐会人何麟书从南洋将南洋产橡胶苗带回，

---

① 　陈铭枢总纂、曾骞主编：《海南岛志》，海南出版社 2004 年版，第 330—340 页。

在定安县的落河沟开拓 250 亩，并设琼安公司，先行试植 4000 余株，试植后有 3200 株。1915 年生产橡胶 500 斤，1916 年获得产量 1100 斤，1917 年获得 800 斤，1918 年获得 3000 斤，品质与价格均优。因此，刺激了华侨对于橡胶栽培之事业心。1912 年，儋县那大兴安公司的侨植公司，由南洋输入橡胶树苗、种子，在五指山的水口田试植，成绩亦佳。由此逐渐扩大，至 1919 年已达 10 万株之多。同时，嘉积溪沿岸商民，见琼安公司栽培橡胶成功，知其有利可图，亦争先恐后，在距嘉积溪 2 里许之山中移种。于是，凡个人经营的，有数百株乃至 2000 余株；共同经营的，有 3000 株乃至 1 万株。计栽培田园，已达 30 余处。依据 1919 年的调查，在嘉积溪附近栽培橡胶成功的，有兴安公司与茂林公司。至后又由文昌的詹导天等在崖县的铁炉港与北黎附近，分别设有立农、发利公司。橡胶苗亦由南洋输入 1 万余株，栽植于北黎附近一带，生长成绩佳良。后来，因橡胶价格暴落而中止。

　　一般来说，种胶树的地方，不宜独营一种作物。有的地方高处种橡胶，低处兼种其他农产，如椰子、槟榔、益智、艾粉、咖啡、棉花、烟叶、菠萝、花生、杂粮等物，均可随时选择，因地制宜种植。

　　咖啡是亚热带地区的特产。南美巴西的咖啡产量居世界第一位，总产量占全世界产量的 70%。其次是印度、印度尼西亚、中南美及南洋一带。海南岛上的咖啡，在 1914 年由石壁琼安公司、侨兴公司先后从南洋移种苗试种，然后逐渐推广。栽植地区在文昌西南部，海南岛的蓬莱、大坡、南阳、中税附近，定安琼东的石壁附近及乐会的第五区，万宁西北的兴隆与那大附近等地。栽培面积大约有 7000 亩，达 33.8 万余株。栽培园数，文昌 60 个，琼山 4 个，定安 1 个，万宁 2 个，乐会 1 个，儋县 1 个，共计 69 个。[①]

---

　　①　以上资料取自吉章简、华实合编著：《海南资源与开发》，台湾亚洲出版有限公司 1956 年版。

第二节 渔 业

海南岛四面环海，孙中山在《建国方略》中，已计划在海南开辟中国第一大渔场。可见，海南渔业在社会经济中占有极其重要的地位。

民国时期，鱼产最高的是崖县，不仅产量多，而且肉质肥美。如鱼翅、鲍鱼、鱿鱼等，都是崖县特产，每年出口五六百万斤。

当年，海南鱼类都销到广东的江门、陈村及高州、雷州一带。红鱼的市场以江门、陈村最大。鱼翅、鱼皮、鲍鱼、海参等销往香港。咸鱼大都销往高州、雷州及海南本岛北部各县。海南本岛每年对鱼的消费量也极大，而咸鱼的消费量要占90%左右。①

第三节 盐 业

海南的盐场，在清代已散布在沿海各地。到光绪三十四年（1908年），福建华侨胡子春在三亚港建设大规模盐田，直引海水晒盐，创设侨丰公司。

1912年，广东省盐运使改称盐政处，次年又改称两广盐运使公署，1916年设三亚场于崖县三亚港，统理运销、缉私、税收、秤放事宜，后迁海口。1923年，设盐务稽核分所，主管收税事项。1939年，日寇南侵，海南岛沦陷。盐区周围，日伪岗卡林立，严禁食盐流入海南内地山区，以图扼杀抗日力量。1945年8月，抗日战争胜利，琼崖盐场公署迁回海口，下设榆亚、昌感两分署及塔市、文昌、琼东、陵水、万宁、保平、海头、感恩、临高、儋县等10个场务所。

盐的生产方法，在新中国成立前，分为盐田晒盐法、晒水煮煎盐、沙塥晒盐法、塥水淋煮盐4种。② 以晒水盐田的产量最多，占总

---

① 许崇灏：《琼崖志略》，正中书局1947年版，第46页。
② 陈植编著：《海南岛新志·盐业》，海南出版社2004年版，第216页。

产量的 90% 以上，大部分分布在崖县、陵水、昌江、感恩等县。琼山、文昌、儋县、临高、万宁、琼东等县为塭灶区，产量很少。1928年，海南计有石田（结晶池）1936 亩，水田（蒸发地）11200 亩；盐田（沙幅）2160 亩，盐塭 810 亩；塭户（用晒沙淋卤晒生盐户）927 家，灶户（晒水煮煎熟盐或塭水淋煮熟盐户）46 家共 3390 人。年产生盐589465 担（近 3 万吨）、熟盐 25631 担（约 1280 吨），除小部分供当地消费外，大部分经广东及香港转销大陆。[1]

运销方面：清代以前，任百姓自由煎卖，不许冲销。光绪三十四年（1908 年），福建华侨胡子春以海南人民喜食熟盐，乃创建侨丰公司，禀准采运，配省行销。嗣后，盐田渐多，输出益增。1915 年，琼州盐业开放，自由贸易。盐商遂来采运，计有运盐场馆 20 家；其中，三亚港有 13 家，昌江县墩头有 7 家。1927 年，省配盐斤计576640 担（约 2.8 万吨），邻配盐斤计 4640 担（约 230 吨）。

盐价：1927 年，海南产盐之平均场价，熟盐每市担为 3.78 元，生盐为 3.12 元。到 1947 年，由于通货膨胀、物价飞涨、货币贬值，盐每市担售价达法币 8 万元。

盐税：海南产盐仅止场课，类似于一种归丁办法。自 1915 年 11月起，规定盐税每担征收 1 元。[2]抗日战争时期，盐税名目繁多，有场税、附税、建设专款、磅亏费、公益费等；地方自行规定征收的，更是五花八门，有军饷捐、救国捐、防空捐、公路费等等。1941 年 9月，盐税改以价计征，开征产税和销税，粤西区（当时含海南）的销税率为 30%。1945 年 9 月，国民党政府对盐税率进行调整，将专卖管理费每市担 300 元并入盐税征收，即由原来每市担 110 元增至 410 元。1947 年年底，海南的食盐税，每市担增至 363.275 元。[3]1948 年年底，粗盐税每市担竟高达 2400 元。[4]加以通货膨胀，盐价昂贵，一般高于

①　陈铭枢总纂、曾蹇主编：《海南岛志·盐业》，海南出版社 2004 年版，第353 页。
②　《中国盐政纪要·盐务大事表》。
③　《广东年鉴·盐政》，第 21 页。
④　丁长清：《民国盐务史稿》，人民出版社 1990 年版，第 408 页。

粮价 3—5 倍，边远山区常有"斗米斤盐""担谷斤盐"的现象。①

民国以后，海南盐业日益扩展。据《海南岛志》所载，广及 10 县，以崖、陵、昌、感为盐田区域，以琼、文、儋、万为塌灶区域。

海南各地共有十大盐场：

（1）崖县盐场：三亚、榆林、保平、藤桥、九所 5 处为盐产区，其中三亚、榆林、保平、藤桥为产生盐区域，保平、九所为产熟盐区域，熟盐业无大规模之经营，出产仅供县民食用。生盐以三亚港最旺盛，合计有 70 区，每区资本从七八千元至四五万元不等，每年配运于各省的盐量约 30 万担，每担售价在二三元之间。若以崖县盐场的经营状态看，合计有 70 家（临春里 50 家，临川 1 家，榆林港 17 家，藤桥港 1 家，保平港 1 家），盐田面积，石田有 1929.88 亩，水田有 11232.017 亩，盐丁 496 人，每年年产额约 3434000 斤，其中产量较大者为临春里、永源、勤源之各 160 万斤及华兴之藤桥港 180 万斤。盐户除藤桥、保平外，全部在三亚。灶户虽有，但规模、产量均小。

（2）昌江盐场：昌江墩头盐产十分丰富，与三亚并称，而咸味之佳为海南全岛第一。全县有盐田 24 区，盐户盐商多半集中在墩头。盐户有落港 3 家，四更沙 2 家，马岑港 6 家，墩头 13 家，共 24 家；盐田面积有 996 亩，盐丁 142 人，每年年产额约 10995400 斤，就中产额以墩头永盆港有 37900 斤为最大，50 万斤以上的亦有 10 户。

（3）感恩盐场：盐户有港内 3 家，八所潭 2 家，盐丁港 7 家，县门港 4 家，桥板 3 家，共 19 区。盐田面积有 675 亩，盐丁 84 人，每年年产额 5717800 斤，其中最大的是八所潭之恒源堂 636000 斤。感恩与墩头连接之处，盐田颇多。

（4）陵水盐场：陵水沿海，土质良好，适于盐田制造，有公司 6 家、熟盐灶户 37 家、盐户 6 家，盐田面积 484 亩，盐丁 42 人，每年年产额约 1220000 斤，其中产量最大的是同妻村的裕盛，达 34 万斤。

（5）儋县盐场：儋县盐田，有盐田、沙塌、盐灶 3 种。盐田在新

---

① 　唐仁粤主编：《中国盐业史：地方编》，人民出版社 1997 年版，第 606—607 页。

英港营村一区，有水田及石田面积 32 亩；白马井福村有 15 亩。每年年产额约 3000 担。沙墕、盐灶散布于新英港北岸，户数有 209 户，墕灶数有 360 个，晒丁与灶丁共 190 人，每年年产额约 207600 斤。至于其他如新英、洋浦、干冲、光村各处，亦有盐田建立。

（6）临高盐场：以沙墕产盐最大，其生产多配运于儋、澄、琼、文、定 5 县。熟盐产于马袅，产量甚少，仅能供县民食用。墕灶所在地有 17 处、427 户，墕灶数有 1834 个，墕灶面积有 382 亩，晒丁与灶丁共 1352 人，每年年产额约 2797700 斤，其中产额最大的为乐春，有 955000 斤。

（7）琼山盐场：分东厂塔市与西厂盐灶两种，均生产熟盐。墕灶所在地 3 处，户数有 27 户，面积有 56 亩，晒丁与灶丁共 59 人，每年年产额约 1218000 斤。其他在塔市之外埠筑有 40 余亩盐田。

（8）文昌盐场：墕灶所在地 5 处，户数有 44 户，面积 245 亩，晒丁与灶丁共 188 人，每年年产额约 10000 斤。

（9）琼东盐场：墕灶所在地 5 处，户数有 32 户，墕灶数 238 个，面积为 130 亩，晒丁与灶丁共 92 人，每年年产额约 1010000 斤。唯制盐法幼稚，晒水煮盐，多以妇女从事。

（10）万宁盐场：晒水煮盐者颇多。墕灶所在地 5 处、233 户，墕灶数 233 个，面积为 348 亩，晒丁与灶丁共 699 人，每年年产额约 2330000 斤，其中产额最大的较龙山村为 700000 斤。

这 10 处盐场，共有 122 个盐公司，石田面积约 4156 英亩。墕灶数为 972 个，盐墕面积为 810 亩，灶户 46 家，每年生盐的生产量为 598465 担。盐的制法，有盐田晒盐法、沙墕晒盐法、晒水煮盐法、煮生盐法等 4 种，大部分以煮盐为主。据 1938 年海关报告，海南盐年输出额为 3379591 元，占贸易的主要地位。

还有新英港盐场，位于儋县新英港后面东边的三角洲及其附属地带，可开拓的盐田面积约 150 公顷，土质略逊莺歌海，为海南岛第二位之适当盐场。头灶村盐场，在崖县城西 6 公里的三头灶海岸，面积约 70 公顷，土质优良，与莺歌海比较毫不逊色。但面积过小，不适于大规模经营，应与三亚、榆林地区原有盐田合并。

在海南的盐场中，以崖县的莺歌海盐场、儋县的新英港盐场及崖县的头灶村盐场三处最盛。这三处不仅供应食用盐，而且以供应化学原料为主。其中最受瞩目的是莺歌海盐场。莺歌海盐场在崖县最西端之莺歌海港背面一带，以泾地原野为主，其可较盐田之地积，约有3400公顷，不仅土质良好，而且因其海都在沙丘之背，无需建筑坚固的外堤，只需改筑背面河川的一部分就可以了。莺歌海与河口远隔，如能开掘沙丘，将海水导入，周年可得浓厚的海水，极为有利。这是基于热带地区日照风吹，蒸发力强。至于输送问题，盐田终点至莺歌海港，相距仅3公里，据当时情况只须略加设备，即可驳运。据《莺歌海盐场志》载：日本在侵华前就想着手开发莺歌海盐业。1941年，三井银行董事长腾枝得一曾率日本海军特务部台湾专卖局技师山田贡来实地考察，编制了盐场的开发计划。从1942年开始，由日本海军特务部主持，会同盐业会社，在这里开展大规模的勘探，计划建设年产34万—41万吨的盐场，并抓来劳工施工修建。由于抗日武装力量的打击，工程进展缓慢。到日本投降时，3年时间只打通了一条小纳潮沟。

日本投降之后，在海口设置琼崖盐场公署，办理盐务行政及盐税征收事宜。琼崖盐场公署在1947年年底报告，海南产盐场价为每市担法币8万元，食盐税每市担为363275元，渔盐为107275元。①

运盐方法：先向盐田买足盐斤，然后通知省馆，雇租船只，依章请领程照，随同盐务处监运委员赴场配运。此项程照每张10元。监运委员的薪俸，由到差日起至回省之日止，每日3元，由盐商计日备送。船经海口，报知三亚场长，复派员随同监运。嗣抵场后，通知当地盐务分卡过秤装盐，依限配足，复由三亚分场加盖盐戳然后开行。返经海口，仍须报请三亚场长查验盖戳，将程照截角，备文投省。船抵省时，再由盐务处派员监秤发卖。如果盐斤数目少于程照，即作逃

---

① 陈植编著：《海南岛新志》，海南出版社2004年版，第215页。

税处罚。此项盐船运费，轮船为每吨 6 元或 4 元，帆船为每包 2 元。至海南岛内运盐，则由盐商向琼崖盐务局请领运照，每担缴运费 3 分 5 厘，自由采运行销。①

在 20 世纪 40 年代末，"海南岛年产量约计五万吨，除二万吨供应本岛外，余经广东及香港而转销大陆输出"。②

民国时期，财政部部长宋子文曾成立莺歌海盐场筹建组织，并向海外集资建盐场。但派到海南的工程技术人员未进行实地勘测，仅根据日本人的一些零星资料闭门造车，方案根本没法实施，更由于政局动荡，计划终成泡影。③

1946 年，广东省第九区行政督察专员兼保安司令公署统计主任苏沃求编著了一部书，名为《琼崖盐业调查》，他在"自序"中说："琼崖地处亚热带，光热特足，且四面环海，港叉极多，发展盐业的条件极为优厚。从战前琼崖进出口贸易中，已可知盐在琼崖经济地位，又从沦陷后日人之经营计划中，更可见琼崖盐业对于国防上之重要。"④ 这是一部通过田野调查写成的书，真实地反映了民国时期海南的盐业状况。

第四节　工　业

民国时期，由于军阀混战，统治海南岛的官吏走马灯似的更换。海南岛陷入了激烈的战乱之中，没有平静的环境发展工业。本来，海南岛上的工业基础就十分薄弱。日本占领海南岛时，为了侵略战争的需要，开始引进一些为其所需的工业。日本投降之后，负责接收的经济部门不懂业务，因而再次摧毁破坏，致使海南工业更加一蹶不振。现择较为重要的数项叙述如下。

---

① 陈铭枢总纂、曾蹇主编：《海南岛志》，海南出版社 2004 年版，第 397 页。

② 陈植编著：《海南岛新志》，海南出版社 2004 年版，第 215 页。

③ 陈铭枢总纂、曾蹇主编：《海南岛志》，海南出版社 2004 年版，第 377—398 页。

④ 中国第二历史档案馆、海南省档案局编：《海南民国档案资料选辑》，海南出版社 2013 年版，第 7295 页。

一、制糖工业

土糖（赤水糖）是海南岛上重要的土特产，其经济价值仅次于盐。汉代兴起制糖，但制糖多土法。以两大石轴竖立于地，使其间留相当距离，用两牛拖转，置蔗束于轴间压榨。压出"糖蜜"，放在锅里煎熬，然后倾于槽内，使凝结成块；俟稍硬，裁割成片，称为糖片。此种糖片，儋县东坡村所产最为著名。若欲制白糖，则稀煮蔗汁，然后倾于糖漏，静置一月，则成白砂糖。其产品以崖县西部所产最佳。清代以后，制糖业几乎遍及海南全岛。土糖除居民食用外，还大量销往岛外。现以1924年至1928年这段时间为例，列表如下。

各县糖房及产量表

县　别	糖房数	产量（担）	每担价格（元）
琼山县	—	25000	5
澄迈县	—	10000	4
临高县	16	11600	4
儋县	116	15000	5
万宁县	—	40000	5
陵水县	60	40000	4
崖县	—	45000	4

资料来源：陈铭枢总纂、曾蹇主编：《海南岛志》，海南出版社2004年版，第418页。

1924—1928年海关糖之输出入口数量表

年　份	出口量数（担）	价值（两）	入口数
1924	111353	734487	—
1925	60796	388714	35718
1926	11034	56163	19028
1927	19526	121452	33199
1928	15851	—	28074

资料来源：陈铭枢总纂、曾蹇主编：《海南岛志》，海南出版社2004年版，第418页。

又据海口商会统计，土糖在抗战前的产量，1933年计46340包，1934年计43537包，1935年计49812包，1936年计77075包（每包计1.5担），又比前几年有所增加。日本占领海南岛后，对海南制糖业十分重视，除推广甘蔗优良品种外，并在适宜甘蔗栽植的区域分设制糖工厂。其情况如下表。

制糖工厂	所在地	所用机械	日产量
明治制糖株式会社海南事务所	中原	石臼2部。	7000斤
	感恩	内燃机3部，直流发电机压蔗机2部，还有柴油发动机、牵引机、煮沸锅等。	2万斤
盐水港制糖会社	琼东	苗式糖房1套。	—
	加来	压蔗机1套、煎糖机1套。	—
	白莲	制糖机1套、榨油机1套。	120吨
	龙塘	压蔗机1套、煎糖机1套。	60吨
日糖兴业株式会社	儋县	80匹马力内燃机及压蔗机1套，45匹马力内燃机各种引擎9部、煎糖锅、制糖机等。	—
	那大	50匹马力内燃机及压蔗机1套，煎糖机及制糖机1套。	—
三井农林株式会社	藤桥	新式制糖机器1套，各有压蒸及制糖之设备。	—

资料来源：陈植编著：《海南岛新志》，海南出版社2004年版，第208—209页。

这些糖业，在日伪时期已经开工，抗战胜利之后，除三井农林、藤桥农场由国民政府农林部接收外，其余的均由经济部接收。而接收后即告停顿，无人过问，一直到新中国成立前夕。

二、造船工业

20世纪20年代，私人小工业户"琼南兴"曾修造一只小型机动铁船。在解放前，海南的船舶（主要是木帆船、风帆船）修造，由船老板（船主）雇用工人手工制造。沿海市县如崖县（今三亚市）的英海、港西、南海等地以及海口、琼山、临高、文昌等地，有大小不等的造船作坊，一般能制造 5—6 吨、大到 15 吨的木帆船。[①]

据陈植的《海南岛新志》所载："日本占领海南岛时代，在榆林设立大日产业株式会社造船所（简称大日造船所），共有船台 3 个，是解每年建造轮船 6 艘之需。海南孤悬海外，船只修理实为切要。海军修理工厂业已复工，300 吨左右之轮船入坞修理绝无问题，且其零件亦可自由配制。嗣后往来海南船只，如遇损坏，当可从容修复，不致手足无措。"[②]

三、制皮业

皮革是海南输出物资的大项。1928 年以前，在海口有制皮工厂 22 家，资本多者二三万元，少者三四千元。所制之皮，除供海南本岛用外，亦多输出。

上列输入皮料，为磨光、漆光、金漆色等熟皮，而输出者为粗制熟皮。虽输入不巨，但工制不良，于此已可概见。除输出熟皮外，生皮之输出亦年达 2.5 万担以上。有此丰富原料，若能将制法改善，当为一极有希望之事业。[③]

除以上三类影响较大的工业外，其他的还有机械工业、油业、罐头业、窑业、炭业、火柴工业、天蚕工业、制药工业、印刷业、织造业、鞋业、竹器业等等。民国时期的海南岛，手工业已普遍开花，但规模不大，其产品多数在岛内自产自销，满足岛上居民的需求，多余的或属于特产类才销往岛外。

第五节　林　业

海南岛山岳崇峻，气候炎热，植物易于滋长，尤适树木发育，且四

---

① 海南省地方志办公室编：《海南省志·交通志》，南海出版公司 2010 年版，第 425 页。

② 陈植编著：《海南岛新志》，海南出版社 2004 年版，第 203 页。

③ 陈铭枢总纂、曾骞主编：《海南岛志》，海南出版社 2004 年版，第 420 页。

面环海，常受强风，故树木抗力特强，所产木材质性坚密，富耐久力。

海南岛森林郁茂，为百粤之冠，全岛几乎遍布森林。木材以石枳、苦枳、坡櫑、天料、荔枝、胭脂为最著，皆为硬耐力之上品。

海南岛的森林采伐属于放任状态，沿海沿河经常采伐，森林全无。山区采伐，亦不知保护幼株或植栽新树，故林区有减无增。

民国时期，海南森林虽经摧残，但仍有相当基础，林区经过调查的有约88.7万亩，未经调查而经认为蕴藏丰富的有大、小吊罗山林区，天然森林保存已经数百年。又有黄流市附近山区，森林亦茂丰可观。①

西谚云："无木之荒，不啻无粟。"民国时期海南岛的林政，向来失修，但其木材产量，每年仍值数十万元法币。陵水藤桥，每年输出木材，价值10万余元法币。保平、板桥、北黎，每年输出值三四万元法币。海口的木商，1933年有10家，每年经营额达十余万元。兹将1927年琼海关分卡关于木材的输出数，列表如下。

木材类型 \ 县别	崖县	陵水	乐会	北黎
格木	101 条	400 条	251 条	3645 条
什木板	375 块	397 块	547 块	906 块
香楠板	89 块	116 块	—	314 块
荔枝木	138 条	1329 条	—	34 条
车心木	3142 条	2465 条	—	506 条
红罗板	342 块	731 块		16 块
鸡簪板	76 块	2338 块	266 块	10 块
青梅枋	311 条	4714 条	—	190 条

---

① 中国第二历史档案馆、海南省档案局编：《海南民国档案资料选辑》第十一册，海南出版社2013年版，第7072—7073页。

又据琼海关1932年至1935年的木材及其制品输出价值，统计如下。

1932—1935 年海南岛木材输出统计

年份	1932	1933	1934	1935	两项输出平均
国外	30733 元	6290 元	735 元	792 元	1195 元
国内	744 元	160 元	1431 元	3495 元	1195 元

依上表看来，平均每年木材及其制品的输出价值达 1195 元，由此可见天然林产之一斑。此外，森林副产亦极重要。计海南岛的森林副产，主要者有藤、香木、楮皮、茶叶、天蚕、鹿茸、麋皮等。藤有黄藤、白藤，蔓生于森林之中，为制柜、椅、箱、笼各种家私用具之用。黄藤每担值 15 元，白藤每担值 10 元，均运销广州、香港。香木混生于各林之中，所产之香，每担值 40 元至百元不等。茶叶产于五指山附近，每斤值 4 角，每年年产额值二三千元法币。天蚕食三角枫及樟树叶，产丝曰野蚕丝，又名鱼丝，供钩用（现在用途广泛，如飞机之跳伞、医学上之伤口缝线），每担值 1300 元法币，每年年产额为四五十担，共合约 6 万元法币。其他如鹿茸、野桂皮、麋皮等，均各产额不少，皆集中在岭门运销海口或转运各地，每年出口交易，总数为 10 余万元法币。[①]

第六节　商业与金融业

一、商业

第二次鸦片战争后，1858 年，琼州被辟为通商口岸。洋货的大量涌入，致使海南岛的手工业及民族工业受到严重冲击，岛上商业也陷入低谷。1911 年辛亥革命之后，岛上商业一度慢慢复苏。1926 年，海

---

① 林缵春著：《琼崖农村　海南岛之产业》，海南出版社 2016 年版，第 109—110 页。

口设市，商业开始趋于相对繁荣，全市有商店 600 余家。

众多的华侨和国内商人（坐商）开店铺，办实业，设公司，主要以南洋和港澳及沿海地区为主要目的地的贸易往来较为频繁。

《海南岛志》中记载了海口独立设市后，骑楼街区的商贸盛况："面积约二十六方里，人口四万五千有奇，有商店六百余间，商务以第一、第二区为盛，而尤以中山路、北门路、四牌楼、新兴街、得胜沙等处最繁荣。主要之工商业，以布匹、洋杂货、制鞋、椰壳雕刻、木壳、棉纱、海味、九八行、香港庄、五金行、纸料、猪牛出口及汇兑等业为多。"

20 世纪 30 年代末，海口市商会会员达到 1000 户。商会热心助力社会慈善、公益事业，设养子堂、办五行学堂、建惠（爱）中医院、创长春学校、设环海菜市场，抗战前组织了维持治安的商团和消防队……

据琼崖实业调查团于 1932 年 5 月对海口商业的调查，海口商业发展至 35 个行业，商店有 572 家。其中，经营土特产进出口业务规模最大的商号有"梁安记""云旭记""邱厚生"，布匹业规模较大的商号有"运安行""精华公司""裕大公司""远东公司""富记""富源长"等，医药业主要有"广德堂""广惠药房""张天元"等，饮食业有"王昌行""琼南酒楼""中国酒家""长安酒家"，制革业规模较大的商号有"元美隆""松茂泰""深记""明裕"，纺织业有"陈锦兴布厂""梁锦源布厂""陈南记毛巾厂"，酱料业有"广珍酱园""协丰酱园"等。①

1939 年，日军占领海南岛后，以海南"为日本南进政策之基地"，指令军事性质财团 73 家，先后投入 6 亿日元资金，开办带有经济性质的企业 154 家，重点开发矿业、林业、农业、畜业、食品工业和交通运输业。日本垄断海南贸易，进口逐渐减少。尤其是太平洋战争爆发后，除日货输入海南外，海南与国际的贸易几乎中断。伪琼海关主要为日货倾销入岛和本岛铁矿以及其他土货抢运出岛服务。直至 1945

---

① 欧阳卉然主编：《沧桑巨变八十年》，海南出版社 2006 年版，第 75 页。

年 8 月抗日战争结束，海南以来往广州、湛江、北海、香港等地的货物贸易居多，也有少量的货物贸易于南洋地区和其他国家。如 1947 年，琼海关每月监管的进口货物约 2000 吨，进口主要是美孚和亚细亚的汽油、机油、煤油，其他货物因受许可证的限制，极少直接输入。

由于商品对大陆及外洋的流通，在海南全岛各地，企业、公司纷纷成立，经营各种商品。据陈植编著的《海南岛新志》中所载 1947 年海口市商业状况调查表，仅海口市就有厂商 46 家。其中，海南企业公司为华侨及琼崖人士集资创办，经营琼崖诸多经济事业，负责人是冯蔚轩；精华公司及裕大公司是海口资本额最大的商号之一，经营洋杂布匹，负责人分别是莫秋怀和颜俊臣；万兴米厂为海口规模最大的米厂，并购置机器制造白糖，行销海口各地；海南旅行社是由华侨及各界人士资本组设，经营旅店业。其他公司的业务，多数经营洋杂土杂、洋杂布匹、土产、药材、木料、书籍等业务。

二、金融业

在商业流通的同时，金融事业也相继发展。

民国时期的银行业：1914 年，在海口市得胜沙成立琼州中国银行，以前由上海中国银行直辖，专门代理琼海关收存税款事宜，1921 年改归香港管辖。1928 年 6 月，成立中央银行海口分行，隶属广州中央银行，为国家金融机关，兼代理分金库汇存转解南全属各县税捐钱粮各项公款。此外，还有华侨出资创设的琼崖农工银行等。

三、侨批业

侨批业俗称批局、批馆（批指有汇款的信件），别名民信局。它是随着华侨赡家汇款的需要应运而生的，是由水客发展成为专门为侨胞收取信款的企业，是以经营侨汇为主的民间金融机构。

琼州华侨"宋代已有"，明代后逐渐增加。清咸丰年间，清政府和英国签订《天津条约》，琼州辟为商埠。由于帝国主义的入侵，琼州沦为半殖民地半封建社会，沿海地带的农业和手工业备受打击，破产农民和失业手工业者日益增多，生活难以维持，成批地漂流到星加坡（今新加坡）、暹罗（今泰国）等地谋生。民国以后，琼州的旅外华侨更多。据 1947 年各侨居地区当局发表的材料统计,有旅外华侨近 29 万人,琼州成为华侨之乡。华侨为了养活国内的父母、妻室、儿女,省食节衣寄钱回来。为适应侨胞赡家寄款的需求,专门从事为华侨带钱物、捎信件的水客产生。每逢春节、端阳节、中秋节来临,水客便向侨胞收钱物、信件,并收取一定数额的手续费,将收来的钱物、信件带回家乡交给侨胞的亲人;或将收来的钱就地购买物资运回国内销售,然后将款解付给侨胞的眷属。清光绪年间,海口有张运吉、张运显、庄家就、陈寿卿等人以水客为业。随着侨胞的增加,汇款的人及汇款数额增多,水客已不能应对大批的汇款,于是侨批局遂适应情况的需要而兴起。

琼州华侨多旅居星加坡(今新加坡)和暹罗(今泰国),所以,人们将琼州的侨批局统叫星暹信局。由南洋各地汇入琼州的侨汇,先汇到海口,然后才转汇到各县镇,海口成为琼州侨批的总汇。各县镇设有汇驳店号,以便将侨汇送到侨眷家中。

星暹信局在星洲(今新加坡)、暹罗(今泰国)、安南(今越南)各埠设批局,在小城镇设代理处,相应地在海口设联号。星暹批局办理华侨汇款,分为内付和外付两种。内付系由汇款人购买批局汇票,附在信中寄回,侨眷到国内批局提款,这种内付汇款称为票汇。外付系由汇款人在信局特制的信封左方写明所汇款数,将款交批局寄回,又叫信汇。一般都用信汇。批局接收华侨汇款有三种形式:一是派员到侨胞居住地接收侨汇;二是由侨胞的企业主预付,待到月底发放薪水时扣还;三是侨胞直接将款交给当地侨批局,由当地侨批局转回国内侨批局解付。华侨到批局汇款大多数是边交钱边办手续,但也有由批局代垫付,以后凭侨胞亲属的回信索回汇款的。信局收到汇款后,按外币时价折成银圆或法币,同时开具三联汇款单证:一联为收据交给汇款人,一联为存根留在批局,另一联(附回文信封信纸)寄回国内的经理人作为国内批局付款单据。国内批局收到汇款后,由侨批员将款径送侨民家属,索取回信附去南洋批局交给汇款侨胞。

琼州侨批局创始于光绪八年(1882 年),设在海口,仅有一家。

光绪八年至宣统二年（1882—1910 年）期间，海口有元成利、泰兴号，是早期的侨批局。民国以后，南洋经济兴盛时，侨汇最高数额达光银 2000 余万元；经济不景气时，有五六百万元；一般情况下，年均有 1000 万元左右。1928 年后，侨批业发展较快，海口有平民栈、益昌隆、泰昌隆、泰原、中民、阜成丰、钱泰、实安泰、信安、泰兴、信成、琼源通、东南庄、珍发兴、泰安、琼源昌、信隆、同泰兴、会昌兴、荣安泰、琼海丰、琼源兴、裕成兴 23 家。在文昌、琼海、琼山、那大等城镇都设汇驳批店，文昌、琼海侨乡尤为发达，各有 40 余家之多。到 20 世纪 30 年代末发展为 55 家，其中有银铺、找换钱店兼营者。日本入侵琼崖，继而占领暹罗、星加坡等地后，华侨财产被劫掠，无数华侨破产，侨汇停顿，侨批业随之停业。抗日战争胜利后，1946 年有 45 家侨批局恢复侨汇业务。此后，由于法币恶性膨胀，汇价波动，侨汇牌价与市价相差很大，海外侨胞多托人携带外币回来，侨批局的业务趋于冷落。据 1948 年统计，海口有大亚、琼盛、泰源丰、福昌、和记、广丰利、泰南隆、同安泰、汇通庄、裕安泰、永茂祥、泰兴隆、琼汇通、源昌盛、光亚、美兴、广南、绵和、永记、聚合兴、陈益泰、王会昌、精华、广裕、广源、阜成丰、永源丰、裕成、琼盛、恒安泰、鸿安泰共 31 家。这些侨批局多兼营他业来维持。

华侨爱国爱乡，侨汇是民国时期海南赖以平衡对外贸易收支的重要经济来源。侨批局在沟通侨汇、服务侨胞方面发挥了极大作用。[①]

海南出国华侨甚众，侨乡的侨汇是人民生活的主要来源。由于侨资的流入，汇兑业也相应而生。如文昌县清澜港商埠，在县东南 25 里处，地势平衍，濒海，毗连陈家市对面的马头埠。港水深而阔，可容多船达各港。前此士商外出，多由海口候轮。该轮泊在大洋中，风涛险恶，搭客寒心。1913 年，内地绅商偕华侨在此港组织商埠，省督准请立案。筑围基、石堤，造铁板货仓、商场，已立基础，异日建造铺户。船依码头，浪静波平，上落尤便，不惟邑人之利，尤交通

---

① 以上资料来源均见海南省地方志编纂委员会编：《海南省志·金融志》，南海出版公司 1993 年版，第 33—43 页。

琼、乐、万、崖、陵，商民咸赖之。① 海南全岛对外汇以海口市为总汇，全市经营汇兑的有 24 家，多数还兼营其他业务。每年汇兑总额 3000 余万元。各地汇总情况，文昌、嘉积及那大三处均有兼营汇兑的机构，但汇兑范围仅限于往来海口市。如文昌人士在南洋经商，每年汇返之款有七八百万元，必先汇至海口，然后转回县。计全县兼营汇兑业者五六十家。

四、海南流通的货币

20 世纪韩海京等主编的《海南历史货币》，给笔者提供了有关海南货币流通的丰富资料，书中所搜集的民国时期纸币样本，弥足珍贵，所记录的货币流通概况，颇详细。书中写道：

> 我国是世界上使用纸币较早的国家，自宋代已开始使用。但古代纸币仅是代表金属货币的符号，而且都是政府为解决财政困难，发行不兑现的纸币，由于越发越滥，导致通货膨胀，纸币贬值，最后都以失败告终。清末民国初，新式金融机构——银行产生，才出现银行兑换券、流通券，直到产生国家中央银行发行的法定货币。

> 民国时期海南岛货币市场流通的纸币，俗称"银纸""钞票"。民国初，市场流通的货币十分混乱，这是由于封建军阀割据局势动荡不定而造成的。市场流通的纸币随着军阀混战的胜败而决定其命运，"兵胜券存，兵败券废"。直至第一次国共合作，进行北伐战争，国民党南京国民政府建立后，统一全国币制，发行法币，才开始出现短暂的货币统一局面。但地方纸币也屡见不鲜。纵观民国时期，海南市场上流通的纸币有：国家银行发行的兑换券法币、关金券、金圆券、银圆券；有广东省银行、海南银行发行的地方流通券、银圆券；海口市及各县商会发行的"辅币券"。这一时期的纸币是多头发行的纸币。

---

① 李钟岳等监修、林带英等纂修：民国《文昌县志》卷一《舆地志·港澳》，海南出版社 2004 年版，第 49 页。

1. 国家银行发行全国通用的纸币

（1）中国银行兑换券

1914年11月，琼州第一家国家银行中国银行琼州分号成立（后改为"琼州支行"），由广州中国银行拨付印有"琼"字地名章的1元、5元、10元面额的银行兑换券（也称"光洋券"）40万元，后陆续发行，当时在市场的流通额为六七万元。1916年，因受南北分裂、广西独立等影响而发生挤兑风潮，货币贬值，于1917年陆续收回。1928年以后，发行中国银行上海总行印制的国币（称"申钞"）。流通到1942年7月，国民政府财政部实施《统一发行办法》，发行权集中于中央银行，以后不再发行。

（2）国民党政府的法币

1933年"废两改元"后，国内货币有各式各样的银圆和各省发行的纸币，杂乱不堪。国民党政府为了统一全国货币，于1935年11月3日颁布紧急法令，实行法币政策，规定以中央银行、中国银行、交通银行（后加入中国农民银行）所发行的钞票为国家货币，简称"法币"。法币同银圆脱钩，禁止白银、银圆在市场上流通，强制白银收归国有。当时统治广东省的陈济棠，抵制南京国民党政府的法币政策，以广东省银行的大洋券、银毫券和广州市立银行的纸票为广东"法币"，不准使用银圆、银毫和私藏白银，并饬令广东省银行以广东"法币"收兑银圆，在各县普设站点收兑，在琼崖收兑银圆416400元、银毫6225元。1936年7月，陈济棠兵败下野，南京国民党政府的法币才在海南市场流通，广东省银行的银毫券以1.44折合法币1元的比率陆续收回销毁。

实行法币制度统一全国货币，在抗战初期对战时经济发挥了一定作用。但到抗日战争胜利后，国民党政府发动反共、反人民的内战，军费支出庞大，实行通货膨胀的货币政策，货币发行失控，通货膨胀与物价上涨形成恶性循环，法币严重贬值。在1941年以前，海南岛商民对法币信赖，流通额约300万元。而抗日战争胜利后，中央银行海口分行从1946年6月至1948年6月，两年间净发行的法币就达4905.36亿元之巨。以 1946 年 6 月的净发行数为基数,发行指数达 577 倍。同时期海口市的物价,白米每石由 12 万元涨至 2422 万元,生油每斤由 12.5 万元涨至 4500 万元;猪肉每斤由 16 万元涨至 5000 万元,物价上涨幅度平均在 300 倍以上。由于法币迅速贬值,失去信誉,海南货币市场以银圆、港元、美钞、叻币作为价值尺度和交易媒介。1948 年 8 月,国民党政府再次进行"币制改革",废止法币,发行金圆券。据不完全统计,中央银行海口分行收回销毁的法币为 3426 亿多元。

(3) 关金券

1931 年 5 月,国民党政府发行一种"海关金单位"的关金兑换券,供缴纳关税之用。1942 年 4 月,1 元关金折合法币 20 元,同法币并行流通。抗日战争胜利后,法币严重贬值。国民党政府发行伍佰、壹仟、贰仟、伍仟、壹万、贰万伍仟、伍万、拾万、贰拾伍万大面额关金券,替代大面额法币,以致市场上拒用万元以下的法币。自发行金圆券后,关金券停止流通。

(4) 金圆券

鉴于法币、关金券信用完全丧失,国民党政府于 1948 年 8 月 19 日,以总统紧急命令的方式颁布《财政经济紧急处分令》《发行金圆券办法》,由中央银行发行金圆券,主币有 1 元、5 元、10 元、20 元、50 元、100 元等 6 种,辅币面额有 1 角、2 角、5 角等 3 种。规定以金圆券 1 元折合 300 万元的比率收兑法币,从 8 月 23 日至 11 月 20 日为海南收回法币的期限。同时,限期强制收兑商民手中的黄金、白银、银圆、外币,规定黄金每两兑给金圆券 200 元,白银每两兑 3 元,银元每枚兑 2 元,美钞每元兑 4 元,港币每元兑 0.75 元。中央银行海口分行从 8 月 23 日开始至 11 月底,收兑了黄金 652276 市两、白银 10151.30 市两、银圆 141493 万元、美钞 7312 万元、港币 1800968.4 元。这是国民党政府用所谓的金圆券货币,强制从海南人民手中赤裸裸地抢去的硬通币。但金圆券发行不到 3 个月,市场物价突破限价,只好开放限价,公布《修正金圆券发行办法》,宣布金圆券贬值 80%,废除原定 20 亿元的最高发行限额。接着,中央银行海口分行发行 500

元、1000 元、5000 元、1 万元、10 万元、50 万元、100 万元等面额的大钞。据该行的发行统计，从开始发行到停止流通的短短 10 个月间，发行总额达 1144.4 亿元。同时，市场物价也迅猛飞涨，如白米每市石从 1000 元上涨至 80 亿元。1949 年 4 月南京解放，国民党政府迁来广州，海南货币市场出现"公营事业暨税收机关改收银圆后，市面交易自 5 月 25 日起，均以银圆、铜圆及外币收付，对于金圆券大小一律拒绝使用"的状况。同年 7 月，代总统李宗仁发布《银圆及银圆券兑换发行办法》。中央银行分海口行以银圆 1 元兑金圆券 5 亿元，收回销毁金圆券 2442 亿元。

（5）银圆券

1949 年 7 月 4 日，国民党政府发布施行《银圆及银圆券兑换发行办法》，恢复以银圆为单位。在广州发行中央银行银圆券，面额有 1 元、5 元、10 元 3 种，并由中央银行发出公告，规定金圆券 5 亿元可向中央银行兑换银圆券 1 元。由于国民党政府的币制改革屡失人心，加上国民党的统治已根本动摇，商民一般都拒用银圆券。据中央银行海口分行调查估算，在海南市场流通的银圆券约 8 万元。1950 年海南解放，银圆券才停止流通。

2. 地方银行发行的纸币

（1）粤南实业银行大洋券、毫洋券

1925 年，广东军阀邓本殷割据粤南，兵驻琼崖，设立粤南实（工）业银行，发行大洋券、毫洋券。1926 年 2 月，国民革命军平定邓本殷部后，粤南实业银行停办，大洋券、毫洋券作废。

（2）中央银行（广东）海口大洋券

1926 年 2 月，国民革命军平定了琼崖军阀邓本殷后进驻琼州。3 月，发行中央银行（广东）加盖"海口"地名的通用大洋券，面额分为 1 元、5 元、10 元 3 种，在市场上流通颇受欢迎，称为"革命纸"。1928 年由中央银行（广东）海口分行陆续收回，由中央银行（上海）发行的国币兑换券兑换。此外，1929 年，发行了一种中央银行（广东）大洋辅币券，面额有 1 角、2 角半、5 角等。

（3）广东省银行海口大洋券

1932年，广东省银行海口支行发行印有"海口"地名的大洋券，面额分为1元、5元、10元3种。此外，还有1角、2角、5角3种大洋辅币券，流通至1937年停止。广东省银行以1.44元兑换1元法币的比率收回。

（4）琼崖区流通券

1940年6月，广东省银行琼崖办事处为了解决抗日战争所需军政经费，根据1939年4月国民政府财政部第二次金融会议的决议，为节省法币，防止日伪以法币套换外汇，经国民政府财政部批准，发行由广东省九区行政督察专员吴道南、琼崖守备司令王毅、丘岳宋等3人签名的琼崖区流通券，海南称之为"王毅纸"，由香港印刷，面额有2角、1元、5元3种。据资料统计，发行额达700万元。流通券与法币同值，在琼崖区内（含游击区）流通。抗日战争胜利后，由广东省银行收回，停止流通。

（5）海南银行银圆票

银圆票全称"银圆兑现券"。1949年，海南特别行政区长官公署长官陈济棠筹建海南银行，由海南银行发行香港印刷的银圆票520万元，票面分为辅币2分、5分、2角、5角4种，主币1元、5元、10元3种（5元、10元券因海南解放未及发行）。银圆票的发行，用广东第一造币厂在海口铸造的仿袁头九年版、孙头纪念币及孙头帆船三种低色银圆作为兑现准备金，以等值银圆兑现。1950年2月28日，海南防卫司令部、海南特别行政区长官公署发布《安定海南岛金融办法》，其中第（五）、（七）条规定："在本区内中央、省、地方机关、学校、部队等一切支出均以银圆票支付"，"交易买卖一律以银圆票为兑收标准，禁止黄金、外币在市面行使"。由于国民党政府江河日下，政权摇摇欲坠，虽命令强迫流通行使，但遭到商民的抵制，银圆票流通不广。据资料统计，1949年12月市场流通47209元银圆票，1950年1月为84299元，1950年2月为332397元，1950年4月22日为81436元。至海南全部解放时，市场上仍有8万余元，新中国成立后作废。

3. 县、市商会发行的辅币券纸币

1938—1939 年,海南市场流通法币。由于市场流通的辅币少,交易不便,收付困难,海口市、文昌县等地商会曾发行过 1 角、2 角等面额的地方辅币券,至日本侵略军占领琼崖后停止流通。此外,海南岛解放前夕,海口市商会和国民党琼山县政府成立"海南岛府海义勇警察经济筹给委员会",发行专供警察购米、保障生活的"米代金券",面额 1 元,新中国成立后作废。[①]

五、海南商会及会馆

英国的李约瑟说:"中国的商人之间还是有很多互助合作的,中国的商会尽力设法保护它的会员们的利益。有一次,我在福建长汀,很愉快地住在一所很华美的旧式旅馆里,里面有亭台楼阁,画栋雕梁,甚为精雅,原来这就是一个商业公所。在那里接待各处来的客商,前来办理输销购业务,所以,中国的商会也是社会上的一部分团结力量,只是它不像欧洲的商会那样具有政治上的重要作用。"[②]

会馆是明清社会政治、经济、文化变迁的产物,随着人口的迁移、生产力的发展,为商业贩运的物资流通提供了交流互助的有利条件,是同籍人聚集的场所,是同乡人在客地设立的社会组织。清康熙年间,已有广东、福建等地商人在海口、琼海各地设店经商,成立商行及会馆。从清末至民国时代,各行业为了联络乡情、维护同乡利益,相继设立会馆。据海口市工商史料编写小组所叙述的,有下列几大商行及会馆。

1."福建行"

"福建行"由泉州、漳州、厦门、福州等地商人开设的商号组成,以经营茶叶、凉果、干菜、烟丝、京货等为主。

他们在白沙门上村先设漳泉会馆,后于水巷口路(今海口市第五

---

① 韩海京主编,张书斋、温先评副主编:《海南历史货币》,中国金融出版社1992 年版,第 13—16 页。

② [英] 李约瑟:《四海之内》,劳陇译,生活·读书·新知三联书店 1987 年版,第 49 页。

小学）设福建会馆。会馆先后由邱景祥、陈济川主持。邱景祥于博爱北路开设邱厚生店经营进出口业务，又于中山路设邱厚生米店，因善于经营，发展成为海口市三大富商之一。陈济川于中山路开设陈嘉庚公司，先当海口市商会第一届执行委员会常务委员，继当第二届商会副主席。

2."潮行"

"潮行"即潮州行，由兴宁、潮州、澄海、汕头等地商人开设的商号组成。进口以经营陶瓷、菜种、茶叶、锡薄、潮货、棉纱、布匹为主，出口经营赤糖、槟榔、药材等。从清末、民国初年至抗战前，较著名的商号有：林发利，地点在博爱北路，主持人林云阁，曾当海口市商会第一届执行委员；振裕兴，地点在中山路，主持人卢逸梅；和成号，地点在中山路，主持人王卓仁；源丰发，地点在中山路，主持人陈方舟，曾当海口市商会第一届执行委员；裕成丰，地点在博爱北路；亨成号，地点在中山路。抗战胜利后又增多了六七家：林兆祥，地点在新华南路，主持人林孝逊；两丰号，地点在博爱南路，主持人许扬林；联兴庄，地点在新华北路，主持人黄成标；琼安庄，地点在中山路；万祥行，地点在得胜沙路；吴大华，地点在新华南路。

"潮行"于白沙门先设兴潮会馆，后于解放西路设潮汕会馆，即现海口市公安局内。会馆规定：经费来自本行各商号，按进出口货物计算，每件缴交光银2角。这个数字相当可观，会馆收入很多，因此先后在中山路、新华路、解放西路和振东街共购置铺宇16间，还接办了一间小学——潮海小学，地点在西门外。会馆主持人采取轮流制——每年换一家商号。最后一任是联兴庄。

3."广行"

"广行"以经营纸料、香炮、药材、丝绸、布匹、广货为主。商号中著名的有：正合号，地点在博爱路，主持人谭志忠；正益号，地点在博爱路，主持人谭金；正兴号，地点在博爱路，主持人谭富成；正安号，地点在博爱路，主持人谭富顺；正昌号，地点在博爱路，主持人谭安业；正利号，地点在博爱路，主持人谭耀垣；正祥号，地点在中山路，主持人谭均甫。这7家商号的主持人均为谭氏，都是佛山市人，铺宇宏大，实力雄厚，善于经营，因此业务蒸蒸日上，被誉为"海口七正"。

"广行"的会馆，设于博爱路（今青联商场和工商银行），名曰"五邑会馆"。五邑，是指南海、番禺、顺德、新会、东莞5县。后来，中山县有商人来海口开设光兴参行，地点在中山路，主持人姓黄，要求加入会馆，故当时有"五邑加一户""五邑会馆六邑人"等趣话。会馆不收个人，只有股实的商号才能参加。"五邑会馆"的主持人，由上述"七正"轮流担任。

解放战争后期，由于国民党军队节节败退，国民党大批军政人员撤来海南，其中有不少是肇庆人。在这些人的压力下，把"五邑会馆"改为"广肇同乡会"。

4."南行"

"南行"指的是海南籍商人所经营的商号。商业方面，他们经营土特产进出口、布匹、百货、旅店、茶楼、酒馆等。工业方面，有小五金生产、纺织业、制革业、印刷业、制鞋业、皮箱业、铸造业等等。

"南行"中，最早的是琼山、澄迈牛皮业商人设立的敖峰会馆；往后，文昌商人设文昌会馆于中山路（今海口市医药公司）；海府、琼海等各市县商人，则以中山横巷的天后庙（今华侨商店后边）为活动地点。会馆的主持人先后有：王绪祺，琼山县府城人，主要职业是律师，也是永泰和副食店的股东之一（其弟王少轩是该店主持人，是海口市商会第一届执行委员）；张徽五，是福就号（经营土产进出口、九八业）的主持人，当过一任海口市商会的主持人；陈礼运，琼山县府城人，开设永生号（米谷业）于海口市义兴街，当过一任海口市商会的主持人；陈为智，开设陈三益布匹店，曾当海口市商会第一届监察委员。

5."高州行"

"高州行"多经营烟叶、竹器、缸瓦、葵扇、铁锅、小五金等。

高州会馆设于海口市义兴街，今海南物资局宿舍内。会馆的主持人，开始是万隆号的主持人，后来是南安号的主持人刘伯和。

一般地说，各行都有过兴旺发达的高峰期。早期，福建、潮州商人是以经营管理之能而来的，因此兴旺发达较早。中间兴起的是"广行"，他们有可靠的大后方——全国四大名镇之一佛山镇的同业（如染纸业、纺织业等）为援，使得20世纪20年代，市面上人们在谈及"五行"时，较为普遍地作这样的排列：广、潮、南、建、高。接之而来的是"南行"。由于时代的变化，又有天时、地利、人和、语言等方面的优势，从20世纪20年代后期起，"南行"进入高峰期。它们中的"安记""旭记"，便是海口市数一数二的大商行。

上述各行会馆，先后于清末民初期间设立。会馆的性质，既带有封建行会性，又相当于商会或公会这样的群众团体。①

这些会馆各有自己的地方特色，为了争取在贸易竞争中处于有利地位，在地方举办各种慈善事业及文娱活动，对地域的政治、经济、文化，尤其是民国时期的海南岛与大陆文化及社会风尚起着互相渗透的作用。

第七节　邮电通信

一、邮电通信

继清代邮政分局之后，邮电业务重新启用。

1912年，邮区重行划分，琼州邮政分局改为琼州一等邮局。

1913年12月，全国划分为21个邮区，每省设一个邮务区，琼州邮局为广东邮务管理局辖下的一等邮局，法国人阿杜次任局长。先后有法、英、葡萄牙籍等7名外国人担任过局长。局内员工增至6人。

1915年，琼州在广东全省率先开办琼州（海口）经定安至嘉积的委办汽车邮路。

1916年，琼州海峡海底电缆被割断，琼州同大陆的有线电报通信停办。

---

① 中国民主建国会海口市委员会、海南省海口市工商业联合会编印：《海口市工商史料》，1989年4月，第17—22页。

1917 年，琼州一等邮局从琼州海关宿舍搬出，先在法国领事馆（今海口沿江一西路尾，原水泥厂码头附近），后又搬到得胜沙路 8—12 号办公和营业，员工增加至 8 人。

1923 年，琼崖电话总局在海口成立，初期有用户 10 余户，多为军政机关使用。

1924 年，琼州一等邮局改由中国人余泽筠担任局长，从此结束了外国人把持琼州邮政的历史。此时，琼州各县有邮局 5 处，代办所、信柜 130 余处。

1926 年，琼州邮局收寄与转发的普通函件达 735710 件，挂号函件有 4857 件。

1927 年，在海口饶园（今解放路和平电影院处）设琼州电报分局。1936 年，全局有员工 12 人，局内成立中共地下党支部，局长力伯皖、事务员杨文秀、报务员陈泸郎均系中共地下党员。海口沦陷期间，日军在海口设立电报局，岛内与榆林、嘉积、北黎通报，岛外与中国香港和台北、日本大阪通报。抗战胜利后，复设海口电信局，可同广州、湛江、茂名、钦县、香港及榆林、嘉积、北黎通报。

1928 年 2 月 4 日，邮局改为按所在地命名，琼州邮局设在海口市的琼山县，故改名为海口（琼山）邮局。因业务缩减，从一等邮局改为二等甲级局。

是年，南区善后公署成立，对海南全岛电话厉行整顿，全面修复、架设岛内电话线路。广东省南区善后委员会成立后，准许一般商民自由挂号安设电话，电话用户有所发展。

1929 年，琼州电报分局改名为交通部海口电报局，局址迁到大英山祖庙。

1930 年 3 月，交通部成立储金汇业局，将邮政办理的汇兑、储金业务划出来交由储金汇业局办理。琼州在邮局内设储汇机构，办理储汇业务。

1932 年，国民党军旅长陈汉光来琼镇压琼崖革命，意识到电话是交通之要具，电话建设得到加强。海口沦陷后，日军在海口设立电话局，并铺设海口至越南海防、海口至香港的海底电缆各一条，电话通达中国香港和台北、日本大阪、越南及海南岛内各军事据点。日本投降后，由国民政府派员接收电信机构和通信器材，复设海口电信局，统管电报电话业务。

1934年6月29日，开办重庆至广州再至海口的委办航空邮路，由西南航空公司承运。

1936年后，增设澄迈、白延、文城、儋县、陵水、万宁三等乙级局6处。1938年，有二等邮局3处、三等邮局8处、支局1处、代办所67处。

1939年2月10日，日军侵琼后，邮政通信遭受摧残。当时，海口、文昌、白延邮局虽继续开办（属广东邮政管理局驻曲江办事处管辖），岛内名义上也存有邮政代办所64处，但日军横行，邮路受阻，业务萧条。

1940年9月30日，由日本陆军南支军铺设完成海口至越南海防的海底电缆一条，用于电话通信，长208.7海里。

1941年6月，海口至越南海防的海底电缆断线，通话受阻。

1942年7月7日，由日本海军铺设完成由海口至香港的海底电缆一条，用于电话通信，长294.59海里。

1943年5月15日，海口至香港的海底电缆因受地气障害中止通信。

1945年8月，抗日战争胜利，海口邮局有职工继续维持业务。次年邮务整顿，复设停办的局所。二等甲级局有海口（琼山）邮局，二等乙级局有嘉积、榆林港局，三等甲级局有文昌局，三等乙级局有万宁、陵水、崖县、定安、北黎局及琼山府城邮政支局。各局均属广东邮政管理局管辖。1949年7月5日，海口（琼山）邮局改为一等乙级局；10月，所属岛内各邮局拨归台湾邮政管理局接管。当时岛内除有邮局9处外，在人口较多的乡镇设立邮政代办所105处，信柜、售票处59处。

1946年2月，交通部第六区电信管理局任命黎伟吾为海口电信局局长。

广东邮政管理局任命陈绍鎏为海口（琼山）邮局局长。原局长李兆祥在是年 2 月 14 日交代工作完毕。

10 月 1 日，开设琼山府城邮电支局，归海口局领导，撤销代办所。

11 月，交通部第六区电信管理局决定，自 12 月 1 日起将榆林港、北黎电信局改为营业处，归海口电信局指挥。

1947 年 5 月 21 日，琼崖电话管理所在海口竹林村 21 号正式成立，代表广东省琼崖办事处管理全岛电话业务。海口电话支所同时成立，作为地方政府机构，分管地方电话业务。当时岛内电话，海口可通嘉积、澄迈、琼山；岛外利用无线可通广州、湛江。

1948 年，广州邮政储金汇业分局海口办事处在海口市得胜沙路邮局附近开张营业。

1949 年 7 月 4 日，广东邮政管理局任命李炽攀为海口邮政局局长。前任局长陈绍鎏于同年 7 月 19 日调穗。

12 月 10 日，海口电信局同香港大东电报局互相通报。此后，海南与世界各国的电报通信皆通过大东电报局转发。

1950 年 4 月 23 日，海口市解放，海南军政委员会即派军事代表瞿克坚、邓世栋进驻海口电信局。同时，派军代表张学富进驻海口（琼山）邮政局。①

二、琼崖革命根据地的交通通信

琼崖革命根据地的地下交通通信站建立时间较早，在 1928 年土地革命开始就建立，先定点、定人秘密联络，后建立交通通信站。它的主要任务是接送过往的革命同志，沟通党政军的情报，递送党政军的报纸、刊物等。

1931 年，中共琼崖特委设总交通局，各县设交通局，按地区设交通站。虽然未曾设立邮政机构，但也负责传递百姓、革命政府机关的信件和刊物。

---

① 海口市邮电局史志办公室、海口市地方志办公室编：《海口市邮电志》，海南出版社 1994 年版，第 3—6 页。

1939年2月，日军侵琼。中共琼崖特委和琼崖抗日独立总队决定在琼山县树德乡文林湖村设立交通总站，通过各县的交通站沟通与海南各地、各部队的联络。同年三四月间，中共琼崖特委和独立总队在广州湾（湛江）设立琼崖驻广州湾后方办事处，设有黄继虎住宅、而信行、裕泰行、裕昌布庄、广吉祥号、珊瑚咖啡店等联络点，有工作人员10多人。以广州湾为中转站，设立广州湾—香港—马来亚、广州湾—香港、广州湾—琼崖（东线行走湛江西营—硇州岛—演丰山尾村海边交通站，西线行走西营—海康—徐闻—临高）、香港—琼崖等4条交通线。同年下半年，在琼山演丰乡山尾村成立海边交通站。同年秋，中共琼崖特委在湛江霞山的录塘村成立录塘交通联络站，交通员有10多人。同年冬，在临高县的昌拱设立昌拱海运站，对外经商号为三友庄公司，该站由4个队1个站（海运队、航行队、陆运队、后备队，交通站）组成。由于交通运输线很长，日军常在海岸加强封锁，1939年冬，在龙塘、锦山开良友茶店作为掩护，还在锦山、朋寮、姜园、前山等村设立交通点。从此，广州湾（录塘）—硇州—龙塘—打银—临高县拱的雷琼海峡交通线和广州湾至文昌翁田、东郊、琼山演丰的交通线周密连接并运转起来。1940年2月，中共琼崖特委和独立总队机关进入美合抗日根据地后，昌拱海运站便成为当时根据地对雷州半岛、广州湾等地区交通站的主要联络处和海运工作站。

通过这些交通站和交通线，中共琼崖特委和独立总队同广东省南路党委、香港和粤北八路军后方办事处经常联系，取得上级指示，并接送来往的革命人员和爱国琼胞。

1941年6月7日，在琼山县树德乡谭田村（中共琼崖特委驻地）与国民党军队的一次战斗中，特委原联络台的通信器材全部损失，致使中共琼崖特委与中共中央及上级党组织的电信联系中断。

抗日战争胜利后，海南各级交通站（点）正常运转。中共琼崖特委急需恢复与中共中央的电信联系。经过数次挫折和数位交通员牺牲后，1946年2月，派出老交通员陈香钊到香港接运地下党购置的电台，然后转移到澳门地下交通站。7月下旬，交通员在澳门7号码头联系从琼山县演丰乡来的木帆船，次日伪装成食品的电台顺利装船出航，第二天中午到达文昌县翁田的抱虎港。由交通员送达冯坡乡后，当地党组织派出 30 余人武装护送，途经琼东县（今琼海）、定安县、琼山县（今屯昌县）抵独立纵队司令部驻地澄迈县六芹山根据地的合水村。1946 年 9 月 23 日，与中共中央的电台联络成功，恢复了中断 5 年之久的电信联系。①

---

① 　海南省集邮学会编：《海南集邮史》，海南出版社 2008 年版，第 9—12 页。

第四十章　海南教育和文化卫生事业的发展

第一节　海南教育事业的复兴

据陈植的《海南岛新志》所载："本岛教育，据广东省政府前琼崖办公处调查，谓本岛学龄适龄儿童计604557人，而在学儿童仅137492人，失学儿童计465973人，失学民众达914281人，文盲之数共计1380254人，诚足惊人。现有中学校14所，中心学校209所，保学校1274所，实习学校12所，其他学校4所。现有学生、中学生计2778人，中心学校生计34301人，保学校生计99772人，实习学校生计296人。"① 这是1931年陈植从广东省政府前琼崖办公处调查的学校数字。统计表如下：

1931年8月海南岛各级学校统计表

（单位：所）

县　名	合　计	中学校	中心学校	保学校	实习学校	其他学校	补　习
琼山县	233	3	46	178	2	4	
文昌县	314	1	32	280	1		

---

① 陈植编著：《海南岛新志》，海南出版社2004年版，第98—99页。

续表

县　名	合　计	中学校	中心学校	保学校	实习学校	其他学校	补　习
澄迈县	140	1	15	124			
定安县	123	1	20	97	5		
临高县	125	1	14	110			
儋　县	52	1	14	37			
琼东县	96	2	7	87			
乐会县	91	1	9	81			
万宁县	108	1	10	97			
陵水县	57	1	7	49			
崖　县	77	1	9	63	4		
感恩县	29		5	24			
昌江县	24		6	18			
白沙县	7		7				
乐东县	26		5	21			
保亭县	11		3	8			
合　计	1513	14	209	1274	12	4	

资料来源：陈植编著：《海南岛新志》，海南出版社 2004 年版，第 104 页。

　　师范教育一向不受重视，在 1928 年以前的记录中，广东省立第六师范学校只设前期师范两班，澄迈县立中学有附设师范讲习所一班，琼山县立中学有乡村师范一班。①

　　民国时期，海南最值得记入史册的学校有：

一、广东省琼崖师范学校

　　这所学校历史长久，培养造就了海南岛上许多杰出人才。

　　广东省琼崖师范学校的前身是琼台书院，成立于清康熙四十四年

---

　　①　陈植编著：《海南岛新志》，海南出版社 2004 年版，第 104 页。

（1705年），由广东分巡雷琼兵道焦映汉捐献薪俸光银600两着手筹建，为此写下《创建琼台书院碑记》。光绪二十八年（1902年）改名为琼州府中学院，光绪三十二年（1906年）改名为琼崖中学堂。在清朝这段时间里，琼台书院培养的学生如吴典、王斗文、张岳崧、韩锦云、郑天章、徐成章、徐天炳、李黎明、吴耀南、林诗辉、龙永贞、范会国等人，有的中了进士，有的参加同盟会，有的投身红色革命根据地，为国家作出重要贡献。

1920年，琼崖中学改制为广东省立第六师范学校，1935年秋又改称为广东省立琼崖师范学校。1939年因日寇侵占海南岛而迁至广州湾（今湛江），接着又改名为琼崖联合中学，1942年迁韶关，改名为琼崖中学粤北分校，抗日战争胜利后，迁回琼山县府城镇，沿用琼崖师范学校原名。1949年春，广东省立琼崖师范学校改称为海南特区区立琼崖师范学校。同年3月，符志逵博士任琼崖师范校长，大力招聘学者教授，一时人才济济。当年夏，符志逵在琼崖师范内，挂牌成立海南师范学校。秋季招收学生100多人，开设文史、艺术（图音）、数理和教育等专业，为新中国建立之后海南师范学院的前身。海南师范学院（现海南师范大学）是当时海南岛的最高学府。

琼崖中学历时八载，它是海南全岛唯一的中等学校，精英荟萃于一堂，由名师训导，出校后，成为革命英烈、专家学者、殷商巨富、军政要员者比比皆是。徐成章、陈继虞、刘中悟受孙中山的委派，在海南组建3支讨逆军，亲自率兵攻城歼敌，为后世所传颂。王文明、杨善集、冯平是20世纪20年代海南革命中党政军的最高领导人，为革命壮烈牺牲，后人建馆立像以志纪念，名垂千秋。周士第授衔解放军上将，勇战沙场，功勋卓绝。叶文龙、李爱春、"六师"的100多名党团员和进步学生，以及"地下学联"的林云、陈义侠、吴慰君等人为革命献身，谱写了感人的篇章。龙永贞、曾同春、曾祥鹤、范会国、叶熙春、叶用镜、叶云留学东洋或西洋，成为金融巨子、学术泰斗、艺坛高手，才华出众。李开定、云倬章、白学初、韩云书、温心园、郑兰生、儋行烷、吴乾鹏、詹行锋、陈修发、詹尊沂等11位校长，为母校创造辉煌。

五四运动的消息传到海南后，琼崖中学率先响应，积极行动，开海南学运的先河。①

二、私立海南大学

抗日战争胜利之后，一群海南精英在广州筹建创办私立海南大学。

1. 创办过程

1946 年 6 月 9 日，当时的广州市市长陈策，假广州市政府迎宾馆邀请海南同乡及热心教育的人士，商量筹备创办海南大学，并成立海南大学筹委会，公推陈策、黄珍吾、曾三省、朱润深、云照坤、韩汉藩、梁大鹏、陈序经等 15 人为筹备委员。在宋子文领衔的 445 位发起人中，非海南籍者约 95 位，著名者如孙科、王宠惠、邹鲁、张发奎、罗家伦、傅斯年、许崇清、郑彦棻等人。海南出身者多达 350 位，除宋子文、陈策外，著名者有王俊、韩汉英、韩汉藩、郑介民、陈序经、陈质平、文朝籍、吉章简、颜任光、范会国、梁大鹏等人。可以说，已汇集了当时海南的文武商医之精英，以及大陆热心人士的力量，为海南大学的筹设，奠定了舆论和社会支持的基础。

校址选择在海口椰子园（今 424 海军医院）。椰子园在抗战期间是日本占领军司令部，抗战胜利后属琼崖军政要地，经当时校董会的张发奎、王俊等出面商洽确定。

私立海南大学副校长梁大鹏说："海南大学不是纯为海南青年学子而设的。它的诞生，确曾说明了吾国在高等教育方面一种新的需求，发挥在地理上一种分工合作的研究精神。这就是说，以我国的情形而论，仅有海南岛才可以进行兼于热带和亚热带性的学科研究。易言之，在学术上，吾国如要从事热带病理学、植物学的研究，除在海南岛专设学术机构负荷这一任务外，还有什么地区可以抉择？所以，海南大学的诞生，乃是琼人对于国家、对于人类在学术教育方面的一项

---

① 谢越华主编：《琼台三百年》，海南出版社 2002 年版，第 41—42 页。

贡献。"

1947年11月8日，私立海南大学开学，11月17日正式上课。1947年7月，校董事会聘颜任光为首任校长，范会国、梁大鹏为副校长，刘平候为教务长，冯所凯为总务长。校中行政事务皆由梁大鹏主理。1949年年初，颜任光辞职，由范会国接任校长(1949年6月8日—1950年4月)，梁大鹏仍为副校长。①

私立海南大学成立后，先后设有农学、医学、文理学等3个学院。农学院开设农艺、园艺、农业经济等3个系。文理学院开设中国文学、外国语文、政治学、经济、教育、教学、物理、化学等8个系。医学院暂不分系。全校学生400余人，来自18个省区，琼籍学生仅占10%。教职员有80余人，其中43人有美、法、日、德4国国籍。

在创办私立海南大学期间，创办人梁大鹏贡献最大。私立海南大学有一个建设海南岛为现代化省份的理念，有一个良好的五年计划，有许多热爱家乡的华侨、知识分子、商人、医师与军政领袖的支持。他们慷慨解囊，热心奔走，捐款捐物，使私立海南大学拥有广大的海外资源。正如苏云峰所说的："私立海南大学隐藏着下列历史意义：①它象征海南内外精英对本土的最大关怀与团结，将如同海南历史上出现过的大人物丘濬与海瑞等一样，有启迪海南后进的作用。②它恢复海南知识分子的自信心。③明代是海南文教昌盛人才辈出的时代，不幸自清代起逐渐衰微，民国元年以后更一落千丈。海南大学之创设，目的之一在振兴海南教育。所以它的设立在海南教育历史上具有重大的意义。④它代表海南精英的精粹主义思想，创办者认为透过海南大学培养领导人才，可以发展地方各项事业，使海南岛现代化。"②

2.施教方针

私立海南大学创办时，曾提出5点施教方针，显示了创办者的

---

① 苏云峰：《私立海南大学（1947—1950年）》（近代中国高等学校教育研究），海南出版社2011年版。

② 苏云峰：《私立海南大学（1947—1950年）》（近代中国高等学校教育研究），海南出版社2011年版。

办学思想：①教育重心：适应地理环境，配合国家、社会的需要，特别着重热带性科学的研究。②没有地方色彩：认为大学应该具有国际性，建立国际性学府。教授来自美、德、日等国，学生来自国内各省，也有来自海外的侨胞，济济一堂，情感至为融洽。不惜重金聘请国内外著名学者来校任教，欢迎国内外学生来校求学。凡有研究学术性的社团，尽量鼓励倡导。③严格管教：管教合一，严格施行。学校当局认为，不能"管"即不能"教"，不能"教"亦不能"管"。两者并重，不能偏究。如教会学校，往往深受学校的思想所熏陶，不能自由发展。一般公立学校，对于牵涉政治的问题，往往严加钳制，畏而不谈。私立海南大学则力矫此种偏狭性的作风，鼓励教授与同学在政治、经济、教学、哲学、文学……含有学术性质的都可尽量研究，而不受任何限制。④负责教育：私立海南大学的教育，是要用"负责"来兑现的。学子一入校门，学校便要负起管教的责任。学校要对国家、社会负责，对校董会负责，对学生家长负责，对学生负责，对本身负责，对已离校、服务社会之学生更要负责。⑤推行社会教育：私立海南大学除了本校教育以外，还要推行社会教育，实施社会工作，设立无线电台、民众图书、民众学校，放映有关社教的各种活动影片……尽量灌输民众意识，提高社会文化水平。这样培养的人才，才能在社会立足。

这是当年私立海南大学的施教方针。学校领导人对教育的理念，历历可见。

当时创办私立海南大学的人士，都在广东或全国扮演举足轻重的角色，对海外琼崖侨胞具有很大的影响力，再加上颇有理想的海南知识分子梁大鹏等人的热情努力，这两股力量结合起来，运用他们的政治与社会关系，奠定了私立海南大学的物质基础，使私立海南大学能在艰难之中开办。但仅存在两年多时间，由于时局剧变，这所刚诞生不久的大学，就昙花一现地消失了。

3. 向私立海南大学捐赠珍贵文物及图书的两位前辈

在当年的私立海南大学里，有一位值得纪念的人物——图书馆馆长罗斯（Ross，1893—1949 年），意大利人，意大利那波利大学、那波利东方大学毕业，曾任吉罗马公立民族大学名誉教授。罗斯居中国20 余年，历任意大利驻北平（现北京）、天津、上海、汉口、广州等处领事、总领事之职，平生嗜好研究中国历史文献及海南岛问题。他听说私立海南大学即将筹备创设，自愿以全部有关琼崖的珍贵资料 30余大箱，献给私立海南大学，罗斯一生心血尽耗于此。他自愿供职私立海南大学，教授拉丁文、昆虫学兼图书馆馆长，受到私立海南大学筹委会的欢迎。他所捐图书包括英、德、法、意、俄、日及中国历代有关海南岛的历史文献，还有不少动、植、矿物与昆虫标本，甚至还包括 1927—1928 年中国共产党在海南岛设立苏维埃政权的文件与旗帜等，甚有价值。罗斯是一位热爱私立海南大学的外籍人士，可惜于1949 年逝世于海南医院。

1948 年 12 月 31 日的《海南大学简报》中，有关于隆重庆祝校庆的展览室报道，内容甚为感人。《海南大学简报》中写道："午后，各展览室大开门户，来宾参观者，纷至沓来，络绎不绝，展览共分三处，第一展览室在会议厅，陈列古代名画、皇宫墨宝挂图，如圆明园图、万里长城图等。第二展览室在图书馆，规模较大，各种珍贵图书及纪念品等，不下数百种；有海南史料挂图，五指山黎人织锦、服装，秦代以来各皇帝玉玺拓片、历代钱币等，而用前清闻人名片，排成'海大之光'四个大字，点缀馆内，尤具特色。第三展览室在新生社，陈列着数百帧精致的舆图及本岛各县属之地势、物产、港口交通等，无不应有尽有。此外，尚有农作物及生物等标本展览，琳琅满目，美不胜收，备受参观者称赞。查展览之资料，大都系罗斯教授遗赠。罗氏为一收藏家，对于吾国文物的珍藏甚富，其治学也，勤谨有恒，十年如一日，真有夫子所说的'其为人也发愤忘食，乐而忘忧，不知老之将至'。梁大鹏受聘于本校，本拟从事于海南文物之研究，不幸素志未酬，哲人先萎，殊堪痛惜，斯不仅本校之损失，亦社会人群之损失，遗妻邓氏，遵其遗嘱，将其毕生所藏捐献海南大学，冀海南大学发扬光大，泽被社会人群也。"

罗斯对私立海南大学的捐赠及其治学精神，堪为私立海南大学学子所永垂纪念。可惜罗斯这30余大箱珍贵资料，在后来战争的烽火中丧失殆尽，实在令人心痛。事情已历经半个世纪，笔者陆续寻觅，在海南省档案馆、广东中山图书馆中尚藏有一些剪报资料。整理装订成包括中、西、日文书籍及杂志共615册的《海南岛史料集》，是研究清末到民国时期海南政治、经济和社会状况的宝贵材料。

海南师范大学的胡素萍教授介绍说："罗斯在华期间，以个人兴趣和特有眼光所收集的这套资料大致分为《海南岛史料》《海南乡土人物》和《剪报》三部分。其中《海南岛史料》共355册，包括海南历代政治、经济、军事、地理、文化、民族、华侨、卫生、名胜、物产、人物、民俗、宗教等方面，内容极其丰富。《海南乡土人物》共48册，来自海南地方志及有关古籍，分乡土和人物两部分。乡土之部分又分地名（古迹）、动物和植物三部分。地名之部分辑明、清以至民国时期海南书院、庙宇、牌坊、古塔等共4295处的修建情况，汇订成25册；动物之部分收131种；植物之部分收1030种，汇订成7册。人物之部分，收录自宋代以来历朝至民国初年海南名人2959人的资料，汇订成16册。《剪报》部分共46册，主要根据20世纪30—40年代的各种报纸剪贴而成，除其中两辑为《南海诸岛材料》《海南岛风土人物及传教士资料》外，其他内容多超出海南岛范围，属海南岛的文献不多。"

目前，在已知的罗斯藏书中，唯一比较完整保存下来的，便是这套捐赠给私立海南大学图书馆的《海南岛史料集》。[①]

还有当时的校董韩汉英捐赠的善本书《四部备要》等，这些书都是从贵州运粤转琼的，是中国文学系的重要资源。如果没有这批基本国学典籍，私立海南大学的中国文学系，也许根本不能开设。韩汉英校董的捐献，是海南岛文教发展史上的一桩大事。

在新海南大学的校园里，几年前矗立着一块石碑，记述当年私立

---

① 梁伟：《古籍书缘忆故人》，载《海南周刊》2012年11月。

海南大学的业绩。但是，每当海南大学校庆之时，还是没有理直气壮地连接私立海南大学的校史。窃想，当今的许多老校名校，都续下新中国成立前的校史。有些百年老校的前身，在开办之初何尝不是私立的？如广东的暨南大学即是一例。在中国台湾，也存在清华大学、中山大学等名校，也在续百年老校的校史。当然，我们对接校史，不是为了校史有多长、多久，而是让教育本身就有的目的属性得到彰显，不再只有工具属性。不过这里有一个前提，即要克服60多年所形成的某些固化的、制度化的东西，这里还必须得到广泛的正确认识和认同。在文化交流已成海峡两岸热点的今天，如果海南大学在全世界公开宣布私立海南大学就是今天新海南大学的前身，将会更广泛地联络当年私立海南大学的创办者及其后代，以及私立海南大学及其附中的学生。当年的学生及其后代已经大批地生活在海外各地，当年支持建立私立海南大学的侨胞及其后代，散布在世界各地，有的是学术界的精英，有的是商界翘楚。他们知道今天的海南大学已奔向中国"211"重点大学而且力争创建全国名校的辉煌时，知道今天的海南大学就是当年私立海南大学的延续，能不为此而欢呼雀跃?! 能不有母校的亲切感，为母校的繁荣昌盛鼓舞欢呼吗？多少私立海南大学的学生及其后代，将会从四面八方欢聚在今天海南大学的知识殿堂上，共庆当年建立大学的壮举。

让我们以大海般有容乃大的胸怀来接纳历史。教育除它的工具属性以外，更应该重视教育自身的价值。正如苏云峰所说的："我认为历史是不能切断的；教育事业是百年大计，不能因政治因素随意停废，它必须继往开来，承前启后，才能积累经验，发扬光大的。"

三、国立琼山高级农业职业学校

为了满足海南岛农林工矿亟待开发的需要，于1946年设立国立琼山高级农校，设农艺、森林、畜牧、水产、农田水利、园艺等科，以培植岛上开发的干部人才。

国立琼山高级农业职业学校，于抗战胜利后开始筹备，筹备主任陈植于1946年6月到达海口。但陈植与行政督察专员蔡劲军相处不甚愉快，故蔡劲军于该校校舍一事上，未能积极予以协助，并主张该校迁往榆林（榆林在海南岛最南端），但当年海南的交通及治安均成问题，实在无法前往。当该校在1945年11月开学时，校舍无着，故不得不暂借海口市的民房上课，其困难可知。时隔多年，而该校的永久校舍仍无着落，此实为该校前途的一大障碍。其校舍暂借在离海口约7华里的武镇坡，借用国立第一侨民中学为校址。后来，侨中迁回海口，也拟用该项房舍。结果，侨中先行迁入。农校无奈，商请侨中借拨一部分房屋，暂为应用。这些房屋，亦是以木板为墙、铅皮为顶，破烂不堪。墙壁四周皆洞，刮风时到处呼呼吹入，下雨时到处漏雨，无法容身，学生的被褥常被浸湿。学校之破烂与简陋，实为艰难。而教职员则因校内无宿舍，除极少部分住在校内，大都住在校外，下课后即悄然离去，甚少与学生接触。其结果不但影响教学的进行，而且使学生对于学校产生厌恶之心，经常发生学潮。

针对学校办理不善等情况，教育部派督学朱若溪到校进行整顿，并处理该校校长张铠坚的贪污案。由新校长刘伯玑进行调整，健全组织，分层负责，设置农场及畜牧场，整顿教学秩序，充实图书建设，实行奖惩制度。直到1948年，学校办学才有转机。

在《海南民国档案资料选辑》中，存有教育部一份代电，电文曰：

> 广东琼山地方法院检察处公鉴：琼检字第六七一号酉陷代电诵悉。关于国立琼山高级农业职业学校发生学生纠纷案，本部已派督学朱若溪前往该校查明处理。
>
> 教育部　印

经过一番整顿之后，学校才慢慢制定规划，转入正轨。

因为海南岛长期经受战乱之苦，教育水平之低是不容讳言的。为了提高中小学教师的水平，于1946年组织了集训营。应受训学生人数计68107人，到计学员1085人，占全岛人数的30%。全岛各级学校计1512所，学生人数137492人，占全岛人数的60%。

此外，在海口还设有私立琼南中学、私立匹瑾中学、私立汇文中学、私立中正小学等学校，多方面培养人才。①

第二节 文化事业的变革

由于民国时期军阀混战，政治混乱，琼崖革命力量与国民党统治者的斗争十分激烈，在海南岛上的文化事业也呈纷繁复杂的状态。

一、文化书店

辛亥革命后，海南一些热心文化事业的文化人先后在今海口市博爱北路开设书局，计有海南书局、会文书局、广智楼书局、华文书局、文教书局、大光书局、琼崖书局、文化书局、竞华书局、新崖书局、新民书局、进化书局、琼州中华书局等多家。

海南书局是规模较大的书局，地址在今海口市博爱路48号，创办人王梦云。他与友人李开定、孙邦鼎、唐品三、王硕人等人一起筹办，1937年正式开张。

海南书局出版大型丛书，如《海南丛书》，内收丘濬、海瑞、王佐、邢宥、唐胄、陈是集、王承烈、张岳崧等21位海南历代名儒生贤的著作。又如《法学丛书》，内收《大理院判例全文》《现代法令全书》《法学通论》《司法法令辞典》《民事诉讼集解》《中华民国法规汇编》等十几种图书。

民国时期，海南出版发行业主要集中在海口，其他县市也有一些。

其一，嘉积镇（今属琼海市）：开设文英阁、会文楼、广南书局、文化书局、平民书店、民国书店、琼文楼书店。至新中国成立前，嘉积镇的书店有：广文楼书店、东兴书店、培文书店、富文书店、中央书店、建华书店、琼文楼书店。

其二，澄迈县：金江镇创办南华书店，以销售古书为掩护，秘密推销《向导》《三民主义浅说》《共产党宣言》等进步书刊。1926年，

---

① 中国第二历史档案馆、海南省档案局编：《海南民国资料选辑》第十四册，海南出版社2013年版，第8447—8497页。

邓本殷残部败驻澄迈金江镇，放火烧毁了南华书店。

其三，定安县：有3家私人开办的书店，即培育书店（后改名"尚友书店"，日军占领时停办，日本投降后复业）、二友书店、国基书店。这3家书店经营的图书种类很少。

其四，文昌县：会文镇有琼源昌书店，蓬莱镇有共和书店，文城镇有一家无名小书店。

其五，琼山府城：有两家私营书店。

二、出版物

民国时期，海南出版的一系列图书，保留了海南的历史、文化。这些书籍，主要由海南书局出版。

由海南省地方志办公室编辑出版的《海南省志·文化志》中，有下列一批志书及家谱，如《琼山征访册》《琼州杂事诗》《海南歌谣》《琼崖实业》《民国琼山县志》《民国文昌县志》《邢湄邱先生年谱》《宣统乐会县志》《道光琼州府志》《嘉庆会同县志》《三民主义浅说》《黄浦丛书》《备忘集》《琼台会稿》《丘海合集》《鸡肋集》《湄丘集》《天池草》《陈中秘稿》《百湖遗稿》《筠心堂集》《扬斋集》《阐道堂集》《白鹤轩集》《民国感恩县志》《大学衍义补》《抱经阁集》《溟南诗选》《琼崖水源林调查报告书》《苏文忠公海外集》《袖珍海南各县全图》《世史正纲》《最近琼崖经济之趋势》《民国续修儋县志》《海南岛之产业》《琼语字源》《丘濬幼年的故事》《海南诗社汇编》《海南文汇》《芹香雅集》等。

又，出版的家（族）谱有：《（海南）符氏家谱》、《（海南琼山）黎氏族谱》、《（海南）锦卿谱唐氏族谱》、《（海南）孝友堂张氏族谱》24卷、《（海南乐东）海南崖县孙氏族谱》30卷、《（海南乐东）海南崖县孙氏族谱》21卷、《（海南）依草堂丘氏族谱》47卷、《（海南）袁氏家乘》6卷、《（中国）学德堂李氏族谱》、《（海南）符氏族谱》101卷、《（海南）琼崖蔡氏族谱》59卷首一卷、《（海南）张氏族谱》等。①

----

① 　海南省地方志办公室编：《海南省志·文化志》，海南出版社2011年版，第866—876页。

三、民国初期至大革命时期的报刊

民国时期的报刊有：1913 年，民主革命派的《琼岛日报》《琼华日报》。1919 年，林干城和陈阜民在海口市合办的《琼崖日报》。1920 年，冯平、徐成章办的《新琼岛报》，介绍马克思主义学说，但不久被琼崖督办李根源禁止。《琼崖旬报》共出版 36 期，成为琼崖宣传新文化运动的新思想和传播马克思主义的主要阵地之一。1921 年的《琼崖旬报》、1923—1924 年出版的《琼岛日报》，被迫停办。

1923 年，乐会县华侨团体出版《良心月刊》。

1924 年，邓本毅出版《南声日报》（或名《南星日报》），主张复古，宣传国粹，仅出版 3 个月就寿终正寝。

1926 年，出版《琼崖民国日报》。

1927 年，出版《琼山新报》。

琼崖旅外学生出版的进步报刊有：《琼崖新声》、《琼声》周报、《海南潮》旬刊、《觉觉》杂志、《新琼崖评论》半月刊、《南语》季刊、《琼崖新青年》半月刊、《琼崖旅沪学会》月刊、《现代青年》、《琼崖青年》月刊、《琼崖工人》、《路灯半》月刊、《琼岛魂》、《琼东》期刊、《琼崖革命同志大同盟盟刊》、《琼崖改造同志会》月刊等。

海南本土出版的其他报刊有：《民国旬刊》、《琼东中学校校刊》、《民国日报》、《扫把》旬刊、《琼崖学生》、《群众》、《现代青年》、《琼崖青年》、《中国国民党琼东县党部成立特刊》、《琼崖东路》半月刊、《救世宝筏》、《革命青年》、《文昌三日刊》、《路灯》半月刊、《红光报》、《琼海潮》半月刊、《琼崖新民日报》、《星报》、《座谈》、《海口工农兵》、《冲锋》、《宣传及训育》、《市委汇报》、《广东省第六师范》季刊、《新民日报》等。

琼崖苏区出版的报刊有：《工农兵报》《新民报》《琼崖建设研究》《琼崖公路汇报》《海口党务特刊》《海口市政公报特刊》《琼崖红旗报》《布尔什维克生活》《团的生活》《赤光报》《平民小报》《新潮》《贫民小报》《领导》《光线》《苏维埃》《琼崖苏维埃》《广州琼崖学会会刊》《少年

旗海南报刊》《少年先锋》《少年旗帜》《新路线》等。①

1. 海口出版的报纸

《琼崖民国日报》《新民日报》《商业报》《大光报》《海南日报》《中央日报》《世纪晚报》《天行报》《展望报》《和平日报》（琼崖版）。

2. 抗日战争时期的报纸

《救亡旬报》、《救亡呼声》、《国光日报》、《新琼崖》、《国光》旬刊、《琼州日报》。

3. 抗日根据地的报纸

《抗日新闻》（1945 年改名为《新民主报》）以及《团刊》《新文昌报》《新琼崖报》。

4. 革命根据地的报纸

《新民主报》《人民报》《先锋报》《群众报》《前进报》《建军报》《火线报》。

辛亥革命成功之后，各种思潮纷纷涌进海南岛。海南岛上在外地求学、工作或参加革命的人士，随着革命形势的发展，通过报刊不断给海南岛灌输时代的新思想和新的革命主张，唤醒琼崖民众的思想意识，不断思考新时代出现的新问题，探索海南的前进道路。

四、创办民间书局及图书馆

1. 会文书局

民国初年创办，地址在今海口市博爱路 101 号。主持人先后为陈锦堂和陈鼎祥父子。既销售，亦租借阅读。早期主要书籍，有中小学课本和《中国医学大辞典》《中国药物大辞典》《本草纲目》《黄帝内经》等 100 多种医书。1937 年全民族抗战爆发后，由陈鼎祥主办，书籍有左翼作家鲁迅、茅盾、冰心、郁达夫等作品和邹韬奋主编的《生活周刊》、陈独秀主编的《向导周报》。书局办至解放初期。

---

① 参见王越：《海南报刊史录》，载《海南文史资料》第四辑，中国三环出版社 1991 年版，第 231—256 页。

2. 文昌冠南书报社

创办于 1920 年，地址在文昌市会文镇冠南墟。由地方进步人士和海外侨胞王声章、林猷烈等倡议创办。除古籍图书外，还有左翼作家鲁迅、茅盾、冰心、郁达夫的作品和《生活周刊》《向导周报》《新青年》《现代青年》《新琼岛报》等进步报刊，对传播新思想、新文化起着重要的作用。该书报社在海南岛享有很高的声誉，延续时间比较长。"文化大革命"期间，社址被占，书报无存。

3. 友声书报阅览社

1922 年，革命先驱徐成章、王器民等在海口市得胜沙（后迁至仁坊太阳庙）创办，购置书架 21 个，陈列全国各地的新书籍和报纸、杂志，供青年学生和进步民众阅读。主要书籍有鲁迅、茅盾、冰心、郁达夫的著作和《新青年》《向导周报》《现代青年》等报刊，并以阅览社为基地联络青年学生，开展早期的革命活动。

4. 文化书局

1924 年，由王大鹏创办。王大鹏，1890 年出生于海南琼东（今琼海）县，早期参加革命，1921 年经民选任琼东县县长，1922 年加入中国共产党。为启发民智，他利用在嘉积镇嘉洋街 88 号的祖置铺宅开设书店，既销售，亦租借阅读。有《新青年》《现代青年》等进步杂志和中小学教科书。他还亲自到上海等地购回一批马列著作，如《共产党宣言》《资本论》。大约 1929 年停办。

5. 陵水蔚文通俗图书馆

1928 年，陵水城内的有识之士李公和吴公两人热心文化教育，发动群众，建起宽 25 米、长 50 米的 2 层 5 间楼房，办起蔚文通俗图书馆。为加强图书馆的管理，成立董事会。首任主席为张明伦，继任为张明仕、张逢英。图书馆由群众捐助并购置了一批图书，供城内居民阅读。日军侵占陵水后，蔚文通俗图书馆被占用为"陵水县防共青年团"的办公场所。

6. 万宁县图书馆

1928 年，万宁县设图书馆，内藏有丘濬的《世史正纲》《朱子学的》

《大学衍义补》，海瑞的《备忘录》《海刚峰集》等著作，以及《易经大全》《书经大全》《诗经大全》《礼经大全》《孟子》《老子》《庄子》《春秋》《战国策》《左传》《前汉书》《后汉书》《全唐书》等古籍及《资本论》《新青年》《向导周报》等进步书报刊共 1000 多册。后因战乱，书籍失散而停办。

7. 临高融通图书馆

1930 年，临高县设有融通图书馆，地址在县城居仁里。馆里藏书计有《孔子》《孟子》《老子》《庄子》《汉书》《全唐书》和海南历史丛书及科学书籍 12320 册。1939 年，被日军烧毁。

8. 琼山图书馆

琼山图书馆是 1933 年创办的公共图书馆，为纪念丘濬所建。馆址在府城雁峰书院。藏书有语言、美术、自然、教育、社会、哲学、史地等共 10718 册，供民众阅读和借阅，日均阅书者 15—20 人。日军侵琼期间（1939—1945 年），大量图书被毁，并关闭。抗日战争胜利后，恢复开放。1952 年撤销，图书移交县文化馆图书室。

9. 海口大众书店

1938 年 3 月，中共琼崖特委在海口市工委协助下创办。地址在海口市新兴街（今新华北路 34 号）。负责人先是陈玉清，后是黎民、杨启安。既销售，亦租借阅读。有《新华日报》《大众哲学》《生活》《永生》《新生》《世界知识》以及美国著名作家斯诺的《西行漫记》等进步书刊。书店是中共琼崖特委在海口市的联络点，主要任务是接送上级委派至琼的工作人员及联系进步人士。冯白驹同国民党琼崖政府谈判期间，一度住宿于书店。日本军队侵琼后停办。①

---

① 海南省地方志办公室编：《海南省志·文化志》，海南出版社 2011 年版，第 216—218 页。

第四十一章 海南民间宗教和民俗风情

第一节 海南民间宗教

一、黎族的民间宗教信仰

民国时期，海南的宗教信仰是多方面的。在黎族地区，有黎族民间宗教信仰，其信仰多种多样，渗透社会生活的各个方面，既反映了原始社会中人与人之间的关系，也反映了人与自然之间的关系。黎族信奉万物有灵，盛行图腾崇拜、自然崇拜和祖宗崇拜。

黎族的图腾崇拜，是与黎族母权制氏族社会同时产生，由动、植物崇拜发展起来的。动物崇拜是狩猎时期原始社会意识的反映，如鸟图腾崇拜，甘工鸟崇拜是黎族人排忧解难的吉祥鸟；青蛙图腾崇拜是黎族动物崇拜的遗俗，铸有青蛙形角的铜锣被视为珍贵的财富，称为"铜精"，妇女的裙子和文身都织着或刺着青蛙的图案；牛图腾崇拜是因为黎族人认为牛如人一样，是有灵魂的实体，家家户户都珍藏着一块被称为"牛魂"的宝石；植物崇拜是因为黎族认为某些植物是自己血缘氏族集团的保护神，如对稻谷的崇拜，认为稻谷有一种灵魂，俗称"稻公""稻母"，又如葫芦瓜、木棉、芭蕉、番薯、竹等植物的图腾崇拜，黎族把这些植物分别作为不同血缘氏族集团的保护神；祖先崇拜的观念，发生于母系氏族时代，崇拜对象最初是母系氏族已故老者的灵魂，其后是父系家长的亡灵，黎族人认为人死后灵魂不灭，"万物有灵"。生时，灵魂附于躯体；死后，灵魂独立存在，或栖附于其他物体，或往来于阴阳两界间，或游离于亡者的村峒住所近处。被叫作"鬼""山鬼""地鬼"和"火鬼"的为一般的鬼，"太阳鬼""风鬼"则较为可怕，而祖先鬼和雷公鬼最为可怕。[①]黎族的鬼魂观念特别表现在丧葬的祭祀活动中，合亩地区更为突出，认为人死后一样劳动和生活，生者要对死者表示安慰、哀痛和诀别，这样便形成了一系列的祭祀和送魂仪式。在鬼魂观念的基础上，形成了祖先崇拜。

二、各类宗教组织及其活动

1. 佛教与道教

民国时期，海南岛上的佛教颇为式微。据陈铭枢在《海南岛志》中载，是时，"佛教在海南不甚普遍，自昔名师大德南渡者少，丛林刹宇至为寥落。东北诸县接近大陆，风气较开，城厢之间偶有禅刹，春秋佳日，士女礼拜者尚不乏人。琼城北郊天宁寺最为宏敞。万宁之东山岭潮音寺风景独胜。但岛中僧侣不重戒律，饮食酒肉与常人无异。《琼州府志》载：元撒迪从潜邸来琼，喜造丛林，见诸僧皆有家，甚不怪。尝曰：'何物蛮菩萨，无一人天花不着身也！'僧不持戒，盖自昔已然。入民国后，寺产多拨办地方事业，僧徒四散，往往沿门托钵，或不得一饱，欲事清修亦綦难已"。[②]海南的佛教，大体上属于禅宗，唯其内容又与净土宗相似，因僧侣不重戒律，所以地位亦低。

至于道教，在海南岛上几乎无处不有。《海南岛志》载："羽流不栖道观，散处农村间，操家常职业，与常人无异。每一地方皆有一二先辈道士，称为师父。凡学道者，须在道场跟随学习。师父认为已成业，则为之起道名，给道印，授以道职，然后可出而应世人之请求而营其道业，地方人亦遂信仰之。凡道士有职者，其服装皆有一定，袍红而长，博其袖；帽黑顶尖，向前后斜。一般人民崇信道教甚笃，无

---

① 王学萍主编：《中国黎族》，民族出版社 2004 年版，第 167 页。

② 陈铭枢总纂、曾蹇主编：《海南岛志》，海南出版社 2004 年版，第 265 页。

论超亡禳祭，斋醮祈福，什八九延道士为之。"[1]

道教在某些教义上与黎族的祖先崇拜、万物有灵的多神崇拜的信仰十分相近，容易为黎族人民所接受。因此，黎族普遍信仰道教。道教传入黎族地区后，将其赶鬼祭鬼的方法教给黎族人民，把赶鬼祭鬼的香、烛、炉、纸钱、纸衣、衣服等运到黎族地区推销。黎族人民有疾病就叫汉族人帮忙。专门从事道教活动的"道公"进入黎族地区，并在广大地区存在、活动、传播，最后代替了黎族的巫师——娘母。黎族的"道公"，也能说会道，有宗教文化修养，在黎族地区算是有教化的人，颇受村民的尊敬。据陈植统计，海南全岛的道教徒共计达30万人。[2]

道教传入黎区后，黎族地区出现了"大元佛鬼""华光公""三圣娘娘""上界夫人""中界夫人""下界夫人"等正宗道教神祇、佛教神祇。黎族查鬼祭鬼的方法和内容丰富起来了。例如查鬼，用筊杯卜、石卜、米钱卜，祭鬼除了杀牲念咒和巫术、祷告赶鬼外，又建立"土地公庙""峒主公庙""祖先鬼屋（祠堂）"，里面有祖先神像（如木偶公仔）、祭仔、神坛、香炉，用香、烛、元宝、纸钱、饭、酒、米、牲等祭鬼神。尤其是在丧葬仪式等方面，更多样化。风水造墓、葬着龙脉、木棺入殓、立碑、做七做八等，清明节、端午节、农历七月十五鬼节祭祀祖先、扫墓等。[3]

2. 天主教与基督教

天主教自明崇祯二年（1629 年），由葡萄牙耶稣会派传教士林本笃来琼主持传教后，至清道光三十年（1850 年），法国巴黎海外使团的马逸飞在琼中县岭门建立天主会，宣统二年（1910 年），葡萄牙耶稣会在海口设立天主教堂，而且他们还在那大、嘉积、琼山、文昌、万宁、崖州等地设立传教点。1916 年，陵水的黎族团董总长王义兄

---

① 陈铭枢总纂、曾蹇主编：《海南岛志》，海南出版社 2004 年版，第 265—266 页。

② 陈植编著：《海南岛新志》，海南出版社 2004 年版，第 115 页。

③ 王学萍主编：《中国黎族》，民族出版社 2004 年版，第 180 页。

弟保送黎族青年男女几十人到嘉积的美国基督教会学校读书，教会又派教员到保亭设立简易小学 1 所。1922 年，海南天主教监牧区改由法国巴黎双圣心会直接领导，主教是布拉德；此后，双圣心会又派余礼灼、谢传芳和决 3 位神甫来琼。1925—1928 年，海南天主教势力较小，将海南教区归北海教区管辖。1930 年 8 月，在海口市铜锣园天主教堂前侧建立一幢三层楼，作为女教徒潜心修道的场所——女修院。这段时间，海南总教会设于海口，传教会 6 人，以余礼灼神甫为总理，计受礼教徒千余人。于琼山、文昌、定安等县分设大小教堂 12 座，并附设学校 4 所。海口总教会则附设育婴堂 1 所、天门女学 1 所。育婴堂由法国圣保禄会的女修士管理，开办 20 年，收育女婴几百名，抚养成人，教以普通知识，为之择配。1932 年，余礼灼任主教后，才成立独立教区，由罗马教区直接领导。1933 年，在海口市新兴路（今新华北路）购买私人楼房一所，作为海口堂会的活动场所；并于 1934 年 2 月，在该楼内附设创办一所小学校——海口市私立德育小学，招收教徒中的子弟及部分贫苦儿童中的失学者。1936 年年初，还接管法国领事馆兴办的医院——海口中法医院。1936 年 10 月，在海口市铜锣园天主教堂左侧 300 米左右的空地上建立天主教修道院，培养专心修道的年轻教徒，以备输送到神哲学院培养传教人员。余礼灼主持海南传教 13 年之久，全区教徒人数达 500 人左右。1936 年，由德文彬任主教，主管海南传教区工作。1939 年，教徒发展到 2000 余人。德文彬后的 10 多年中，办教经费，均由罗马传教部和巴黎国际儿童福利会通过香港天主教堂——巴黎外方传教部，经香港中国银行汇款来支撑。[①]

天主教传教区，在海南岛内各县设堂口 7 个、堂会 19 个。

---

① 海口市地方志办公室、海口市宗教事务局编：《海口市宗教志》，1993 年版，第 31—34 页。

第二节　海南民情风俗

一、汉区的民情风俗

民国时代，由于海南岛的门户已经开放，过去海岛上刀耕火种的落后状况逐渐变化。尤其是汉族地区，在东北部的市县，因为接近大陆，风气开化较早。如琼山、文昌、澄迈、琼东、定安、乐会、万宁、陵水等地，民风富于冒险，务进取，南洋各岛多有其足迹。[①] 如文昌县，"大海怀其隅，洗荡出奇秀，人物齐中区"，风甲于他邑。学校较普遍，乡里数十家便有学塾，弦诵之声相闻。

族姓，重祖牒，建祖祠，备大小宗，置祭田。婚嫁择门第，定婚自少时，谓之"送槟榔"。姻戚旧好，数代犹往来，凡有喜庆事，乐相馈助。居丧则主哀戚，少仪文，葬必择地，信堪舆者的话，其弊至久停不葬。

信灶卜，其法候初更后焚香祝灶神，禀卜其事，注水釜中，以饭勺绕转，看勺柄向何方，随持镜及剪刀适其方，听人言语，得二三句即止不听，举藭一截而归，以其言语卜休咎，每有奇验。

妇女守阃阈，羞见外人。贫家亦时出耕作，而事纺织刺绣为多。妇女已厌缠足，皆天然足，耕作多而纺织少。闺阁重节义，耻再醮。寡守至老者，宗祠多奖以昨。[②]

又如琼山县的风俗，也因地处海南北部，习俗朴茂。人闲礼义之教，士多邹鲁之风，人多聪敏，执笔为文。

俗重槟榔，亲朋往来非槟榔不为礼。至婚礼媒妁通向之后，盛以大盆，送至女家。嫁受之即为定礼。

民务农工，少事商贾；女专纺织，少事蚕桑。郡城妇女，出入用柔薄草笠缚以薮其面。乡村妇女出入用细滑竹笠装戴，以盖其头。至若远乡妇女，自昔好为椎髻，妆饰颇与郡城无异。城中商贾辏集，易

---

① 陈铭枢总纂、曾蹇主编：《海南岛志》，海南出版社2004年版，第125页。
② 李钟岳等监修、林带英等纂修：民国《文昌县志》卷一《舆地志》，海南出版社2004年版，第60—63页。

于生息致富。然故家子弟安分者，但坐耗其资，不复知有生活计。婚嫁择门户。自少时遂论婚，礼聘视家有无，犹行古礼。姻戚旧好数世犹相往来，凡有喜庆，礼仪相馈。丧礼亦多赙仪、居丧以哀。

停棺择地，延请地师，苟得吉壤，远在一二百里，费或千数百金，亦所不惜。①

而在海南岛西南地区，离中土较远。中梗五指山，黎汉错杂，交通既阻，教育亦遂落后。民性质朴而寡争，务农勤织。妇女常纺织吉贝为土布，以供自用。自洋纱通行，自纺均废。

安土重离，不事远贩，重农轻商。所有商场，贸易渔利之盛，多半被外地所占。

婚礼则举邑皆用槟榔，媒妁通问之初即以彩帕裹槟榔、共荖至女家，向其亲属谈合。至女家允诺，首次定婚送聘谓之吃槟榔。

元旦以爆竹开年，拜年贺禧谓之迎春。自除夕夜至正月初二张灯通夜，若有灯火、爆不响等事，正月初三书贴钉赤口于门，谓之禁口。元宵节张灯结彩、扮演故事，谓之游灯。

邑属丧礼，家有死者置尸堂中，如礼含殓。亲属男女哭泣尽哀；备棺木殡，已三日成服，具讣告诸戚党咸来吊唁。每七日家奠一次，双七小奠，单七大奠，亲戚多备仪来视，七七四十九日而止。②

总体来说，海南各地民俗皆有其不同点。琼山之民朴勤，重迁徙；澄迈之民淳劲而喜事；文昌之民冒险而骛新；琼东之民朴逊而安土；乐会之民朴野而有礼；临高之民鲠而俚野；儋县之民悍直而俭约；崖县之民质朴而知耻；昌江之民勤朴而悍狭；定安之民敏睿，善词说；万宁之民质野而畏法；陵水之民淳朴而安分；感恩之民朴野而寡争。各县区因地域不同而各有特点。③

---

① 朱为潮、徐淦等主修，李熙、王国宪总纂：民国《琼山县志》卷二《舆地志·风俗》，海南出版社 2004 年版，第 56—58 页。

② 周文海重修，卢宗棠、唐之莹纂修：民国《感恩县志》卷一《舆地志·风俗》，海南出版社 2004 年版，第 42—45 页。

③ 陈铭枢总纂、曾蹇主编：《海南岛志》，海南出版社 2004 年版，第 125—126 页。

在海南岛上，城乡人民的生活方式各有不同。在城市里，富人多经商，乡村人多致力于耕植。东北部民众，很多人向海外各地发展，其中首推文昌，约9万人。次则琼山、琼东、乐会、定安等县，俱有数千人。再次则澄迈、万宁、陵水、临高、崖县，各数百人。儋县、昌江、感恩等地，只有两人而已。所至之地，曼谷、新加坡、香港三埠最多，海防、爪哇及马来半岛一带次之。其营业多以旅馆、酒肆、茶室、制鞋、缝衣诸业最盛，而种树胶、营航运获巨利者亦有数人。侨民乡土观念强，对海南本土各类慈善、教育事业，能热心赞助。

二、海南黎族、苗族的民情风俗

辛亥革命成功之后的第二年，孙中山与梁士诒、陈发檀等人联名撰写的《琼州改授行省理由书》里，其中第三条特别提及对海南少数民族的平等政策问题，书中提出："琼州黎汉杂处，黎居中心，汉处周围，一切言语、风俗、习惯、宗教、道德、感情、思想与汉族异。虽黎有生、熟之分，生黎犷犸，熟黎驯良，要之皆上古之苗裔，而文化最低之种族也。自古迄今，皆为汉族之患，而生黎尤甚，政治家献平黎之策者，指不胜屈。同人以为宜开道路以通之，熟黎驯良者，则招而抚之辟其地为州县，与之杂居，十年教育之后，以与我同化矣。熟黎既化，则生黎势孤，久而久之，必就范围。今共和宣布，五族平等，断无异视上古遗族之理，倘歧视之，必为子孙之患；使之同化，必收指臂之助。文化政策宜行于黎者此也。"

当民国与清朝易帜之际，治理海南的重要政策之一，就是推行民族平等的文化政策。但孙中山的这个理想，在民国时期很难实现。

民国时期海南岛黎、苗、回各少数民族的实际状况，与以前各朝代比较，已有许多新的变化。

我们在议论这段历史的时候，对于过去时代的情况，都已有所叙述，关于黎族的习俗、物产、经济、文化生活等问题，这里不再重复。而是从另外一个角度，回到历史现场，来观察民国时期海南岛少数民族的变化。

民国时期对海南岛少数民族的田野调查，已引起官方及学者、传教士的高度注意，涌现了一批实地考察的珍贵记录。

在民国时期，海南的黎、苗、回各族的生活习俗，已引起海内外人士的重视。田野调查之风盛行。他们深入到黎、苗地区及回民住地，进行实地考察。

由于时代的变迁、通商口岸的设立，海南岛门户的开放不仅影响汉族地区生活形态的变化，而且，少数民族各地的生产和礼仪、经济与宗教之间的关系也发生了历史性的变化。各类不同身份的人物深入黎、苗、回地区后留下的记录，为今天我们研究海南少数民族的经济、文化生活提供了一个新的视角，具有一定的历史价值。

第四十二章　海南文昌宋氏家族

文昌宋氏家族在现代中国历史上举世瞩目，这个家族在 20 世纪三四十年代对中国乃至世界产生了巨大影响。

这是支配现代中国的华丽家族。"他们在形成亚洲和世界历史的将近一个世纪的局势发展中起了关键的作用。宋氏家族的成员成了家喻户晓的人物。"① 宋氏家族门庭显赫，影响中国政坛半个多世纪。

宋氏家族的奠基人宋嘉树（宋耀如），出生于清代末年，西方思潮及西方经济正冲击着古老的将要崩溃的旧中国。他从一个贫寒的农家子弟，成为我国民主主义时期的实业家和革命者。孙中山说："宋耀如从事于教会及实业，而隐则传革命之道，是亦世之隐君子也。"② 宋嘉树对辛亥革命作出了重大的贡献。其长女宋霭龄，与执掌民国财政数年之久的孔祥熙结合。次女宋庆龄，与伟大的革命先行者孙中山结合，并成为中华人民共和国名誉主席。三女宋美龄，与蒋介石联姻，贵为民国时代的"第一夫人"。长子宋子文，先后任民国时期的中央银行行长、财政部部长、中央银行总裁、行政院院长、外交部部长等职。次子宋子良、三子宋子安从美国留学归来后，都在经济领域发挥他们的才干。

下面，介绍宋氏家族成员。

---

① 　［美］史特林·西格雷夫：《宋家皇朝》，台湾风云时代出版公司 1999 年版，第 2 页。

② 　《孙中山全集》第二卷，中华书局 1982 年版，第 342 页。

一、宋嘉树

宋嘉树（宋耀如）（1861—1918 年），广东文昌（今属海南省）人，名教准，字嘉树，号耀如，本姓韩，英文名查理·琼斯·宋。1861 年 10 月 17 日（清咸丰十一年九月十四日），他出生于广东琼州文昌县昌洒镇古路园村（今海南省文昌市昌洒区庆龄乡牛路园村）的一个贫苦农家。父亲韩鸿翼，母亲韩王氏。韩氏远祖是河南相州安阳人。宋宁宗庆元三年（1197 年），韩显卿偕家眷和族谱南迁渡琼，定居于文昌县锦山区。传至第 20 世韩儒循（宋嘉树曾祖父）时，从文昌县锦山区的罗豆迁居同属锦山的昌洒镇古路园村。宋嘉树于 1875 年随兄长韩政准到爪哇谋生，在爪哇过继给婶母韩宋氏的弟弟、在美国马萨诸塞州波士顿开茶丝店的宋姓堂舅，遂改姓宋。

1878 年，宋嘉树随养父到美国。在养父开的茶丝店里，他接触到了牛尚周、温秉忠等中国近代首批留学生。受他们影响，宋嘉树向养父恳求上学，遭到拒绝后便逃离养父家，到美国海岸警卫队缉私船"艾伯特·加勒廷"号上做侍童，后随船长埃里克·加布里埃尔森转到北卡罗来纳州威明顿的"舒勒·科尔法克斯"号船。1880 年 11 月 7 日，宋嘉树在威明顿第五街监理公会教堂接受洗礼，皈依基督教，受洗后取名"查理·琼斯·宋"，此前人们一直称他"查理·宋"。不久，宋嘉树在达勒姆富商朱利安·卡尔的资助下，就读于达勒姆主日学校和圣三一学院，即后来的杜克大学，1882 年转学到田纳西州纳什维尔的范德比尔特大学神学院专修神学，1885 年 5 月毕业，但未取得学位。他不想马上回国，希望再多留一两年学医，但遭到会督马克蒂耶的拒绝。

1885 年 11 月 25 日至 12 月 2 日，监理公会在夏洛特举行北卡罗来纳州年议会，他加入年议会，受按立礼，被按立为"副牧"，并受命作为"试用传道"回中国传教。

1885 年 12 月，宋嘉树随监理公会传教士、医学博士柏乐文起程回国。次年 1 月抵达上海，宋嘉树随即与柏乐文博士一起直接去了苏州。在苏州与柏乐文博士共住数周后，宋嘉树即奉命搬到当地的华人布道员曹子实处，向他学说上海话。同年 11 月，宋嘉树参加在上海虹口林乐知住宅举行的监理公会在华布道团第一届年议会，直接由北卡罗来纳州年议会转入，成为监理公会在华年议会的第一位华人会员，仍作为"试用传道"被派往"苏州连环"所属的"昆山循环"传教，并被定为建堂部的 6 位常委之一，负责监理公会教堂的修建工作。1887 年，宋嘉树在上海监理公会教堂与倪桂珍结婚。

1887 年 10 月，第二届年议会在苏州举行，他继续作为"试用传道"留在昆山。1888 年试用期满，宋嘉树被第三届年议会正式任用为"巡行传道"，依然留在昆山。1889 年，宋嘉树被第四届年议会改派到属于"上海连环"的七宝传教，不久又被调往太仓传教。1890 年 10 月，经第五届年议会批准，宋嘉树自动脱离年议会，自请改为本处传道，并终身保留传道人员证书。在经营工商业之余，他以"本处传道"的身份用部分时间在上海近郊的川沙传教。

1890 年，宋嘉树自愿为"本处传道"后，便在上海定居下来，执教于慕尔堂内的主日学校，并热心组织上海中华基督教青年会等。同时，他把主要精力投入经营工商业。除在自家地下室里开办小型印刷厂，为美国圣经会印刷《圣经》，还担任上海阜丰面粉公司的经理直至去世。

宋嘉树是孙中山最早的同志和朋友之一。他在 1894 年孙中山偕陆皓东由粤赴沪，寻找上书李鸿章的门径时，与孙中山结识，3 人"屡作终夕谈"。孙中山领导的第一次武装起义——广州起义即由宋嘉树建议发起。广州起义失败后，他仍暗中支持孙中山，在自家的印刷厂里秘密为兴中会和后来的同盟会印刷宣传革命的小册子，并在经济上帮助孙中山的革命事业。孙中山流亡海外后，"每次回国必然住在"宋家，曾在宋家与同志秘商革命。宋嘉树因此被孙中山誉为隐传革命之道的"隐君子"。20 世纪初，中国基督教自立运动兴起。1902 年，宋嘉树同上海许多爱国信徒一起组织发起了上海最早的基督教自立会——中国基督徒会。在 1903 年上海的拒俄运动中，他在教会的拒俄集会上慷慨陈词，"大旨谓耶教救国有自由之权，今俄人夺我之地，我欲自保，并非夺人之地也。教友能结团体，如日方新，有蒸蒸直上之势云云"。1905年，他赴美询问资助他读书的达勒姆富商朱利安·卡尔，并为中国革命向卡尔募捐。1906年，13省留日学生为抵制日本取缔规则归国后在上海吴淞创办中国公学。中国公学是同盟会在上海的活动据点，校内革命党人为数众多，宋嘉树亦是教员之一。1912年孙中山离职来沪后，宋嘉树不仅将法租界宝昌路491号的宋宅供孙中山及其眷属居住，而且还"参加了革命，帮助孙中山从事财务工作和负责英文信件的答复等等"。1912—1913年期间，宋嘉树不仅积极参与孙中山的实业建设活动，还介绍长女宋霭龄任孙中山的秘书，随侍左右。当时，他担任由孙中山创办的中国铁路总公司的会计，后又执管由孙中山开办的中国兴业公司的所有簿据。二次革命期间，宋家父女不顾危险，协助孙中山工作。1913年8月，孙中山流亡日本之前，宋嘉树举家先期逃亡，为孙中山探路，俟孙中山抵日即秘密会见。在日本，宋嘉树不顾体弱多病，依然与长女一起以孙中山秘书的身份为他工作。适逢次女宋庆龄大学毕业，即召她来日，协助自己为孙中山工作。宋霭龄结婚后，宋庆龄即正式成为孙中山的秘书。1915年10月，孙中山与宋庆龄结婚，宋嘉树虽然极度不满，但仍忠于孙中山的革命事业。

1918年5月3日，宋嘉树因病在沪去世，葬于上海西郊的薤露园万国公墓。①

二、宋庆龄

宋庆龄（1893—1981年），又名庆琳，英文名罗莎蒙黛，文昌县（现文昌市）古路园村人，早年入上海中西女塾学习，1908年留学美国威斯理安女子学院，获得学士学位。

1913年，宋庆龄回国任孙中山的秘书，1915年与孙中山结婚。从此，她作为孙中山的亲密战友，参加护国、护法和讨伐陈炯明叛变等诸战役。

---

① 盛永华主编：《宋庆龄年谱》，广东人民出版社2006年版。

从 1921 年起，宋庆龄帮助孙中山改组国民党，拥护联俄、联共、扶助农工的三大政策。1925 年 3 月 12 日，孙中山逝世。宋庆龄坚持孙中山的革命立场，与国民党右派做斗争。1926 年，她被选为国民党中央执委会和国民政府联合委员会委员；1927 年 8 月，赴莫斯科出席国际反对帝国主义同盟大会，当选为大会名誉主席；1931 年九一八事变后，积极支持第十九路军抗战；1936 年，组织全国各界救国联合会，被选为执行委员；抗战期间，先后在广州、香港等地组织保卫中国同盟，支持中国共产党领导的抗日斗争；1945 年，组织中国福利基金会；1948 年，成立中国国民党革命委员会，被选为名誉主席；1949 年，出席中国人民政治协商会议第一届全体会议，被选为中华人民共和国中央人民政府副主席；1951 年 9 月 18 日，荣获"加强国际和平"斯大林国际奖金证书和奖章。

新中国成立后，宋庆龄历任世界保卫和平委员会执行局委员、亚洲及太平洋区域和平联络委员会主席、中华人民共和国副主席、全国人民代表大会常务委员会副委员长、政协全国委员会副主席、全国妇联名誉主席等职；1981 年逝世前加入中国共产党，被授予中华人民共和国名誉主席称号；同年 5 月 29 日，在北京病逝。她著有《为新中国奋斗》《宋庆龄选集》和《永远和党在一起》等。①

三、宋霭龄

宋霭龄（1889—1973 年），原名爱林，又名爱琳，1889 年 7 月 15 日（清光绪己丑年六月十八日）出生；5 岁时，作为寄宿生入学中西女塾；1904 年 5 月赴美留学，就读于美国佐治亚州梅肯市威斯里安女子学院，1909 年 5 月毕业回国。

由父亲宋嘉树介绍，宋霭龄于 1912 年 4 月开始任孙中山的秘书，同宋嘉树一起为孙中山工作；1912 年到 1913 年间，随孙中山数次从沪上出发往来各地，并曾陪同孙中山夫人卢慕贞会见袁世凯；二次革命期间，与宋嘉树一起继续帮助孙中山。二次革命失败后，宋氏举家

---

① 《文昌乡情人物录》编委会编：《文昌乡情人物录》，海南出版社 1993 年版，第 352—353 页。

逃亡日本。在日本，宋霭龄仍然担任孙中山的秘书，与宋嘉树一起为孙中山工作；1914年9月，在日本横滨的一座教堂中与孔祥熙结婚；婚后辞去秘书工作，由宋庆龄代替；1915年春回国后，随孔祥熙回山西太谷，一起主持铭贤学校事务，并执教鞭。1927年宋美龄与蒋介石联姻时，宋霭龄是积极的支持者；1932年"一·二八"淞沪抗战期间，积极投入救援运动；1937年七七事变后，与宋庆龄、宋美龄联手支援抗日，共同支持中国工业合作协会，还参与组织新生活运动妇女指导委员会，创办战时儿童保育会，推动"伤兵之友"运动，并在宋庆龄的提议下担任香港"伤兵之友"运动名誉会长。1944年的倒孔潮中，宋霭龄向巴西转移财产；1946年，赴美定居；1957年，接到宋庆龄希望她尽快回国的来函后迅速复函，表示心中时刻都在牵挂着宋庆龄，希望有朝一日还能像从前那样在一起。

1973年10月19日，宋霭龄在纽约病故，遗体安葬于纽约郊外芬克里夫墓园。

四、宋美龄

宋美龄（1897—2003年），原名美林，在美国读书时曾使用美林·奥莉芙·宋一名（音译）；1897年3月14日（清光绪丁酉年二月十二日），生于上海；1907年随宋庆龄赴美留学，初就读于新泽西州萨密特的波特温学校，次年作为旁听生注册入学威斯里安女子学院；1912年正式入学，1913年转入美国马萨诸塞州威尔斯利女子学院，主修英国文学；1917年毕业回国。

1927年12月，宋美龄与蒋介石在上海结婚，婚后与蒋介石共赴南京，任蒋介石的秘书与翻译；在南京创办了国民革命军遗族学校和青年军官励志社，曾陪同蒋介石赴江西、福建"剿共"，并助蒋推行"新生活运动"；1936年年初，任全国航空委员会秘书长；同年12月西安事变发生后，亲赴西安，对和平解决西安事变起了重要作用；全民族抗战爆发后，与宋霭龄、宋庆龄联手抗日，共同支持中国工业合作协会，组织新生活运动妇女指导委员会，创办战时儿童保育会，推动"伤兵之友"运动，亲任新生活运动妇女指导委员会指导长、战时儿童保育会理事长；1942 年 11 月至 1943 年 6 月，访问美国和加拿大，在美、加国会演讲，并在美作巡回演讲，为抗战争取外援；1948 年 11 月，为打内战、争取美援而再度赴美，后长期留美；1950 年 1 月回台湾，旋创办"中华妇女反共抗俄联合会"并任主任，曾多次以非官方身份赴美活动；1975 年蒋介石去世后，移居美国；次年返台，参加蒋介石去世的周年纪念活动，旋仍赴美；1986 年再次返台，参加蒋介石诞辰 100 周年纪念活动；1991 年，赴美颐养天年；1997 年 3 月，在美国庆祝百岁华诞；2000 年获悉国民党在台湾失去政权后，心情灰暗，曾一度沉默不语；2002 年 105 岁寿辰前表示不写回忆录，死后遗体将葬于美国，不回台湾。

2003 年 10 月 23 日 23 时 17 分（北京时间 10 月 24 日 11 时 17 分），宋美龄在美国纽约曼哈顿寓所安详去世，享年 106 岁。遵照其生前遗愿，遗体暂时安葬于纽约郊外芬克里夫墓园。她生前曾表示，若有可能，希望过世之后能够回到上海与母亲合葬。

五、宋子文

宋子文（1894—1971 年），1894 年 12 月 4 日（清光绪二十年十一月初八）生于上海；在上海圣约翰大学毕业后赴美留学，获美国哈佛大学经济学硕士学位、哥伦比亚大学经济学博士学位；1917 年回国后，任汉冶萍公司上海办事处秘书，不久调任汉阳总公司会计处科长；回上海后，先后供职于联华商业银行、大洲实业公司、神州信托公司。

1923 年，宋子文赴广州，任孙中山的秘书、筹备中的中央银行副行长、两广盐务稽核所经理等职；1924 年，在广州设中央银行，任行长；1925 年 7 月，国民政府在广州成立后，任广东省政府委员、商务厅厅长；同年 9 月，又任中华民国政府委员、财政部部长兼广东省财政厅厅长；1926 年 11 月，与宋庆龄等人离粤北上赴鄂；中华民国政府迁都武汉后，先后被选为国民党中央执行委员会政治会议武汉分会成员、政治委员会主席团成员、军事委员会委员、中华民国政府常务委员、预算委员会和外交委员会成员，跻身于武汉政权的决策核心。

1927 年 4 月，蒋介石建立南京国民政府。7 月，宁汉合流。自

1927 年始，宋子文任国民政府财政部部长、中央银行总裁、行政院副院长及代院长、全国经济委员会常委等职；1933 年 10 月，辞行政院副院长和财政部部长职务，但仍主持全国经济委员会；1934 年，成立私营的中国建设银公司，任执行董事；1935 年，任中国银行董事长。1936 年 12 月，参与和平解决西安事变。

1936 年 12 月 2 日，时任全国经济委员会常委的宋子文偕同第四路总司令余汉谋、广东省财政厅厅长宋子良、广州市市长曾普甫、虎门要塞司令陈策及随员一行人等，搭机飞琼视察。对于在海南建设铁路、港湾进行研究后，决定投资 1000 万元铺设铁路、1000 万元开浚港湾、1000 万元做其他建设，为期 3 年全部完成。后经研究，先从铁路建设入手，并决定以马裊港为起点，一经福山而达老城、烈楼，而达海口，再经琼州府城，出潭口（渡南渡江应建铁桥），越龙发、大江、新桥而入文昌，经陈家、会文、烟墩而入琼东，出嘉积，南下越和乐而抵万宁，经长安而达阳水，西往经藤桥而达榆林港，共长 261 里；一经和舍至那大，共长 50 里。①

1938 年，应宋庆龄之邀，宋子文在香港出任保卫中国同盟会长，后于 1941 年皖南事变后退出；1939 年，代宋美龄任全国航空委员会秘书长；1940 年，以蒋介石私人代表的身份赴美争取援助；1941 年 12 月，任国民政府外交部部长，正式重返国民党中央政权的决策层；1944 年 12 月，任行政院代院长；1945 年 5 月，正式任行政院院长；1947 年 2 月，辞去行政院院长；同年 9 月，任广东省政府委员兼省主席，后又任国民政府主席广州行辕（后为绥靖公署）主任、广东军管区司令、广州区经济管制督导员等职。1948 年，宋子文在海南参与创建私立海南大学并被推任董事长，为私立海南大学创建事宜呈文教育部，使私立海南大学建校工作顺利进行。

宋子文是国民党第二届中央执行委员，并一度担任国民党中央政治会议、中央政治委员会和中央常务委员会委员。

---

①　陈植编著：《海南岛新志》，海南出版社 2004 年版，第 234 页。

1949年1月，他辞职赴美，定居纽约，从此过着深居简出的生活。蒋介石到台湾后，曾多次邀请他担任要职，他都婉言谢绝。

1971年4月24日，宋子文在旧金山老朋友爱德华·尤的家里做客，因龟肉鲠喉而突然逝世，享年77岁，遗体安放于纽约郊外芬克里夫墓园。

六、宋子良

宋子良（1899—1983年），生于上海；1913年，随父母流亡日本，在日本曾屡往孙中山住处为父亲宋嘉树传话，1915年春回国；在上海圣约翰大学毕业后赴美留学，1921年毕业于美国范比德比尔特大学；回国后，历任外交部秘书及总务司司长、上海会文局局长、六河沟煤矿公司常务董事兼协理、中央建设银行公司总经理，后调任广东省财政厅厅长，中国国货银行总经理，中央、中国、交通等银行及中央信托局理事、董事等职。抗战时期，他担任国民政府军事委员会西南运输总经理处主任，与宋子文一起控制租借法案的援华物资。

在有关宋氏家族三兄弟的报道中，由于宋子良、宋子安的工作经常是宋子文的助手，所以对他们在历史上的业绩往往忽略了。而实际上，他们对国家的贡献自有其独特的地位。这里仅以宋子良在抗战时期的一段奋斗史作为明证。

全民族抗战爆发后，我国沿海口岸及对外交通要道先后沦陷，国际军援运输濒临断绝。在这国家危难时刻，宋子文在美国争取战时盟邦对华军援及美援贷款，但由于军援交通路线被破坏，将物资运送到国内的运输路线被切断，于是新开辟滇缅公路。

滇缅公路在1938年动工修建，1939年1月10日正式通车，自云南昆明至缅甸腊戍，全长1146公里。这条公路，可以连接国内的川、康、黔、桂4省，在国外可以通曼德勒、仰光，成为我国与东南亚联系的纽带。海外华侨捐赠的军需物品、药物和世界各国支援的军火武器，均赖这条公路输入。

滇缅公路所经地区，地势十分险恶，山高谷深，悬崖峭壁，山路崎岖，沿途要翻过海拔3000多米的横断山脉、怒山和高黎贡山，要横跨水流湍急的漾濞江、澜沧江和怒江，要穿越亘古荒凉、人烟稀少的"烟瘴之地"。① 这样恶劣的行车环境，非熟练的机工难以胜任，因此急需大量技术娴熟的司机与修理工，但国内驾驶人员十分匮乏。面对如此艰难的局面，宋子良临危受命，接任国民政府军事委员会西南运输总经理处主任一职，肩挑重担，想办法让这条系中华民族安危的抗战输血管活跃起来。

1938 年 7 月，宋子良通过该总经理处驻新加坡分处主任陈传平，致函身在新埠的南洋华侨筹赈祖国难民总会主席陈嘉庚，请求他在南洋华侨中代为招募各种熟练技术工人，尤其是后方运输线上急需的驾驶人员。

1939 年年初，宋子良致电陈嘉庚，希望陈嘉庚代为招募华侨机工回国，以救国家燃眉之急。在这国家危难的岁月里，宋子良在抗战后方艰苦的运输线上，为国家挽狂澜于既倒，不惧艰险，满腔热血，日夜操劳，乃至积劳成疾。

1939 年年初，宋子良专程到新加坡与陈嘉庚面商事宜。2 月 7 日，南侨总会发出第六号通告：《征募汽车修机驶机人员回国服务》。新加坡机器行响应南侨总会号召，特发出通告："窃思我星岛机工不少忠贞爱国之士，具此两项技能者，实繁有徒。际兹国族凌夷之日，正好男儿报国之时，况吾侪平时每感向往有心，请缨无路者，对此国家需才孔亟，当可联袂而起为国服务，共肩民族复兴之责，以尽国民之天职也。本行为此特行通告，凡我机工同业，具有司机或修机之技能，而愿为国家服务者，请来本行报名，以便进行也。机工乎，良机勿失，盍早来乎！"一声号令，热血满腔的华侨机工纷纷放弃在海外优越的生活条件，报名回国参加抗战。当第一批回国服务机工（80 人）出发时，陈嘉庚发表了感动人心的演讲："新加坡、株巴辖华侨机工放弃在海外的职业，愿回国服务，不但利益减少，工作也较辛苦。然以青年有志具此牺牲精神，足为全马来亚的模范，感召所及，不但劳动界可

① 林少川：《陈嘉庚与南侨机工》，中国华侨出版社 1994 年版，第 9 页。

增，加出钱出力之意念，就是其他商学各界，更当有绝大之感者，尤其是资本家看到诸君此种伟大牺牲之精神，应当更加出钱，庶可以对诸君而无愧。""南侨机工"是抗日时期南洋各地支援抗战的运输司机与修理技术人员的通称。1939 年数月时间内，9 批约 3200 名机工前往滇缅公路服务，写下华侨史上光辉的一页。

在 1939—1942 年这段岁月里，热爱祖国的南侨机工们在险峻的滇缅公路上来往奔驰。宋子良在公路局担任运输总经理处主任，夜以继日地工作，与机工们一起遭受日机的轰炸、扫射，经受瘴气、患病等险象环生的恶劣环境，为抵抗侵略奋战在运输线上。

宋子良在 1947 年定居美国，1950 年 6 月朝鲜战争爆发前夕，与其他 56 名在美国和中国港台地区的中国内地商人一起参与大豆投机生意。

1981 年，宋子良由纽约致电北京，慰问病危的宋庆龄："孙逸仙夫人：获悉你患病在身，不胜难过，为你康复而祈祷。"

1983 年，宋子良去世，享年 84 岁，遗体安放于纽约郊外芬克里夫墓园。

七、宋子安

宋子安（1906—1969 年），生于上海；1913 年随父母流亡日本，1915 年春回国；在上海圣约翰大学毕业后赴美留学，1928 年毕业于美国哈佛大学；回国后曾任松江盐务稽核所松江运副，中国建设银行公司成立后任监察，后继宋子良任总经理，1940 年任中国国货银行监察。在宋庆龄流亡海外的岁月中，宋子安曾陪伴她旅居柏林一个月有余，并游历巴黎、维也纳等地。抗战时期，宋子安积极为中国争取国际援助，支持抗战。1949 年之后，他定居美国旧金山，长期主持旧金山广东银行的经营管理。1969 年 2 月 25 日，宋子安因脑溢血在香港病逝，享年 62 岁，时任香港广东银行董事长。宋庆龄得知噩耗后，即刻致电表示哀悼。1981 年 5 月 29 日，宋庆龄在京逝世。次日，宋子安夫人率全家从旧金山发来唁电谓："对我丈夫的姐姐逝世谨表示诚挚的哀悼。"

八、宋氏家族的第三代

宋霭龄有 4 个孩子：长女孔令仪、长子孔令侃、二儿子孔令杰、二女儿孔令俊。其中，孔令杰有一个儿子，孔令俊终身未嫁，孔令仪和孔令侃没有子嗣。

宋庆龄及宋美龄没有生育子女。

宋子文与妻子张乐怡育有 3 个女儿，分别为宋琼颐、宋曼颐和宋瑞颐。

宋琼颐曾于 2008 年 3 月 23 日回上海，参加《宋子文与他的时代》《宋子文驻美时期电报选》《宋子文与战时中国》3 部书的发布会，并回上海旧宅参观。

宋子良有一女，已去世。

宋子安有两子：长子宋伯熊、次子宋仲虎。因宋子文、宋子良没有儿子，因此，宋子文把这两个孩子作为宋氏家族的共同子嗣，两人的名字是宋子文取的。宋仲虎在斯坦福大学主修历史。20 世纪 70 年代，宋仲虎创立了 Crystal Goyser Water Company，这家矿泉水公司早年曾在加州西岸有 75% 的市场占有率。宋仲虎着手开发一种名为花生奶的功能饮料，同时担任美国最大的汽车保险公司 TripleA 等知名公司的董事。

1982 年，宋仲虎与曹琍璇结婚。曹琍璇祖籍湖南，出生于美国旧金山，是一位有影响力的实业家、慈善家和社会活动家。她在美国斯坦福大学胡佛研究院以访问学者身份，负责审理、分类和检索其家族先辈蒋介石、宋子文、孔祥熙、蒋经国等人的全部私人档案。

早在 20 世纪 70 年代，宋子文家人就将他的 58 箱档案捐给胡佛研究院。当时因为档案里涉及仍在世的宋美龄，所以规定还有 19 箱不能打开。

宋子文的 3 个女儿中，宋琼颐生有儿子冯英翰、冯英祥，宋曼颐生一子二女，宋瑞颐生二子二女。

其中，宋子文的外孙冯英祥，从小与外公外婆一起生活，深得宋子文疼爱。他对外祖父从政的历史感兴趣，因此大学时选择攻读政治学，现在瑞士信贷银行从事管理工作，还保管着宋子文的大量资料。冯英祥有两个儿子。2006年6月19日，上海复旦大学举行宋子文与战时中国学术研讨会，冯英祥带长子冯永康和小儿子冯永健兄弟到上海参加会议。冯英祥已3次带儿子到上海，让他们看宋氏故居。2009年4月6日和4月7日，在海南省文昌市隆重举行宋耀如及其时代国际学术研讨，冯英祥带冯永康和冯永健到会。冯英祥激动地说："能在具有特殊意义的清明节从美国回到文昌宋氏祖居来祭拜和缅怀先人，又受到海南省及文昌市的领导及人民的热情接待，亲切又感慨，深深体会到故乡的温暖！"

宋子安的孙辈是宋家的直系。宋子安次子宋仲虎和夫人曹琍璇共育有一男四女。儿子宋元孝，是单传接代，在加州戴维斯大学读书；小女儿在斯坦福大学读书。2007年5月19日至23日，作为宋氏家族后人，曹琍璇回到家乡海南开展寻根问祖和参观考察。她回到宋氏祖居祭祖，并参观了文昌中学、文昌华侨中学、文昌特殊教育学校，在海南大学和海南师范大学作了学术报告并被这两所大学聘为客座教授；在海南省宋耀如研究会、海南省宋庆龄研究会举行座谈，被聘为两会名誉会长。

出　　品：图典分社
策划编辑：侯俊智
责任编辑：刘　佳
封面设计：肖　辉　王欢欢
责任校对：张偭然

图书在版编目（CIP）数据

海南通史简编／周伟民，唐玲玲　著．—北京：人民出版社，2019.6
ISBN 978 - 7 - 01 - 020341 - 6

I. ①海…　II. ①周…②唐…　III. ①海南 - 地方史　IV. ① K296.6

中国版本图书馆 CIP 数据核字（2019）第 017956 号

海南通史简编
HAINAN TONGSHI JIANBIAN

周伟民　唐玲玲　著

人民出版社 出版发行
（100706　北京市东城区隆福寺街 99 号）

北京汇林印务有限公司印刷　新华书店经销

2019 年 6 月第 1 版　2019 年 6 月北京第 1 次印刷
开本：710 毫米 × 1000 毫米 1/16　印张：40.25　彩插：8
字数：575 千字

ISBN 978 - 7 - 01 - 020341 - 6　定价：110.00 元

邮购地址 100706　北京市东城区隆福寺街 99 号
人民东方图书销售中心　电话（010）65250042　65289539